ЭНЦИКЛОПЕДИЧЕСКИЙ СЛОВАРЬ КУЛЬТУРЫ XX века

Предисловие автора ко второму изданию

Первое издание настоящего словаря, выходившее двумя тиражами в 1997 и 1999 гг., привлекло к себе внимание публики и прессы. Автор благодарен читателям и критикам за те фактические замечания, которые были ими сделаны в рецензиях и устных отзывах. Большинство из этих замечаний автором учтены и указанные фактические ошибки исправлены.

Что касается самого главного идеологического замечания в адрес первого издания словаря, замечания, касающегося авторской субъективности в отборе словарных статей, то здесь автор остался верен своему взгляду на вещи, суть которого в двух словах выражается в том, что объективность это не более чем род авторитарной иллюзии. Поэтому в новом расширенном издании словарь стал еще более субъективным.

Здесь к написанным 140 статьям добавилось еще 30:

"Беги, Лола", "Блоу-ап", влечение к смерти, деперсонализация, "Золотой век", истерия, комплекс кастрации, лингвистика языкового существования, "Логико-философский трактат", "Матрица", механизмы защиты, невротический дискурс, пейролингвистическое программирование (НЛП), обсессивный невроз, обсессивный дискурс, отрицание, парадоксальная интенция, полифонический характер, "Психопатология обыденной жизни", "Фундаментальная структура психотерапевтического метода", реклама, "Семнадцать мгновений весны", стадии психосексуального развития, структурный психоанализ, "Толкование сновидений", травма, трансфер "Чапаев и Пустота", философия смерти, "Философские исследования", шизофренический дискурс.

Я желаю всем счастья.

В. Руднев

В. Руднев

ЭНЦИКЛОПЕДИЧЕСКИЙ СЛОВАРЬ КУЛЬТУРЫ XX ВЕКА

Ключевые понятия и тексты

МОСКВА
2001

ББК 67.3
Р 83

 Информационный спонсор —
радиостанция «Эхо Москвы»

Руднев В.П.
Р 83 Энциклопедический словарь культуры XX века. — М.: «Аграф», 2001. — 608 с.

«Энциклопедический словарь...» Вадима Руднева, известного ученого-лингвиста и философа, является значительно расширенным и исправленным изданием ранее выпущенного издательством «Аграф» «Словаря культуры XX века», и представляет собой уникальный словарь-гипертекст, поясняющий наиболее актуальные понятия из основных областей культуры XX века: философии, психоанализа, лингвистики, семиотики, поэтики, стихосложения и литературы. Таким образом, это словарь гуманитарных идей XX столетия.

Увлекательная, остроумно написанная книга эта поможет свободнее ориентироваться в вопросах современной культуры самому широкому кругу читателей.

ББК 67.3

ISBN 5-7784-0176-0

© Издательство «Аграф», 2001
© Руднев В.П., 2001

Памяти моего отца
Петра Александровича Руднева

ОТ АВТОРА

В романе современного сербского прозаика Милорада Павича "**Хазарский словарь**" (здесь и далее во всех статьях *нашего* словаря, если слово или словосочетание выделено полужирным шрифтом, это значит, что этому слову или сочетанию слов посвящена отдельная статья — за исключением цитат), так вот, в "Хазарском словаре" Павича рассказывается история о том, как один из собирателей этого таинственного словаря, доктор Абу Кабир Муавия, стал писать по объявлениям из газет давно прошедших лет и, что самое удивительное, вскоре начал получать ответы в виде посылок с различными вещами. Постепенно эти вещи так заполнили его дом, что он не знал, что с ними делать. Это были, как пишет автор, "огромное седло для верблюда, женское платье с колокольчиками вместо пуговиц, железная клетка, в которой людей держат подвешенными под потолком, два зеркала, одно из которых несколько запаздывало, а другое было разбито, старая рукопись на неизвестном ему языке [...].

Год спустя комната в мансарде была забита вещами, и однажды утром, войдя в нее, д-р Муавия был ошеломлен, поняв, что все им приобретенное начинает складываться в нечто, имеющее смысл".

Доктор Муавия послал список вещей на компьютерный анализ, и в пришедшем ответе значилось, что все эти вещи упоминаются в утраченном ныне "Хазарском словаре".

Когда-то один умный и талантливый человек в одной и той же беседе произнес две фразы: "Не придавайте ничему значения" и "Все имеет смысл" (о различии между понятиями **смысл** и значение см. статьи **знак**, **смысл** и **логическая семантика**). Он хотел сказать, что важно не то, что люди говорят, а как и зачем они это говорят (то есть, если перефразировать это в терминах **семиотики**, для человеческого общения важны не семантика, а **прагматика** высказывания).

Добавлю от себя (хотя это давно придумали основатели **психоанализа** Зигмунд Фрейд и Карл Густав Юнг): если какое-то слово по случайной ассоциации влечет за собой другое слово (см. об этом также **парасемантика**), не следует отмахиваться от второго слова — оно может помочь лучше разобраться в смысле первого слова.

Поначалу идея словаря казалась невозможной и такой же бессмысленной, как склад вещей в комнате арабского профессора. Но, помня о том, что "ничему не следует придавать значения", в то время как "все имеет смысл", мы включили в "Словарь..." те слова и словосочетания, которые были понятны и интересны нам самим.

Словарь представляет собой совокупность трех типов статей.

Первый и наиболее очевидный тип — это статьи, посвященные специфическим явлениям культуры XX века, таким, как **модернизм, трансперсональная психология, семиотика, концептуализм** и т. п.

Статьи второго типа посвящены понятиям, которые существовали в культуре задолго до XX века, но именно в нем приобрели особую актуальность или были серьезно переосмыслены. Это такие понятия, как **сновидение, текст, событие, существование, реальность, тело**.

Наконец, третий тип статей — это небольшие монографии, посвященные ключевым, с точки зрения автора словаря, художественным произведениям XX в. Само обращение к этим произведениям правомерно, но выбор их может показаться субъективным. Почему, например, в "Словаре..." нет статей "Улисс" или "В поисках утраченного времени", но есть статьи **"Портрет Дориана Грея"** или **"Пигмалион"**? Осмелимся заметить, что эта субъективность мнимая. Для словаря выбирались те тексты, которые лучше поясняли концепцию культуры XX в., воплощенную в словаре. Например, статья о романе Оскара Уайльда "Портрет Дориана Грея" включена в качестве иллюстрации важнейшей, на наш взгляд, темы разграничения **времени текста** и **реальности** как частного проявления фундаментальной культурной коллизии XX в. — мучительных поисков границ между текстом и реальностью.

Статья о пьесе Бернарда Шоу "Пигмалион" была включена в качестве иллюстрации того, как художественный текст опережает философские идеи — в своей комедии Шоу провозгласил, что наибольшую важность в жизни человека играет язык, что вскоре стало краеугольным камнем обширного философского направления, называемого **аналитическая философия** (см. также **логический позитивизм, языковая игра**).

Важнейшей особенностью словаря является то, что он представляет собой **гипертекст**, то есть построен так, чтобы его можно было читать двумя способами: по алфавиту и от статьи к статье, обращая внимание на подчеркнутые слова и словосочетания.

В словаре затрагиваются в основном следующие области культуры XX в.: философия, психоанализ, лингвистика, семиотика, поэтика, стихосложение и литература. Таким образом, это словарь гуманитарных идей XX века.

Списки литературы к словарным статьям намеренно упрощены. За редким исключением, это статьи и книги, доступные гражданам России и сопредельных государств.

Словарь предназначен в первую очередь для тех, кому дорого все, что было интересного и значительного в XX столетии.

Вадим Руднев

СОДЕРЖАНИЕ

А
- 13 АБСОЛЮТНЫЙ ИДЕАЛИЗМ
- 14 АВАНГАРДНОЕ ИСКУССТВО
- 17 АВТОКОММУНИКАЦИЯ
- 19 АКМЕИЗМ
- 23 АКЦЕНТНЫЙ СТИХ
- 25 АНАЛИТИЧЕСКАЯ ПСИХОЛОГИЯ
- 27 АНАЛИТИЧЕСКАЯ ФИЛОСОФИЯ
- 32 АНЕКДОТ
- 34 АТОМАРНЫЙ ФАКТ
- 36 АУТИСТИЧЕСКОЕ МЫШЛЕНИЕ

Б
- 39 "БЕГИ, ЛОЛА"
- 43 "БЕСКОНЕЧНЫЙ ТУПИК"
- 47 БЕССОЗНАТЕЛЬНОЕ
- 50 БИНАРНАЯ ОППОЗИЦИЯ
- 51 БИОГРАФИЯ
- 56 "БЛЕДНЫЙ ОГОНЬ"
- 60 "БЛОУ-АП"

В
- 66 ВЕРИФИКАЦИОНИЗМ
- 67 ВЕРЛИБР
- 71 ВЕРЛИБРИЗАЦИЯ
- 73 ВИРТУАЛЬНЫЕ РЕАЛЬНОСТИ
- 76 ВЛЕЧЕНИЕ К СМЕРТИ
- 79 "ВОЛШЕБНАЯ ГОРА"
- 85 ВРЕМЯ

Г
- 88 ГЕНЕРАТИВНАЯ ЛИНГВИСТИКА
- 92 ГЕНЕРАТИВНАЯ ПОЭТИКА
- 95 ГИПЕРТЕКСТ
- 99 ГИПОТЕЗА ЛИНГВИСТИЧЕСКОЙ ОТНОСИТЕЛЬНОСТИ

Д

- 102 ДЕКОНСТРУКЦИЯ
- 104 ДЕПЕРСОНАЛИЗАЦИЯ
- 109 ДЕПРЕССИЯ
- 111 ДЕТЕКТИВ
- 114 ДЗЭНСКОЕ МЫШЛЕНИЕ
- 117 ДИАЛОГИЧЕСКОЕ СЛОВО
- 120 ДОДЕКАФОНИЯ
- 122 "ДОКТОР ФАУСТУС"
- 128 ДОЛЬНИК
- 132 ДОСТОВЕРНОСТЬ

З

- 134 "ЗАМОК"
- 139 "ЗЕРКАЛО"
- 143 ЗНАК
- 145 "ЗОЛОТОЙ ВЕК"

И

- 148 ИЗМЕНЕННЫЕ СОСТОЯНИЯ СОЗНАНИЯ
- 151 ИМЯ СОБСТВЕННОЕ
- 153 ИНДИВИДУАЛЬНЫЙ ЯЗЫК
- 155 ИНТЕРТЕКСТ
- 161 ИНТИМИЗАЦИЯ
- 163 ИСТЕРИЯ
- 166 ИСТИНА

К

- 170 "КАК БЫ" И "НА САМОМ ДЕЛЕ"
- 173 КАРНАВАЛИЗАЦИЯ
- 175 КАРТИНА МИРА
- 178 КИНО
- 183 КИЧ
- 185 КОМПЛЕКС КАСТРАЦИИ
- 189 КОМПЛЕКС НЕПОЛНОЦЕННОСТИ
- 191 КОНЦЕПТУАЛИЗМ

Л

- 197 ЛИНГВИСТИКА УСТНОЙ РЕЧИ

200 ЛИНГВИСТИКА ЯЗЫКОВОГО
СУЩЕСТВОВАНИЯ
204 ЛИНГВИСТИЧЕСКАЯ АПОЛОГЕТИКА
206 ЛИНГВИСТИЧЕСКАЯ ТЕРАПИЯ
208 ЛОГАЭДИЗАЦИЯ
211 "ЛОГИКО-ФИЛОСОФСКИЙ ТРАКТАТ"
215 ЛОГИЧЕСКАЯ СЕМАНТИКА
219 ЛОГИЧЕСКИЙ ПОЗИТИВИЗМ

М
221 МАССОВАЯ КУЛЬТУРА
226 "МАСТЕР И МАРГАРИТА"
229 МАТЕМАТИЧЕСКАЯ ЛОГИКА
232 "МАТРИЦА"
234 МЕЖДИСЦИПЛИНАРНЫЕ ИССЛЕДОВАНИЯ
237 МЕТАЯЗЫК
239 МЕХАНИЗМЫ ЗАЩИТЫ
242 МИФ
247 МНОГОЗНАЧНЫЕ ЛОГИКИ
249 МОДАЛЬНОСТИ
252 МОДЕРНИЗМ
256 МОТИВНЫЙ АНАЛИЗ

Н
258 НЕВРОЗ
260 НЕВРОТИЧЕСКИЙ ДИСКУРС
266 НЕЙРОЛИНГВИСТИЧЕСКОЕ
ПРОГРАММИРОВАНИЕ (НЛП)
269 НЕОМИФОЛОГИЧЕСКОЕ СОЗНАНИЕ
273 НОВОЕ УЧЕНИЕ О ЯЗЫКЕ
276 НОВЫЙ РОМАН
278 НОРМА
282 "НОРМА"/"РОМАН"

О
287 ОБСЕССИВНЫЙ ДИСКУРС
294 ОБСЕССИВНЫЙ НЕВРОЗ
298 ОБЭРИУ
302 "ОРФЕЙ"

305 ОСТРАНЕНИЕ
307 ОТРИЦАНИЕ

П _____
312 ПАРАДИГМА
314 ПАРАДОКСАЛЬНАЯ ИНТЕНЦИЯ
316 ПАРАСЕМАНТИКА
319 "ПИГМАЛИОН"
322 ПОЛИМЕТРИЯ
324 ПОЛИФОНИЧЕСКИЙ РОМАН
327 ПОЛИФОНИЧЕСКИЙ ХАРАКТЕР
330 "ПОРТРЕТ ДОРИАНА ГРЕЯ"
333 ПОСТМОДЕРНИЗМ
339 ПОСТСТРУКТУРАЛИЗМ
341 ПОТОК СОЗНАНИЯ
343 ПРАГМАТИЗМ
346 ПРАГМАТИКА
350 ПРИНЦИП ДОПОЛНИТЕЛЬНОСТИ
353 ПРИНЦИПЫ ПРОЗЫ XX ВЕКА
358 ПРОСТРАНСТВО
362 ПСИХОАНАЛИЗ
368 ПСИХОЗ
371 "ПСИХОПАТОЛОГИЯ ОБЫДЕННОЙ ЖИЗНИ"

Р _____
376 РЕАЛИЗМ
379 РЕАЛЬНОСТЬ
382 РЕКЛАМА
387 РИТМ

С _____
390 СЕМАНТИКА ВОЗМОЖНЫХ МИРОВ
392 СЕМАНТИЧЕСКИЕ ПРИМИТИВЫ
394 СЕМИОСФЕРА
396 СЕМИОТИКА
399 "СЕМНАДЦАТЬ МГНОВЕНИЙ ВЕСНЫ"
405 СЕРИЙНОЕ МЫШЛЕНИЕ
407 СИМВОЛИЗМ
411 СИСТЕМА СТИХА XX ВЕКА

416 "СКОРБНОЕ БЕСЧУВСТВИЕ"
418 СМЫСЛ
421 СНОВИДЕНИЕ
425 СОБЫТИЕ
427 СОЦИАЛИСТИЧЕСКИЙ РЕАЛИЗМ
429 СТАДИИ ПСИХОСЕКСУАЛЬНОГО РАЗВИТИЯ
432 СТРУКТУРНАЯ ЛИНГВИСТИКА
436 СТРУКТУРНАЯ ПОЭТИКА
440 СТРУКТУРНЫЙ ПСИХОАНАЛИЗ
445 СУЩЕСТВОВАНИЕ
447 СЮЖЕТ
450 СЮРРЕАЛИЗМ

Т
454 ТЕАТР АБСУРДА
457 ТЕКСТ
461 ТЕКСТ В ТЕКСТЕ
464 ТЕЛЕФОН
469 ТЕЛО
472 ТЕОРИЯ РЕЧЕВЫХ АКТОВ
475 ТЕРАПИЯ ТВОРЧЕСКИМ САМОВЫРАЖЕНИЕМ
477 "ТОЛКОВАНИЕ СНОВИДЕНИЙ"
481 ТРАВМА
487 ТРАВМА РОЖДЕНИЯ
490 ТРАНСПЕРСОНАЛЬНАЯ ПСИХОЛОГИЯ
494 ТРАНСФЕР
497 "ТРИ ДНЯ КОНДОРА"

Ф
500 ФЕНОМЕНОЛОГИЯ
502 ФИЛОСОФИЯ ВЫМЫСЛА
504 ФИЛОСОФИЯ СМЕРТИ
511 ФИЛОСОФИЯ ТЕКСТА
512 "ФИЛОСОФСКИЕ ИССЛЕДОВАНИЯ"
518 ФОНОЛОГИЯ
521 ФОРМАЛЬНАЯ ШКОЛА
526 "ФУНДАМЕНТАЛЬНАЯ СТРУКТУРА ПСИХОТЕРАПЕВТИЧЕСКОГО МЕТОДА"
537 ФУНКЦИОНАЛЬНАЯ АСИММЕТРИЯ ПОЛУШАРИЙ ГОЛОВНОГО МОЗГА

Х
539 "ХАЗАРСКИЙ СЛОВАРЬ"
543 ХАРАКТЕРОЛОГИЯ
546 "ХОРОШО ЛОВИТСЯ РЫБКА-БАНАНКА"

Ч
550 "ЧАПАЕВ И ПУСТОТА"

Ш
556 ШИЗОФРЕНИЧЕСКИЙ ДИСКУРС
569 ШИЗОФРЕНИЯ
572 "ШКОЛА ДЛЯ ДУРАКОВ"
576 "ШУМ И ЯРОСТЬ"

Э
580 ЭГОЦЕНТРИЧЕСКИЕ СЛОВА
584 ЭДИПОВ КОМПЛЕКС
586 ЭКЗИСТЕНЦИАЛИЗМ
590 ЭКСПРЕССИОНИЗМ
593 ЭКСТРЕМАЛЬНЫЙ ОПЫТ

Я
597 ЯЗЫКОВАЯ ИГРА

АБСОЛЮТНЫЙ ИДЕАЛИЗМ — направление в англосаксонской философии первых двух десятилетий XX в. В своей основе А. и. восходил к гегельянству, и в этом смысле это было последнее направление классической философии. Но многое в А. и. вело и к такому пониманию оснований и принципов философии, которые важны для XX в. вплоть до последних его десятилетий, вновь характеризующихся возрождением интереса к диалектике и Гегелю в противоположность господствовавшей в XX в. **математической логике** (см.).

Прежде всего А. и. интересен для нас тем, что именно от него, именно в полемике с ним формировались философы, определившие тип философской рефлексии XX в. Именно отталкиваясь от представителей А. и. Фрэнсиса Брэдли, Дж. МакТаггарта, Дж. Ройса, создатели **аналитической философии** Бертран Рассел и Джордж Эдуард Мур, а также их гениальный ученик Людвиг Витгенштейн оттачивали свои "неопозитивистские" (как говорили в советское время) доктрины (см. также **логический позитивизм**).

Один из главных принципов А. и. в его наиболее ортодоксальном варианте, философии Ф. Брэдли, гласил, что **реальность** (см.) есть лишь видимость подлинной реальности, которой является непознаваемый Абсолют. Что в этой доктрине было неприемлемо для XX в.? Ее категорическая метафизичность, то есть традиционность постановки философских проблем. Но в переплавленном логическими позитивистами-аналитиками виде эта доктрина является одной из важнейших в XX в. В философских концепциях, ориентированных семиотически (см. **семиотика**), она преобразилась как представление о том, что реальность имеет насквозь знаковый характер (см. **реальность**) и, стало быть, опять-таки является мнимой, кажущейся.

Такое понимание реальности характерно и для новейших философских систем (см. расширенное толкование понятия **виртуальных реальностей** у Славоя Жижека). Поскольку невозможно определить, какая реальность является подлинной, а какая — мнимой, то весь мир представляется системой виртуальных реальностей: последнее отразил и современный кинематограф, в частности знаменитый культовый фильм "Blade Runner" ("Бегущий по лезвию бритвы"), который подробно анализируется в книге С. Жижека "Существование с негативом". Основная идея этого фильма (в интерпретации философа) состоит в том, что принципиальная невозможность для человека установить, является ли он настоящим человеком или пришельцем-"репликантом", делает человека человечнее. Он как будто говорит себе: "Вот я поступаю так-то, а вдруг окажется, что я вовсе не человек! Поэтому я буду поступать в любом случае по-человечески и тогда все равно стану человеком".

Второе, чем дорог для XX в. А. и., — это концепция **времени** (см.). Ее разработал Дж. МакТаггарт, и она называется статической; согласно ей не время движется, мы движемся во времени, а иллюзия течения времени возникает от смены наблюдателей. Эта идея очень повлияла на философию времени Дж. У. Данна (см. **серийное мышление**), которая в свою очередь оказала решающее влияние на творчество Х.Л. Борхеса — писателя, воплотившего в себе сам дух прозы и идеологии творчества XX в. (см. **принципы прозы XX в.**).

А. и. стоял на переломе столетий, как двуликий Янус — глядя в противоположные стороны. Сейчас этих философов почти никто не читает и не переиздает, кроме историков философии. Но будем благодарны им за то, что они "разбудили" Рассела и Витгенштейна, и в этом смысле именно от них надо вести отсчет философии и культурной идеологии XX в.

Лит.:
Bradley F. Appearance and Reality. L., 1966.
Жижек С. Существование с негативом // Художественный журнал, 1966. — № 9.

АВАНГАРДНОЕ ИСКУССТВО. В системе эстетических ценностей культуры XX в., ориентированных на новаторское понимание того, как следует писать и жить, необходимо различать два противоположных принципа — **модернизм** (см.) и А. и. В отличие от модернистского искусства, которое ориентируется на новаторство в области формы и содержания (синтаксиса и семантики — см. **семиотика**), А. и. прежде всего строит системы новаторских ценностей в области **прагматики** (см.). Авангардист не может, подобно модернисту, запереться в кабинете и писать в стол; самый смысл его эстетической позиции — в активном и агрессивном воздействии на публику. Производить шок, скандал, эпатаж — без этого А. и. невозможно.

Вот что пишет об этом М. И. Шапир, обосновавший прагматическую концепцию А. и.: "[...] в авангардном искусстве *прагматика выходит на передний план*. Главным становится действенность искусства — оно призвано поразить, растормошить, вызвать активную реакцию у человека со стороны. При этом желательно, чтобы реакция была немедленной, мгновенной, исключающей долгое и сосредоточенное восприятие эстетической формы и содержания. Нужно, чтобы реакция успевала возникнуть и закрепиться **до** их глубокого постижения, чтобы она, насколько получится, этому постижению помешала, сделала его возможно более трудным. *Непонимание*, полное или частичное, органически входит в замысел авангардиста и превращает адресата из субъекта восприятия в объект, в эстетическую вещь, которой любуется ее создатель-художник" (здесь и ниже в цитатах выделения принадлежат М. И. Шапиру. — *В.Р.*).

И далее: "Самое существенное в авангарде — его необычность, броскость. Но это меньше всего необычность формы и содержания: они важны лишь постольку, поскольку "зачем" влияет на "что" и "как". Авангард прежде всего — необычное прагматическое задание, непривычное поведение субъекта и объекта. Авангард не создал новой *поэтики* и своей поэтики не имеет; но зато он создал свою *новую риторику*: неклассическую, "неаристотелевскую" систему средств воздействия на читателя, зрителя или слушателя. Эти средства основаны на нарушении "прагматических правил": в авангарде субъект и объект творчества то и дело перестают выполнять свое прямое назначение. Если классическая риторика — это использование эстетических приемов во внеэстетических целях, то новая риторика — это создание квазиэстетических объектов и квазиэстетических ситуаций. Крайние точки зрения явления таковы: либо *неэстетический объект* выступает в *эстетической функции* (так, Марсель Дюшан вместо скульптуры установил на постаменте писсуар), либо *эстетический объект* выступает в неэстетической функции (так, Дмитрий Александрович Пригов хоронит в бумажных "гробиках" сотни своих стихов). Потому-то и действенны несуществующие (виртуальные) эстетические объекты, что весь упор сделан на внеэстетическое воздействие: поражает и ошарашивает публику уже самое отсутствие искусства (такова, к примеру, "Поэма конца" Василиска Гнедова, весь текст которой состоит из заглавия и чистой страницы). Все дело в умелой организации быта: достаточно нацепить вместо галстука морковку или нарисовать на щеке собачку".

Говоря об искусстве XX в., следует различать, когда это возможно, явления **модернизма** и А. и. Так, ясно, что наиболее явными направлениями А. и. XX в. являются футуризм, **сюрреализм,** дадаизм. Наиболее явные направления модернизма — постимпрессионизм, **символизм, акмеизм**. Но, уже говоря об **ОБЭРИУ**, трудно определить однозначно принадлежность этого направления к модернизму или к А. и. Это было одно из сложнейших эстетических явлений XX в. Условно говоря, из двух лидеров обэриутов балагур и чудесник Даниил Хармс тяготел к А. и., а поэт-философ, "авторитет бессмыслицы" Александр Введенский — к модернизму. В целом характерно, что когда обэриуты устроили вечер в своем театре "Радикс", скандал у них не получился, за что их упрекнул, выйдя на сцену, опытный "скандалист" Виктор Борисович Шкловский. По-видимому, в 1930-х гг. между А. и. и модернизмом наметилась определенная конвергенция, которая потом, после войны, отчетливо проявилась в искусстве **постмодернизма**, в котором и модернизм и А. и. играют свою роль (см. **концептуализм**).

С точки зрения **характерологии** (см.) типичный модернист и типичный авангардист представляли собой совершенно различные характерологические радикалы. Вот типичные модернисты: сухопарый длинный Джойс; изнеженный Пруст; маленький, худой, как будто навек испуганный, Франц Кафка; длинный, худой Прокофьев; сухой маленький Игорь Стравинский. Все это шизоиды-аутисты (см. **аутистическое мышление**), замкнутые в своем эстетическом мире. Невозможно их представить на площади или на эстраде эпатирующими публику. У них для этого нет даже внешних данных.

А вот авангардисты. Агрессивный, с громовым голосом, атлет Маяковский, так же атлетически сложенный, "съевший собаку" на различного рода скандалах Луис Бунюэль (тоже, впрочем, фигура сложная — в юности ярый авангардист, в старости — представитель изысканного постмодернизма); самовлюбленный до паранойи и при этом рассчитывающий каждый свой шаг Сальвадор Дали. Для каждого из этих характеров два признака составляют их авангардистскую суть — агрессивность и авторитарность. Как же иначе осуществлять свою нелегкую задачу активного воздействия на публику? Это свойства эпилептоидов и полифонических мозаик (см. **характерология**).

Лит.:
Шапир М. Что такое авангард? // Даугава. 1990. — № 3.
Руднев В. Модернистская и авангардная личность как культурно-психологический феномен // Русский авангард в кругу европейской культуры. — М., 1993.

АВТОКОММУНИКАЦИЯ (ср. **индивидуальный язык**) — понятие, подробно проанализированное в рамках семиотической культурологии Ю. М. Лотмана. При обычной коммуникации общение происходит в канале Я — Другой. При А. оно происходит в канале Я — Я.

Здесь нас прежде всего интересует случай, когда передача информации от Я к Я не сопровождается разрывом во **времени** (то есть это не узелок, завязанный на память). Сообщение самому себе уже известной информации имеет место во всех случаях, когда ранг коммуникации, так сказать, повышается. Например, молодой поэт читает свое стихотворение напечатанным в журнале. **Текст** остается тем же, но, будучи переведен в другую систему графических **знаков**, обладающую более высокой степенью авторитетности в данной культуре, сообщение получает дополнительную значимость.

В системе Я — Я носитель информации остается тем же, а сообщение в процессе коммуникации приобретает новый **смысл**. В канале Я — Я происходит качественная трансформация информации, которая в результате может привести к трансформации сознания самого Я. Передавая информацию сам себе, адресат внутренне перестраивает свою сущность, поскольку сущность личности можно трактовать как индивидуальный набор значимых кодов для коммуникации, а этот набор в процессе А. меняется. Ср. приводимый Ю.М. Лотманом пример из "Евгения Онегина":

> И что ж? Глаза его читали,
> Но мысли были далеко;
> Мечты, желания, печали
> Теснились в душу глубоко.
> Он меж печатными строками
> Читал духовными глазами
> Другие строки. В них-то он
> Был совершенно углублен.

Одним из главных признаков А., по Лотману, является редукция слов языка, их тенденция к превращению в знаки слов. Пример А. такого типа — объяснение в любви между Константином Левиным и Кити (которых в данном случае можно рассматривать почти как одно сознание) в "Анне Карениной" Л.Н. Толстого:

"— Вот, — сказал он и написал начальные буквы: *к, в, м, о: э, н, м, б, з, л, э, н, и, т*? Буквы эти значили: "когда вы мне ответили: *этого не может быть*, значило ли это, что никогда или тогда?" [...]

— Я поняла, — сказала она, покраснев.

— Какое это слово? — сказал он, указывая на *н*, которым означалось слово *никогда*.

— Это слово значит никогда [...]".

В А., как пишет Ю. М. Лотман, "речь идет о возрастании информации, ее трансформации, переформулировке. Причем вводятся не новые сообщения, а новые коды, а принимающий и передающий совмещаются в одном лице. В процессе такой автокоммуникации происходит переформировывание самой личности, с чем связан весьма широкий круг культурных функций — от необходимого человеку в определенного типа культурах ощущения своего отдельного бытия до самопознания и аутопсихотерапии" (см. **измененные состояния сознания**).

Как компромисс между коммуникацией и А., между смыслом

и **ритмом** Ю. М. Лотман рассматривает двухканальный поэтический язык, который на содержательный код накладывает код ритмический, носящий автокоммуникативный характер (см. также **система стиха XX века**).

Лит.:
Лотман Ю. М. Автокоммуникация: "Я" и "Другой" как адресаты // *Лотман Ю. М.* Внутри мыслящих миров: Человек. Текст. Семиосфера. История. — М., 1996.

АКМЕИЗМ (древнегр. akme — высшая степень расцвета, зрелости) — направление русского **модернизма,** сформировавшееся в 1910-е гг. и в своих поэтических установках отталкивающееся от своего учителя, русского **символизма**. Акмеисты, входившие в объединение "Цех поэтов" (Анна Ахматова, Николай Гумилев, Осип Мандельштам, Михаил Кузмин, Сергей Городецкий), были "преодолевшими символизм", как их назвал в одноименной статье критик и филолог, будущий академик В. М. Жирмунский. Заоблачной двумирности символистов А. противопоставил мир простых обыденных чувств и бытовых душевных проявлений. Поэтому акмеисты еще называли себя "адамистами", представляя себя первочеловеком Адамом, "голым человеком на голой земле". Ахматова писала:

> Мне ни к чему одические рати
> И прелесть элегических затей.
> По мне, в стихах все быть должно нестати,
> Не так, как у людей.
>
> Когда б вы знали, из какого сора
> Растут стихи, не ведая стыда,
> Как желтый одуванчик у забора,
> Как лопухи и лебеда.

Но простота А. с самого начала была не той здоровой сангвинической простотой, которая бывает у деревенских людей. Это была изысканная и безусловно аутистическая (см. **аутистическое мышление, характерология**) простота внешнего покрова стиха, за которым крылись глубины напряженных культурных поисков.

Вновь Ахматова:

> Так беспомощно грудь холодела,
> Но шаги мои были легки.
> Я на правую руку надела
> Перчатку с левой руки.

Ошибочный жест, "ошибочное действие", если воспользоваться психоаналитической терминологией Фрейда из его книги **"Психопатология обыденной жизни"**, которая тогда была уже издана в России, передает сильнейшее внутреннее переживание. Можно условно сказать, что вся ранняя поэзия Ахматовой — это "психопатология обыденной жизни":

> Я сошла с ума, о мальчик странный,
> В среду, в три часа!
> Уколола палец безымянный
> Мне звенящая оса.
>
> Я ее нечаянно прижала,
> И, казалось, умерла она,
> Но конец отравленного жала
> Был острей веретена.

Спасение от привычно несчастной любви в одном — творчестве. Пожалуй, лучшие стихи А. — это стихи о стихах, что исследователь А. Роман Тименчик назвал автометаописанием:

> МУЗА
> Когда я ночью жду ее прихода,
> Жизнь, кажется, висит на волоске.
> Что почести, что юность, что свобода
> Пред милой гостьей с дудочкой в руке.
>
> И вот вошла. Откинув покрывало,
> Внимательно взглянула на меня.
> Ей говорю: "Ты ль Данту диктовала
> Страницы Ада?" Отвечает: "Я".

Первоначально сдержанной, "кларичной" (то есть прокламирующей ясность) поэтике А. был верен и великий русский поэт XX в. Мандельштам. Уже первое стихотворение его знаменитого "Камня" говорит об этом:

> Звук осторожный и глухой
> Плода, сорвавшегося с древа,
> Среди немолчного напева
> Глубокой тишины лесной...

Лаконизм этого стихотворения заставляет исследователей вспомнить поэтику японских хокку (трехстиший), принадлежащую дзэнской традиции (см. **дзэнское мышление**),— внешняя бесцветность, за которой кроется напряженное внутреннее переживание:

> На голой ветке
> Ворон сидит одиноко...
> Осенний вечер!
> (Басё)

Так и у Мандельштама в приведенном стихотворении. Кажется, что это просто бытовая зарисовка. На самом деле речь идет о яблоке, упавшем с древа познания добра и зла, то есть о начале истории, начале мира (поэтому стихотворение и стоит первым в сборнике). Одновременно это может быть и яблоко Ньютона — яблоко открытия, то есть опять-таки начало. Образ тишины играет очень большую роль — он отсылает к Тютчеву и поэтике русского романтизма с его культом невыразимости чувства словом.

К Тютчеву отсылает и второе стихотворение "Камня". Строки:

> О, вещая моя печаль,
> О, тихая моя свобода —

перекликаются с тютчевскими строками:

> О вещая душа моя!
> О сердце, полное тревоги!

Постепенно поэтика А., в особенности его двух главных представителей, Ахматовой и Мандельштама, предельно усложняется. Самое большое и знаменитое произведение Ахматовой "Поэма без героя" строится как шкатулка с двойным дном — загадки этого текста до сих пор разгадывают многие комментаторы.

То же случилось с Мандельштамом: переизбыточность культурной иноформации и особенность дарования поэта сделали его зрелую поэзию самой сложной в XX в., настолько сложной, что иногда исследователи в отдельной работе разбирали не целое стихотворение, а одну только его строку. Таким же разбором и мы закончим наш очерк об А. Речь пойдет о строке из стихотворения "Ласточка" (1920):

В сухой реке пустой челнок плывет.

Г. С. Померанц считает, что эту строку надо понимать как заведомо абсурдную, в духе дзэнского коана. Нам же кажется, что она, наоборот, перегружена **смыслом** (см.). Во-первых, слово "челнок" встречается у Мандельштама еще два раза и оба раза в значении части ткацкого станка ("Снует челнок, веретено жужжит"). Для Мандельштама контекстуальные значения слов чрезвычайно важны, как показали исследования школы профессора К. Ф. Тарановского, специализировавшейся на изучении поэтики А.

Челнок, таким образом, движется поперек реки, переправляется через реку. Куда же он плывет? Это подсказывает контекст самого стихотворения:

Я слово позабыл, что я хотел сказать.
Слепая ласточка в *чертог теней* вернется.

"Чертог теней" — это царство теней, царство мертвых Аида. Пустая, мертвая лодочка Харона (челнок) плывет в "чертог теней" по сухой реке мертвых Стиксу. Это — античное толкование.

Может быть толкование восточное: пустота — одно из важнейших понятий философии дао. Дао пусто потому что оно является вместилищем всего, писал Лао-цзы в "Дао дэ цзине". Чжуан-цзы говорил: "Где мне найти человека, который забыл все слова, чтобы с ним поговорить?". Отсюда забвение слова может рассматриваться не как нечто трагическое, а как разрыв с европейской традицией говорения и припадание к восточной, а также традиционной романтической концепции молчания.

Возможно и психоаналитическое толкование. Тогда забвение слова будет ассоциироваться с поэтической импотенцией, а пустой челнок в сухой реке с фаллосом и (неудачным) половым актом. Контекст стихотворения подтверждает и такое толкование. Посещение живым человеком царства мертвых, о чем, несомненно, говорится в этом стихотворении, может ассоциироваться с мифологической смертью и воскресением в духе аграрного цикла как поход за плодородием (см. **миф**), что в утонченном смысле может быть истолковано как поход Орфея (первого поэта) за потерянной Эвридикой в царство теней.

Я думаю, что в этом стихотворении, в понимании этой строки работают одновременно все три толкования.

Лит.:
Taranovsky K. Essays on Mandelstam. — The Haage, 1976.
Тоддес Е. А. Мандельшам и Тютчев. Lisse,1972.
Тименчик Р. Д. Автометаописание у Ахматовой //
Russian literature, 1979. 1— 2.
Руднев В. Мандельштам и Витгенштейн // Третья модернизация, 1990.—№11.

АКЦЕНТНЫЙ СТИХ (или чисто тонический, или ударный стих) — стихотворный размер (см. **система стиха XX века**), самый свободный по шкале метрических разновидностей, или метров. В А.с. строки должны быть равны по количеству ударений, а то, сколько слогов стоит между ударениями, неважно. Таким образом, А. с. — это предел эмансипированности стиха по линии метра. Недаром А. с. называют еще стихом Маяковского. Вот пример 4-ударного А. с. из поэмы "Владимир Ильич Ленин".

1. Армия пролетариев, встань стройна!
2. Да здравствует революция, радостная и скорая!
3. Это — единственная великая война
4. Из всех, какие знала история.

А вот метрическая схема этого четверостишия:

1. — 4 — 2 — 1 —
2. 1 — 4 — 2 — 4 — 2
3. — 2 — 5 — 3 —
4. 1 — 1 — 2 — 2 — 2

(знаком "—" обозначаем ударные слоги в строке, цифра обозначает количество безударных слогов).

Как будто все правильно: в каждой строке по четыре ударения, а между ударениями сколько угодно безударных слогов. Но, во-первых, не сколько угодно, а от одного до пяти, а во-вторых, последняя строка вообще достаточно урегулирована и может быть строкой 4-ударного **дольника** (см.), где слогов между ударениями должно быть один или два. Проведем такой эксперимент. Возьмем какой-нибудь известный **текст**, написанный 4-ударным дольником, и попробуем туда подставить эту строку. Например:

> Девушка пела в церковном хоре
> О всех усталых в чужом краю,
> О всех кораблях, ушедших в море,
> Из всех, какие знала история.

Что же, за исключением рифмы, все в порядке. Схема подтверждает это:

— 2 — 2 — 1 — 1
1 — 1 — 2 — 1 —
1 — 2 — 1 — 2 — 1
1 — 1 — 1 — 2 — 2

Это первая проблема идентичности А. с. Для того чтобы он воспринимался как А. с., необходимо достаточное количество больших (больше трех слогов) междуударных интервалов, а тем самым длинных слов, которых в русском языке не так много: пролетариев, революции, радостная, единственная, справедливая. Средняя длина слова в русском языке — три слога. Получается, что А. с. — это не свобода, а искусственная ангажированность стиха, обязательство заполнять междуударные интервалы редкими длинными литературными словами. Впрочем, и все

авангардное искусство всегда явление поистине искусственное, совершающее насилие над тем языком, которому не повезло с ним встретиться.

Вторая проблема идентичности А. с. состоит в том, что он имеет тенденцию расползаться по ширине строки, нарушая равноударность. Так, в 4-ударном А. с. все время появляются то 5-, то 3-ударные строки, и если их достаточно много, то сам принцип, на котором держится А. с., разрушается. М. Л. Гаспаров говорит в этом случае о вольном А. с., но, по моему мнению, это так же противоречиво, как говорить о равноударном **верлибре**.

Таким образом, А. с. — это некая фикция, некий "симулякр" русской поэзии XX в.

Лит.:
Гаспаров М. Л. Акцентный стих раннего Маяковского // Учен. зап. Тартуского ун-та, 1969. — Вып. 236.
Гаспаров М. Л. Современный русский стих: Метрика и ритмика. — М., 1974.

АНАЛИТИЧЕСКАЯ ПСИХОЛОГИЯ — ответвление **психоанализа**, разработанное швейцарским психологом и философом Карлом Густавом Юнгом.

Вначале Юнг был учеником, сотрудником и другом Фрейда, но уже с 10-х годов они резко разошлись по ряду принципиальных вопросов. Юнг критически относился к тому, что Фрейд сводил причину всех **неврозов** и других психических заболеваний к сексуальным проблемам. Юнг считал недопустимым трактовать все явления **бессознательного** с точки зрения вытесненной сексуальности. Юнгианская трактовка либидо значительно более широкая. По его мнению, невроз и другие психические заболевания проявляются как поворачивание либидо вспять, что приводит к репродуцированию в сознании больного архаических образов и переживаний, которые рассматриваются как "первичные формы адаптации человека к окружающему миру".

Фрейд и Юнг были людьми разных поколений и культур. Как это ни парадоксально, Фрейд по своим эмоциональным и рациональным установкам был человеком позитивных ценностей XIX в. Юнг был человеком XX в., лишенным позитивистских предрассудков. Он занимался алхимией и астрологией, гадал по "Книге перемен", внес значительный вклад в изучение **мифа**.

Это резкое различие между личностями Фрейда и Юнга сказалось на их понимании природы бессознательного. Основной точкой размежевания фрейдовского психоанализа и юнгианской А. п. является то, что с точки зрения последней бессознательное носит коллективный характер. Юнг писал: "У этих содержаний есть одна удивительная способность — их мифологический характер. Они как бы принадлежат строю души, свойственному не какой-то отдельной личности, а *человечеству вообще*. Впервые столкнувшись с подобными содержаниями, я задумался о том, не могут ли они быть унаследованными, и предположил, что их можно объяснить расовой наследственностью. Для того чтобы во всем этом разобраться, я отправился в Соединенные Штаты, где, изучая сны чистокровных негров, имел возможность убедиться в том, что эти образы не имеют никакого отношения к так называемой расовой или кровной наследственности, равно как и не являются продуктами личного опыта индивида. Они принадлежат человечеству в целом, поэтому имеют *коллективную* природу.

Воспользовавшись выражением святого Августина, я назвал эти коллективные проформы *архетипами*. "Архетип" означает type (отпечаток), определенное образование архаического характера, содержащее как по форме, так и по смыслу мифологические мотивы. В чистом виде последние присутствуют в сказках, мифах, легендах, фольклоре".

Эти носители коллективного бессознательного понимались Юнгом в разные периоды по-разному: то как нечто вроде коррелята инстинктов, "то как результат спонтанного порождения образов инвариантными для всех времен и народов нейродинамическими структурами мозга".

В любом случае Юнг считал, что архетип не может быть объяснен и этим исчерпан. Когда в фантазии появляется образ солнца, или льва, который с ним отождествляется, или короля, или дракона, стерегущего сокровище, то, считает Юнг, это ни то и ни другое, а некое третье, которое весьма приблизительно выражается этими сравнениями. Единственно, что доступно психологии, — это описание, толкование и типология архетипов, чему и посвящена огромная часть наследия Юнга. Толкования его часто произвольны. Понимая это, Юнг был склонен подчеркивать близость методов А. п. методам искусства, а иногда и прямо заявлял, что он открыл новый тип научной рациональности.

Анализируя формы взаимодействия архетипов с сознанием, Юнг выделял две крайности, которые, с его точки зрения, равно опасны для индивидуального и социального бытия человека. Первую крайность он видел в восточных религиозно-мистических культах, где личностное начало растворяется в коллективном бессознательном. Другая крайность — это западное индивидуалистическое рациональное мышление, где, напротив, подавляется коллективное бессознательное. В противовес этим крайностям Юнг развивал учение об индивидуальности как интеграции сознательного и бессознательного начал психики индивида через символическое толкование и субъективное проживание своих архетипических структур. Ценность А. п. он видел в том, чтобы давать индивидуальному сознанию адекватные истолкования архетипической символики для облегчения процессов индивидуации, то есть психического развития индивида путем ассимиляции сознанием содержаний личного и коллективного бессознательного. Конечной целью индивидуального развития является достижение личностной целостности и неповторимости.

Концепция Юнга оказала решающее воздействие на формирование **трансперсональной психологии**.

Лит.:
Юнг К. Г. Архетип и символ. — М., 1991.
Юнг К. Г. Тэвистокские лекции. Аналитическая психология: ее теория и практика. — Киев, 1995.
Юнг К. Г. Душа и миф: Шесть архетипов. — Киев, 1996.
Иванов А. В. Юнг // Современная западная философия: Словарь. — М., 1991.
Мелетинский Е. М. Поэтика мифа. — М., 1976.

АНАЛИТИЧЕСКАЯ ФИЛОСОФИЯ — философская традиция, объединяющая различные философские направления (**логический позитивизм**, философию лингвистического анализа, **теорию речевых актов**). Зарождение А. ф. в начале XX в. связано с кризисом метафизической философии (см. **абсолютный идеализм**) и развитием идей "второго позитивизма" Эрнста Маха и Рихарда Авенариуса. Основоположниками А. ф. являются Бертран Рассел и Джордж Эдуард Мур. Первый в соавторстве с А. Н. Уайтхедом построил философские основания **математической логики** и предложил доктрину логического атомизма (см. **атомарный факт**), развитую Витгенштейном; второй подверг критике традиционную этику и идеалистическую метафизику. Подлинными вдохновителями А. ф. являются Людвиг Витгенштейн и его главный труд "**Логико-философский трактат**".

Для А. ф. характерны три главных признака: лингвистический редукционизм, то есть сведение всех философских проблем к проблемам языка; "семантический акцент" — акцентирование внимания на проблеме значения; "методологический уклон" — противопоставление метода анализа всем другим формам философской рефлексии, в частности отказ от построения системы философии в духе классических философских построений XIX в.

А. ф. — это прежде всего философия языка: мир видится через призму языка, старая традиционная философия, говорят аналитики, возникла из-за несовершенства языка, многозначности его слов и выражений, "речи, которая запутывает мысли", по выражению Витгенштейна; задача философии состоит в том, чтобы построить такой идеальный язык, который в силу своей однозначности автоматически снял бы традиционные философские "псевдопроблемы" (бытия и сознания, свободы воли и этики). Поэтому А. ф. — это прежде всего (на раннем этапе) логико-философская доктрина, стремящаяся к формализации языка, доведению его до совершенства языка логических символов. Эту проблему решали ученики Витгенштейна, члены Венского логического кружка: Мориц Шлик, Отто Нейрат и, прежде всего, Рудольф Карнап. Венский кружок выдвинул доктрину **верификационизма**, то есть идею о том, что истинность или ложность высказывания (главного объекта анализа аналитиков) и научной теории может быть подкреплена или опровергнута лишь в том случае, если все предложения свести к высказываниям о чувственных данных, или "протокольным высказываниям", которые можно подвергнуть непосредственной эмпирической проверке (ср. со-, противоположную концепцию фальсификационизма Карла Поппера, в молодости члена Венского кружка).

Надо сказать, что идея построения идеального логического языка быстро себя исчерпала. Такой язык нужен и возможен лишь для вспомогательных научно-философских целей, и таким является язык математической логики, но разговаривать, писать стихи и осуществлять множество других речевых актов или **языковых игр** на таком языке невозможно, "как невозможно ходить по идеально гладкому льду", по выражению позднего Витгенштейна.

Перелом в А. ф. произошел между мировыми войнами. В 1930-е гг., когда Витгенштейн вернулся в Кембридж из добровольного шестилетнего изгнания (он работал учителем начальных классов в горных альпийских деревнях с 1921 по 1926 г.), вокруг него, читавшего лекции в Тринити-колледже, начался формироваться круг молодых учеников, впитывавших его новые идеи, которые нашли свое окончательное воплощение в книге Витгенштейна "**Философские исследования**", над которой он работал до самой смерти.

Лингвистический поворот в этой замечательной книге был еще более усилен по сравнению с ранним "Логико-философским трактатом", но в остальном развивались идеи, полностью противоположные тем, которые были основой доктрины "Трактата".

В "Трактате" язык понимался чересчур узко. По сути там рассматривались только предложения в изъявительном наклонении ("Дело обстоит так-то и так-то"). Теперь Витгенштейн обращает внимание на то, что основная масса предложений языка несводима к изъявительному наклонению, а стало быть, в принципе не может быть подвергнута верификации. Ибо как можно верифицировать такие предложения, как "Иди сюда", "Прочь!", "Как хороши, как свежи были розы!", "Пивка бы сейчас!", "Сколько времени?", то есть восклицания, вопросы, выражения желаний, просьбы, молитвы, приказы, угрозы, клятвы. Именно такие и подобные им высказывания Витгенштейн называл языковыми играми и считал, что именно они являются формами жизни. В сущности, вся книга посвящена анализу языковых игр. "Язык, — писал Витгенштейн, — похож на большой современный город, где наряду с прямыми улицами, проспектами и площадями есть кривые переулки, полуразвалившиеся дома, а также новые районы, похожие один на другой как две капли воды". Задача философа, как теперь понимает ее Витгенштейн, — это попытка помочь человеку разобраться в обыденном языке, в его неоднозначности и путанице ("помочь мухе выбраться из бутылки").

Развивая выдвинутое еще в "Трактате" положение о значении слова, имеющем место лишь в контексте предложения, Витгенштейн углубляет это положение в знаменитой максиме: "Значение есть употребление". Здесь он разрабатывает теорию значения, которую называет теорией семейных сходств. Как все родственники имеют между собой что-то похожее — одно в одном случае, другое в другом, — при этом, однако, нельзя выявить чего-то одного, единого инвариантного значения, которое присутствовало бы у всех членов семьи, — так и значения слов лишь пересекаются друг с другом — нет ни абсолютных синонимов, ни омонимов. Например, слово "старик" может означать в одном контексте "очень пожилого человека", а в другом контексте это слово может означать и молодого человека, например в сленговом обращении друг к другу двух студентов: "Привет, старик!". Слово "вторник" в зависимости от контекста может означать "17 декабря 1996 г.", а может — "24 декабря того же года". Один из опосредованных учеников Витгенштейна, блестящий современный аналитик Сол Крипке, назвал такие слова нежесткими десигнаторами: их значения меняются при переходе из одной ситуации в другую (из одного возможного мира — в другой — см. **семантика возможных миров**). В противоположность таким словам, например, фамилии и имена-отчества или числа не меняют своего значения при переходе из одного возможного мира в другой, поэтому Крипке назвал их жесткими десигнаторами. То есть такие, например, выражения, как "нынешний президент США Билл Клинтон" или "число 8" являются жесткими десигнаторами.

В "Философских исследованиях" Витгенштейн остроумно доказал, что язык является в принципе социальным явлением, невозможен некий **индивидуальный язык** (см.), который мог бы понимать только говорящий на нем (ср. **сновидение**). Проблема сознания, в частности "чужого сознания" (other minds), вообще очень занимала поздних аналитиков (не только Витгенштейна; Гилберт Райл написал по этому поводу целую книгу "Понятие сознания" — это была альтернативная А. ф. по отношению к господствующей витгенштейновской). Как проникнуть в чужое сознание? Либо благодаря наблюдениям за поведением индивида, либо доверяя его свидетельству. Но свидетельство может быть ложным, а поведение — притворным (см. **философия вымысла, сюжет**).

Идеи "Философских исследований" Витгенштейна были с воодушевлением приняты англосаксонским философским сообществом. Вся А. ф. 50 — 60-х гг. XX в. так или иначе оказалась под влиянием этого стимулирующего произведения. На его основе оксфордский философ-аналитик Джон Остин, а вслед за ним Джон Серл из Беркли (Калифорния) строят **теорию речевых актов** (см.), учение о том, как производить действия при помощи одних слов, например пользуясь такими выражениями, как "Я приветствую вас!" или "Объявляю заседание открытым!" (здесь высказывание при определенных условиях совпадает с действием; слово и дело совпадают). Джон Уиздом разрабатывает теорию **лингвистической терапии** (см.), учения, согласно которому язык лечит говорящего и слушающего (здесь впервые в явном виде пересеклись А. ф. и **психоанализ**). Джеймс Хадсон разрабатывает **лингвистическую апологетику** (см.), учение о том, что отношения человека с Богом есть разновидность языковой игры. Наконец, появляется аналитическая **философия вымысла**, утверждающая, что если Шерлок Холмс и не существовал, "то он мог бы существовать при других обстоятельствах" (формулировка Сола Крипке).

Современная А. ф. — это огромная "фабрика мысли" с большим количеством интеллектуальных цехов. Постепенно проводятся линии к **феноменологии** (Карл Апель) и даже к философскому **постмодернизму** (Ричард Рорти). Ответить на свой основной вопрос: "Где кончается язык и начинается реальность?" — А. ф., пожалуй, так и не смогла, но в процессе ответа было сделано так много интересного, что можно с уверенностью сказать, что эта языковая игра стоила свеч.

Лит.:
Витгенштейн Л. Философские работы. Ч. 1. — М., 1994.
Мур Дж. Э. Принципы этики. — М., 1984.
Рассел Б. Человеческое познание: его сфера и границы. — М., 1956.
Аналитическая философия: Антология / Под ред. Грязнова А.Ф. — М., 1993.
Грязнов А. Ф. Аналитическая философия // Современная западная философия: Словарь. — М., 1991.

АНЕКДОТ — в XX в. один из наиболее продуктивных жанров городского фольклора. Сердцевина А., его пуант (неожиданная развязка) осуществляет разрядку напряженности, возникшую в разговоре, и тем самым посредническую (медиативную) функцию, выводящую говорящих из неловкого положения или просто затянувшейся паузы. Поэтому А. рассказывает особый человек, который хорошо владеет речевой **прагматикой** (см.), с легкостью умеет разрядить атмосферу. В культуре такой герой называется трикстером (от нем. Trickster — шутник, плут). Он посредник между богами и людьми, между жизнью и смертью (см. **миф**).

Этот механизм А. хорошо понимал Фрейд; предоставим ему слово: "В одном американском анекдоте говорится: "Двум не слишком щепетильным дельцам удалось благодаря ряду весьма рискованных предприятий сколотить большое состояние и после этого направить свои усилия на проникновение в высшее общество. Кроме всего прочего, им показалось целесообразным заказать свои портреты самому известному и дорогому художнику города. [...] На большом рауте были впервые показаны эти картины. Хозяева дома подвели наиболее влиятельного критика к стене, на которой оба портрета были повешены рядом, в надежде выудить восторженную оценку. Тот долго рассматривал портреты, потом покачал головой, словно ему чего-то недоставало, потом покачал головой и лишь спросил, указывая на свободное пространство между двумя портретами: "And where is the Saviour?"" (*А где же Спаситель?*) [...] Вопрос [...] позволяет нам догадаться, что вид двух портретов напомнил критику такой же знакомый ему и нам вид, на котором был, однако, изображен недостающий здесь элемент — образ Спасителя посредине двух других портретов. Существует один-единственный вариант: Христос, висящий между двумя разбойниками. На недостающее и обращает внимание острота. [...] Оно может заключаться только в том, что повешенные в салоне портреты — это портреты преступников. Критик хотел и не мог сказать следующее: "Вы — два мерзавца, в этом я уверен".

Критик в рассказе Фрейда осуществил чрезвычайно сложный вид косвенного речевого акта (см. **теория речевых актов**) (ср.: "Нам всем было бы лучше, если бы вы слегка сбавили тон" вместо "Замолчите немедленно!").

Задолго до Фрейда Л. Н. Толстой в "Войне и мире" дал развернутую картину ситуации, когда и зачем рассказывают А. В самом начале романа, в сцене у Анны Павловны Шерер, есть эпизод, когда Пьер Безухов и Андрей Болконский своими не в меру умными и оттого бестактными разговорами чуть было не сорвали "веретёна" светской беседы, и тогда выскочил, как бы мы сейчас сказали, "придурок" молодой князь Ипполит Курагин и со словами "А кстати..." начал совершенно некстати рассказывать глупый анекдот про даму, которая вместо лакея поставила на запятках кареты горничную высокого роста, и как из-за сильного ветра волосы у нее растрепались, "и весь свет узнал...". Этот действительно очень глупый анекдот, тем не менее, выполнил свою функцию разрядки напряженности в разговоре; все были благодарны шуту князю Ипполиту, как, вероятно, бывали благодарны в средние века придворные, сказавшие что-то некстати, шутам, которые дерзкой или абсурдной шуткой сглаживали возникшую неловкость.

Можно предположить, что в обществе нужна некая средняя политическая ситуация для того, чтобы был необходим А., как он был необходим в брежневское время. Ведь сам Леонид Ильич был как будто создан для А. Не злодей и не герой — посредник между мертвым Сталиным и еще управлявшим лишь Ставропольской областью Горбачевым.

Идеальный герой для А. — Василий Иванович Чапаев, он осуществляет посредничество между официозной напряженной идеологией большевизма (Фурманов) и спонтанным народным началом (Петька и Анка) — он одновременно герой и шут.

Тогда можно спросить: почему такое количество анекдотов про Штирлица? Неужели и его можно назвать трикстером? В определенном смысле это так и есть. Фигура Штирлица и сам фильм "**Семнадцать мгновений весны**", сделанный и показанный в самый разгар застоя, осуществлял медиативную (противоположную диссидентской) позицию внутренней эмиграции. Штирлиц — свой среди чужих и потенциально, конечно, чужой среди своих — осуществлял посредничество между официозным, "надутым" брежневским взглядом на культуру, в том числе на отечественную войну, и интеллигентским углубленно-интеллектуальным пониманием того, что "все не так просто".

Как же работает смысловой механизм анекдотического пуанта? Советский лингвист и семиотик В.В. Налимов объясняет его примерно так. У слова много значений, одни из них прямые, другие — переносные, косвенные. Чем более значение удаляется от прямого, тем менее оно вероятно, более неожиданно. Тот, кто хорошо рассказывает А., тем самым хорошо владеет "хвостовой частью" множества значений слова. Тот, кто хорошо понимает А., должен как минимум знать язык, на котором рассказывается А., в совершенстве.

А. — это фольклор, в нем большую роль играет **сюжет** (см.). Как в любом сюжете, в А. используется то, что одно значение слова можно принять за другое. Поэтому в основе любого сюжета лежит А.

Лит.:
Фрейд З. Остроумие и его отношение к бессознательному // *Фрейд З.* Художник и фантазирование. — М., 1995.
Налимов В. В. Вероятностная модель языка: О соотношении естественных и искусственных языков. — М., 1979.
Руднев В. Прагматика анекдота // Даугава. 1990. — № 6.

АТОМАРНЫЙ ФАКТ — один из определяющих терминов **логического позитивизма**, в частности "**Логико-философского трактата**" (1921) Людвига Витгенштейна.

А. ф. — это минимальное положение вещей в мире. А. ф. состоит из "простых предметов"; и то и другое — абстрактные ненаблюдаемые понятия. Витгенштейн считал, что весь мир строится из А. ф.

Что это за странный мир, который состоит из невидимых предметов? Но ведь примерно в то же время, когда Витгенштейн писал "Трактат", закладывались основы квантовой механики, которая тоже постулирует ненаблюдаемые объекты — элементарные частицы, не имеющие "массы покоя" (когда Эрнста Маха спрашивали об атомах, он отвечал вопросом на вопрос: "А вы их видели?").

Но все-таки если не увидеть, то хоть как-то обрисовать то, что подразумевал Витгенштейн под А. ф. и "простым предметом", мы попытаемся.

Простота довольно сложное понятие. У В.И. Ленина был имидж "простого человека", однако известно, каким хитрым и коварным он был. В математике есть понятие простого числа. Это вовсе не обязательно маленькое число, это число, которое делится только на себя и на 1. Так что простыми числами будут и 5, и 1397.

Примерно так же можно понимать логическую простоту. Предмет прост, если он не делится на части, которые сами являются предметами. Поэтому простым предметом можно считать не только элементарную частицу, но и, например, Луну. А каплю, которая делится на две капли, — нельзя.

Но как предметы группируются в А. ф.? Витгенштейн говорит, что они связаны непосредственно, как звенья в цепи. Допустим, мы говорим, показывая на Луну: "Луна". Это А. ф.? Нет, потому что на самом деле мы имеем в виду нечто вроде "Я сейчас вижу Луну".

Будем считать простыми не только вещи, но и свойства. Представим, что свойство "быть круглым" простое. Тогда мы скажем: "Луна круглая", и это уже будет примерно то, что имел в виду Витгенштейн, говоря об А. ф.

Но и здесь все не так просто. Переведем это предложение на английский язык и получим: "The Moon is round". Появляется связка "is", которая незримо присутствует и в русском языке, достаточно перевести предложение в прошедшее время, чтобы понять это: "Луна была круглой". Придется считать и связки простыми предметами.

Но как А. ф. отражается в языке? По Витгенштейну, ему соответствует "элементарное предложение" — "Луна круглая"; простым же предметам соответствуют простые имена: "Луна" и "круглый".

Из совокупности А. ф. складываются сложные факты, например "Земля и Луна круглые". Соединение происходит в данном случае при помощи логической связки "и" и называется конъюнкцией или логическим сложением.

Сложному факту соответствует сложное предложение, основная единица логического и естественного языка. Получается стройная пропорция:

```
простой предмет ——— А. ф. ——— факт
       |                          |
     имя  ——— элементарное ——— предложение
              предложение
```

Все шесть терминов связаны свойством проективности, они отражают друг друга. Язык в точности копирует **реальность**.

Это, конечно, логическая утопия. Как быть тогда с такими предложениями, как "Ух ты!" или "Немедленно убирайтесь отсюда!" (во второй половине своего творчества Витгенштейн заинтересовался именно такими предложениями — см. **аналитическая философия, языковая игра**). В "Трактате" же он считал, что мир состоит из совокупности А. ф., а язык — из совокупности элементарных предложений.

Логически эта концепция была безупречна. Но Витгенштейн жил в эпоху, когда господствовало **неомифологическое сознание** (см.), которое не могло не коснуться даже его.

И оно его коснулось. Ведь представление о всеобщей взаимосвязи и взаимном отражении предметов и имен — это мифологическое представление (см. **миф**). Говоря о том, что все его шесть терминов взаимосвязаны, Витгенштейн вдруг добавляет: "Как в сказке о двух юношах, их лошадях и их лилиях. Они все в определенном смысле одно". Речь идет о сказке братьев Гримм "Золотые дети". Там из одного куска золота, поделенного на шесть (!) частей, выросли два золотых юноши, два коня и две лилии. Они никогда не расставались, а когда все-таки приходилось это делать, то если с одним из братьев случалась беда, лилии привядали и тем самым сигнализировали об этом. Они были из одного куска. Как А. ф., предмет. факт, имя, элементарное предложение и сложное предложение.

Это чрезвычайно характерно для XX в., когда слишком логическое оказывается на поверку мифологией. Не на этом ли построен художественный мир короля прозы XX в. Хорхе Луиса Борхеса? (см. также **логаэдизация, модернизм, принципы прозы XX в.**).

Лит.:
Витгенштейн Л. Логико-философский трактат. — М., 1958.
Витгенштейн Л. Tractatus logico-philosophicus / Пер., параллельные коммент. и аналитич. статьи В. Руднева. — М., 2001.

АУТИСТИЧЕСКОЕ МЫШЛЕНИЕ (от древнегр. autos — сам) — замкнуто-углубленный тип личности или культурного феномена; применительно к личности используется также термин "шизоид" (см. **характерология**). Его не следует путать с понятием "**шизофрения**". Шизоид — тип личности, в крови родственников которого могут быть шизофренические гены, но сам он не может заболеть шизофренией — это место у него, так сказать, уже занято его характерологическим типом, который заключается в его погруженности в себя (интроверсии) и представлении о том, что внутренняя жизнь духа является первичной по отношению к материальной жизни.

В этом смысле А. м. — синоним идеализма. Но А. м. — это не философское понятие, а психологическое. Шизоид-аутист может быть не обязательно поэтом или профессором философии, важно, что его сознание работает определенным образом.

Понятие А. м. ввел швейцарский психолог и психиатр Эуген Блейлер, а типичный внешний вид шизоида-аутиста описал Эрнст Кречмер в книге "Строение тела и характер" (1922). В противоположность полному жизнерадостному сангвинику аутист имеет лептосомное, то есть "узкое" телосложение: как правило, он худой и длинный, жилистый, суховатый, с несколько механистическими движениями. Характерный аутистический жест — поклон всей верхней частью тела, который выглядит, как будто лезвие бритвы выпадает из футляра.

В каждой культуре, в каждом направлении искусства преобладает свой характерологический тип личности. В культуре XX в. преобладает аутист-шизоид, именно поэтому мы выделили понятию А. м. отдельную статью. Типичные аутисты по внешнему виду (хабитусу) — такие выдающиеся деятели культуры XX в., как Джеймс Джойс, Густав Малер, Арнольд Шёнберг, Карл Густав Юнг.

В XX в А. м. свойственно не только отдельным личностям, но и целым направлениям. Аутистическую природу имеет **неомифологизм,** все направления **модернизма.** (При этом важно осознавать, что **авангардное искусство** (см.) не является аутистическим — его характерологическая основа — это полифоническая мозаика (см. **характерология).**

Аутисты могут быть двух типов — авторитарные; это, как правило, основатели и лидеры новых направлений (Н. С. Гумилев, А. Шёнберг, В. Брюсов); дефензивные (то есть с преобладающей защитной, а не агрессивной установкой); таким был, например,

Ф. Кафка — беззащитный, боявшийся женщин, отца, неуверенный в себе и в качестве своих произведений, но по-своему чрезвычайно цельный.

Классические аутисты настолько равнодушны к внешним условиям среды, что они легче выживают в экстремальных условиях. Так, например, композитор С. С. Прокофьев, будучи совершенно внутренне чуждым советскому строю, тем не менее, с легкостью писал оперы на советские темы — "Октябрь", "Семен Котко", "Повесть о настоящем человеке",— он относился к этому как к чему-то вынужденному, как к плохой погоде. Душа его оставалась при этом совершенно чистой и незамутненной. А тревожный Шостакович, который гораздо меньше писал в угоду строю, тем не менее все время мучился за свои грехи, в частности за то, что вынужден был быть членом партии.

Бывают шизоиды-подвижники, такие, например, как Альберт Швейцер, который, следуя внутренней логике своей гармонии, оставил ученые и музыкальные занятия и уехал лечить прокаженных в Африку. Людвиг Витгенштейн, написав "**Логико-философский трактат**" (см. также **логический позитивизм, атомарный факт**), отказался от миллионного наследства своего отца и стал учителем начальных классов в деревне, так как этого требовал его внутренний аутистический нравственный императив — философ должен быть беден, философ должен помогать тем, кому больше всего нужна помощь, то есть детям.

Смысл и специфику А. м. очень точно описал Гессе в притче "Поэт", где китайский поэт учится под руководством мастера вдали от родины. В какой-то момент он начинает тосковать по родному краю и мастер отпускает его домой. Но, увидев с вершины холма родной дом и осознав лирически это переживание, поэт возвращается к мастеру, потому что дело поэта — воспевать свои эмоции, а не жить обыденный жизнью (пример взят из книги М. Е. Бурно, упомянутой ниже в "Литературе").

Лит.:
Блейлер Э. Аутистическое мышление.— Одесса, 1927.
Кречмер Э. Строение тела и характер.— М., 1994.
Бурно М. Е. Трудный характер и пьянство.— Киев, 1990.

Б

"БЕГИ, ЛОЛА" [1] — фильм Тома Тыквера, 1998 (исполнительница главной роли — Франка Потенте), один из самых культовых фильмов последнего десятилетия XX в.

Сюжет фильма может быть с большой долей условности сведен к следующему: Манни, бой-френд героини, дочери крупного банкира, должен передать своему "боссу" (видимо, зарабатывающему торговлей наркотиками) 100 тысяч марок. Его верная подруга Лола обычно сопровождает его в подобных предприятиях. Но на этот раз она не приходит: у нее украли мопед. "Все было так, как обычно, но только тебя не было!" — кричит ей Манни в отчаянии в телефонную трубку. В метро, увидев контролеров, он автоматически выскакивает из вагона и забывает сумку с деньгами. На его глазах ее берет странный бомж с целлофановыми пакетами. Манни должен отдать деньги ровно в полдень, и у Лолы остается всего 20 минут, чтобы спасти того, кого она любит.

Это — завязка, а развязок — три, три варианта найти выход из положения, три пути, три жизни, три реальности (см. также **феноменология** и **событие**).

Лола выбегает из дома, бросается к отцу, но тот отказывается дать ей деньги. Тогда Манни пытается ограбить универмаг, и Лола, неумело держа в руках пистолет, ему помогает. Держа в руках целлофановый пакет с деньгами, они выбегают на соседнюю улочку, где их уже ждут полицейские машины. Случайный выстрел, Лола падает. "Я не хочу умирать", — шепчет она. Цвет пакета — красный.

Лола опять выбегает из дома и опять бежит к отцу. Но денег она уже не просит: она берет родного отца в заложники, требует, чтобы ей выдали 100 тысяч марок, чудом выскальзывает из оцепленного полицией банка, но тут нарушает условие "игры". Спеша, Лола садится в красную машину скорой помощи, шофер которой предлагает подвезти ее, и эта машина насмерть сбивает Манни. Цвет пакета — зеленый.

---

[1] Статья написана Т. А. Михайловой.

Лола опять выбегает из дома, бежит к отцу, но он уже ушел. В отчаянии она озирается, и взгляд ее падает на сверкающее здание казино. Купив на все деньги один жетон в 100 марок, она ставит на 20. Она выигрывает. Весь выигрыш она снова ставит на цифру 20 и все свое нестерпимое желание спасти Манни выбрасывает в крик, от которого падают картины со стен и разбиваются бокалы в руках элегантных посетителей. Шарик снова останавливается на цифре 20. Лола снова бежит, но по дороге встречает все ту же красную машину скорой помощи, в которой лежит ее умирающий отец: он только что попал в аварию. Лола берет его за руку — и работа сердца восстанавливается. Тем временем Манни неожиданно встречает бомжа, взявшего пакет с деньгами. Он догоняет его, отнимает пакет, часовая стрелка подходит к 12, Манни отдает деньги "боссу". Лола подбегает к нему, и Манни нарочито спокойно говорит: "Все в порядке. Ты что, всю дорогу бежала? А что в пакете?" Пакет — золотой.

Итак, перед нами три варианта развития одной ситуации, три исхода, прожитые трижды одни и те же 20 минут. Постараемся же понять суть фильма Тыквера тремя разными способами.

Способ 1. Компьютерная игра (см. также **виртуальные реальности**). Яркость красок, странность вида самой Лолы (красные волосы, бледно-зеленая майка, голубые брюки), введение элементов мультипликации, условность пейзажа большого города (Берлин? Но разве реальный Берлин?) — все это создает иллюзию игры, главным действующим лицом которой уже оказывается как бы сам играющий. Это он, а не Лола должен успеть за 20 минут раздобыть деньги и прибежать с ними в условленное место, это он увертывается от машин, принимает внезапные решения, скрывается от полицейских. Причем если это игра, то скорее довольно примитивная игра, этакая "стрелялка" или "бродилка", где темп пальцев не менее важен, чем сообразительность. И, как и положено в компьютерной игре, игроку даются "три жизни", три возможности, каждый раз начиная с одной и той же точки, достичь нужного результата. И, как в компьютерной игре, он с каждым разом становится все "опытнее": Лола догадывается перепрыгнуть через парня с собакой на лестнице, уже во втором эпизоде понимает, что просить денег у отца не имеет смысла, она выбирает оптимальные "микромаршруты", бежит все быстрее и быстрее, в третьем "заходе" выбирает вариант, оказавшийся выигрышным, казино, и в результате побеждает. На этом ее бег, о котором сам Тыквер сказал, что он "объединяет в себе воедино взрыв динамики и эмоций", и который он сравнивал с "головокружительной скоростью американских горок", прекращается. Игра сыграна, азарт иссяк, и Манни удивленно поправляет сбившиеся волосы Лолы: "Ты что, всю дорогу бежала?". Это звучит уже как шутка: теперь питание компьютера можно отключить.

Способ 2. Волшебная сказка (см. также **формальная школа**). Все начинается с "недостачи" — 100 тысяч марок. Их похитил злой волшебник, а поскольку отдать их надо "королю", который за неповиновение наказывает смертью, найти их надо во что бы то ни стало и непременно за 20 минут! Однако, нарушая правила жанра, герой Манни отправляется на поиски не сам, а посылает свою любимую, и именно перед ней открываются три дороги: по одной пойдешь — найдешь золото, но погибнешь, по другой пойдешь — найдешь золото, но погибнет твой суженый, по третьей пойдешь — найдешь и золото, и любовь. Однако считать Лолу чем-то вроде феи или чудесного помощника-протагониста мы не можем, поскольку совершенно очевидно, что эти функции исполняет другой персонаж: слепая старуха, которая молча стоит у автомата, из которого Манни в отчаянии звонит всем в поисках помощи. Лола — Анима героя, и, говоря ей: "Беги!", он бежит сам. Ее бег — это воплощенное стремление эмоций человека, находящегося на грани отчаяния. Реализацией эмоций смятенного героя и оказывается Лола, становящаяся воплощением его, как сформулировал это Юнг (см. также **аналитическая психология**), "психической реальности". Лола — это воплощенное желание достичь цели, эманация бессознательного страха смерти, но одновременно источник жизненной силы (не случайно "недостача" произошла оттого, что рядом с героем не было Лолы). И поэтому не бегущая Лола, а он сам, его бессознательное, пытается, вначале безуспешно, раздобыть сокровище, вернуть украденное. Но эти попытки оказываются бесплодными. Только когда Манни находит своего настоящего "чудесного помощника" — слепую старуху, которая вдруг указывает ему на бомжа с пакетами, и когда он с поразительной легкостью возвращает утраченное, Анима-Лола возвращается к своему герою, раздобыв заодно и богатство.

Способ 3. **Семантика возможных миров** (см). Идее раз и навсегда заданной "судьбы" как своего рода начертанного высшим существом сценария жизни с самых древних времен противостояли представления о том, что в зависимости от того, как сложится картина бытия в каждую конкретную минуту (здесь и сейчас), будущее станет разворачиваться в том или ином направлении. Однако, открытие теории относительности заставило взглянуть на проблему совершенно по-новому и предположить, что будущее не есть результат раз и навсегда совершенного выбора, а лишь один, явленный нам вариант бесконечного числа "будущих" **событий** (см.), каждое из которых в равной степени реально. То же можно сказать и о **времени**. "Бег" Лолы действительно занимает 20 минут экранного времени, но он *одновременно* происходит в нескольких пространствах, необычайно подобных друг другу, но не полностью идентичных. Важными, хотя и очень мелкими на первый взгляд представляются эпизоды, в которых Лола случайно на бегу задевает прохожих, тем самым как бы приоткрывая завесу над их "будущим", изображенным режиссером в виде серии быстро сменяющих друг друга фотографий. Этих персонажей — три и вариантов их будущего тоже, соответственно, три, причем говорить в данном случае о чем-то вроде возмездия или награды не приходится: "Сучка, глаза открой!" — кричит Лоле женщина с коляской в первом эпизоде (фотографии: пьяная драка, полиция, скорая помощь); "Тоже мне, несется!" — не менее грубо кричит она же во втором эпизоде (фотографии: лотерейный билет, праздник, статья в газете, новый дом). И, наверное, уже понятно, что ставить вопрос о том, как же сложится судьба этой женщины "на самом деле", вообще нет **смысла**. Столкновение с бегущей Лолой для каждого из этих персонажей оказывается своего рода "точкой бифуркации", т. е., по концепции И. Пригожина, маркированным пунктом времени, начиная от которого событие может пойти по одному из многих альтернативных путей (см. также **серийное мышление**).

И все же в фильме есть еще два эпизода, позволяющих взглянуть совершенно иначе на все, что было нами сказано, и на все столь блистательно показанное режиссером. Эти эпизоды (цвет —

красный) на фоне общего темпа фильма предстают поразительно статичными: герои просто лежат рядом в постели и зачем-то выясняют, любят ли они друг друга и если любят, то как и почему. Именно здесь, в их простой и тихой любви — главная мысль фильма. Любовь — не игра, не сказка и не одна из возможных **реальностей**.

Лит.:
Данн Дж. У. Эксперимент со временем. — М., 2000.
Пригожин И. Время. Хаос. Квант. — М., 1994.
Пропп В. Я. Исторические корни волшебной сказки. — Л., 1986.
Фон Франц М.Л. Психология сказки. — М.; СПб., 1998.
Юнг К. Г. Феноменология духа в сказках // Юнг К. Г. Душа и миф: Шесть архетипов. — Киев, 1996.

"БЕСКОНЕЧНЫЙ ТУПИК" — роман современного русского прозаика, публициста и философа Дмитрия Галковского (1985). **Текст** произведения настолько велик (по объему он примерно равен "Анне Карениной"), что целиком он до сих пор не опубликован; и настолько разнопланов и противоречив по своей художественно-философской идеологии, что, когда в Москве в 1993 — 1994 гг. был "бум на Галковского", спровоцированный его резкими публицистическими статьями в "Независимой газете", фрагменты из Б. т. публиковались в таких идеологически противоположных журналах, как, с одной стороны, "Новый мир", а с другой — "Наш современник".

Б. т. чрезвычайно сложен по жанру — это и не автобиография, и не заметки на полях других произведений, и не классический постмодернистский пастиш (см. **постмодернизм**) — и в то же время и то, и другое, и третье.

За основу композиции Б. т. взят, по-видимому, "**Бледный огонь**" В. Набокова (см.) — одного из двух авторов на всей планете, которого Галковский признает и к которому относится всерьез (второй, вернее, первый и по хронологии, и по значимости — В.В. Розанов, отсюда и чудовищный идеологический плюрализм Б. т.).

Б. т. строится как система примечаний нескольких порядков к основному тексту, про который непонятно, написан он или нет. Выглядит это в виде фрагментов объемом, как правило, не более страницы: фрагменты текста автора (рассказчика) или цитаты из какого-либо русского писателя или философа; далее может идти комментарий к этому фрагменту; далее комментарий к комментарию; потом полифонически (см. **полифонический роман**) контрастный фрагмент собственного текста или другая цитата. И так далее до бесконечности — отсюда и название текста.

Таким образом, в Б. т. последовательно применены три основные риторические фигуры поэтики XX в. (см. **принципы прозы XX в.**): **текст в тексте** (комментарии к собственным размышлениям); **интертекст** (коллаж цитат — скрытых и явных) и **гипертекст** (читать Б. т. можно по-разному — сплошняком, как он написан; ориентируясь по номерам и страницам гипертекстовых отсылок; или "тематически", как это делалось при фрагментарных журнальных публикациях романа. Так, первый выпуск журнала "Логос" опубликовал в 1991 г. фрагменты, посвященные обрисовке личности и философии Владимира Соловьева; "Новый мир" печатал биографические фрагменты, связанные с детством автора-героя и его взаимоотношениями с отцом; "Наш современник" — "юдофобские" и иные "великодержавные" размышления героя-автора. В целом корпусе Б. т., который автор словаря читал в машинописи, все эти фрагменты идут вперемешку, подчиняясь законам авторских ассоциаций.

По жанру Б. т. все-таки наиболее близок к классической исповеди (св. Августин, Жан-Жак Руссо, Л. Н. Толстой), но это исповедь особенная — постмодернистская, потому что исповедуется не автор, а его alter ego Одиноков. Обычно исповеди бывают не всегда правдивыми, поскольку за них ручается сам автор своим именем; исповедь Одинокова безусловно правдива и искренна, потому что это исповедь вымышленного персонажа, хотя ясно и то, что реальный Дмитрий Евгеньевич Галковский целиком разделяет все высказывания своего героя.

Поэтому Б. т. можно рассматривать как чрезвычайно своеобразный, но все же роман и, может быть, даже последний великий русский роман, а Галковского можно считать последним великим русским писателем (Владимир Сорокин — см. **"Норма"/"Роман"** — находится уже по ту сторону традиций русской прозы — это писатель эры "постхьюман", то есть постгуманистической эры, во многом писатель будущего, по крайней мере, "future in the past" ("будущего прошедшего" — грамматическая категория в английском языке).

В двух словах идеологическая и одновременно художественная канва Б. т. — в бесконечных размышлениях Галковского-Одинокова о себе, о своем отце, о русской философии и русском языке, русской литературе. Этих рассуждений настолько много, и все они настолько интересны, умны и провокативны (см. ниже), что читатель просто утопает в них.

В числе основного корпуса идей Б. т. мысли, связанные с особенностями русского языка, как его понимает автор-герой. Русский язык, по мнению автора Б. т., обладает тремя фундаментальными признаками: *креативностью* (все сказанное превращается в действительность — ср. **теория речевых актов**); *револютативностью*, то есть оборотничеством (все сказанное превращается в действительность, но в наиболее искаженном, нелепом и неузнаваемом виде); *провокативностью* (склонностью к издевательству, глумлению, юродству).

Все эти свойства русского литературного языка естественным образом объединяются в феномене русской литературы, которая в период своей зрелости, то есть в XIX веке, становится мощным орудием воздействия на **реальность** (идея в целом для XX в. вполне характерная — см. **реальность, текст, абсолютный идеализм, "Бледный огонь", "Хазарский словарь"**), но самое интересное, что, высказывая все эти идеи, Галковский, так сказать, вовсе не шутит — это своеобразная, пусть и изложенная на страницах философского романа, чудовищная "философия истории литературы".

Самая главная мысль — что литература, обладающая такой мощной креативностью (а то, что литература в России XIX в. заменила философию и чрезвычайно сильно воздействовала на реальность, не вызывает сомнений; достаточно вспомнить, например, "учебник жизни" — "Что делать?" Н.Г. Чернышевского), должна отвечать за то, какую действительность она построила (ср. **гипотеза лингвистической относительности**).

По Галковскому так называемое революционное движение в России было цепью взаимных провокаций, предательств и карнавалов (см. **карнавализация**): вначале революционеров "придумало" царское правительство. чтобы отвлечь общество от реально казавшихся ему (правительству) вредными идей славянофилов; потом эти "выдуманные революционеры", по законам русского языка, превратились в настоящих, но извращенных "бесов" и проникли в правительство, а оттуда сами создавали "реакционеров", чтобы было над кем устраивать террористические побоища. Интересна фраза Галковского о Достоевском, которого он — одного из немногих русских писателей — принимает всерьез:

"Если бы Достоевского, — пишет Галковский, — расстреляли в 1849 году, то он бы не написал "Бесов". Но тогда, может быть, не было бы в русской действительности и самих бесов".

Итак, революционное движение "написали", но написали неумело, по-русски, "топором и долотом", то есть не только креативно, но револютативно и провокативно. В результате получилась не история, а бесовское подобие истории с издевательством, юродством и глумлением над основами русской жизни.

Приведу большую цитату, в которой характеризуется старец Серафим Саровский, один из самых почитаемых русских религиозных деятелей (к которому и Галковский относится вполне всерьез). И тем не менее:

"К Серафиму в Саров приехала будущая Дивеевская старица Елена Васильевна Мантурова и попросила постричь ее в монахини. Серафим стал уговаривать молодую девушку выйти замуж (три года уговаривал). При этом он так, например, расписывал "прелести" семейной жизни:

"— И даже вот что еще скажу тебе, радость моя. Когда ты будешь на сносях, так не будь слишком на все скора. Ты слишком скора, радость моя, а это не годится. Будь тогда ты потише. Вот, как ходить-то будешь, не шагай так-то, большими шагами, а все потихоньку да потихоньку. Если так-то пойдешь, благополучно и снесешь.

И пошел перед нею, показывая, как надо ходить беременной.

— Во, радость моя!.. также и поднимать, если что тебе случится, не надо так вдруг скоро и сразу, а вот так, сперва понемногу нагибаться, а потом точно так же понемногу и разгибаться.

И опять показал на примере.

Вот таким образом кривлялся, глумился над женским естеством.

Да даже если бы он сказал пьянице какому-нибудь:

— А ты иди водочки-то выпей. Она скусная. Выпей ее, родимую, и лапушки оближи: "Ай-ай, сладко". Ноженьки-то твои тогда вот так, смотри, подогнутся, и рученьки милые трястись будут. И головушка набок завалится, закружится. То-то славно. Пей больше, ласковый, и всегда такой будешь. И ходи, смотри, осторожно тогда. Вот так, по стеночке, опираясь. Тело у тебя легкое, слабое станет, в канаву грязную и ребеночек маленький спихнуть сможет. Так что ходи, милый, тихо, ходи, милый, скромно.

Все равно страшно слушать. А тут над беременностью так насмехаться.

Но Серафим Саровский действительно русский святой. Эта святая русская ненависть к миру, издевательство над миром, обречение себя Богу.

Более того, Серафим любил мир. И так как его ненависть к нему была абсолютна, она и превращалась в абсолютную доброту, любование".

Б. т. написан на художественном языке XX в. — все эти предательства, оборотничества, речевой садизм, превращение текста в **реальность** и наоборот — все это было в XX в. Но все эти "признаки" и "приемы" изящной словесности оборачиваются, по логике же Б. т., в такую "посконную" глобальную русскую правду, что в этом и открывается чисто русское величие этого "безраздельного" произведения.

Лит.:
Руднев В. Философия русского литературного языка в "Бесконечном тупике" Д. Е. Галковского // Логос. — М., 1993. — № 4.

БЕССОЗНАТЕЛЬНОЕ — термин **психоанализа**, под которым понимается то, о чем человек не подозревает в своей психической жизни. Понятие Б. — основа психоаналитической теории. "Деление психики на сознательное и бессознательное, — писал Фрейд, — является основной предпосылкой психоанализа, и только оно даст ему возможность понять и подвергнуть научному исследованию часто наблюдающиеся и очень важные патологические процессы сознательной жизни".

Далее Фрейд пишет: "Психический элемент не бывает на протяжении долгого времени сознательным и часто переходит в бессознательное. Здесь начинается психоаналитическая теория, которая утверждает, что такие представления не становятся сознательными потому, что им противодействует известная сила".

Эта сила, которая уводит сознательные элементы в Б., называется вытеснением, а та сила, которая препятствует их возвращению к сознанию, называется сопротивлением (см. **психоанализ**). Однако работа психоанализа в том и состоит, чтобы, подавив сопротивление, вывести из Б. те элементы, которые там находятся и которые способствуют болезненным проявлениям индивида. В этом цель и **смысл** психоаналитической практики. Без помощи аналитика вытесненные в Б. элементы, по Фрейду, не могут самостоятельно перейти в сознание и тем самым дать исчезнуть болезненным невротическим симптомам.

Б. в противоположность сознательному *Я* называется Фрейдом *Оно*. *Оно* — это та сила в структуре психики человека, где господствуют страсти, где поспудствует "принцип удовольствия". *Я* старается подавить *Оно,* заменить принцип удовольствия "принципом **реальности**". Так, мы, живя в социуме, подавляем свои низменные Б. инстинкты. Когда же они прорываются, то происходят известные преступления "на почве аффекта" — изнасилования, убийства из-за ревности и т. д. Это означает, что *Оно* вышло из-под контроля *Я*.

Но не только глубинные низменные страсти являются, по Фрейду, Б., оно окутывает сознательное *Я* не только снизу, но и сверху. Фрейд пишет: "Однако гораздо большее недоумение вызывает знакомство с другим фактом. Из наших анализов мы узнаем, что существуют люди, у которых самокритика и совесть, то есть бесспорно высокоценные душевные проявления, оказываются бессознательными и, оставаясь таковыми, обусловливают важнейшие поступки; то обстоятельство, что сопротивление в анализе остается бессознательным, не является, следовательно, единственной ситуацией такого рода. Еще более смущает нас новое наблюдение, приводящее к необходимости, несмотря на самую тщательную критику, считаться с бессознательным чувством вины — факт, который задает новые загадки, в особенности если мы все больше и больше приходим к убеждению, что б е с с о з н а т е л ь н о е ч у в с т в о в и н ы (здесь и далее в цитатах разрядка Фрейда. — *В.Р.*) играет в большинстве **неврозов** экономически решающую роль и создает сильнейшее препятствие выздоровлению. Возвращаясь к нашей оценочной шкале, мы должны сказать: не только глубокое, но и наиболее высокое в *Я* может быть бессознательным".

Это высокое Б. Фрейд называет *Сверх-Я* или *Я-идеал*. Это то, к чему человек стремится, чему он бессознательно поклоняется. Чаще всего в детстве таким Б. *Я-идеалом* является отец, и сложные взаимодействия между *Я*, *Оно* и *Сверх-Я* происходят под влиянием **Эдипова комплекса** (см.). Фрейд пишет: "[...] отношение *Сверх-Я* к *Я* не исчерпывается требованием "т ы   д о л ж е н быть таким же (как отец)"; оно выражает также запрет: "Таким (как отец) ты   н е   с м е е ш ь быть, то есть не смеешь делать все то, что делает отец; некоторые поступки остаются его исключительным правом".

Таким образом, Б. *Оно*, формирующее Эдипов комплекс, наталкивается на Б. *Сверх-Я*, которое препятствует проявлению *Оно*. Если в *Оно* господствует принцип удовольствия, если в *Я* он сменяется принципом реальности, то в *Сверх-Я* начинает господствовать принцип идеальности, который тоже является бессознательным, удерживающим *Оно* от проявлений принципа удовольствия, в частности посягательства индивида на жизнь отца и тело матери. Если *Оно* желает убить отца, а *Я* боится это сделать, то *Сверх-Я* слишком уважает отца.

Интересно, что все эти страсти бушуют в едва сформировавшейся душе маленького ребенка совершенно помимо его сознания.

По мнению Фрейда, из Б. *Сверх-Я* вырастают религии. Он пишет: "Легко показать, что *Я-идеал* соответствует всем требованиям, предъявляемым к высшему началу в человеке. В качестве заместителя страстного влечения к отцу оно содержит в себе зерно, из которого выросли все религии. Суждение о собственной недостаточности при сравнении *Я* со своим идеалом вызывает то смиренное религиозное ощущение, на которое опирается страстно верующий. В дальнейшем ходе развития роль отца переходит к учителю и авторитетам; их заповеди и запреты сохраняют свою силу в *Я-идеале*, осуществляя в качестве с о в е с т и моральную цензуру. Несогласие между требованиями совести и действиями *Я* ощущается как ч у в с т в о   в и н ы. Социальные чувства покоятся на идентификации с другими людьми на основе одинакового *Я-идеала*.

Эта теория Б., изложенная в книге Фрейда "Я и Оно", носит

не по-фрейдовски схоластичный характер. Несмотря на свою глубину и логическую правомерность, она не оказала решающего воздействия на дальнейшее развитие психоанализа. Во всяком случае, понятие коллективного Б., с которым выступил Юнг в своей **аналитической психологии**, содержит в принципе лишь те черты, которые присущи фрейдовскому понятию *Оно*, то есть низменному индивидуальному Б.

Лит.:
Фрейд З. Я и Оно // Фрейд З. Психология бессознательного. — М., 1990.

БИНАРНАЯ ОППОЗИЦИЯ — универсальное средство познания мира, которое особенно активно использовалось и, главное, было осознано как таковое в XX в.

Двоичность восприятия окружающего мира обусловлена уже чисто физиологическими причинами, прежде всего тем, что мозг человека разделен на два полушария, выполняющих каждое свою функцию (см. **функциональная асимметрия полушарий головного мозга**), тем, что у нас два глаза, два уха, две ноздри, две руки и ноги.

В XX в. тон в понимании важности и универсальности Б. п. задала **фонология** (см.), построенная на дифференциальных признаках, которые суть не что иное, как Б. о.: глухость — звонкость, твердость — мягкость, гласные — согласные. После того как Н. С. Трубецкой построил фонологическую методологию, система бинарных дифференциальных признаков стала использоваться практически во всех сферах структурных гуманитарных исследований.

Было установлено, что в описании любой **картины мира** лежат Б. о., причем они носят универсальный характер:

жизнь — смерть
счастье — несчастье
правый — левый
хорошее — дурное
близкое — далекое
прошлое — будущее
здесь — там.

Левая часть оппозиции считается всегда маркированной положительно, правая — отрицательно.

В современной жизни мы также пользуемся Б. о.: можно — нельзя, положено — не положено, принято — не принято, истинно — ложно, да — нет, утверждение — отрицание, знание — неведение (см. также **модальности**). Важную роль при изучении механизма действия Б. о. играет понятие медиации, то есть посредничества между крайними членами оппозиции. Уже в фонологии есть понятие нейтрализации, когда (в русском языке) фонемы по признаку "звонкость — глухость" нейтрализуются на конце слова, звонкие оглушаются: труд, маг, код произносятся реально как трут, мак, кот. В модальных оппозициях вводится третий срединный член, который нейтрализует два противоположных. Если что-то запрещено, а что-то обязательно, то нечто и разрешено, то есть не обязательно, не запрещено. Если есть известное и неведомое, то есть и полагаемое — известное, но не наверняка.

Роль Б. о., открытая в XX в., поистине не знает границ: они употребляются в диапазоне от стихотворного **ритма**, который построен на бинарном чередовании мельчайших единиц языка (ударный слог — безударный слог), до биологических ритмов дня и ночи, зимы и лета, а также культурных ритмов: идеалистическая культура — материалистическая культура.

В связи с этим исследователи подчеркнули важность такого фактора, как билингвизм в широком смысле этого слова. Мы не можем понять мир до конца, и эта невозможность понимания компенсируется бинарной дополнительностью точек зрения на мир. В этом суть культурологической концепции Ю. М. Лотмана, в этом же философская суть **принципа дополнительности** Н. Бора (см.) и соотношения неопределенностей В. Гейзенберга.

Лит.:
Иванов В. В., Топоров В. Н. Славянские языковые моделирующие системы.— М., 1965.
Иванов В. В. Чет и нечет: Асимметрия мозга и знаковых систем. — М., 1978.
Лотман Ю. М. Феномен культуры // Лотман Ю. М. Избр. статьи. В 3 тт. — Таллинн, 1992.— Т.3.
Лотман Ю. М. Динамическая модель семиотической системы // Там же.

БИОГРАФИЯ. Каждая эпоха по-своему представляла то, как надо строить человеческую жизнь и как ее следует изображать на бумаге. Например, римский историк Светоний, автор книги "Жизнь двенадцати цезарей", понимал, что в сравнительной биографии важна не последовательность **событий**, а их система, чтобы легче было сравнивать. Поэтому он строил Б. каждого из своих двенадцати героев по систематическому принципу. Сначала перечисляются достоинства, потом недостатки; что сделал для Рима — хорошего и плохого; какие войны вел; как умер и какие события это за собой повлекло.

Второй тип написания Б. — агиография, жизнеописание святого. Оно строится по хронологическому принципу, но следуя жестким правилам — агиографическим штампам.

Третий тип Б. — семиотический. Его принципы сформулировал Ю. М. Лотман. Он исходил из того, что человек может строить свою биографию знаково (см. **семиотика, знак**), в частности подражая жизни другого человека.

В XVIII в. были распространены такие прозвища, как "российский Пиндар" (М. В. Ломоносов), "российская Минерва" (Екатерина Великая), "российский Катон" (А.Н. Радищев). Последнему Ю.М. Лотман посвятил одну из лучших своих работ, где показал, что знаменитый автор "Путешествия из Петербурга в Москву" действительно строил свою жизнь, отождествляя себя с римским политическим деятелем Катоном Утическим, и, более того, покончил с собой в подражание ему и в назидание потомкам, осуществляя "принцип внутренней свободы".

Идея "жизнестроительства" появилась и закрепилась в русской культуре в творческой среде символистов (см. **символизм**). Она была отражением **неомифологизма** как общего принципа культуры XX в. В данном случае мифологичность (см. **миф**) состояла в том, чтобы снять оппозицию (см. **бинарная оппозиция**) между своей жизнью и своим творчеством, мифологически отождествить их.

М. М. Бахтин (см. **карнавализация, полифонический роман, диалогическое слово**) писал в первой своей опубликованной заметке "Искусство и ответственность": "За то, что я пережил и понял в искусстве, я должен отвечать своей жизнью, чтобы все пережитое и понятое не осталось бездейственным в ней. [...] Поэт должен помнить, что в прошлой прозе жизни виновата его поэзия, а человек жизни пусть знает, что в бесплодности искусства виновата его нетребовательность и несерьезность его жизненных вопросов. [...] Искусство и жизнь не одно, но должны стать во мне единым, в единстве моей ответственности".

Б. — это, несомненно, вид **языковой игры** (см.). Причем правила этой игры меняются в зависимости от жанра Б. Б. поэта (Марина Цветаева, Иосиф Бродский) строится по-иному, чем Б. правозащитника — народного заступника (Лев Толстой, Александр Солженицын). В советское время существовал наиболее распространенный жанр Б., который Ю. М. Лотман в шутку называл "Жизнь замечательных святых" (речь шла, конечно, о серии ЖЗЛ). Это было воплощение ходульности, все были похожи друг на друга, несмотря на разные перипетии своей жизни. Замечательный русский поэт Давид Самойлов запечатлел это в известном стихотворении "Дом-музей":

> Смерть поэта — последний раздел.
> Не толпитесь перед гардеробом.

Здесь мы хотим подробно рассказать о жизни великого философа XX в. Людвига Витгенштейна — отчасти потому, что это ключевая фигура для концепции данного словаря (языковая игра — его термин; см. также **аналитическая философия, логический позитивизм, атомарный факт, индивидуальный язык**), а отчасти потому, что его жизнь была поистине удивительной: с одной стороны, не похожей ни на чью другую, а с другой — в наибольшей степени соответствующей "принципу М. М. Бахтина" (с братом которого Николаем Михайловичем Витгенштейн дружил в Лондоне).

Витгенштейн родился в 1889 г. в семье образованного миллионера-мецената, обладавшего авторитарным характером, отчего страдали его пятеро сыновей. Трое из них покончили с собой — из них один, несомненно, по вине отца. Витгенштейн всю жизнь страдал **депрессиями**, боялся сойти с ума, а всю первую половину жизни был на волосок от самоубийства.

Он учился в математическом колледже в Манчестере, который не закончил и поехал в Кембридж, увлекшись логикой. Там его учителями были Бертран Рассел и Джордж Эдвард Мур, создатели **аналитической философии**. Началась первая мировая война. Витгенштейн мог быть по состоянию здоровья отстранен от службы, но пошел на фронт простым солдатом (потом получил офицерское звание). При этом он был толстовцем и носил в ранце толстовское переложение Евангелий. Толстовец на войне — странное явление: его называли "человек с Библией". По характеру Витгенштейн был шизоид-аутист (см. **аутистическое мышление, характерология**), то есть, по определению, человек парадоксальный. Он вернулся с фронта (в плену написал свое самое знаменитое сочинение — **Логико-философский трактат**"), отец умер и оставил состояние ему, так как он оставался в семье старшим. Витгенштейн передал наследство оставшемуся брату (однорукому пианисту, для которого Морис Равель специально написал концерт для левой руки) и сестрам Маргарет и Гермине — "философ не должен обременять себя собственностью", — а сам начал искать работу.

В Австрии тогда началась школьная реформа. Витгенштейн закончил курсы учителей начальных классов и поехал в глухие австрийские деревни учить ребятишек немецкому языку и арифметике. Он был толстовец в квадрате, роялист больший, чем сам король. Витгенштейна тогда никто не знал, ему было в 1921 г., когда он приехал в деревню, 33 года, и его иногда сравнивали с Христом, такой он, говорят, был добрый, искренний, мудрый и терпимый. Да и чудеса ему приходилось совершать. Когда сломалась небольшая деревенская фабрика, Витгенштейн, пользуясь своими инженерными знаниями, полученными в Манчестере, починил ее один. Его ненавидели учителя ("книжники и фарисеи") и обожали дети. Кончилось все это тем, что взрослые подали на него в суд за грубое обращение с детьми. Витгенштейну пришлось уехать. Да, вероятно, и надоело. Целых шесть лет он проучительствовал в глухих Альпах. Опубликовал учебник по немецкому языку для народных школ. Это была вторая после "Трактата" и последняя опубликованная при его жизни книга.

Неожиданно он вернулся к философии. Так же неожиданно, как и бросил. Вновь поехал в Кембридж, на сей раз не студентом, а профессором. Благодаря Расселу, при содействии которого "Трактат" был издан по-английски с его предисловием, Витгенштейн стал философской знаменитостью. В Кембридже все повторилось, как в деревне: фарисеи-профессора его недолюбливали или открыто ненавидели, а ученики ловили и записывали каждое его слово. Еще бы — это был живой великий философ, причем не надутый, а скромный и несколько восторженный, порой наивный, часто по-детски жестокий, но всегда неистово искренний.

В 1933 г., когда Гитлер пришел к власти, Витгенштейн объявил всем, что он еврей, хотя это было так лишь отчасти, да и в Англии ему это ничем не угрожало.

Поняв, что логический позитивизм претерпевает кризис, он первым стал критиковать собственный ранний "Трактат" и на основе этой критики создавать совершенно новую философию, во многом противоположную по установкам (см. **аналитическая философия**).

Витгенштейну было 46 лет, когда в его судьбе чуть было не произошел еще один переворот, по сравнению с которым пребывание в деревне могло стать чем-то незначительным.

В начале 1933 г. Витгенштейн начинает изучать русский язык и вскоре преуспевает в этом настолько, что читает своих любимых авторов — Толстого и Достоевского — в оригинале.

В 1935 г. он решает поехать в Россию. В его замысел входило уехать из Англии навсегда, обратиться в Москве в Институт народов Севера и поехать изучать язык какой-нибудь северной народности.

Это еще одна загадка жизни Витгенштейна. Известно, что он всегда любил Россию. Известно, что сам он не любил буржуазный уклад и тяготел к бедности и аскетизму. Но неужели он не понимал, что творилось тогда в СССР, неужели не понимал, что это уже давно была не родина Толстого и Достоевского?

Как бы то ни было, он съездил в СССР и вернулся. Очевидно, он все-таки увидел то, что иностранцам старались не показывать.

Во время второй мировой войны Витгенштейн работал санитаром в госпитале.

Рассказывают, что однажды, путешествуя по Англии, он зашел в крестьянский дом и попросил немного отдохнуть. Хозяйка спросила его, не хочет ли он поесть. В этот момент раздался голос хозяина: "Don't ask, give!" ("Не спрашивай, а давай!"). Витгенштейн потом долго восхищался этой фразой. Она действительно могла быть девизом его жизни и его философии.

Умирая, он сказал врачу: "Моя жизнь была прекрасной".

Действительно, это была одна из самых прекрасных жизней,

прожитых в XX в., один из самых светлых символов культуры XX в.

Лит.:
Бахтин М. М. Искусство и ответственность // *Бахтин М. М.* Эстетика словесного творчества. — М., 1979.
Лотман Ю. М. Избранные статьи. В 3 тт. — Таллинн, 1992. — Т. 1.
Людвиг Витгенштейн: Человек и мыслитель. — М., 1994.

"БЛЕДНЫЙ ОГОНЬ" — роман Владимира Набокова (1962). Композиция романа представляет собой классическое построение **текст в тексте** (см.). Роман делится на поэму в 999 строк, написанную одним из главных героев, американским поэтом Шейдом, и комментарий с предисловием к этой поэме, написанные другим главным героем и — соответственно — рассказчиком, Чарльзом Кинботом. Оба они — предподаватели в одном из провинциальных американских университетов, к тому же соседи. Основному "речевому действию" (см. **теория речевых актов**) романа — поэме и комментарию — предшествовали **события**, о которых, собственно, и рассказано в комментарии.

Рассказчик — страстный любитель словесности и молоденьких мальчиков,— согласно своей версии истории создания поэмы "Бледный огонь", сам предложил поэту ее **сюжет**, но поэт, как оказалось впоследствии, этот сюжет совершенно не использовал. Комментарий Кинбота, таким образом, представляет собой интерпретацию той воображаемой поэмы, которую он хотел навязать Шейду (см. **семантика возможных миров**). Этот сюжет, который все подробнее и подробнее разворачивается в комментарии, не имеет практически никакого отношения к реальной поэме. Он посвящен несуществующей (во всяком случае, не существующей, вымышленной во внетекстовой географической **реальности** нашей планеты, а может быть, несуществующей и внутри **прагматики** самого вымысла) стране Zembla, расположенной, скорее всего, где-то к северу от Советского Союза (название страны имеет два корня, оба русские: "земля" и редуцированный вариант ругательства "бля"; впрочем, рассказчик утверждает, что на самом деле государство полностью называется Zemberland, что означает "страна отражений").

По мере комментирования поэмы Кинбот (по-"землянски" —

Кинг-бот, то есть самоуничтожившийся король) сообщает все больше и больше подробностей о своей стране и ее короле Карле-Ксаверии Излюбленном, так что постепенно выясняется, что Кинбот и есть этот самый землянский король, который в результате революции попал в плен к повстанцам, но бежал и эмигрировал в Америку. Поэма Шейда, текст которой полностью представлен в романе, совершенно явственно не имеет отношения ни к королю, ни к его выдуманной стране. Впрочем, сам рассказчик без неуместной для короля скромности признается, что без его комментариев поэма Шейда не имеет никакой ценности:

"Позвольте же мне сказать, что без моих примечаний текст Шейда попросту не имеет никакой человеческой значимости, ибо человеческой значимости такой поэмы, как эта, [...] не на что опереться, кроме человеческой значимости самого автора, его среды, пристрастий и прочее — а все это могут ей дать только мои примечания". Впрочем, отчасти сама поэма провоцирует на такое заключение, ибо в ней сказано в строках 939 — 940, что *жизнь человека — это комментарий к темной поэме без конца* или, как уточняет комментатор: "Коли я верно понял смысл этого брошенного вскользь замечания, как поэт полагает, жизнь человека есть лишь череда сносок к громоздкому, темному, неоконченному шедевру". Эта сентенция Шейда—Кинбота представляет собой двойной **интертекст**: помимо того что эти строки отсылают к "Макбету" Шекспира", — "жизнь — это рассказ, рассказанный идиотом, не имеющий никакого смысла, но полный шума и ярости" (строки, давшие название роману Фолкнера **"Шум и ярость"** (см.), — они являются намеком на название самого романа и поэмы, — "Бледный огонь", которое тоже взято из шекспировской трагедии "Тимон Афинский":

> Луна — это наглый вор,
> И свой бледный огонь она крадет у солнца.

Здесь кроется основная, характерная для XX в. эстетическая онтология, в соответствии с которой **текст** (см.) есть нечто первичное и фундаментальное по сравнению с материальной **реальностью** (см.), которая есть лишь кажимость (appearance) (см. **абсолютный идеализм**).

Впрочем, чем дальше читатель продвигается в изучении Кинботова "комментария" к поэме Шейда, тем больше траектория "стрелы идентификации" движется одновременно в противоположных направлениях (см. **время**). С одной стороны, читатель все более удостоверяется, что Кинбот (Кинг-бот) — это и есть король Земблы, но с другой — у него, у читателя, все больше и больше закрадывается подозрение, которое у 50% потом переходит в уверенность, что рассказчик—комментатор — Кинбот-король просто сумасшедший, что никакой Земблы не существует, а Кинбот при этом почти воровски завладел оригиналом поэмы и теперь подвергает ее довольно основательной **деконструкции** (см.) в своем комментарии. Эту скептическую точку зрения подтверждает развязка романа: наемный убийца из Земблы убивает Шейда по ошибке, целясь, естественно, в короля, — но это версия комментатора, уже основательно заподозренного в параноидальной мании величия. Согласно скептической точке зрения убийца метил в того, в кого и попал, то есть в Шейда, приняв его за человека, который некогда упек его (убийцу) в сумасшедший дом.

Так или иначе, оба варианта остаются как возможные, о чем говорит и сам Кинбот: "Я могу подслужиться к простеньким вкусам театральных критиков и состряпать пиесу, старомодную мелодраму с двумя принципалами: умалишенным, вознамерившимся убить воображаемого короля, вторым умалишенным, вообразившим себя этим королем, и прославленным старым поэтом, случайно забредшим на линию огня и погибшим при сшибке двух мороков".

Как бы там ни было, и поэма и комментарий — налицо. При этом и то и другое написано вполне реальным Набоковым, поэтому не лучше ли попытаться понять, что хотел сказать реальный автор своим затейливым опусом.

Как известно, Набоков (так же, как и король-Кинбот) терпеть не мог **психоанализ**. Тем не менее Кинбот все время подчеркивает свой гомосексуализм. И, несмотря на то, что по заверениям короля, его чувства к Шейду были вполне дружескими и не более того (впрочем, описываемые им же события — постоянный вуаеризм со стороны Кинбота, подсматривающего за окном Шейда, его назойливость в общении с поэтом, как кажется, не долженствующая быть свойственной королям, а также взаимная ненависть и ревность его и жены поэта Сибил — явственно говорят о противоположном), психоаналитический "комментарий" здесь напрашивается сам собой. Влечение Кинбота к Шейду — некрасивому разлапистому старику — сублимируется у него в вожделении к его поэме, которую он буквально выхватывает из цепенеющих рук убитого поэта.

Однако самый факт написания этого в сущности нелепого комментария располагает к истолкованию скорее не чисто психоаналитическому, а психотерапевтическому (ср. **терапия творческим самовыражением**). Своим "комментарием" Кинбот реализует одну из древнейших в культуре гиперриторических фигур, а именно фигуру персонифицированного **текста**-медиатора, посредника между жизнью и смертью, Текста-психотерапевтического утешителя. Традиция эта восходит по меньшей мере к "Бхагавадгите", когда впавшему во фрустрацию царевичу Арджуне является бог Кришна и преподает ему основы философии санкхья. В этом смысле Б. о. более изощренным образом повторил эту фигуру, явленную в романе "Дар", где писатель Годунов-Чардынцев, чтобы победить свои комплексы, пишет "постмодернистскую" биографию Н.Г. Чернышевского. Да и сам Чернышевский, сидя в Петропавловской крепости, не зря тешился романом "Что делать?", который для него был нечто вроде "Утешения Философией" для Боэция, философа и политика VI в. н. э., которому в тюрьме явилась сама Философия и утешила перед казнью своими догматами и аксиомами.

Функция персонифицированного текста-медиатора состоит в том, чтобы победить фрустрацию при помощи системы идей, из коих главнейших бывает, как правило, две: 1) что смерти нет и 2) что поэтому надо действовать, как велит высшая, подлинная реальность текста, а кажущуюся реальность ("морок", по слову Кинбота—Набокова) немедленно отбросить как нечто иллюзорное. Эту свободу от реальности дает механизм снятия оппозиций (между жизнью и смертью, между материей и сознанием, вымыслом и правдой). Это механизм — мифологический (см. **миф**), он дает человеку **измененное состояние сознания**, в котором бытовая иллюзорная реальность уже не мучит его своими "мороками" (ср. **дзенское мышление**).

В этом смысле речевой акт комментария Кинбота — был ли он королем или все выдумал (ср. набор чисто русских параноидных сентенций, столь близких Кинботу: "Я испанский король" или "Важен не Шекспир, а мои примечания к нему", — этот речевой акт оказался успешным (см. **теория речевых актов**), так как вывел комментатора из заблуждений иллюзорной жизни. Можно также сказать, что в состязании между подлинной поэмой и липовым комментарием выиграл последний, ибо "истина, как говаривал старик Куайн, — это маленький островок в безбрежном море вымысла". И в этом смысле вымысел всегда сильнее **истины** (см. **философия вымысла**), а писатель всегда долговечнее философа.

Лит.:
Пятигорский А. М. Некоторые общие замечания о мифологии с точки зрения психолога // Учен. зап. Тартуского ун-та. — Тарту, 1965. — Вып. 181.
Руднев В. Преодоление катастрофы. Персонифицированный текст-медиатор // *Руднев В.* Морфология реальности: Исследования по "философии текста". — М., 1996.

"БЛОУ-АП"[1] — фильм М. Антониони (1966). Герой фильма — преуспевающий фотограф по имени Томас (Дэвид Хеммингс), которому его коммерческий успех дает относительную свободу, позволяет беспрепятственно перемещаться сквозь различные пространства социальных страт. Он таким образом ищет натуру, фиксируя на пленку тот или иной тип. Входить в любую социальную среду и выходить, не задерживаясь в ней, не вовлекаясь в жизнь ее обитателей, — важное качество героя-исследователя, которому необходим трезвый, объективный взгляд на вещи.

Центральной является сцена в парке. Ю. М. Лотман называет эту сцену "ядерной". Томасу кажется, что именно здесь нет присущего остальному миру насилия, агрессии, других форм проявления деструкции. Он находит подходящую натуру для готовящегося альбома. Снимки, сделанные в парке, завершат композицию мирными сценами. Этой идее соответствует и пара влюбленных, гармонично вписывающихся в спокойную атмосферу парка. За ними и начинает свою охоту Томас, не подозревая, что, кроме него, наблюдение ведет и другой охотник.

На проявленной пленке внимание Томаса привлекают некото-

---

[1] Статья написана В. А. Колотаевым.

рые кадры. После их увеличения появляются снимки, на которых изображены женщина и мужчина в обстановке парковой идиллии. На первом женщина застыла в падающей позе. Ее, устремленную вперед, держит за руки мужчина. Вид наклоненной под острым углом фигуры женщины и удерживающего ее в равновесии мужчины производит впечатление беззаботной игры влюбленных. Открытое **пространство** просеки или, возможно, поляны справа и слева по изогнутой линии замкнуто изгородью и деревьями. В открывающейся перспективе, в глубине кадра разросшееся кустистое дерево, а еще дальше черта горизонта, граница неба и земли. На втором снимке мужчина и женщина застыли в объятии. Он в светлом костюме стоит спиной к объективу. Ее почти не видно за его фигурой. Светлым пятном выделяется его затылок и лицо женщины, которое должно быть обращено к снимающему. Но женщина смотрит не прямо перед собой. Фотограф обратил внимание на поворот головы женщины. Этот поворот головы в полупрофиль слегка нарушает идейную композицию. Можно предположить, что мужчина и женщина должны быть заняты только собой и ничто не должно отвлекать их друг от друга. Безлюдное мирное место, гармонично вмещающий их ландшафт — все это образует идиллическую картину. Однако поворот головы ломает композиционный порядок. Этот жанровый сдвиг не может быть не замечен поразительно острым глазом мастера. Его внимание собрано в точке светового пятна повернутой головы женщины.

Томас максимально увеличивает кадр и обнаруживает, что на лице женщины застыло выражение, весьма далекое от идиллического, умиротворенного. На застывшей в напряжении маске угадывается смесь ужаса, тревоги, волнения. Можно сказать, что с таким выражением лица женщина могла бы наброситься на снимающего фотографа. Все бы просто объяснилось, если бы это был взгляд человека, обнаружившего, что за ним подглядывают в интимной ситуации. Скажем, если бы объектом ее внимания был фотограф, вторгшийся в личную жизнь. Так можно подумать еще и потому, что в следующий момент она действительно увидела, что ее снимают. Джейн освободилась от объятий партнера и пошла к фотографу. Но в момент фронтальной съемки она смотрит не на Томаса, а в сторону от него, туда, где она только что изображала наклон Пизанской башни. Что же привлекло внимание Джейн?

Линия ее взгляда упирается в заросли. Если точки соединить прямыми, то получится прямоугольный треугольник. Первая точка — глаз Томаса, стоящего за спиной мужчины. Он должен видеть Джейн анфас, а она должна смотреть прямо на него, если бы что-то не привлекло ее внимание. Вторая точка — полупрофиль Джейн, третья — объект в зарослях. Прямой угол обозначен поворотом головы женщины, лицо которой должно было быть направлено прямо на Томаса. Его взгляд проходит от точки съемки до ее лица и от него по линии взгляда в квадрат зарослей. За оградой начинаются деревья. Они сплошной черной стеной тянутся вдоль просеки до линии горизонта. Сильный ветер раскачивает ветки, и сквозь листья пробивается свет. На преобладающем черном фоне обозначены редкие световые пятна. Томас выделяет ориентировочно то место, куда смотрит женщина. Он увеличивает эту точку кадра. На снимке игра светотени. Свет падает на изгородь, за ней — черный фон листвы, но в нем, как прорехи, разбросаны большие и маленькие островки светлых пятен. Пока только световые точки разной величины и причудливой формы. Еще трудно сказать, глядя на этот увеличенный кадр, какое изображение сложится из этих светлых и темных клякс. Глаз фотографа пока бессилен составить детали, сложить, сшить вместе черные и белые пятна, чтобы получилась вещь. Мастер стоит перед вопросом: что это? Это уже не мирный пейзаж, если лицо женщины искажено гримасой страха и тревоги. И причина ее состояния не в нем, он для нее пока остается невидимым, а в чем-то, чему еще нет имени, что еще не сложилось в конкретный образ.

Чтобы понять происходящее в мастерской Томаса, вспомним слова художника, которые тот произнес у полотна своей безымянной картины: "Я еще не знаю, что это". Должен прозвучать вопрос: что это? В качестве ответа должна последовать связка остенсивных высказываний: **это есть то-то** и **то-то**. Незнание названия вещи, находящейся перед глазами, провоцирует вопрос, и в случае отсутствия у вещи наименования рождается отрицание самой вещи: **это есть не-(...)**. В круг объектов отрицания, как минимум, попадают ощущения Томаса, полученные при первом контакте с природой паркового пространства. Чувства, что ты находишься в мирном, спокойном месте, при более тесном контакте с **реальностью**, оказались иллюзорными. Кажущееся спокойствие, кажущееся умиротворение исходит от этого пространства. Но стоит в него внимательно всмотреться, приблизиться к нему посредством фотоувеличения, как исчезает ощущение покоя. Исчезает и само место, раз оно не соответствует своему идиллическому названию. В этот момент, когда объект уже **не есть то-то**, он перестает быть вообще. И наша связка — **это есть не-(...)** — как бы зависает перед пустотой, пробелом, отсутствием, перед ничто. Нам остается конструкция **это есть**. Но **что есть это**? Чтобы ответить на этот вопрос, необходимо провести интенсивную манипуляцию со светом и тенью, нужно выявить образ объекта.

Отсутствие слова рождает зрительный ряд. Дальнейшее увеличение кадра позволяет изображению составиться, сложиться из белых и черных пятен в конкретный образ. Из тени зарослей появляется человек с пистолетом в руке, направленным в сторону влюбленных. Небольшая точка света постепенно обретает форму лица, на котором застыла решимость убийцы сделать свое дело. Рябь, игра светотени с помощью действия оптического устройства (механизма наведения на цель) составляется в конкретное изображение: лицо, рука, оружие с глушителем.

Однако слово настигает зрительный образ. Томас выстраивает композицию и дает ей название. Он звонит Рону и делится с ним впечатлением от проявленных фотографий, снятых в парке. Если вначале снимки парка создавали иллюзию мирного места, то теперь Томас считает, что там чуть было не произошло убийство, что ему удалось его предотвратить своим появлением. Дальнейшее увеличение кадра дало объективное изображение вооруженного человека. Вся серия фотографий получила завершенный, как бы очевидный характер. На месте ничто появляется нечто, а затем и вполне конкретный объект. Композиция получает название, зримое фиксируется в наименовании. Происходит редукция зрительного ряда, перевод видимого в говоримое. Теперь возможно завершение цепи и восстановление равновесия в связке: это есть не мирное место. Это есть пространство, где чуть было не произошло убийство. Фотограф, охотник за натурой, плотью, своим бестактным появлением спас человека от смерти. Такова **истина**, открывшаяся герою на данном этапе выявления образа. Однако является ли раскрытый **смысл** эпизода окончательным, истинным? Не намерен ли смысл вновь ускользнуть от героя, стремящегося зафиксировать его во **времени** и пространстве? И не является ли само ускользание тождеством смысла?

Итак, наш герой пребывает в полной уверенности, что он спас кому-то жизнь, что он помешал убийце осуществить зловещий замысел. Кажется, что такое заключение со всей очевидностью вытекает из увеличенных снимков, составленных в композицию. Однако внимание Томаса вновь приковано к фотографии. На этот раз к той, на которой запечатлена удаляющаяся за линию горизонта девушка. На снимке в перспективе мы видим дерево, у самых корней которого разросшийся большой куст. Герой пытается с помощью лупы разглядеть нечто, световые пятна, образующие контур, какой-то нечеткий абрис предмета, расположенного между ветвями и газоном. При увеличении снимка этими пятнами оказывается труп мужчины, лежащего за кустом в траве коротко подстриженной лужайки.

Томас не в силах установить истину. Даже современная оптика, которая, казалось бы, направлена на точное отражение реальности, не дает объективного представления об окружающем мире. Игра Дэвида Хеммингса убеждает зрителя не в том, что его герой установил истину, а в том, что истина по мере приближения к ней, по мере ее открытия ускользает от него. Отсюда растерянность и смятение Томаса, раз за разом обнаруживающего, что, увеличивая кадр, приближаясь якобы к разгадке тайны, никакой разгадки в результате механической манипуляции оптикой не происходит. Напротив, вещь, которая только что была определена как истинная и реальная, вдруг представляется иллюзорной. Она на наших глазах меняет свое качество на прямо противоположное. От уверенного в себе человека, мастера, который знает, как заставить работать модель, не остается и следа. Томас превращается в слабого и беспомощного человека, который не может контролировать реальность. Он начинает понимать, что все происходящее вокруг него все меньше и меньше поддается объяснению и от его воли не зависит, что существуют скрытые механизмы, работа которых определяет его жизнь и жизнь многих других людей.

Оптическая система, которую использует Томас для выявления истины, кажется, позволяет ему опровергнуть приведенную выше точку зрения. Объектив фотоаппарата, фотоувеличитель и другие средства максимально расширяют возможности органа зрительного восприятия, позволяют прямо проникать за грань невидимого. Однако мы уже убедились, что проявленная и получившая имя вещь не является истинной, так как в отличие от образа символического порядка просто вещь имеет амбивалентную структуру. Карнавальный характер вещи позволяет ей стремительно набирать символическую высоту и столь же быстро ее утрачивать. Кроме того, фотографическое изображение, в отличие от символического, не выполняет словесную, семиотическую функцию. Если тело символа говорит об истине, являя ее всякому, кто может видеть, то вещь нуждается в том, чтобы о ней говорили. Она существует в самом акте говорения, вне его вещь выпадает из поля зрения, перестает быть, обнаруживая онтологическую слабость зрения. Бессилие глаз. Беспомощное состояние растерянного человека, отрицающего собственные утверждения фразой: "Я ничего не видел".

Личность Томаса раздваивается, оказывается между полюсами знания и видения. Знать — это еще не видеть. Знание, разум не обеспечивает герою способности видеть вещи. Напротив, рассудочная логика соседствует с не-видением (у-знаванием) Другого, с ослеплением и погружением Я в герметичный панцирь. Само Я героя теряется среди вещей, обломков речи. Оно никак не может проступить сквозь хаос языка, обрести имя. Не случайно в фильме герой безымянен, его имя никем не упоминается. Он лишь имеет личный номер, эфирный позывной.

В заключении фильма полностью подрывается идея визуального ряда. Не найдя при повторном осмотре трупа, Томас присутствует при игре в теннис невидимыми ракетками и невидимым мячиком, а затем и сам включается в игру, что окончательно подрывает идею истинности зримого. Фильм Антониони является одним из ярчайших **текстов** на тему соотношения текста и реальности, главную тему XX века (см. также **кино, модернизм, принципы прозы XX века, интертекст, постмодернизм, "Доктор Фаустус", "Бледный огонь", "Хазарский словарь", философия текста**).

Лит.:
Лотман Ю. М. Семиотика кино и проблема киноэстетики. — Таллин, 1973.
Колотаев В. Видимое против говоримого: Антониони против Флоренского // Логос, 2, 2000.

В

ВЕРИФИКАЦИОНИЗМ (от лат. — verus — истинный и facio — делаю) — методологическая концепция, согласно которой научная истина устанавливается путем эмпирической проверки ее фактов.

В. получил широкое распространение в связи с концепцией языка науки в логическом эмпиризме (одной из разновидностей **логического позитивизма** и **аналитической философии** (см.). Его разработали члены Венского логического кружка, сформированного в 1920-е гг. под председательством Морица Шлика, куда входили известные ученые и философы Отто Нейрат, Фридрих Вайсман, Курт Гёдель, Рудольф Карнап, Ханс Рейхенбах. Члены Венского кружка в своей философской деятельности руководствовались положениями "**Логико-философского трактата**" Людвига Витгенштейна (см. **аналитическая философия, атомарный факт**).

Согласно принципу В., всякое научно осмысленное утверждение может быть сведено к совокупности так называемых "протокольных предложений", фиксирующих данные "чистого опыта" и выступающих в качестве фундамента любого знания.

Вот несколько характерных высказываний М. Шлика о протокольных предложениях и принципе В.:

"Первоначально под "протокольными предложениями" понимались — как это видно из самого наименования — те предложения, которые выражают факты абсолютно просто, без какого-либо их переделывания, изменения или добавления к ним чего-либо еще, — факты, поиском которых занимается всякая наука и которые предшествуют всякому познанию и всякому суждению о мире. Бессмысленно говорить о недостоверных фактах. Только утверждения, только наше знание могут быть недостоверными. Поэтому если нам удается выразить факты в "протокольных предложениях", без какого-либо искажения, то они станут, наверное, абсолютно несомненными отправными точками знания".

"Наука делает предсказания, которые опыт проверяет. Ее существенной функцией является предсказание. Она говорит, к примеру: "Если в такое-то и такое-то время вы посмотрите в телескоп, направленный туда-то и туда-то, вы увидите, что световая точка (звезда) пересеклась с черной риской (перекрестием)". Допустим, что, выполняя эти инструкции, мы действительно сталкиваемся с предсказанным опытом. Это означает, что мы получаем предвиденную констатацию, мы высказываем ожидаемое суждение наблюдения, мы получаем тем самым ощущение свершения, особого удовлетворения".

"Когда предсказание подтверждено, цель науки достигнута: радость познания есть радость верификации".

Принцип В. основывался на том, что предложение науки может быть сведено к протокольным предложениям и верифицировано. Впоследствии наука это не подтвердила (показала, что это не так). Второй предпосылкой принципа В. была идея независимости "чистого опыта" от самого экспериментатора. Все это опровергла, например, квантовая механика, которая постулировала существование ненаблюдаемых объектов и зависимость результата опыта от наличия фигуры экспериментатора (см. о соотношении неопределенностей Вернера Гейзенберга в ст. **принцип дополнительности**).

К тому же в 1930-е гг. сам логический позитивизм претерпел кризис. Его концепция языка была слишком узкой. По сути он рассматривал только предложения в изъявительном наклонении, в то время как речевая деятельность гораздо шире, что первым выразил Витгенштейн в своей поздней работе "Философские исследования", введя понятия **языковой игры** (приказы, молитвы, императивы, восклицания и т. д.). Язык в концепции поздней аналитической философии не описывает **реальность**, а вступает с ней во взаимодействие (см. также **теория речевых актов**). Поэтому принцип В. в 1930-е гг. исчерпал себя, и на смену ему пришел принцип фальсификационизма.

Лит.:
Шлик М. О фундаменте познания // Аналитическая философия: Избр. тексты. — М., 1993.

ВЕРЛИБР (франц. vers libre — свободный стих) — форма метрической композиции, характерная для XX в. В целом В. определяют по негативным признакам: у него нет ни размера, ни рифмы, и его строки никак не упорядочены по длине (см. **система стиха XX века**). Это означает, что можно взять любой кусок прозы, произвольно разбить его на строки — и в результате должен получиться В. Формально это так и есть. Но здесь чрезвычайно важно следующее: один и тот же кусок прозы может быть разбит на строки по-разному, и это уже момент творчества — сам факт этого разбиения.

Второе, что очень важно: в результате этого произвольного разбиения появляется феномен стихотворной строки, то есть единицы, лишь потенциально присутствующей в нестиховой обыденной речи. Вместе со стихотворной строкой появляется закон двойной сегментации, или двойного кодирования, стихотворной речи — наложение обыденного синтаксического разбиения на ритмическое, которое может противоречить первому. Обычные стихи с размером и рифмой можно записать прозой, уничтожив формальную строку, как говорят, in continuo — строка в этом случае не уничтожится, ее концы будут показывать рифмы и метрическая схема. В случае В. это невозможно — это стих, который определяется самим фактом наличия "голой" стихотворной строки как "эквивалента метра" (термин Ю.Н. Тынянова). Двойная сегментация речи проявляется в В. прежде всего в том, что окончание синтаксических синтагм может не совпадать с окончанием строк, то есть возникает эффект интонационного переноса, enjambement.

> И совсем неуважительной к занятиям
> Болтовней.
>
> *(А. Блок. "Она пришла с мороза...")*

В возможностях вариантов разбиения:

> И совсем неуважительной
> К занятиям болтовней

или

> И совсем неуважительной к занятиям болтовней —

и кроется стиховая суть В.

Свободный стих выражал в самой своей форме нечто чрезвычайно важное для XX в. Недаром католик Г. К. Честертон написал, что "свободный стих, как свободная любовь, — противоречие в терминах", а всемирно известный культуролог Вяч. Вс. Иванов назвал В. "способом видеть мир". Может быть, суть заключалась в его раскованности, в тотальной эмансипированности его формы. Недаром в России В. активно писали лишь до 1920-х гг., а потом вновь перешли на обычные 5-стопные ямбы и 3-стопные амфибрахии (дело изменилось после "оттепели" 1950-х гг., что тоже характерно). Между тем в Европе и во всем мире В. стал господствующей системой стиха. На Западе им стали даже переводить обыкновенный, метрически организованный стих.

Однако именно образцы русского В., в особенности те шесть текстов, написанных В., которые оставил Блок, представляют огромный интерес, причем не только для теоретика стиха, но и для философа и лингвиста.

В. — не отсутствие системы, а, напротив, чрезвычайно сложная система, можно сказать, метасистема. Для того чтобы понять это, проанализируем один из самых известных В. Блока. Чтобы было понятно и наглядно, приводим его полностью, пронумеровав строки:

1. Она пришла с мороза,
2. Раскрасневшаяся,
3. Наполнила комнату
4. Ароматом воздуха и духов,
5. Звонким голосом
6. И совсем неуважительной к занятиям
7. Болтовней.

8. Она немедленно уронила нá пол
9. Толстый том художественного журнала,
10. И сейчас же стало казаться,
11. Что в моей большой комнате
12. Очень мало места.

13. Все это было немножко досадно
14. И довольно нелепо.
15. Впрочем, она захотела,
16. Чтобы я читал ей вслух "Макбéта".

17. Едва дойдя до *пузырей земли*,
18. О которых я не могу говорить без волнения,
19. Я заметил, что она тоже волнуется
20. И внимательно смотрит в окно.

21. Оказалось, что большой пестрый кот
22. С трудом лепится по краю крыши,
23. Подстерегая целующихся голубей.

24. Я рассердился больше всего на то,
25. Что целовались не мы, а голуби,
26. И что прошли времена Паоло и Франчески.

Посмотрим: строка 1 — чистейший 3-стопный ямб. Более того, это метрическая автоцитата из стихов "второго тома":

> Она пришла с заката.
> Был плащ ее заколот
> Цветком нездешних стран.
>
> Звала меня куда-то
> В бесцельный зимний холод
> И в северный туман.

Разбираемое стихотворение находится в начале "третьего тома". Поэт как бы издевается над своими прошлыми идеалами, над Прекрасной Дамой; строки 16 и 17 написаны соответственно 5-стопным хореем и 5-стопным ямбом. Первый размер имеет в русской поэзии устойчивую смысловую традицию, идущую от стихотворения Лермонтова "Выхожу один я на дорогу..." — "динамический мотив пути, противопоставленный статическому мотиву жизни" (формулировка профессора К. Ф. Тарановского, которому принадлежит это открытие). Теперь сравним строку 16 с лермонтовскими стихами:

> Чтоб всю ночь, весь день мой слух лелея,
> Про любовь мне сладкий голос пел.

Вновь метрическая цитата (кстати, следует оговорить тот

факт, что ни в коем случае нельзя фамилию Макбе́т, произносить с ударением на первом слоге, в этом случае разрушается размер: вспомним ирландские и шотландские фамилии — МакТаггарт, МакКинси, МакКартни, МакАртур — везде ударение на втором слоге. Что касается строки 17, то белым (то есть нерифмованным) 5-стопным ямбом написаны трагедии Шекспира, среди них "Макбет", разумеется:

> Земля, как и вода, содержит газы,
> И это были пузыри земли.

Мы привели лишь наиболее очевидные случаи. Все стихотворение Блока и любой В. состоит из строк, соответствующих, "омонимичных" различным стихотворным размерам, — в этом суть В. как системы систем.

У Борхеса в рассказе "Утопия усталого человека" есть следующий пассаж:

"— Это цитата? — спросил я его.

— Разумеется. Кроме цитат, нам уже ничего не осталось. Наш язык — система цитат".

Система цитат — **интертекст**, определяющее понятие поэтики **модернизма** и **постмодернизма**. Вот почему В. стал символом поэзии XX в.

Лит.:
Тарановский К. Ф. О взаимоотношении стихотворного ритма и тематики // American Contributions to the 6-th International Congress of Slavists. Russian Contributions. Ann Arbor, 1963.
Руднев В. Стих и культура // Тыняновский сб.: Вторые Тыняновские чтения. — Рига, 1986.
Тынянов Ю. Н. Проблема стихотворного языка. — М., 1965.
Антология русского верлибра / Сост. Орлицкий Ю. Б. — М., 1989.
Руднев П. А. Введение в науку о русском стихе. — Тарту, 1988.

ВЕРЛИБРИЗАЦИЯ. XX век четко сформулировал идею необходимости семиотического билингвизма в культуре. В наиболее общем виде эта идея выражена в **принципе дополнительности** Нильса Бора, а затем переформулирована применительно к семиотическим системам Ю. М. Лотманом, писавшим, что неполнота нашего знания о мире должна компенсироваться стереоскопичностью тех точек зрения, при помощи которых мы смотрим на мир.

Сущность В. в стихотворении начала XX в. заключается в том, что метр в рамках **неомифологического сознания** возвращается к своим праистокам, к архаическому "первобытному синкретизму", по выражению А. Н. Веселовского, создателя исторической поэтики.

Метр (см. **система стиха XX века**) в архаическом обществе был частью синкретического ритуального действа, в котором нет разделения на авторов и зрителей, в котором все — участники, все в равной степени вовлечены в ритуал.

Аналогом архаического ритуала была средневековая карнавальная культура (см. **карнавализация**), где все переворачивалось с ног на голову и все отсылало ко всему.

Возврат интереса к архаическому сознанию на новом витке в утонченной форме неомифологической культуры XX века и актуализировал такой стих, который отсылает ко всем другим системам стиха (см. **верлибр**).

Однако В. пронизывала всю культуру начала XX в., наряду с противоположным явлением — **логаэдизацией** (см.). Суть В. в культуре XX в. заключалась в том, что система, любая — музыкальная, живописная, кинематографическая, философская, поэтическая, прозаическая, даже архитектурная, — строилась как система цитат-реминисценций к более ранним **текстам**.

Практически весь кинематограф как специфическое искусство XX в. есть аналог В. (см. **кино, интертекст**). Музыкальный верлибризм — это прежде всего неоклассицизм, где первую скрипку играл И. Ф. Стравинский. Так, его знаменитая сюита-действо "История солдата" построена как инкорпорирование и взаимодействие самых различных музыкальных систем, а все произведение строится как система цитат и реминисценций к широкому кругу музыкальных форм и жанров (см. **верлибр**): "В "Истории солдата", — писал музыковед М. С. Друскин, — виртуозно варьируются народные мотивы скоморошьего склада, отзвуки бытовых напевов, предвестия джаза (танго, регтайм), помпезные военные марши и протестантский хорал".

В изобразительном искусстве аналог В. — **сюрреализм** (см.) с его идеологией сочетания несочетаемых элементов в одном изобразительном поле. В архитектуре это стиль "югенд" начала века. В философии — такие явления, как морфология истории О. Шпенглера, культурологические идеи М. М. Бахтина (см. **полифонический роман, карнавализация, диалогическое слово**), концепция игры Й. Хейзинги, историософия А. Дж. Тойнби, этногенетические концепции Л. Н. Гумилева — в целом те философские построения, которые относятся к **междисциплинарным исследованиям**.

Апофеоз В. — **постмодернизм** Жака Деррида и Жана Бодрийара, на русской почве — его вариант, **мотивный анализ** Бориса М. Гаспарова.

Лит.:
Лотман Ю. М. Феномен культуры // Лотман Ю. М. Избр. статьи в 3 т. — Таллинн, 1992. — Т. 1.
Руднев В. Стих и культура // Тыняновский сб.: Вторые Тыняновские чтения. — Рига, 1986.
Мелетинский Е. М. Поэтика мифа. — М., 1996.
Ямпольский М. Б. Память Тиресия: Интертекстуальность и кинематограф. — М., 1993.

ВИРТУАЛЬНЫЕ РЕАЛЬНОСТИ. Понятие В. р. имеет узкий и широкий смысл. В узком смысле В. р. — это те игровые или необходимые с технической точки зрения "искусственные **реальности**", которые возникают благодаря воздействию компьютера на сознание, когда, например, на человека надевают "электронные очки" и "электронные перчатки". В этом случае сознание погружается в некий выдуманный, сконструированный компьютером возможный мир (см. **семантика возможных миров**), в котором он может двигаться, видеть, слышать и осязать — виртуально.

В широком смысле В. р. — это любые **измененные состояния сознания**: психотический или шизофренический паранойяльный бред (см. **психоз, шизофрения, сновидение**), наркотическое или алкогольное опьянение, гипнотическое состояние, изменение восприятия мира под действием наркоза. В. р. возникают также у пилотов на сверхзвуковой скорости, у заключенных, подводников, у людей, испытывающих стресс (например, во время авиа- или автокатастрофы), у клаустрофобов (ср. **трансперсональная психология**), практически у всех, кто каким-то образом насильно ограничен в **пространстве** на достаточно длительное **время**.

Как широкое, так и узкое понимание В. р. таит в себе парадокс. Уже сама этимология этого слова (от лат. virtus — "**истина**") противоречит его значению, которое для носителя обыденного сознания синонимично чему-то вроде "воображаемое, вымышленное, иллюзорное".

Суть парадокса состоит в том, что с начала XX в. под воздействием философии **абсолютного идеализма** классическая философская дилемма: "что первично — материя или сознание" — претерпела существенные изменения.

В XIX в. философы достаточно четко членились на три категории: тех, кто признавал первичность материи (материалисты, позитивисты, реалисты — ср. **реализм**); тех, кто признавал первичность сознания, или духа (идеалисты), и тех, кто на вопрос, что первично, а что вторично, отвечали: "не знаю" (агностики).

Абсолютный идеализм, последнее направление в классической философии, предельно заострил эту проблему, заявив, что материальное лишь кажется реальностью, на самом же деле подлинной реальностью является реальность Абсолюта.

Но дело еще и в том, что классическое деление философов на материалистов, идеалистов и агностиков перестало играть решающую роль в философии XX века. Это деление было искажено. Так, например, **логический позитивизм**, если применить к нему классификацию XIX в., был агностическим течением, так как на вопрос, что первично, а что вторично, он отвечал: "не знаю".

В начале XX в. в Кембридже, как свидетельствует Бертран Рассел, бытовал характерный каламбур: "What is mind? — No matter. What is matter? — Never mind". (Что такое сознание? — Неважно. Что такое материя? — Несущественно.) В действительности вопрос о материи и сознании был просто снят и заменен другим противопоставлением: язык — реальность. Фундаментальное отличие второй позиции от первой состоит в том, что она носит не метафизический, а семиотический характер. То есть реальность противопоставляется теперь не сознанию, или духу, а языку, который тоже часть реальности, поскольку у него кроме плана содержания (значения и смысла) есть план выражения (форма, которая материальна). И вопрос стоит не так, что первично в онтологическом смысле, язык или реальность, то есть не "что было раньше" — так вопрос ставить бессмысленно, на него один ответ: "Мы этого не знаем". Вопрос стоит по-другому: что более фундаментально в прагматическом смысле (см. **прагматика**), на что можно тверже опереться — на реальность или на язык?

Специфика философии XX в. состояла в том, что на этот вопрос она отвечала, что более фундаментальным является язык, что легче опереться на язык, потому что он проще устроен, чем реальность.

Кроме того, реальность немыслима вне языка, само слово "реальность" — это часть языка. Отсюда **гипотеза лингвистической относительности**, в соответствии с которой не язык определяется реальностью, а реальность — языком. Чтобы ориентироваться в реальности, надо знать язык. Потому что каждый язык членит реальность по-своему.

Вот почему искусственная иллюзорная реальность была названа виртуальной: потому что она ближе к языку, чем к "реальности", и, стало быть, более реальна, чем сама реальность.

Подойдем к этому вопросу с другой точки зрения — психологической. Уже Людвиг Витгенштейн в "**Логико-философском трактате**" высказался по этому поводу чрезвычайно просто и афористично. Он сказал, что мир счастливого и мир несчастного — это совершенно разные миры. Когда человек заболевает или у него умирает кто-нибудь из близких, реальность резко изменяется (ср. картину **психоза**). И наоборот, в эйфорическом, гипоманиакальном состоянии реальность кажется яркой и праздничной. Про такого человека говорят, что он видит мир "через розовые очки". Это и есть В. р.: розовые очки гипоманьяка, серые очки подавленного человека, черные очки слепого, который вообще воспринимает реальность как-то совершенно по-другому.

У синтонного сангвиника одна реальность, у агрессивного эпилептоида — другая, у дефензивного психастеника — третья, у шизоида-аутиста — четвертая (см. **характерология, аутистическое мышление**).

Реальность философа-аналитика отличается от реальности феноменолога или прагматиста (ср. **аналитическая философия, феноменология, прагматизм**). Европейский экзистенциалист видел мир по-другому, нежели восточный дзэнский проповедник (ср. **экзистенциализм, дзэнское мышление**).

Таким образом, любая реальность является виртуальной.

Лит.:
Возможные миры и виртуальные реальности. — М., 1998.
Витгенштейн Л. Логико-философский трактат. — М., 1958.
Уорф Б. Л. Отношение норм поведения и мышления к языку // Новое в лингвистике. — М., 1960. — Вып. 1.
Руднев В. Морфология реальности: Исследования по "философии текста". — М., 1996.

ВЛЕЧЕНИЕ К СМЕРТИ — психоаналитический концепт, введенный Фрейдом в работе "По ту сторону принципа удовольствия" (1920) и противопоставленный концепту "инстинкт жизни".

Когда мы думаем и говорим о феномене В. к к., то, во всяком случае, на бытовом уровне мы воспринимаем то, что скрывается за этими словами, как нечто не то чтобы аксиологически негативное, но безусловно непродуктивное и печальное. Мы готовы принять В. к к. как негативный член оппозиции инстинкт жизни/ инстинкт смерти, так как понимаем, что без второго невозможно первое. Но при этом мы думаем, что именно инстинкт жизни создает, строит, пишет, ваяет — произведения искусства, дворцы и скульптуры, книги, новые технологии. Мы готовы принять В. к к. в мифологическом духе, как умирание-рождение (то есть в духе раннего **психоанализа** Сабины Шпильрейн, русского психоаналитика, предвосхитившего открытие Фрейда . Наконец мы (иногда и, как правило, не для себя) готовы принять В. к к. как идею геройской гибели за идеал, что, согласно Гегелю, отличает человека от животного (то есть не только осознание своей смертности, но, готовность к добровольному ее принятию) (см. также **философия смерти**). Но мы совершенно не готовы признать, что В. к к. управляет нашим повседневным бытовым поведением, нашими поступками, мыслями и эмоциями и что, более того, вся культура не могла бы возникнуть без В. к к. и построена именно на нем. Последнее утверждение не следует понимать так, что, с одной стороны, В. к к. живет культурная элита, оставляющая после себя мертвые произведения искусства, науки и философии, а влечением к жизни — простой народ, занимающийся воспроизведением потомства. Не хотим мы также сказать и того, что культура покоится на В. к к. вследствие ее сублимативного характера, то есть что В. к к. — просто сублимированное творческое либидо, лишенное обыденных сексуальных проявлений и их следствий. Что же тогда мы понимаем под тезисом, в соответствии с которым В. к. к. управляет нашими обыденными поступками (не в меньшей степени, чем инстинкт жизни) и что на нем покоится человеческая культура?

Можно выделить два типа В. к к., так сказать, "активный" и "пассивный". Об "активном" писала еще в 1913 г. Сабина Шпильрейн. Это стремление человека ко всяческого рода деструкции. На этой основе Фромм построил свою концепцию некрофильского характера. "Пассивный" тип В. к к., как пишет Фрейд, заключается "в стремлении в живом организме к восстановлению какого-либо прежнего состояния, которое под влиянием внешних препятствий живое существо принуждено было оставить, в некотором роде органическая пластичность, или, если угодно, выражение косности в органической жизни", это некое затухание органического, стремление к превращению биологического в механическое, что и есть смерть.

Последнее имеет уже непосредственное отношение к культуре. Мы имеем в виду пример противопоставления личной органической смерти неорганическому бессмертию, воплощаемому в предметах искусства, науки и проч. Особенно наглядно это пассивное В. к к. мы наблюдаем в тяге к масштабному строительству и архитектуре — от египетских пирамид до Беломорканала. Смерть тысяч людей при строительстве этих объектов, так называемая "строительная жертва", обеспечивает неорганическое (механическое) бессмертие культуры.

> Я жалкий раб царя, и жребий мой известен.
> Как утренняя тень, исчезну без следа.
> Меня с лица земли века сотрут, как плесень,
> Но не исчезнет след упорного труда.

И вечность простоит близ озера Мерида
Гробница царская — святая пирамида.
(В. Я. Брюсов. "Египетский раб")

Или еще проще:

Прямо дороженька, насыпи узкие,
Столбики, рельсы, мосты.
А по бокам-то все косточки русские.
Сколько их, Ванечка, знаешь ли ты?
(Н. А. Некрасов. "Железная дорога")

Явные черты пассивного В. к к. несут в себе в нашей культуре брежневское время и сама фигура Брежнева Эту эпоху можно назвать эпохой механического редукционизма. Сама фигура вождя с выскакивающими вставными челюстями, полуразвалившегося автомата ("работающего на батарейках", по известному анекдоту тех лет), бормочущего по бумажке заученные, десемантизированные слова, также носила чисто механический характер. Механическое чтение газет с "нулевыми новостями" и смотрение таких же нулевых новостей по телевизору. Даже репрессии носили механизированный характер — диссидентов не уничтожали и чаще сажали не в лагеря, а в психушку, где старались превратить их в настоящих сумасшедших, то есть редуцировать в механическом смысле — интеллектуально "дебиологизировать". Страх в обществе — живое витальное чувство — сменился равнодушием к происходящему, как будто бы все реальные биологические и социальные процессы были в СССР приостановлены.

Проект пассивного сосуществования с пассивным В. к к. в брежневскую эпоху был противопоставлен проекту активного *противостояния* пассивному влечению к смерти. Первый проект — это проект внутреннеэмигрантский, второй проект — это проект диссидентский (второй член оппозиции пассивное/деструктивное). Не нам и не теперь судить людей 1970-х—1980-х гг., но рискнем высказать мысль, что конформистский внутреннеэмигрантский проект внешнго непротивления пассивному влечению к смерти представляется нам в большей состоявшимся и успешным, чем проект диссидентский. Или, точнее говоря, внутреннеэмигрантский проект был более адекватен тому времени, поскольку он именно в силу своей конформности позволял развивать фундаментальную культуру в советском государстве, в то время как диссидентский проект этому противился. То есть диссидентский проект исходил из противодвижения смертью за смерть, а внутреннеэмигрантский исходил из идеи подводного течения одолевания пассивной смерти пассивной жизнью. И, конечно, внутренних эмигрантов было больше, чем диссидентов, потому что для того, чтобы быть внутренним эмигрантом, нужно гораздо меньше мужества. Поэтому сознанию среднего интеллигента внутренний эмигрант — профессор Лотман, Вячеслав Вс. Иванов, Альфред Шнитке, Давид Самойлов, Святослав Рихтер — был ближе и ценнее, чем диссидент — академик Сахаров, Солженицын, Буковский, — потому что внутренний эмигрант, несмотря на свой конформизм, чаще всего, минимальный, давал интеллигенции, оторванной от западной культуры, то, что ей более всего было необходимо, чтобы она чувствовала себя интеллигенцией, — интеллектуальную пищу и, что, может быть, даже главнее: ощущение, что мы *вопреки всему* живем духовной жизнью. Диссиденты же просто говорили — вы все трусливое говно, — что, конечно, было, по большому счету справедливо, хотя и обидно. Развитие идеи пассивного внутриэмигрантского отношения к смерти развивается в статье **"Семнадцать мгновений весны"**.

Лит.:
Фрейд З. По ту сторону принципа удовольствия // З. Фрейд. Психология бессознательного. — М., 1990.
Фромм Э. Адольф Гитлер: Клинический случай некрофилии. — М., 1992.
Шпильрейн С. Деструкция как становление // Логос, 5, 1994.

"ВОЛШЕБНАЯ ГОРА" — роман Томаса Манна (1924), классическое произведение европейского **модернизма** и **неомифологизма** (см.).

Сюжет романа разыгрывается в горном туберкулезном санатории (знаменитом Давосе), куда главный герой, молодой человек по имени Ганс Касторп, только что закончивший университет и готовящийся стать инженером на судоверфи, приезжает на три недели отдохнуть и заодно навестить своего достаточно серьезно больного двоюродного брата Иоахима Цимсена. Однако по мере своего короткого пребывания "здесь наверху", как выражаются местные пациенты, Ганс Касторп понемногу заражается особой атмосферой, царящей здесь, между жизнью и смертью, атмосферой физического безделья и интеллектуального насыщения книгами и разговорами, вначале с итальянским гуманистом Лодовико Сетембрини и потом его другом и оппонентом евреем-иезуитом Лео Нафтой. К тому же у Ганса Касторпа обнаруживается легкая форма туберкулеза, и он остается в санатории еще на некоторое время, потом еще на некоторое время, в результате он переживает самовольный отъезд и возвращение своего кузена, его смерть, так же как и смерть многих своих соседей по столу. Приехав на три недели, Ганс Касторп проживает "здесь наверху" в общей сложности семь лет.

Название романа имеет однозначный мифологический подтекст. На волшебной горе Гёрзельбург находился семь лет в эротическом плену у богини Венеры средневековый миннезингер Тангейзер, герой одноименной оперы Рихарда Вагнера, музыканта и теоретика, оказавшего существенное влияние на всю культуру XX в. и на Томаса Манна в частности.

Все эти годы Ганс Касторп живет, по выражению своего наставника Сеттембрини, в атмосфере "герметической педагогики". Вначале он полностью попадает под обаяние образованного и либерального итальянца-гуманиста, который в своем уединении, также будучи больным, трудится над "Словарем человеческих страданий". Но через некоторое **время** (через несколько лет — время здесь измеряется годами) появляется другой наставник-соблазнитель, иезуит Лео Нафта, чьи провокативные речи о тоталитарном большинстве масс и жесткая и постоянная полемика с Сеттембрини также влияют на мыслительные способности Ганса Касторпа, обычного молодого немецкого буржуа, попавшего в необычные условия и понемногу начинающего заниматься и самообразованием, и философствованием.

Вскоре, опять-таки через несколько лет (Томас Манн вообще называет В. г. романом о времени — см. ниже), Ганс Касторп убеждается, что оба его наставника просто болтуны, хотя и умные болтуны, и герой целиком отдается своей всепоглощающей болезненной любви к "русской Венере" мадам Шошá, жене русского чиновника, живущего где-то далеко на Кавказе, которая уже очень долго пребывает на Волшебной горе, то уезжая, то возвращаясь вновь.

Подогреваемый лекциями психоаналитка Кроковского, который раз в неделю рассказывает о **психоанализе** всем желающим, Касторп вначале весьма робко ухаживает за своей избранницей, но наконец в карнавальную ночь на масленицу добивается у нее ночи любви, после чего она на следующий же день уезжает, а он остается — уже не из-за болезни, но чтобы ждать ее возвращения.

И она возвращается, но не одна. Ее спутник, третий "педагог" Ганса Касторпа, огромный старый голландец мингер Пеперкорн, вовсе не вызывает у нашего героя ревности, наоборот, он чувствует, что величественный старик может дать его воспитанию новый поворот. Несмотря на свое подчеркнутое косноязычие, на первый взгляд невыгодно отличающее мингера Пеперкорна от Сеттембрини и Нафты, он чувствует себя в любом обществе царем и божеством (отчасти из-за своего огромного богатства) и почти все оставшиеся к этому времени в живых сотрапезники Ганса Касторпа, а также новички поклоняются этому экзотическому божеству. Только Сеттембрини и Нафта воротят нос, но и их побеждает обояние чудаковатого, но величественного старца. Даже любовь к вернувшейся вместе с мингером Клавдии Шоша отступает перед дружбой с таким значительным человеком, который, впрочем, вскоре кончает жизнь самоубийством, не выдержав собственной философии преклонения перед "простыми радостями жизни": обильной едой, еще более обильными возлияниями, женской любовью и активным приятием всего естественного и сильного в жизни. С кончиной мингера и окончательным отъездом мадам Шоша действие на Волшебной горе как будто замедляется, и последние три-четыре года пролетают совсем незаметно и почти бессобытийно.

В. г. является своеобразной энциклопедией начала XX в. (Время действия романа — семь лет. Начиная с 1907 г. и кончая 1914-м, началом первой мировой войны, которая поднимает наконец героя из его "герметической реторты" и заставляет вернуться на равнину прошедшим полный курс воспитания, который одновременно был обрядом инициации — В. г., с одной стороны, относится к традиции "романа воспитания", но, будучи неомифологическим произведением, обряду инициации тоже придает определенную роль). Психоанализ, исследующий сексуальность и "расчленяющий душу", рассуждения о природе времени в духе модной тогда философии Анри Бергсона, столоверчение и вызывание духов, которым увлекались в конце XIX и начале XX в., граммофон с записями классической музыки и, наконец, одно из главных чудес начала XX в. — кинематограф (см. **кино**).

Как уже говорилось, на творчество Томаса Манна большое влияние оказали теоретические взгляды и художественная практика Рихарда Вагнера, создавшего в своих зрелых операх так называемую технику лейтмотивов (ср. **мотивный анализ**), когда определенная мелодия или аккорд устойчиво ассоциируется с определенным персонажем.

Так, например, свое эротическое увлечение Клавдией Шоша Ганс Касторп соотносит с неожиданно выплывшим ярким воспоминанием детства, когда он учился в школе и был влюблен в мальчика из соседнего класса, тоже славянина по происхождению, — Пшибыслава Хиппе. Как вспоминает Ганс Касторп, у этого мальчика были такие же "раскосые азиатские глаза", как у Клавдии. В свое время, чтобы познакомиться с Пшибыславом, Ганс попросил у него карандаш, сославшись на то, что свой он забыл дома. Через много лет на карнавале в санатории он повторил эту просьбу (карандаш, конечно, фаллический символ — см. **психоанализ**).

Наиболее важной мифологической фигурой романа является безусловно мингер Пеперкорн. — Вот что пишет об этом исследователь мифологизма в литературе XX в. Е. М. Мелетинский: "Любовная связь Ганса Касторпа с Клавдией Шоша во время карнавала (его прямо называют карнавальным рыцарем) на масленицу, ее исчезновение на следующий день и возвращение через определенный срок с новым любовником — богачом Пеперкорном — хорошо укладывается в схему "священной свадьбы" богини, приуроченной к календарным аграрным празднествам. К этому надо прибавить, что Пеперкорн тут же устраивает для всех веселую попойку, имеющую характер вакхического пиршества и названную им самим праздником жизни. Да он и сам, прославляющий иррациональные силы жизни, парадоксальным образом ассоциируется с Вакхом-Дионисом, разумеется не без ницшевской оглядки на антитезу Диониса и Аполлона.

Самоубийство Пеперкорна из-за наступившего бессилья ("поражения чувства перед лицом жизни", как он выражается [...]) ведет к другой, но весьма близкой ритуально-мифологической параллели — к описанной Фрейзером в его знаменитой "Золотой ветви" ритуальной смене царя-жреца путем умерщвления одряхлевшего царя, у которого иссякла половая и магическая сила. "Царственность" Пеперкорна всячески подчеркивается. Ритуальное умерщвление царя-жреца, согласно реконструкции Фрейзера, совершается после поединка с более молодым соперником. В романе Томаса Манна ситуация как бы перевернута: здесь сначала старый Пеперкорн занимает место молодого Касторпа, и последний с этим примиряется, а после того, как Пеперкорн своим самоубийством расчищает ему место, он не пытается этим воспользоваться. Вместо ритуального поединка — борьба великодуший".

Волшебная гора является одновременно царством любви и смерти. Как показал Фрейд, "бессознательно" опиравшийся на Шопенгауэра и Вагнера, любовь — инстинкт жизни — переплетается в бессознательных установках человека с **влечением к смерти**: эрос всегда соседствует с танатосом. Такова и любовь больного Ганса Касторпа к больной Клавдии Шоша, любовь, протекающая на фоне то и дело умирающих пациентов санатория.

Поначалу Ганс Касторп увлекается идеей, в соответствии с которой болезненная любовь-смерть есть нечто позитивное и захватывающее — нечто в духе Тристана и Изольды. Но после самоубийства Лео Нафты, который энергично отстаивал именно эту точку зрения, Ганс Касторп пересматривает свои взгляды и принимает гуманистическую точку зрения Сеттембрини, согласно которой "смерть как самостоятельная духовная сила — это в высшей степени распутная сила, чья порочная притягательность, без сомнения, очень велика" и "смерть достойна почитания, как колыбель жизни, как материнское лоно обновления" (см. **миф, трансперсональная психология**). Так, перед лицом смерти Ганс Касторп познает ценность жизни, хотя происходит это как раз перед тем, как ему, возможно, суждено умереть на поле первой мировой войны, где его оставляет Томас Манн в эпилоге.

Как уже говорилось, большую роль в В. г. играют рассуждения Ганса Касторпа о природе времени, что несомненно также является частью интеллектуальной энциклопедии жизни культуры начала XX в. В начале XX в. интерес к философской проблеме природы времени был огромным и разнообразным (см. **время**). И хотя в романе не называются ни Альберт Эйнштейн, ни Анри Бергсон, ни Эдмунд Гуссерль, ни Фрэнсис Брэдли, ни Джон МакТаггарт — все эти мыслители, так или иначе, анонимно присутствуют в рассуждениях Ганса Касторпа о времени, которое то отождествляется с пространством в духе общей теории относительности, то, наоборот, интерпретируется как сугубо внутренний феномен сознания (в духе Гуссерля и Бергсона), недоступный количественному анализу. Можно сказать, что в В. г. мифологическое циклическое время обряда инициации переплетается со становящимся линейным временем романа воспитания. Так или иначе, Ганс Касторп прошел семилетнюю инициацию и вернулся на равнину зрелым мужчиной, правда, не для совершения брака, как это предполагается после инициации, а для возможной гибели на войне, но такова уж новая мифологическая логика столетия, только начинавшего показывать свои "страшные зубы".

Пожалуй, в том, что касается особенностей художественной ткани романа, наиболее интересна его артикулированная традиционность стиля. Здесь мы не найдем почти никаких **принципов прозы XX в.**, которые характерны для Джойса и Кафки, современников Томаса Манна, или Фолкнера и Борхеса, Кортасара и Маркеса.

В В. г. нет потока сознания, хотя из описания косноязычной речи мингера Пеперкорна ясно видно, что Томас Манн потенциально владеет этой техникой. Не найдем мы в В. г. **текста в тексте** и элементов **интертекста,** которые потом появятся в большом количестве в романе "**Доктор Фаустус**" (см.).

Но, пожалуй, именно поэтому В. г. представляет собой совершенно удивительное произведение, модернизм которого весь скрыт на глубине художественной структуры, а весьма сдержанный, даже временами "реалистически" сочный стиль делает этот текст уникальным в его одновременной интеллектуальной насыщенности и чисто беллетристической увлекательности.

Лит.:
Мелетинский Е. М. Поэтика мифа. — М., 1996.
Фрейзер Дж. Дж. Золотая ветвь: Исследование магии и религии. — М., 1985.
Фрейд З. По ту сторону принципа удовольствия // *Фрейд З.* Психология бессознательного. — М., 1990.

ВРЕМЯ (от индоевропейск. vertmen — вертеть, вращать). В ХХ в. под влиянием общей теории относительности В. понимается как четвертое измерение, главное отличие которого от первых трех (**пространства**), заключается в том, что В. необратимо (анизотропно). Вот как формулирует это исследователь философии В. ХХ в. Ганс Рейхенбах:

1. Прошлое не возвращается.
2. Прошлое нельзя изменить, а будущее можно.
3. Нельзя иметь достоверного протокола о будущем.

Отчего время необратимо? Вслед за великим физиком, погибшим в 1906 г., основателем статистической термодинамики, Людвигом Больцманом, Рейхенбах определяет необратимость В. через второе начало термодинамики: в замкнутых системах энтропия может только увеличиваться. Энтропия — мера неопределенности системы, она эквивалентна нарастанию беспорядка, хаоса и всеобщей смерти. Если в кофе налить сливки, то их уже не отделить от кофе — вот бытовая аналогия второго начала.

Но эта необратимость не имеет логического, необходимого характера, это лишь очень вероятная необратимость. Существует ничтожная вероятность того, что сливки и кофе вновь разделятся. Эта вероятность, как писал еще Больцман, равна вероятности того, что жители одного большого города в один и тот же день покончат жизнь самоубийством.

Строго говоря, наша Вселенная не является закрытой системой, поэтому Рейхенбах считал, что временна́я необратимость связана с *большинством* термодинамических процессов во Вселенной, а современный физик И. Пригожин вообще оспорил традиционную точку зрения на термодинамическую необратимость В. Но мы будем придерживаться, вернее, отталкиваться от традиционного естественнонаучного взгляда на В. Потому что для самой культуры такое понимание В. совершенно нехарактерно. Феномен **неомифологического сознания** (см.) в начале ХХ в.

актуализировал мифологическую циклическую модель В., в которой ни один постулат Рейхенбаха не работает. Это циклическое В. аграрного культа нам всем знакомо. После зимы наступает весна, природа оживает, и цикл повторяется. В литературе и философии XX в. становится популярным архаический **миф** о вечном возвращении. Он пронизывает произведения Ф. Ницше, О. Шпенглера (учение о повторяющихся циклах), А. Дж. Тойнби, Л. Н. Гумилева. Его исследует художественная литература ("В поисках утраченного времени" М. Пруста, "**Волшебная гора**" Т. Манна, "**Школа для дураков**" С. Соколова, "Сто лет одиночества" Г. Маркеса).

Однако было и другое, нециклическое понимание В. в XX в., оно было также линейным, но "стрела времени" (выражение физика Артура Эддингтона) в нем повернута в противоположную сторону. Это семиотическая, или эсхатологическая, концепция В. Рассмотрим два предложения:

       Завтра будет дождь.
       Завтра будет вторник.

Первое высказывание принадлежит энтропийному В. Второе высказывание принадлежит семиотическому В. Вторник (если сегодня понедельник) наступит завтра с необходимостью. Семиотическое В. направлено в противоположную сторону. Такое понимание В. возникло в период ранней христианской философии у основателя философии истории, в современном смысле этого выражения, св. Августина Аврелия (IV в. н. э.). В трактате "О Государстве Божьем" и в "Исповеди" Августин рассматривает историю как драму. Завязка драмы (начало истории человечества) — это грехопадение. Бог тогда наказал людей, заставив их жить в энтропийном В., то есть лишил их бессмертия. Но пришел Иисус, чтобы искупить все человеческие грехи, в том числе грех рождения людей друг от друга не по велению Божьему (недаром сам Он был рожден непорочным зачатием), и вновь повернул В. в другую сторону, в сторону искупления, это и было эсхатологическое В., которое мы называем также семиотическим, потому что, рассматривая историю как драму, Августин невольно рассматривал ее как художественное произведение, как знаковую систему (см. **семиотика**). После смерти и Воскресения Христа В. пошло по двум противоположным направлениям одновременно: для праведников, подражающих Христу, — в сторону торжества Града Божьего, рая; для грешников, сподвижников дьявола — в сторону разрушимого града земного, который после развязки исторической драмы (Второго Пришествия и Страшного Суда), должен был превратиться в ад, торжество энтропии.

В XX в. эсхатологическая концепция В. нашла новых сторонников. Первым был библиотекарь Николай Федоров. Он написал огромную книгу "Философия общего дела", основной идеей которой была идея воскресения мертвых. Воскресив всех мертвых, мы сделаем тот невероятный, но возможный поступок, о котором писал Больцман, — разъединим кофе и сливки.

Более серьезным представителем "неоэсхатологии" был французский священник и антрополог Пьер Тейяр де Шарден, автор книги "Феномен человека". В. Тейяра направлено в ту же сторону, что и В. Августина, — к полному культурному бессмертию. По Тейяру, это должно будет произойти, когда все люди сольются в один самосозидающий интеллект в так называемой точке Омега.

До сих пор мы рассматривали такие концепции В., которые понимали его так или иначе, но как одномерное. В XX в. были и концепции многомерного В. Они зародились в русле **абсолютного идеализма**, британской философии начала XX в. Автором наиболее научной концепции многомерного В. был Джон Мак-Таггарт. Но непосредственно на культуру XX в. повлияла серийная концепция В. Джона Уильяма Данна; его книга "Эксперимент со временем", вышедшая впервые в 1920 г., выдержала десятки изданий.

Данн проанализировал всем известный феномен пророческих **сновидений**, когда на одном конце планеты человеку снится **событие**, которое через год происходит вполне наяву на другом конце планеты. Объясняя это загадочное явление, Данн пришел к выводу, что В. имеет как минимум два измерения для одного человека. В одном измерении человек живет, а в другом он наблюдает. И это второе измерение является пространственноподобным, по нему можно передвигаться в прошлое и в будущее. Проявляется это измерение в **измененных состояниях сознания**, когда интеллект не давит на человека, то есть прежде всего во сне.

Концепция Данна чрезвычайно заинтересовала одного из самых интересных писателей XX в. Хорхе Луиса Борхеса, который больше всего на свете любил парадоксы. Каждая его новелла о В. построена на многомерной концепции Данна. В рассказе "Другой" старик Борхес встречает себя самого молодым. Как это произошло? Молодой Борхес во сне пропутешествовал по своему второму измерению в свое будущее и встретился там со своим будущим Я. Но, проснувшись, он, как это часто бывает со всеми, забыл свой сон, поэтому, когда объективно это событие произошло с ним второй раз, уже наяву, когда он состарился, оно для него было полной неожиданностью.

Лит.:
Уитроу Дж. Естественная философия времени. — М., 1964.
Рейхенбах Г. Направление времени. — М., 1962.
Тейяр де Шарден П. Феномен человека. — М., 1987.
Данн Дж. У. Эксперимент со временем. — М., 2000.
Руднев В. Текст и реальность: Направление времени в культуре // Wiener slawistischer Almanach, 1986. — B. 17.
Руднев В. Прочь от реальности. — М., 2000.

Г

ГЕНЕРАТИВНАЯ ЛИНГВИСТИКА (или порождающая лингвистика) — направление в **структурной лингвистике**, возникшее в 1950-е гг., основателем которого является американский лингвист Ноам Хомский. Г. л. настолько изменила большинство представлений традиционной **структурной лингвистики**, что ее называют "хомскианской революцией" в языкознании.

В основе Г. л. лежит представление о порождающей модели языка, то есть о конечном наборе правил, способных задать, или породить все правильные, и только правильные, предложения языка. Таким образом, Г. л. не описывает язык, как это делала традиционная лингвистика, в том числе и структурная, а представляет процесс моделирования языка.

Зарождение Г. л. связано с послевоенным стремлением к моделированию, с компьютерной революцией, с построением модели генетического кода, с развитием машинного перевода и математической лингвистики.

Наиболее понятной и простой для объяснения является модель "по непосредственно составляющим". Надо сказать, что Г. л. прежде всего отличается от традиционного языкознания тем, что она в буквальном смысле перевернула представления о том, как, с какой стороны языковой иерархии порождается речь. Традиционные представления: из звуков складываются части слов, из них — слова, из них — словосочетания, а из словосочений предложения. С точки зрения Г. л. порождение речи происходит от синтаксиса к **фонологии**, то есть начиная с самых абстрактных синтаксических структур.

Вот как выглядит модель непосредственно составляющих для предложения —

Маленький мальчик ест мороженое.

В начале анализа имеется идея целостного предложения (S), затем предложение раскладывается на именную группу (N; маленький мальчик) и глагольную группу (V; ест мороженое). Затем конкретизируются именная группа (она членится на определение (A) и определяемое слово) и глагольная группа — на глагол и прямое дополнение (O). Графически можно представить как дерево составляющих

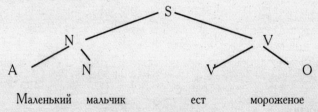

Казалось бы, все просто, и Г. л. напоминает школьный анализ по членам предложения (кстати, Хомский подчеркивал, что Г. л. стремится формализовать именно такие традиционные представления о языке). Но поначалу, когда язык программирования был

несовершенным, компьютер иногда не различал тонкостей естественного языка, например синонимию и омонимию, и порождал безупречные с синтаксической точки зрения, но семантически аномальные предложения. Такие, например (примеры взяты из книги Ю.Д. Апресяна):

Когда инженер Смолл смазан, вода в звонках подогревается.

После того как он покрыт, оно никогда не восхищается его паром.

Оно больше им не управляет, и не кладет оно его под четыре гладких пола.

Последователи Хомского начали понимать, что главное не синтаксис, а семантика, **смысл** предложения. И появилось новое направление Г. л. — генеративная семантика. В ее формировании сыграли значительную роль русские ученые — И. Мельчук, А.К. Жолковский, Ю. Мартемьянов.

Огромной заслугой Хомского перед наукой была разработка так называемого трансформационного анализа. Например, традиционный синтаксис не знал, как быть с предложениями:

(1) Мальчик ест мороженое.

(2) Мороженое съедается мальчиком.

Что это — одно и то же предложение или два разных? С одной стороны, оба предложения передают одно и то же сообщение, но почему-то в первом "мальчик" — это подлежащее, а во втором — косвенное дополнение в творительном падеже.

Хомский ввел разграничение глубинной и поверхностной синтаксических структур. С точки зрения глубинной структуры, (1) и (2) — это одно предложение, с глубинным подлежащим (агентом) — мальчиком и глубинным объектом (пациенсом) — мороженым. Предложения (1) и (2) — поверхностные варианты глубинной структуры. (1) — так называемая активная конструкция — является фундаментальной. Переход от (1) к (2) называется пассивной трансформацией. Трансформаций может быть много — около десяти, например негативная:

(3) Мальчик не ест мороженого — Неверно, что мальчик ест мороженое;

или номинативная (то есть трансформирующая предложение из предикативного в номинативное, назывное):

(4) Мальчик, который ест мороженое.

Трансформационный анализ Хомского напоминает то, что

делали в духе строгого контрапункта в серийной музыке начала XX в. (см. **додекафония**).

А теперь расскажем о генеративной семантике; разберем самую простую и хронологически первую ее модель Дж. Каца и Дж. Фодора. Она называется моделью семантических составляющих, или маркеров. Эта модель строит дерево, подобное тому, которое строил Хомский для синтаксиса предложения. Теперь оно строится для семантики многозначного слова. Рассмотрим хрестоматийный пример. Анализ слова bachelor, которое в английском языке имеет четыре значения: 1) бакалавр; 2) холостяк; 3) девушка (незамужняя дама) и 4) бычок. Модель Каца—Фодора основывается на том, что слово обладает дифференциальными семантическими признаками подобно тому, как ими обладает фонема (см. **фонология**). И эти признаки, так же как фонологические, строятся в виде **бинарных оппозиций** (см.).

В данном случае это пять признаков:
1. одушевленный / неодушевленный
2. человек / нечеловек
3. мужской / немужской
4. обладающий / не обладающий ученой степенью
5. замужний / незамужний (женатый / неженатый) (в английском языке это одно слово married).

Ясно, что bachelor в значении "бычок" представляет собой сочетание признаков "одушевленный, нечеловек", а bachelor в значении "девушка-бакалавр" — "одушевленный, человек, немужской, обладающий степенью, незамужний". Эта сеть значений слова может быть представлена графически в виде дерева семантических составляющих:

Генеративные модели в 1950—1970 гг. строились и в области фонологии, и в применении к системе стиха (метрике). Однако в качестве господствующей лингвистической теории Г. л. осталась только в США. В Европе ее вытеснили более мягкие и ориентированные на **прагматику**, то есть на живую человеческую коммуникацию, модели (см. **теория речевых актов, логическая семантика**).

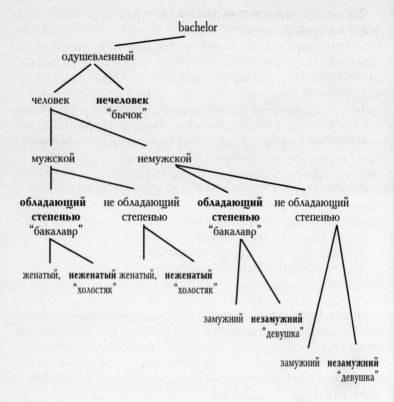

Лит.:
Хомский Н. Синтаксические структуры // Новое в лингвистике. — М., 1962. — Вып. 2.
Кац Дж., Фодор Дж. Структура семантической теории // Там же. — М., 1980. — Вып. 10: Семантика.
Апресян Ю. Д. Идеи и методы современной структурной лингвистики. — М., 1966.

ГЕНЕРАТИВНАЯ ПОЭТИКА — направление **структурной поэтики** (см.), возникшее в России в конце 1960-х гг. под влиянием **генеративной лингвистики**, а также теоретических идей С. М. Эйзенштейна (см. **кино**) и морфологии сюжета В. Я. Проппа (см. **сюжет**).

Основатели Г. п. (ныне профессора американских ун-тов) — русские лингвисты А. К. Жолковский и Ю. К. Щеглов.

Так же как **генеративная лингвистика**, Г. п. стремилась не к описанию **текста**, а к моделированию процесса порождения текста. По мысли авторов Г. п., художественный **текст** можно представить как сумму некой абстрактной "темы" и приемов выразительности (ПВ), при помощи которых тема трансформируется в реальный текст.

Тема может быть сформулирована и на естественном языке, и звучать как абстрактное высказывание на **метаязыке** (см.).

Например, тему повести А. Конан Дойла "Собака Баскервилей" можно сформулировать и образно в виде поговорки:

Волк в овечьей шкуре;

и в виде абстрактного описания:

Некто под видом покровительства
или дружбы готовит убийство своего
протеже.

После того как тема сформулирована, дальнейший анализ состоит в "вычитании" приемов выразительности, особых риторических фигур, взятых у Эйзенштейна или введенных самими авторами Г. п., из текста так. чтобы последовательно привести его к теме. Приемы выразительности могут быть такими: СОВМЕЩЕНИЕ, КОНТРАСТ, ВАРЬИРОВАНИЕ, ЗАТЕМНЕНИЕ, УВЕЛИЧЕНИЕ, РАЗВЕРТЫВАНИЕ, ПОВТОРЕНИЕ, КОНКРЕТИЗАЦИЯ, СОКРАЩЕНИЕ.

Приведем примеры некоторых важнейших ПВ из работ Жолковского и Щеглова:

"Общей темой рассказов Конан Дойла о Шерлоке Холмсе является *тепло, уют, покровительство, убежище, безопасность*.

Применение ПВ КОНТРАСТ придает ей несколько более конкретный вид:

тепло, уют, покровительство и т. п. — угроза, опасность.

"Многие предметы из окружения Холмса построены на СОВМЕЩЕНИИ все тех же тематических полюсов: о к н о к в а р т и р ы, где живет Холмс, одновременно принадлежит уютному жилищу, защищенному от внешнего мира, и открывает вид на этот мир, где царят ненастье и хаос; г а з е т а — аксессуар домашнего уюта (газета за чашкой кофе) и источник информации о преступлениях".

ПВ ВАРЬИРОВАНИЕ (или ПРОВЕДЕНИЕ ЧЕРЕЗ РАЗНОЕ) покажем на примере четверостишия из "Моцарта и Сальери" Пушкина (пример взят из книги Ю. М. Лотмана "Анализ поэтического текста"):

> Мне не смешно, когда маляр негодный
> Мне пачкает Мадонну Рафаэля;
> Мне не смешно, когда фигляр презренный
> Пародией бесчестит Алигьери.

Общая (инвариантная) тема обоих полустиший:

> Мне не смешно, когда бездарность
> оскорбляет гения.

Чрезвычайно интересными наблюдениями над поэтикой классической русской литературы мы обязаны выделению авторами Г. п. ПВ ЗАТЕМНЕНИЕ с его прототипом, известной сценой из "Героя нашего времени" Лермонтова:

> Я выстрелил... Когда дым рассеялся,
> Грушницкого на площадке не было.

Затемнение — конкретный вариант эпистемической нарративной (повествовательной) модальности (см. **модальности, сюжет**), когда вначале нечто важное неизвестно, неопределенно, а когда завеса открывается, информация становится полной и, как правило, драматической. Ср. в "Войне и мире" Толстого:

> Пьер опять закрыл глаза и сказал себе, что никогда уж не откроет их. Вдруг он почувствовал, что все вокруг зашевелилось. Он взглянул: Долохов стоял на подоконнике, лицо его было бледно и весело.

> [...] Пьер вздрогнул от своего выстрела [...] и остановился. Дым, особенно густой от тумана, помешал ему видеть в первое мгнове-

ние. [...] Только слышны были торопливые шаги Долохова, и из-за дыма показалась его фигура. Одною рукою он держался за левый бок, другою сжимал опущенный пистолет.

Еще одно важное понятие, которое выделила Г. п., — ПОЭТИЧЕСКИЙ МИР. Это коррелят понятия темы для творчества поэта, рассматриваемого как единое целое. Процедура здесь такая же, как и при анализе прозы. Формулируется основная черта поэтического мира, а затем показывается, как она развертывается в тексты при помощи ПВ.

А.К. Жолковскому удалось сформулировать общую тему (инвариант) всего творчества Пушкина. Звучит это так:

объективный интерес к действительности, осмысляемый как поле взаимодействия амбивалентно оцениваемых начал "изменчивость, неупорядоченность" и "неизменность, упорядоченность" (сокращенно: "амбивалентное противопоставление изменчивость/неизменность" или просто "изменчивость/неизменность").

Г. п. подвергалась критике со стороны представителей традиционной структурной поэтики за схематизм и возврат к стереотипам школьной поэтики (подобный же упрек адресовали в свое время создателю генеративной лингвистики). Как правило, конкретные наблюдения авторов Г. п. оказывались и интереснее, и долговечнее их теории. Сами они в своем позднем творчестве перешли к более мягким моделям анализа, соприкоснувшись в чем-то со своим главным антагонистом в постструктурной поэтике — **мотивным анализом** (см.).

Лит.:
Жолковский А. К., Щеглов Ю. К. К понятию "тема" и "поэтический мир" // Учен. зап. Тартуского ун-та. — Тарту, 1975. — Вып. 365.
Жолковский А. К. Инварианты Пушкина // Там же, 1979. — Вып. 467.
Жолковский А. К., Ямпольский М. Б. Бабель. — М., 1994.
Жолковский А. К., Щеглов Ю. К. Работы по поэтике выразительности. — М., 1966.

ГИПЕРТЕКСТ — **текст**, устроенный таким образом, что он превращается в систему, иерархию текстов, одновременно составляя единство и множество текстов.

Простейший пример Г. — это любой словарь или энциклопедия, где каждая статья имеет отсылки к другим статьям этого же словаря. В результате читать такой текст можно по-разному: от одной статьи к другой, по мере надобности, игнорируя гипертекстовые отсылки; читать статьи подряд, справляясь с отсылками; наконец, пуститься в гипертекстовое плавание, то есть от одной отсылки переходить к другой.

Настоящий словарь является подчеркнуто гипертекстовым, то есть построен так, чтобы постоянно провоцировать именно третий путь чтения. Например, сама статья Г. безусловно связана со статьями **текст** и **реальность** (существует еще понятие гиперреальности), а стало быть, с **пространством** и **временем**, с **мифом** и **неомифологизмом**, **виртуальными реальностями** и **измененными состояниями сознания**, от которых путь недалек к психическим отклонениям, к **шизофрении, психозу, неврозу**, от чего один шаг до **психоанализа**, от него к **Эдипову комплексу**, оттуда к **сновидению**, от **сновидения** к проблеме **индивидуального языка**, от него к **аналитической философии** в целом, от нее к **теории речевых актов**, оттуда к **прагматике**, к **семиотике, мотивному анализу**, к **интертексту** и Г. И тут цепочка (одна из возможных гипертекстовых цепочек — ибо Г. нелинеен) замкнется.

Попробуем проследить эту цепочку и заодно понять, что такое Г. Связь с проблемой текста и реальности очевидно, так как Г. — это нелинейный лабиринт, своеобразная **картина мира**, и выйти из него, войдя один раз, труднее, чем может показаться на первый взгляд.

Чтобы пояснить, что мы имеем в виду, приведем два примера. Первый из массового **кино**. Вероятно, многие помнят фильм "Косильщик лужаек". Герой этого фильма, поначалу нечто вроде Иванушки-дурачка, познакомившись с компьютерными **виртуальными реальностями**, постепенно интеллектуально и физически окреп, а под конец стал претендовать на мировое господство, но, попав в компьютерный Г., он не мог оттуда выбраться, он был заперт в нем собственной гордыней.

Второй пример — житейский. Когда человек уже выбрал свою профессию, он тем самым выбрал определенный Г. своей жизни — определенные **языковые игры**, определенный круг общения, определенные книги, определенный образ мыслей. И вот вдруг ему все это надоедает. Он хочет вырваться из опостылевшего ему мира. Хочет все бросить, уйти куда-то совершенно в другое пространство, к совершенно другим людям и другим проблемам. Но те кнопки, которые он научился нажимать в своей старой жизни, те речевые акты и языковые игры, в которые он был обучен играть в своей старой жизни, те пружины, которые он привык нажимать, и те психологические установки и мотивации, которыми он привык руководствоваться, — все это остается при нем. И его тянет назад. Если это очень сильный и решительный человек, он сможет победить свой старый Г., но вопрос состоит в том, стоило ли это делать.

Это проблема Льва Толстого — хотел уйти из Ясной Поляны почти на протяжении 30 лет — как будто бы все уже чужое — и не мог — все-таки все родное. Он только описывал эти попытки в своих произведениях (творчество писателя тоже можно представить как своеобразный Г.). Так, в рассказе "Отец Сергий" блестящий офицер вдруг уходит в скит замаливать свои светские грехи. К нему в скит приходит женщина, чтобы соблазнить его. Соблазн так велик, что отец Сергий отрубает себе палец, как бы символически себя кастрирует, но он понимает, что проблема, от которой он ушел, осталась при нем.

Г. — это нечто вроде судьбы: человек идет по улице, думает о чем-то хорошем, предвкушает радостную встречу, но вдруг нажимается какая-то кнопка (не будем задавать бесполезного вопроса, кто эту кнопку нажимает и зачем), и жизнь его переворачивается. Он начинает жить совершенно иной жизнью, как бы выходит из дома и не возвращается. Но потом кто-то опять нажимает кнопку, и она вновь возвращает его к тем же проблемам, к той же улице, к тем же хорошим мыслям. Это, по сути, история Иова. Человек чувствует, что совершил какую-то ошибку, и сам не понимает, как это вышло, его будто бес попутал, новая жизнь, казавшаяся ему такой нужной, такой творческой, теперь кажется просто западней. И тогда он может либо сойти с ума, либо действительно попытаться возвратиться на эту улицу и к этим мыслям. Но ему будет труднее, чем раньше, — новые кнопки, которые он научился нажимать в новой жизни, будут мешать ему в старой.

Я недаром все время говорю о кнопках, потому что понятие Г. тесно связано с компьютерными виртуальными реальностями.

Существует даже компьютерная художественная литература и, по меньшей мере, один классик этой литературы. И фамилия у него для классика вполне подходящая — Джойс, правда, зовут его не Джеймс, а Майкл и написал он не "Улисса", а компьютерный роман "Полдень". Особенность этого романа в том, что его можно адекватно читать только на дисплее компьютера. Он построен так, как строится Г. В нем есть "кнопки", нажимая на которые можно переключать движение **сюжета** в прошлое и в будущее, менять эпизоды местами, углубиться в предысторию героини, изменить плохой конец на хороший и т. п. Серийность (см. **серийное мышление, новый роман**) — это тоже одна из особенностей Г.

Здесь мы подходим к понятию гиперреальности, которое придумал французский философ, властитель умов современного мира Жан Бодрийар. Для того чтобы понять, что такое гиперреальность, надо отождествить реальность с текстом (что было нами сделано в статье **реальность**, а текст построить как Г. — получится гиперреальность. Бодрийар утверждает, что мы уже живем в гиперреальности. Масс-медиа, бесконечные пересекающиеся потоки информации, создают впечатление, что кто-то нажимает и нажимает различные кнопки, а мы только успеваем рот разевать. Мы перекатываемся, как при шторме на корабле, из одного конца Г. в другой.

Например, Бодрийар считал, что войны в Персидском заливе зимой 1991 г. между Ираком и США в обычном "реальностном" смысле не было. Это была гипертекстовая война, вся "посаженная" на дисплеи компьютеров и экраны видеопроекторов. Это не мистика — это особая метафизика гиперреальности, сон наяву, если угодно.

Дальше в нашей цепочке были пространство и время. Конечно, пространство здесь прагматическое (см. **пространство, эгоцентрические слова**), а время серийное, по нему можно подниматься в будущее и спускаться в прошлое, как по эскалатору. То есть, строго говоря, времени в Г. вообще нет.

Возьмем наш словарь. В хронологическом плане он зафиксирован на "отметке" XX век. Но внутри этой отметки времени нет — мы перепрыгиваем из венской культуры начала века в Москву конца века, а оттуда — в Берлин 1943 г. Время здесь становится разновидностью пространства. Это и есть **миф** (см.), где все повторяется, и это есть **неомифологизм**, доведенный до последней черты: каждое слово — цитата, каждое предложение — мифологема. И конечно, такое сознание нельзя считать неизменным — мы его сами и изменили. Это своеобразная шизотехника, некоторый культурный психоз, и мы нажимаем кнопки бессознательно, поэтому это имеет прямое отношение к бессознательному (к **парасемантике,** — см.), и это имеет отношение к Эдипову комплексу, ибо кого же мы хотим перехитрить, как не самого себя и свои чудовищные бессознательные стремления, и это безусловно индивидуальный язык, потому что его, кроме нас, никто не поймет, и это аналитическая философия, потому что мы все время так или иначе анализируем значения употребляемых нами слов, и это теория речевых актов, потому что гипертекстовое путешествие — это очень сложная разновидность речевого акта, а раз так, то он относится к области прагматики и, стало быть, к семиотике, поскольку прагматика — одна третья часть семиотики. И это, конечно, семиотика интертекста.

Надеюсь, что более наглядно и убедительно трудно было объяснить, что такое Г.

Лит.:
Бодрийар Ж. Войны в заливе не было // Художественный журнал. 1993. — № 4.
Интервью с Жаном Бодрийаром // Там же. 1995. — № 8.
Руднев В. Морфология реальности: Исследование по "философии текста". — М., 1996.

ГИПОТЕЗА ЛИНГВИСТИЧЕСКОЙ ОТНОСИТЕЛЬНОСТИ — разработанная американскими лингвистами Эдуардом Сепиром и Бенджаменом Ли Уорфом в 1920—1940-е гг. теория, в соответствии с которой не **реальность** определяет язык, на котором о ней говорят, а наоборот, наш язык всякий раз по-новому членит реальность. Реальность опосредована языком.

Вначале этот взгляд был в общем виде высказан Сепиром:
"Люди живут не только в объективном мире вещей и не только в мире общественной деятельности, как это обычно полагают; они в значительной мере находятся под влиянием того конкретного языка, который является средством общения для данного общества. Было бы ошибочно полагать, что мы можем полностью осо-

знать действительность, не прибегая к помощи языка, или что язык является побочным средством разрешения некоторых частных проблем общения и мышления. На самом же деле "реальный мир" в значительной степени бессознательно строится на основе языковых норм данной группы... Мы видим, слышим и воспринимаем так или иначе те или другие явления главным образом потому, что языковые нормы нашего общества предполагают данную форму выражения".

Уорф подробно развил взгляды Сепира. Уорф не был обыкновенным лингвистом, по профессии он был химик, и работа по специальности позволила ему взглянуть на язык специфическим образом — с точки зрения **прагматики** и **прагматизма**. Вот как он пишет о своих впечатлениях от работы на бензиновом заводе:

"Так, например, возле склада так называемых бензиновых цистерн люди ведут себя соответствующим образом, то есть с большей осторожностью; в то же время рядом со складом с названием "Пустые бензиновые цистерны" люди ведут себя иначе: недостаточно осторожно, курят и даже бросают окурки. Однако эти "пустые" цистерны могут быть более опасными, так как в них содержатся взрывчатые испарения. При наличии реально опасной ситуации лингвистический анализ ориентируется на слово "пустой", предполагающее отсутствие всякого риска".

Похожим был случай в лондонском метро, о котором когда-то писали газеты. Таблички на дверях, гласившие "Выхода нет", по совету социологов заменили табличками "Выход рядом", что на несколько процентов понизило число самоубийств в Лондоне.

Уорф был страстным поклонником культуры и языков американских индейцев. Сравнивая их языки со средними стандартными европейскими языками, он и сформулировал основные положения Г. л. о. Форма, культура, обычаи, этические и религиозные представления, отражающиеся в языке, имели у американских индейцев чрезвычайно своеобразный характер и резко отличались от всего того, с чем до знакомства с ними приходилось сталкиваться в этих областях культуры ученым. Это обстоятельство и подсказало мысль о прямой связи между формами языка, культуры и мышления.

Уорф писал: "Мыслительный мир" хопи не знает воображаемого **пространства**. Отсюда следует, что они не могут связать мысль о реальном пространстве с чем-либо иным, кроме реального пространства, или отделить реальное пространство от воздействия мысли. Человек, говорящий на языке хопи, стал бы, естественно, предполагать, что он *сам или его мысль путешествует вместе* с розовым кустом или, скорее, с ростком маиса, о котором он думает. Мысль эта должна оставить какой-то след на растении в поле. Если это хорошая мысль, мысль о здоровье или росте — это хорошо для растения, если плохая — плохо".

Еще один пример:

"В языке хопи множественное число и количественное числительное употребляются только для обозначения тех предметов, которые образуют или могут образовать реальную группу. Там не существует множества воображаемых чисел, вместо них употребляются порядковые числительные в единственном числе.

Такое выражение, как "десять дней", не употребляется. Эквивалентом его служит выражение, указывающее на процесс счета. Таким образом, "они пробыли десять дней" превращается в "они прожили до одиннадцатого дня" или "они уехали после десятого дня".

Вот один из самых выразительных и наиболее часто цитируемых примеров Уорфа: "Можно выделить некий объект действительности, обозначив его — "Это падающий источник". Язык апачей строит это выражение на глаголе "быть белым" [...] с помощью префикса *да*, который привносит значение действия, направленного вниз: белизна движется вниз. [...] Результат соответствует нашему "падающий источник", но на самом деле утверждение представляет собой соединение: "Подобно воде или источнику, белизна движется вниз". Как это не похоже на наш образ мышления!"

Уорф поясняет: "Предположим, что какой-нибудь народ [...] способен воспринимать только синий цвет. Термин *синий* будет лишен для них всякого значения. В их языке мы не найдем названий цветов, а их слова, обозначающие оттенки синего цвета, будут соответствовать нашим словам *светлый, темный, белый, черный* и т. д., но не нашему слову синий. Для того чтобы сказать, что они видят только синий цвет, они должны [...] воспринимать и другие цвета".

Г. л. о. сыграла большую роль в культуре XX в., но не столько в академической лингвистике, которая к ней относилась с подозрением, сколько в смежных областях, в **аналитической философии**, в **междисциплинарных** культурологических **исследованиях**.

Лит.:
Уорф Б. Л. Отношение норм поведения и мышления к языку // Новое в лингвистике. — М., 1960. — Вып. 1.
Уорф Б. Л. Наука и языкознание // Там же.

ДЕКОНСТРУКЦИЯ — особая стратегия по отношению к **тексту**, включающая в себя одновременно и его "деструкцию", и его реконструкцию.

Термин Д. предложил французский философ Жак Деррида (см. **постструктурализм** и **постмодернизм**) как перевод хайдеггеровского термина "деструкция" (см. **экзистенциализм, феноменология**). Термин Д. закрепился за Деррида и используется также рядом сходных исследований по философии, филологии и искусствознанию.

Суть Д. состоит в том, что всякая интерпретация **текста**, допускающая идею внеположности исследователя по отношению к тексту, признается несостоятельной (ср. **принцип дополнительности**). Исследование ведется в диалоге между исследователем и текстом (ср. **диалогическое слово** М. М. Бахтина). Представляется, что не только исследователь влияет на текст, но и текст влияет на исследователя. Исследователь и текст выступают как единая система, своеобразный **интертекст**, который пускается в особое путешествие по самому себе.

"Текст в этом случае, — пишет современный русский философ М. А. Маяцкий, — оказывается не гомогенным единством, а пространством "репрессии" (со стороны исследователя. — *В. Р.*). Цель Д. — активизировать внутритекстовые очаги сопротивления "диктату логоцентризма" [...]. Принципом метафизического текста является вслушивание в голос (бытия, Бога, вещей самих по себе) и игнорирование материальной стороны текста как чего-то вторичного по отношению к **смыслу**. Д., напротив, выявляет конструктивную роль письма и переносит акцент на сам процесс производства смыслов. Д. дезавуирует метафизику и в качестве фаллоцентризма — установки на приоритет мужского начала над женским и вытеснения женского голоса из реального многоголосья текстов культуры (ср. понятие **полифонического романа** М. М. Бахтина. — *В. Р.*). Метафизический дискурс подвергается Д. как дискурс присутствия, тождества. Д. расшатывает мнимую незыблемость метафизических понятий, обнаруживая разрывы и отсутствия там, где предполагалось полное присутствие смыслов".

Как кажется, подлинными предшественниками метода Д. были, как ни странно, советские философы М. М. Бахтин и О. М. Фрейденберг. Первый деконструировал роман Достоевского (см. **полифонический роман, карнавализация**), вторая — всю античную культуру.

Под влиянием Деррида, Барта и других представителей постструктурализма (а иногда и без их непосредственного влияния) русская поэтика начала деконструировать художественные тексты с конца 1970-х годов. Особую роль здесь сыграл **мотивный анализ** Б. М. Гаспарова (см.), который подверг Д. такие произведения, как "**Мастер и Маргарита**" Булгакова, "Двенадцать" Блока, "Слово о полку Игореве", что вызвало ряд академических скандалов в стенах Тартуского университета — цитадели классической **структурной поэтики**.

Особенно шокирующей кажется процедура Д., когда ей подвергаются такие хрестоматийные тексты, как, например, рассказ Л. Н. Толстого "После бала", ставший предметом аналитической Д. под пером русского филолога, основоположника **генеративной поэтики** А. К. Жолковского. Рассказ "После бала" возводится им к практике обряда инициации и традиционным мотивам волшебной сказки, как они описаны в исследованиях В. Я. Проппа (см. **сюжет, формальная школа**).

Автор этих строк подверг Д. такое культовое произведение детской литературы XX в., как "Винни Пух". Основой этой Д. стало то, что мы поставили милновские повести о Винни Пухе в ряд "взрослой" литературы 1920-х годов — период расцвета европейского **модернизма** (см. **принципы прозы XX в., неомифологизм**), что само по себе заставило посмотреть на текст по-другому: высветить его с точки зрения **мифа, психоанализа, теории речевых актов, семантики возможных миров, характерологии** (подробнее об этом анализе см. **междисциплинарные исследования**).

В **пространстве** поэтики **постмодернизма** Д. происходит сама собой — текст деконструирует сам себя, почти не нуждаясь в исследователе.

Лит.:
Деррида Ж. О грамматологии. — М., 2000.
Деррида Ж. Письмо к разлите. — М., 2000.
Маяцкий М. А. Деконструкция // Современная западная философия: Словарь. — М., 1991.
Гаспаров Б. М. Литературные лейтмотивы. — М., 1995.
Жолковский А. К. Морфология и исторические корни "После бала" // *Жолковский А. К.* Блуждающие сны. — М., 1992.
Руднев В. Введение в прагмасемантику "Винни Пуха" // Винни Пух и философия обыденного языка. — М., 1996.

ДЕПЕРСОНАЛИЗАЦИЯ, или психическая анестезия (anastesia psychica dolorosa) (ср. "**Скорбное бесчувствие**"), или психическое отчуждение, представляет собой расстройство сознания, которое чаще всего выступает как сопровождающий синдром при других психических заболеваниях — **эпилепсии, шизофрении,** аффективном **психозе** и очень часто (примерно в 70% случаев) при **депрессии** — в этих случаях говорят о коморбидных (то есть как бы две болезни в одной) расстройствах. Психологически Д. — это такое **измененное состояние сознания**, при котором нарушается прежде всего аффективная сфера сознания, а в более тяжелых случаях и интеллектуальная сфера, человек перестает чувствовать то, что он обычно раньше чувствовал при подобных обстоятельствах, и чувствует то, чего не чувствовал раньше (потому Д. называют еще дезориентацией). С физиологической точки зрения Д. чаще всего является ответом мозга на острый эмоциональный шок путем повышенной секреции эндорфинов, которые анестезируют сознание. С точки зрения поведенческой стратегии сознания Д. является мощным средством защиты против стресса. Классический случай Д., когда человек после внезапной потери близкого как будто "окаменевает", становится "бесчувственным".

Поскольку Д. может быть длительной, хронической и поскольку ею страдали многие деятели культуры, то существует деперсонализационная живопись, музыка, литература и даже наука.

В культуре XX в. было сформулировано два понятия, которые описывали деперсонализационно-подобные явления в художественных текстах. Это, конечно, в первую очередь, **остранение** Шкловского и, во-вторых, очуждение Брехта. Рассмотрим подробно, как соотносятся понятие Д. и остранения.

Основная наша идея заключается в том, как из "остранения" нормального реалистического дискурса XIX в. путем Д. письма рождался классический **модернизм**. И как рефлексия над этим деперсонализационным письмом, выразившаяся в удачном слове "остранение", означала взгляд на этот модернизм со стороны деперсонализированной авангардной формалистической поэтики (см. также **авангардное искусство** и **формальная школа**).

Основной формулой Д. является формула "мне все равно". Пример советского психиатра А. А. Меграбяна:

"Больной К. (депрес.) особенно подчеркивает потерю своих чувств: "Я не знаю, что такое жалость, что такое любить, что такое сердиться, — *для меня все равно* (курсив мой. — *В. Р.*). Два месяца тому назад у меня пропал мальчик; а разве я такой был? Умом я сознаю, но не чувствую, что происходит вокруг меня" В то же время больной постоянно находится в состоянии депрессии и тревоги, плачет, заявляет, что страдает от сознания потери этих чувств."

Что означает это *все равно*?

То, что человек более не различает приятное и неприятное, радостное и печальное, хорошее и дурное, жизнь и смерть — это тотальное снятие всех важнейших жизненных оппозиций (см. **бинарная оппозиция**). Таково феноменологическое обоснование деперсонализации, в свое время, проделанное А. М. Пятигорским. Суть этого обоснования состоит в том, что состояние, при котором сознанию все "все равно", есть мифологическое состояние, поскольку миф, по Леви-Стросу, есть механизм снятия всех оппозиций и прежде всего важнейшей, инвариантной всем остальным оппозиции между жизнью и смертью. В этом плане ясно, почему Д. это не только болезненный симптом, но и мощная защита от **реальности** (ср. **механизмы защиты**), анестезия, пусть и скорбная. Страдающий Д. попадает в особый мифологический мир, основными чертами которого является отсутствие логического бинарного мышления (все — *равно*). Конечно, это особый "тусклый мир". Но если спросить, что двигало развитием русской литературы XIX в. на пути от раннего романтизма через поздний романтизм (традиционно — **реализм**) к модернизму, то можно ответить, что это был все больший отказ от классицистического в широком смысле дихотомического мышления к такому положению вещей, когда "все равно". "Евгений Онегин" Пушкина — это по существу роман о Д.

> Нет: рано чувства в нем остыли;
> Ему наскучил света шум...
>
> Как Child-Harold, угрюмый, томный
> В гостиных появлялся он;
> Ни сплетни света, ни бостон,
> Ни милый взгляд, ни вздох нескромный,
> Ничто не трогало его,
> Не замечал он ничего.

И далее вся русская литература о лишних людях — это повествования о людях с померкшими аффектами. Д. в русской литературе — это борьба с наивным романтизмом с его аффектацией, пусть даже в эту аффектацию входит холодность и мрачность.

Шкловский в "Теории прозы" писал:

"Приемом искусства является прием "остранения" вещей и прием затрудненной формы, увеличивающий трудность и долготу восприятия, так как воспринимательный процесс в искусстве самоцелен и должен быть продлен.

Прием остранения у Толстого состоит в том, что он не называет вещь ее именем, а описывает ее как в первый раз виденную, а случай как в первый раз происшедший.

Наиболее известный пример — Наташа Ростова в театре:

"На сцене были ровные доски посередине, с боков стояли крашеные картины, изображавшие деревья, позади было протянуто полотно на досках. В середине сцены сидели девицы в красных корсажах и белых юбках. Одна очень толстая, в шелковом белом платье, сидела особо на низкой скамейке, к которой был приклеен сзади зеленый картон. Все они пели что-то. Когда они кончили свою песнь, девица в белом подошла к будочке суфлера, и к ней подошел мужчина в шелковых в обтяжку панталонах на толстых ногах и стал петь и разводить руками. Мужчина в обтянутых панталонах пропел один, потом пропела она. Потом оба замолчали, загремела музыка, и мужчина стал перебирать пальцами руку девицы в белом платье, очевидно ожидая опять также, чтобы начать свою партию вместе с нею. Они пропели вдвоем, а все в театре стали хлопать и кричать, а мужчины и женщины на сцене, которые изображали влюбленных, стали, улыбаясь и разводя руками, кланяться."

Д.-остранение похожа на то, как будто сознание, которое все это воспринимает, разучилось понимать язык оперы, как будто для него это не условное по определению искусство, а реальность, причем какая-то нелепая, полубредовая реальность.

Пожалуй, самое главное, что Д. как явление *речевой деятельности* предполагает усреднение — чувственное и интеллектуальное — человек перестает чувствовать различие между хорошим и дурным поступками, должным и запрещенным, то есть он перестает понимать языковые конвенции, ему становятся аффективно непонятны этические, деонтические, эстетические реакции других людей. Это проявляется в том, что устойчивые языковые конвенции разрушаются. На уровне речевой деятельности это соответствует тому, что речь, в первую очередь, *удлиняется*. Наташа Ростова в принципе прекрасно знала значение слова "опера", знала правила этой языковой игры. В момент деперсонализации слово "опера" потеряло свое значение, поэтому происходящее на сцене она стала описывать нелепым остаточным языком, в котором отсутствует идиоматика оперной языковой игры. Деперсонализационная нейтрализация ("Мне все равно, что А, что Б") привела к тому, что условный диегезис оперы стал описываться на более фундаментальном языке Реального, и именно это привело к удлинению описания, поскольку оно перестало быть интегрированным в целостный гештальт "оперы" со свойственной ему идиоматикой и метафорикой, с оперной терминологией.

В статье "Тристрам Шенди" и теория романа" Шкловский писал следующее:

"По существу своему искусство внеэмоционально... Искусство безжалостно и внежалостно, кроме тех случаев, когда чувство сострадания взято как материал для построения. Но и тут, говоря о нем, нужно рассматривать его с точки зрения композиции, точно так же как нужно, если вы желаете понять машину, смотреть на приводной ремень как на деталь машины, а не рассматривать его с точки зрения вегетарианца".

Таким образом, можно сказать, что "остранение", поэтика Д. могла быть обнаружена у Льва Толстого именно Шкловским и именно потому, что сам Шкловский разрабатывал то, что можно назвать "Д. поэтики". Литературное произведение предстает у Шкловского как нечто отчужденное и остраненное. Никаких привычных образов, никакой научной "лирики". В сущности, Шкловский рассматривает литературу точно так же, как Наташа Ростова смотрит оперу. Он как будто не понимает, что перед ним "прекрасное". Вот эта позиция непонимания была началом теоретической поэтики как подлинной науки. Это была наука Д. По этому пути шли тогда очень многие. В первую очередь, конечно, следует назвать создателя морфологии сказки В. Я. Проппа, а также формалистов Ю. Н. Тынянова, Б. М. Эйхенбаума, Б. И. Ярхо и многих других ученых этого направления. Но позиция Шкловского была самой радикальной, недаром именно он был знаменем нового направления.

Толстой в этом смысле оказался зеркалом русского формализма. Почему же для того, чтобы поэтика стала подлинной наукой, понадобилась Д.?

Представим себе хирурга, который, глядя на рану человека, которую ему предстоит зашить, начинает рыдать, заламывать руки, говорить: "Какой ужас!", "Я этого не перенесу!" и т. д. Для того, чтобы сделать операцию, хирург должен деперсонализироваться по отношению к пациенту. Именно поэтому и поэтика должна была деперсонализироваться, чтобы добиться тех блестящих результатов, которых она добилась в 1920-е, а затем в 1960-е—1970-е гг. (см. **структурная поэтика**).

Лит.:
Шкловский Б. Теория прозы. — М., 1925.
Меграбян А. А. Деперсонализация. Ереван., 1962.
Нуллер Ю. Л. Депрессия и деперсонализация: Проблемы

коморбидности // Депрессии и коморбидные расстройства / Под. ред. А. Б. Смулевича. — М., 1997.

Пятигорский А. М. Несколько замечаний о мифологии с точки зрения психолога // Учен. зап. Тартуского ун-та, вып. 181, 1965.

Руднев В. Поэтика деперсонализации // Логос. — № 11/12, 1999.

ДЕПРЕССИЯ, или депрессивный синдром (от лат. depressio — подавленность) — психическое состояние или заболевание, сопровождающееся чувством подавленности, тоски, тревоги, страха. Охваченный Д. одновременно испытывает чувство собственной неполноценности (ср. **комплекс неполноценности**), страх перед будущим; все его жизненные планы кажутся ему более неосуществимыми; сознание его сужается (ср. **измененные состояния сознания**) и вращается вокруг себя и своих невзгод. Страдающий Д. находит порой мучительное удовольствие в "переживании" своих страхов и тревог, своей неполноценности.

Д. стала поистине бичом второй половины XX в., как невротическая (см. **невроз**) или даже психотическая (см. **психоз**) реакция на социальные стрессы — революции, мировые войны, тоталитаризм, страх потерять работу, экологический кризис и т. п.

Д. может быть реакцией на потерю близкого человека, тогда она принимает, как говорят психиатры, форму "острого горя". Но следует отличать скорбь, горе, тоску как естественную реакцию на событие (в этом смысле можно говорить об экзогенной — то есть обусловленной внешними факторами — Д.) и подлинную — эндогенную (то есть обусловленную внутренними факторами патологии организма) Д., которая в общем является независимой от внешних обстоятельств и есть специфическая болезненная реакция, где обстоятельства лишь подтверждают обострение, провоцируют заложенную в самой личности патологию. Разграничивая скорбь и Д. (меланхолию), Фрейд писал:

"Скорбь, как правило, является реакцией на утрату любимого человека [...], меланхолия отличается глубоко болезненным дурным настроением, потерей интереса к внешнему миру, утратой способности любить, заторможенностью всякой продуктивности и понижением чувства собственного достоинства, что выражается в упреках самому себе, поношениях в свой адрес и перерастает в бредовое ожидание наказания; [...] скорбь обнаруживает те же самые черты, кроме одной-единственной: расстройство чувства собственного достоинства в этом случае отсутствует".

И далее: "Меланхолия демонстрирует нам еще кое-что, отсутствующее при скорби, — чрезвычайно пониженное чувство собственного Я. Больной изображает свое Я мерзким, аморальным, он упрекает, ругает себя и ожидает изгнания и наказания [...]. Картина такого — преимущественно морального — тихого помешательства дополняется бессонницей, отказом от пищи".

Фрейд интерпретирует Д. как регрессию в нарциссизм (см. **психоанализ**), что, например, происходит у некоторых индивидов при отвергнутой любви. Весь комплекс чувств к утраченному объекту, где перемешаны любовь и ненависть, он перекладывает на свою собственную личность, хотя на самом деле все это в русле **бессознательного** направлено на утерянный объект.

Даже в случае самоубийства на почве Д., как считает Фрейд, этот акт является как бы последним посланием (ср. **теория речевых актов**) индивида покинувшему его объекту: "Я умираю, чтобы отомстить тебе".

Д. в XX в. лечат двумя способами — психотерапевтическим и медикаментозным.

Иногда психотерапия бывает успешной, но порой она длится месяцами и годами и не заканчивается ничем. Большое значение при терапии и реабилитации больного Д. имеет социальная адекватность, возможность применения личностью ее творческих способностей (см. **терапия творческим самовыражением**).

В фармакологии лекарства против Д. изобретены сравнительно недавно, после второй мировой войны. Их терапия смягчает душевную боль, характерную при Д., но часто вводит личность в **измененное состояние сознания**, деформируют ее.

Вот что пишет о Д., и об антидепрессантах известный русский художник-авангардист и художественный критик, один из основателей авангардной группы "Медицинская герменевтика", Павел Пепперштейн:

"Депрессия ставит человека перед лицом поломки "автобиографического аттракциона". Это порождает практику "самолечения текстом". Причем на первый план выходят записи дневникового типа, "болезненная телесность" растрепанной записной книжки, с расползающимися схемками, значками, цифрами.

Депрессант прибегает к шизофреническим процедурам записи как к терапевтическим упражнениям. Иначе говоря, депрессант "прививает" себе **шизофрению** (см. — *В.Р.*) как инстанцию, способную восстановить потерянный сюжет, "починить аттракцион". Этот "ремонт" не всегда происходит успешно".

И далее об антидепрессантах:

"Основным препаратом в коктейле, прописанном мне психиатром в период обострения депрессии, был Lydiamil, швейцарский препарат "тонкого психотропного действия", как было написано в аннотации. Я пристально наблюдал за его эффектами [...], ограничусь упоминанием об одном маленьком побочном эффектике, на который я обратил внимание [...]. Этот незначительный эффектик я про себя назвал "синдромом Меркурия": меня преследовала иллюзия, что я ступаю не по земле, а чуть-чуть над землей, как бы по некоей тонкой пленке или эфемерному слою прозрачного жира. Таким образом буквализировалось "смягчение", "округление углов", "смазка" — последствия антидепрессантов, восстанавливающих "эндорфинный лак" на поверхности воспринимаемой действительности. Иногда депрессивный "золотой ящик", оснащенный сложной шизотехникой и застеленный внутри "периной" антидепрессантов, может показаться моделью рая".

Лит.:
Фрейд З. Скорбь и меланхолия // *Фрейд З.* Художник и фантазирование. — М., 1995.
Пепперштейн П. Апология антидепрессантов // Художественный журнал. 1996. — № 9.
Руднев В. Культура и психокатарсис ("Меланхолия" Альбрехта Дюрера) // Независимый психиатрический журнал. 1996. — № 3.

ДЕТЕКТИВ — жанр, специфический для массовой литературы и кинематографа XX в. Основоположники Д. — Эдгар По и Уилки Коллинз, но подлинное рождение этого жанра имело место в рассказах Конан Дойла о Шерлоке Холмсе. Почему Д. именно в XX в. получил такое распространение? По-видимому, главный элемент Д. как жанра заключается в наличии в нем главного героя — сыщика-детектива (как правило, частного), который раскрывает (detects) преступление. Главное содержание Д. составляет, таким образом, поиск **истины**. А именно понятие истины претерпело в начале XX в. ряд изменений. Истина в **аналитической философии** не похожа на истину, как ее понимали представители американского **прагматизма** или французского **экзистенциализма**.

Соответственно в истории Д. можно выделить три разновидности. Первой хронологически был аналитический детектив, связанный непосредственно с гениальными умами Шерлока Холмса, Эркюля Пуаро и мисс Марпл. Это английский Д. — его особенностью было то, что действие могло и чаще всего происходило в одном месте; часто этим местом был кабинет сыщика-аналитика. Действие вообще могло быть редуцировано (ср. редукционизм **логического позитивизма**) к аналитическим рассуждениям о методах раскрытия преступления. Главным здесь является сам механизм, позволяющий раскрыть преступление. Предельным выражением был случай, когда персонажи вместе с сыщиком оказываются в ограниченном **пространстве** (в поезде — "Восточный экспресс" Агаты Кристи, на яхте — "Смерть под парусом" Джона Ле Карре, в доме, окруженном снежным заносом, — "Чисто английское убийство" Джеймса Чейза). Тогда задача сыщика упрощается — он выбирает преступника из конечного числа индивидов.

Англия недаром страна, в которой (в стенах Кембриджа) родился логический позитивизм. В то время как Шерлок Холмс разрабатывал свой дедуктивно-аксиоматический метод, Бертран Рассел и Альфред Норт Уайтхед строили систему математической логики. Задача у детектива-аналитика и аналитического философа, в сущности, была одна и та же — построить идеальный метод, при помощи которого можно обнаружить истину. Метод здесь важнее, чем результат.

С точки зрения теории характеров (см. **характерология**) и логический позитивист, и сыщик-аналитик представляют собой яркий образец так называемого шизотимного, или **аутистического, мышления** (см.). Сыщик — аутист-интроверт, погруженный в свой мир благодаря своему углубленному, но "узкому" интеллекту, во всем видящий символы, разгадывающий преступление. Как правило, этический момент в этом субжанре Д. редуцируется — в предельном случае убийцей оказывается сам сыщик, как в романе Агаты Кристи "Убийство Роджера Экройда" (см. **экстремальный опыт**).

Второй хронологической (1920-е гг.) (и практически во всем

противоположной первой) разновидностью Д. был американский "жесткий" Д. Дэшила Хэмита. Здесь все не так. Пространство очень часто меняется. Сыщик активно вовлечен в перипетии интриги, он часто действует с помощью пистолета или кулака, иногда его самого избивают до полусмерти. Убийцей в таком Д. может оказаться кто угодно, вплоть до ближайшего друга, как в романе Д. Хэмита "Стеклянный ключ". Поиск истины здесь проводится отнюдь не при помощи дедуктивных аналитических процедур и сама истина оказывается синонимом не справедливости, а хитрости, силы и ловкости ума. Это прагматический Д. Истина в прагматизме — это "организующая форма опыта" (формулировка русского философа-прагматиста А. А. Богданова). С характерологической точки зрения это эпилептоидный Д. (см. **характерология**): сыщик — напряженно-агрессивный человек атлетического сложения, очень хорошо умеющий ориентироваться в конкретной обстановке.

Теперь, видя, как прочно **массовая культура** связана с национальным типом философской рефлексии, мы не удивимся, что в третьем (и последнем) типе классического Д. — французском — господствует идеология экзистенциализма. Сыщик здесь, как правило, совпадает с жертвой, а поиск истины возможен лишь благодаря некоему экзистенциальному выбору, личностно-нравственному перевороту. Классический автор французского экзистенциального Д. — Себастиан Жапризо, а один из лучших романов — "Дама в очках с ружьем в автомобиле". Герой экзистенциального Д. не блещет ни умом, ни кулаками. Его сила — в его душевной глубине и неординарности, в гибкости, позволяющей ему не только удержаться на поверхности, выжить, но и разгадать загадку, которая кажется мистически непостижимой.

С характерологической точки зрения такой герой — психастеник (см. **характерология**), реалистический тревожный интроверт, вечно копающийся в прошлом, откуда ему и удается путем мучительных переживаний добыть истину.

В послевоенные годы жанры перемешались. А **постмодернизм** (см.) дал свои образцы Д. — пародийного, разумеется: и аналитического ("Имя розы" Умберто Эко), и экзистенциального ("Маятник Фуко" того же автора), и прагматически-эпилептоидного (**"Хазарский словарь"** Милорада Павича).

В современной массовой литературе и **кино** первое место у Д. отнял триллер.

Лит.:
Руднев В. Культура и детектив // Даугава. — Рига, 1988. — № 12.
Руднев В. Исследование экстремального опыта // Художественный журнал. 1995. — № 9.

ДЗЭНСКОЕ МЫШЛЕНИЕ. Дзэн-буддизм — ответвление классического индийского буддизма, перешедшего из Индии в Китай, а оттуда — в Японию, где он стал одной из национальных религий и философий.

Д. м. особенно важно для культурного сознания XX в. как прививка против истового рационализма. Дзэном всерьез увлекался Карл Густав Юнг (дзэн вообще связан с **психоанализмом** своей техникой, направленной на то, чтобы разбудить **бессознательное**). Дзэн также связан с искусством **сюрреализма**, особенно с творчеством Антонена Арто. Некоторые исследователи усматривают черты, типологически сходные с Д. м., в "**Логико-философском трактате**" Людвига Витгенштейна, где рационализм замешан на мистике (см. **атомарный факт, аналитическая философия**).

В конце этого очерка мы расскажем о влиянии дзэна на художественную прозу американского писателя Джерома Сэлинджера.

Дзэн называют "убийством ума". "Его цель, — пишет учитель и популяризатор Д. м. Дайсецу Судзуки, — посредством проникновения в истинную природу ума так повлиять на него, чтобы он стал своим собственным господином [...]. Практика дзэна имеет целью открыть око души — и узреть основу жизни [...].

Основная идея дзэна — войти в контакт с внутренними процессами нашего существа, причем сделать это самым прямым образом, не прибегая к чему-то внешнему или неестественному [...]. Если до конца понять дзэн, ум придет в состояние абсолютного покоя, и человек станет жить в абсолютной гармонии с природой".

Основой метода практики дзэна является коан — бессмысленный на первый взгляд вопрос или ответ (или и то и другое вместе). Дзэн вообще культивирует поэтику абсурда (ср. **парасемантика**).

"— В чем суть буддизма? — спрашивает ученик.
— Пока вы ее не постигнете, не поймете, — отвечает учитель.
— Ну предположим, это так, а что дальше?
— Белое облако свободно парит в небесном просторе".

"Один монах спросил Дзесю: "Что ты скажешь, если я приду к тебе с ничем?" Дзесю сказал: "Брось его на землю". Монах возразил: "Я же сказал, что у меня ничего нет, что же мне тогда остается бросить?" Дзесю ответил: "Если так, то унеси его".

Можно сказать, что дзэн оперирует **многозначной логикой** (см.), где нет однозначного "да" и однозначного "нет" (так же как в восточной культуре, ориентированной на буддизм и дао, нет смерти и рождения), важно непосредственное до- или послевербальное проникновение в суть вещей — момент интеллектуального и эмоционального шока. Отсюда в практике дзэна эти знаменитые бессмысленные и порой жестокие поступки — щипки за нос, удары палками по голове, отрубание пальцев. Все это делается для того, чтобы огорошить сознание, привести его в **измененное состояние**, сбить мышление с привычных рельсов рационализма с его **бинарными оппозициями**.

Судзуки пишет: "Токусан часто выходил читать проповеди, размахивая своей длинной тростью, и говорил при этом: "Если вы произнесете хоть слово, то получите тридцать ударов по голове; если вы будете молчать, то этих тридцати ударов вам также не избежать". Это и было всей его проповедью. Никаких разговоров о религии или морали, никаких абстрактных рассуждений, никакой строгой метафизики. Наоборот. Это скорее походило на ничем не прикрытую грубость. Малодушные религиозные ханжи сочли бы этого учителя за страшного грубияна. Но факты, если с ними обращаться непосредственно как с фактами, очень часто представляют собою довольно грубую вещь. Мы должны научиться честно смотреть им в лицо, так как всякое уклонение от этого не принесет никакой пользы. Градом обрушившиеся на нас тридцать ударов должны сорвать пелену с нашего духовного взора, из кипящего кратера жизни должно извергнуться абсолютное утверждение".

Но что такое абсолютное утверждение? На это Судзуки отвечает следующей притчей:

"Вообразите, что кто-то взобрался на дерево и повис, зацепившись за ветку зубами, опустив руки и не касаясь ничего ногами. Прохожий задает ему вопрос относительно основных принципов буддизма. Если он не ответит, то это будет расценено как грубое уклонение от ответа, а если попытается ответить, то разобьется насмерть. Как же ему выбраться из этого затруднительного положения? Хотя это и басня, она все же не теряет своей жизненной остроты. Ведь, на самом деле, если вы открываете рот, пытаясь утверждать или отрицать, то все потеряно. Дзэна тут уже больше нет. Но простое молчание тоже не является выходом из положения. [...] Молчание каким-то образом должно слиться со словом. Это возможно только тогда, когда отрицание и утверждение объединяются в высшую форму утверждения. Достигнув этого, мы поймем дзэн".

Цель дзэна — просветление, которое называют "сатори". Его можно определить как интуитивное проникновение в природу вещей в противоположность аналитическому, или логическому, пониманию этой природы. Практически это означает открытие нового мира, ранее неизвестного смущенному уму, привыкшему к двойственности. Иными словами, сатори являет нам весь окружающий мир в совершенно неожиданном ракурсе. Когда одного из учителей дзэна спросили, в чем суть просветления, он ответил: "У ведра отламывается дно".

Как мы уже говорили, наибольшее влияние из западных умов дзэн оказал на Сэлинджера. Вот как он описывает просветление, постигшее юношу, героя рассказа "Голубой период Ле Домье-Смита":

"И вот тут-то оно случилось. Внезапно [...] вспыхнуло гигантское солнце и полетело прямо мне в переносицу со скоростью девяноста трех миль в секунду. Ослепленный, страшно перепуганный, я уперся в стекло витрины, чтобы не упасть. Когда ослепление прошло, девушки уже не было".

В рассказе "Тедди" речь идет о мальчике, получившем просветление и узнавшем будущее, в частности время своей смерти, которой он отнюдь не боится, хотя ему предстоит погибнуть от руки своей маленькой сестренки при несчастном случае.

Вот как Тедди описывает свое просветление:

"— Мне было шесть лет, когда я вдруг понял, что все вокруг — Бог, и тут у меня волосы дыбом встали, и все такое, — сказал Тедди. — Помню, это было воскресенье. Моя сестренка, тогда еще совсем маленькая, пила молоко, и я вдруг понял, что о н а — Бог и м о л о к о — Бог, и все что она делала, это переливала одного Бога в другого".

Теория и практика дзэна подробно описывается Сэлинджером в цикле повестей о семье Гласс. Бадди Гласс, брат гениального Симора, покончившего с собой (см. "**Хорошо ловится рыбка-бананка**"), приводит даосскую притчу о том, как мудрец увидел черного жеребца в гнедой кобыле.

Сам Симор, объясняя своей жене Мюриель, что такое дзэн, рассказывает легенду о том, как учителя спросили, что самое ценное на свете, и он ответил, что самое ценное — это дохлая кошка, потому что ей цены нет.

В финале повести "Выше стропила, плотники" Бадди предполагает послать Симору на свадьбу чисто дзэнский подарок:

"Мой последний гость, очевидно, сам выбрался из квартиры.Только пустой стакан и сигара в оловянной пепельнице напоминали о его существовании. Я до сих пор думаю, что окурок этой сигары надо было тогда же послать Симору — все свадебные подарки обычно бессмысленны. Просто окурок сигары в небольшой красивой коробочке. Можно бы еще приложить чистый листок бумаги вместо объяснения".

Лит.:
Судзуки Д. Основы Дзэн-буддизма. — Бишкек, 1993.

ДИАЛОГИЧЕСКОЕ СЛОВО — понятие, разработанное М. М. Бахтиным применительно к его теории **полифонического романа** (см.).

Бахтин писал: "Диалогический подход возможен [...] применительно даже к отдельному слову, если оно воспринимается не как безличное слово языка, а как знак чужой смысловой позиции, как представитель чужого высказывания, то есть если мы слышим в нем чужой голос. Поэтому диалогические отношения могут проникать внутрь высказывания, даже внутрь отдельного слова, если в нем диалогически сталкиваются два голоса". И далее: "Представим себе диалог двух, в котором реплики второго собеседника пропущены, но так, что общий смысл нисколько не нарушается. Второй собеседник присутствует незримо, его слов нет, но глубокий след этих слов определяет все наличные слова первого собеседника. Мы чувствуем, что это беседа, хотя говорит только один, и беседа напряженнейшая, ибо каждое слово всеми своими фибрами отзывается и реагирует на невидимого собеседника, указывая вне себя, за свои пределы, на несказанное чужое слово. [...] У Достоевского этот скрытый диалог занимает очень важное место и чрезвычайно глубоко и тонко проработан".

Бахтин выделяет диалогическое "слово с оглядкой" ("почти после каждого слова Девушкин оглядывается, боится, чтобы не подумали, что он жалуется, старается заранее заглушить впечатление, которое произведет его сообщение..."); "слово с лазейкой", симулирующее свою независимость от невысказанного слова собеседника (это слово господина Голядкина, героя повести "Двойник"), и "проникновенное слово", отвечающее на те реплики в диалоге, которые собеседником не только не были высказаны, но даже не были выведены им из **бессознательного** (диалог между Иваном и Алешей в "Братьях Карамазовых", когда Алеша говорит Ивану: "Брат, отца убил *не ты*" (курсив Достоевского), то есть он хочет сказать брату, чтобы тот не считал себя виноватым в идеологической подготовке Смердякова к убийству Федора Павловича Карамазова, их общего отца.

В полифоническом романе XX в. Д. с., выделенное Бахтиным, получает дальнейшее развитие, как правило, с оглядкой на его несомненного создателя в литературе — Достоевского. Так, весь роман Томаса Манна **Доктор Фаустус**" — это цепь диалогических реплик на различных уровнях (ср. **мотивный анализ**): упреки Цейтблома Леверкюну; различного рода диалогические умолчания в беседе Леверкюна с чертом, диалогически спроецированной на соответствующую сцену в "Братьях Карамазовых"; общая диалогическая транстекстуальная направленность произведения по отношению к другим произведениям (черта, свойственная поэтике повествования XX в. в целом) (см. **принципы прозы XX в., интертекст**).

"Доктор Фаустус" написан как бы в упрек "Фаусту" Гете, которого Манн почти не упоминает, руководствуясь ранними легендами о докторе Фаусте. Но этот упрек невысказанно звучит действительно в каждом слове романа. Его можно сформулировать примерно так: "Вы оправдали Фауста, спасли его из когтей дьявола — теперь посмотрите, что он наделал с Европой XX в.". Имеется в виду проходящая сквозь повествование и рассказ о жизни Леверкюна горькая правда о падении германской государственности в результате прихода к власти ницшеанствующих (Ницше — главный прототип Леверкюна) нацистов. В 1970—1980 гг. с наследием Бахтина случилась странная вещь: его узурпировали тогдашние славянофилы, всячески противопоставляя его **формальной школе** и структурализму, так что постепенно круг передовых теоретиков литературы, который открыл и истолковал Бахтина в 1970 гг., отошел от его идей, ставших на время конъюнктурными.

Еще один парадокс, характерный для такого парадоксального мыслителя, каким был, несомненно, Бахтин. Невольно апологизируя Д. с., Бахтин не хотел замечать того, что диалог — не всегда признак лишь глубины, что диалог связан с властью, когда последняя опутывает своим словом обывателя.

Даже на уровне бытовых отношений между близкими людьми формула "ты знаешь, что я знаю", восходящая к бахтинскому Д. с., бывает неприятным и порой страшным оружием. Последнее тонко отметил кумир современной французской философии Жан Бодрийар, рассказавший о своеобразной акции художницы Софи Каль, которая ходила за незнакомым человеком по Венеции и просто фотографировала его и те места, где он бывал, те вещи, которыми он пользовался. Этот художественный эксперимент представил диалог как посягательство на свободу и самость Другого, который, возможно, хочет быть огражден от всепроникающего Д. с.

М. М. Бахтин стал предметом культа уже после своей смерти, поэтому, пожалуй, он не несет за это ответственности. Его теории и понятия — **карнавализация**, **полифонический роман**, **диалог** — уже пережили апогей популярности, и наступит **время**, когда культура критически к ним вернется и вновь оценит их глубину и оригинальность.

Лит.:
Бахтин М. М. Проблемы поэтики Достоевского. — М., 1963.
Бахтин М. М. Вопросы литературы и эстетики. — М., 1976.
Руднев В. Поэтика модальности // Родник. — М., 1988. — № 7.
Бодрийар Ж. Венецианское преследование // Художественный журнал. 1995. — № 8.

ДОДЕКАФОНИЯ (древнегр. dodecaphonia — двенадцатизвучие), или композиция на основе 12 соотнесенных между собой тонов, или серийная музыка (см. **серийное мышление**) — метод музыкальной композиции, разработанный представителями так называемой "нововенской школы" (Арнольд Шёнберг, Антон Веберн, Альбан Берг) в начале 1920-х гг.

История развития музыкального языка конца XIX в. — "путь к новой музыке", как охарактеризовал это сам Веберн, — был драматичен и тернист. Как всегда в искусстве, какие-то системы устаревают и на их место приходят новые. В данном случае на протяжении второй половины XIX в. постепенно устаревала привычная нам по музыке Моцарта, Бетховена и Шуберта так называемая диатоническая система, то есть система противопоставления мажора и минора. Суть этой системы заключается в том, что из 12 звуков, которые различает европейское ухо (так называемый темперированный строй), можно брать только 7 и на их основе строить композицию. Семь звуков образовывали тональность. Например, простейшая тональность до мажор использует всем известную гамму: до, ре, ми, фа, соль, ля, си. Наглядно — эта тональность использует только белые клавиши на рояле. Тональность до минор отличается тем, что вместо ми появляется ми-бемоль. То есть в тональности до минор уже нельзя употреблять простое ми, за исключением так называемых модуляций, то есть переходов в родственную тональность, отличающуюся от исходной понижением или повышением на полтона. Постепенно к концу XIX в. модуляции стали все более смелыми, композиторы, по выражению Веберна, "стали позволять себе слишком много". И вот контраст между мажором и минором постепенно стал сходить на нет. Это начинается у Шопена, уже отчетливо видно у Брамса, на этом построена музыка Густава Малера и композиторов-импрессионистов — Дебюсси, Равеля, Дюка́. К началу XX в. композиторы-нововенцы, экспериментировавшие с музыкальной формой, зашли в тупик. Получилось, что можно сочинять музыку, используя все двенадцать тонов: это был хаос — мучительный период атональности.

Из музыкального хаоса было два противоположных пути. Первым — усложнением системы диатоники путем политональности — пошли Стравинский, Хиндемит, Шостакович (см. **верлибризация**). Вторым, жестким путем, пошли нововенцы, и это была музыкальная **логаэдизация** (см.), то есть создание целой системы из фрагмента старой системы.

Дело в том, что к концу XIX в. в упадок пришел не только диатонический принцип, но и сама классическая венская гармония, то есть принцип, согласно которому есть ведущий мелодию голос, а есть аккомпанемент. В истории музыки венской гармонии предшествовал контрапункт, или полифония, где не было иерархии мелодии и аккомпанемента, а были несколько равных голосов.

Нововенцы во многом вернулись к системе строгого добаховского контрапункта. Отказавшись от гармонии как от принципа, они легче смогли организовать музыку по-новому. Не отказываясь от равенства 12 тонов (атональности), Шёнберг ввел правило, в соответствии с которым при сочинении композиции в данном и любом опусе должна пройти последовательность из всех неповторяющихся 12 тонов (эту последовательность стали называть серией (ср. **серийное мышление**), после чего она могла повторяться и варьироваться по законам контрапункта, то есть быть 1) прямой; 2) ракоходной, то есть идущей от конца к началу; 3) инверсированной, то есть как бы перевернутой относительно горизонтали, и 4) ракоходно-инверсированной. В арсенале у композитора появлялось четыре серии. Этого было, конечно, очень мало. Тогда ввели правило, согласно которому серии можно было начинать от любой ступени, сохраняя лишь исходную последовательность тонов и полутонов. Тогда 4 серии, умножившись на 12 тонов темперированного строя, дали 48 возможностей. В этом и состоит существо 12-тоновой музыки. Революционная по своей сути, она была во многом возвратом к принципам музыки добарочной. Ее основа, во-первых, равенство всех звуков (в венской классической диатонической гармонии, мажорно/минорной системе, звуки не равны между собой, но строго иерархичны, недаром гармоническая диатоника — дитя классицизма, где господствовал строгий порядок во всем). Во-вторых, уравнивание звуков в правах позволило ввести еще одну особенность, также характерную для строгого контрапункта, — это пронизывающие музыкальный опус связи по горизонтали и вертикали. Символом такой композиции для нововенцев стал магический квадрат, который может быть прочитан с равным результатом слева направо, справа налево, сверху вниз и снизу вверх. Известный латинский вербальный вариант магического квадрата приводит Веберн в своей книге "Путь к новой музыке".

```
S A T O R
A R E P O
T E N E T
O P E R A
P O T A S
```

("Сеятель Арепо трудится не покладая рук").

В дальнейшем ученики Шёнберга Веберн и Берг отказались от обязательного 12-звучия серии (ортодоксальная додекафония), но саму серийность сохранили. Теперь серия могла содержать сколько угодно звуков. Например, в Скрипичном концерте Берга серией является мотив настройки скрипки: соль — ре — ля — ми. Серия стала автологичной, она превратилась в рассказ о самой себе.

Серийная музыка активно развивалась до 1950-х гг. Ей даже отдал щедрую дань мэтр противоположного направления Игорь Стравинский. К более радикальным системам в 1960-е гг. пришли французский композитор и дирижер Пьер Булез и немецкий композитор Карлхейнц Штокгаузен.

Д., как и классический **модернизм**, продержалась активно в период между мировыми войнами, будучи несомненным аналогом логического позитивизма (см. **догаэдизация, аналитическая философия**), так же как и **структурной лингвистики** (см.).

После второй мировой войны все культурные системы, зародившиеся в период первой мировой войной, пошли на смягчение и взаимную консолидацию, что и привело в результате к **постмодернизму** (см.).

Лит.:
Веберн А. Лекции о музыке. Письма. — М., 1975.
Гершкович Ф. Тональные основы Шёнберговой додекафонии // *Гершкович Ф.* Статьи. Заметки. Письма. Воспоминания. — М., 1991.

"ДОКТОР ФАУСТУС: Жизнь немецкого композитора Адриана Леверкюна, рассказанная его другом" — роман Томаса Манна (1947).

Д. Ф. располагается в истории культуры XX в. как раз посередине, на самой границе между **модернизмом** и **постмодернизмом**. Эту границу определила вторая мировая война. Как это ни парадоксально, модернизм довоенный и междувоенный поистине трагичен, постмодернизм остраненно ироничен. Д. Ф. можно считать последним великим произведением европейского модернизма, написанным, впрочем, в Америке, и первым произведением постмодернизма. Этот роман совмещает в себе необычайный трагизм в содержании и холодную остраненность в форме: трагическая жизнь немецкого гения, вымышленного, конечно (одним из главных прототипов Леверкюна был Фридрих Ницше), рассказана по материалам документов из его архива и по личным воспоминаниям его друга, профессора классической филологии Серенуса Цейтблома, человека хотя и сведущего в музыке и вполне интеллигентного, но вряд ли способного в полной мере оценить трагедию своего великого друга так, как он ее сам ощущал. На этой прагматической дистанции (см. **прагматика**) между стилем наивного интеллигента-буржуа (характерного для немецкой литературы образа простака-симплициссимуса) и трагическими и не вполне укладывающимися в рамки обыденного здравого смысла событиями жизни гения построен **сюжет** Д. Ф.

Напомним его вкратце.

Будущий композитор и его будущий биограф родились и воспитывались в маленьком вымышленном немецком городке Кайзерсашерн. Первым музыкальным наставником Адриана стал провинциальный музыкальный критик и композитор, симпатичный хромой заика Вендель Кречмар. Одна из его лекций по истории музыки, прочитанная в полупустом зале для узкого круга любителей и посвященная последней сонате Бетховена ор. 111 до минор, № 32, приводится в романе полностью (о важности роли Бетховена см. ниже). Вообще, читатель скоро привыкает к тому, что в романе приведено множество длинных и вполне профессионально-скучных рассуждений о музыке, в частности о выдуманной Томасом Манном музыке самого Леверкюна (ср. **философия вымысла**).

Юношей Адриан, удививший всех родственников, поступает на богословский факультет университета в Галле, но через год бросает его и полностью отдает себя сочинению музыки.

Леверкюн переезжает в Лейпциг, друзья на время расстаются. Из Лейпцига повествователь получает от Леверкюна письмо, где он рассказывает ему случай, который сыграл роковую роль во всей его дальнейшей жизни. Какой-то полубродяга, прикинувшись гидом, неожиданно приводит Адриана в публичный дом, где он влюбляется в проститутку, но вначале от стеснительности убегает. Затем из дальнейшего изложения мы узнаем, что Адриан нашел девушку и она заразила его сифилисом. Он пытался лечиться, но обе попытки заканчивались странным образом. Первого доктора он нашел умершим, придя к нему в очередной раз на прием, а второго — при тех же обстоятельствах — на глазах у Леверкюна неизвестно за что арестовала полиция. Ясно, что судьбе почему-то неугодно было, чтобы будущий гениальный композитор излечился от дурной болезни.

Леверкюн изобретает новую систему музыкального языка, причем на сей раз Томас Манн выдает за вымышленное вполне реальное — **додекафонию**, "композицию на основе двенадцати соотнесенных между собой тонов", разработанную Арнольдом Шёнбергом, современником Манна, великим композитором и теоретиком (кстати, Шёнберг был немало возмущен, прочитав роман Томаса Манна, что тот присвоил его интеллектуальную собственность, так что Манну даже пришлось во втором издании сделать в конце романа соответствующую приписку о том, что двенадцатитоновая система принадлежит не ему, а Шёнбергу).

Однажды Адриан уезжает на отдых в Италию, и здесь с ним приключается второе роковое событие, о котором Цейтблом, а вслед за ним и читатель узнает из дневниковой записи (сделанной Адрианом сразу после случившегося и найденной после его смерти в его бумагах). Это описание посвящено тому, что однажды средь бела дня к Леверкюну пришел черт и после долгой дискуссии заключил с ним договор, смысл которого состоял в том, что больному сифилисом композитору (а заразили его споспешники черта, и они же убрали докторов) дается 24 года (по количеству тональностей в темперированном строе, как бы по году на тональность — намек на "Хорошо темперированный клавир" И.-С. Баха: 24 прелюдии и фуги, написанные на 24 тональности) на то, чтобы он писал гениальную музыку. При этом силы ада запрещают ему чувство любви, он должен быть холоден до конца дней, а по истечении срока черт заберет его в ад.

Из приведенной записи непонятно, является ли она бредом не на шутку разболевшегося и нервозного композитора (именно так страстно хочется думать и самому Адриану) либо это произошло в **реальности** (в какой-то из реальностей — ср. **семантика возможных миров**).

Итак, дьявол удаляется, а новоиспеченный доктор Фауст действительно начинает писать одно за другим гениальные произведения. Он уединяется в одиноком доме в пригороде Мюнхена, где за ним ухаживает семья хозяйки и изредка посещают друзья. Он замыкается в себе (по характеру Леверкюн, конечно, шизоид-аутист, как и его создатель — см. **характерология, аутистическое мышление**) и старается никого не любить. Впрочем, с ним все-таки происходят две связанные между собой истории, которые заканчиваются трагически. Интимная связь имеет место, по всей видимости, между ним и его молодым другом скрипачом Рудольфом Швердфегером, на что лишь намекает старомодный Цейтблом. Потом Леверкюн встречает прекрасную женщину, Мари Годо, на которой хочет жениться. Однако от стеснения он не идет объясняться сам, а посылает своего друга-скрипача. В результате тот сам влюбляется в Мари и женится на ней, после чего его убивает бывшая возлюбленная. Интрига этой истории повторяет сюжет комедии Шекспира "Бесплодные усилия любви", на основе которой за несколько лет до происшедшего Леверкюн написал одноименную оперу, так что невольно приходит в голову, что он бессознательно (см. **бессознательное**) подстраивает, провоцирует свою неудачу. Сам-то он, разумеется, уверен, что все это проделки черта, который убрал с его жизненного пути (как в свое время врачей) двух любимых людей, поскольку Леверкюн пытался нарушить договор, в котором было сказано: "Не возлюби!"

Перед финалом в доме Адриана появляется прекрасный мальчик, сын его умершей сестры. Композитор очень привязывается к нему, но ребенок заболевает и умирает. Тогда, совершенно уверившись в силе договора, композитор постепенно начинает сходить с ума.

В конце романа Леверкюн сочиняет ораторию "Плач доктора Фаустуса". Он собирает у себя знакомых и рассказывает им о сделке между ним и дьяволом. Гости с возмущением уходят: кто-то принял это за дурную шутку, кто-то решил, что перед ними умалишенный, а Леверкюн, сев за рояль и успев сыграть только первый аккорд своего опуса, теряет сознание, а вместе с ним — до конца жизни — рассудок.

Д. Ф. — ярчайшее произведение европейского **неомифологизма** (см.), где в роли **мифа** выступают легенды о докторе Иоганне Фаусте, маге и чародее, якобы жившем в XVI в. в Германии и продавшем душу дьяволу, за что обрел магические способности, например к *некромантии* — он мог воскрешать мертвых и даже женился на самой Елене Троянской. Кончаются легенды тем, что дьявол душит Фауста и уносит к себе в ад.

Бунтарская фигура доктора Фауста на протяжении нескольких веков после Реформации становилась все более символической, пока ее окончательно не возвеличил Гете, который первым в своем варианте этой легенды вырвал Фауста из когтей дьявола, и знаменитый культуролог XX в. Освальд Шпенглер не назвал всю послереформационную культуру фаустианской.

Фауст постренессанса был фигурой, альтернативной средневековому идеалу — Иисусу Христу, так как Фауст олицетворял секуляризацию общественной и индивидуальной жизни, он стал символом Нового времени.

Сам же доктор Фауст, как изображают его народные книги, давал полное основание для со-/противопоставления своей персоны и Спасителя. Так, о нем говорится: "В чудесах он был готов соперничать с самим Христом и самонадеянно говорил, будто берется в любое время и сколько угодно раз совершить то, что совершал Спаситель".

На первый взгляд вызывает удивление, что Томас Манн как будто поворачивает вспять традицию возвеличивания фигуры Фауста, возвращаясь к средневековому образу (Гете в романе не упомянут ни разу). Здесь все объясняет **время** — время, в которое писался роман, и время, в котором происходит его действие. Это последнее разделено на время писания Цейтбломом **биографии** Леверкюна и время самой жизни Леверкюна. Цейтблом описывает жизнь великого немецкого композитора (который к тому времени уже умер), находясь в Мюнхене с 1943 по 1945 год, под взрывы бомб англичан и американцев; повествование о композиторе, заключившем в бреду сделку с чертом, пишется на сцене конца второй мировой войны и краха гитлеризма. Томас Манн, обращаясь к традиции средневекового — осуждающего —

отношения к Фаусту, хочет сказать, что он отрицает волюнтаризм таких умов, как Ницше и Вагнер, мыслями и творчеством которых злоупотребили Гитлер и его присные.

Все же Д. Ф. — роман не о политике, а о творчестве. Почему никому не сделавший зла Адриан Леверкюн должен, как это следует из логики повествования, отвечать за бесчинства нацизма? Смысл этой расплаты в том, что художник не должен замыкаться в себе, отрываться от культуры своего народа. Это второе и производное. Первое и главное состоит в том, что, обуянный гордыней своего гения, художник (а гордыня — единственный несомненный смертный грех Адриана Леверкюна) слишком большое значение придает своему творчеству, он рассматривает творчество как Творение, узурпируя функцию Бога и тем самым занимая место Люцифера. В романе все время идет игра **смыслами** слова Werk, которое означает произведение, опус, творчество, работу и Творение.

В этом смысл длинной интертекстовой отсылки к "Братьям Карамазовым" Достоевского (см. **интертекст**) — беседа Леверкюна с чертом и разговор Ивана Карамазова с чертом. Иван Карамазов — автор самого запомнившегося в культуре волюнтаристского и ницшеанского лозунга: "Если Бога нет, то все дозволено". Именно в узурпации Творения обвиняет великий писатель своего гениального героя и, отчасти, по-видимому, и самого себя.

С точки зрения явного противопоставления гордыни/смирения просматривается скрытое (впрочем, не слишком глубоко) противопоставление Леверкюна Бетховену, создавшему в своей последней, Девятой симфонии хор на слова из оды Шиллера "К радости". Леверкюн же говорит, когда его любимый племянник умирает (это тоже своеобразная интертекстовая реминисценция — у Бетховена был племянник Карл, которого он очень любил), что надо отнять у людей Девятую симфонию:

"Я уже собирался уходить, но он меня остановил, крикнув мне: "Цейтблом!" — что тоже звучало очень жестко. Обернувшись, я услышал:

— Я понял, этого быть не должно.

— Чего, Адриан, не должно быть?

— Благого и благородного, — отвечал он, — того, что зовется человеческим, хотя оно благо и благородно. Того, за что боролись люди, во имя чего штурмовали бастилии и о чем, ликуя, возвещали лучшие умы, этого быть не должно. Оно будет отнято. Я его отниму.

— Я не совсем тебя понимаю, дорогой. Что ты хочешь отнять?

— Девятую симфонию, — отвечал он. И к этому, сколько я ни ждал, уже ничего не прибавил".

Лит.:
Легенда о докторе Фаусте. — М., 1965.
Жирмунский В. М. История немецкой литературы XVI—XVIII вв. — Л., 1972.
Микушевич В. Проблема цитаты ("Доктор Фаустус" Томаса Манна по-немецки и по-русски) // Мастерство перевода. — 1966. — М., 1968.
Руднев В. Поэтика модальности // Родник. — М., 1988. — № 7.

ДОЛЬНИК — стихотворный размер, получивший признание и достигший расцвета и популярности в первые десятилетия XX в. в эпоху **символизма** и **акмеизма**.

Д. (см. также **система стиха XX века**) представляет собой размер, метрический ряд которого состоит из ударных слогов, между которыми может стоять либо один, либо два безударных слога.

Общая схема Д. такова: (0/2) — 1/2 — 1/2 — ... 0/2.

"Нули" в начале и конце строки означают возможность нулевого (дактилического) зачина и "мужской" концовки.

Д. различаются по количеству метрических ударений в строке. Наиболее часто встречаются 3-ударный и 4-ударный Д. Вот пример 3-ударного Д.:

Были святки кострами согреты,	2—2—2—1
И валились с мостов кареты,	2—2—1—1
И весь траурный город плыл	2—2—1—
По неведомому назначенью,	2—2—2—1
По Неве иль против теченья,	—2—1—2—1
Только прочь от своих могил.	2—1—2—

(Анна Ахматова)

(Цифрами обозначается количество безударных слогов, знаком "дефис" метрические ударения.) Это так называемый анапестоидный (с анапестическим зачином) 3-ударный Д. В четвертой строке пропущено среднее метрическое ударение, которое легко восстанавливается по контексту. Первая и четвертая строки совпадают с **ритмом** чистого 3-стопного анапеста. Обратим внимание на эту особенность. Но прежде, для полноты картины, приведем еще пример 4-ударного Д.:

Девушка пела в церковном хоре	— 2 — 2 —1 —1
О всех усталых в чужом краю,	1 — 1 — 2 —1 —
О всех кораблях, ушедших в море,	1 — 2 — 1 —1 —1
О всех, забывших радость свою.	1 — 1 — 1 —2 —

(Александр Блок)

Кроме 4-ударности, размер в данном тексте отличается переменным (1— или 2-ударным) зачином и цезурой в середине строки.

В дальнейшем ритмические особенности Д. мы будем для простоты рассматривать на примере анапестоидного 3-ударного Д. — самого распространенного среди Д.

В статье мы на примере 4-стопного ямба рассматривали ритмические варианты стихотворного размера. Есть ритмические варианты и у Д. Рассмотрим общую схему анапестоидного 3-ударного Д.:

2 — 1/2 — 1/2 — (0/1)

Единица и двойка внутри строки могут давать четыре варианта: двойка + двойка, двойка + единица, единица + двойка, единица + единица. Это и есть ритмические варианты 3-ударного Д.

I. 2 — 2 — 2 — (0/1)   Были святки кострами согреты

Как уже говорилось, первая форма совпадает с ритмом обыкновенного трехстопного анапеста — "Я ломаю слоистые скалы".

II. 2 — 2 — 1 — (0/1)   И валились с мостов кареты
III. 2 — 1 — 2 — (0/1)   По Неве иль против теченья

Это специфические дольниковые ритмические варианты — их ни с чем не спутаешь.

IV. 2 — 1 — 1 — (0/1) Зажигал последний свет

Эта ритмическая форма совпадает с ритмом 4-стопного хорея, между тем как это — строка из стихотворения Блока, написанного 3-ударным Д.

> Входил я в темные дали,
> Зажигал последний свет...

Но эта же строка вписывается в структуру обыкновенного 4-стопного хорея,

> Буря мглою небо кроет,
> Зажигал последний свет...

V. Пятой ритмической формой 3-ударного Д. условно считается строка Д. с пропущенным средним метрическим ударением:

Отчего душа так певуча	2 — 1 — 2 — 1
И так мало милых имен	2 — 1 — 2 —
И мгновенный ритм — только случай,	2 — 1 — 2 — 1
Неожиданный Аквилон?	2 — 4 —

Последняя строка и представляет собой пятую ритмическую форму Д.

Как мы могли видеть, ритмика Д. не является изолированной. Она связана с ритмикой 3-сложников и — в меньшей степени — 2-сложников.

Вообще, все размеры в системе стиха взаимосвязаны. Так, даже 2-сложники и 3-сложники связаны между собой. Например, неполноударная форма 4-стопного ямба с двумя средними пропущенными ударениями может быть одновременно неполноударной формой 3-стопного амфибрахия:

> Легко мазурку танцевал
> И кланялся непринужденно.

Это 4-стопный ямб "Евгения Онегина". Переставим два первых слова:

Мазурку легко танцевал
И кланялся непринужденно.

Это уже 3-стопный амфибрахий.

Можно сказать, что множества ритмических форм 2-сложников и 3-сложников находятся в отношении пересечения, что можно изобразить так:

Мы помним, что в Д. есть строки, которые совпадают со строками соответствующих 2-сложников и 3-сложников. Можно сказать, что множества 2-сложников и 3-сложников включены в множество Д.

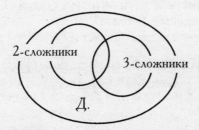

Д. наряду с **акцентным стихом**, **полиметрией** и **верлибром** был фактором, расшатывающим классическую систему стиха и одновременно в духе **неомифологизма** формирующем своеобразный метрический **интертекст**, что особенно хорошо видно на примере **верлибра** (см.), каждая строка которого является метрической цитатой из какого-либо размера. В более слабом виде это проявляется и у Д. Этот процесс мы назвали **верлибризацией** стиха. Но в начале века был и противоположный процесс, который мы назвали **логаэдизацией** (см.). Д. очень легко подвергается логаэдизации, поскольку в его специфических ритмических формах имеет место асимметричное расположение ударных и безударных слогов, что и нужно для классического логаэда, который как бы застывает в этой асимметрии, повторяющейся из строки в строку:

Кружевом, камень, будь,	— 2 — 1 —
И паутиной стань:	— 2 — 1 —
Неба пустую грудь	— 2 — 1 —
Тонкой иглою рань.	— 2 — 1 —
Будет и мой черёд —	— 2 — 1 —
Чую размах крыла.	— 2 — 1 —
Так — но куда уйдёт	— 2 — 1 —
Мысли живой стрела?	— 2 — 1 —

Здесь 3-ударный Д. (с дактилическим зачином) как будто застывает в своей второй ритмической форме.

Лит.:
Жирмунский В. М. Теория стиха. — Л., 1975.
Гаспаров М. Л. Русский трехударный дольник XX века // Теория стиха / Под ред. В. Е. Холшевникова. — Л., 1968.
Руднев В. П. Стих и культура // Тыняновский сб.: Вторые Тыняновские чтения. — Рига, 1986.

ДОСТОВЕРНОСТЬ. В своем последнем трактате "О достоверности" (1951) Людвиг Витгенштейн пишет: "Что бы значило сомневаться, что у меня две руки? Почему я не могу этого даже вообразить? Во что бы я верил, если бы не верил в это? У меня ведь еще нет системы, в которой могло бы зародиться подобное сомнение".

В том же трактате он пишет, что сомнение и вера образуют своеобразную систему нашего знания. Что есть вещи, которые несомненны, и что, отталкиваясь от них, мы можем сомневаться в чем-то другом, что и составляет процесс познания.

Для того чтобы двери могли двигаться, петли должны оставаться неподвижными. Так он подытожил свой вывод.

"Что бы значило сомневаться, что у меня две руки?" (Витгенштейн здесь цитирует знаменитый доклад своего друга, философа Джорджа Эдварда Мура "Доказательство существования внешнего мира") (см. **существование**).

Но предположим, что когда-то достаточно давно я попал в аварию, потерял сознание и мне ампутировали левую руку, но сделали такой искусный протез, что он сходил за настоящую руку. Чтобы меня не травмировать, мне решили не говорить, что у меня искусственная рука.

И вот однажды я прихожу к приятелю, знавшему меня давно и бывшему в курсе этой истории, и говорю: "Это верно так же, как то, что у меня две руки". На что он отвечает: "Нет, к сожалению, ты ошибаешься, твоя левая рука — искусно сделанный протез". И рассказывает мне эту историю. Нужды нет, что мой контрпример похож на **сюжет** фильма "Бриллиантовая рука". Мне кажется, что не учитывать эстетический опыт в эпоху позднего **постмодернизма** невозможно. Недаром **философия вымысла** (см.) возникла лишь в 1970-е гг.

Защищая Д., Витгенштейн защищал позитивное знание конца XIX в., которому он всегда парадоксально оставался верен.

Защищая недостоверность, я отстаиваю фундаментальность эпистемологии второй половины XX в. Представление о том, что реальный мир — это лишь один из возможных (см. **семантика возможных миров**).

Если бы в приемной психоаналитика пациент сказал бы ему, что он уверен, что у него две руки, аналитик построил бы на этом целую теорию **невроза**. Витгенштейн, говоря о своей уверенности в том, что он знает, что у него две руки, забывает свой же тезис, что значение меняется при переходе в другой контекст.

"Ну а, допустим, я говорю, — пишет Витгенштейн, — указывая на определенный объект: "Моя ошибка тут исключена — это книга". Что представляла бы собой ошибка на самом деле? И есть ли у меня представление об этом?"

Допустим, на столе лежит коробка для сигар, сделанная, как книга. Ошибиться легко.

Пример симуляции с книгой приводил Гилберт Честертон в рассказе "Проклятая книга". В этом рассказе к одному профессору, увлекающемуся магией, приходит некий шарлатан, заявляющий, что принес волшебную книгу, раскрыв которую каждый исчезает. Книгу он оставил в приемной у секретаря. С волнением входят в приемную. Ни книги, ни секретаря нет. Загадку шарлатана рассказывает, как всегда, отец Браун. Никакой книги не было. И шарлатана не было. Просто секретарь профессора, которого тот оскорбительно до сих пор не замечал, решил сыграть с ним шутку.

Мы живем в эпоху тотальной недостоверности: политика с дутыми фразами; газеты, которые врут и не краснеют; наука, которая делает открытия, которые уже никому не нужны; войны, которые начинаются и заканчиваются Бог знает почему.

Осознание недостоверности есть наиболее краткий путь к достоверности.

Лит.:
Витгенштейн Л. О достоверности // Витгенштейн Л. Избр. философские работы. Ч. I. — М., 1994.
Руднев В. О недостоверности // Логос. — М., 1998. — № 9.

З

"ЗАМОК" — роман Франца Кафки (изд. 1926) — одно из наиболее знаменитых и "парадигмообразующих" произведений европейского постэкспрессионизма, **модернизма** и **неомифологизма**.

З. был объектом многочисленных и разнообразнейших интерпретаций и **деконструкций** (см.). Здесь мы предлагаем понимание этого произведения с точки зрения **аналитической философии** и прежде всего **теории речевых актов** (см.).

Как известно, в центре повествования романа история землемера К., некоего человека, который пытается устроиться на службу в так называемом Замке, неприступной цитадели, полной чиновников, таинственного и величественного здания высшей бюрократии.

При этом непонятно, действительно ли К. землемер или только выдает себя за оного. Как остроумно заметил Е.М. Мелетинский по поводу творчества Кафки, в З. господствует не дизъюнктивная логика (или землемер, или нет — ср. **математическая логика**), а конъюнктивная (и землемер, и неземлемер — ср. многозначные логики). То же самое относится и к большинству других персонажей романа. Например, "помощники", которых прислал землемеру Замок, одновременно и помощники, и шпионы. Практически все чиновники Замка одновременно всемогущи и беспомощны, как дети.

Для того чтобы интерпретировать эти особенности **картины мира**, реализованной в З. в соответствии с закономерностями теории речевых актов, обратимся вначале к **биографии** самого Кафки.

В каком-то смысле она однообразна и скудна, ее можно описать одним словом — неуспешность (термин **теории речевых актов**, означающий провал речевого акта; если вы, например, говорите кому-то: "Немедленно закрой дверь", и он закрывает дверь, ваш речевой акт можно считать успешным; но если в ответ на ваши слова "он" еще больше растворяет дверь или вообще игнорирует ваше распоряжение, то в таком случае ваш речевой акт неуспешен).

Жизнь Кафки была цепью неуспешных речевых действий. Он ненавидел и боялся своего брутального отца, но не мог себя заставить отделиться от семьи и жить один. Он написал знаменитое "Письмо Отцу", в котором пытался объяснить их конфликт, но не послал его адресату. Он два раза хотел жениться, но оба раза дальше помолвки дело не шло. Он мечтал уйти с ненавистной ему службы в страховом агентстве, но так и не мог решиться на это. Наконец, он завещал своему другу, писателю Максу Броду, уничтожить после его (Кафки) смерти все оставшиеся рукописи, но и эта последняя воля не была исполнена.

Однако вглядимся в жизнь Кафки внимательнее. Мы увидим, возможно, что эта неуспешность во всем достигается Кафкой как будто нарочно и преследует некую тайную цель. Никто не мешал ему снять отдельную квартиру, никто не мог ему, взрослому европейскому человеку, помешать жениться или уйти со службы. Наконец, он сам мог бы, если бы действительно счел это необходимым, уничтожить свои произведения. В последней просьбе видна тайная и обоснованная надежда, что душеприказчик не выполнит распоряжения, — как оно и случилось.

В результате болезненный неудачник, чиновник невысокого ранга, еврей из Праги, полусумасшедший, гонимый в могилу своими душевными комплексами, становится одним из наиболее культовых писателей всего XX в., признанным гением классического модернизма. Кажущаяся неуспешность на протяжении жизни оборачивается гиперуспехом после смерти.

Из дневниковых записей Кафки можно видеть, что он был не только чрезвычайно умным человеком, но человеком глубочайшей духовной интуиции. Его психическая конституция (он был дефензивным шизоидом, психопатом — см. **характерология, аутистическое мышление** — может быть, даже страдал вялотекущей шизофренией) не позволяла ему одновременно писать, что было для него важнее всего на свете, и, что называется, жить полной жизнью. Но в своих произведениях он удивительно отчетливо выразил основную коллизию своей жизни — коллизию между внешним неуспехом и внутренним, зреющим гиперуспехом.

В этом режиме неуспешности/гиперуспешности действуют почти все персонажи З. Достаточно напомнить историю чиновника Сортини и девицы Амалии. Сортини написал Амалии записку оскорбительного свойства, которую она тут же порвала. Но после написания записки он сам, вместо того чтобы предпринимать дальнейшие шаги по достижению свой цели, внезапно уехал. Записка Сортини повлекла за собой целую цепь неуспешных и тягостных действий. Семья Амалии, испугавшись ее дерзости, начала выспрашивать прощения у Замка, но Замок прощения не давал, потому что семью никто ни в чем не обвинял (в то время как в деревне после истории с порванной запиской все семейство стало коллективным изгоем). Тогда семья стала добиваться у Замка, чтобы ей определили вину, но Замок отказал и в этом. Отец Амалии каждый день выходил на дорогу в надежде встретить какого-нибудь чиновника или посыльного, чтобы передать прошение, но безуспешно. Ольга, сестра Амалии, специально сделалась проституткой, обслуживающей слуг чиновников, с тем чтобы сойтись со слугой Сортини и вымолить прощение через него, но тоже безуспешно. Единственное, что удается Ольге, — это устроить своего брата Варнаву в канцелярию Замка курьером, что было воспринято семьей как большой успех, но письма ему если изредка и давали, то какие-то старые, явно из архива, а сам юноша, вместо того чтобы быстро отправляться с письмами к адресатам, медлил и практически бездействовал.

По замечанию Е. М. Мелетинского, герои З. живут в атмосфере, где связь между людьми и различными институциями сводится на нет вследствие неведомых по своему происхождению, но колоссальных информационных потерь. Отсюда тотальная неуспешность любого речевого действия в романе.

Кламм, один из самых влиятельных чиновников Замка, расположения которого стремится добиться землемер К., действует на удивление пассивно и даже трусливо, когда К. фактически отбивает у Кламма его любовницу Фриду. Однако землемер К., на первый взгляд будучи полностью противоположным по своим психологическим установкам и чиновникам, и жителям деревни — энергичным и изобретательным, особенно вначале, постепенно также вовлекается в атмосферу алогичных неуспешных речевых действий.

Так, он попадает по ошибке в гостиничный номер одного из замковых чиновников, Бюргеля, который оказывается удивительно радушным и болтливым. Он сажает землемера на свою кровать и рассказывает ему о его деле, но в тот момент, когда землемер вот-вот должен узнать, в каком состоянии находится его дело, и, возможно, получить ценный совет у чиновника, он засыпает.

Вообще, К. не склонен доверять тем результатам, которых он добивается слишком легко. Он не верит в искренность намерений администрации Замка по отношению к нему и полагает, что эти призрачные успешные действия ничего не стоят. Он стремится добиться успеха в упорной борьбе. К. ведет себя строптиво, он как бы вводит "свой устав в чужом замке". Нарушая общедеревенское табу на семейство Амалии, он не только приходит к ним, но и подолгу разговаривает с обеими сестрами. Когда его вместо должности землемера назначили на унизительную мелкую должность школьного сторожа, он ведет себя удивительно стойко, снося капризы и открытую ненависть учителя и учительницы.

Роман остался незаконченным, он обрывается на половине предложения. По свидетельству Макса Брода, Кафка рассказывал ему, что Замок принял землемера на пороге смерти. Если отождествить в духе иудаистической интерпретации романа Замок с царствием небесным, то это и есть гиперуспех, которого добивался землемер К.

Е. М. Мелетинский пишет: "Важнейшая функция мифа и ритуала состоит в приобщении индивида к социуму, во включении его в общую жизнь племени и природы. В этом функция и обряда инициации". Но инициация связана с рядом сложных и мучительных испытаний, через которые должен пройти герой, чтобы добиться признания себя полноправным членом сообщества. Если в З. косвенно в мытарствах землемера К. описан обряд инициации, важнейшие черты которого сохранила волшебная сказка, где тоже все запутано и непросто — избушка стоит задом наперед, надо знать много заклинаний, иметь волшебных помощников, — то будь роман закончен, этот конец был бы положительным для землемера К. В сущности, любая жизнь имеет хороший конец — смерть. Но не каждая жизнь имеет хорошую середину. Это, по-видимому, очень хорошо понимал Кафка. Его взгляд на жизнь — смесь христианства и иудаизма. Неудивительно — он был одновременно евреем по крови, пражанином по "прописке", австрийцем по гражданству и писал по-немецки. То есть Кафка жил в условиях культурного полилингвизма, а эти условия считаются плодотворными для развития фундаментальной культуры.

Кафка стремился выполнять иудео-христианские заповеди, но одновременно понимал, что жизнь, построенная на страхе, а не на стыде (примерно так Ю.М. Лотман противопоставляет иудаизм христианству), — это не подлинная жизнь.

Кафка смотрел на жизнь одновременно внешним — обыденным, и внутренним — духовным взором. Поэтому в его произведениях жизнь показана и как совершенно лишенная смысла (поскольку она видится обыденным зрением и в то же время как абсолютно логичная и ясная, поскольку она видится и внутренним — духовным взором). Этот двойной взгляд и двойной счет-неуспех в обыденности и гиперуспех в вечности — кажется одним из самых главных парадоксальных проявлений феномена Кафки и его творчества.

Лит.:
Брод М. О Франце Кафке. — СПб., 2000.
Мелетинский Е. М. Поэтика мифа. — М., 1996.
Пропп В. Я. Исторические корни волшебной сказки. — Л., 1986.
Лотман Ю. М. О семиотике понятий "стыд" и "страх" в механизме культуры // Тезисы докладов IV Летней школы по вторичным моделирующим системам. — Тарту, 1970.
Руднев В. Художественное высказывание и речевое действие (Франц Кафка и его герои) // *Руднев В.* Морфология реальности: Исследование по "философии текста". — М., 1996.

"ЗЕРКАЛО" — фильм Андрея Тарковского (1974), один из самых сложных фильмов русского кинематографического **модернизма**, может быть, тем не менее, самый лучший, самый глубокий русский фильм.

Прежде всего попытаемся разобраться с самим понятием зеркала, основной мифологемой, основным символом фильма Тарковского. Вообще зеркало — это прежде всего взгляд человека на самого себя, но это одновременно и удвоение мира: человек, который смотрит в зеркало, видит не себя, а свое отражение, перевернутое по горизонтали, слева направо, он видит в зеркале своего зазеркального двойника.

Кроме того, человек привык видеть себя в зеркале каким-то определенным образом, видеть какой-то определенный образ самого себя в зеркале. И зеркало подтверждает или опровергает этот образ. Таким образом, зеркало — это мистический собеседник, одновременно подтверждающий и опровергающий нашу самотождественность.

Здесь можно вспомнить строки из стихотворения Ходасевича "Перед зеркалом", которые имеют непосредственное отношение к содержанию фильма Тарковского:

> Я, я, я! Что за дикое слово!
> Неужели вон тот — это я?
> Разве мама любила такого...
>
> (см. также **эгоцентрические слова**).

И вот герой фильма смотрит в зеркало и удивляется: разве мама любила такого? Причем мы не знаем, какого именно. Герой фильма, Я, не виден, потому что человек не видит сам себя (мы слышим только закадровый голос, читающий **текст** от имени героя, — это голос Смоктуновского; в конце фильма возникает рука героя. Умирая, герой разжимает руку и выпускает на волю птицу-душу. Чтобы увидеть себя, человек смотрит в зеркало, но видит себя таким, каким его любила мама, — маленьким мальчиком. Зеркало становится помимо прочего способом достижения иного мира (ср. **семантика возможных миров, "Орфей"**— мира прошлого, детства, которого уже нет. Зеркало — мистический образ памяти. И весь фильм Тарковского — о структуре человеческой памяти с ее нелинейностью, нелинейностью **времени** памяти — сначала вспоминается одно, потом другое. И зеркало не дает соврать (как в сказке Пушкина о мертвой царевне и семи богатырях). Зеркало говорит только правду. А правда прошлого, правда о прошлом почти всеuda мучительна.

Но фильм Тарковского не только о структуре памяти, это еще фильм об обретении и утрате себя личностью и страной, это фильм о творчестве и о России.

Вспомним самый первый эпизод, документальный, как бы эпиграф ко всему фильму. Женщина-логопед работает с подростком, побуждая его членораздельно выговорить: "Я — могу — говорить". Что это? Я могу говорить — это и мужественный голос художника в молчаливое застойное время, это и рождение особого творческого речевого акта (ср. **теория речевых актов**) из мук забвения (ср. мандельштамовское "я слово позабыл, что я хотел сказать" — см. **акмеизм**). Это путь через тернии забвения и тоталитарного сознания к звездам самопознания.

Неожиданная ассоциация (Зигмунд Фрейд считал, что самые неожиданные ассоциации самые верные — см. **психоанализ**) этого эпиграфа к З. с эпиграфом к первому фильму Луиса Бунюэля "Андалузский пес": режиссер, разрезающий глаз женщине. Это непросто сюрреалистический прием. Этот эпизод имеет эпиграфический **смысл**: "для того чтобы увидеть так, как я, режиссер, художник, вижу **реальность**, нужно резко изменить зрение, может быть, убрать его совсем". Так Эдип ослепил себя, так Демокрит ослепил себя, чтобы лучше видеть (см. **миф**). Таким образом, этот эпизод имеет непосредственное отношение к мифологеме З. — это способ творческого видения, говорения, мужество заглядывания в зеркало своей совести и своего народа.

Начальный эпизод с заикающимся подростком перекликается с центральным эпизодом фильма, когда мальчик Игнат, сын героя и его "зеркало", читает запинающимся детским голосом (см. **интимизация**) письмо Пушкина к Чаадаеву о судьбах России, — это мистический эпизод: книгу дает мальчику незнакомая женщина в доме его отца, которая тут же исчезает. Судьба и культура России, прочитанные в зеркале человеческой памяти, — вот как можно интерпретировать этот эпизод

Фильм З. автобиографичен в самом прямом смысле. Можно сказать, что его герой — это сам Андрей Тарковский, мать — это его мать, а отец — это его отец, поэт Арсений Александрович Тарковский, который присутствует в фильме своим голосом, читая собственные стихи:

> Свиданий наших каждое мгновенье
> Мы праздновали, как богоявленье...

Отец появляется один раз в военной форме. Его играет Олег Янковский, но ключевую фразу, обращенную к матери: "Кого ты больше хочешь, мальчика или девочку?" — он произносит голосом Арсения Тарковского, настоящего отца (вообще в фильме З. задействованы и стихи, и живопись, постоянно возникающая в **сновидениях** и фантазиях героя, например картины Питера Брейгеля, и музыка — весь фильм сопровождает увертюра из "Страстей по Иоанну" И.-С. Баха).

Зеркальность имеет также отношение и к **неомифологически** трактуемой биографичности фильма: герой отождествляет себя с сыном, мать — с женой, он видит в жене мать (их обеих играет одна актриса — Маргарита Терехова). Смысл этих мучительных отождествлений можно понять через **Эдипов комплекс**: любовь маленького героя к матери и выбор жены, похожей на мать; любовь, во взрослом состоянии перерастающая во взаимное раздражение и претензии, но это потому, что герою хочется вновь стать маленьким и быть с мамой, что осуществляется в его грезах в конце фильма, когда по полю идут он маленький и постаревшая мать. Эта модель счастья, которого не может добиться герой в жизни, потому что жена не мать, а его сын не он сам — это лишь зеркальные отражения.

В З. два больших временных пласта — время, когда герой вспоминает и в котором он умирает, и времена этих воспоминаний. Но эти чисто детские сновидческие воспоминания — пожар, маленькая сестра, мистически повторяющееся **сновидение** (сон ведь тоже зеркало души), когда ветер сбивает со стола вазу и шумит лес, — эти чисто детские воспоминания перекликаются и пересекаются со сновидениями-воспоминаниями матери (у матери и сына как будто до сих пор одно сознание). Одно из первых мистических эпизодов-сновидений, когда мать моет голову и ей на голову обрушивается с потолка вода и снег, имеет не чисто личностный, но и общенародный символический характер: образ разрушающегося дома — погибающего государства, тут и война, и 37-й год. Вспомним знаменитый сон Святослава в "Слове о полку Игореве", где ему снится, что его готовят к погребению "поганые тльковины". Там есть фраза: "Уже дьскы безъ кньса въ моемь терем златоврхсьмь" — то есть "уже доски без князька (поперечной балки — *В.Р.*) в моем тереме златоверхом", что для князя однозначно ассоциируется со смертью и распадением дома-государства: когда он просыпается, бояре ему рассказывают о трагическом исходе сражения князя Игоря при Каяле.

И вот каждый эпизод, воспринимаемый памятью героя и его матери, — это одновременно и эпизод из их личной жизни, и зеркально отражающей их личную жизнь исторической **реальности**.

Наиболее точно это показано в эпизоде, когда матери, работающей в типографии, показалось, что она допустила в корректуре какую-то страшную, невообразимую ошибку (зритель так и не узнает какую). Пока героиня бежит по типографии, на долю секунды появляется плакат со зловещим изображением Сталина (опечатки не было, она ей померещилась).

Чрезвычайно интересен также эпизод с мальчиком и военруком, когда мальчик неправильно выполняет команду "кругом", объясняя недалекому военруку, что "кругом" по-русски означает поворот на 360 градусов. Военрук растерянно говорит, что вызовет родителей, но у мальчика нет родителей, они погибли. Сразу после этого монтируются документальные кадры — русские солдаты волокут пушки по болоту (монтаж игровых и документальных кадров перенял и развил ученик Тарковского Александр Сокуров; см. **Скорбное бесчувствие**").

Вообще, национальные, социальные и возрастные проблемы чрезвычайно тонко ставятся почти в каждом эпизоде фильма. Наиболее ярко — когда мать с сыном идут продавать семейные реликвии богатым соседям. Здесь нет прямой вражды, богатая хозяйка демонстрирует героям своего спящего младенца, предлагает зарезать курицу, чтобы пообедать. Однако социальные и психологические преграды труднопреодолимы. Мать с отвращением отрубает курице голову (хозяйка не может — она беременна), и они с сыном, голодные, быстро уходят, составляя в этот момент не только личностное, интимное, но и социальное единство.

Фильм Тарковского З., можно сказать, неисчерпаем: как два зеркала, поставленные друг против друга, они ведут в бесконечность.

Лит.:
Лотман Ю. М. О семиосфере // Лотман Ю. М. Избр. статьи. В 3 тт. — Таллинн, 1992. — Т. 1.
Шифрин Б. Интимизация в культуре // Даугава, 1989. — № 8.
Золян С. Т. Волшебное зеркало и семантические механизмы высказывания // *Золян С. Т.* Семантика и структура поэтического текста. — Ереван, 1991.
Руднев В. Феноменология события // Логос. — М., 1993. — № 4.

ЗНАК — минимальный носитель языковой информации. Совокупность З. образует знаковую систему, или язык (см. **семиотика**). З. представляет собой двустороннюю сущность. С одной стороны, он материален (имеет план выражения, или денотат), с другой — он является носителем нематериального **смысла** (план содержания). Структуру З. удобно представлять в виде так называемого треугольника Фреге (Готлоб Фреге— немецкий философ и логик, один из основателей **логической семантики**). Выглядит треугольник Фреге так:

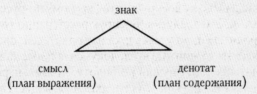

смысл денотат
(план выражения) (план содержания)

Наиболее простым языковым З. естественного языка является слово. Так, у слова "дом" смыслом будет само это понятие "дом", а денотатом — некий абстрактный дом (у словосочетания "этот дом" денотатом будет конкретный дом, на который указывают, говоря "этот дом").

Но З. является также и предложение. Согласно Фреге, смыслом предложения является высказанное в нем суждение, а денотатов у предложения может быть только два — "истина" и "ложь", то есть соответствие или несоответствие высказанного в предложении суждения реальному положению вещей. Вот пример истинного знака-предложения, изображенного в виде треугольника Фреге:

А вот пример ложного знака-предложения:

Американский философ Чарльз Сандерс Пирс еще в конце XIX в. создал классификацию З. Он разделил их на три группы:

1. Иконические З. — такие, план выражения которых похож на план содержания (примером может служить портрет или фотография).

2. Конвенциональные (условные) З. — такие, план выражения которых не имеет ничего общего с планом содержания. Это большинство слов любого языка. Слово "кошка" не похоже на кошку в отличие от изображения кошки.

3. Индексальные З. — такие, план содержания которых связан с планом выражения по смежности, то есть похож, но отчасти. Примерами индексов могут служить З. дорожной сигнализации. З., запрещающий проезд, "кирпич", действительно напоминает некую преграду, но он означает не саму преграду, а инструкцию "сюда въезд запрещен". Если на щите нарисованы черные очки, то это означает, что здесь следует пропускать слепых. З., представляющий собой две параллельные линии, сужающиеся к концу наподобие бутылки, означает, что дорога впереди сужается.

Традиционная точка зрения **структурной лингвистики,** идущая от ее основателя Ф. де Соссюра, заключалась в том, что языковые знаки являются конвенциональными, произвольными. Русский лингвист и семиотик Р. О. Якобсон считал, что все обстоит сложнее. Во-первых, в языке существуют звукоподражательные слова (междометия: "Ух!", "Хрясь!", "Трах!"), которые похожи на свои планы выражения — соответствующие звуки. А поскольку от таких междометий образуются глаголы — ухнуть, хряснуть, трахнуть (в значении "ударить"), то область неконвенциональных знаков в языке расширяется. Кроме того, Якобсон заметил, что порой грамматические формы индексально напоминают то, что они изображают. Так, в ряде языков положительная, сравнительная и превосходная степени прилагательных различаются по количеству букв в сторону увеличения: белый — белее — белейший; simple (простой) — simpler (более простой), simplest — (самый простой).

Исчерпывающая теория З. на основе современных лингвистических и семиотических достижений так и не была создана, поскольку семиотика на протяжении XX века больше интересовалась не самим З., а последовательностью З. — **текстом** (см.).

Лит.:
Фреге Г. Смысл и денотат // Семиотика и информатика. —М., 1977.— Вып. 8.
Моррис Ч. Основания теории знаков // Семиотика / Под ред. Ю. С. Степанова. — М., 1983.
Якобсон Р. О. В поисках сущности языка // Там же.
Степанов Ю. С. Семиотика.— М., 1972.

"ЗОЛОТОЙ ВЕК" — фильм испанского режиссера Луиса Бунюэля (при участии Сальвадора Дали) (1930 год), один из признанных шедевров мирового кино и характернейший **текст** европейского **сюрреализма**.

Основным конструктивным принципом З. в. (так же как и снятого в том же содружестве двух великих художников XX в. двумя годами раньше фильма "Андалузский пес") является принцип абсурда (см. также **ОБЭРИУ, театр абсурда, новый роман**), уходящий корнями в рецепцию фрейдовского **психоанализа** с господствующим в нем принципом свободных ассоциаций, перенесенным сюрреалистами на принципы поэтики художественного текста (автоматическое письмо). Свободная творческая ассоциация приводит к тому, что на экране материализуется **бессознательное:** бессознательные установки, актуализация бессознательных мотивов поведения (ср. также **мотивный анализ**).

В сущности, бессознательное становится одним из главных семантических компонентов бунюэлевского фильма, что проявляется в главном его мотиве, мотиве противопоставления бессознательного асоциального влечения кодифицированным "условным" социальным нормам буржуазной морали и победы этого влечения (говоря словами Лакана — см. **структурный психоанализ,** — победы Реального над Символическим). Примером этой борьбы мотивов служит, например, эпизод, когда отец с сыном готовятся к охоте. Мальчик осматривает отцовское ружье, потом он бежит по лугу, и в отце импульсивно просыпается инстинкт охотника, он уже видит вдалеке не своего сына, а бегущего зверя, прицеливается и убивает свою "дичь". Другой эпизод на ту же тему — когда герой фильма (актер Гастон Модо) приходит на прием в дом родителей своей возлюбленной (Лия Лиз). Он хочет сразу броситься к ней, но приличия останавливают его, он ведет светскую беседу с некрасивой пожилой матерью героини, но когда она ему приносит бокал вина и нечаянно проливает вино на рукав, в нем просыпается бессознательная ярость и он вместо того, чтобы светски замять неловкость, швыряет бокал на пол и бьет маркизу по щеке.

Знаменитым примером материализации бессознательного является также огромная корова в спальне героини, символизирующая ее всепоглощающую страсть. Важно при этом, что героиня нисколько не удивляется тому, что в ее спальне корова и только досадливо ее прогоняет (это отсутствие удивления по поводу удивительного — признак психотического дискурса — см.).

Другой не менее знаменитый эпизод — когда **пространство** светского салона как бы прорывается проезжающей неизвестно откуда взявшейся повозкой с пьяными мужиками, она проезжает прямо посреди гостиной.

Агрессия по отношению к социально-культурному началу пронизывает весь фильм. Так герой, которого ведут по улице, вдруг набрасывается на слепого старика и пинает его в грудь ногой. Человек идет по улице и пинает ногой скрипку.

Главная тема З. в. — это тем не менее всепобеждающая любовь, страсть. В начале фильма влюбленных разлучают, на протяжении всей картины герой стремится соединиться с возлюбленной. Но когда они наконец встречаются в саду, то им начинает мешать символическое культурное измерение: каменная статуя, своей статичностью противопоставленная их возбуждению, игра симфонического оркестра, расположившегося на террасе дома маркизы. Однако имеет место и обратный эффект. Не только музыка, управляемая седым бородатым дирижером, диктует движения влюбленных, но и, наоборот, их любовная энергия передается на расстоянии дирижеру, который вдруг швыряет палочку и, закрыв голову руками, как лунатик бредет по саду, и там героиня изменяет с ним своему возлюбленному, после чего тот в ярости идет в дом, вспарывает подушку и разбрасывает перья по комнате.

Тема агрессии тесно переплетается в З. в. с анально-садистическим началом (см. также обсессия и **обсессивный дискурс**). Страсть предстает в образах фекалий, спускаемых по унитазу. Это одна из самых знаменитых сцен фильма. Сначала показывается крупным планом истомленное напряженной страстью лицо героини, потом слышится какое-то бурление и показывается нечто вроде извержения вулканической лавы, но при переходе к общему плану зритель видит, что героиня сидит на унитазе, а вулканический звук был звуком спускаемых фекалий (то, что было принято за лаву), напряженное же лицо героини теперь переосмысляется как тужащаяся гримаса опорожняющегося человека.

Одной из главных является в фильме также тема религии как крайнего проявления культурно-этического начала. Когда герой в ярости набрасывается на подушку и разбрасывает по комнате перья, он начинает выбрасывать из окна предметы культурного обихода: например, огромный плуг, но также и живого католического священнослужителя. В конце фильма показывается, как из замка, где проходили садистические сексуальные оргии, выходит человек с отвратительным, пресыщенным от преступного разврата лицом, но при этом похожий на Иисуса Христа. Последний кадр фильма — католический крест, через перекладину которого перекинуты дамские меха — символ мазохистического эротизма (роман Л. Захер-Мазоха "Венера в мехах").

Чрезвычайно интересным в З. в. является также тот факт, что, несмотря на то, что формально это фильм звуковой, в нем почти не говорят — всего несколько бессмысленных фраз. (Огромную роль в фильме играет музыка, в частности фрагменты из симфоний и увертюр Бетховена, напряженно-аутистического, экстатичного и чрезвычайно эротичного (ср. повесть Л. Н. Толстого "Крейцерова соната") композитора.) В этом пренебрежении к диалогу у раннего Буньюэля сказывается его ориентация на ранний психоанализ, с точки зрения которого бессознательное это сгусток немых влечений, аффектов, в противоположность **структурному психоанализу** Лакана, который говорит, что бессознательное структурировано, как язык, бессознательное может говорить. Такое понимание бессознательного стало возможно только после открытия Фрейдом так называемой второй теории психического аппарата, где противопоставляются Эго, Ид и Суперэго (см. **бессознательное**). Безмолвная, "низменная" часть бессознательного — это Ид, Оно; высшая, говорящая часть бессознательного — это Суперэго, актуализирующее в Я чувство вины, экзистенциальной тревоги, сознание долга, всего того, что стало чрезвычайно актуальным для поздних фильмов Буньюэля.

Лит.:
Фрейд З. Я и Оно // Фрейд З. Психология бессознательного. — М., 1990.
Лакан Ж. Функция и поле речи и языка в психоанализе. — М., 1995

И

ИЗМЕНЕННЫЕ СОСТОЯНИЯ СОЗНАНИЯ. Один из основателей американского **прагматизма** Уильям Джеймс писал еще в начале XX в.: "Наше нормальное бодрствующее сознание, разумное сознание, как мы его называем, — это не более, чем один особый тип сознания, в то время как повсюду вокруг него, отделенные от него тончайшей преградой, лежат потенциальные совсем другие формы сознания. Мы можем прожить жизнь и не подозревая об их существовании; но стоит применить уместный стимул, — и они появятся во мгновение ока и во всей полноте: — определенные умонастроения, которые, возможно, где-то могут быть применены и приспособлены".

В середине XX в. наркомания и токсикомания сделали проблематику И. с. с. более чем своевременной. Хотя И. с. с. совсем не обязательно связаны с чем-то дурным и антисоциальным, это могут быть И. с. с., вызванные какими-то экстремальными условиями, например когда человек долго находится в горах или, наоборот, на подводной лодке. Это могут быть состояния после введения наркоза или же состояния, в которые люди вводят себя сами путем различных психотехник, например йогической медитации. Наконец, мы каждую ночь пребываем в И. с. с. — см. **сновидение**.

И. с. с. характеризуется, в частности, тем, что в них изменяются язык и речь человека (ср. **функциональная асимметрия полушарий головного мозга, виртуальные реальности, гипотеза лингвистической относительности**).

Современный русский лингвист Дмитрий Леонидович Спивак разработал новую лингвистическую дисциплину — лингвистику И. с. с. О ней мы в основном и поведем речь.

Д.Л. Спивак заметил, что **тексты**, рожденные И. с. с. или, наоборот, призванные ввести человека в И. с. с., построены в языковом отношении совершенно особым способом. Этот способ исследователь назвал матричным. Простым примером матричного текста может служить "мантра" обыкновенного аутотренинга:

"^{1}Руки тяжелеют и теплеют. ^{2}Ноги тяжелеют и теплеют. ^{3}Живот теплеет. ^{4}Руки тяжелые и теплые. ^{5}Ноги тяжелые, теплые. ^{6}Живот теплый. ^{7}Руки... тяжесть... тепло... ^{8}Ноги... тяжесть... тепло... ^{9}Живот... тепло..."

Цифры наглядно дают представление о матрице этого текста:

$$\begin{matrix} 1 & 2 & 3 \\ 4 & 5 & 6 \\ 7 & 8 & 9 \end{matrix}$$

Получается нечто вроде стихотворения.

Вот что пишет автор матричной концепции текстов про И. с. с.: "По мере освоения метода мы проходим эту схему строка за строкой, учась вызывать у себя соответствующие ощущения.

Но виртуозы этого дела могут заставить зазвучать всю схему сразу. [...] Главный ее секрет в том, что в каждой строке, если смотреть по столбцу цифр сверху вниз, говорится одно и то же, но с разной грамматикой. [...] Матричный текст не рассказывает о некотором отрезке **реальности**, а прямо повторяет всеми своими изгибами ее строение. При правильном чтении мы попадаем в резонанс с этим отрезком реальности и изменяем его. Собственно, текст не читается, он исполняется, сбывается" (ср. **теория речевых актов**).

Подобные матричные тексты встречаются и в литературе, которая, как известно, обладает большим воздействием на сознание. Поэтому Д. Л. Спивак с полным правом говорит о филологии И. с. с. Так, например, матричным способом написан один из фрагментов русского писателя XV в. Епифания Премудрого. Д. Л. Спивак пишет: "Автор спокойно плетет (речь идет о стиле, который называется плетением словес. — *В.Р.*) житие, мысль движется тяжело и ровно, наконец он подходит к месту, где нужно сказать о несказуемом, внедрить его как образец в сердце читателя. Текст начинает набухать, топчется на месте — и вдруг разламывается на слитки матрицы: "...[1]место то было прежде лес, [2]чаща, [3]пустыни, [4]идеже живяху заици, лисици, волци, [5]иногда же и медведи посещаху, [6]другоици же и бесы обретахуся, [7]туда же ныне церковь поставлена бысть, [8]и монастырь велик възгражден бысть, [9]и инок множество съвокупися, [10]и славословие и в церкви, [11]и в келиях, [12]и молитва непристающиа..." (орфография упрощена).

Схема матрицы такова:

```
 1  2  3
 4  5  6
 7  8  9
10 11 12
```

"Просматривая матрицу по строкам, сверху вниз, мы видим стройное движение от дикости к культуре (поддержанное изменением грамматики, особенно сказуемого). По строкам, слева направо. мы переходим от повседневного к необыкновенному. А в целом эти четыре тройки укореняют в сознании читателя образец правильного действия, внесения порядка в мир, разобранный на примере основания монастыря".

"Филология измененных состояний сознания охватывает широкий круг содержательных и необычных текстов; умение пользоваться ими — дело техники; настало время вернуть их в круг знаний культурного человека; двери к внутренней свободе всегда открыты; в каждом поколении находятся люди, решившие войти..."

Лит.:
Спивак Д. Матрицы: Пятая проза? (Филология измененных состояний сознания) // Родник. 1990. — № 9.
Спивак Д. Л. Язык при измененных состояниях сознания. — Л., 1989.

ИМЯ СОБСТВЕННОЕ. И. с. не обладает значением (см. ниже), но обладает **смыслом** (внутренней формой, этимологией). Поэтому, как будет показано ниже, И. с. тесно связано с **мифом**, а это, в свою очередь, не менее тесно связывает его с культурой XX в., где господствует поэтика **неомифологизма**.

В отличие от нарицательного имени И. с. не обладает значением в том смысле, что оно не обозначает класса предметов, а называет (именует) только один предмет, именно тот, который называется — нарекается (ср. **теория речевых актов**) — данным именем.

И. с. Иван не может обозначать класс людей, объединенных свойством быть Иванами. потому что такого свойства нет. Но зато И. с. Иван связано тесной, почти мистической связью со своим носителем. Перемена И. с. равносильна перемене судьбы:

А ну-ка Македонца или Пушкина
Попробуйте назвать не Александром,
А как-нибудь иначе! Не пытайтесь.
Еще Петру Великому придумайте
Другое имя! Ничего не выйдет.

(Арсений Тарковский)

В мифологическом сознании, как показал Ю. М. Лотман, каждое слово стремится к тому, чтобы стать И. с., так как для мифологического сознания вообще нехарактерно абстрактное подразделение предметов на классы. Каждый предмет для мифа уникален и в то же время связан с другими предметами (ср. также **парасемантика**). Французский антрополог Люсьен Леви-Брюль назвал эту мистическую связь между предметами в мифологическом мышлении партиципацией, то есть сопричастием.

Поэтому в мифологическом сознании наличие у индивида И. с. гораздо важнее, чем наличие каких-то постоянных, с нашей точки зрения, признаков.

Но и в современном быту черты мифологических представлений не утрачены. Когда ребенка называют И. с. его отца или деда, то на него чисто мифологически переносят черты этого отца или деда, чтобы он был похожим на него.

У каждого И. с. есть свои внутренняя форма, этимология, которым обладает и каждое слово. Но другие слова обладают также значением. У И. с. этимология — это все, что у него есть, поэтому она для него чрезвычайно важна. Александр означает "победитель", Наталья — "родная". Когда ребенку дают имя, то вольно или невольно эта этимология актуализируется.

В художественной литературе называние персонажей говорящими именами было распространено в классицизме. Эту особенность отразил еще А. С. Грибоедов в "Горе от ума", где почти все персонажи названы говорящими фамилиями: Молчалин, Фамусов (известный, ср. англ. famous), Скалозуб, Чацкий (намек на его прототип П. Я. Чаадаева).

Позитивистская эстетика **реализма** XIX в. пренебрегала мистической ролью И. с. Только Достоевский, предшественник и в определенном смысле современник культуры XX в., придавал И. с. большое значение. Так, фамилия Раскольников ассоциируется с расколом в сознании персонажа, Ставрогин — (др.-гр. stauros — "крест") тот, кто несет крест, мученик собственной души.

Для культуры XX в. характерно наделение героев И. с. в духе мифологического сознания. Так, в романе Гарсиа Маркеса "Сто лет одиночества" мужчин всех поколений зовут либо Аурелиано, либо Хосе Аркадио, благодаря чему создается впечатление, что герой не умирает или умирает и воскресает, как в **мифе**.

На бытовом уровне эту ситуацию наблюдаем в "реалистическом" романе (о поверхностном характере реализма XX в. см. **социалистический реализм**) Джона Голсуорси "Сага о Форсайтах", где сыновей называют именами отцов. В результате этого появляются цепочки вроде Роджер (старый Роджер) — молодой

Роджер — очень молодой Роджер (в конце повествования "очень молодой Роджер" предстает весьма солидным пожилым джентльменом).

В романе Макса Фриша "Назову себя Гантенбайн" рассказчик представляет себя попеременно двумя персонажами — Гантенбайном и Эгдерлином, у каждого из которых своя судьба и различные стратегии жизненного поведения. Здесь используется тот эффект И. с., что оно сообщает индивиду статус **реальности**, статус **существования**: раз человек как-то назван, значит, он существует.

> В мире многообразном
> Есть ясность и туман.
> Пока предмет не назван,
> Он непонятен нам.
>
> Спрашиваем в страхе:
> Кто он, откуда, чей?
> Слова — смирительные рубахи
> Для ошалевших вещей.
>
> (Давид Самойлов)

Лит.:
Рассел Б. Введение в математическую философию. — М., 1996.
Лотман Ю. М., Успенский Б. А. Миф — имя — культура // *Лотман Ю. М.* Избр. статьи. В 3 тт. — Таллинн, 1992. — Т. 1.
Руднев В. "Назову себя Гантенбайн": Собственные имена в культуре XX столетия // Даугава. — Рига, 1989. — № 12.

ИНДИВИДУАЛЬНЫЙ ЯЗЫК (private language). В § 243 "**Философских исследований**" (см. также **аналитическая философия**) Витгенштейн пишет: "Но мыслим ли такой язык, на котором человек мог бы для собственного употребления записывать или высказывать свои внутренние переживания? [...] Слова такого языка должны относиться к тому, о чем может знать только говорящий, — к его непосредственным, индивидуальным впечатлениям. Так что другой человек не мог бы понять этого языка".

Зачем же мы тогда говорим об И. я., если, по словам Витгенштейна, он невозможен? Но ведь **сновидение** (см.) тоже является индивидуальным переживанием.

В 1930-е гг. была популярна теория Ж. Пиаже и Л. С. Выготского о внутренней речи как одном из этапов "внутреннего программирования в процессе порождения речевого высказывания" (А. А. Леонтьев). Признаками внутренней речи считались ее незаконченность, свернутость, эмбриональность. Предполагалось, что на определенном этапе порождения высказывания существует нечто вроде набросков, которые делают писатели в своих записных книжках, используя сокращения или одним им понятные значки.

Однако, изучая внутреннюю речь, мы исследуем то, что не поддается исследованию. Приборы могут регистрировать лишь косвенные показатели, которые даже не являются доказательством того, что внутренняя речь вообще существует как нечто феноменологически данное, как нечто, что можно ощутить при помощи органов чувств. Точно так же при изучении "быстрого сна" исследуют по косвенным данным то, феноменологический статус чего совершенно не выяснен.

Внутренняя речь была введена в научную терминологию явно по аналогии с литературой XX в., заинтересовавшейся процессом порождения речи и передачей внутренних переживаний человека (см. **поток сознания**).

Но если прав Витгенштейн и мы не можем заглянуть в душу другого человека, а можем знать о его переживаниях только исходя из двух критериев — его поведения и его свидетельств о собственных внутренних процессах, то внутренняя речь есть совершенная вещь в себе и советские психологи были идеалистами в традиционном смысле слова.

Такая позиция, на первый взгляд, близка бихевиоризму. Однако от формулы "стимул — реакция" позиция Витгенштейна отличается тем, что в поведенческой психологии отказ от заглядывания в чужую душу был жесткой методологической предпосылкой для дальнейшего изучения психики как черного ящика. Витгенштейн же не настаивает на этом, он просто говорит, что не видит пути, каким можно было бы проникнуть в "чужое сознание". Во-вторых, из двух критериев — поведения и свидетельства — Витгенштейн, как и его ученик Н. Малкольм при изучении понятия **сповидения** (см.), часто отдает предпочтение второму.

Пользуясь семиотической терминологией (см. **семиотика**), можно сказать, что внутренним является лишь **смысл**, план выражения высказывания, а внешним — его знаковое, материальное воплощение.

Доказательство невозможности И. я. — признак ориентации философии XX в. на лингвистику и семиотику.

Лит.:
Витгенштейн Л. Философские исследования // Витгенштейн Л. Философские работы. — М., 1994. — Ч. 1.
Выготский Л.С. Мышление и речь // Собр. соч. — М., 1982. — Т. 2.
Уиздом Дж. Витгенштейн об индивидуальном языке // Логос. — 1995. — № 6.

ИНТЕРТЕКСТ — основной вид и способ построения художественного **текста** в искусстве **модернизма** и **постмодернизма**, состоящий в том, что текст строится из цитат и реминисценций к другим текстам.

Поэтика И. опосредована основной чертой модернизма XX в., которую определяют как **неомифологизм** (см.). В неомифологическом тексте в роли **мифа**, конституирующего **смыслы** этого текста, выступают, как известно, не только архаические мифы, но античные и евангельские окультуренные мифы и, наоборот, мифологизированные тексты предшествующей культурной традиции, такие, как "Божественная комедия", "Дон Жуан", "Гамлет", "Легенды о докторе Фаусте".

Что касается цитаты, то она перестает в поэтике И. играть роль простой дополнительной информации, отсылки к другому тексту, цитата становится залогом самовозрастания смысла текста.

"Цитата, — писал Осип Мандельштам, — не есть выписка. Цитата есть цикада — неумолкаемость ей свойственна".

Анна Ахматова, говоря о сути поэзии, конечно прежде всего XX в., обронила такие строки:

> Но, может быть, поэзия сама —
> Одна великолепная цитата.

Адриан Леверкюн, герой романа Томаса Манна "**Доктор Фаустус**", одного из самых интертекстуальных романов XX в., в разговоре со своим alter ego чертом слышит от него следующую сентенцию, которая становится кредо самого музыканта Леверкюна: "Можно поднять игру на высшую ступень, играя с формами, о которых известно, что из них ушла жизнь". Так в действительности и строилась музыка XX в. — из цитат и реминисценций к фольклору, джазу, музыкальным произведениям прежних эпох.

Примерно такую ситуацию описал Герман Гессе в романе "Игра в бисер". Игра в бисер — это и есть И.

Ахматова в одном из наиболее интертекстуальных своих произведений, "Поэме без героя", писала:

...а так как мне бумаги не хватало,
Я на твоем пишу черновике.
И вот чужое слово проступает...

Поэтика чужого слова проанализирована в книгах М. М. Бахтина, который сделал из словосочетания "чужое слово" своеобразный термин (см. **полифонический роман, диалогическое слово**), и, к сожалению, менее известного литературоведа А. Л. Бема применительно к Достоевскому, произведения которого последовательно строились как И., как напряженный диалог разных сознаний и текстов.

Современный киновед и культуролог Михаил Ямпольский считает, что теория И. вышла из трех источников: полифонического литературоведения Бахтина, работ Ю. Н. Тынянова о пародии (см. **формальная школа**) и теории анаграмм Фердинанда де Соссюра, основателя **структурной лингвистики**.

Пародия понималась Тыняновым очень широко. В статье о повести Достоевского "Село Степанчиково и его обитатели" Тынянов показал, что образ Фомы Опискина, приживала и демагога, строится как реминисценция, как пародия на Николая Васильевича Гоголя времен его "Выбранных мест из переписки с друзьями" — та же высокопарная патетика, то же ханжеское самобичевание, то же стремление во что бы то ни стало всех поучать и вразумлять. Это не означает, что Достоевский издевался над Гоголем (как он позже в "Бесах" безусловно издевался над своим современником И. С. Тургеневым, изобразив его в жалком образе писателя Кармазинова). Русский культуролог, одна из самых умных женщин XX в., Ольга Михайловна Фрейденберг писала, что пародируется только то, что живо и свято. Гоголь был учителем Достоевского в прозе; Достоевского называли новым Гоголем. Просто текст "Выбранных мест из переписки с друзьями" и фигура его автора стали смысловой анаграммой в повести Достоевского, сделав ее современной модернизму и даже постмодернизму XX в.

В своей статье об анаграммах Ф. де Соссюр в начале XX в. показал, что древнейшие сакральные индийские тексты — гимны "Ригведы" — зашифровывали в своих словосочетаниях имена богов, которые нельзя было писать или произносить явно (имя бога всегда под запретом). М. Б. Ямпольский считает, что принцип анаграммы сопричастен принципу И., когда цитируемый текст вложен в цитирующий текст неявно, его надо разгадать. О том, что в Фоме Фомиче показан Гоголь, не подозревали 70 лет вплоть до появления статьи Тынянова, может быть, и даже скорее всего не подозревал Достоевский (И. тесно связан с **бессознательным**).

После русских формалистов новое слово об И. сказали французские философы, представители **постструктурализма**, прежде всего Ролан Барт и Юлия Кристева. Вот что пишет Барт в статье "От произведения к тексту": "Произведение есть вещественный элемент, занимающий определенную часть книжного пространства (например, в библиотеке), а текст — поле методологических операций. [...] Произведение может поместиться в руке, текст размещается в языке. [...] Всякий текст есть между-текст по отношению к какому-то другому тексту, но эту интертекстуальность не следует понимать так, что у текста есть какое-то происхождение; всякие поиски "источников" и "влияний" соответствуют мифу о филиации произведений, текст же образуется из анонимных, неуловимых и вместе с тем уже *читанных* (здесь и ниже курсив авторов цитат. — *В.Р.*) цитат — из цитат без кавычек".

Последователь Барта Л. Женни замечает: "Свойство интертекстуальности — это введение нового способа чтения, который взрывает линеарность текста. Каждая интертекстуальная отсылка — это место альтернативы (ср. **семантика возможных миров**. — *В.Р.*): либо продолжать чтение, видя в отсылке лишь фрагмент, не отличающийся от других, [...] или же вернуться к тексту-источнику, прибегая к своего рода интеллектуальному анамнезу, в котором интертекстуальная отсылка выступает как смещенный элемент".

Поэтика И. может быть построена на самых различных цитатах, "играть можно с любыми формами, из которых ушла жизнь". В поэзии XX в. большую роль играет метрико-семантическая цитата (см. **верлибр, верлибризация**).

Изящный пример метрической цитаты приводит Давид Самойлов в начале своей поэмы "Последние каникулы":

> Четырехстопный ямб
> Мне надоел. Друзьям
> Я подарю трехстопный,
> Он много расторопней.

Здесь цитируется начало пушкинской поэмы "Домик в Коломне":

> Четырестопный ямб мне надоел:
> Им пишет всякий. Мальчикам в забаву
> Пора б его оставить. Я хотел
> Давным-давно приняться за октаву.

Смысл метрической цитаты у Самойлова и ее пародийный комизм состоят в том, что, если Пушкин переходит от 4-стопного ямба, размера его молодости, к мужественному 5-стопному, то Самойлов переходит от 4-стопного ямба, наоборот, — к легкомысленному 3-стопному.

Еще более забавная метрическая цитата есть в романе Владимира Сорокина "Роман" (см. также **концептуализм, постмодернизм**). Все произведение построено как коллаж из русской литературы XIX в. и расхожих представлений о жизни дворянина конца XIX в. в деревне. Вот герой приезжает. Описывается содержимое его чемодана: "...голландские носовые платки, нательное белье, галстуки, парусиновые брюки, карманные шахматы, расческа, пара книг, дневник, бритвенный прибор, флакон французского одеколона..." Последние строчки складываются в стихи:

> расческа, пара книг, дневник,
> бритвенный прибор, флакон
> французского одеколона.

Сразу вспоминается "Граф Нулин" Пушкина, где также описывается содержимое чемоданов графа:

> С запасом фраков и жилетов,
> Шляп, вееров, плащей, корсетов,
> Булавок, запонок, лорнетов,
> Цветных платков, à jour,
> С ужасной книжкою Гизота,
> С тетрадью злых карикатур,
> С романом новым Вальтер-Скотта...

Фрагменты текстов XX в. строятся порой как целые блоки, каскады цитат. Таков, например, знаменитый фрагмент из **"Школы для дураков"** Саши Соколова: "И тогда некий речной кок дал ему книгу: на, читай. И сквозь толщу тощих игл, орошая бледный мох, град запрядал и запрыгал, как серебряный горох. Потом еще: я приближался к месту моего назначения — все было мрак и вихорь. Когда дым рассеялся, на площадке никого не было, но по берегу реки шел Бураго, инженер, носки его трепал ветер. Я говорю только одно, генерал: Что, Маша грибы собирала? Я часто гибель возвещал одною пушкой вестовою. В начале июля, в чрезвычайно жаркое лето, под вечер, один молодой человек". По-видимому, здесь интертекстуальной моделью является упражнение по русскому языку в учебнике, которое также могло представлять собой коллаж цитат.

В заключение рассмотрим И. стихотворение Б. Л. Пастернака "Гамлет". Напомним его:

> Гул затих. Я вышел на подмостки.
> Прислонясь к дверному косяку,
> Я ловлю в далеком отголоске,
> Что случится на моем веку.
>
> На меня наставлен сумрак ночи
> Тысячью биноклей на оси.

Если только можно, авва отче,
Чашу эту мимо пронеси...

Но продуман распорядок действий
И неотвратим конец пути.
Я один, все тонет в фарисействе.
Жизнь прожить — не поле перейти.

Здесь прежде всего метрическая цитата: 5-стопный хорей, которым написано стихотворение, в русской поэзии однозначно указывает на первое стихотворение, написанное этим размером, — "Выхожу один я на дорогу" Лермонтова с характерным для него "статическим мотивом жизни, противопоставленным динамическому мотиву пути, с характерным глаголом движения в первой строке" (К. Ф. Тарановский); в конце своего стихотворения Пастернак даже обобщает эту тему в пословице "Жизнь прожить — не поле перейти". Но стихотворение содержит в себе некую загадку. С одной стороны, ясно, что лирическое Я отождествляет себя с Иисусом: здесь почти дословно цитируются слова из знаменитого "моления о чаше": "И отошед немного, пал на лице Свое молился и говорил: Отче Мой! если возможно, да минует Меня чаша сия; впрочем не как Я хочу, но как Ты" [Мф. 26:39]. Но почему же тогда стихотворение называется "Гамлет"? Как принц датский связан со Спасителем? И Гамлет, и Иисус выполняют волю отца, только Гамлет должен отомстить за отца, а Иисус отдать свою жизнь за Отца и всех людей. Иисус в минуту отчаяния напомнил поэту вечно сомневающегося и отчаивающегося Гамлета. Отсюда и образ Лермонтова — "русского Гамлета". Поэт — как Иисус, отдает свою жизнь за искусство, но в минуту отчаяния, он, как Гамлет, пытается отсрочить неминуемое, причем все это происходит на сцене, которая является моделью жизни-спектакля, где все уже заранее известно до конца. Таков, по-видимому, смысл этого сложного И.

Лит.:
Тынянов Ю. Н. Достоевский и Гоголь (К теории пародии) // *Тынянов Ю. Н.* Поэтика. История литературы. Кино. — М., 1977.
Барт Р. Избранные работы: Семиотика. Поэтика. — М., 1989.

Ямпольский М. Б. Память Тиресия: Интертекстуальность и кинематограф. — М., 1993.

ИНТИМИЗАЦИЯ — философская теория процесса восприятия информации, которая представляет получателя и источник информации как совершенно различные по образу мыслей и чувств сознания. Концепция И. родилась под влиянием культурологических идей Ю. М. Лотмана и М. М. Бахтина.

Знание о другом человеке интимизируется в том случае, когда другой в глазах получателя информации разусредняется, то есть становится не просто безликим источником информации, но и ее равноценным производителем (см. также **диалогическое слово**), когда другой становится не таким, как "другие", когда мы ценим не только свою оценку другого, но его оценку себя и других вещей и объектов, которые в этом случае как бы одушевляются, получают статус событийности.

Автор этой концепции, петербургский философ Борис Шифрин вот что пишет по этому поводу:

"И. — это некое преображение мира, когда ставится под вопрос его одинаковость для всех. Так же как любая масса искривляет пространство и по-своему изменяет его геометрию, так наличие другого человека, который как-то относится к жизни, воспринимает свою явь, должно настолько преображать мир, что возникает чувство расширения, когда становится непонятным, кто субъект постижения нового бытия, кто инструмент для этого постижения, а кто — само это бытие" (подобно тому как это происходит в **мифе** (см.).

Другими словами, как в квантовой философии Вернера Гейзенберга (см. **принцип дополнительности**) присутствие экспериментатора в эксперименте влияет на результат эксперимента, так в жизни человека появление в его актуальном **пространстве** (см.) другого человека, "чужого сознания", расподобляет процесс потребления информации, который теперь будет учитывать это новое появившееся сознание, активно влиять на него и подвергаться его влиянию.

В процессе И. участвуют всегда "трое": воспринимающее сознание, деобъективизированный объект восприятия и то, что он воспринимает, нечто третье; это может быть созерцанием цветка, чтением книги, заглядыванием в окно — в нечто другое, чем то, что видит первое сознание. То, что наблюдается этим другим, как правило, неизвестно, оно лишь подает некие мистические сигналы того, что с этим другим сознанием происходит нечто, возможно, чрезвычайно важное. Приобщение к этому важному другого и есть И.

> В непостижимом этом взоре,
> Жизнь обнажающем до дна,
> Такое слышалося горе,
> Такая страсти глубина...
>
> (Ф. И. Тютчев)

Какое именно горе и *какая* глубина, понять не дано, дано лишь заглянуть на мгновение.

И. превращает вещь (книгу, окно, дверь, зеркало, картину — все пространства-посредники-медиаторы) в **событие** (см.). Поэтому И. противоположна **остранению** (см. также **формальная школа**), которое, наоборот, превращает событие в вещь: во втором томе "Войны и мира" Л.Н. Толстого Наташа Ростова смотрит в театре оперу, и все, что происходит на сцене, деинтимизируется для нее, приобретает статус конгломерата непонятных и ненужных вещей.

Противоположный пример — И. в фильмах Андрея Тарковского, особенно в **"Зеркале"**, например в сцене, когда мальчик читает поданную ему незнакомой дамой, которая потом исчезает, книгу. При этом важно, что часть зрителей знает, а часть не знает (как сам мальчик-герой), что это письмо Пушкина к Чаадаеву, в котором идет речь о судьбе России, и зритель не понимает, как именно воспринимает этот **текст** мальчик, читающий его сбивающимся, ломким голосом подростка, едва ли не по слогам. Но в этот момент и зрители, и герой понимают, что происходит нечто чрезвычайно значительное.

Человек не может все время жить в ситуации И., иначе он сойдет с ума. Это хорошо понимал Толстой, который был полновластным хозяином своих героев и, как хороший хозяин, хотел, чтобы его герои жили нормальной здоровой жизнью. Такой жизнью совершенно не в состоянии жить герои Достоевского, которые находятся в состоянии тотальной взаимной И., поэтому им все время плохо, так как нельзя жить с содранной кожей.

И. и противоположный ей механизм — объективизация суть

два механизма, регулирующих ценностную шкалу в человеческой экзистенции и в культурном самопознании.

Лит.:
Шифрин Б. Интимизация в культуре // Даугава. — Рига, 1989. — № 8.
Лотман Ю. М. Феномен культуры // Лотман Ю. М. Избр. статьи. В 3 тт. — Таллинн, 1992. — Т. 1.
Бахтин М. М. Проблемы поэтики Достоевского. — М., 1963.

ИСТЕРИЯ, или истерический **невроз**, суть которого заключается в том, что нанесенная человеку психическая **травма**, как показал еще в конце прошлого столетия Фрейд, вытесняется и конвертируется (отсюда название — конверсионная истерия) в некое подобие соматического симптома — паралич или парез различных частей тела, онемение (мутизм), истерическую слепоту или глухоту, застывание всего тела (псевдокататонию), различные тики, заикание, особенности походки, головные боли, рыдания, анестезию кожных покровов, хроническую рвоту, "писчий спазм", истерическую беременность (знаменитый случай Анны О., описанный Й. Бройером) и многое другое.

При этом по закону метонимического перенесения, эксплицитно сформулированного Лаканом, место образования симптома и его своеобразие как бы сохраняют память о той травме, которая была получена. Так, в случае фрейлейн Элизабет фон Р. описанном Фрейдом в "Очерках по истерии" 1895 г., у пациентки была, в частности, невралгия лицевого нерва.

"Пытаясь воспроизвести травмирующую сцену, — пишет Фрейд, — пациентка погрузилась в далекое прошлое — во времена серьезных душевных переживаний, вызванных сложными отношениями с мужем, — и рассказала об одном разговоре с ним, о некоем замечании с его стороны, которое она восприняла как тяжкую обиду; причем она вдруг схватилась рукой за щеку, закричала громко от боли и сказала: "Это было все равно, что удар по лицу". При этом боль окончилась и приступ завершился.

Нет сомнений, что речь идет о символизации; она чувствовала себя так, как будто ее на самом деле ударили по лицу. <...> ощущение "удара по лицу" превратилось в невралгию тройничного нерва".

В более позднем описании знаменитого "случая Доры"

Фрейд рассказывает о возникновении у пациентки офонии (истерического онемения) в те моменты, когда господин К., в которого она была бессознательно влюблена, уезжал и "говорить было ни к чему", зато она полностью сохраняла способность писать, которой широко пользовалась, пиша господину К. длинные письма.

Подобно тому как **обсессивный невроз** коренится в анальной фиксации, то есть когда ребенок в прегенитальной стадии развития задерживает стул, из чего потом может вырасти анально-садистический характер, истерический невроз, по мнению психоаналитиков, коренится в следующей прегенитальной стадии психосексуального развития — уретральной, причем, если с обсессией связана *задержка* стула, то с И. наоборот *недержание* мочи (на этом подробно останавливался Фрейд, анализируя случай Доры). Как видим, и здесь И. и обсессия составляют противоположную пару (см. **обсессивный дискурс**).

Чрезвычайно интересно, что, как отмечает американский психоаналитик Гарольд Блюм, уретральное "разрешение струиться" может потом вытесниться и сублимироваться в истерическую *слезливость*.

По-видимому, для формирования истерической конституции (скорее именно конституции, а не самой истерии как невроза) играет роль фиксация на нарциссической стадии развития, последней прегенитальной аутоэротической стадии, располагающейся по некоторым психоаналитическим воззрениям после фаллической стадии и перед латентной. Вот что пишет об этом один из учеников Фрейда Абрахам Брилл:

"Когда ребенку пять лет или несколько больше, он вступает в следующую стадию развития, называемую "нарциссической". В этой фазе различные компоненты и частные влечения сексуального инстинкта, ранее в некоторой степени вытесненные и сублимированные, объединяются в поиске объекта, но первый объект, который мальчик находит, это он сам".

Нарциссическая стадия характеризуется тем, что именно тогда ребенок начинает говорить о себе "я", то есть формируется эгоцентризм. По-видимому, на этой стадии, для которой также характерна сексуальная неопределенность — ведь нарциссизм предполагает любовь к однополому "самому себе", — и формируются истерический эгоцентризм и истерическая жажда сексуальной идентификации, которая составляет главную проблему истериков.

И. играет особую роль в психоанализе, поскольку в нем особую роль играет понятие вытеснения, одно из главных открытий Фрейда. В этом смысле, поскольку вытесненное и конвертированное в И. выступает нагляднее всего, наиболее элементарно и фундаментально, она была наиболее успешно излечиваемой. Неслучайным представляется также то, что огромное число истерических неврозов пришлось именно на тот период, когда делали свои открытия Ж.-М. Шарко Й. Бройер и Фрейд. О том, почему И. была так актуальна на переходе из XIX-го в. в XX-й, мы выскажем свою гипотезу ниже.

Заслугой Бройера и Фрейда было то, что они поняли, что И. это не только не притворство, как думали многие психиатры в XIX в., что истерический симптом это как бы немая эмблема, смысл которой в том, чтобы обратить внимание окружающих на то, что мучает невротика. Эта концепция была развита в книге одного из представителей антипсихиатрического направления в психологии 1960-х-1970-х гг. Томаса Шоша "Миф о психическом заболевании", где он писал что истерический симптом — это некое сообщение, послание на иконическом языке, направленное от невротика близкому человеку или психотерапевту, послание, которое содержат сигнал о помощи. Так если человек не может стоять и ходить (астазия-абазия), это является сообщением: "Я ничего не могу сделать, помоги мне". На самом деле подобные послания часто встречаются и вне клинического контекста (впрочем, само существование такого контекста отрицалось антипсихиатрическим направлением), а в контексте бытовом. Когда обиженный подросток "не разговаривает" с родителями (то есть у него имеет место нечто вроде истерической афонии), то он этим хочет "сказать": "Обратите на меня внимание, войдите в мой мир, отнеситесь ко мне серьезно". То же самое имеет место, например, в случае политических или тюремных голодовок, когда нечто подобное истерическому неприятию пищи является "месиджем" протеста и привлечения внимания.

И в этом смысле с точки зрения Шоша задача психотерапевта не в том, чтобы "вылечить больного", а в том чтобы прочесть послание истерика, перекодировать, реконверсировать его из иконического континуального языка истерии в обычную дискретную конвенциональную разговорную речь. (Нечто подобное, хотя с иных позиций предлагал В. Франкл в духе своей знаменитой **парадоксальной интенции** (см.).

Лит.:
Блюм Г. Психоаналитические теории личности. — М., 1996.
Брилл А. Лекции по психоаналитической психиатрии. Екатеринбург, 1998.
Кречмер Э. Об истерии. — СПб., 1996.
Франкл В. Человек в поисках смысла. — М., 1990.
Фрейд З. Случай фрейлейн Элизабет фон Р. // Московский психотерапевтическищй журнал. — № 2, 1992.
Якубик А. Истерия: Методология. Теория. Психопатология. — М., 1982.

ИСТИНА — одна из основных категорий любой философской системы.

Наиболее простое понимание этой категории в XX в. исповедовал **логический позитивизм**: И. — это соответствие высказывания **реальности**. Высказывание является истинным тогда и только тогда, когда соответствующее положение дел имеет место. Критерием И. в логическом позитивизме (как и в марксизме) являлась практика, а точнее, проверка, сверка высказывания с реальностью — верификация (см. **верификационизм**).

В системе американского **прагматизма** (см.) под И. понимается такое положение дел, которое является наиболее успешным, общественно полезным (Уильям Джеймс). И. — это "организующая форма человеческого опыта" (А. А. Богданов, русский прагматист, известный больше по той критике, которой удостоил его В.И. Ленин в книге "Материализм и эмпириокритицизм").

Поскольку успешность и полезность нуждаются в проверке, то прагматическая И. тоже верифицируется.

В системе французского и немецкого **экзистенциализма** (см.) под И. понимается "истинное бытие", то есть И. тождественна открытому бытию, экзистенции. За И. необходимо бороться; чтобы "пребывать в истине", личность должна сделать экзистенциальный выбор, каким бы тяжелым он ни был. В годы оккупации экзистенциалисты считали истинным выбором Сопротивление, а ложным — коллаборационизм. Поскольку экзистенциализм чрезвычайно сильно повернут этически, то можно сказать, что И. в нем тождественна добру.

(Ср. о логико-позитивистском, прагматистском и экзистенциалистском понимании И. в ст. **детектив**).

Наиболее сложным образом И. понимается **феноменология** (см.). Для Гуссерля И. — это "структура акта сознания, которая создает возможность усмотрения положения дел так, как оно есть, то есть возможность тождества (адеквации) мыслимого и созерцаемого". Критерий И. — не проверка, а сам процесс переживания этого тождества.

Но вернемся к логико-философскому пониманию И. Людвиг Витгенштейн в "**Логико-философском трактате**" писал, что истинными или ложными могут быть только высказывания естественных наук, так как только они подвержены верификации. Логически необходимые И. Витгенштейн считал тавтологиями (А = А; если А, то А; если А, то не верно, что не А и т. п.). Витгенштейн полагал, что подобные И. ничего не говорят о мире. Философские же, метафизические высказывания Витгенштейн считал просто бессмысленными, так как их нельзя подвергнуть верификации. Например, "бытие определяет сознание" или "свобода — это осознанная необходимость".

Кроме необходимых логически И., могут быть прагматические И. (см. **прагматика, эгоцентрические слова**). Это такие выражения, как "Я здесь" — они всегда истинны, так как произносятся в момент говорения говорящим (Я), находящимся там, откуда он говорит (здесь) (ср. **пространство**).

Но бывают и прагматически ложные высказывания, такие, например, как "Я сейчас сплю".

Очень часто И. вообще обусловлены прагматически. Такие И. Уиллард Куайн называл "невечными". Например, высказывание "Нынешний король Франции лыс" могло быть истинным или ложным до того, как Франция стала республикой в 1871 г., в зависимости от того, лыс ли был король Франции в момент произнесения этого высказывания. После падения монархии во Франции эта фраза лишилась истинностного значения.

После кризиса логического потизивизма в 1930-е гг. **аналитическая философия** подвергла критике понятие И. как соответствия высказывания истинному положению вещей. Большую роль здесь сыграли работы позднего Витгенштейна и **теория ре-**

чевых актов Дж. Остина и Дж. Серля, показавшие, что большинство высказываний в естественной речевой деятельности вообще не имеют в виду ни И., ни ложь.

Это вопросы ("Можно войти?"), приказы ("Руки вверх!"), молитвы, восклицания — все то, что Витгенштейн назвал **языковыми играми** (см.). Не обладают истинностным значением также так называемые контрфактические высказывания типа "Если не будет дождя, мы пойдем гулять".

Кризис понятия И. углубился тем, что в орбиту логико-философских исследований был вовлечен художественный вымысел (см. **философия вымысла**). Ранее эти высказывания вообще не рассматривались как не имеющие отношения к проблеме И. Но благодаря исследованиям Дж. Вудса, Д. Льюиса, Л. Линского, Дж. Серля было показано, что с вымышленными высказываниями все не так просто. Высказывания внутри художественного контекста могут делиться на истинные или ложные, но их истинность или ложность будет фиксирована только в контексте этих художественных **текстов**. Например, тот факт, что Шерлок Холмс курил трубку, будет И. в художественном мире рассказов Конан Дойла о Холмсе, а высказывание "Шерлок был лыс" в этом контексте, скорее всего, ложно.

Но культурная идеология XX в. была такова, что текст и **реальность** часто менялись местами. Если рассматривать такой феномен, как **виртуальные реальности** в широком смысле (см.), то понятие И. к нему вообще неприменимо.

Если текст в эстетике и ряде философских направлений XX в. (см. **абсолютный идеализм, аналитическая философия, феноменология, постструктурализм, постмодернизм, философия текста**) являлся более фундаментальным понятием по сравнению с реальностью, то понимание И. предельно усложнялось. Кто объяснит психотику, находящемуся в состоянии параноидального бреда, что его **картина мира** ложна (см. **психоз**)? Это может попытаться сделать психотерапевт. Но самые последние психотерапевтические системы, например **трансперсональная психология** (см.), оперируют высказываниями, которые делаются пациентами в **измененном состоянии сознания** — под воздействием ЛСД или холотропного дыхания, и эти высказывания, на первый взгляд, не отличаются от бреда параноика. Больные сообщают сведения о **травмах рождения** (см.) или о тех травмах, которые они получили еще во внутриутробном состоянии или даже в других воплощениях. Тем не менее, в соответствии с закономерностями классического **психоанализа**, пережитая вторично, выведенная на поверхность травма ведет к выздоровлению или стойкой ремиссии, что, по отчетам основателя трансперсональной психологии С. Грофа, происходит достаточно часто. Стало быть, пациентам удалось в глубинах своего **бессознательного** выкопать И.

Плюралистическую неразбериху вокруг понятия И. во многом преодолела **семантика возможных миров** — направление **логической семантики**, которое рассматривает возможную И. как И. в одном возможном мире и необходимую И. как И. во всех возможных мирах.

Однако в философии **постмодернизма** понятие И. вновь теряется в общей культурно-игровой атмосфере этого направления, где каждое высказывание амбивалентно: оно и истинно, и ложно в зависимости от того, кто и при каких обстоятельствах его высказывает. Так, в романе М. Павича **"Хазарский словарь"** (см.) каждая из трех версий того, какую веру приняли хазары в конце IX века, противоречит остальным: православные утверждают, что хазары приняли христианство; мусульмане считают, что хазары приняли ислам; а евреи — что иудаизм. В постмодернистском романе Набокова **"Бледный огонь"** (см.) остается так и не выясненным истинный статус главного героя — действительно ли он эмигрировавший король северной страны и все его свидетельства — И. или же он просто умалишенный.

В постмодернистском мире очень нелегко жить, но важно хотя бы сознавать, что именно в этом мире мы сейчас живем.

Лит.:
Мельвиль Ю. К. Прагматизм // Современная зарубежная философия: Словарь. — М., 1991.
Витгенштейн Л. Логико-философский трактат. — М., 1958.
Остин Дж. Как производить действие при помощи слов // *Остин Дж.* Избранное. — М., 1999.
Льюис Д. Истина в вымысле // Логос. — № 3 (13), 1999.
Гроф С. За пределами мозга: Рождение, смерть и трансценденция в психотерапии. — М., 1992.
Хинтикка Я. Логико-эпистемологические исследования. — М., 1980.

К

"КАК БЫ" и "НА САМОМ ДЕЛЕ" — выражения, характеризующие различные поколения сегодняшних русских интеллигентов и, соответственно, их **картины мира**. Привычка через каждые пять предложений добавлять "Н. с. д." характеризует поколение, выросшее в 1960-х гг. и реализовавшееся в 1970-х гг. К. б. говорит поколение, выросшее в 1980-х гг. и не реализовавшее себя в 1990-х.

Н. с. д. — выражение мыслящих позитивно физиков, кибернетиков, семиотиков-структуралистов (см. **семиотика, структурная поэтика**). К. б. — выражение современников **постструктурализма** и **постмодернизма**.

Н. с. д. расставляет все точки над *i*, утверждает **истину** в последней инстанции. Говорящий Н. с. д. более чем уверен в своих словах (ср. **теория речевых актов**) и в том, что **реальность** можно описать истинными высказываниями, отбросив ложные. Его запоздалый идеал — **логический позитивизм** и **верификационизм** с "Логико-философским трактатом" во главе, который как раз был введен в оборот русской культуры в самом конце 1950-х гг. Общая форма высказывания говорящего Н. с. д. примерно такова:

Н. с. д. все ясно, все обстоит так-то и так-то.

Для говорящего Н. с. д. **реальность** и описывающие ее **тексты** разведены и изоморфны. Говорящий Н. с. д., как правило, знает или думает, что знает, чего хочет.

В характерологическом (см. **характерология**) плане говорящий Н. с. д. прежде всего реалист (ср. **реализм**) и чаще всего экстраверт. Внешняя реальность имеет для него самодовлеющую ценность. Если что-то не ясно, то это (Н. с. д.) можно всегда выяснить, применив "пару формул" и держась здравого смысла.

На научном жаргоне лингвистики 1960-х гг. мышление Н. с. д. называли God's truth (истина от Бога). Противоположный тип мышления называли hocus-pocus (манипуляционизм). Этот противоположный образ мысли и представляют люди, говорящие К. б. Эти люди читают скорее не "Логико-философский трактат", а "Философские исследования" того же автора (см. **аналитическая философия**). Они любят повторять слова *Барт* и *Деррида*. Мышление К. б. — ровесник **семантики возможных миров**, вернее, ее массовой интеллигентской адаптации. К. б. — это, собственно, и означает "в одном из возможных миров".

Речевая стратегия К. б. — это стратегия неуверенности и неопределенности, но претендующая на бóльшую глубину по сравнению с разговором на языке Н. с. д.

Человек К. б. в противоположность человеку Н. с. д. в характерологическом плане аутист-интроверт (см. **характерология, аутистическое мышление**). **Существование** реальности и вообще существование чего бы то ни было для человека К. б. далеко не бесспорно. При этом в отличие от картезианца и солипсиста он готов даже сомневаться в существовании собственного Я, так как находится в постоянном **измененном состоянии сознания**, в **деперсонализации**. Он вполне может сказать: "Я как бы не существую". Текст и реальность для сознания К. б. переплетены, причем реальность всегда менее фундаментальна, чем текст, выступающий как **интертекст** в 1980-е гг. и как **гипертекст** в 1990-е.

Мышление Н. с. д. строго бинарно (см. **бинарная оппозиция**), мышление К. б. многозначно (см. **многозначные логики**).

В сущности, К. б. и Н. с. д. выступают в высказывании как модальные операторы (см. **модальности, математическая логика**).

Сравним три высказывания:

(1) Он пришел.

(2) На самом деле он пришел.

(3) Он как бы пришел

Высказывание (2) отличается от высказывания (1) тем, что его истинность гарантируется интеллектуальным авторитетом и осведомленностью говорящего, его уверенностью в положении дел и ясностью картины — при желании истинность этого высказывания может быть верифицирована. Высказывание (2), таким образом, вносит в реальность ясность и определенность. Оно утверждает нечто вроде: "Уж кто-кто, а я-то знаю, что предложение "Он пришел" истинно, потому что я всегда располагаю исчерпывающей информацией об интересующих меня вещах, а реальность ясна и определенна, если называть вещи своими именами".

В определенном смысле Н. с. д. эквивалентно субъективному варианту классического модального оператора "необходимо".

Даже с теми типами высказываний, которые по определению не могут иметь значения истинности (см. **истина**), мышление Н. с. д. обращается так, как будто они обладают значением истинности. Логик-"насамомделист" анализирует любой императив "Уходи" как "На самом деле уходи", то есть "Истинно, что сейчас будет истинным высказывание "Ты уходишь".

Напротив, высказывания типа (3) смягчают, размывают границу между текстом и реальностью. "Он как бы пришел" означает: "Возможно он пришел, во всяком случае, я только что его здесь видел, но реальность так текуча и неопределенна, что ничего логически нельзя гарантировать; может быть, я обознался и это был не он, может быть, он действительно пришел, но за это время успел уйти".

Если конъюнкция высказывания (2) и его отрицания, как и высказывания (1), составляет противоречие:

На самом деле он пришел и На самом деле он не пришел —

то конъюнкция высказывания (3) и его отрицания не приводит к противоречию:

Он как бы пришел и Он как бы не пришел.

Это высказывание составляет (как бы составляет) третье логическое значение в логической системе К. б. Аксиомы бинарной логики в этой системе не действуют. В частности, закон двойного отрицания здесь не имеет силы. Высказывание "Он пришел" эквивалентно высказыванию "Неверно, что он не пришел", но высказывание "Он как бы пришел" не эквивалентно высказыванию "Неверно, что он как бы не пришел".

В этом смысле оператор К. б. родственен классической модальности "возможно", но не совсем. Понятию "возможно" противостоит понятие "необходимо" (неверно, что возможно).

Но мышление К. б. отрицает саму процедуру отрицания. Оно ему не нужно. Сомнение и так настолько фундаментально и универсально, что нелепо было бы не сомневаться и в отрицании: "Я как бы не могу ничего ни утверждать, ни отрицать в точности" — такова эпистемологическая позиция говорящего К. б.

Сознание К. б., стирающее границу между высказыванием и реальностью, — это сознание классического **постмодернизма**, если считать таковым все модернистское послевоенное искусство, включающее **"Доктора Фаустуса"**, "Волхва", **"Бледный огонь"**, **"Школу для дураков"**, **"Хазарский словарь"**.

В настоящее время мышление К. б. себя исчерпало, но что будет дальше, неизвестно.

КАРНАВАЛИЗАЦИЯ — семиотическая теория карнавала, изложенная М. М. Бахтиным в его книге о Рабле (1965). Смысл концепции Бахтина (см. также **полифонический роман, диалогическое слово**) в том, что он применил понятие карнавала, ежегодного праздника перед великим постом, ко всем явлениям культуры Нового времени.

В центре концепции К. — идея об "инверсии двоичных противопоставлений", то есть переворачивание **смысла бинарных оппозиций**. Когда народ выходит на карнавальную площадь, он прощается со всем мирским перед долгим постом, и все основные оппозиции христианской культуры и все бытовые представления меняются местами.

Королем карнавала становится нищий или дурак, трикстер (см. также **анекдот**). И ему воздают королевские почести. Назначается также карнавальный епископ, и кощунственно оскверняются христианские святыни. Верх становится низом, голова — задом и половыми органами (материально-телесный низ, по терминологии Бахтина). Меняются местами мужское и женское (мужчины надевают маски женщин и наоборот). Вместо благочестивых слов слышится сквернословие, площадная брань. Меняются местами сами противопоставления жизни и смерти.

Для чего все это было нужно?

В средневековой христианской культуре были живы актуальные языческие мифологические представления, в частности аграрный культ (см. **миф**). Для того чтобы "погребенное" в землю зерно дало плод, оно должно было символически умереть, поэтому карнавальные ругательства имеют амбивалентную природу. Когда на карнавале говорят: "Иди в ..." — это означает: "Вернись в материнское лоно, в оплодотворяющий хаос материально-телесного низа, для того чтобы после этого очиститься и возродиться".

Стихия К. до сих пор присуща некоторым традициональным народностям, например банту. Наиболее ярко сохранилась традиция европейской карнавальной культуры в Латинской Америке, и в частности в Бразилии.

В культуре XX века К. актуализируется вследствие повышения общего интереса к **мифу** (**неомифологическое сознание**).

Безусловно, следы К. несет на себе ряд эпизодов в блужданиях по Дублину Леопольда Блума и Стивена Дедалуса ("Улисс" Дж. Джойса). В "Петербурге" Андрея Белого субститутом К. становится стихия светского маскарада. В "**Волшебной горе**" Томаса Манна карнавал в горном санатории становится кульминацией всего романа. Герой — простак Ганс Касторп делается королем карнавала, хулит ученую премудрость своего педагога Сеттембрини и на одну ночь добивается карнавальной королевы, своей возлюбленной Клавдии Шоша. Стихия К. обрушивается на Москву в романе М. Булгакова "**Мастер и Маргарита**". Воланд и его свита устраивают сначала карнавализованное представление в Варьете, а затем сатанинский бал с элементами К.

Стихией К. проникнуто большинство фильмов Феллини — "Амаркорд", "8 1/2", "Репетиция оркестра", "И корабль плывет", "Джинджер и Фред".

В знаменитом фильме Л. Андерсона "О, счастливчик!" герой, Майкл Тревис, пройдя через все испытания, оказывается на карнавальной площади, где встречаются все герои фильма, и сам режиссер бьет героя по голове сложенным в трубочку сценарием, как будто посвящая его в карнавальные короли.

Подобно другим культурологическим понятиям Бахтина, К. прочно вошла в международную теорию фольклора и литературы, а сам "карнавальный король" Михаил Михайлович Бахтин, представивший свою книгу о Рабле в 1966 г. на соискание докторской степени, в духе К. получил степень кандидата филологических наук, оставаясь которым и умер в 1975 г.

Лит.:

Бахтин М. М. Франсуа Рабле и народная смеховая культура средневековья и Ренессанса. — М., 1965.
Иванов Вяч. Вс. К семиотической теории карнавала как инверсии двоичных противопоставлений // Учен. зап. Тартуского ун-та. — Тарту, 1978. — Вып. 408.
Юнг К. Г. Психологические аспекты трикстера // Юнг К. Г. Душа и миф: Шесть архетипов. — Киев, 1996.

КАРТИНА МИРА — система интуитивных представлений о **реальности.** К. м. можно выделить, описать или реконструировать у любой социопсихологической единицы — от нации или этноса до какой-либо социальной или профессиональной группы или отдельной личности. Каждому отрезку исторического **времени** соответствует своя К. м. К. м. древних индийцев не похожа на К. м. средневековых рыцарей, а К. м. рыцарей не похожа на К. м. их современников-монахов. В свою очередь, К. м. монахов-доминиканцев не похожа на К. м. францисканцев и т. д.

В то же время, можно выделить универсальную К. м., свойственную всему человечеству, правда, она будет слишком абстрактна. Так, для всех людей, по-видимому, характерна **бинарная оппозиция** (основной инструмент при описании или реконструкции К. м.) белого и черного, но у одних групп белое будет соответствовать положительному началу — жизни, а черное — отрицательному началу — смерти, а у других, например, китайцев, наоборот. У любого народа будет свое представление о добре и зле, о **нормах** и ценностях, но у каждого народа эти представления будут различными.

У отдельной личности К. м. будет детерминирована прежде всего его характером (см. **характерология**): у сангвиника-экстраверта и реалиста К. м будет явно противоположной К. м. шизоида-интроверта и аутиста (см. **аутистическое мышление**). Своя К. м. будет у параноика и у больного **шизофренией** и **психозом.** К. м. будет меняться при **измененных состояниях сознания.**

Человек, погруженный в **виртуальную реальность,** также будет видеть мир совершенно по-своему.

К. м. опосредована тем культурным языком, на котором говорит данная группа (см. **гипотеза лингвистической относительности).**

Термин К. м. был введен впервые Людвигом Витгенштейном в "Логико-философском трактате", но в антропологию и **семиотику** он пришел из трудов немецкого ученого Лео Вайсгербера.

Можно ли описать К. м. XX в.? Прежде всего ясно, что будут очень различаться К. м. начала, середины и конца века; К. м. венской культуры начала века будет не похожа на К. м. петербургской культуры "серебряного века" и т. д. Свои К. м. у **сим-**

волизма, акмеизма, сюрреализма, постмодернизма**. И все же XX в. не был бы единством, если бы нельзя было хоть в общих чертах обрисовать его К. м. в целом.

Для этого сравним К. м., характерную для XIX в., и — по контрасту — К. м. XX в.

В целом, если сопоставить представления о мире XIX и XX вв., то надо будет вспомнить самое фундаментальное традиционное философское противопоставление бытия и сознания. В XIX в. это противопоставление было действительно очень важным и в целом картина была позитивистской, или материалистической, то есть бытие представлялось первичным, а сознание вторичным. Конечно, большую роль в XIX в. играли идеалистические и романтические представления, где все было наоборот, но в целом К. м. XIX в. видится именно такой — позитивистской.

Что в этом смысле можно сказать о XX в.? Наверное, то, что противопоставление бытия и сознания перестало играть в XX в. определяющую роль. Действительно, уже **логический позитивизм** (см. также **аналитическая философия**) отменил проблему соотношения бытия и сознания как псевдопроблему традиционной философии и на ее место поставил другое противопоставление — языка и реальности. Поэтому термин "язык" остался у философов и лингвистов, а наиболее фундаментальной оппозицией К. м. XX в. стало противопоставление **текст** — реальность.

Причем, мифологически (см. **миф**) сняв предшествующую оппозицию бытия и сознания, новая оппозиция заменила ее инвертированно. Это можно представить в виде пропорции —

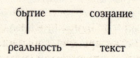

В целом для К. м. XX в. характерно представление о первичности Текста (см. **символизм, экспрессионизм, акмеизм, модернизм** в целом, **неомифологическое сознание, постмодернизм**) или же вопрос о первичности и вторичности подобных категорий вообще снимался, как это было в **аналитической философии** и **феноменологии.**

Из этого главного различия следуют все остальные различия: три кита культуры начала XX в. — **кино, психоанализ** и теория относительности — резко сдвинули К. м. XX в. в сторону первичности, большей фундаментальности сознания, вымысла, иллюзии (см. **философия вымысла,** факт возникновения которой говорит сам за себя). Развитие и фундаментальность интровертированных "шизоидных" культурных направлений мысли и искусства — мы уже перечисляли их — усугубило эту картину.

Если рассматривать К. м. XX в. динамически, то наиболее важным в этой динамике, как кажется, будет проблема поиска границ между текстом и реальностью. Радикальный метод решения — все, что мы принимаем за реальность, на самом деле текст, как это было у символистов, обэриутов (см. **ОБЭРИУ**) и в постмодернизме,— в целом не удовлетворяет среднему сознанию XX в. Не надо забывать, что именно XX в. характеризуется повышенным вниманием к среднему сознанию, отсюда важность массовой культуры, которой, кстати, почти не было в XIX в. Для среднего сознания XX века, привыкшего к чудесам техники и массовым коммуникациям, характерна противоположная постановка вопроса: все — реальность. И то и другое решение проблемы мифологично. Что значит "все реальность"? Человек, который смотрит триллеры и фильмы ужасов и играет в компьютерные игры, понимает, что это не "на самом деле". Но в совокупной реальности XIX в., включающей в себя и вымысел как **языковую игру,** пусть даже просто необходимую для того, чтобы расслабиться, всего этого не было. Поэтому мы и говорим, что для рядового сознания человека XX в. холодильник и триллер в каком-то **смысле** равным образом предметы реальности.

В XX в. очень многое изменилось по сравнению с XIX в. — понятие о **пространстве, времени, событии.** Все это интериоризовалось, то есть стало неотъемлемой частью неразрывного единства наблюдателя и наблюдаемого (см. **серийное мышление).** Это еще одно фундаментальные отличие XX в. от XIX в.

И пожалуй, третье и не менее важное — это то, что XX в. понял, что ни одна К. м. в принципе, взятая по отдельности, не является исчерпывающей (см. **принцип дополнительности),** всегда нужно посмотреть на то, как выглядит обратная сторона медали — только так можно более или менее адекватно судить о целом.

Лит.:
Топоров В. Н. Миф. Ритуал. Символ. Образ: Исследования в области мифопоэтического. Избранное. — М., 1995.
Лотман Ю. М. Внутри мыслящих миров: Человек. Текст. Семиосфера. История.—М., 1996.
Руднев В. Введение в XX век. Статьи 1—4 // Родник. — М., 1988. №№ 1,3-5,7,11,12
Руднев В. Морфология реальности: Исследование по "философии текста".—М., 1996.

КИНО — искусство, не просто специфическое для XX в., но в определенном смысле создавшее сам образ XX в. Поэтому естественно, что К. разделяет с XX в. самую острую его онтологическую и эстетическую проблему: проблему разграничения **текста** и **реальности** (см.).

В этом смысле К. — крайне парадоксальный и противоречивый вид искусства. Как никакое другое искусство, К. может задокументировать реальность, но этот документ, созданный К., может быть самой достоверной фальсификацией (ср. **достоверность**).

К. родилось в атмосфере философского, технического, художественного и научного подъема: теория относительности и квантовая физика, различные направления **психоанализа**, средства массовой коммуникации, транспорт, граммофонная запись, радио, **телефон**; художественная практика **модернизма** (**экспрессионизм, символизм**, постимпрессионизм, **додекафония**).

К. умело показывает иллюзию как самую настоящую реальность: достаточно вспомнить знаменитый поезд, несущийся с экрана на зрителей; поэтому в начале своего существования К. было одновременно и новым развлечением, и настоящим культурным шоком.

Два десятка лет спустя, когда все уже отстоялось, Томас Манн в романе **"Волшебная гора"** описал природу этого шока, она была прагматического свойства (см. **прагматизм, пространство**). С одной стороны, изображение настолько реально, что кажется, с ним можно вступить в контакт. Но, с другой стороны, в контакт с ним вступить никак нельзя: актеры, снявшиеся в фильме, давно разъехались, а кто-то, кого видели улыбающимся с экрана, может быть, уже покинул этот мир:

"Но когда, мерцая, мелькнула и погасла последняя картина, завершающая вереницу сцен, в зале зажегся свет и после всех этих видений предстала перед публикой в виде пустого экрана — она даже не могла дать волю своему восхищению. Ведь не было никого, кому можно было бы выразить аплодисментами благодарность за мастерство, кого можно было бы вызвать.

[...] пространство было уничтожено, время отброшено назад, "там" и "тогда" превратились в порхающие, призрачные, омытые музыкой "здесь" и "теперь" (см. соответствующие понятия в ст. **Пространство**).

Таким образом, К. ассоциировалось не с реальностью, а с ее антиподом — **сновидением**. Когда Александр Блок писал:

> В кабаках, в переулках, в извивах,
> В электрическом сне наяву... —

то под "электрическим сном наяву" он подразумевал современный ему кинематограф, "синема" начала века.

То, что снято и отражено на экране, кажется настоящим, но только кажется, как кажется спящему реальностью то, что он видит во сне. Исследователи **семиотики** К. Ю. М. Лотман, Ю. Г. Цивьян пишут по этому поводу:

"А между тем на экране мелькают тени, пятна света и темноты на белом квадрате, которые к а ж у т с я людьми и предметами, в кинопроектор заправлена лента, состоящая из отдельных неподвижных фотографий, которые, сменяясь с большой скоростью, к а ж у т с я нам движущимися. [...] Все, что мы видим на экране, лишь к а ж е т с я, не случайно в период возникновения кинематограф долго назывался "иллюзион".

К. не отражает реальность, оно создает свою реальность, творит ее, как Бог, со своими законами, противоречащими законам физики. Так, в фильме Луиса Буньюэля "**Золотой век**" человек прилипает к потолку, как муха, нарушая закон всемирного тяготения. К. — это пространство, где реализуется **семантика возможных миров**.

К. — визуальное искусство, поэтому оно очень хорошо умеет показывать визуальную иллюзию — мираж, бред, морок. Так, в фильме Акиро Куросавы "Под стук трамвайных колес" сумасшедший отец рассказывает сыну свои фантазии, и мальчик вместе с ним и со зрителями *видит* эти фантазии. Поэтому кино так хорошо умеет изображать ирреальные **модальности** (см.) — фантазии, сновидения, воспоминания — все то, о чем простой зритель говорит, комментируя происходящее на экране: "Это ему кажется" или "Это ему снится".

Ю. М. Лотман и Ю. Г. Цивьян в своей книге о К. приводят пример из фильма Л. Андерсона "Если...", "где темой является внутренний мир подростков, обучающихся в колледже, и желания и мысли того или иного героя даются вперемежку и без каких-либо знаков, отличающих одни куски от других. [...] Например, когда подростки располагаются на крыше с пулеметами, готовясь открыть стрельбу по прибывшим на воскресное свидание и картинно идущим цепью по лужку родителям, зритель должен находиться внутри иронической стилистики режиссера и понимать, что перед тем, что он видит, он должен мысленно поставить "если".

Поэтому из всех направлений искусства XX в. К. было ближе всех к **сюрреализму** (см.), который тоже очень хорошо умел показывать границу иллюзорного и реального, так же тесно был связан со сновидением и с **бессознательным**. Недаром наиболее изощренный и шокирующий киноязык создали выдающиеся сюрреалисты — Луис Бунюэль и Сальвадор Дали — авторы фильмов "Андалузская собака" и "Золотой век".

Эта фундаментальная особенность киноязыка — игра на границе иллюзии и реальности — стала возможной во многом благодаря тому, что сейчас называют "эффектом Кулешова", то есть благодаря монтажу.

Лотман и Цивьян пишут: "Он смонтировал одно и то же киноизображение, дававшее крупным планом лицо известного киноактера Мозжухина, с различными кадрами: тарелкой супа, играющим ребенком, женщиной в гробу. Несмотря на то, что фотография лица во всех случаях была одна и та же, у зрителей создавалась отчетливая иллюзия мимики актера: лицо Мозжухина менялось, выражая оттенки различных психологических переживаний".

И еще один эффективный прием: "[...] экраны стран антигитлеровской коалиции [...] обошел документальный фильм, в который были включены куски захваченных немецких хроник; потрясенные зрители видели, как Гитлер в захваченном Париже, войдя в знаменитую "Ротонду", в упоении сплясал дикий танец. Миллионы зрителей видели это своими глазами. Как исторический факт это событие под названием "людоедской жиги" вошло в труды историков. Прошло более десяти лет, и известный английский кинематографист Джон Грирсон сознался, что он является автором этого "исторического факта". В его руках была нацистская хроника, в одном из кадров которой он разглядел Гитлера с поднятой ногой. Повторив этот кадр много раз, кинодокументалист заставил Гитлера плясать перед глазами зрителей всего мира".

При этом монтаж в К. мог быть различных типов. Например, в трюковых комедиях использовался и используется до сих пор так называемый скрытый монтаж, когда после стоп-кадра пленка останавливается — и в сцене, которую снимают, проделываются изменения, результатом которых становятся чудесные превращения, исчезновения или перемещения предметов и людей на экране.

Другой вид монтажа назывался параллельным — здесь сцена из одной сюжетной линии фильма быстро переносится в сцену из другой сюжетной линии. Шедевром этого подсобного средства массового К. был знаменитый фильм "Нетерпимость" Гриффита, где параллельно монтировались сцены из разных эпох: древнего Вавилона, страстей Христовых, Варфоломеевской ночи и современной Гриффиту Америки.

В конце 1920-х гг. великий немой испытал величайший кризис — его научили говорить. Вначале это было лишь забавой — звук, в сущности, заменял тапера, сопровождающего игру актеров музыкой. Но когда актеры начали говорить с экрана, для многих из них это обернулось трагедией, так как их внешний облик порой не соответствовал их голосу — слишком высокому, или гнусавому, или даже писклявому.

Из звукового кризиса К. выбралось, по всей видимости, потому, что оно было не только самым новым, но и самым древним искусством в том смысле, что оно было ближе всего к первобытному синкретическому ритуалу, где задействованы и движение, и визуальность, и звук. Во многом и поэтому — из-за своей близости к ритуально-мифологическому действу — К. органически связано с самой продуктивной художественной идеологией XX в. — **неомифологизмом** (см.). Звук давал возможность большей синкретизации фильма и его **карнавализации**. Как пишет Вяч. Вс. Иванов, исходная близость К. к ритуальному действу, с одной стороны, и к **массовой культуре,** с другой, обусловило столь частое его обращение к карнавалу и балагану — "Цирк" Чаплина, "Дети райка" М. Карне, большинство фильмов Феллини, "О, счастливчик" Андерсона.

Уже в самом начале своего развития К. разделялось на элитарное и массовое. Элитарное К. стало ареной экспериментов, и при этом свод приемов был примерно тот же, что и в литературе XX в. (см. **принципы прозы XX в.**). **Текст в тексте** стал фильмом в фильме — одним из популярнейших сюжетов мирового К. Кинематографический **интертекст** соответствовал интертексту в литературе модернизма. **Гипертекст** в К. стал гораздо эффектней, чем в литературе, с появлением **постмодернизма**.

Свою лепту в язык К. внес и **постструктурализм**, объявивший "смерть автора" (выражение Ролана Барта). Например, в фильме чилийского режиссера Рауля Рюиза "Гипотеза похищенной картины" нет ни актеров, ни действия в обычном смысле. Там лишь застывшие фигуры в музее и лишь одно в прямом смысле действующее, двигающееся лицо — ученый, объясняющий, как эти внешне ничем не связанные застывшие живые картины образуют таинственный оккультный **сюжет**, что и составляет сюжет этого эзотерического фильма.

Постмодернизм поступил иначе — он смело смешал массовое и интеллектуальное К., коммерцию и элитарность. В результате постмодернистские фильмы, такие, как "Смысл жизни" братьев Цукеров или "Бульварное чтиво" Квентина Тарантино, могут смотреть зрители всех типов. Простой зритель будет наслаждаться погонями, стрельбой и комизмом, элитарный зритель — смаковать интертексты и гипертексты.

Существенно и на язык К., и на кинокоммерцию повлияло видео. Вначале это было чрезвычайно элитарное искусство со своими законами и своим языком. Но вскоре догадались, что прокат видеофильмов выгоднее и удобнее, чем походы в кинотеатр. Между тем, большинство из тех зрителей, кто смотрел один и тот же фильм, сделанный для большого экрана, в двух вариантах, всегда жалуется, что в видеоварианте очень многие важные детали пропадают. И при всем том кинотеатры опустели не только в постперестроечной России, но и во всем мире.

Кризис К. в конце XX в. сопоставим с общим кризисом в фундаментальной культуре, как будто застывшей в ожидании, что же будет, когда наконец наступит этот XXI век.

Лит.:
Лотман Ю. М. Семиотика кино и проблемы киноэстетики. — Таллинн, 1973.
Иванов Вяч. Вс. Функции и категория языка кино // Учен. зап. Тартуского ун-та. — Тарту, 1975. — Вып. 365.
Лотман Ю. М. Место киноискусства в механизме культуры // Там же, 1977. — Вып. 411.
Иванов Вяч. Вс. Фильм в фильме // Там же, 1981. — Вып. 567.
Ямпольский М. Б. Память Тиресия: Интертекстуальность и кинематограф. — М., 1993.
Лотман Ю. М., Цивьян Ю. Г. Диалог с экраном. — Таллинн, 1994.

КИЧ (от польск. Suč — подделка). Термин, имевший хождение в 1960-е—1970-е гг. и к настоящему времени вышедший из моды, так как его сменило более веское понятие **постмодернизм**. По сути, К. есть зарождение и одна из разновидностей постмодернизма. К. — это массовое искусство для избранных. Произведение, принадлежащее к К., должно быть сделано на высоком художественном уровне, в нем должен быть увлекательный **сюжет**. Но это не настоящее произведение искусства в высоком смысле, а искусная подделка под него. В К. могут быть глубокие психологические коллизии, но там нет подлинных художественных открытий.

Мастером К. был польский режиссер Ежи Гофман. Обрисуем поэтику К. на примере одного из его фильмов — "Знахарь". Гениальный хирург, профессор, придя домой после тяжелой операции, обнаруживает, что его жена от него ушла, прихватив с собой маленькую дочь. Потрясенный, бродит он по улицам, заходит в какой-то кабак, где напивается до бесчувствия. У него отбирают кошелек и все документы, одевают в лохмотья. Он просыпается в канаве, ничего не помнящим бродягой. Ни своего имени, ни социального положения он не помнит — полнейшая амнезия. Он бродит по миру. Несколько раз его арестовывают. Наконец в каком-то участке ему удается украсть чужие документы. Он приобретает новое имя. Поселяется в деревне. Сын его хозяина ломает ногу, которую местный хирург неправильно сращивает. Герой чувствует в себе целительские способности. Он делает мальчику повторную операцию, смастерив примитивные инструменты. Мальчик выздоравливает. Герой становится знахарем. Здесь же, в деревне, живет молодая девушка, между ней и героем возникает симпатия и какая-то странная мистическая связь. Герой силится что-то вспомнить, но не может. Между тем сельский хирург, поскольку знахарь отнял у него практику, подает на героя в суд. На суд приглашается бывший ассистент героя, занимающий его профессорское место. Он узнает в заросшем бородой сельском знахаре своего блестящего учителя. Герой возвращает себе память и понимает, что деревенская девушка — его дочь, мать которой умерла.

Это — мелодрама. Фильм сделан избыточно хорошо, слишком изысканно для обыкновенной мелодрамы, на грани тонкой пародии на мелодраму. Зритель попроще может принять фильм за чистую монету. Зритель-интеллектуал наслаждается тем, "как сделано". Это, в сущности, очень близко к постмодернизму — расчет на принципиально различных зрителей.

Таким же образом строится один из самых популярных фильмов 1990-х гг. — фильм Квентина Тарантино "Бульварное чтиво" ("Pulp fiction"), содержание которого нет смысла рассказывать, так как все его видели. В 1970-е гг. это назвали бы К. Он использует и обыгрывает жанровую канву гангстерского **детектива** и триллера, и в то же время сделан так мастерски, с таким огромным количеством аллюзий, что его опять-таки может смотреть любой зритель.

И еще один шедевр К. — постмодернизма — роман Умберто Эко "Имя розы". Это ведь тоже К. Пародия на детектив и новеллу Борхеса одновременно. Действие происходит в XIV в., на исходе средневековья, когда очки еще не вошли в моду и вызывают чисто семиотическое удивление. Герой фильма Вильгельм Баскервильский — средневековый Шерлок Холмс — францисканский монах, а его ученик Адсон (Ватсон) в старости передает историю кровавых убийств, совершающуюся в бенедиктинском монастыре из-за того, что любопытные монахи не могут найти увлекательнейшую книгу, ненаписанную, "виртуальную" вторую часть "Поэтики" Аристотеля, где трактуется понятие комедии. Ее прячет старик монах Хорхе (намек на Борхеса и его рассказ "Поиски Аверроэса"). И вновь массово-элитарный поворот. Однако в отличие от предыдущих примеров "Имя розы" уже вписано в канон новой **парадигмы**, постмодернистской.

КОМПЛЕКС КАСТРАЦИИ Как было показано Фрейдом (см. также **психоанализ**), маленький ребенок, будь то мальчик или девочка, полагает, что все люди наделены или должны быть наделены пенисом. В 1908 году в статье "О теории инфантильной сексуальности" Фрейд писал:

"Уже в детстве пенис является ведущей эрогенной зоной и главным автоэротическим объектом, причем оценка его роли у мальчика вполне логично связана с *невозможностью представить себе человека, подобного себе, но лишенного этого важного органа*" (курсив мой. — *В. Р.*).

Итак, мальчик не в состоянии представить, что у кого-то нет пениса, и понятно, что он есть у отца. Следующий важнейший шаг — это фантазматическое наделение матери воображаемым фаллосом (о разграничении понятий "пенис" и "фаллос" мы будем говорить ниже). При этом когда ребенок обнаруживает, что на самом деле у матери нет фаллоса, это становится одной из страшных невротических **травм** его детства. Потому что когда обнаруживается, что у кого-то его нет, это может означать только, что раньше он был и его за какую-то провинность ликвидировали. Отсюда берет начало самый универсальный страх в жизни человека — страх кастрации и комплекс, связанный с ним.

А как же девочки? У них ведь реально нет пениса. Согласно психоаналитическим воззрениям маленькая девочка на знает, что у нее есть влагалище, и считает своим основным половым органом клитор, в котором — отчасти справедливо — видит недоразвившийся маленький пенис. Поэтому одним из самых важных и тягостных переживаний инфантильной сексуальности у девочки является зависть зависть к мужчине как обладателю большого пениса, или зависть к пенису (Penisneid).

"Зависть к пенису, — пишет американский психоаналитик Геральд Блюм, — возникает, когда девочка замечает анатомическое отличие в гениталиях. Она не только чувствует, что ей хотелось бы обладать пенисом, но, вероятно, предполагает, что имела и лишилась его. В ее глазах обладание пенисом создает преимущество по сравнению с клитором в мастурбации и мочеиспускании. Параллельно возникает мысль об отсутствии пениса как результата наказания, заслуженного или незаслуженного".

К. к. и зависть к пенису являются универсальными проявлениями человеческой сексуальности и всей психической жизни, мотивировкой многих жизненных поступков на протяжении всей жизни. Даже психоаналитическое вмешательство не может устранить эти два фундаментальных невротических переживания.

"Никакой завершенный психоанализ, — писал Жак Лакан, — не устраняет последствий комплекса кастрации в бессознательном мужчины и зависти к пенису в бессознательном женщины".

Почему же все-таки страх потерять пенис является таким универсальным, почему он страшнее даже страха смерти? Откуда берется К. к.?

На первый вопрос Фрейд ответил в одной из своих поздних работ, где он, опираясь на воззрения своего ученика Отто Ранка, создателя теории **травмы рождения**, пишет, что страх потерять член связан с первоначальным страхом, сопровождающим появление человека на свет. Ведь при этом происходит отделение **тела** ребенка от тела матери. Маленькое тело ребенка, отделяющееся от места, где должен находиться фаллос, отождествляется в бессознательном человека с самим пенисом. Для женщины отождествление пениса с ребенком связано с фантазией о том, что у нее в теле находится пенис-ребенок, что служит манифестацией желания коитуса (первоначально в эдиповой стадии (см. **Эдипов комплекс**) — с отцом, обладателем большого пениса) и желания иметь настоящего ребенка.

Таким образом формируется первое главное отождествление, которое будет играть важнейшую роль жизни человека. Это отождествление фаллоса с его обладателем, с субъектом.

Фаллос — это человек. Более того, фаллос — это не просто человек, это *я сам*, или, как говорят психоаналитики, "собственное я". Поэтому утрата фаллоса равнозначна утрате собственной идентичности, "собственного я", а это страшнее смерти, потому что при своей смерти человек не присутствует, а уничтожение "собственного я" (реально представляющее собой **психоз**, утрату связи с реальностью) переживается им как ужасающая катастрофа.

На второй вопрос (хронологически он был поставлен первым): откуда возникает К. к.? — Фрейд ответил уже в 1905 году в знаменитой работе о маленьком Гансе ("Анализ фобии пятилетнего мальчика"), где показывается, что страх кастрации является реакцией на Эдипов комплекс (инфантильное желание сексуального контакта с матерью и устранения отца как мешающего этому контакту).

В более поздней работе "Достоевский и отцеубийство" Фрейд пишет по этому поводу:

"В определенный момент ребенок начинает понимать, что попытка устранения отца как соперника угрожала бы ему кастрацией. Стало быть, из-за страха кастрации, то есть в интересах сохранения своего мужского начала, ребенок отказывается от своего желания обладать матерью и устранить отца".

Фантазматическая угроза кастрации служит для преодоления Эдипова комплекса, но при этом может приводить к невротическим последствиям, в частности к фобиям, как это и случилось с героем фрейдовской работы о пятилетнем Гансе, который боялся, что большая белая лошадь (которую он бессознательно отождествлял с отцом, потому что у лошади большой пенис) откусит ему пенис.

После прохождения Эдипова комплекса у ребенка начинается так называемая фаллическая стадия развития (см. **стадии психосексуального развития**), когда центром его внимания становится собственный член (у девочки — клитор) и формируется фундаментальное противопоставление фаллоса и пениса, которое пора разъяснить. Под словом "пенис" — в психоанализе понимается мужской половой орган в его физиологическом значении, тогда как фаллос — это некий универсальный символический объект, играющий важнейшую роль в человеческой жизни, — его наличие или отсутствие, как пишут французские психоаналитики Лапланш и Понталис, "превращает анатомическое различие в главный критерий классификации человеческих существ, поскольку для каждого субъекта это наличие или отсутствие не простая данность, а проблематический результат внутри- и внесубъектного процесса, связанного с принятием субъектом своего пола".

Жак Лакан, который применил к психоанализу основные методологические оппозиции структурной лингвистики Соссюра (см. **структурный психоанализ**), говорит о фаллосе как об универсальном "означающем желания". Что под этим подразумевается? Вспомним соссюровское разграничение означаемого и означающего в структуре языкового знака (см. **структурная лингвистика**), то есть обозначаемого знаком предмета, денотата и его формальной стороны, того, как означает этот знак, означающего.

Специфика психической жизни человека, особенно в ее невротическом варианте (см. **невроз**), — а по сути подавляющее большинство людей, во всяком случае, читателей этой книги, являются в той или иной степени невротиками — заключается в том, что в ней форма преобладает над предметом, означающее над означаемым. Это значит очень простую вещь. Мы всегда, не имея даже никакой психологической подготовки, можем обнаружить у говорящего так называемую симптоматическую речь, такую речь, в которой форма преобладает над содержанием, *как* преобладает над *что*.

И вот , по Лакану, фаллос — это универсальное означающее человеческой жизни, универсальная симптоматическая метка, все время напоминающая о том, что в этом плане у человека с самого начала существуют проблемы. Эти проблемы Лакан, обобщая психоаналитическое учение о К. к., назвал *символической кастрацией*. Под символической кастрацией Лакан понимал такое положение вещей, когда вследствие экстракорпорального развития человека (что мы обычно называем более привычным нам словом "культура") человеческое **тело** (из чисто физиологического инструмента отправлений физиологических потребностей сделалось неким признаком или, как говорят психоаналитики, *симптомом* универсальной нехватки удовлетворенности в сексуальном объекте. Произошло это потому, что, став человеком — именно в этот момент пенис превратился в фаллос, — человек перестал, подобно животному, сугубо физиологически удовлетворять свой сексуальный голод с первым попавшимся объектом противоположного пола. Человеку стало не все равно, с каким объектом иметь сексуальные отношения (как любил говорить Лотман, феномен культуры заключается в том, что оппозиция мужчина vs женщина сменяется оппозицией "только этот" vs "только эта". Именно эту невозможность иметь сексуальные отношения с кем попало Лакан и называет символической кастрацией. Говоря обыденным языком, это соответствует тому, что в человеческой жизни появляется такой феномен, как любовь, выражающийся в стремлении наделить свой сексуальный объект сверхценными свойствами. А поскольку реальный объект всегда разочаровывает в этом стремлении субъекта идеализировать его, то и обнаруживается, как говорит Лакан, "нехватка в другом", и фаллос является драматическим символом, универсальным означающим этой нехватки.

Лит.:
Блюм Г. Психоаналитические теории личности. — М., 1996.
Лапланш Ж., Понталис Ж.-Б. Словарь по психоанализу. — М., 1988.
Фрейд 3. Анализ фобии пятилетнего мальчика // Фрейд 3. Психология бессознательного. — М., 1990.
Фрейд 3. Достоевский и отцеубийство // Фрейд 3. Художник и фантазирование. — М., 1994.

КОМПЛЕКС НЕПОЛНОЦЕННОСТИ — термин индивидуальной психологии Альфреда Адлера, вышедший из своего чисто терминологического употребления и ставший обыденным понятием в речи современных горожан.

Адлер был одним из ближайших учеников и сподвижников Фрейда (наряду с К. Г. Юнгом — см. **аналитическая психология**) и одним из первых отступников от классического **психоанализа**. В середине 1910-х гг. Адлер отошел от Фрейда и создал оригинальную психотерапевтическую концепцию, названную им индивидуальной психологией. В ее основе — критика пансексуализма фрейдовского психоанализа и представление о том, что **неврозы** формируются благодаря социальным аспектам и связаны со стремлением личности утвердиться в социуме, со стремлением к власти.

В основе невроза, согласно концепции Адлера, и лежит К. н. — заложенное в раннем детстве болезненное чувство своей никчемности, которое невротик стремится победить путем гиперкомпенсации, стремясь к неадекватному господству над близкими и в идеале над всеми людьми.

"Любой невроз, — пишет Адлер, — может пониматься как ошибочная с позиций культуры попытка избавиться от чувства неполноценности, чтобы обрести чувство превосходства".

В своей теории К. н. Адлер опирается на философию "фикционализма" разработанную немецким философ-позитивистом Гансом Файхингером. В работе "Философия "как если бы" Файхингер выдвинул тезис о том, что поведение большинства людей определяется социальными фикциями ("Все люди равны в своих возможностях", "Чтобы добиться успеха, главное — желание"), которые совершенно не соответствуют действительности. "В погоне за такими фикциями, — пишет исследователь творчества Адлера А. М. Боковиков, — люди понапрасну растрачивают свои силы и энергию, так ничего реально и не добиваясь. Аналогичным образом, согласно Адлеру, протекает жизнь невротика, который, стремясь компенсировать чувство собственной неполноценности, преследует цель достижения фиктивного превосходства над людьми".

Адлер писал: "Наиболее распространенная форма, в которой возникающее в детстве чувство неполноценности пытается избежать разоблачения, заключается в возведении компенсаторной надстройки, помогающей вновь обрести устойчивость и добиться превосходства в жизни. [...] Человек борется здесь за свое признание, пытается его завоевать, — человек, постоянно стремящийся вырваться из сферы неуверенности и чувства неполноценности и добиться *богоподобного господства* над своим окружением или стремящийся уклониться от решения своих жизненных задач" (курсив А. Адлера — *В. Р.*).

И далее: "Основанное на реальных впечатлениях, впоследствии тенденциозно закрепленное и углубившееся чувство неполноценности уже в детском возрасте постоянно побуждает пациента направлять свое стремление на цель, значительно превышающую *всякую человеческую меру*.

Конечно, из этого не следует, что все талантливые невротики, применив механизм гиперкомпенсации, становятся великими художниками, философами, политиками и полководцами. Для обычного невротика, как пишет Адлер, "психотерапевтическое лечение должно быть направлено на то, чтобы показать ему, как он привычным для себя способом постоянно пытается оказаться в идеальной для осуществления своей руководящей жизненной линии ситуации, пока он, поначалу из негативизма, а затем по собственной воле не изменит свой жизненный план и не присоединится к человеческому сообществу и его логическим требованиям".

Лит.:
Адлер А. Практика и теория индивидуальной психологии. — М., 1995.

КОНЦЕПТУАЛИЗМ — направление в искусстве, прозе и поэзии последних двадцати лет советского строя, возникшее как эстетическая реакция на "зрелый" **социалистический реализм**, на искусство застоя и его **реальность**.

Концепт — это затертый до дыр советский **текст** или лозунг, речевое или визуальное клише. С этим материалом и работали представители русского К., бывшие одновременно представителями **авангардного искусства** и примыкающие к европейскому **постмодернизму** своей поэтикой "всеядности", игрой на явных цитатах, вышедшем на поверхность **интертексте**.

Русские концептуалисты стали быстро известны в Европе. Слава в отечестве пришла к ним лишь вместе с перестройкой. Художники-концептуалисты Илья Кабаков, Эрик Булатов, Виктор Пивоваров, Виталий Комар и Александр Меламед (выступающие в соавторстве) сегодня признанные во всем мире художники.

В основе искусства К. лежит наложение двух языков — затертого совкового языка-объекта и авангардного **метаязыка**, описывающего этот совковый язык-реальность. Так, одна из известных картин Булатова представляет собой огромные алые буквы лозунга "Слава КПСС!" на фоне голубого неба с облаками.

Вот что пишет об этом современный художественный критик Екатерина Деготь: "Именно таким образом строятся многие картины Эрика Булатова: в них два слоя — реальное, подчеркнуто реальное пространство и пересекающий его, закрывающий свет социально окрашенный знак или текст".

По-иному построено искусство Ильи Кабакова. Его картины — это надписи на бумаге, каллиграфические буквы, каталогизированные фотографии, обрывки фраз. "Стиль, в котором работает этот герой — автор картин и альбомов Кабакова, пишет Екатерина Деготь, можно назвать "канцелярским примитивом". Одна из излюбленных идей бюрократического сознания, с которым художник отождествляет себя, — навязчивая инвентаризация, списки и таблицы".

Подобно поэтам школы **ОБЭРИУ**, наследниками которых отчасти являются представители русского К., Кабаков в советское время работал детским художником, оформляя книги.

Проза русского К. знает лишь одного представителя, ставшего писателем с международной известностью. Это Владимир Сорокин. Его творчество характерно своей амбивалентностью — с одной стороны, явный и острый авангард, с другой — тесная связь с поэтикой постмодернизма. Мы остановимся на чисто концептуалистских текстах Сорокина. Чаще всего его рассказы строятся по одной и той же схеме. Вначале идет обыкновенный, слегка излишне сочный пародийный соцартовский текст: повествование об охоте, комсомольском собрании, заседании парткома — но вдруг совершенно неожиданно и немотивированно происходит прагматический прорыв (см. **прагматика**) в нечто ужасное и страшное, что и есть, по Сорокину, настоящая реальность. Как будто Буратино проткнул своим носом холст с нарисованным очагом, но обнаружил там не дверцу, а примерно то, что показывают в современных фильмах ужасов.

Так, в рассказе "Проездом" столичный партийный начальник после обычных разговоров в провинциальном парткоме вдруг залезает на письменный стол и справляет на нем большую нужду, а потом как ни в чем не бывало продолжает прерванный разговор. В рассказе "Деловое предложение" комсомольское собрание заканчивается тем, что двое комсомольцев, оставшись одни, нежно целуются — оказывается, они гомосексуалисты. В рассказе "Свободный урок" завуч начинает с того, что ругает у себя в кабинете пятиклассника за то, что он заглядывает девочкам под юбки, а кончает тем, что в педагогических целях демонстрирует перепуганному школьнику свои гениталии. Безусловно, поэтика Сорокина связана с мощным преломлением **психоанализа** с его соотношением поверхностного слоя сознания и глубинного **бессознательного**, принципа реальности и принципа удовольствия.

Наибольшей популярностью последние годы пользуются такие поэты русского К., как Д. И. Пригов, Лев Рубинштейн, Тимур Кибиров.

Пригов строит свои тексты на образе тупого и самодовольного советского обывателя, рассуждающего о политике и бытии (сам Пригов называет эту риторику "новой искренностью"), некоего нового Козьмы Пруткова, предтечи обэриутов.

> Вот избран новый Президент
> Соединенных Штатов
> Поруган старый Президент
> Соединенных Штатов
>
> А нам-то что — ну, Президент
> Ну, Соединенных Штатов
> А интересно все ж — Президент
> Соединенных Штатов

Здесь явно, кроме Пруткова, видится и капитан Лебядкин из "Бесов" Достоевского, другой предтеча обэриутов.

А вот рассуждение на тему метафизики советской экономики, дискурс на тему **текст** и **реальность**:

> Неважно, что надой записанный
> Реальному надою не ровня
> Все, что записано — на небесах записано
> И если сбудется не через два-три дня
> Но все равно когда-нибудь там сбудется
> И в высшем смысле уж сбылось
> А в низшем смысле уже забудется
> Да и уже почти забылось

Иногда тексты Пригова строятся как интертекст, как, например, следующая макабрическая вариация на тему стихотворения Сергея Есенина "Собаке Качалова":

Дай, Джим, на счастье плаху мне
Такую плаху не видал я сроду
Давай на нее полаем при луне —
Действительно, замечательная плаха
А то дай на счастье виселицу мне
Виселицу тоже не видал я сроду
Как много замечательных вещей на земле
Как много удивительного народу

Наиболее утонченный вариант поэтики К. представляет собой поэзия Льва Рубинштейна — "стихи на карточках". Действительно, исполняя на эстраде свои стихи, Рубинштейн держит в руках стопку библиографических карточек, на каждой из которых написана одна строка или фраза или вообще ничего не написано.

Применительно к поэзии Рубинштейна наиболее остро встает вопрос о том, является ли русский К. течением **модернизма** или целиком **авангардным искусством**. Как будто, на первый взгляд, очевидно последнее. Активная прагматика, воздействие на читателя необычным приемом. Но воздействие это мягкое. В том же, что касается содержания и формы стихов Рубинштейна, то в них создается оригинальная поэтика и стилистика (а это уже черта модернизма, связанная — в отличие от поэтики Пригова — с образом русского интеллигентского сознания, вернее, с образом его голоса). Голоса обрываются, перекликаются, и создается теплый интимный мир, вернее, множество пересекающихся миров, связанных с переживанием детства, философских проблем, рефлексией над тем, что такое **текст**. Ясно, стоит только послушать Рубинштейна, что его философия — это **семантика возможных миров**, представление о пересекающихся альтернативных голосах-**событиях**-ситуациях. Послушаем:

1. Мама мыла раму.
2. Папа купил телевизор.
3. Дул ветер.
4. Зою ужалила оса.
5. Саша Смирнов сломал ногу.
6. Боря Никитин разбил голову камнем.

7. Пошел дождь.
8. Брат дразнил брата.
9. Молоко убежало.
10. Первым словом было "колено".
11. Юра Степанов смастерил шалаш.
12. Юлия Михайловна была строгая.
13. Вова Авдеев дрался.
14. Таня Чирикова — дура.
15. Жених Гали Фоминой — однорукий.
16. Сергею Александровичу провели телефон.
17. Инвалид сгорел в машине.
18. Мы ходили в лес.

Другой фрагмент. Стихотворение называется "Появление героя". Линии между строками символизируют границы между карточками.

— Ну что я вам могу сказать?
— Он что-то знает, но молчит.
— Не знаю, может, ты и прав.
— Он и полезней и вкусней.
— У первого вагона в семь.
— Там дальше про ученика.

Среди более молодых представителей русского поэтического К. выделяется Тимур Кибиров, творчество которого полностью не укладывается в рамки К. как ортодоксального эстетического явления.

Наиболее известные его стихи — это, пожалуй, пародия уже на сам К. Таков, например, цикл, посвященный последнему советскому генсеку Константину Устиновичу Черненко, любимому герою Кибирова, очевидно воспринимающего Черненко как мифологического трикстера, посредника между смертью и жизнью (смертью старого времени и рождением нового). Послушаем фрагмент стихотворения, заключительного в этом цикле. Оно называется "РЕЧЬ товарища К. У. ЧЕРНЕНКО НА ЮБИЛЕЙНОМ ПЛЕНУМЕ ПРАВЛЕНИЯ СОЮЗА ПИСАТЕЛЕЙ СССР 25 СЕНТЯБРЯ 1984 г.":

Вот гул затих. Он вышел на подмостки.
Прокашлявшись, он начал: "Дорогие
товарищи! Ваш пленум посвящен
пятидесятилетию событья
значительного очень..." Михалков,
склонясь к соседу, прошептал, "Прекрасно
он выглядит. А все ходили слухи,
что болен он". — "т-с-с! Дай послушать!" — "...съезда
писателей советских, и сегодня
на пройденный литературой путь
мы смотрим с гордостью! Литературой,
в которой отражение нашли
XX-го столетия революци-
онные преобразованья!" Взорвался
аплодисментами притихший зал. Проскурин
неистовствовал. Слезы на глазах
у Маркова стояли. А Гамзатов,
забывшись, крикнул что-то по-аварски,
но тут же перевел: "Ай, молодец!"

Этой веселой литературной кадрилью-**карнавализацией** мы закончим наш очерк о русском К.

Лит.:
Личное дело №: Литературно-художественный альманах. — М., 1991.

Л

ЛИНГВИСТИКА УСТНОЙ РЕЧИ — область языкознания, бурно развивавшаяся в 1960—1970-е гг. До этого устная речь не считалась самостоятельным лингвистическми объектом, обладающим своими **нормами**, а лишь противопоставлялась письменной речи как отсутствие нормы или как антинорма. В изучении устной речи решающую роль сыграли русские лингвисты.

Конечно, мы будем говорить прежде всего о наиболее специфическом типе устной речи, о разговорной речи.

По наблюдениям лингвистов, нашедшим свое обобщение в итоговом сборнике "Русская разговорная речь", три особенности внеязыковой ситуации влекут за собой использование разговорной речи:

1) неподготовленность речевого акта (см. **теория речевых актов**);

2) непринужденность речевого акта;

3) непосредственное участие говорящих в речевом акте.

Непринужденность устной речи, ее главный компонент, создается за счет трех признаков:

а) отсутствие официальных отношений между говорящими;

б) отсутствие установки на сообщение, имеющее официальный характер (лекция, доклад, выступление на собрании, ответ на экзамене) (см. **языковая игра**);

в) отсутствие условий, нарушающих неофициальность обстановки — например, многих смущал включенный магнитофон — единственный прибор, при помощи которого тогда можно было зафиксировать устную речь и создать ее необходимый архив для дальнейшего изучения.

К специфическим чертам устной разговорной речи относятся: многие элементы при устной коммуникации не имеют вербального выражения, так как они даны в самой ситуации — поэтому в отрыве от ситуации устная речь выглядит недоговоренной; жест и мимика входят как полноправные члены акта коммуникации; в устном разговоре важнейшую роль играет интонация; велика роль неканонической, стертой фонетики.

Линейное протекание устной речи без возможности вернуться назад, обусловленное спонтанным характером устной речи, также оказывает большое влияние на все ее уровни.

По количеству участников ситуация устной речи разделяется на монолог, диалог, полилог, короткий обмен репликами (при знакомстве, прощании и т. п.).

Устная речь характеризуется двумя противоположными фундаментальными признаками — синкретизмом и расчлененностью.

Пример расчлененности: "Дай мне чем писать" вместо "Дай мне ручку".

Пример синкретизма: широкое употребление слов с общим местоименным, прагматическим значением (см. **прагматика, эгоцентрические слова**), например *штука, вещь, дело*.

Пример совмещения синкретизма с расчлененностью: "Дай мне эту штуку, чем чистят карандаши". В письменной речи было бы: "Дай мне перочинный нож".

Устная речь звучит совершенно по-особому, если обратить на это внимание. Для нее характерны фонетические стяжения слов. Например: шас (сейчас), тыща (тысяча), наэрна (наверное), всерано (все равно), грит, грю (говорит, говорю), скаал (сказал), каэшнъ (конечно), тькскъть (так сказать).

Для синтаксиса разговорной устной речи характерны: отсутствие длинных законченных периодов; перестановка слов; повторение одних и тех же слов; нарушение правил канонического синтаксиса; отрывочность; незаконченность, когда интонация передает то, что не скажешь словами.

Устная речь вообще не знает стандартного высказывания. Когда **логический позитивизм** изучал язык, он, сам не осознавая этого, исходил из норм письменного языка; поскольку устная речь находилась за пределами норм, она как будто не существовала. К тому же в начале века в образованных кругах полагалось говорить, ориентируясь на нормы письменной речи, — говорить как писать. Недаром Витгенштейн в "**Логико-философском трактате**" рассматривает лишь один тип предложения — пропозицию в изъявительном наклонении — ему этого казалось достаточным, чтобы описать весь мир. Однако, поработав шесть лет учителем в начальных классах в глухих деревнях (см. **биография**), Витгенштейн пересмотрел свои взгляды на язык, и именно он первый как философ обратил внимание на тот кажущийся очевидным факт, что люди общаются не только повествовательными предложениями, но и задают вопросы. приказывают, восклицают, кричат и плачут, неразборчиво бормочут что-нибудь, — и что все это тоже входит в человеческий язык. Отсюда и пошло витгенштейновское понятие — **языковой игры** как формы жизни.

Вернемся к отечественной Л. у. р. В 1978 г. вышел уникальный сборник "Русская разговорная речь: Тексты", в котором были собраны расшифровки магнитофонных записей речи городского населения. Эта книга сыграла большую стимулирующую роль в русской науке. С ней также связано много курьезов. Например, многие информанты, образованные люди, даже филологи, никогда прежде не слышавшие свою устную речь, прослушав эти магнитофонные записи, отказывались признавать ее своей: "Я так не говорю!". Настолько их сознание было ориентировано на письменную речь как на норму. Приведем несколько примеров из этой книги.

Телефонный разговор.
А. Жень?
Б. А?
А. Ты знаешь / у нас тут открылось партийное собрание и мне надо // Поэтому я наверно поздно //
Б. Ну ладно / что ж //
А. Нет / ну с Кириллом //
Б. Ну что с Кириллом // погуляю я / пятница уж мой день //
А. Ага / Ну ладно //
Б. Угу //

В овощном магазине

Апельсины: Три не очень больших // Штучек семь / маленькие только пожалуйста // Мне четыре покрупней дайте // Один огурчик мне / Один длинный потолще // Мне четыре покрупней дайте // Вон тот кривой взвесьте // Что-нибудь грамм на триста найдите // Капусту: Три не очень больших / Штучек семь // Мне два маленьких крепеньких // Будьте любезны / мне тот кочешок с краю // Один кочешок получше найдите пожалуйста /

Но, как всегда, искусство опережало жизнь. Если почитать внутренние монологи героев "Улисса", **"Шума и ярости"**, **"Школы для дураков"** — см. **поток сознания** — то мы поймем, что то, что было неведомо лингвистам и философам, было давно осознано и художественно обработано еще в начале XX в.

Лит.:
Русская разговорная речь. — М., 1973.
Русская разговорная речь: Тексты. — М., 1978.

ЛИНГВИСТИКА ЯЗЫКОВОГО СУЩЕСТВОВАНИЯ — лингвистическая теория Бориса М. Гаспарова, профессора Колумбийского ун-та. (бывшего профессора Тартуского ун-та (см. также **мотивный анализ**).

Основной тезис этой теории заключается в том, что рационалистическое представление языка о **структурализме** (включая **генеративизм**) на данном этапе развития науки не является адекватным. После "**Философских исследований**" Витгенштейна, после **теории речевых актов**, лингвистики текста и **лингвистики устной речи** стало ясно, что язык — это некая подвижная стихия и изучать его надо каким-то другим способом. Этот способ и предлагается в теории Л. я. с. Гаспаров пишет:

Это такой подход к языку, при котором на первый план в качестве первичного объекта изучения, выступил бы бесконечный и нерасчлененный поток языковых действий и связанных с ними мыслительных усилий, представлений, воспоминаний, переживаний, сопровождающих нас повсюду в качестве неотъемлемого аспекта нашего повседневного существования. Что бы мы ни делали, о чем бы ни думали, к чему бы ни стремились — мы не вольны выйти из этого потока, произвольно его "отключить" или остановить его спонтанное, никогда не прекращающееся движение в нашем сознании. Язык окружает наше бытие как сплошная Среда, вне которой и без участия которой ничто не может произойти в нашей жизни. Однако эта Среда не существует вне нас как объективированная данность; она находится в нас самих, в нашем сознании, в нашей памяти, изменяя свои очертания с каждым движением мысли, каждым проявлением нашей личности".

Своими предшественниками Б. М. Гаспаров видит Вильгельма Гумбольдта, и М. М. Бахтина (см. **диалогическое слово, полифонический роман**).

В языке есть правила, а в речи — конкретные высказывания. Классический структурализм считает, что правила — это исходный фундамент языковой структуры, что они каким-то образом заложены в сознании говорящего и что в соответствии с этими правилами и происходит порождение высказываний. Б. М. Гаспаров эту точку зрения оспаривает. Данную стратегию он называет *репродуктивной* и противопоставляет ей *операционную*. В этой модели операционной стратегии говорящий не обращается к правилам, а апеллирует к готовым, устоявшимся в его памяти речевым блокам, сочетаниям слов, целым предложениям, цитатам и ассоциациям, его речь зависит от характера его отношений с речевым партнером, от настроения, погоды, курса доллара на бирже.

Автор дает такую метафору своего подхода к языку: "Возможность разобрать стол на компактные составные части и затем снова собрать дает значительный выигрыш при перевозке и установке его на новом месте. Но это удобство весьма ощутимое при однократной установке стола, обернулось бы большим неудобством, если бы нам пришлось заново собирать стол каждый раз, когда мы хотим им воспользоваться. Даже если наша комната чрезмерно переполнена предметами, мы не можем позволить себе "сэкономить" на их объеме путем разборки и укладывания их в максимально компактные построения, если эти предметы достаточно часто бывают нам необходимы для повседневного пользования. [...] предметы, во взаимодействии с которыми проходит наша повседневная жизнь, должны быть всегда у нас "под рукой", в готовом виде, какие бы это ни создавало "невыгоды" с точки зрения абстрактных принципов организации пространства".

В своих рассуждениях о текучести и подвижности языка Б. Гаспаров замахивается на святая святых структурной лингвистики — **фонологию** Н. С. Трубецкого и Р. О. Якобсона. Одной из ее центральных частей является учение о так называемых минимальных парах, то есть парах слов, различающихся всего одним дифференциальным признаком одной фонемы. Например, "мол — моль". В первом случае твердая фонема *л*, во втором мягкая *л'*. Два слова различаются только одним признаком одной фонемы — "твердость/нетвердость", но это совершенно разные слова. И вот так фонема выполняет свою основную функцию различения смысла, сигнификативную функцию. Так рассуждали структуралисты. Гаспаров же считает, что минимальные пары играют минимальную роль при реальном различении смыслов:

"Для говорящего по-русски, языковой слух которого настроен на воспроизведение и узнавание целых фрагментов звучащей речи, тот факт, что словоформы *код* и *кот* представляют собой "омофоны", то есть якобы полностью совпадают по звучанию, [...] тривиален и полезен в лучшем случае в качестве курьеза".

Но как же происходит речепорождение по Б. Гаспарову?

"Я исхожу из того, — пишет он, — что умение говорящих оперировать различными морфологическими формами слов определяется — если не полностью, то в очень значительной степени — непосредственным знанием словоформ как таковых, вернее, знание каждой словоформы укоренено в ее сфере употребления, в составе множества хранимых памятью выражений. На фоне этого непосредственного знания понимание того, что отдельные известные говорящему словоформы могут быть составлены в морфологическую "парадигму", которая имеет такое же или почти такое же строение, как парадигмы, составленные из других наборов словоформ, и которая поэтому могла бы быть введена по определенным правилам из обобщающей схемы, — отходит на второй план, как нечто имеющее для говорящего периферийное и вторичное значение".

Здесь важно, что Гаспаров говорит именно о словоформе, то есть, скажем, существительном, стоящем в конкретном числе и падеже, а не о лексеме — совокупности всех словоформ данного слова. По мнению Гаспарова, словоформы существуют в памяти говорящих не как часть лексемы, "но как отрезок языкового материала, напоминающий ему о целых полях конкретных выражений, присутствующих в его языковом опыте". Далее Гаспаров приводит по памяти и из памяти произвольно выбранную словоформу *рук* вместе с теми ассоциациями, которые пришли ему в голову (приводим этот список в сокращенном виде):

" множество взметнувшихся / вскинутых / протянутых рук;
"лес рук" *[ассоциируется в моей памяти со школьным бытом: одобрительное и слегка ироническое восклицание учителя при виде множества поднятых рук в ответ на легкий вопрос]*

[совсем / окончательно / вконец] отбился от рук

[благополучно] сбыть с рук — [как бы получше / поскорее] сбыть с рук

без [обеих] рук *[ассоциируется со статуей Венеры Милосской]*

"Без рук, без ног на бабу скок" *[пародия детской загадки, по-видимому, еще одно порождение послевоенного времени]*

жирные пятна / следы [от] его рук / пальцев *[ассоциируется с образом Сталина: история о книгах, которые он одалживал у Демьяна Бедного и на которых оставались жирные следы его пальцев (не помню источник)]*

"И память в пятнах икр и щек, И рук, и губ, и глаз" *[стихотворение Пастернака — нет полной уверенности в точности цитаты]*

"Скрещенья рук, скрещенья ног, Судьбы скрещенья" *[еще одно стихотворение Пастернака]*

"Но слишком рано твой ударил час, И вещее перо из рук упало" *[стихотворение Некрасова "На смерть Добролюбова": учили наизусть в школе]*

рук не стоит / не стал бы марать — "Рук замарать не хочешь?" *[кажется, из какого-то соцреалистического повествования: слова, обращенные к герою, не желающему участвовать в раскулачивании, или что-нибудь подобное]*

узнать из вторых рук — и т. д.

В соответствии с концепцией Гаспарова вся языковая / речевая ткань (при таком понимании, насколько мне представляется, стирается соссюровское разграничение между языком и речью — остается только речевая деятельность (langage) пронизана подобными мотивами, и в этом смысле то, что называют грамматикой: морфология, учение о частях речи, синтаксис — все это редуцируется, отступает на второй план. Что же взамен? Взамен предлагается совершенно новая трансуровневая единица, которую Гаспаров называет "коммуникативный фрагмент". Сочетания со словоформой *рук* представляют собой коммуникативные фрагменты. Один коммуникативный фрагмент вызывает в памяти другой или несколько других. Например, фрагмент: "вся наша жизнь" — может вызывать в памяти другие фрагменты: "состоит из/ сводится к / есть не что иное, как ...". У меня сразу возникает образ-цитата из оперы Чайковского "Пиковая дама" — "вся наша жизнь — игра" (на самом деле "Что наша жизнь? Игра!", но моя память сработала неправильно, то есть, выдала уже не саму цитату, а ее клишированный разговорный вариант).

Коммуникативные фрагменты соединяются при помощи коммуникативных швов: "Для того, чтобы создать фразу — *Мальчик читал книгу,* — говорящему не требуются все перечисленные выше метаязыковые сведения о ее синтаксическом и семантическом строении (например, что глагол *читал* — переходный, то есть требует прямого объекта в винительном падеже, что слово "мальчик" надо согласовать в роде и числе со словом "читал", что слово "книга" семантически уместно рядом с глаголом "читал", в отличие например от слова "груша". — *В. Р.*). В его распоряжении имеются готовые фрагменты "мальчик читал...." и "...читал книгу". Сшивание этих двух частиц языковой ткани по общему для них компоненту "читал" дает целое, синтаксическая правильность и семантическая понятность которого гарантированы"(с. 167).

И далее: "Мы будем называть то место, в высказывании, по которому проходит такое сращение, р е ч е в ы м ш в о м. Речевому шву принадлежит критически важная роль в превращении готовых, отложившихся в памяти кусков речи в новое целое, впервые создаваемое в данный момент, в данной ситуации речевой деятельности. Успех каждого речевого акта во многом определяется тем, насколько удачно подобраны составляющие коммуникативные фрагменты и найдены приемы наложения швов, приводящие к их срастанию".

Этими наиболее принципиальными замечаниями и цитатами мы ограничимся, надеясь, что из них проясняются особенность и масштаб языковедческой концепции Гаспарова. Вопрос о том, означает ли появление Л. я. с. Гаспарова революцию в языкознании, пока остается открытым.

Лит.:

Гаспаров Борис. Язык. Память. Образ: Лингвистика языкового существования. М. : Новое литературное обозрение, 1996.

ЛИГВИСТИЧЕСКАЯ АПОЛОГЕТИКА — направление **аналитической философии** (см.), своеобразная аналитическая философия религии, толкующая отношения человека с Богом как **языковую игру** (см.).

В целом отношение философов-аналитиков к религии было сложным и со временем менялось. Если Бертран Рассел открыто заявлял о своем атеизме, пропагандируя его в дискуссиях со священнослужителями и в статьях, составивших его известную книгу "Почему я не христианин", то отношение Витгенштейна к религии не было столь однозначным. По убеждениям ему было ближе всего толстовство. На фронте первой мировой войны он носил в своем ранце толстовское переложение "Евангелий" (солдаты называли его "человек с Библией"), а в 1930-е гг. читал в Кембридже лекции о религии, восстановленные и опубликованные его учениками.

Для ранней аналитической философии, то есть для **логического позитивизма** (см.), отношение к религии и к Богу было таким же, как ко всем прочим проблемам традиционной философии, то есть оно не признавалось реальной философской проблемой.

Однако в 1930-е гг., когда логический позитивизм себя исчерпал, а особенно в 1970-е гг., когда философия лингвистического анализа подвергала анализу все подряд (подобно **семиотике** и **структурной поэтике** (см.), вопрос о Боге опять был поднят и появилось самостоятельное ответвление аналитической философии — Л. а. во главе с философами-аналитиками У. Хадсоном и Д. Филипсом.

Л. а. говорит, что для того чтобы ответить на вопрос, существует ли Бог, надо разобраться в одном из сложнейших языковых предикатов — слове "существовать". Поскольку **существование** одновременно является предикатом и квантором (см. **математическая логика**), то здесь сразу возникает парадокс. То есть если мы хотим сказать: "Бога не существует", то мы тем самым утверждаем: "Существует такая вещь, как Бог, которая не существует" (подробно см. **существование**).

Л. а. обратилась к сочинениям позднего Витгенштейна. Д. Филипс подчеркивал, что "философия призвана не апологетизировать религию и защищать веру, а всего-навсего описать их, проанализировать "грамматику" религиозного языка, прояснить всякого рода путаницу, связанную с употреблением слова "Бог", снять необоснованные и фальшивые претензии предшествующей религиозной апологетики".

На вопрос, является ли Бог **реальностью** (см.), У. Хадсон отвечал, что надо каждый раз определять, что именно понимается под словом "реальность", ибо в различных языковых играх это слово приобретает различные значения.

Наконец, и сама религиозная "речевая деятельность" рассматривается Л. а. как языковая игра с достаточно условными, но необходимыми для верующих правилами (ср. описание Л. Н. Толстым церковной службы в романе "Воскресение").

Верующий и атеист играют в разные языковые игры: слова, которые они употребляют, имеют разное значение. Можно сказать, что они не один и тот же мир видят по-разному, но видят разные миры (ср. **семантика возможных миров**).

Определяющую роль в формировании Л. а. сыграла **теория речевых актов** (см.) Дж. Остина. Сила воздействия религиозного языка на верующего стала рассматриваться в терминах успешности / неуспешности. Молитва — речевой акт: для того чтобы молитва дошла до Бога, она должна быть успешной, обладать исчерпывающей "иллокутивной силой". Для этого необходим ряд условий, например искренность верующего, принадлежность его к той или иной конфессии и т. п.

На старый вопрос, существует ли Бог, Л. а. отвечала вопросом "Существует в какой языковой игре, в каких **модальностях** (см.)?" Для верующего Бог существует прежде всего в модальности просьбы, то есть в императиве ("хлеб наш насущный дай нам на сей день"). Религия, говорит Л. а., не описывает факты, а сама является частью совокупности форм жизни, совокупного экзистенциального опыта.

Лит.:

Вейш Я. Я. Аналитическая философия и религиозная апологетика. — Рига, 1991.

ЛИНГВИСТИЧЕСКАЯ ТЕРАПИЯ — направление **аналитической философии** (см.), связанное с техникой **психоанализа** и рассматривающее анализ языковых проблем, с одной стороны, как лечение языка и, с другой — как терапию самого аналитика.

В № 225 "Философских исследований" Витгенштейн пишет: "Философ лечит проблемы, как болезни".

Логический позитивизм (см.) рассматривал традиционную философию с ее псевдопроблемами — свободы воли, бытия, сознания, истории — как болезнь языка. Метафизика, говорили логические позитивисты, возникает от неправильного употребления языка или злоупотребления (misusing) неоднозначными и темными (vague) выражениями. Задача философа состоит в том, чтобы очистить, прояснить, наконец, вылечить язык от путаницы многозначных наслоений, ведущих к непониманию, заводящих в тупик (misleading), и построить идеальный логический язык, в котором таким "болезнетворным" выражениям не будет места.

Поздний Витгенштей называл Фрейда своим учителем. Действительно, многое в методологии философов-аналитиков и аналитиков-психотерапевтов совпадает: прежде всего анализ неправильностей языка, ошибок речи, чему посвящены, по меньшей мере, две книги Фрейда — "**Психопатология обыденной жизни**" и "Остроумие и его отношение к бессознательному". В 1930-е гг. Витгенштейн читал в Тринити-колледже Кембриджского университета лекции о Фрейде, которые были впоследствии опубликованы его друзьями-учениками вместе с лекциями о религии и эстетике.

В 1953 г. философ-аналитик Джон Уиздом выпустил книгу "Философия и психоанализ", которая стала началом нового направления в аналитической философии — Л. т. Дж. Уиздом полагал, что в процессе анализа языка аналитик подвергает терапии не только язык, но и самого себя, выздоравливает в философском смысле, подобно тому как это происходит в психоанализе (непременным условием для начинающего аналитика было пройти анализ на себе, только после этого он имел право начинать психоаналитическую практику (как сказано в Евангелии (Лк. 4:23): "Врачу, исцелися сам").

Поздние философы-аналитики, как правило, брали одну фразу-проблему — например: "Существуют ли ручные тигры?" (Дж. Э. Мур) или "Как странно, что этот мир существует!" (Л. Витгенштейн) — и "обкатывали" ее со всех сторон, обычно не приходя ни к каким утешительным выводам.

Во всяком случае, как утверждает Уиздом, вывод аналитика всегда один: язык богаче любого вывода. Поэтому дело, в общем, не в выводе, а в самом процессе анализа, который происходит таким образом, что к концу его в голове аналитика проясняется сама эта сверхценная для него идея сложности языка, несводимости его к тем или иным аналитическим операциям над ним.

Чтобы добиться такого результата, философ-аналитик прибегал к тем же приемам, что и психоаналитик-практик, то есть сочетал утонченную рассудочность на поверхности и глубинную интуитивную аналогичность, как это делает **дзэнское мышление** (см.).

Так, уже в "**Логико-философском трактате**" Витгенштейна сочетаются рационализм и мистика, когда важно, как писал В.В. Налимов, не то, что выражено в словах, а то, что стоит за ними, когда слова не доказывают мысль автора, но заставляют задуматься, что же должно находиться в сознании человека, способного мыслить таким образом. Не логика, а симуляция, то есть моделирование логики, сопровождающееся назойливым повторением одних и тех же квазилогических предложений — "мантр", заставляющих зачарованного читателя в какой-то момент перестать думать об этом анализе и погрузиться в некую иную — не логической природы — ментальную стихию и в этот момент осознать, *что стоит за словами*, понять их невыразимый смысл.

Таким образом, путь философа, исповедующего Л. т., таков: от мишуры дискретных логических выводов — к чистоте континуального поствербального опыта.

Лит.:
Витгенштейн Л. Лекция об этике // Даугава. — Рига, 1989. — № 2.
Налимов В.В. Вероятностная модель языка: О соотношении естественных и искусственных языков. — М., 1979.

ЛОГАЭДИЗАЦИЯ — один из путей динамики развития культурных явлений в первой пол. XX в., противоположный **верлибризации** (см.).

Логаэд — это тип метрической композиции (см. **система стиха XX века**), суть которого заключается в том, что внутри стихотворной строки ударения и безударные слоги могут располагаться произвольно, но в дальнейшем эта произвольность сохраняется на протяжении всех строк (ср. **додекафония, серийное мышление**).

Пример логаэда:

Сегодня дурной день:	$3^2 + 2^2 + 1$
Кузнечиков хор спит,	$3^2 + 2^2 + 1$
И сумрачных скал сень	$3^2 + 2^2 + 1$
Мрачней гробовых плит.	$3^2 + 2^2 + 1$

(О. Мандельштам)

("Основание" "степени" означает количество слогов в слове; "показатель" — место ударения).

В противоположность **верлибру** в логаэде количество ритмических типов слов резко ограничено, что создает эффект метрической семантизации — каждое слово, стремящееся занять определенное место в решетке логаэда, стремится к тому, чтобы быть близким этой позиции по смыслу, так как сама эта позиция уже семантизируется. Чтобы объяснить этот принцип, приведем еще один пример:

По холмам — круглым и смуглым,	$3^3 + 2^1 + 3^2$
Под лучом — сильным и пыльным,	$3^3 + 2^1 + 3^2$
Сапожком — робким и кротким —	$3^3 + 2^1 + 3$
За плащом — рдяным и рваным.	$3^3 + 2^1 + 3$

(М. Цветаева)

Все стихотворение делится по вертикали на две части — первую с ритмическим словом 3^3, выражающим идею движения, и вторую с ритмическими словами 2^1 и 3^2, выражающим идею затрудненности этого движения.

Логаэд — размер, принадлежащий своими корнями античной метрике, но именно в XX в. поэзия (особенно русская) стала очень часто обращаться к этой композиции (особенно много логаэдов написали М. Цветаева и Вяч. Иванов). Это было частью более общего движения, которое мы называем Л. и суть которого состоит в том, что оно представляет фрагмент системы как всю систему. Механизм Л. — повышенная ограниченность структуры, то есть в конечном счете редукционизм. Но это особый, мифологический редукционизм. Поскольку сама позиция, в которой должен стоять данный элемент, семантически маркируется, то фактически любой элемент приобретает черты, присущие именно этой позиции. В этой позиции происходит иррадиация смыслов. То же самое имеет место в **мифологическом сознании** (см.), где аккумулируется система отождествлений одного и того же места: сыра земля — это мать Богородица; вульва — амбивалентный материально-телесный низ (см. **карнавализация**).

Л. захватила очень многие слои культуры XX в. Так, например, система взаимных отождествлений характерна для неомифологического романа-логаэда А. Белого "Петербург": Аполлон Аполлонович — Николай Аполлонович; Кант — Конт; Шишнарфнэ — Енфраншиш; все герои отождествляются с мифологическими персонажами и одновременно — с реальными прототипами. И все это написано с резким ограничением на состав слов — метрической прозой, как будто одним бесконечным трехсложным размером.

Музыкальная Л. — это серийная музыка (см. **додекафония**), там ограничения накладываются на интервалы, и серии вторично семантизируются. В живописи непосредственный аналог Л. — кубизм.

Наиболее интересны аналогии Л. в философии XX в. Это логический позитивизм, который действует таким же редукционистским образом: накладывает ограничения на философскую проблематику, объявив большинство философских проблем псевдопроблемами.

Сама структура главного произведения аналитической философии "**Логико-философского трактата**" Л. Витгенштейна представляет собой нечто вроде логаэда. Каждое предложение заковано в броню рубрики. При этом здесь тоже происходит вторичная мифологизация. Само представление об идеальном языке — один из **мифов** 1-й пол. XX в. — это мифологическая редукция. Сам "Трактат" строится как система отождествлений основных понятий.

К середине XX в. Л. и верлибризация начали конвергировать в соответствии с общей культурной ситуацией, приведшей к

постмодернизму. Последнее можно видеть на примере таких произведений как "Игра в бисер" Г. Гессе, где проявляются и логаэдические и верлибристские начала.

Лит.:
Лосев А. Ф. О пропозициональной функции древнейших лексических структур // *Лосев А. Ф.* Знак. Символ. Миф. Тр. по языкознанию. — М., 1980.
Лотман Ю. М., Успенский Б. А. Миф — имя — культура // *Лотман Ю. М.* Избр. статьи. В 3 тт. — Таллинн, 1992. — Т. 1.
Руднев В. П. Стих и культура // Тыняновский сб.: Вторые Тыняновские чтения. — Рига, 1986.
Руднев В. "Логико-философский трактат" Витгенштейна как неомифологический проект // *Витгенштейн Л.* Tractatus logico-philosophicus / Пер. с нем., паралельн. коммент. и аналитич. ст. В. Руднева (в печати).

"ЛОГИКО-ФИЛОСОФСКИЙ ТРАКТАТ" (1921) — главное философское произведение великого австрийского философа Людвига Витгенштейна (см. также **логический позитивизм, биография**).

Текст "Логико-философского трактата" представляет собой примерно 80 страниц, больше всего напоминающих непомерно разросшиеся тезисы чего-то невероятно огромного — настолько сжато и конденсировано изложение мыслей в этом произведении. Например (начало "Трактата"):

"1 Мир — это все, чему случается быть.

1.1 Мир — совокупность Фактов, но не Вещей.

1.11 Мир определен посредством Фактов и благодаря тому, что все они являются Фактами.

1.12 Ибо именно совокупность Фактов определяет то, чему случается, а чему не случается быть.

1.13 Факты в логическом пространстве и составляют Мир.

1.2 Мир раскладывается на Факты.

1.21 Им может случаться быть или не быть, все прочее остается прежним".

(Привожу фрагменты из "Трактата" в своем переводе.)

Так строится весь текст "Трактата" Витгенштейн ни на кого не ссылается, кроме двух своих учителей — австрийского логика Готтлоба Фреге и английского философа Бертрана Рассела. На стиль "Трактата" повлияли одновременно философский стиль главного произведения Шопенгауэра "Мир как воля и представление" и книга афоризмов немецкого философа XVII Георга Лихтенберга.

В основе философской доктрины "Трактата" лежит представление об однозначном соответствии — изоморфизме — между языком и реальностью. Предложения языка суть картины фактов. Но при этом то, в чем состоит суть соответствия между предложением и фактом (логическая форма), не может быть высказано словами. Это мистическая сторона "Трактата", важность которой Витгенштейн многократно подчеркивает. "Трактата" заканчивается знаменитым афоризмом "О чем невозможно говорить, о том следует молчать" или — в нашем переводе — "Что не может быть высказано, о том должно умолкнуть". Из этого следует, что "Трактат" Витгенштейна не укладывается полностью в рамки логического позитивизма, что его философия является разновидностью романтического мышления (ср. "И лишь молчание понятно говорит..." В. А. Жуковского или "Молчи, скрывайся и таи..." Тютчева) и что в этом тексте одновременно играет большую роль мифологический канал. Особенно хорошо это видно в следующей максиме:

"*4.14. Граммофонная пластинка, музыкальная тема, нотная запись, звуковые волны — все это находится между собой в таком же внутреннем отношении отображения, которое имеется между языком и миром. Все они имеют общий логический строй.*

4.15. (Как в сказке о двух юношах, их лошадях и их лилиях. Все они в определенном отношении одно.)"

Речь здесь идет о сказке братьев Гримм "Золотые дети". В ней говорится о том, что золотая рыбка, пойманная стариком, предложила ему расчленить себя на шесть частей, две из них дать съесть жене, другие две дать съесть лошади, а оставшиеся две закопать в землю. От съеденных старухой кусков родились два золотых близнеца (те самые два юноши), лошадь родила двух золотых жеребят ("их лошади"), а из двух закопанных кусков выросли две золотые лилии. Когда один из братьев был в отлучке, если с ним происходило нечто дурное, лилии привядали, если же один из братьев бы умер, лилии увяли бы совсем, так что второй брат, находясь в разлуке с первым, но имея при себе лилии, всегда мог узнать, как идут дела у брата. Именно в этом смысле юноши, лошади и лилии — одно: генетически, а не только проективно, они все сделаны из одного золотого "слитка", из кусков золотой рыбки.

Язык, по мысли Витгенштейна является отражением **реальности**, построен изоморфным по отношению к реальности образом, так что элементы языка и реальности взаимно отражают друг друга. Граммофонная пластинка и звуковые волны — это элементы реальности; музыкальная тема и нотная запись суть элементы языка. Тот факт, что Витгенштейн их не разделяет, а приводит вперемежку ("граммофонная пластинка, музыкальная тема, нотная запись, звуковые волны..."), весьма многозначителен. Витгенштейн тоже не противопоставляет язык и реальность. У него нет идеи, что звуковые волны и пластинка, с одной стороны, и музыкальная тема и нотная запись, с другой, суть онтологически противоположные объекты. Для Витгенштейна нет проблемы разделения материи и сознания, реальности и **текста**, так как он не является ни материалистом, ни идеалистом в традиционном смысле — в одном месте "Трактата" он прямо говорит, что идеализм (солипсизм) и материализм (реализм) — это одно и то же, если они строго продуманы (5. 64) .

Получается, что пластинка и звуковые волны, реализм и солипсизм, этика и эстетика (6.422) — все это, если разобраться, одно и то же.

Можно продолжить и усилить эту мысль, заявив, например, что Земля и Луна — в определенном смысле одно. Что они имеют общий логический строй. Мифологическая мысль действует по ассоциации. Земля круглая и Луна круглая. Они логически изоморфны, взаимно отражают друг друга. Когда-то, может быть, они были одним, а потом отделились и теперь связаны невидимой мистической связью. Можно ли сказать, что Витгенштейн — это письменный стол, на котором лежит Лф. т.? Можно ли сказать, что Витгенштейн и Лф. т. это одно и то же? Я могу сказать: "Дай мне, пожалуйста, Витгенштейна, он лежит там, на столе", имея в виду, конечно, книгу "Лф. т.".

Удивительным образом шесть кусков золотой рыбки, превращенные в три пары взаимно изоморфных объектов, соответствуют шести главным онтологическим терминам "Трактата", также разделенным на три пары. Это "простой предмет"

(Gegenstand) — наименьшая часть субстанции мира, — которому в языке соответствует "простое имя"; далее это "положение вещей" (Sachverhalt) — элементарная констелляция простых предметов, — которому в языке соответствует понятие "элементарной пропозиции"; наконец, это "факт" (Tatsache) (в возможных мирах (см. **семантика возможных миров**) ему соответствует "ситуация" — Sachlage)— констелляция положений вещей, , которому в языке соответствует "пропозиция".

Предмет (1) и имя (2) — близнецы, как два юноши; то же самое — положение вещей (3) и элементарная пропозиция (4); то же самое — факт (5) и пропозиция (6). И самое главное, в определенном смысле можно сказать, что все они — одно. Имя не фигурирует в языке самостоятельно, так же как предмет не фигурирует самостоятельно в мире. Имя фигурирует в языке только в составе элементарной пропозиции, а предмет в мире — лишь в составе положения вещей. В этом смысле "стол" и "Это стол" для Витгенштейна одно и то же, потому что не существует такого контекста, где имя "стол" функционировало бы само по себе. Даже в словаре имя существует неразрывно со своим определением. С другой стороны, любая пропозиция логически сводима к элементарной пропозиции, является ее функцией истинности. Поэтому, например, пропозиция "Витгенштейн великий философ" и условно элементарная пропозиция "Это Витгенштейн" — одно и то же. Итак, шесть сущностей: "предмет" Витгенштейн, его картина — "имя" Витгенштейн, "положение вещей" — "Это Витгенштейн", его картина — "элементарная пропозиция" — "Это Витгенштейн", "факт"— Витгенштейн — великий философ" и его картина — "пропозиция" — "Витгенштейн — великий философ". Все это, по сути, одно и то же.

Все предложения языка, по Витгенштейну, можно редуцировать в одно инвариантное предложение, отражающее смысл всех предложений. На естественном языке оно звучит так: "Дело обстоит так-то и так-то". Логически вывод такого предложения происходит путем операции последовательного отрицания всех предложений. Это, так сказать, "нигилистическая" сторона философии "Трактата".

Особую роль в доктрине "Трактата" играет интерпретация предложений логики, которые трактуются как тавтологии — возможности сказать одно и то же разными способами. Цель философии — вскрытие тавтологий, "логическое прояснение мысли". Поэтому метафизическая философия бессмысленна — она производит противоположную работу: логически затемняет мысли. Все, что может быть вообще сказано, должно быть сказано ясно. О том, что не может быть сказано ясно, — этика, эстетика, религия, — лучше не говорить вообще.

Витгенштейн закончил "Трактат" в 1919 году, незадолго перед пленом. Первое издание "Трактата" вышло в 1921 году и прошло незамеченным. Однако уже через год "Трактат" был переведен на английский язык и издан в Англии с восторженным предисловием Рассела. Это второе издание вскоре принесло Витгенштейну мировую известность.

Лит.:
Витгенштейн Л. Логико-философский трактат // Витгенштейн Л. Философские работы. Часть 1. — М., 1994.
Грязнов А. Ф. Эволюция философских взглядов Л. Витгенштейна. — М., 1985.
Руднев В. Философско-семиотический комментарий к "Логико-философскому трактату // Логос, 1, 3, 8, 1999 (отдельное издание — в печати).

ЛОГИЧЕСКАЯ СЕМАНТИКА — раздел **математической логики**, посвященный проблеме отношения высказывания или его частей к **реальности**.

Основатель современной Л. с. — немецкий ученый Готтлоб Фреге. Прежде всего, он сформулировал различие между денотатом (значением) **знака** (то есть тем классом предметов или понятий, которые он обозначает) и его **смыслом**, то есть тем, как знак представлен в языке. Так, денотатом слова "стул" будет класс всех стульев, а смыслом — само слово "стул" в его лингвистической неповторимости.

Однако логика занимается в основном не отдельными словами, а целыми высказываниями. Согласно Фреге, денотатом высказывания является его истинное значение (ср. **истина**). То есть у предложения в изъявительном наклонении, по Фреге, может быть только два денотата — "истина" и "ложь", которые он, будучи идеалистом, считал реальными объектами. Смыслом же высказывания является высказанное в нем суждение. В сложноподчиненных предложениях истинностным значением обладает только главное предложение. Например, в предложении "Он сказал, что он скоро придет" истинностное значение имеется только у предложения "Он сказал", то есть ответственность за истинность слов "что он скоро придет", ложится на того, кто это сказал. Денотатом же придаточного предложения становится его смысл.

В философии вымысла, следующей Л. с. Фреге, высказывания типа "Все смешалось в доме Облонских" (не имеющие значения истинности, поскольку речь в них идет о вымышленных объектах) эквивалентны фрегевским придаточным предложениям, а эквивалентом главного предложения становится заглавие, которое истинностным значением обладает: когда мы видим, что на книге написано "Анна Каренина", это равнозначно истинному высказыванию — "Это роман "Анна Каренина".

Одним из самых известных последователей Фреге был Бертран Рассел. Так же как и Фреге, Рассел был озабочен построением непротиворечивой теории математики (впоследствии Курт Гёдель доказал, что это невозможно, — см. **принцип дополнительности**).

Рассел сформулировал так называемую теорию типов для разрешения математических парадоксов вроде известного парадокса лжеца. Рассел писал:

"Лжец говорит: "Все, что я утверждаю, ложно". Фактически то, что он делает, это утверждение, но оно относится к тотальности его утверждений; только включив его в эту тотальность, мы получим парадокс. Мы должны будем различать суждения, которые относятся к некоторой тотальности суждений, и суждения, которые не относятся к ней. Те, которые относятся к некоторой тотальности суждений, никак не могут быть членами этой тотальности. Мы можем определить суждения первого порядка как такие, которые не относятся к тотальности суждений; суждения второго порядка — как такие, которые отнесены к тотальности суждений первого порядка, и т. д. *ad infinitum*. Таким образом, наш лжец должен будет теперь сказать: "Я утверждаю суждение первого порядка, которое является ложным". Но само это суждение — второго порядка. Поэтому он не утверждает суждения первого порядка".

Теорию типов Рассела критиковал Витгенштейн в "**Логико-философском трактате**", но, как кажется, она пережила эту критику. По нашему мнению, важно не то, что Рассел решил парадокс, а то, что он его сформулировал.

Парадоксы теории множеств, по моему убеждению, имеют под собой некую психическую реальность. Существует такой парадокс, который мы называем "универсальным парадоксом знания". Допустим, кто-то говорит: "Я знаю все". Если под словом "знать" мы понимаем — "знать значения определенных предложений", то из "я знаю все" следует "я знаю значения всех предложений".

Но имеется такое предложение "Я чего-то не знаю". Стало быть, я знаю значение предложения "я чего-то не знаю", а это противоречит тому, что я знаю все.

Точно так же дело обстоит с высказыванием "я ничего не знаю". Если я не знаю значения ни одного предложения, то, стало быть, я также не знаю значения предложения "я что-то знаю", а это противоречит тому, что я ничего не знаю.

Эта разновидность расселовского парадокса отражает определенную психическую реальность — некое ментальное озарение, когда человеку действительно открывается все и законы двузначной логики перестают для него действовать (см. учение о сатори в ст. **дзенское мышление**; ср. также **многозначные логики**). Когда же человек восклицает в отчаянии: "Я ничего не знаю", он находится в состоянии эпистемической фрустрации, и опять-таки для него в этот момент важен логически нечленимый недискретный континуум.

Следующая проблема, с которой столкнулась Л. с., это проблема пустых вымышленных имен, таких, например, как Пегас. Суть здесь состоит в том, что как же мы можем говорить о значении того, что не существует (ср. **существование**)?

Эту проблему также решил Рассел при помощи так называемой теории определенных дескрипций (описаний). Рассел раскладывал имя "Пегас" на дескрипцию "конь, имеющий по природе крылья", и тогда можно было сказать, что не существует такого индивида, как конь, имеющий по природе крылья.

Следующей проблемой Л. с. была проблема неполной синонимии слов и выражений, имеющих один денотат, но разные смыслы. Например, Утренняя звезда и Вечерняя звезда имеют один денотат — планету Венеру, но разные смыслы: Утренняя звезда — это Венера, которая видна утром, а Вечерняя — вечером.

Таким образом, утверждение "Утренняя звезда — это Вечерняя звезда" не всегда оказывается истинным. Происходит это оттого, что реально мы всегда или почти всегда пользуемся не прямыми, а косвенными контекстами, то есть это *кто-то говорит* об Утренней звезде, а кто-то — о Вечерней.

В этих косвенных контекстах, или, как их теперь называют, пропозициональных установках (термин введен Расселом), значения слов и выражений затемнены — они, по выражению Уилларда Куайна, референтно непрозрачны.

В Л. с. эту проблему решила **семантика возможных миров** (см.), мы же, используя эту особенность языка, можем построить на ее основе теорию **сюжета** (см.). Эдип не знает, что "Иокаста" и "мать Эдипа" — это одно и то же лицо. Он думает, что Иокаста и мать Эдипа — это разные женщины. Отсюда происходит трагедия Эдипа. На этой семантической непрозрачности, то есть на возможности два имени одного предмета принимать за два предмета, и построен фундаментальный "сюжет ошибки".

В поэтике **постмодернизма** закономерности Л. с. не действуют, так как в ней нарушается наиболее фундаментальный закон логики — закон рефлексивности (А = А) (см. **постмодернизм, "Бледный огонь", "Школа для дураков", "Хазарский словарь", "Скорбное бесчувствие"**).

Лит.:
Фреге Г. Смысл и денотат // Семиотика и информатика. — М., 1977. — Вып. 8.
Рассел Б. Мое философское развитие // Аналитическая философия: Избр. тексты. — М., 1993.
Рассел Б. Введение в математическую философию. — М., 1996.
Куайн У. Референция и модальность // Новое в зарубежной лингвистике. — 1982. — Вып. 13.
Налимов В. В. Вероятностная модель языка: О соотношении естественных и искусственных языков. — М., 1979.
Степанов Ю. С. В трехмерном пространстве языка: Семиотические проблемы лингвистики, философии, искусства. — М., 1985.
Руднев В. Теоретико-лингвистический анализ художественного дискурса: Автореф. докт. дис. — М., 1996.
Руднев В. Несколько замечаний относительно двух логико-философских концепций Бертрана Рассела // Логос. — М., 1987. — Вып. 8.

ЛОГИЧЕСКИЙ ПОЗИТИВИЗМ — ранняя форма **аналитической философии**, одно из основных философских направлений первой половины XX в.

Л. п. претендовал на анализ и решение актуальных философско-методологических проблем, выдвинутых в ходе научной революции начала XX в. (см. **парадигма**): роли знаково-символических средств научного мышления, соотношения теоретического аппарата и эмпирического научного базиса, природы и функции математизации и формализации знания. Противопоставляя науку философии, логические позитивисты считали, что единственно возможным знанием является лишь научное знание. Традиционные вопросы философии они объявляли бессмысленными псевдопроблемами на том основании, что те формируются с помощью терминов, которые сами являются псевдопонятиями, поскольку не поддаются проверке, — это относилось к таким основополагающим понятиям традиционной философии, как, например, свобода, бытие, субстанция, дух, материя.

Предметом философии в научной парадигме Л. п. должен был стать язык, прежде всего — язык науки как способ выражения знания, а также деятельность по анализу этого знания (ср. **прагматизм**) и возможности его выражения в языке.

Основные идеи Л. п. систематизировались в рамках деятельности Венского логического кружка, куда входили известные философы и математики Мориц Шлик, Отто Нейрат, Фридрих Вайсман, Рудольф Карнап. Эти идеи стали особенно популярными в 1930-е гг. в кругах научной интеллигенции: сведение философии к логическому анализу языка науки, принцип **верификационизма** (см.), трактовка логики и математики как формальных преобразований в языке науки.

В своих построениях члены Венского кружка опирались на некоторые базовые построения "**Логико-философского трактата**" Людвига Витгенштейна (1921). Однако мысли Витгенштейна о языке были гораздо более глубокими и многогранными и зачастую вульгаризировались в Л. п.

Витгенштейн писал: "4.002 [...] Язык переодевает мысли. Причем настолько, что внешняя форма одежды не позволяет судить о форме облаченной в нее мысли; дело в том, что внешняя форма одежды создавалась с совершенно иными целями, отнюдь не для того, чтобы судить по ней о форме тела. [...]

4.003 Большинство предложений и вопросов, трактуемых как философские, не ложны, а бессмысленны. Вот почему на вопросы такого рода вообще невозможно давать ответы, можно лишь устанавливать их бессмысленность.

Большинство предложений и вопросов философа коренится в нашем непонимании логики языка. [...]

Неудивительно, что самые глубокие проблемы — это вообще не проблемы.

4.0031 Вся философия — это "критика языка".

Говоря о роли философии, Витгенштейн писал:

"4.111 Философия не является одной из наук.

(Слово "философия" должно обозначать нечто стоящее под или над, но не рядом с науками).

4.112 Цель философии — логическое прояснение мысли.

Философия — не учение, а деятельность.

Философская работа, по существу, состоит из разъяснения.

Результат философии — не "философские предложения", а доступная ясность предложения.

Мысли, обычно как бы туманные и расплывчатые, философия призвана делать ясными и отчетливыми".

И наконец:

"6.53 Правильный метод философии, собственно, состоял бы в следующем: ничего не говорить, кроме того, что может быть сказано, то есть кроме высказываний науки, — следовательно, чего-то такого, что не имеет ничего общего с философией. А всякий раз, когда кто-то захотел бы высказать нечто метафизическое, доказывать ему, что он не наделил значением определенные знаки своих предложений. Этот метод не приносил бы удовлетворения собеседнику — он не чувствовал бы, что его обучают философии, — но лишь такой метод был бы безупречно правильным".

Однако уже в конце 1930-х гг. обнаружилось, что та революция в философии, основным стержнем которой была редукция метафизики к логике, не оправдалась. Идеальный научный язык, который стремились построить логические позитивисты, оказался не только невозможным, но и ненужным. Как писал Витгенштейн позднее в "**Философских исследованиях**", говорить на идеальном языке так же невозможно, как ходить по идеально гладкому льду.

Классические метафизические проблемы оказались значимыми не только для осмысления человеческой жизнедеятельности, но и для анализа эпистемологических вопросов. Выяснилось, что в структуре научных теорий имеются метафизические высказывания, которые невозможно свести к "протокольным предложениям" опыта и верифицировать (см. **верификационизм**).

Постепенно Л. п. сменяется **аналитической философией** (лингвистической философией), целью которой было не построение идеального языка, а анализ естественного языка, такого, каков он есть.

Лит.:
Витгенштейн Л. Логико-философский трактат // Витгенштейн Л. Философские работы. — М., 1994. — Ч. 1.
Аналитическая философия: Избр. тексты. — М., 1993.
Швырев В. С., Пугачев Н. Н. Неопозитивизм // Современная западная философия: Словарь. — М., 1991.

М

МАССОВАЯ КУЛЬТУРА. Специфической чертой XX в. было распространение в основном благодаря развивающимся средствам массовой коммуникации М. к. В этом смысле М. к. до XX в. не было — газеты, журналы, цирк, балаган, фольклор, уже вымирающий, — вот и все, чем располагали город и деревня. Вспомним, как важна была газета для творческой лаборатории Достоевского. Интересно, как бы изменилось его творчество, живи он в середине XX в. — в эпоху радио, **кино** и телевидения с их разветвленной системой жанров и новостей через каждые полчаса, бесчисленных газет и журналов, видео, компьютером и Интернетом, **телефоном**, рекламой, авторской песней, блатным фольклором, детскими страшилками, анекдотом, комиксами, джазом, роком, поп-музыкой, матрешками, лозунгами, троллейбусами, самолетами и спутниками?

Для чего нужна М. к.? Для того же, для чего нужны два полушария в человеческом мозгу (см. **функциональная асимметрия головного мозга**). Для того, чтобы осуществлять **принцип допол-**

шительности (см.), когда нехватка информации в одном канале связи заменяется избытком ее в другом. Именно таким образом М. к. противопоставляется фундаментальной культуре. Именно поэтому М. к. была так нужна Достоевскому — прообразу культурного деятеля XX в.

Ибо М. к. — это семиотический образ **реальности** (см.), а фундаментальная культура — это образ глубоко вторичный, "вторичная моделирующая система", нуждающаяся для своего осуществления в языке первого порядка (см. **философия вымысла**).

В этом смысле М. к. XX в. была полной противоположностью элитарной культуры в одном и ее копией в другом.

Для М. к. характерен антимодернизм и антиавангардизм (см. **модернизм, авангардное искусство**). Если модернизм и авангард стремятся к усложненной технике письма, то М. к. оперирует предельно простой, отработанной предшествующей культурой техникой. Если в модернизме и авангарде преобладает установка на новое как основное условие их существования, то М. к. традиционна и консервативна. Она ориентирована на среднюю языковую семиотическую норму (ср. понятие **реализма**), на простую **прагматику**, поскольку она обращена к огромной читательской, зрительской и слушательской аудитории (ср. прагматический, шоковый сбой, возникающий при неадекватном восприятии **текста** М. к. утонченным **аутистическим мышлением** — **экстремальный опыт**).

Можно сказать поэтому, что М. к. возникла в XX в. не только благодаря развитию техники, приведшему к такому огромному количеству источников информации, но и благодаря развитию и укреплению политических демократий. Известно, что наиболее развитой является М. к. в наиболее развитом демократическом обществе — в Америке с ее Голливудом, этим символом всевластия М. к. Но важно и противоположное — что в тоталитарных обществах М. к. практически отсутствует, отсутствует деление культуры на массовую и элитарную. Вся культура объявляется массовой, и на самом деле вся культура является элитарной. Это звучит парадоксально, но это так.

Что сейчас читают в метро? Классические продукты М. к. американского образца с естественным опозданием на 10—15 лет. А что читала 10—15 лет назад самая читающая в мире страна в своем самом величественном в мире метро? Детективов было мало. Каждый выпуск "Зарубежного детектива" становился событием, их было не достать. Советского же детектива, строго говоря, не было вовсе, так как в советской действительности не существовало института частного сыска и не было идеи поиска **истины** как частной инициативы, а без этого нет подлинного **детектива** (см.).

Возьмем, к примеру, такой жанр советского кино, как производственный фильм. Это была ненастоящая, мнимая М. к. Она формировалась не рынком, а госзаказом. Недаром этот жанр исчез моментально, как только началась перестройка. Другое дело, что в Советском Союзе культивировалась бездарная, плохая литература, но это не М. к. в западном смысле. В ней присутствовала идеология и отсутствовала коммерция. "Повесть о настоящем человеке", конечно, очень плохая литература, но это никак не М. к. (см. **социалистический реализм**).

Необходимым свойством продукции М. к. должна быть занимательность, чтобы она имела коммерческий успех, чтобы ее покупали и деньги, затраченные на нее, давали прибыль. Занимательность же задается жесткими структурными условиями текста. Сюжетная и стилистическая фактура продуктов М. к. может быть примитивной с точки зрения элитарной фундаментальной культуры, но она не должна быть плохо сделанной, а, наоборот в своей примитивности она должна быть совершенной — только в этом случае ей обеспечен читательский и, стало быть, коммерческий успех. **Поток сознания, остранение, интертекст** (см. **также принципы прозы XX в.**) не годятся для М. к. Для массовой литературы нужен четкий **сюжет** с интригой и перипетиями и, что самое главное, — отчетливое членение на жанры. Это мы хорошо видим на примере массового кинематографа. Жанры четко разграничены, и их не так много. Главные из них — детектив, триллер, комедия, мелодрама, фильм ужасов, или, как его называют последнее время, "чиллер" (от англ. chill — холодеть от страха), фантастика, порнография. Каждый жанр является замкнутым в себе миром со своими языковыми законами, которые ни в коем случае нельзя переступать, особенно в **кино**, где производство сопряжено с наибольшим количеством финансовых вложений.

Пользуясь терминами **семиотики**, можно сказать, что жанры М. к. должны обладать жестким синтаксисом — внутренней структурой, но при этом могут быть бедны семантически, в них может отсутствовать глубокий **смысл**.

В XX в. М. к. заменила фольклор, который тоже в синтаксическом плане построен чрезвычайно жестко. Наиболее ясно это показал в 1920-х гг. В. Я. Пропп, проанализировавший волшебную сказку (см. **сюжет, формальная школа**) и показавший, что в ней всегда присутствует одна и та же синтаксическая структурная схема, которую можно формализовать и представить в логических символах (см. **математическая логика**).

Тексты массовой литературы и кинематографа построены так же. Зачем это нужно? Это необходимо для того, чтобы жанр мог быть опознан сразу; и ожидание не должно нарушаться. Зритель не должен быть разочарован. Комедия не должна портить детектив, а сюжет триллера должен быть захватывающим и опасным.

Поэтому сюжеты внутри массовых жанров так часто повторяются. Повторяемость — это свойство **мифа** (см.) — в этом глубинное родство М. к. и элитарной культуры, которая в XX в. волей-неволей ориентируется на архетипы коллективного **бессознательного** (см. **аналитическая психология**). Актеры в сознании зрителя отождествляются с персонажами. Герой, умерший в одном фильме, как бы воскресает в другом, как умирали и воскресали архаические мифологические боги. Кинозвезды ведь и есть боги современного массового сознания.

Установка на повторение породила феномен телесериала: временно "умирающая" телереальность возрождается на следующий вечер. Создатели "Санта-Барбары" не без влияния постмодернистской иронии довели эту идею до абсурда — видимо, этот фильм кончится только тогда, когда он надоест зрителю или когда у продюсеров кончатся деньги.

Разновидностью **текстов** М. к. являются культовые тексты. Их главной особенностью является то, что они настолько глубоко проникают в массовое сознание, что продуцируют **интертексты**, но не в себе самих, а в окружающей **реальности**. Так, наиболее известные культовые тексты советского кино — "Чапаев", "Адъютант его превосходительства", "Семнадцать мгновений весны" — провоцировали в массовом сознании бесконечные цитаты и формировали анекдоты про Чапаева и Петьку, про Штирлица. То есть культовые тексты М. к. формируют вокруг себя особую интертекстовую реальность. Ведь нельзя сказать, что анекдоты про Чапаева и Штирлица являются частью внутренней структуры самих этих текстов. Они являются частью структуры самой жизни, **языковыми играми**, элементами повседневной жизни языка.

Элитарная культура, которая по своей внутренней структуре построена сложно и утонченно, так влиять на внетекстовую реальность не может. Трудно представить себе анекдоты про Ганса Касторпа из "**Волшебной горы**" или Йозефа Кнехта из "Игры в бисер".

Случается правда, какой-либо модернистский или авангардистский прием в такой степени осваивается фундаментальной культурой, что становится штампом, тогда он может использоваться текстами М. к. В качестве примера можно привести знаменитые советские кинематографические афиши, где на переднем плане изображалось огромное лицо главного героя фильма, а на заднем плане маленькие человечки кого-то убивали или просто мельтешили (в зависимости от жанра). Это искажение пропорций — в частности, штамп **сюрреализма**. Но массовым сознанием он воспринимается исключительно как реалистический (ср. **реализм**), хотя все знают, что головы без тела не бывает, и что такое пространство, в сущности, нелепо.

Постмодернизм — это беспечное и легкомысленное дитя конца XX в. — признал наконец М. к. и смешал ее с элитарной. Сначала это был компромисс, который назывался **кич** (см.). Но потом и классические тексты постмодернистской культуры, такие, как роман Умберто Эко "Имя розы" или фильм Квентина Тарантино "Бульварное чтиво", стали активно использовать стратегию внутреннего строения массового искусства.

Лит.:
Мищ З. Г., Лотман Ю. М., Мелетинский Е. М. Литература и мифы // Мифы народов мира. — М., 1982. — Т. 1.
Лотман Ю. М., Цивьян Ю. Г. Диалог с экраном. — Таллинн, 1994.
Шкловский В. Б. Новелла тайн // *Шкловский В. Б.* О теории прозы. — Л., 1925.
Пропп В. Я. Морфология сказки.— М., 1965.
Ямпольский М. Б. Кино без кино // Искусство кино. — М., 1988. — № 8.
Руднев В. Культура и детектив // Даугава. — Рига, 1988. — № 12.

"МАСТЕР И МАРГАРИТА" — роман М. А. Булгакова (1940, первая публ. 1966).

М. М. — это, конечно, самое удивительное произведение русской литературы XX в. Уже одно то, что между началом работы над **текстом** (1929) и его полной публикацией отдельным изданием (1973) прошло 44 года, заставляет вспомнить "Горе от ума", произведение при жизни автора распространявшееся в многочисленных списках и полностью вышедшее в свет только после его смерти.

Подвергавшийся постоянной травле, измученный, психически больной и порой полуголодный, Булгаков написал в Москве 1930-х гг. (в Москве — "большого террора") текст, который с восторгом читали пятьдесят лет спустя, который был культовым на протяжении двадцати лет и который является к тому же одним из первых и классических (наряду с "Поминками по Финнегану" Джойса и "**Доктором Фаустусом**" Томаса Манна) произведений **постмодернизма**.

Насыщенный самыми сложными и тонкими **интертекстами**, реализовавший в своей художественной структуре одну из самых интересных моделей **текста в тексте** (см.) и даже обладающий некими элементами **гипертекста** (московские и ершалаимские сцены "наползают" друг на друга; несколько раз повторяется финал; в московском интертекстуальном слое повествования — три временных пласта: "грибоедовская Москва", Москва эпохи "Бесов" Достоевского и Москва 1930-х гг.; сама открытость финала ("Скажи, ведь казни не было?"), готовность уничтожить все, что было раньше), М. М. осуществляет художественную идеологию **семантики возможных миров** — этой тяжелой артиллерии постмодернизма. Наконец, М. М. — самый стройный и кларичный роман XX в. (см. **миф, неомифологизм, модернизм**).

Но судьба М. М. продолжалась и после 1973 г. В 1977 г. в Иерусалиме, на родине одного из героев, вышло исследование Бориса М. Гаспарова, посвященное **мотивному анализу** (см.) М. М. Это исследование было открытием филологического **постструктурализма** и постмодернизма на русском языке, которое, так же как и его объект, на долгие годы стало культовым текстом в филологической среде. В каком-то смысле роман Булгакова и исследование Гаспарова теперь уже трудно отделить одно от другого.

Прежде всего, Гаспаров показал, что каждое **имя собственное** в М. М. оплетено пучком интертекстуальных ассоциаций. Самым насыщенным в этом плане является имя Иван Бездомный. Прежде всего оно ассоциируется с Демьяном Бедным, "придворным" поэтом, писавшим антирелигиозные стихи. Далее это Андрей Безыменский, член ВАПП'а, травивший Булгакова.

Здесь следует также упомянуть об ассоциативной связи между поэтом Рюхиным и Маяковским: и тот, и другой разговаривают с памятником Пушкину на Тверской ("Юбилейное" Маяковского), но Маяковский разговаривает с Пушкиным фамильярно-покровительственно, а Рюхин — неврастенически-надрывно (как Евгений в "Медном всаднике" — здесь замыкается мотивная цепочка, которых так много в М. М.).

В дальнейшем, как ни странно, "прототипом" Бездомного становится Чацкий — Бездомный приходит в ресторан "Грибоедов", перед этим "помывшись" в Москве-реке (так сказать, с корабля на бал), он пытается внушить людям **истину**, его никто не слушает, потом его объявляют сумасшедшим и увозят на грузовике (ср. выражение "*карета* скорой помощи") в сумасшедший дом.

В этой точке своего развития, когда из агрессивного гонителя Иван превращается в жертву, меняются и ассоциации, связанные с его именем и фамилией. Его помещают в клинику Стравинского — и он становится сказочным Иванушкой. Он знакомится с Мастером — и становится его учеником, а поскольку Мастер ассоциируется с Иешуа, то Иван (который впоследствии станет историком) закономерно уподобляется Иоанну Богослову, автору четвертого Евангелия и любимому ученику Христа.

И наконец, бездомность, которая подчеркивается в облике Иешуа, и также тот факт, что Иван идет по Москве в разодранной толстовке, с бумажной иконкой на груди, проделывая свой "крестный путь" от Патриарших прудов к "Грибоедову", довершает последнюю ассоциацию.

В М. М. присутствуют два евангелиста, Левий Матвей и Иван Бездомный, что позволяет говорить о центральной роли двух пассионов И. С. Баха ("Страсти по Матфею" и "Страсти по Иоанну"). Действительно, главы об Иешуа в точности соответствуют каноническому сюжету пассиона (от лат. passio "страдание"), которое начинается пленением Иисуса и заканчивается его погребением. При этом "музыкальное оформление" вообще играет огромную роль в М. М. — "композиторские фамилии" Стравинский, Берлиоз, Римский; опера "Евгений Онегин", сопровождающая весь путь Ивана от Патриарших к "Грибоедову"; голос певший по телефону из квартиры № 50 "Скалы, мой приют..."; пение "заколдованными" регентом-Коровьевым служащими песни "Славное море — священный Байкал" и многое другое. Напомним, что о связи музыки и **мифа** писали многие, начиная с Рихарда Вагнера и кончая Клодом Леви-Стросом.

Но поговорим все же и о том, о чем в исследовании Б. Гаспарова не сказано или сказано вскользь — о художественной идеологии М. М. Как, например, объяснить эпиграф к роману: "Я — часть той силы, что вечно хочет зла и вечно совершает благо"? Как понять ту несомненную симпатию, которую вызывает у читателя дьявол Воланд? Почему свой последний приют Мастер находит не в сфере Иешуа, а в сфере Воланда?

Дело в том, что идеология, реализованная в М. М., — далеко не канонически христианская. Скорее, это манихейская идеология. Манихейство — религия первых веков н. э., впитавшая в себя христианство, гностицизм и зороастризм, основным догматом которой было учение о принципиальной дуальности, равноправии злого и доброго начал в мире. Добро и зло в манихействе имеют одинаковую силу и привлекательность. Дьявол в манихействе — это бог зла. Поэтому Иисус в М. М. показан не "царем иудейским", а бродягой-интеллектуалом, в то время как Воланд выступает в обличье подлинного князя тьмы, имеющего равную силу с Богом и к тому же весьма великодушного и на свой лад справедливого.

Связь Мастера с силами "абсолютного зла" объясняется идеей "творчества как Творения" (см. **Доктор Фаустус**). Гений, взявший на себя смелость и дерзость соперничать с Богом (в этом, по-видимому, и состоит "фаустианство" Мастера; в одной из легенд о докторе Фаусте сказано, что в чудесах он был готов соперничать с самим Спасителем в творении пусть художественной, но **реальности**), конечно, обречен на сделку с дьяволом.

В этом смысле неслучайно одно из последних открытий, связанных со слоем прототипов М. М. Ленинградский культуролог А. Эткинд убедительно показал, что одним из очевидных прототипов Воланда был тогдашний американский посол в СССР Уильям Буллит, друживший с Булгаковым и однажды устроивший званый вечер в Москве, весьма похожий на бал у сатаны в М. М. Буллит хотел помочь Булгакову уехать в Америку, "в приют Воланда".

И еще об одной парадоксальной черте романа. Мы уже говорили, что в 1970-е гг. в Советском Союзе он был культовым. Но культовый текст должен обладать чертами **массовой культуры** (трудно представить себе в качестве культовых, тексты **"Шум и ярость"** Фолкнера или **"Доктора Фаустуса"** Томаса Манна — первый считают непонятным, а второй скучным). М. М. понятен и увлекателен. Более того, он написан очень легким стилем, каким писались такие популярные русские советские романы, как, например, "Двенадцать стульев" (в которых тоже богатое интертекстовое поле — 12 стульев как 12 апостолов и т. п.). В то же время стиль М. М. на порядок выше. Удивительно, как Булгаков в сталинской Москве писал роман, который стал интеллектуальным бестселлером в Москве брежневской.

Лит.:
Гаспаров Б. М. Из наблюдений над мотивной структурой романа М. А. Булгакова "Мастер и Маргарита" // *Гаспаров Б. М.* Литературные лейтмотивы. — М., 1995.
Эткинд А. Эрос невозможного: История психоанализа в России. — М., 1994.
Руднев В. Гений в культуре // Ковчег. — Киев, 1994. — № 2.

МАТЕМАТИЧЕСКАЯ ЛОГИКА. Ее еще называют *символической логикой*. М. л. — это та же самая Аристотелева силлогистическая логика, но только громоздкие словесные выводы заменены в ней математической символикой. Этим достигается, во-первых, краткость, во-вторых, ясность, в-третьих, точность. Приведем пример. Известный силлогизм. Большая посылка: "Все люди смертны". Малая посылка: "Сократ — человек". И вывод: "Следовательно, Сократ смертен". Мы можем заменить имена "Сократ", "человек" и свойство "быть смертным" буквами, соответственно С, х и у. Слово "все" называется квантором всеобщности — о нем мы скажем ниже. Оно обозначается так называемой гротесковой перевернутой буквой А: $\forall$

Итак, запишем символически большую посылку: ∀(x)(y), то есть для всех индивидов x соблюдается свойство y — все люди смертны. Теперь запишем символически малую посылку C(x), то есть индивид C обладает свойством x, — Сократ смертен. И вывод: C(y), то есть индивид обладает свойством y. Сократ смертен. Теперь запишем весь силлогизм в виде импликации (логического следования):

$$\forall (x)(y) \alpha C(x) \to C(y)$$

То есть, "если все люди смертны и Сократ человек, то Сократ смертен". Если записывать словами, то надо использовать более 60 символов (букв), а если символически, то нужно всего 12 символов, в 5 раз меньше. Если нужно решать сложную задачу, экономия становится очевидной.

Так или иначе, но только в конце XIX в. немецкий логик Готтлоб Фреге сформулировал символическое исчисление, и лишь в начале XX в. Бертран Рассел и Альфред Уайтхед в трехтомном труде "Principia Mathematica" построили стройную систему М. л.

В М. л. два типа символов — переменные, которые обозначают объекты, свойства и отношения; и связки, символизирующие логические отношения между предметами и высказываниями. Для наших целей достаточно различать следующие связки:

α — конъюнкция, соединение; читается как союз "и", во многом соответствует ему по смыслу;

V — дизъюнкция, разделение; читается как союз "или";

→ — импликация, следование; "если... то...";

~ — отрицание; "неверно, что...";

= — эквивалентность; "то же, что и..."

В основе любой логической системы лежат несколько недоказуемых очевидных аксиом, так называемых законов логики. В обычной двузначной логике, то есть в такой логике, высказывания которой имеют два значения (истина и ложь), выделяют четыре основных закона.

1. Закон тождества: p = p; то есть любое высказывание эквивалентно самому себе. Тождество объекта самому себе — вообще исходное начало для любого мышления. Но не во всякой ло-

гике это является законом. Например, в контексте алетических модальностей (см. **модальности**) мы можем сказать: "Возможно, что дождь идет" и "Возможно, что дождь не идет" — и это не будет противоречием. В обычной логике пропозиций предложения "Идет дождь" и "Не идет дождь" будут противоречиями.

2. Закон двойного отрицания: p = ~~p; то есть утверждение эквивалентно его двойному отрицанию. "Дождь идет" = "Неверно, что дождь не идет".

3. Закон исключенного третьего: p V ~p; то есть либо высказывание истинно, либо оно ложно — третьего не дано (применимость закона исключенного третьего ограничена конечными множества объектов; см. об этом **многозначные логики**).

4. Закон противоречия: ~(p α ~p); то есть неверно, что высказывание может быть одновременно истинным и ложным.

Следует ввести еще два понятия, одно из которых мы уже ввели в самом начале статьи. До сих пор мы говорили о высказывании как о чем-то нерасчлененном, но у высказывания есть субъект и предикат. Часть М. л., занимающаяся отношениями между субъектом и предикатом высказываний, называется теорией квантификации. Свойство или отношение, которое выражает предикат, может быть присуще всем субъектам данного множества или только некоторым из них. Например, высказывание "Собаки бывают черными" означает, что некоторое количество собак из всего множества собак имеет свойство "быть черным". Символ, на который мы заменим слово "некоторые", называется квантором существования. или экзистенциальным квантором, и обозначается гротесковой обращенной буквой Е: ∃

∃ (x)(y) — некоторые собаки черные.

Но существуют свойства, характерные для всех собак. Например, у всех собак (разумеется, живых) есть голова. Символ, на который мы поменяем слово "все", это уже известный нам квантор всеобщности, или универсальный квантор:

∀(x)(y) — все собаки по природе обладают головой.

В заключение сформулируем основной закон теории квантификации:

$$\forall(x)(y) \rightarrow \exists(x,y)$$

То есть если данным свойством обладают все объекты, то им обладают и некоторые объекты. Кажущаяся тривиальность законов логики оправдывается дальнейшим ходом мышления. Как писал Людвиг Витгенштейн, "Если вы знаете, что у вас есть руки, дальнейшее гарантируется".

О том, как М. л. связана с внешним миром, см. **логическая семантика**.

Лит.:
Клини С. Математическая логика. — М., 1974.
Чёрч А. Введение в математическую логику. — М., 1959.

"МАТРИЦА" (1999) — один из самых значимых культовых фильмов конца XX в., сочетающий в себе философскую притчу, триллер и фантастическую утопию; фильм, удостоенный обсуждения великими умами настоящего времени (такими, например, как Славой Жижек) и вплетающий в свою проблематику наиболее актуальные темы культуры второй половины XX в., в том числе и отраженные в нашем словаре. Это такие темы, как **реальность, виртуальные реальности, событие, текст, вымысел, бессознательное, время, измененные состояния сознания, картина мира, неомифологизм, массовая культура, пространство, сновидение, телефон** и т. д.

Главный герой фильма Нео — хакер и одновременно потенциальный новый Христос, до времени не знающий об этом. Он не знает также и о том, что им интересуются с одной стороны спецслужбы, а с другой — человек с прозрачным именем Морфеус, а также его помощница, имя которой еще более прозрачно — Тринити (Троица). Морфеус рассказывает Нео, что реальность, в которой он, как он думает, живет, уже давно не существует, это виртуальная реальность, созданная неизвестно кем по законам, суть которых и передает слово "матрица". Матрица — это генератор искусственной реальности, ложного мира. Задача Нео — спасти человечество, разрушить матрицу, чтобы человечество тем самым обрело реальный мир. Но прежде он должен поверить в то, что он сам мессия, "Тот самый" (The One).

Мотив сомнения в своей идентичности — один из самых важных в этом тексте. В этом смысле традиционное евангельское неомифологическое осмысление накладывается на гораздо менее очевидную эдипальную проблематику. Матрица, Matrix означает "матка", "утроба". Матрица — такая электронная матка, которая рождает **виртуальную реальность**, принимаемую ее пользователями за подлинную. В этом смысле главный вопрос, на который должен ответить герой фильма: "What is Matrix?", "Что такое матрица?" — переформулируется как вопрос: "Что такое мать? Кто такая моя мать?", то есть вопрос Эдипа. И в этом плане фигура прорицательницы закономерно ассоциируется с таким персонажем Эдиповой истории, как Сфинкс.

Итак, Нео должен понять, узнать, кто его породил, кто его шизофреногенные родители, и именно в этом суть его миссии. Разрушение шизофреногенной матери, освобождение мира от бреда идет через познание этой матери. (Слово "познать" в старославянском языке имеет также сексуальный обертон.)

Что же делает Морфеус для того, чтобы Нео познал матрицу? В первую очередь, он погружает его в пучину повторного переживания **травмы рождения**, в "динамику перинатальных *матриц*" (понятие, предложенное и разработанное основателем **трансперсональной психологии** С. Грофом). Дальнейшие мероприятия, предложенные Морфеусом, направлены на дезавуирование искусственной реальности в глазах Нео и тем самым на разрывание пуповины между Нео и шизофреногенной Матрицей.

Оригинальность эдипальной ситуации, предложенной в фильме, заключается в том, что в нем инверсированы позиции отца и матери и векторы, идущие от Отца к Сыну. Здесь уже вторично эдипальная история накладывается на евангельскую. Так же, как в Евангелии, мать отвергается во имя Отца, рожденное во имя вечного. При этом Отец выступает не как всесильный Бог-отец иудейской традиции, но скорее как "безумец, который навевает человечеству сон золотой" (Морфеус=сон) . Фигура "жизнь есть сон" благодаря важности этого персонажа приобретает здесь особую роль (см. также **сновидение**). Морфеус — не тот, который навевает сон, но тот, который объясняет, что кажущаяся жизнь есть сон, реальность это бред. Морфеус — это тот, который призывает проснуться.

При этом сюжет фильма организуется по достаточно простому сказочному принципу: попадание в чудесный мир (несколько прямолинейно ассоциированный с миром "Алисы в стране чудес"), обряд инициации, из которого, по В.Я. Проппу, выросла волшебная сказка, тема Иуды как сказочного вредителя, поцелуй героини, в результате которого герой пробуждается от смерти.

Ложность всего зримого олицетворяется важностью образа телефона как медиатора между зримым и слышимым. Телефон также медиатор между симулятивным миром искусственной реальности и подлинным миром, который предлагает Морфеус. Корабль Морфеуса, Бога Отца и одновременно Иоанна Предтечи ассоциируется, разумеется, с Ноевым ковчегом.

Трогательная реминисценция к Хайдеггеру (последний истинный город называется Sein (название книги Хайдеггера "Sein und Zeit" — "Бытие и время") дополняет этот великолепный неомифологический винегрет, делая фильм подлинным шедевром той своеобразной элитарно-массовой культуры, которую породила эпоха **постмодернизма.**

МЕЖДИСЦИПЛИНАРНЫЕ ИССЛЕДОВАНИЯ — гуманитарные исследования, затрагивающие методы двух или более дисциплин.

М. и. стали особенно популярны начиная с 1960-х гг. Возродившаяся в это время под знаком **структурной лингвистики семиотика** была определена как наука, в принципе изучающая "любые объекты лингвистическими методами" (определение одного из лидеров тогдашней лингвистики и семиотики И. И. Ревзина). В соответствии с этим определением семиотика могла подвергать М. и. все что угодно — шахматную игру, карточные гадания, человеческое поведение, исторические хроники, поэтический текст, моду, дуэли, индийскую философию, **театр абсурда**, сонаты Моцарта.

В 60-е гг. особенно тесной стала связь лингвистики с математикой (образовалась новая междисциплинарная дисциплина — математическая лингвистика) и семиотики с логикой (см. **логическая семантика**). Семиотика стала проникать в биологию и физиологию (см. **функциональная асимметрия полушарий головного мозга**) и обобщать данные фундаментальной физики (**принцип дополнительности**).

Сменивший в 1970-е гг. структуралистскую **парадигму пост-**

структурализм (см. также **мотивный анализ**) практически сделал междисциплинарность необходимым условием всякого гуманитарного исследования.

В 1980-е гг. стало популярным понятие "культурология", которое в сущности означало не что иное, как М. и. в области различных аспектов истории и теории культуры (в Советском Союзе наиболее важными в этом отношении были труды Ю. М. Лотмана, Вяч. Вс. Иванова, В. Н. Топорова).

На Западе сама философия стала междисциплинарной. В нее в качестве необходимых элементов стали входить структурная лингвистика, семиотика, политэкономия и **психоанализ** (исследования Жака Лакана, Ролана Барта, Жиля Делеза, Феликса Гваттари, Жака Деррида, Юлии Кристевой, Мишеля Фуко).

Чтобы продемонстрировать применение М. и. на конкретном примере, мы вкратце опишем свой анализ повестей Алана Милна о Винни Пухе, в котором синтезировано около десятка методологических стратегий.

1—2. **Структурная поэтика** и **мотивный анализ**. "Винни Пух" (1926) рассматривается не как произведение детской литературы, а в ряду **текстов** европейского **модернизма**. Большую роль здесь играет поэтика **неомифологизма**, в частности мифологема мирового древа: все герои живут в деревьях и с деревьями связаны наиболее значимые события **сюжета**. Поваленное ветром дерево символизирует конец мира виннипуховского леса.

3. **Психоанализ**. Книга о Винни Пухе писалась А. Милном для его сына Кристофера Робина в разгар повального увлечения в Европе психоанализом, и в ней тем или иным образом отразились психоаналитические мотивы и проблемы, прежде всего эротического свойства. Так, отношения между героями, как показано в исследовании, носят латентно сексуальный характер. Тот же характер имеют многие мотивы. Например, в имени виртуального персонажа Heffalump ("Слонопотам" в переводе Б. Заходера) дважды заанаграммировано слово "фаллос" — fal и lump — "кусок, огрызок". Для поимки виртуального монстра роется яма (по Фрейду — женский символ), в которую Слонопотам должен упасть. Подобно тому как за "безоблачным детством", как вскрыл психоанализ, кроются мучительные сексуальные проблемы, так же и за безобидным на поверхности **сюжетом** кроются глубинные общечеловеческие проблемы.

4—5. Теория **травмы рождения** и **трансперсональная психология**. Здесь ключевую роль играет эпизод, когда Винни Пух, объевшись, застревает в норе у Кролика и не может оттуда вылезти; его муки ассоциируются с перинатальными переживаниями плода в утробе матери. Ср. эпизод, когда Поросенок, забравшись в сумку-живот Кенги вместо Крошки Ру, претерпевает символическое второе рождение.

6—8. **Семантика возможных миров, логическая семантика, прагматика**. Мир повестей о Винни Пухе — это замкнутый мирок с ограниченным количеством персонажей. Но как каждому вымышленному миру хочется представить себя в качестве действительного мира, так и в мире "Винни Пуха" проделывается ряд операций, цель которых — подтвердить, что этот детский мирок по своим базовым онтологическим характеристикам ничем не отличается от взрослого мира. Если, с одной стороны, персонажей ограниченное количество, то, с другой — к ним все время добавляются сомнительные виртуальные персонажи типа Буки и Бяки (Woozle и Wizzle), Слонопотама, Ягуляра, дядюшки. Для того чтобы вымышленный мир мог казаться **реальностью**, он должен иметь внутри себя как минимум еще один внутренний мир.

С другой стороны, ограниченность числа главных героев позволяет сделать бесконечным число второстепенных, например друзей и знакомых Кролика самых различных пород и "сортов". Наконец, между взрослым и игрушечным миром имеется посредник, хозяин игрушечного мира Кристофер Робин, который обладает правом "Творения" — засылки в мир новых персонажей, таких, как Кенга, Ру и Тиггер.

В прагматике реальной жизни настоящего Кристофера Милна долгое время книга о Винни Пухе не давала ему покоя. Он взрослел и старел, но для всех людей оставался мальчиком Кристофером Робином.

9. **Характерология** (см.). Каждый персонаж "Винни Пуха" — это выпукло обрисованный характер. Сам Винни Пух — сангвиник-синтоник, жизнерадостный, любящий поесть, психически наиболее мобильный, живущий в гармонии с окружающей его действительностью. Поросенок — тревожный психастеник, вечно боящийся будущего и из всех возможных вариантов предсказывающий наихудший. Кролик — эпилептоид-прагматик. Его

ценные свойства и излюбленная сфера деятельности — это сфера огранизации, отдачи приказов и распоряжений. Интеллектуально он недалек и лишен фантазии. Сова (в нашем переводе "Сыч") — шизоид-интроверт (см. **аутистическое мышление**), оторванный от реальности, погруженный в свои мысли и совершенно не ориентирующийся во внешнем мире.

10. **Теория речевых актов**. В соответствии со своим характером каждый персонаж обладает определенными особенностями речевого поведения. Винни Пух никогда не лезет за словом в карман, он сочиняет стихи, наиболее гибок и успешен в конкретной речевой деятельности, но не понимает смысла длинных слов, обозначающих абстрактные понятия. Сыч, наоборот, погружен в языковую шизоидную абстрактность и совершенно не в состоянии поддерживать конкретный диалог. Поросенок все время говорит одно, а думает о другом (об Ужасном). Кролик пишет реляции, отдает распоряжения, всячески командует.

Приведенный конспективный анализ является **деконструкцией** (см.) "Винни Пуха", поэтому сама постановка вопроса о том, содержится ли все это на самом деле в **тексте** Милна или придумано исследователем, является бессмысленной, потому что тексты при таком понимании существуют только в диалоговом режиме с читателем и интерпретатором. Такова исследовательская стратегия **постмодернизма**.

Лит.:
Ревзин И. И. О субъективной позиции исследователя в семиотике // Учен. зап. Тартуского ун-та. — Тарту, 1971. — Вып. 266.
Степанов Ю. С. В трехмерном пространстве языка: Семиотические проблемы лингвистики, философии, искусства. — М., 1985.
Налимов В. В. Вероятностная модель языка: О соотношении естественных и искусственных языков. — М., 1979.
Руднев В. Введение в прагмасемантику "Винни Пуха" // Винни Пух и философия обыденного языка / Пер. с англ. Т. А. Михайловой и В. П. Руднева; Аналитич. статьи и коммент. В. П. Руднева. — М., 1996.

МЕТАЯЗЫК — язык описания, язык "второго порядка", при помощи которого описываются языки-объекты. Термин М. возник в математике и **математической логике** (см.), где в качестве

М. выступают формальные символы, связки, кванторы и операторы.

Выгодность М. состоит в том, что он отличается от языка-объекта и выступает как более простой, однозначный и ясный (см. **логический позитивизм**). Однако в гуманитарных науках, которые с трудом поддаются формализации, в качестве М. выступает тот же естественный язык, что создает определенные трудности. Мы говорим, изучаем объект — в истории, лингвистике, литературоведении,— пользуясь тем же языком, на котором история говорит в документах, язык — в речевых действиях, а литература — в своих **текстах.** Для того чтобы отличить М. от языка-объекта, он строится как терминологическая система. Чем строже эта система, тем научнее дисциплина, которая пользуется этой системой. Во всяком случае, так считалось всегда в XX в. до **постструктурализма** (см.) и **постмодернизма,** научных и философских **парадигм,** которые именно в расплывчатости и неясности М. видят адекватность изучаемому объекту.

В нашем словаре рассмотрено несколько М. терминологических систем: М. **математической логики, фонологии** (см.), основными единицами которого являются **бинарные оппозиции** дифференциальных признаков фонем: гласный — согласный, смычный — щелевой, губной — зубной и т. д. В М. **структурной лингвистики** (см.) также важнейшую роль играют бинарные оппозиции: синтагматика — парадигматика, язык — речь, синхрония — диахрония. В **генеративной поэтике** (см.) элементами М. являются понятия темы и приемов выразительности, а также сами эти приемы выразительности — контраст, варьирование, совмещение и т. д. А вот **мотивный анализ** знает, по сути, лишь один термин — мотив. М. мотивного анализа не выделен — это является признаком того, что данное научное направление уже относится к парадигме постструктурализма.

В принципе, на протяжении XX в. наблюдалась динамика понятия М. от жесткости к мягкости — не прямолинейно, конечно, но общая тенденция была именно такая. Вначале логические позитивисты провозгласили поиск идеального М. самой главной задачей философии, после этого Витгенштейн заметил, что говорить на идеальном языке — это все равно, что ходить по идеально гладкому льду.

Однако после второй мировой войны в связи с идеями формализации знания на основе электронных систем, теории информации и кибернетики начался новый взлет жестких М. — появилась математическая лингвистика, семантика возможных миров, употреблявшие сложные системы М. Потом эти М. отошли в чисто технические разработки и вновь — на этот раз, по крайней мере на протяжении XX в., окончательно — пошла мода на мягкие расплывчатые М. Венцом этой тенденции стал, конечно, постмодернизм.

МЕХАНИЗМЫ ЗАЩИТЫ — в **психоанализе** способы, которым человеческое "я" (эго) защищается от нападок Суперэго (см. **бессознательное**) или от **реальности**. Другими словами, М. з. это такие процессы, при помощи которых мы бессознательно отгораживаем свою личность от неприятных для нее психических содержаний, угрожающих ее неприкосновенности и психической целостности. Понятие М. з. ввел Фрейд в работах конца 1890-х гг., но систематическую разработку это понятие получило в книге его дочери Анны Фрейд "Эго и механизмы защиты" (1927), после чего учение о М. з. стало отдельной отраслью психоанализа, изучающей специфику проявлений человеческого "Я".

Следует понимать, что М. з. носят психопатологический, невротический характер (см. **невроз**), то есть включаются в общую динамику невротического процесса.

Одним из первых был открыт М. з., имеющий место при **истерии** (см.). Он называется *вытеснением* и заключается в том, что при истерическом реагировании на **травму** неприемлемое для сознания психическое содержание вытесняется из сознания в бессознательное и на его месте возникает истерический симптом, например, онемение (мутизм) или истерическая глухота. Как правило, истерический симптом, вставший на место вытесненного травматического содержания может быть связан с ним метафорической связью. Так, например, описывая знаменитый случай истерической пациентки, известный в истории психоанализа как "случай Доры", Фрейд анализирует момент, когда она во время разлуки со своим фантазматическим возлюбленным потеряла дар речи, но сохранила способность к письму, которой активно пользовалась, занимаясь ежедневным писанием писем этому господину. Речь же ей, как комментировал это

Фрейд, была больше не нужна так как говорить она хотела только с ним. Когда господин К. вернулся, вместе с ним вернулась речь у Доры.

Следующим по значимости в истории психоанализа является **невроз** навязчивых состояний, или **обсессивный невроз**.

При обсессивном неврозе действуют М. з. *замещения* и *изоляции*. Обсессивное эго замещает травму навязчивым действием, которое повторяется бесконечное число раз, изолируясь от остальных мыслей и поступков в некой герметической магической среде, пригодной для отправления ритуалов и других оккультных действий, например в ситуации заговора или заклинания, когда субъект выходит на некое отграниченное открытое пространство ("чистое поле") и, изолируясь от повседневной жизни и используя технику навязчивого повторения, произносит определенное число раз предусмотренные ритуальные формулы. Эта характерная для невроза навязчивых состояний и обсессивно-компульсивной конституции в целом эксклюзия, выключенность из процесса обыденной жизни, обеспечивает обсессивному эго защиту от страхов внешнего мира. Эго как будто очерчивает вокруг себя магический круг, изолирующий его от внешнего мира.

Следующий важнейший М. з называется *проекция*. Он заключается в том, что внутреннее психическое переживание переносится, проецируется вовне, на другую личность. То есть это механизм, действующий по принципу "переваливания с больной головы на здоровую" или по принципу "сам дурак". Проекция характерна для паранойяльного психического расстройства или паранойяльного характера, патологически подозрительного, "упертого" человека, то есть такого, который видит в других то, чего не замечает в себе. Классический пример паранойяльной проекции — так называемый бред ревности, когда муж-параноик патологически ревнует жену к каждому встречному, проецируя на нее свои собственные систематические измены. Проекция также характерна для эпилептоидных личностей (см. **характерология**), людей патологически вспыльчивых, которые свои внутренние накопленные проблемы вымещают в агрессии, направленной на другого человека.

Противоположным по отношению к проекции М. з. является *интроекция*, при которой, напротив, некоторые внешние содержания перемещаются вовнутрь, интроецируются. Наиболее характерен механизм интроекции для депрессивных людей (см. **депрессия**), которые готовы принять на себя чувство вины за все на свете. Классическим примером интроекции является депрессивное чувство вины, возникающее в сознании человека, у которого умер близкий родственник. Интроективный человек винит себя за то, что он чего-то не сделал, что-то сделал не так и т. д. Может возникнуть вопрос, в чем же здесь защитная функция? Ответ состоит в том, что, как и при депрессии вообще, интроекция, несмотря на то, что она тяжело переживается человеком, сохраняет его внутреннюю экзистенциальную целостность, препятствует его дезинтеграции, психотизации (см. **психоз**). Если человек способен испытывать чувство вины, то, значит, он в экзистенциальном смысле полноценная личность (см. также **экзистенциализм**).

Важнейшим М. з. является также *отрицание*. Этим М. з. склонны пользоваться люди, которые обладают **аутистическим мышлением.** Характерно отрицание также в целом для маленьких детей. Реальность для них настолько сложна и угрожающа, что они не только сами склонны ее отрицать, но даже взрослые им в этом помогают. Так, например, когда маленькому мальчику говорят: "Ведь ты уже совсем большой, как папа", — то это пример своеобразного дидактического отрицания реальности (пример принадлежит Анне Фрейд). Взрослые люди сплошь и рядом отрицают реальность. Например, когда человек говорит "Никогда себе этого не прощу!", — и тут же прощает. В XX в. механизм отрицания в силу аутистичности, шизоидности культуры нашего столетия (см. **характерология**) играет огромную роль, так как отрицание составляет неотъемлемую часть всякого нового знания. Поэтому любой новаторский механизм в науке и искусстве, а для XX в. это очень важно (см. **модернизм**), носит негативистский характер, поскольку, для того чтобы построить некую новую систему, необходимо прежде отрицать старую, так сказать, сбросить Пушкина с корабля современности.

Еще одним чрезвычайно важным М. з. является *идентификация*, когда эго отождествляет себя с другим "Я", чтобы парадоксальным образом сохранить этим свою идентичность. Идентификация считается наиболее здоровым М. з., аналогом альтруизма, она характерна для сангвиников-циклоидов (см. **характерология**). Например, чеховская Душечка поочередно идентифицирует себя со всеми мужьями и тем самым сохраняет собственную идентичность (пример П. В. Волкова).

Одна из знаменитых женщин-психологов XX в., английский психоаналитик Мелани Кляйн выделила М. з., комбинирующийся из проекции и идентификации — проективную идентификацию. Действие этого М. з. заключается в том, что некоторое неприятное для личности психическое содержание не просто проецируется на другого, но отождествляется с личностью этого другого. Так в **"Мастере и Маргарите"** поэт Рюхин проективно отождествляет свой **комплекс неполноценности,** связанный с неудавшейся поэтической карьерой, с памятником Пушкину на Тверском бульваре, с которым он вступает в беседу.

В современной эго-ориентированной психологии выделяется все больше и больше М. з. Мы рассмотрели только важнейшие.

Лит.:
Фрейд. А. Эго и механизмы защиты // Фрейд А. Теория и практика детского психоанализа. — М., 1999.
Лапланш Ж. , Понталис Ж.-Б. Словарь по психоанализу. — М., 1996.
Волков П. В. Многообразие человеческих миров. — М., 2000.
Мак-Вильямс Н. Психоаналитическая диагностика. — М. *1998.*
Руднев В. П. Модальности, характеры и механизмы жизни // Московский психотерапевтический журнал, № 1, 2001.

МИФ. Это понятие имеет в обыденном и культурном языке три значения: 1) древнее предание, рассказ; 2) мифотворчество, мифологический космогенез; 3) особое состояние сознания, исторически и культурно обусловленное.

Первое значение, или представление, как мы покажем ниже, просто неверно. М. не может быть рассказом чисто историческим, поскольку на стадии мифологического мышления то, что говорится, еще не отделено от того, о чем говорится. Мифологическое сознание не знает основных противопоставлений постмифологической культуры. Прежде всего — между **реальностью** и вымыслом. Для человека мифологического сознания не может быть также противопоставления правды и лжи, а для того чтобы говорить о рассказе, повествовании, нужны обязательно эти два противопоставления.

В мифологическом сознании другое **время** и **пространство** — время циклично: один из основных мифов человечества — это миф о вечном возвращении. Пространство же М. — это пространство аграрного ритуала, где все взаимосвязано. Каждое явление, в том числе и природное, толкуется в терминах пространства-времени, связанного с посевом, созреванием и уборкой урожая.

Когда появляется историческое сознание — представление о будущем, которое не повторит прошлого, М. начинает ломаться, демифологизироваться. Отсюда и возникает представление о нем как о рассказе в духе "Преданий и мифов Древней Греции" — это вытянутые в линию, искусственно наделенные чертами повествовательности мифологические "остатки". Вот как пишет Клод Леви-Строс в этой связи о задаче мифолога: "Мы будем рассматривать миф так, как если бы он представлял собой оркестровую партитуру, переписанную несведущим любителем, линейка за линейкой, в виде непрерывной мелодической последовательности; мы же пытаемся восстановить его первоначальную аранжировку".

Связанный с аграрным циклом мифологический культ умирающего и воскресающего бога (смысл аграрного культа в том, что "умирающее" зерно потом прорастает, "воскресает", как и умирающий бог — история Иисуса Христа тоже была решена в аграрно-мифологическом ключе как история умирающего и воскресающего бога) порождал особое отношение к личности, такое отношение, когда не действует фундаментальный закон тождества (a = a). Личность эпохи М. — не такая, как наша личность, она — часть всего коллектива, то есть не просто олицетворяет весь коллектив, а отождествляется с ним. Различные похожие люди, например близнецы, принимались за различные ипостаси одного человека, равного при этом всему космосу. Когда появлялось линейное время, циклический миф начинал превращаться в линейный текст: тогда появлялись двойники и близнецы исторического и условно-художественного повествования.

Второе значение понятие М. как мифотворческого космогенеза — рождения мира из хаоса — более корректно, но ведь нас в первую очередь М. интересует потому, что в XX в. он стал одной из важнейших культурных категорий, а стал он таковым благодаря третьему значению — М. как особому состоянию сознания. Это такое состояние сознания, которое является нейтрализатором между всеми фундаментальными культурными **бинарными оппозициями** (см.), прежде всего между жизнью и смертью, правдой и ложью, иллюзией и реальностью. Вот почему во времена тоталитарного сознания, например, во времена сталинских репрессий, миф действует так безотказно. Когда арестовывают всю семью и человек понимает, что тот, кто все это заварил, — негодяй и тиран, а его арестованные или убитые родственники явно ни в чем не виноваты, он долго не может психологически удерживать в себе это непосильное для него знание. И он регрессирует в мифологическое сознание; оппозиция "злодей / жертва" сменяется для него оппозицией "вождь / герой" или "вождь / его враги". Сознание человека затемняется, и им полностью овладевает **бессознательное,** которое, как показал Юнг, как раз и состоит из М. (см. **аналитическая психология**).

Вот почему миф так важен для XX в. Но мифологическое пронизывает не только политику, но и фундаментальную культуру, которая в XX в. становится тотально мифологической (см. **неомифологическое сознание**). Чтобы изучать это сознание, важно знать структуру классического М. (пусть реконструированную этим же неомифологическим сознанием).

Для структуры М. прежде всего характерно то, что Люсьен Леви-Брюль назвал партиципацией, то есть сопричастием. В М. каждый объект, каждое действие сопричастно другим объектам и действиям. Изображение человека — это не просто изображение, это часть того человека, которого оно изображает, одна из его форм. Поэтому достаточно проделать какие-то манипуляции с изображением, и нечто произойдет с изображаемым человеком, например если проколоть изображение булавкой, человек умрет (контагиозная магия). Потому что часть — это то же, что целое, одно из проявлений целого.

Как писал А. Ф. Лосев, для М. характерно всеобщее оборотничество — все связано со всем и отражается во всем. Для этого нужен особый язык и особое сознание. Например, когда человек говорит: "Я вышел из дома", то он просто описывает свое действие. Такой язык не может быть мифологическим, в нем слишком четко разделены объект, субъект и предикат. Но М. не разделял ни субъекта, ни объекта, ни предиката. М. вообще не знал слов в современном смысле и синтаксиса в современном смысле: членов предложения, частей речи — ничего этого не было.

В мифологическом сознании господствовал наиболее примитивный синтаксический (досинтаксический) строй — инкорпорирующий: в нем слово и предложение — это одно и то же, нерасчлененные смыслы нанизываются друг на друга. Не "я вышел из дома", а нечто вроде "меня-дом-наружу-хождение". Конечно, в таком нерасчлененном языке и сознании не может быть ни разграничения правды и лжи (оно возникает как функция членораздельного предложения), ни деления на иллюзию и реальность (оно возникает, когда есть предметы и есть слова), ни разграничения жизни и смерти (оно возникает, когда появляется начало и конец предложения и вообще начало и конец — то есть линейное время).

Леви-Строс охарактеризовал М. мышление как бриколаж (фр. bricolage — отскок шара в бильярде), то есть всеобщее взаимное отражение (утонченным вариантом бриколажа является, например, "Игра в бисер" Гессе).

Рассмотрим особенности мифологического сознания на примере мифа об Эдипе (см. также **Эдипов комплекс**). Эдип по неведению убивает своего отца и женится на своей матери. Важно при этом, что он становится царем и что отец его был царь. Вот первая характерная черта архаического М.: ритуальное убийство престарелого царя, ветхого жреца — этому посвящена огромная книга Дж. Фрейзера "Золотая ветвь". Ритуальное убийство царя связано с культом умирающего и воскресающего бога — в мифологическом сознании Эдип и отец его Лай суть две стадии одного человека, это и есть умирающий и воскресающий бог-царь.

А что такое соитие с матерью? Как говорили в древней Руси, "Богородица — мать-сыра земля": земля, мать — это олицетворение плодоносящего начала и одновременно субститут царской власти как овладения матерью-родиной. Ведь Эдип, овладев Иокастой, своей матерью, тем самым овладел городом Фивы, стал царем Фив.

Почему же Эдип ослепил себя? В М. об Эдипе действует особая диалектика зрения как слепоты и слепоты как зрения. Об этом хорошо пишет Я. Э. Голосовкер. Эдип видел своего отца, видел свою мать, но тем не менее совершил все эти поступки, а слепой старец-андрогин провидец Тиресий знал всю эту историю заранее от начала до конца. Стало быть, внешнее зрение ничего не стоит. Так пусть же его не будет вообще. И Эдип выкалывает себе глаза, чтобы отныне видеть все внутренним зрением (говорят, что так же поступил философ Демокрит, который ослепил себя, чтобы лучше видеть). Итак, в М. об Эдипе слились и аграрный М., и М. об умирающем и воскресающем боге. Убийство отца и инцест — явления поздние, то есть поздним является их осознание как чего-то ужасного. В обществе с эндогамией инцест был обычным делом. А первые люди вступали в инцест в силу обстоятельств; с кем же еще было им вступать в связь, ведь больше, кроме них, никого не было? Если же мы вспомним, что черпаем сведения об Эдипе из линеаризированных, лишенных "партитуры" рассказов и трагедии Софокла, а также вспомним то, что мы говорили о мифологическом языке и сознании, то, в сущности, никакого в современном смысле убийства отца и инцеста не было. Было что-то другое, выраженное на инкорпорирующем языке:

матери-отце-убива-женение.

Леви-Строс же вообще считал, что главное в М. об Эдипе совсем другое — вопрос, заданный мифологическим сознанием: как рождается человек, от одного человека или от двух?

Современные представления о том, как рождается человек, — очень поздние, все мифологические герои рождаются каким-нибудь экзотическим, с нашей точки зрения, образом: из головы отца, от наговора, от укуса какого-то насекомого и так далее. Наконец, они просто вырастают из земли. Леви-Строс обращает внимание на то, что Эдип был хромой, ведь ему в детстве перерезали сухожилия, и на то, что в имени его отца Лая (что значит "левша") кроется намек на то, что нечто не в порядке с конечностями. Леви-Строс толкует это как остатки архаического представления о том, что человек вырос из земли, а весь миф об Эдипе как пробуждающееся любопытство к тому, как же это происходит на самом деле, в этом, по Леви-Стросу, и смысл **Эдипова комплекса,** который он тоже считает частью М. об Эдипе, ибо М. не знает времени.

Лит.:
Фрейзер Дж. Дж. Золотая ветвь: Исследование магии и религии.— М., 1985.
Леви-Брюль Л. Первобытное мышление.— М., 1994.
Лосев А. Ф. Знак. Символ. Миф.— М., 1982.
Голосовкер Я. Э. Логика мифа. — М., 1987.
Леви-Строс К. Структурная антропология.— М., 1983.
Юнг К. Г. Архетип и символ.— М., 1991.
Элиаде М. Космос и история. — М., 1987.
Аверинцев С. С. К истолкованию символики мифа об Эдипе // Античность и современность. — М., 1972.
Пятигорский А. М. Некоторые замечания о мифологии с точки зрения психолога // Учен. зап. Тартуского ун-та, 1965 — Вып. 181.
Руднев В. Прочь от реальности: исследования по философии текста. II. — М., 2000.

МНОГОЗНАЧНЫЕ ЛОГИКИ. Обычная Аристотелева логика называется двузначной, потому что ее высказывания имеют два значения, то есть они могут быть либо истинными, либо ложными (см. также **математическая логика**). Однако мы знаем, что в **реальности** далеко не всегда можно определить точно истинность или ложность высказывания, и бывают переходные случаи. Например, есть высказывания неопределенные с точки зрения их истинности или ложности:

Коммунизм — это молодость мира.
Нынешний король Франции лыс.

Вот что пишет по этому поводу один из виднейших современных философов Георг Хенрик фон Вригт: "Возьмем, например, процесс выпадения дождя. Этот процесс продолжается некоторое время, а затем прекращается. Но предположим, что это происходит не внезапно, а постепенно. Пусть p_____ — p иллюстрирует, что на определенном отрезке **времени** вначале определенно идет дождь, потом определенно не идет дождь (—p), а между этими временными точками находится переходная область, когда может капать небольшое количество капель —

слишком мало для того, чтобы заставить нас сказать, что идет дождь, но слишком много для того, чтобы мы могли воздержаться от утверждения, что дождь опредленно закончился. В этой области высказывание р ни истинно, ни ложно".

Таким образом, появляется еще третье значение высказывания: "ни истинно, ни ложно"; или "и истинно, и ложно"; или "неопределенно".

Когда соответствующие явления стали обнаруживаться в математике и физике — например в квантовой механике при описании микромира, частица может производить одновременно воздействия на места, в которых она сама не находится, или как в **трансперсональной психологии**, когда сознание настолько расширяется, что может одновременно находиться в разных местах, — то назревает необходимость в адекватном описании таких аномальных, с точки зрения двузначной логики, явлений. Здесь-то и помогает аппарат многозначной, например трехзначной, логики, которая наряду с обычными значениями "истинно" и "ложно" оперирует значением "неопределенно", или "неизвестно", или "ненаблюдаемо".

Мы знаем (см. **математическая логика**), что в основе логического исчисления лежат несколько самоочевидных истин, аксиом, которые мы называем законами логики. В обычной двузначной логике таких законов четыре: закон тождества (любое высказывание с необходимостью равно самому себе); закон двойного отрицания (двойное отрицание высказывания равно утверждению этого высказывания); закон исключенного третьего (высказывания может быть либо истинным, либо ложным); закон противоречия (неверно, что высказывание может быть одновременно истинным и ложным).

В начале XX в. выяснилось, что закон исключенного третьего, строго говоря, не является законом логики, в силу того, что он действует только применительно к конечному множеству объектов, тогда как, например, числа представляют собой бесконечное множество. Вот что пишет об этом известный логик, а также автор знаменитых диссидентских памфлетов А. А. Зиновьев: "Возьмем утверждение: всякое целое число, большее единицы, есть либо простое, либо сумма двух простых, либо сумма трех простых. Неизвестно, так это или нет, хотя во всех рассмотренных случаях это так (а их конечное число). Назовем исключительным числом число, которое не удовлетворяет принятому утверждению. Существует ли такое число или нет? Мы не можем указать такое число и не можем вывести противоречие из допущения его **существования**. Отсюда делается вывод о неприменимости закона исключенного третьего в таких случаях". В данном случае, также показывающем, что не все законы двузначной логики срабатывают, речь шла о так называемом интуиционистском понимании логики (авторы концепции интуиционизма — Л. Броуэр и А. Гейтинг).

Аналогичным образом, двузначная логика плохо описывает некоторые модальные высказывания (см. **модальности**). Например, высказывания "возможно, идет дождь" и "возможно, не идет дождь" не противоречат друг другу. Может быть, идет, а может, уже кончился. Но их немодальные аналоги — "дождь идет" и "дождь не идет" — являются явными противоречиями. Для подобных случаев и создавались М. л. Их авторы — Я. Лукасевич, Э. Пост, Д. Бочвар, Г. Рейхенбах стремились более адекватно, чем это делает классическая двузначная логика, описать такие сложные процессы, как процессы в микромире, или обойти такие технические трудности, как в примере с модальными высказываниями.

В результате было построено несколько самостоятельных систем М. л. со своей аксиоматикой, своими законами, отличающимися от законов двузначной логики. Мы не будем вдаваться в суть этих законов — важно, что они построены и что мы поняли, чему они служат.

Лит.:
Вригт Г. Х. фон. Логика истины // *Вригт Г. Х. фон.* Логико-философские исследования. — М., 1986.
Зиновьев А. А. Философские проблемы многозначной логики. — М., 1960.

МОДАЛЬНОСТИ (от лат. modus — вид, способ) — тип отношения высказывания к **реальности.** Наиболее известные нам М. — это наклонения: изъявительное — оно описывает реальность ("Я иду"), повелительное — оно ведет диалог с реальностью ("Иди") и сослагательное ("Я бы пошел") — оно вообще слабо связано с реальностью.

Но, кроме обычных наклонений, существуют еще логические М. — они называются алетическими (от древнегр. aletycos — истинный), это М. необходимости, возможности и невозможности. Эти М. существуют как бы незримо. При логическом анализе они добавляются к предложению в виде особых зачинов на метаязыке, модальных операторов. Например, все аксиомы математики и логики являются необходимо истинными — "2х2 = 4", "Если а, то неверно, что не а" (закон двойного отрицания).

Тогда мы говорим:

Необходимо, что если а, то неверно, что не а.

Такие высказывания истинны всегда, во всех возможных мирах (см. **семантика возможных миров**). Они называются тавтологиями.

Пример возможно истинного высказывания: "Завтра пойдет дождь"; пример невозможного высказывания: "Если а, то не а". Такие высказывания называются противоречиями.

Алетические М. были известны еще Аристотелю. В XX в. К. Льюис построил на их основе особую модальную логику, аксиомы которой отличаются от аксиом обычной пропозициональной логики (логики предложения).

Например, законом (тавтологией) обычной логики является предложение: "Если а, то а"(форма закона тождества). Если добавим сюда оператор "возможно", то это предложение перестанет быть тавтологией, необходимой истиной:

Если возможно, что а, то возможно, что и не а.

В XX в. были разработаны и другие модальные системы:

1. Деонтические М. (лат. deonticos — **норма**) — это М. нормы. Они предписывают, что должно, что разрешено и что запрещено. Например, в трамвае:

> Должно оплатить билеты.
> Можно ехать.
> Нельзя курить.

Логику деонтических М. разработал финский философ Георг фон Вригт.

2. Аксиологические М. (лат. axis — ценность), различающие негативные, позитивные и нейтральные оценки. В сущности, любое предложение так или иначе окрашено аксиологически в

зависимости от контекста (см. прагматика). Равным образом можно сказать:

Хорошо, что идет дождь.
Плохо, что идет дождь.
И просто: Идет дождь.

Аксиологическую логику разработал русский философ А. А. Ивин.

3. Эпистемическая логика (древнегр. episteme — **знание**) изучает М. знания, незнания и полагания:

Он знает, что я это сделал.
Он полагает, что я это сделал.
Он не знает, что я это сделал.

Эпистемическую логику разработал Яакко Хинтикка, один из создателей **семантики возможных миров**.

4. Логика **времени** — прошлое, настоящее, будущее:

Вчера шел дождь.
Сегодня идет дождь.
Завтра пойдет дождь.

Логику времени разработал английский философ Артур Прайор.

5. Логика **пространства** — здесь, там, нигде. Подробно о ней см. в ст. **пространство.**

Можно заметить, что все шесть М. устроены одинаковым образом, в каждой по три члена — позитивный, негативный и нейтральный:

М.	+	0	—
алетические	необходимо	возможно	невозможно
деонтические	должно	разрешено	запрещено
аксиологические	хорошо	нейтрально	плохо
эпистемические	знание	полагание	знание
временные	прошлое	настоящее	будущее
пространственные	здесь	там	нигде

Можно заметить также, что все М. и содержательно похожи друг на друга. Необходимо соответствует тому, что должно, хорошо, известно, находится в настоящем и здесь. И наоборот. Возможно, в эпоху мифологического сознания (см. **миф**) они составляли одну супермодальность.

Для чего нужны М.? Они регулируют всю нашу жизнь (см. **реальность**). Например, деонтическая логика сможет когда-нибудь решить, разрешено ли то, что не запрещено.

Каждый наш шаг в жизни характеризуется в полном смысле хотя бы одной такой М., а в широком смысле — всеми шестью. Рассмотрим простейшую ситуацию:

Человек вышел из дома.

Это возможное высказывание. С деонтической точки зрения это разрешенное действие (но если бы контекст предшествующих или последующих предложений указывал на то, что в это время наступил комендантский час, то это действие перешло бы в разряд запрещенных). Хорошо это действие или плохо, также зависит от контекста. Если человека ждет приятель, то оно хорошо, а если наемный убийца, то, конечно, плохо. С точки зрения времени, это высказывание о прошлом. С точки зрения пространства, это переход из одного актуального пространства в другое. В сильном смысле это именно пространственное высказывание и действие.

Построенная типология М. может отражать не только реальную жизнь, но и классифицировать **сюжеты** (об этом см. соответствующую статью словаря).

Лит.:
Вригт Г. Х. фон. Логико-философские исследования.— М., 1986.
Ивин А. А. Основания логики оценок. — М., 1971.
Prior A. N. Time and modality. — Ox., 1957.
Hintikka J. Knowledge and belief. — L., 1962.
Руднев В. Морфология реальности: Исследование по "философии текста".—М., 1996.

МОДЕРНИЗМ — достаточно условное обозначение периода культуры конца XIX — середины XX в., то есть от импрессионизма до **нового романа** и **театра абсурда**. Нижней хронологической границей М. является "реалистическая", или позитивистская, культура XX в., верхней — постмодернизм, то есть 1950 — 1960-е гг.

Не следует путать искусство М. и **авангардное искусство**, хотя порой грань между ними провести трудно.

Типичными искусствами М. являются **символизм, экспрессионизм** и **акмеизм.** Типичными искусствами авангарда являются футуризм, **сюрреализм,** дадаизм. Главное различие между М. и авангардом заключается в том, что хотя оба направления стремятся создать нечто принципиально новое, М. рождает это новое исключительно в сфере художественной формы (говоря в терминах **семиотики**), в сфере художественного синтаксиса и семантики, не затрагивая сферу прагматики. Авангард затрагивает все три области, делая особенный упор на последней. Авангард невозможен без активного "художественного антиповедения", без скандала, эпатажа (см. **авангардное искусство**). М. это все не нужно. В сфере прагматики модернист ведет себя, как обычный художник или ученый: он пишет свои замечательные картины, романы или симфонии и обычно не стремится утвердить себя перед миром таким активным способом, как это делают авангардисты. Наоборот, для модерниста скорее характерен замкнутый образ жизни, а если модернисты объединяются в какие-то кружки, то ведут они себя исключительно тихо и даже академично.

Вообще понятие М. тесно связано не только с искусством, но и с наукой и философией. Недаром многие ранние модернисты (особенно русские) были учеными и философами — Валерий Брюсов, Андрей Белый, Вячеслав Иванов. Нельзя не считать проявлениями М. в культуре XX в. такие ключевые явления, как **психоанализ,** теорию относительности, квантовую механику, **аналитическую философию, структурную лингвистику,** кибернетику, и нельзя не считать модернистами Зигмунда Фрейда, Карла Густава Юнга, Альберта Эйнштейна, Германа Минковского, Курта Гёделя, Нильса Бора, Вернера, Гейзенберга, Фердинанда де Соссюра, Людвига Витгенштейна, Норберта Винера, Клода Шеннона.

М., если его рассматривать как такое комплексное движение в культуре XX в., отталкивался прежде всего от "реалистического" (ср. **реализм**), позитивистского мировосприятия XIX в. Основные различия между ними в следующем:

1. Позитивизм стремился к описанию существующей реальности, М. стремился моделировать свою реальность (в этом смысле эволюционная теория Дарвина является скорее модернистской, чем позитивистской, во всяком случае находится на границе).

2. У позитивизма XIX в. была отчетливо заостренная материалистическая установка — реальность первична. Для М. скорее характерна противоположная установка: идеалистическая — первичным является сознание, или агностическая — мы не знаем, что первично и что вторично, и нам это не важно.

3. Для позитивистов XIX в. наиболее фундаментальным было понятие реальности. Для М. понятие реальности растворялось в аллюзиях, реминисценциях, в зеркальных отображениях одного в другом — и фундаментальным становилось понятие **текста**, который, обрастая цитатами, аллюзиями и реминисценциями, превращался в **интертекст**, а потом уже, в эпоху **постмодернизма, в гипертекст.**

4. Для позитивистского "реалистического" понимания литературы был, тем не менее, характерен чисто романтический конфликт героя и толпы (ср., например, Базарова, Рахметова, Растиньяка и Валентена в произведениях Тургенева, Чернышевского и Бальзака, которые считаются реалистами). В М. этот конфликт рассасывается и вообще идея изображения личности с ее сложными душевными переживаниями уходит на второй план: либо возводится в ранг сверхценности красота редуцированного сознания, как у Фолкнера в **"Шуме и ярости"** (Бенджи Компсон), либо сознание расщепляется, как в **"Школе для дураков"** Саши Соколова. Если же в произведении всё же есть конфликт героя и толпы, как, например, в **"Докторе Фаустусе"** Томаса Манна, то он проведен нарочито пародийно, как и вся сюжетная канва этого произведения (см. также **принципы прозы XX века**).

5. Если для литературы XX в. характерна "семейность", изображение семьи и ее микро- и макросоциальных проблем, то в XX в. это остается только у писателей—последователей "реалистической" традиции (Дж. Голсуорси, Роже Мартен дю Гар, Теодор Драйзер). Представители же М. либо вообще не касаются проблемы семьи, как, например, в "Игре в бисер" Гессе или **"Волшебной горе"** Манна, **"Бледном огне"** Набокова, **"Мастере**

и **Маргарите"**, либо рисуют распад семьи, как почти во всех произведениях Фолкнера, "Будденброках" Манна, "Петербурге" Белого, "В поисках утраченного времени" Пруста, "Улиссе" Джойса.

Если в литературе XIX в. много прекрасных произведений и страниц посвящено детству и детям, то для М. это не характерно. Если о детстве и говорится, то как о безвозвратно утраченном (Пруст) или искалеченном психической болезнью (**"Шум и ярость"** Фолкнера, **"Школа для дураков"** Соколова).

В **"Мастере и Маргарите"** есть важный в этом смысле эпизод, когда Маргарита по пути на шабаш залетает в какую-то московскую квартиру и разговаривает с мальчиком (здесь подчеркивается, что у ведьмы, которой стала Маргарита, не может быть детей). Таким образом, М. изображает мир без будущего, апокалиптический мир. Это мир в преддверии фашизма и тоталитарного сознания, атомной бомбы и массового терроризма.

С этим связан и психологический, характерологический (см. **характерология**) аспект М. Практически все его представители — это шизоиды-аутисты по характеру (см. **аутистическое мышление**), то есть замкнуто-углубленные характеры, психически неустойчивые, болезненные, мимозоподобные, но внутренне чрезвычайно цельные. Характерные примеры — Пруст, проведший вторую половину жизни в комнате с пробковыми стенами, Кафка, всю жизнь жаловавшийся на слабость, невозможность работать, жизненные неудачи, Витгенштейн, всю жизнь проведший на грани самоубийства, Мандельштам, сочетающий в своем характере болезненное чувство собственного достоинства с совершенной неукорененностью в жизни. Лишь немногие "короли" М. — З. Фрейд, И. Стравинский. А. Шёнберг, Т. Манн — не были обижены судьбой, хотя все четверо умерли не у себя на родине, а в изгнании, то есть пережили психологическую травму эмиграции. Исключение и в этом, пожалуй, лишь Уильям Фолкнер.

Естественно, что подобно тому как М. зрел уже в поздних произведениях Пушкина, Гоголя и Достоевского, так и постмодернизм уже можно "заподозрить" в "Улиссе" Джойса, в **"Волшебной горе"** Т. Манна и его **"Докторе Фаустусе"**, то есть в тех произведениях, в которых юмор если и не перевешивает общего мрачного колорита, то, во всяком случае, присутствует в явном виде, и которые строятся, как говорил черт в "Докторе Фаустусе" — в виде "игры с формами, о которых известно, что из них ушла жизнь".

Лит.:
Руднев В. Модернизм // Русская альтернативная поэтика. —М., 1991.
Руднев В. П. Модернистская и авангардная личность как культурно-психологический феномен // Русский авангард в кругу западноевропейской культуры. — М., 1993.

МОТИВНЫЙ АНАЛИЗ — разновидность постструктуралистского (см. **постструктурализм**) похода к художественному тексту и любому семиотическому объекту. Введен в научный обиход профессором Тартуского ун-та (ныне профессор Колумбийского ун-та) Борисом М. Гаспаровым в конце 1970-х гг. Находясь в эпицентре отечественного структурализма и испытывая непосредственное влияние Ю. М. Лотмана и его **структурной поэтики**, автор М. а. отталкивался именно от этого направления, стремясь к тому, чтобы все делать наоборот. Там, где в структурной поэтике постулировалась жесткая иерархия уровней структуры текста (ср. **структурная лингвистика**), М. а. утверждал, что никаких уровней вообще нет, мотивы пронизывают текст насквозь и структура текста напоминает вовсе не кристаллическую решетку (излюбленная метафора лотмановского структурализма), но скорее запутанный клубок ниток.

Суть М. а. состоит в том, что за единицу анализа берутся не традиционные термы — слова, предложения, — а мотивы, основным свойством которых является то, что они, будучи кроссуровневыми единицами, повторяются, варьируясь и переплетаясь с другими мотивами в тексте, создавая его неповторимую поэтику. Так, например, в "Страстях по Матфею" И. С. Баха (этот пример приводился Б. Гаспаровым в его лекциях) мотив креста экземплифицируется не только в соответствующих евангельских вербальных темах, но также и в перекрестной композиции четырех голосов солистов (баса, тенора, альта и сопрано) и в устойчивом графическом символизме креста на нотном стане.

По своим истокам М. а., с одной стороны, восходил к лейтмотивной технике поздних опер Р. Вагнера, с другой — к понятию мотива у А. Н. Веселовского. Но, скорее всего, **бессознательным** коррелятом М. а. были не соответствующие современные ему построения деконструктивизма Жака Деррида (который тогда был в Тарту малоизвестен и непопулярен), а классический **психоанализ** Фрейда. Техника свободных ассоциаций, которую Фрейд описывает, например, в "Психопатологии обыденной жизни", его анализ обмолвок, ослышек, описок и других ошибочных действий (см. **психоанализ**) весьма напоминает технику М. а. При этом принцип, провозглашенный Фрейдом достаточно эксплицитно — чем свободнее, "случайнее" ассоциация, тем она надежнее, — открыто не признавался автором М. а., однако на деле все обстояло именно так.

Здесь необходимо сделать оговорку, что само слово "анализ" применительно к гуманитарным наукам XX в. имеет совершенно иной смысл, чем то же слово применительно к естественным и точным наукам. Математический анализ, спектральный анализ, анализ крови, с одной стороны, и психоанализ, контент-анализ, анализ поэтического текста — с другой, отличаются прежде всего тем, что в первом случае процедура анализа подвержена верификации и контролю. Применительно ко второму случаю это невозможно и ненужно: бессмысленно делать повторный или контрольный анализ текста (за исключением некоторых строгих областей филологии — ритмики стиха, математической лингвистики). И если собрать десять аналитиков (идет речь о психоанализе или о М. а.), то в результате мы получим десять пересекающихся (в лучшем случае) "анализов" — ибо структура семиотического объекта, например художественного дискурса, неисчерпаема и бесконечна.

Наиболее впечатляющих результатов М. а. добился при разборе достаточно объемистых текстов (идеалом анализа в структурной поэтике было небольшое лирическое стихотворение). Так, в наиболее известной, несколько раз переиздававшейся работе Б. Гаспарова о **"Мастере и Маргарите"** при помощи соотнесения таких, например, ассоциативных рядов-мотивов, как: Иван Бездомный — Демьян Бедный — Андрей Безыменский — Иванушка-дурачок — евангелист Иоанн, — удавалось показать многослойный полифонизм булгаковского романа-мифа (см. **неомифологическое сознание, интертекст, полифонический роман**), его соотнесенность на равных правах с действительностью булгаковского времени, традицией русской литературы и музыкальной европейской традицией. По Гаспарову, "Мастер и Маргарита" — это роман-пассион (от лат. passio-, -onis — страдания, страсти; так назывались музыкально-драматические действа в лютеранской традиции, повествующие о евангельских событиях, начиная с пленения Христа и кончая его смертью; в работе Гаспарова имеются в виду баховские "Страсти по Матфею" и "Страсти по Иоанну"). Работа о "Мастере и Маргарите" была литературоведческим шедевром, которым зачитывались до дыр и который обсуждали чуть ли не на каждой улице маленького студенческого городка, исторической родине отечественного структурализма (Тарту).

Второе значительнейшее исследование в духе М. а. — книга Гаспарова "Поэтика "Слова о полку Игореве" — носит значительно более академически-спокойный характер, хотя по силе и впечатляющей убедительности результатов, включая оригинальный перевод памятника и головокружительные толкования темных мест, это исследование не уступает предыдущему.

Оказавшись в начале 1980-х гг. вместе со своим автором в США, М. а. во многом потерял свою "национальную идентичность", растворившись в плюрализме "зарубежных" подходов к тексту, среди которых он был лишь одним из многих. Тем не менее, будучи одним из учеников Б. М. Гаспарова и безусловным сторонником М. а., автор этих строк считает его одним из эффективнейших и эффектных подходов к художественному тексту и любому семиотическому объекту.

Лит.:
Гаспаров Б. М. Литературные лейтмотивы. — М., 1995.
Гаспаров Б. М. Поэтика "Слова о полку Игореве". — М., 2000.
Руднев В. Структурная поэтика и мотивный анализ // Даугава, 1990. — № 1.

НЕВРОЗ — психическое отклонение от нормы, связанное с мучительными переживаниями, но не всегда признаваемое болезнью. Н. составляют основной предмет **психоанализа** (см.) и рассматриваются им как результат конфликта между различными частями психики. Согласно теории Фрейда, в основе Н. лежит фиксация на определенной фазе либидо или регрессия к ней, сопровождающаяся оживлением инфантильных переживаний и неспособностью механизмов защиты вытеснить неприемлемые для *Я* влечения. Что это значит? Под фиксацией Фрейд понимает в данном случае задержку в развитии либидо на одной из ранних стадий, что увеличивает вероятность возврата к этой стадии в дальнейшем (этот возврат и называется регрессией) и создает основу для Н.

При этом часть влечений стремится прорваться в сознание и в поступки человека. Для повторного вытеснения развиваются невротические симптомы, представляющие собой, с одной стороны, частичную разгрузку психической энергии с помощью замещающего удовлетворения. Замещение — один из механизмов защиты *Я* путем замены объекта или потребности. Замещение объекта происходит при невозможности выразить чувства или осуществить действие по отношению к нужному объекту. Например, социальные запреты перемещают агрессию по отношению к начальнику на подчиненных или членов семьи, а потребность, которую не удается удовлетворить, замещают на противоположную. Так, безответная любовь способна превратиться в ненависть, а нереализованная сексуальная потребность — в агрессию.

Чем сильнее напор влечения, тем больше вероятности, что повторное вытеснение потребуется неоднократно и на месте симптомов сложатся невротические черты характера.

Невротический характер — это психическое расстройство, ставшее настолько устойчивым, что под его воздействием произошла перестройка всей личности, в том числе и ее система ценностей. Обладателю невротического характера его поведение представляется нормальным, ибо он соотносит его с образом, в котором уже есть патология. Например, прежде чем приняться за работу, человек каждый раз наводит порядок на своем рабочем столе, причем делает это так долго и тщательно, что на работу уже не остается времени. Если человек страдает от того, что времени на работу не осталось, мы столкнулись с невротическим симптомом. Но если он считает, что все в порядке, ибо он проявил лучшую черту характера — аккуратность, на что и времени не жалко, то перед нами невротический характер.

Наиболее характерным для практики психоанализа является

Н. навязчивости (см. **обессивный невроз**) — невротическое состояние, характеризующееся мучительными сомнениями или действиями, происхождение которых человеку не понятно. В своих "Лекциях по введению в психоанализ" Фрейд рассказывает о необъяснимом, на первый взгляд, Н. навязчивости одной дамы. Ее Н. заключался в том, что она все время выбегала из спальни, требовала горничную, давала ей какое-то незначительное поручение или вовсе отпускала ее, а сама в недоумении возвращалась назад. После долгого и мучительного анализа эта женщина наконец вспомнила травму, на которой было зафиксировано ее либидо и которое было вытеснено в **бессознательное**. Эпизод состоял в следующем. В молодости ее муж в первую брачную ночь никак не мог ее дефлорировать. Он несколько раз выбегал из комнаты, вбегал снова, но у него ничего не получалось. Тогда он сказал: "Стыдно будет утром перед горничной" — и залил простыню красными чернилами. Фрейду стало ясно, что пациентка идентифицирует себя со своим мужем. Она играет его роль, подражая его беготне из одной комнаты в другую, чтобы защитить его от подозрений горничной.

Особенностью Н. в отличие от **психозов** является то, что человек не утрачивает способности различать внешнюю **реальность** и мир своих фантазий.

Н. различной этиологии — **истерия**, фобии, Н. навязчивости, травматические Н., то есть психические отклонения, вызванные неожиданным воздействием на психику (типичный случай — Н. после автокатастрофы), или "военные" Н. (после мировых войн) — чрезвычайно характерны для культуры XX в. и ее представителей. Научные, технические, социальные и сексуальные революции обострили чувствительность нервной системы человека и увеличили вероятность его невротической реакции на многие события.

Лит.:
Фрейд З. Введение в психоанализ: Лекции. — М., 1989.
Додельцев Р. Ф., Панфилова Т. В. Невроз // *Фрейд З.* Художник и фантазирование. — М., 1995.

НЕВРОТИЧЕСКИЙ ДИСКУРС. Невроз и **психоз** — понятия, родившиеся в XIX в. и получившие широчайшее распространение в XX в. благодаря развитию клинической психиатрии и **психоанализа**. По сути дела, это понятия, определяющие специфику культуры XX в. Мы не выскажем никакой неожиданной мысли, утверждая, что любой художник (или даже ученый) практически всегда невротик или реже психотик. Целебный невроз творчества — результат сублимационной актуализации вытесненных влечений. Особенно это верно для XX в., когда каждый третий человек — невротик и каждый десятый — психотик. В этом **смысле** можно даже сказать, что с логической точки зрения любой создатель художественного произведения — психотик, а его текст — психотический бред. Ведь в любом художественном тексте рассказывается о событиях, никогда не случавшихся, но рассказывается так, как будто они имели место.

Если все культурные деятели XX в. по тем или иным причинам делятся на невротиков и психотиков, то и вся культура XX в. может и в определенном смысле должна быть поделена на невротическую и психотическую.

Рассмотрим, прежде всего, наиболее продуктивную для описания культуры XX в. пару понятий — **модернизм и авангард**. Мы понимаем модернизм как такой тип культурного сознания в XX в., который порождает тексты, опережающие культурную норму своего времени прежде всего на уровне синтактики и семантики при сохранении традиционной прагматики, а авангард — как такой тип культурного сознания, который порождает тексты, опережающие культурную норму прежде всего на уровне прагматики (при этом синтактика и семантика могут оставаться традиционными, но могут также быть подвергнуты инновации).

Переводя эти определения на психологический язык Лакана (см. **структурный психоанализ**), можно сказать, что модернист деформирует язык в сторону воображаемого, при этом самая основа языка, обеспечивающая контакт с другими субъектами (прагматика), у модерниста остается неизменной. Другими словами, в модернистском дискурсе воображаемое подавляет реальное. Исходя из этого, можно сказать, что модернист производит Н. д.

С другой стороны, авангардист, подрывая саму коммуникативную основу языка (**прагматику**), отрезает путь к пониманию его языка (его символического) другими субъектами. Авангардист создает свой собственный язык, родственный языку параноидного или маниакального бреда. Исходя из этого, можно утверждать, что авангардист производит психотический дискурс

Конечно, это чересчур общая схема, и из нее возможны исключения и в ту, и в другую стороны, и тем не менее в целом это задает общую перспективу исследования — модернистский Н. д. и авангардный психотический дискурс. С одной стороны, постимпрессионизм французских художников, петербургский **символизм** и **акмеизм**, австрийский **экспрессионизм**, неоклассицизм в музыке (Хиндемит, Стравинский), проза Пруста, Джойса, Томаса Манна, Гессе, Томаса Вулфа, Булгакова, Набокова, Фаулза, модернистское **кино** — все это Н. д.. С другой стороны, **додекафония**, футуризм, **сюрреализм**, **обэриуты**, Бунюэль, Кафка, отчасти Фолкнер, Платонов, Виан, Мамлеев, Сорокин, Виктор Ерофеев — все это психотический дискурс.

Первый анализ Н. д. принадлежит самому Фрейду. Мы говорим о работе 1907 г. "Бред и сны в "Градиве" Р. Иенсена". Здесь на примере анализа повести второстепенного автора Фрейд показывает, как писатель бессознательно художественными средствами проводит подлинный психоанализ (конечно, на уровне первой топики Фрейда), изображая, как сексуальное влечение героя вытесняется в бессознательное, потом актуализируется в виде бреда и наконец с помощью возлюбленной героя, играющей роль психоаналитика, благополучно выходит на поверхность. Однако "Градиву" Иенсена можно назвать Н. д. лишь отчасти. Под этим мы подразумеваем то, что лишь нарративный план повести обнаруживает невротический характер (вытеснение влечения, "нехватку Другого", как говорит Лакан, тревожные сновидения и даже психотический бред — надо ли говорить, что тот факт, что в произведении изображается психоз, сам по себе никоим образом не является основанием для того, чтобы рассматривать этот текст как психотический дискурс — так, "Голем" Майринка, "Ослепление" Канетти, **"Мастер и Маргарита"** Булгакова", фильм Хичкока "Психоз" являются не психотическим, но Н. д.). Что же мы тогда назовем Н. д. в полном смысле? Такой текст, сама структура которого коррелирует с невротическим содержанием, вернее, представляет с ним одно целое. То есть такое положение вещей, когда "невротическое" переходит из области психопатологии в область художественного письма и становится фактом эстетики. Именно этот переход для нас чрезвычайно важен. В европейской культуре впервые его сделали французские художники-постимпрессионисты, само письмо которых выражает тревожность, страх, чувство одиночества, неудовлетворенность, отчаяние, подавленность, напряженность, глубокую интроверсию, дифензивность, то есть весь комплекс невротических составляющих в клиническом смысле.

В художественной литературе XX в. подобную "невротическую революцию" безусловно совершили два писателя — Пруст и Джойс.

Сравним два фрагмента:

(1) ... "без какого-либо разрыва непрерывности — я сразу же вслед тому прошлому прилип к минуте, когда моя бабушка наклонилась надо мной. То "я", которым я был тогда и которое давно исчезло, снова было рядом со мной, настолько, что я будто слышал непосредственно прозвучавшие слова...

Я снова полностью был тем существом, которое стремилось укрыться в объятиях своей бабушки, стереть поцелуями следы ее горестей, существом, вообразить себе которое, когда я был тем или иным из тех, что во мне сменились, мне было бы так же трудно, как трудны были усилия, впрочем бесплодные, вновь ощутить желания и радости одного из тех "я", которым, по крайней мере на какое-то время, я был".

(2) "Ах и море море алое как огонь и роскошные закаты и фиговые деревья в садах Аламеды да и все причудливые улочки и розовые желтые голубые домики аллеи роз и жасмин герань кактусы и Гибралтар где я была девушкой и Горным цветком да когда я приколола в волосы розу как делают андалузские девушки или алую мне приколоть да и как он целовал меня под Мавританской стеной и я подумала не все ли равно он или другой и тогда сказала ему глазами чтобы он снова спросил да и тогда он спросил меня не хочу ли я да сказать да мой горный цветок и сначала я обвила его руками да и привлекла к себе так что он почувствовал мои груди их аромат да и сердце у него колотилось безумно и да я сказала да я хочу Да".

Прежде всего, я думаю, никто не станет спорить, что оба произведения — "В поисках утраченного времени" и "Улисс" — посвящены теме утраты объекта желания, нехватки Другого. Оба отрывка непосредственно это демонстрируют. Марсель погружен в воспоминания об умершей бабушке, Молли Блум — об ушедшей молодости и их любви с Блумом. Но помимо этого, помимо, выражаясь кинематографическим языком, диегезиса или, пользуясь любимым выражением Лакана, помимо означающего, в этих фрагментах сама форма повествования, само означающее коррелирует с невротическим планом содержания, с невротическим означаемым. Эта корреляция формы, этот стилистический прием, который давно известен и который составляет художественное открытие Пруста и Джойса, в целом называется поток сознания. Поток сознания — это означающее традиционного Н. д. в полном смысле. В чем состоит суть потока сознания? В том, что он нарушает привычный книжный синтаксис художественного произведения, уподобляя его внутренней речи сознания при помощи обрывков, эллипсисов, нелинейности, отсутствия знаков препинания, нарушения синтаксико-семантической связи между предложениями. Все эти особенности создают коррелят тем невротическим составляющим, которые мы перечислили и которые присутствуют и в данных произведениях, — тревожности, одиночеству, страху, отчаянию и т. д., то есть хаос на уровне синтаксиса (означающего) соответствует хаосу, дисгармонии на уровне семантики (означаемого).

Поскольку Н. д. не является главной целью нашего исследования, мы не станем подробно прослеживать историю его развития и эволюции в художественной культуре XX в. Отметим лишь три принципиально важных момента.

В принципе любое художественное произведение XX в. с активным стилем может рассматриваться как Н. д. (если это, конечно, не психотический дискурс).

Важнейшей особенностью Н. д., уже начиная с Джойса, является **интертекст** (поскольку эта тема, можно сказать, более чем изучена, мы не будем ее подробно муссировать), потому что интертекст — это всегда направленность **текста** в прошлое, в поисках утраченного объекта желания, что является безусловной невротической установкой. Отсюда все эти безумные "навороченные" интертексты Ахматовой и Мандельштама, которые задали столько работы ученым "школы Тарановского".

Третий момент самый важный. Он касается перехода от классического "серьезного" модернизма к послевоенному модернизму. Вопрос в том, можно ли назвать постмодернистский дискурс невротическим. Можно, но с одной поправкой. Будем считать, что для постмодернистского дискурса наиболее характерным построением является гиперриторическая фигура **"текст в тексте"** (ее очертания выглядывают уже в "Улиссе" Джойса, которого некоторые критики считают первым произведением **постмодернизма**): роман о Пилате в "Мастере и Маргарите", беседа с чертом в **"Докторе Фаустусе"**, комплекс разыгрываемых сцен в "Волхве" Фаулза, поэма Шейда в **"Бледном огне"** Набокова, текст и комментарий в **"Бесконечном тупике"** Галковского, многочисленные тексты в тексте у Борхеса, бесконечные построения типа "фильм в фильме" — "8 1/2" Феллини, "Страсть" Годара, "Все на продажу" Вайды" и т. д. Смысл этого построения в том, что два текста — внутренний и внешний — создают невротическое напряжение между текстом и **реальностью** (то есть между реальным и воображаемым — сугубо невротический конфликт) так, что в принципе непонятно, где кончается реальность и начинается текст и vice versa. То есть в отличие от классического модернистского дискурса, где идет борьба реального и воображаемого, здесь идет борьба одного воображаемого против другого воображаемого, одно из которых становится символическим — нужен же язык, на котором можно было бы вести борьбу, а реальное фактически из этого конфликта выбрасывается, то есть одно из двух воображаемых у постмодерниста становится на место текста, а другое на место реальности. Учитывая сказанное, можно уточнить понимание "невротизма" постмодернистского дискурса, суть которого заключается в том, что вектор от воображаемого в нем направлен не на подавление реального, как в классическом модернизме, а на подавление символического — исходная точка одна и та же, векторы противоположные. Исходя из этого, мы назовем такого рода художественное построение *постневротическим дискурсом*.

Лит.:
Фрейд З. Бред и сны в "Градиве" Р. Иенсена // Фрейд З. Художник и фантазирование. — М., 1995.
Руднев В. Психотический дискурс // Логос, 3, 1999.

НЕЙРОЛИНГВИСТИЧЕСКОЕ ПРОГРАММИРОВАНИЕ (НЛП) — психотерапевтический метод, разработанный в начале 1970-х гг. американскими учеными Джоном Гриндером и Ричардом Бендлером под влиянием **генеративной лингвистики** Н. Хомского, гештальттерапии Ф. Перлза, семейной терапии Вирджинии Сатир и недирективной гипнотерапии Милтона Эриксона.

Основой и пафосом НЛП, создававшим ему многотысячную аудиторию в США, стала супербыстрота лечения. Вот что пишут об этом представители этого направления Джозеф О'Коннор и Джон Сеймор:

"Если когда-нибудь придется представлять НЛП на трехминутном семинаре, это будет выглядеть примерно так. Ведущий войдет и скажет: "Дамы и господа, чтобы добиться успеха в жизни, вам необходимо помнить три вещи.

Во-первых, знать то, чего вы хотите, иметь ясное представление о предполагаемом результате в любой ситуации.

Во-вторых, быть внимательным и держать свои чувства открытыми для того, чтобы заметить, что вы движетесь к результату.

В-третьих, иметь достаточно гибкости, чтобы настойчиво изменять свои действия до тех пор, пока вы не получите того, чего хотите".

После этого он напишет на доске:

РЕЗУЛЬТАТ
ЧУВСТВИТЕЛЬНОСТЬ
ГИБКОСТЬ

и выйдет.

Конец семинара".

Цель НЛП состоит в том, чтобы дать людям больше вариантов поведения. Обладание только одним способом делать вещи — это отсутствие выбора вообще. Иногда этот способ будет работать, а иногда нет, так что всегда найдутся такие ситуации, с которыми вы не в состоянии будете справиться. Два способа поставят вас перед лицом дилеммы. Иметь выбор — это значит быть способным использовать как минимум три подхода к ситуации.

Основополагающими концептами в НЛП являются раппорт

и присоединение. Раппорт — это состояние прихода в отношение коммуникации по отношению к другому лицу. Присоединение — это изменение собственного поведения, с тем чтобы другой человек последовал за вами. Посредством присоединения психотерапевт и пациент начинают вступать в коммуникацию, и терапевт ведет пациента.

Изменение сознания пациента в сторону более гибкого поведения можно проиллюстрировать на примере так называемого шестишагового рефрейминга, процедуры, разработанной НЛП'истами и направленной на изменение стереотипов поведения. Допустим, у вас имеется некая проблема, которую вы хотите решить. Предположим, что это **депрессия**. Более конкретно: у вас всегда портится настроение, когда надо идти на работу. Рефрейминг начинается с того, что вы погружаетесь в спокойное, направленное внутрь себя состояние. Когда человек входит в это состояние, он может начинать изменять свое поведение.

Первый шаг состоит в том, чтобы установить и сформулировать поведение или реакцию, которую человек хочет изменить. Например, он говорит: "Я не хочу, чтобы у меня портилось настроение перед каждым выходом на работу, но все же оно портится".

Второй шаг состоит в том, что необходимо установить контакт с той частью организма, которая отвечает за этот тип поведения. Обычно в этом случае человек должен спросить: "Хочет ли та часть личности, которая ответственна за то, что у меня перед выходом на работу портится настроение, общаться со мной на уровне сознания?"

И вот теперь надо понять, как человек узнает, вступила ли часть его личности с ним в контакт или нет. Он узнает это по достаточно отчетливым изменениям внутри своего тела или организма. Это может быть учащение дыхания, покалывание, боль в животе. НЛП'исты утверждают, что такие ощущения, если вы действительно находитесь в контакте со своим организмом, непременно будут иметь место. Только надо решить, что, например, усиление того или иного тактильного (или интроективно-визуального — внутренняя картинка, например) сигнала будет означать положительный ответ, а ослабление сигнала — отрицательный. В тот момент, когда вы спрашиваете часть вашей личности (назовем ее частью X), будет ли она общаться с вами на уровне сознания, вы должны определить диалоговый режим с ней (например, это сильная тяжесть в затылке и если после опроса тяжесть в затылке усилится, то, значит, часть Х хочет с вами общаться на уровне сознания, а если уменьшится, то, значит, нет).

Что бы ни ответила часть Х, можно переходить к третьему шагу, который состоит в том, чтобы, во-первых, поблагодарить часть Х личности за сотрудничество. На третьем шаге надо спросить часть Х, хочет ли она вам дать понять, что она для вас делает этим ухудшением настроения, ибо в НЛП всегда предполагают, что организм делает что-либо всегда во благо личности: если у вас депрессия, то она является защитой от **психоза**, если это психоз, то он является защитой от полной дезинтеграции или смерти, если смерть, она является защитой от невыносимых мучений. Если часть Х ответит "да", то вы почувствуете, что знаете каким-то неведомым образом, в чем состояла эта задача. Если ответ будет "нет", то все равно надо поблагодарить часть Х за сотрудничество. Ответ "нет" не означает, что она отказывается от сотрудничества, просто она считает, что лучше будет вам сотрудничать на уровне **бессознательного**. Тогда можно переходить к четвертому шагу.

Четвертый шаг заключается в том, чтобы попросить часть Х выработать новые стратегии для достижения той же самой цели. Для этого нужно, чтобы она обратилась к другой части сознания, которую НЛП'исты называют творческой частью и которая ответственна за наиболее креативные поступки в вашей жизни. Предполагается, что творческая часть может предложить новые варианты поведения, ведущие к той же цели. Нужно попросить часть Х выбрать из них те, которые она считает удачными. Нужно, чтобы она выбрала как минимум три таких варианта. Каждый раз тактильный сигнал должен усиливаться при каждом положительном выборе.

Пятый шаг заключается в том, что вы спрашиваете, согласна ли часть Х воспользоваться новыми возможностями взамен старого поведения в течение следующих нескольких недель. Этот шаг является присоединением к будущему. Если часть Х ответит "да", то можно переходить к шестому шагу, если "нет", то рефрейминг надо начать сначала.

Шестой шаг называется экологической проверкой. Нужно узнать, существуют ли в вашей личности другие части, которое могли бы возражать против выбора новых поведенческих стратегий. Надо спросить: "Есть ли такие части в моем организме, которые возражают против какой-нибудь из моих новых возможностей?"

Обычно рефрейминг дает результат сразу после своего применения.

Стратегию НЛП сейчас очень много критикуют за шарлатанство. Так, говорят, что результаты рефрейминга могут действовать всего несколько дней или даже часов, а потом все пойдет по-прежнему. Но никакая психотерапия не является абсолютной панацеей. НЛП по крайней мере показывает, что определенные задачи можно решить в формализованном техническом и весьма конструктивном режиме. Это его безусловная заслуга.

Лит.:
Бендлер Р., Гриндер Дж. Из лягушек в принцы: Нейролингвистическое программирование. — Екатеринбург, 1996.
О'Коннор Дж., Сеймор Дж. Введение в нейролингвистическое программирование. — Челябинск, 1998.

НЕОМИФОЛОГИЧЕСКОЕ СОЗНАНИЕ — одно из главных направлений культурной ментальности XX в., начиная с символизма и кончая **постмодернизмом**. Н. с. было реакцией на позитивистское сознание XIX в., но зародилось оно уже в XIX в., в романах Достоевского и операх позднего Вагнера.

Суть Н. с. в том, что, во-первых, во всей культуре актуализируется интерес к изучению классического и архаического **мифа** (см.). В XX в. одних подходов к изучению мифопоэтического сознания было более десяти: психоаналитический, юнгианский, ритуально-мифологический (Б. Малиновский, Дж. Фрейзер), символический (Э. Кассирер), этнографический (Л. Леви-Брюль), структуралистский (К. Леви-Строс, М. Элиаде, В. Тернер), постструктуралистский (Р. Барт, М. Фуко) и др. Большую роль в изучении мифа сыграли русские ученые **формальной школы** (В. Я. Пропп) и ученики академика Марра (см. **новое**

учение о языке) (О. М. Фрейденберг). Особое место в этом процессе занимал М. М. Бахтин (см. **карнавализация, полифонический роман**).

Во-вторых, мифологические сюжеты и мотивы стали активно использоваться в ткани художественных произведений. Здесь первым знаменитым образцом является роман Дж. Джойса "Улисс", использовавший в качестве второго плана повествования миф об Одиссее и сопредельные ему мифы.

Начиная с 1920-х гг., то есть времени расцвета **модернизма** в литературе, практически каждый художественный текст прямо или косвенно строится на использовании мифа: "**Волшебная гора**" Т. Манна — миф о певце Тангейзере, проведшем семь лет на волшебной горе богини Венеры; "Иосиф и его братья" того же автора — мифы библейские и египетские, мифология умирающего и воскресающего бога; "**Шум и ярость**" Фолкнера — евангельская мифология; "Процесс" и "**Замок**" Ф. Кафки — сложное переплетение библейских и античных мифов; "**Мастер и Маргарита**" М. Булгакова — вновь евангельская мифология.

Чрезвычайно характерным является то, что в роли мифа, "подсвечивающего" сюжет, начинает выступать не только мифология в узком смысле, но и исторические предания, бытовая мифология, историко-культурная **реальность** предшествующих лет, известные и неизвестные художественные тексты прошлого. **Текст** пропитывается аллюзиями и реминисценциями. И здесь происходит самое главное: художественный текст XX в. сам начинает уподобляться мифу по своей структуре (см. подробно **миф**). Основными чертами этой структуры являются циклическое **время**, игра на стыке между иллюзией и реальностью, уподобление языка художественного **текста** мифологическому предъязыку с его "многозначительным косноязычием". Мифологические двойники, трикстеры-посредники, боги и герои заселяют мировую литературу — иногда под видом обыкновенных сельских жителей. Порой писатель придумывает свою оригинальную мифологию, обладающую чертами мифологии традиционной (так, например, поступил Маркес в романе "Сто лет одиночества").

Рассмотрим все эти черты мифологической структуры на примере известных художественных произведений XX в.

В русской литературе одной из крупных удач Н. с. стал роман

Андрея Белого "Петербург", в центре которого конфликт между сенатором Аполлоном Аблеуховым и его сыном Николаем, который, связавшись с революционерами-террористами, должен убить отца, подбросив ему в кабинет бомбу. Этот эдиповский мотив (см. также **Эдипов комплекс**) имеет ярко выраженный мифологический характер: умерщвление престарелого жреца-царя молодым (сюжет книги Дж. Фрейзера "Золотая ветвь"), восходящее к культу умирающего и воскресающего бога; бой отца с сыном как характерный эпизод мифологического эпоса, в частности русского (былина "Илья Муромец и Сокольник"). Главной же мифологемой "Петербурга" является миф о самом Петербурге, о его построении на воде, его призрачности, о городе-наваждении, который исчезнет так же неожиданно, как возник. Неомифологический характер имеет образ террориста Дудкина, мифологическим прототипом которого является герой пушкинской поэмы "Медный всадник". Подобно Евгению Дудкин вступает в диалог со статуей Петра I, далее мотив заостряется: Медный всадник приходит к Дудкину домой и разговаривает с ним. Весь роман написан тягучей метрической прозой, что создает эффект мифологического инкорпорирования слов-предложений (см. **миф**).

В одном из высших достижений прозы XX в. романе Фолкнера "Шум и ярость" мифологическим дешифрующим языком является евангельская мифология. В романе четыре части, делящиеся асимметрично на три первые, рассказанные поочередно тремя братьями Компсонами — Бенджаменом, Квентином и Джейсоном, — и четвертая часть, имеющая итоговый и отстраненный характер и рассказанная от лица автора. Такая структура соотносится с композицией Четвероевангелия — синоптические три Евангелия от Матфея, Марка и Луки, и абстрактное, наиболее "объективное" и итоговое гностическое Евангелие от Иоанна. Сам главный герой, идиот Бенджи, соотносится с Иисусом: все время подчеркивается, что ему тридцать лет и три года, а действие происходит во время праздника Пасхи. (Возможно, что посредником здесь послужил роман Достоевского "Идиот", герой которого, князь Мышкин, также соотносится с Христом.)

Одним из самых ярких романов-мифов европейской литературы XX в. является, безусловно, "Мастер и Маргарита" М. А. Булгакова.

Наиболее сложный тип Н. с. представляют собой произведения Кафки. В нем мифы не называются, но от этого действуют еще острее и создают ту неповторимую загадочную атмосферу, которая так характерна для произведений Кафки. По мнению исследователей, в основе "Процесса" лежит библейская история Иова, у которого Бог отнял семью, имущество, а самого поразил проказой. В **"Замке"** бесплодные усилия землемера К. натурализоваться в деревне и Замке ассоциируются у литературоведов с мифом о Сизифе, катившем под гору камень, который каждый раз падал вниз (в XX в. этот миф был философски переосмыслен в эссе Альбера Камю). Мифологизм Кафки наиболее глубок и опосредован.

Самым утонченным и интеллектуализированным неомифологическим произведением XX в., несомненно, является "**Доктор Фаустус**" Томаса Манна. Здесь сталкиваются два мифа — легенда о докторе Фаусте, средневековом маге, продавшем душу дьяволу (главный герой романа, гениальный композитор Адриан Леверкюн, заразившийся в публичном доме сифилисом и в своих бредовых фантазиях заключающий договор с чертом на 24 года,(по числу тональностей темперированного строя — ср. **додекафония**; один из прообразов Леверкюна, наряду с Ницше, основатель серийной музыки Арнольд Шенберг), и вагнеровско-ницшеанская мифология сверхчеловека, подсвеченная горькими рассуждениями о ее судьбе в гитлеровской Германии. Характерно, что мифологическим источником ключевой сцены "Доктора Фаустуса" является соответствующая сцена разговора с чертом Ивана Карамазова из романа Достоевского "Братья Карамазовы".

В послевоенное время к неомифологизму привыкли и он обмельчал, выхолостился, став уделом таких примитивных построений, как, например, "Кентавр" Дж. Апдайка, мифологизм которого поверхностен и прямолинеен. **Постмодернизм** оживил Н. с., но одновременно и "поставил его на место", лишив его той сверхценной культовой роли, которую он играл в середине XX в.

Лит.:
Мелетинский Е. М. Поэтика мифа. — М., 1976.
Гаспаров Б. М. Из наблюдений над мотивной структурой романа М. А. Булгакова "Мастер и Маргарита" // *Гаспаров Б. М.* Литературные лейтмотивы. — М., 1995.

Руднев В. Морфология реальности: Исследование по "философии текста". — М., 1996.

НОВОЕ УЧЕНИЕ О ЯЗЫКЕ — вульгарно-материалистическое, авангардистского толка (см. **авангардное искусство**) направление в советской лингвистике, господствующее, начиная с 1920-х гг., более 30 лет. После того как оно приняло особо уродливые формы, его разгромил И. В. Сталин в статье "Марксизм и вопросы языкознания", опубликованной в "Правде" в 1950 г.

Основатель Н. у. я. — академик Николай Яковлевич Марр, человек, которого при жизни и после смерти, как пишет о нем автор критической монографии В. М. Алпатов, "называли гением, сравнивали с Коперником, Дарвином, Менделеевым; позднее о нем говорили как о вульгаризаторе, космополите и шарлатане; одни считали, что он создал науку о языке, другие, — что его вклад в эту науку равен нулю".

Марр применил к языкознанию учение исторического материализма. По его мнению, язык — такая же надстроечная общественная ценность, как искусство; язык является приводным ремнем в области надстроечной категории общества. Язык возник у всех народов независимо друг от друга, но поскольку культура едина и в своем развитии проходит одни и те же этапы, то все процессы в ней проходят аналогично.

Язык, по Марру, образовался из первичных "фонетических выкриков". Первичная речь, как реконструировал ее Марр, состояла всего из четырех лексических элементов — САЛ, БЕР, ЙОН, РОШ. И вот все слова всех языков мира Марр был склонен сводить к этим четырем элементам.

"Слова всех языков, — писал Марр, — поскольку они являются продуктом одного творческого процесса, состоят всего-навсего из четырех элементов, каждое слово из одного или из двух, реже трех элементов; в лексическом составе какого бы то ни было языка нет слова, содержащего что-либо сверх все тех же четырех элементов; мы теперь орудуем возведением всей человеческой речи к четырем звуковым элементам".

"Любое слово, — пишет Алпатов, — возводилось к элементам или их комбинациям. Например, в слове *красный* отсекались части *к-* и *н-*, а оставшееся *рас-* признавалось модификацией элемента РОШ, сопоставляясь с *рыжий, русый* [...], названиями народов *русские, этруски*".

Развитие языков, по Марру, шло от исконного множества к единству. Нормальная наука — сравнительное-историческое языкознание — считала, что все происходило наоборот: сначала существовали праязыки, из которых потом возникли современные языки, то есть движение шло от единства к множеству. Но Марр открыто высказывал ненависть к сравнительно-историческому языкознанию, считая его буржуазной псевдонаукой. Он отвергал генетическое родство языков и даже такие очевидные вещи, как заимствования слов, он объяснял единством глоттогонического (языкотворческого) процесса.

Языковые категории Марр прямолинейно связывал с социальными явлениями. Так, ученик Марра, академик И. И. Мещанинов, писал:

"Личные местоимения и понятие единственного числа связаны с индивидуальным восприятием лица, то есть с явлением позднейшего строя общественной жизни. Личным местоимениям предшествовали притяжательные, указывающие на принадлежность не отдельным лицам, а всему коллективу, причем и эти первые по времени возникновения вовсе не изначальны, но тесно связаны с осознанием представления о праве собственности".

Так же вульгарно-социологически объяснялись степени сравнения, которые, по Марру, появились вместе с сословиями: превосходной степени соответствовал высший социальный слой, сравнительной — средний, положительной — низший.

Марр отрицал существование национальных языков: "Не существует национального и общенационального языка, а есть классовый язык, и языки одного и того же класса различных стран при идентичности социальной структуры выявляют больше типологического родства, чем языки различных классов одной и той же страны, одной и той же нации".

Ясно, что терпеть такую безумную теорию могло только такое безумное государство, как СССР. После смерти Марра в 1934 г. Н. у. я. стало официальной языковедческой религией. Любые проявления сравнительно-исторического языкознания, не говоря уже о **структурной лингвистике**, безжалостно душились.

В своей статье в "Правде" Сталин писал: "Н. Я. Марр внес в языкознание несвойственный марксизму нескромный, кичливый и высокомерный тон, ведущий к голому и легкомысленному отрицанию всего того, что было сделано в языкознании до Н. Я. Марра".

Пожалуй, эта публикация была единственным добрым делом (сделанным по каким-то таинственным соображениям) Сталина на ниве родной культуры. Языкознание после этого заметно оживилось и, к счастью, разоблаченных марристов при этом не сажали и не расстреливали.

Но было бы односторонним считать Николая Яковлевича Марра безумцем и параноиком. Вернее, он был в той же мере безумцем, что и Хлебников, Маяковский, Бунюэль (ср. **сюрреализм**). Но ему не посчастливилось стать именно ученым, а не художником, хотя многие, особенно литературоведы и культурологи, на которых он оказал влияние, считали и продолжают считать его таланливейшей и во многом до конца не понятой личностью. Автор статьи присоединяется к этому мнению.

Вот что писала о своем учителе Ольга Михайловна Фрейденберг, выдающийся мифолог и культуролог:

"Где бы Марр ни находился — на улице, на заседании, на общественном собрании, за столом — он всюду работал мыслью над своим учением. Его голова была полна языковыми материалами, и он ошарашивал встречного знакомого, вываливая ему прямо без подготовки пригоршню слов и только за секунду перед этим вскрытых значений. [...] Что видел во сне Марр? Неужели на несколько часов в сутки он переставал работать мыслью? Ему снились, наверное, слова, и едва ли и во сне он не работал над своим учением".

А вот что пишет известнейший лингвист, академик Т. В. Гамкрелидзе о Марре и его прозрениях — в 1996 г. (по неуловимой логике судьбы самое скандальное и примитивное в теории Марра — сведение всех слов к четырем элементам — в какой-то степени предварило открытие четырех элементов генетического кода):

"[...] теория Марра не имеет под собой никаких рациональных оснований, она противоречит и логике современной теоретической лингвистики, и языковой эмпирии. [...] Но теория эта, представляющая своеобразную модель языка, весьма близкую к генетическому коду, [...] может послужить иллюстрацией проявления в ученом интуитивных и неосознанных представлений [...]".

Иначе говоря, Марр, возможно, в своей безумной теории предсказал типологические основы тогда еще не существовавшей генетики.

В конце XX в. труды Марра постепенно стали реабилитировать, особенно его штудии по семантике и культурологии. Появилось даже понятие "неомарризм". Это произошло при смене научных **парадигм**, при переходе от жесткой системы структурализма к мягким системам **постструктурализма** и **постмодернизма**, где каждой безумной теории находится свое место.

Лит.:
Алпатов В. М. История одного мифа: Марр и марризм. — М., 1991.
Фрейденберг О. М. Воспоминания о Н. Я. Марре // Восток—Запад. — М., 1988.
Гамкрелидзе Т. В. Р. О. Якобсон и проблема изоморфизма между генетическим кодом и семиотическими системами // Материалы международного конгресса "100 лет Р. О. Якобсону". — М., 1996.

НОВЫЙ РОМАН (или "антироман") — понятие, обозначающее художественную практику французских писателей поставангардистов 1950—1970-х гг.

Лидер направления — французский писатель и кинорежиссер Ален Роб-Грийе. Основные представители Н. р. — Натали Саррот, Мишель Бютор, Клод Симон.

Писатели Н. р. провозгласили технику повествования традиционного **модернизма** исчерпанной (см. **принципы прозы XX в.**) и предприняли попытку выработать новые приемы повествования, лишенного **сюжета** и героев в традиционном **смысле**. Писатели Н. р. исходили из представления об устарелости самого понятия личности как оно истолковывалось в прежней культуре — личности с ее переживаниями и трагизмом.

Основой художественной идеологии Н. р. стали "вещизм" и антитрагедийность.

На художественную практику Н. р. оказала влияние философия французского **постструктурализма**, прежде всего Мишель Фуко и Ролан Барт, провозгласившие "смерть автора". В определенном смысле Н. р. наследовал европейскому **сюрреализму** с его техникой автоматизма, соединением несоединимого и важностью психоаналитических установок (см. **психоанализ**). Проза Н. р. культивирует **бессознательное** и, соответственное, доводит стиль **потока сознания** до предельного выражения.

Вот что пишет о прозе Роб-Грийе французский писатель и философ Морис Бланшо:

"Мастерство Роб-Грийе достойно восхищения, как и осмысленность, с которой он исследует неизвестное. То же относится к экспериментальной стороне его книг. Но столь привлекательным делает эти книги прежде всего пронизывающая их прозрачность; последняя наделена отстраненностью невидимого света, падающего из некоторых наших великих снов. Не следует удивляться сходству между "объективным" пространством, которого не без риска и перипетий стремится достичь Роб-Грийе, и нашим внутренним ночным пространством. Мучительность снов (см. также **сновидение, измененные состояния сознания**. — *В. Р.*), присущая им способность откровения и очарования заключены в том, что они переносят нас за пределы нас самих, туда, где то, что внешне нам, растекается по чистой поверхности при обманчивом свете вечно внешнего".

А вот что пишет о творчестве Роб-Грийе Ролан Барт:

"В творчестве Роб-Грийе, по меньшей мере в виде тенденции, одновременно наличествуют: отказ от истории, от фабулы, от психологических мотиваций и от наделенности предметов значением. Отсюда особую важность приобретают в произведениях этого писателя оптические описания: если Роб-Грийе описывает предмет квазигеометрическим способом, то делается это для того, чтобы освободить его от человеческого значения, излечить его от метафоры и антропоморфизма. [...] Поэтика взгляда у Роб-Грийе по сути представляет собой очистительное поведение, мучительный разрыв солидарности между человеком и вещами. Стало быть, этот взгляд не дает никакой пищи мысли: он не возвращает ничего человеческого; ни одиночества, ни метафизики. Самой чужой, самой антипатичной искусству Роб-Грийе является, конечно, идея трагедии. [...] По моему мнению, именно радикальный отказ от трагедии придает эксперименту Роб-Грийе особую ценность".

Приведем фрагмент одного из романов Роб-Грийе "Проект революции в Нью-Йорке":

"Первая сцена разыгрывается стремительно. Сразу видно, что ее повторяли несколько раз: каждый участник знает свою роль наизусть. Слова и жесты следуют друг за другом со слаженностью шестеренок в хорошо смазанном механизме. [...] В этой запутанной сети линий я уже давно обнаружил очертания человеческого тела: на левом боку, лицом ко мне лежит молодая женщина, по всей видимости обнаженная, ибо можно отчетливо видеть соски на груди и треугольник курчавых волос в паху; ноги у нее согнуты, особенно левая, с выставленным вперед коленом, которое почти касается пола; правая же положена сверху, щиколотки тесно соприкасаются и, судя по всему, связаны, равно как и запястья, заведенные, по обыкновению, за спину; ибо рук словно бы нет: левая исчезает за плечом, а правая кажется отрубленной по локоть".

С той же невозмутимостью далее описываются чудовищные пытки, которые проделываются над девушкой, потом эта же сцена повторяется, варьируясь, много раз, так что уже непонятно, та же это девушка или другая и кто ее мучители. Все это позволяет говорить о серийности (см. **серийное мышление**) повествовательных элементов у Роб-Грийе.

Вот что об этом пишет русский философ Михаил Рыклин:

"В рамках каждой из серий Роб-Грийе упорно повторяет одно и то же, но с минимальными вариациями, так что постепенно стирается разница между тождественным, равным, различным, отличным и противоположным. [...] В результате мы так и не знаем, сколько рассказчиков в "Проекте революции в Нью-Йорке". [...] Роб-Грийе сам сформулировал основные правила своего метода так: хороший герой — тот, у которого есть двойник; хороший сюжет — максимально двусмысленный; в книге тем больше истинности, чем больше в ней противоречий".

Н. р. — последняя предпостмодернистская попытка жестко организованной технически прозы, и хотя бы этим он родственен традиционному модернизму. **Постмодернизм** отказался и от технической сложности.

Лит.:
Бланшо М. Роман о прозрачности // Роб-Грийе А. Проект революции в Нью-Йорке. — М., 1996.
Барт Р. Школы Роб-Грийе не существует // Там же.
Рыклин М. Революция на обоях // Там же.

НОРМА. В 1970-е гг. Ю. М. Лотман в своей структурной культурологии высказал идею, что культура в принципе есть система Н. и запретов, ограничений и разрешений.

Что такое Н. в культуре XX в.? И есть ли вообще, может ли быть какая-либо Н. в такой "ненормальной" культуре, как наша?

Н. складывается из трех понятий — должно, запрещено и разрешено (см. также **модальности**). Плюс, минус и ноль.

Наиболее обязательными в культуре являются социальные Н.

Должно: соблюдать правила уличного движения, платить налоги, содержать свою семью, при пожаре звонить 01, соблюдать в квартире тишину после 23 часов.

Запрещено: переходить улицу на красный свет, убивать, красть, насиловать, распространять наркотики, ругаться неприличными словами на улице, курить и сорить в общественном транспорте.

Социальные Н. контролируются жестко: за их нарушение штрафуют, сажают в тюрьму, а иногда и расстреливают

Все, что не запрещено, — разрешено. Здесь человек волен выбирать — переходить ли ему вообще эту улицу или оставаться на той стороне, что он был; ходить ли в церковь или быть атеистом; худеть или полнеть; делать карьеру или прозябать и так далее.

Но то, что входит в область разрешенного в социальной нормативной сфере, может быть поощряемым или непоощряемым в этической сфере Н., которая гораздо гибче и регулируется нравственными законами. Вместо понятия "запрещено" здесь используется понятие "следует" или "не следует". Так, не следует изменять жене, но за это не посадят в тюрьму. Следует уступать женщинам преклонного возраста место в троллейбусе, но если не уступишь, — не оштрафуют.

Нравственные нормативные установки человек формирует у себя сам, или ему формируют их его воспитатели, родители. Но в любом случае они носят гораздо более индивидуальный характер, чем социальные установки. Человек сам решает, можно ему или нет изменять жене, уступать ли место старушке в троллейбусе, можно или нельзя врать, а если этот последний вопрос трудно решить в общем и целом, то его можно решить в каждом случае индивидуально. В большинстве каждый — нормальный в нравственном смысле — человек скажет, что врать нельзя, но в некоторых случаях можно, а, может быть, даже иногда следует соврать. Существует даже такое понятие — "ложь во спасение".

Как правило, к проблеме лжи — пробному камню нравственных Н. — люди относятся тем или иным образом в зависимости от их характера (см. **характерология**). Истерики не могут не врать. Сангвиник может соврать для собственного или чужого спокойствия. Психастеник может соврать, но потом будет целый год мучиться. Как правило, правдивы прямолинейные эпилептоиды, с одной стороны, и сложные углубленные шизоиды — с другой. Первые от прямолинейности, вторые от сложной углубленности. Последняя позиция довольно опасна. Так, один из самых великих шизоидов-аутистов (см. также **аутистическое мышление**) в мировой культуре, Иммануил Кант, считал, что врать нельзя ни в каком случае. Даже если у тебя в доме прячется от полиции твой друг, а за ним пришли, если ты скажешь что его у тебя нет, ты, может быть, спасешь друга, но все равно увеличишь количество лжи в мире. Примерно таким же был и великий философ XX в. Людвиг Витгенштейн. Такие люди весьма неудобны в обществе — они деформируют Н. вранья и невранья.

В любой нормативной сфере актуальными являются два вопроса. Первый состоит в следующем: запрещено ли то, что не разрешено? Ответ зависит от того общества, в котором задается этот вопрос. "Если нечто эксплицитно не разрешено, это не значит, что оно запрещено" — это, ответ в демократическом духе. "Если нечто не разрешено, то оно тем самым запрещено" — ответ в тоталитарном духе.

Второй вопрос: можно ли одновременно делать запрещенное и должное?

Вот что пишет по этому поводу один из самых известных современных философов, создатель логики Н., Георг Хенрик фон Вригт: "Ни "в логике", ни "в реальной жизни" нет ничего, что препятствовало бы одному и тому же единичному действию (или воздержанию от действия) быть и обязательным и запрещенным. Если Иеффай принес в жертву свою дочь (Иеффай — ветхозаветный военачальник, давший клятву Богу, что в случае победы над врагом принесет Ему в жертву первого, кто встретит его на пороге своего дома; первой его встретила дочь. — *В. Р.*), то его действие должно было быть обязательным потому, что оно было выполнением клятвы Господу, и запрещенным потому, что оно было убийством".

Естественно, что системы Н. меняются в историческом развитии. Так, до указа о вольности дворянства Екатерины Великой каждый дворянин в Российской империи обязан был служить, потому что он был по определению "служилый" человек. Екатерина освободила дворян от обязанности служить и тем самым перевела эту Н. из разряда социальных в разряд этических. Дворянин мог не служить, но это в обществе не поощрялось ("А главное, поди-тка послужи", — говорит Фамусов в "Горе от ума" Чацкому в ответ на прелиминарное сватовство к дочери).

В нашем распавшемся государстве, Советском Союзе, было обязательной Н. работать. На этом был построен суд над Иосифом Бродским — его судили за тунеядство. Он нарушал социальную Н. тоталитарного государства.

Конечно, Н. обусловлена различными контекстами — историческим, профессиональным, конфессиональным, этническим, возрастным, бытовым. "Голый человек в бане не равен голому человеку в общественном собрании", — писал когда-то Ю. М. Лотман.

Наряду с социальными и этическими Н. существуют Н. языковые и эстетические. Они тоже меняются, но по-разному, с разной скоростью в зависимости от эпохи, их породившей и их упраздняющей. Так, после Октябрьской революции была отменена старая орфография. В сущности, это было разумное мероприятие: из алфавита убрали букву "ъ" на конце слова, так называемый "ер", так как он уже ничему не соответствовал, и букву "ять", так как она по произносительным нормам совпадала с обыкновенным "е" (когда-то это были разные звуки, произносившиеся по-разному и имевшие разное происхождение). Однако такая резкая смена орфографической Н. имела явный политический **смысл**. И интеллигентам "из бывших" новая орфография казалась дикой, как все затеи большевиков.

Существуют московская и ленинградская произносительные Н. Так, москвич произносит слово "дождь" или "дощ", а ленинградец — как "дошть". Но постепенно эти две Н. конвергируют, причем в сторону ленинградской, менее архаической Н. Теперь даже дикторы московского радио — оплота языковой Н. — редко говорят "московскый". Вероятно, только в Малом театре еще не перестали так говорить.

Самые жесткие эстетические Н. в культуре были во времена

классицизма, наиболее нормативного из всех типов культуры Нового времени: знаменитые "три штиля", правило трех единств в драме — действие должно было проходить в одном месте (единство места), на протяжении не более одних суток (единство времени) и быть сосредоточено вокруг одной интриги (единство действия) (кстати, "Горе от ума", которое цензура долго не пропускала в печать и на сцену по политическим соображениям, соблюдало все три единства — Грибоедов был человеком достаточно консервативным в том, что касалось поэтики).

Ломка всех Н. наблюдалась в начале XX в. В литературе **реализм** — установка на среднюю Н. литературного языка — сменился **модернизмом** с его установкой на деформацию семантических Н. и **авангардным искусством** с его установкой на деформацию художественной **прагматики**. В поэзии на смену 4-стопному ямбу пришел **дольник** и **верлибр**. В музыке венская гармония, которая казалась такой же вечной, как и реализм, сменилась на атональную **додекафонию**. Классическая физика подверглась воздействию новых **парадигм** — теории относительности и квантовой механики. Старая психология стонала от ужаса, который наводил на нее **психоанализ**. Появилось и закрепилось совершенно новое искусство — **кино**.

Но полтора-два десятилетия спустя ко всем новшествам привыкли, все снова "вошло в Н.".

История искусства — это постоянный мятеж против Н. (Ян Мукаржовский), и каждое выдающееся произведение искусства всегда ее ломает.

В современной культуре, однако, господствует плюрализм Н., который мы, пользуясь, "высоким штилем", называем — **постмодернизм**.

Лит.:
Кант И. Трактаты и письма. — М., 1980.
Лотман Ю. М. Избр. статьи. В 3 тт. — Таллинн, 1992.
Вригт Г. X. фон. Нормы, истина и логика // Вригт Г. X. фон. Логико-философские исследования. — М., 1986.
Мукаржовский Я. Эстетическая функция, норма и ценность как социальные факты // Учен. зап. Тартуского ун-та. — Тарту, 1975. — Вып. 365.

"НОРМА" / "РОМАН" — своеобразная дилогия современного русского прозаика Владимира Сорокина (1995), одного из крупнейших представителей **концептуализма** (см.). Оба романа появились одновременно и были одинаково полиграфически оформлены. Сами слова "норма" и "роман" являются полной анаграммой — все буквы повторяются. Все это позволяет рассматривать Н. и Р. как некий единый **текст**.

Оба романа — будучи образцами поэтики **постмодернизма** — в сущности посвящены истории деградации русского романа, да, впрочем, не только русского.

В самой структуре своих текстов Сорокин показал, как два фундаментальных типа романа в европейской традиции можно довести до абсурда, предельно обнажив их структуру.

Первый тип романа возник как нанизывание цепи новелл. Ярчайший пример такого романа в европейской культуре — это "Декамерон" Боккаччо. С развитием этой формы простое нанизывание сменяется утонченной иерархией (см. **текст в тексте**) — так построен "Мельмот-скиталец" Чарльза Метьюрина, "Рукопись, найденная в Сарагосе" Яна Потоцкого. Это барочно-модернистский роман. Условно говоря, в нем форма побеждает содержание.

Второй тип романа в мировой культуре вырастает как одна разбухшая новелла и представляет собой единый **сюжет**. В античности один из ярчайших образцов этого жанра — "Золотой осел" Апулея, в XIX в. это классический "реалистический" (см. **реализм**) роман. В XX в. эта форма вырождается в анахронистские полуграфоманские творения типа "Америкакой трагедии" Теодора Драйзера или "Молодой гвардии" Александра Фадеева. Это антимодернистский роман. Условно говоря, содержание в нем побеждает форму и уничтожает ее.

Вырождение романа первого типа показано в Н., второго — в Р.

В своей дилогии Сорокин выявляет экстремальные возможности романов обоих типов, доводит их структуры до абсурда и в определенной степени закрывает тему.

Н. в первой ее части представляет собой простое нанизывание новелл, связанных между собой общей темой, вначале не совсем понятной, но потом раскрывающейся во всей беспредельно шокирующей сорокинской откровенности. Дело в том, что во всех этих маленьких рассказиках в центре повествования — момент поедания гражданами СССР особого продукта, называемого нормой. Причем этот продукт поедается не всеми, а лишь избранными членами общества. Постепенно выясняется, что норма — это детские экскременты, поставляемые государству детскими садами и расфасованные на фабриках. Смысл поедания нормы — это ритуальное причащение чему-то, что можно условно назвать принадлежностью к КПСС. Поедающий норму гражданин тем самым как бы уплачивает членские взносы в партийную кассу.

Однако от рассказа к рассказу наблюдается определенная динамика. В начале норма поедается буднично, хоть и не без некоторой гордости, затем начинаются кулинарные ухищрения, направленные на то, чтобы отбить у нормы запах, наконец, появляются ростки "диссидентства", заключающиеся в тайном и карающемся законом выбрасывании нормы в реки и канавы.

Это первая, наиболее простая, чисто памфлетная часть Н. обрамляется прологом и эпилогом, содержание которых заключается в том, что в КГБ вызывают странного мальчика и заставляют его читать некую рукопись, по-видимому, сам роман Сорокина (это странная, хотя и явная аллюзия на эпизод в **"Зеркале"** Тарковского, когда подросток читает письмо Пушкина к Чаадаеву).

Части со второй по шестую предельно разнообразят жанровое и формальное богатство этого произведения, уснащая его вставными новеллами, романом в письмах, стихами и советскими песнями, создавая постмодернистский пастиш (см. **постмодернизм**) — пародию на **интертекст**. В последней части речь героев переходит в абракадабру, чем символизируется конец русского романа и всякого художественного письма вообще.

В противоположность Н. роман Р. является постмодернистской пародией на классический русский роман XIX в.

Герой Р. по имени Роман — художник, приезжающий в деревню к дяде, где он охотится, обедает, встречает бывшую возлюбленную, влюбляется в дочь лесничего, женится на ней, играется свадьба, — то есть разыгрывается своеобразный лубок, состоящий из общих мест "реалистического" повествования XIX в.

Финал Р. — чисто сорокинский (см. **концептуализм**). Гуляя по лесу, Роман встречает волка, борется с ним, душит его, но перед смертью волку удается укусить Романа, и Роман сходит с ума. Вместе со своей молодой женой он убивает всех жителей деревни, вынимает из них внутренности, складывает их в церкви, затем убивает и жену, разрезает ее на части и, наконец, умирает сам. В романе Р. также символически показан конец традиционного романного мышления XIX в.

Будучи замечательным мастером художественной **прагматики** (см.), Сорокин в Н. и Р. доводит до абсурда и свой абсурдистский талант, но делает это явно специально, зная вкусы своей читательской аудитории. Если читать Н. в традиционном смысле занимательно, то читать Р., по общему признанию, очень скучно (это обычное читательское восприятие Р. в среде поклонников Сорокина).

Между тем роман Р. устроен значительно более утонченно, чем Н. Почти каждый мотив в Р. является обыгрыванием какого-либо фрагмента из русской прозы, действительного или воображаемого (ср. **семантика возможных миров**).

Особенностью постмодернизма является то, что пародия перестает быть пародией в традиционном смысле: пародировать уже нечего, поскольку нет **нормы** (см.). Переклички в тексте Р. с такими произведениями русской литературы, как "Война и мир", "Обрыв", "Отцы и дети", "Гроза", "Преступление и наказание", не имеют ничего общего с утонченной техникой лейтмотивов, которая развивалась **модернизмом** на протяжении всего XX в. и была так ярко проиллюстрирована **постструктурализмом** и **мотивным анализом**. В противоположность классической технике завуалированных реминисценций в модернизме, здесь цитаты даются совершенно явно. Это пародия, пародирующая пародию.

Вторая часть Н. представляет собой примерно 20 страниц записанных в столбик сочетаний слова "нормальный" с любым другим словом, символизирующих "нормальную жизнь" советского человека от рождения до смерти:

> нормальная жизнь
> нормальные роды
> нормальный ребенок
> нормальная мама
> нормальный стул
> нормальная раковина
> нормальная задница

нормальная телка
нормальная жена
нормальная язва
[...]
нормальная смерть

Данная главка символизирует всеобщую усредненность, царящую в обыденном сознании советского и постсоветского человека. Ср.:

нормальный Ельцин
нормальный Черномырдин
нормальный Зюганов
нормальная Чечня
нормальный Басаев
нормальный Лебедь.

Эта тотальная усредненность, полнейшее отсутствие социальных и культурных приоритетов чрезвычайно точно характеризует современную постсоветскую ситуацию: кошмарное **сновидение**, которое кошмарно тем, что обыденное и из ряда вон выходящее настолько в нем переплетены, что люди перестали не только удивляться или возмущаться происходящему, но и вообще как бы то ни было на него реагировать.

Само понятие **события** (см.), как точно показывает Сорокин, претерпело кризис. Понятие событийности предполагает, что нечто именуемое событием должно резко менять внутреннюю или внешнюю жизнь человека. Но "событий" так много, что невозможно отличить событие от несобытия. Перемен так много, что их значимость теряется в общей информационной неразберихе. Информации так много, что она утрачивает свою ценность. Шопенгауэр и Витгенштейн продаются на одном лотке со Стивеном Кингом и Джеймсом Чейзом (нормальный Шопенгауэр, нормальный Витгеншейн). Как показал еще Клод Шеннон, для того чтобы информация могла потребляться, нужен достаточно узкий канал — скорее проволока, чем мусорная свалка.

Идея **виртуальных реальностей**, символом которой в 1980-е гг. были новеллы Борхеса, в нынешней ситуации потеряла свою значимость, значимость событийности. Тотальная виртуализация культуры превращается в ее дереализацию (психиатрический термин, означающий полную потерю чувства **реальности** у тяжелых психотиков и шизофреников).

Так своеобразно роман, который принято считать образцом неоавангарда, самой своей структурой делает то, что привык делать своим содержанием традиционный классический роман: отражать окружающую реальность — еще один парадокс творчества Владимира Сорокина.

Лит.:
Бахтин М. М. Вопросы литературы и эстетики. — М., 1976.
Руднев В. Конец поствыживания // Художественный журнал. — 1996.— № 9.

ОБСЕССИВНЫЙ ДИСКУРС (см. также **истерический дискурс, невротический дискурс, шизофренический дискурс**) — художественный текст, организующим принципом построения которого в патографическом смысле является обсессия, или навязчивость (см. **обсессивный невроз**).

Сравним три фрагмента:

(1)
"Расходы после смерти на похороны
Катерины. . . . . 27 флор.
2 фунта воска . . . . 18 "
Катафалк . . . . 12 "
За вынос тела и постановку креста . . . . . 4 "
4 священникам и 4 клеркам . . . . 20 "
Колокольный звон . . . . 2 "
Могильщикам . . . . .16 "
За разрешение, властям . . . . 1 "

Сумма . . . . 100 флор.
Прежние расходы:
доктору . . . . 4 флор.

сахар и 12 свечей . . . . 12 " 16 "

Итого . . . . 116 флор.".

(2)

"1.8.15 Воскресенье... купался 3-й раз. Папа, Эрнст и я купались после катания на лодке 4-й раз. Гебхард слишком разогрелся...

2. 8 . 15 Понедельник... вечером купался 5-й раз.
3. VIII. Вторник... купался 6-й раз...
6. VIII. Пятница... купался 7-й раз... купался 8-ой раз...
7. VIII. Суббота... до обеда купался 9-й раз...
8. VIII. ...купался 10-й раз...
9. VIII. До обеда купался 11-й раз, после этого купался 12-й раз...
12. VIII. Играл, потом купался 13-й раз...
13. VIII. Играл, потом купался 14-й раз...
16. VIII. Затем купался 15-й и последний раз".

(3)

"В день двенадцатилетия революции я задаю себе вопрос о себе самом. <...>

Мне тридцать лет. Когда произошла революция, мне было восемнадцать <...>

Сорок лет чужой судьбы — как это много!

Сколько лет Достоевскому? Вот он сидит на портрете, покручивая хвостик бороды, плешивый, с морщинами, похожими на спицы, — сидит во мраке минувшей судьбы, как в нише.

Сколько лет этому старику?

Под портретом написано, в каком году запечатлен. Высчитываю — выходит, старику сорок лет.

Какой емкий срок, какая глубокая старость — сорок лет Достоевского!

Между тем мне только девять осталось до сорока. Тридцать один собственный год — как это мало".

Все три фрагмента взяты из дневниковых записей, то есть того типа дискурса, который наиболее непосредственно отражает душевную жизнь автора этих записей. Первый фрагмент взят из книги Фрейда "Леонардо да Винчи. Воспоминания детства".

Запись представляет собой финансовый отчет Леонардо о похоронах матери. Обсессивный педантизм и скупость, как полагает Фрейд, скрывают в данном случае вытесненное инцестуальное желание Леонардо по отношению к матери. В той же книге Фрейд приводит финансовые выкладки, которые Леонардо делает применительно к расходам на любимых учеников, что, по мнению Фрейда, явилось замещением вытесненных гомосексуальных наклонностей великого художника.

Второй фрагмент представляет собой отрывок из подросткового дневника будущего рейхсфюрера СС Генриха Гиммлера. Гиммлер, согласно Эриху Фромму, из книги которого взят этот фрагмент, представляет собой злокачественный анально-садистический характер, своими рекордами как в купании, так и в массовых убийствах прикрывавший свой комплекс неполноценности. "Он вел свой дневник, — пишет Фромм, — так, как однажды велел делать отец, и чувствовал угрызения совести, если хоть день пропускал".

Этот принцип "ни дня без строчки" был, как известно, характерен и для автора третьего фрагмента, русского писателя Юрия Карловича Олеши. Во всяком случае, именно так проницательный В. Б. Шкловский назвал книгу дневников Олеши, которая публиковалась под этим названием через несколько лет после смерти автора, действительно любившего это латинское изречение.

В приведенном выше фрагменте страх перед старостью, характерный для обсессивно-компульсивных, который можно представить как вытеснение желания быть молодым. противоречащего принципу реальности, обсессивно аранжируется в виде сопоставлений возрастов различных людей и событий. Эти особенности характерны для дневников Олеши в целом: он либо постоянно сравнивает свой возраст с возрастами других людей или событий по принципу "когда такому-то было столько-то (или когда в таком-то году произошло то-то), мне было столько-то", либо просто навязчиво повторяет фразу: "Я родился в 1899 году".

Итак, один из величайших гениев Европы, отвратительный злодей и тончайший прозаик, творец удивительных метафор. Что общего мы находим во всех трех фрагментах? Беглого взгляда достаточно, чтобы видеть: судя по приведенным фрагментам, О. д. организуется в первую очередь *числом и перечислением* Можно ли сказать, что в этом есть нечто неожиданное? И да, и нет. С одной стороны, идея многократного повторения, организующая любую обсессию, связь с магией, о которой писал Фрейд и к которой мы еще вернемся, идея денег и накопительства, ведущая к анальной фиксации, и наконец тот факт, что многие навязчивости связаны с числом напрямую, то есть либо строятся на повторении определенного числа, либо на счете. Так, например, в работе П. В. Волкова описывается обсессия, строящаяся на числе 3 и представлении, что Бог представляет собой педантичного бухгалтера, подсчитывающего хорошие и дурные поступки человека. Часто приводятся примеры обсессий, при которых человек складывает автомобильные номера. Часто обсессивный невротик просто считает вслух. Чрезвычайно важной обсессивной особенностью является коллекционирование, что тоже достаточно ясно связано с идеей числа.

Вообще обсессивное сознание все время что-то считает, собственно, все подряд: количество прочитанных страниц в книге, количество птиц на проводах, пассажиров в полупустом вагоне метро, автомобилей по мере продвижения по улице, сколько человек пришло на доклад и сколько статей опубликовано, сколько дней осталось до весны и сколько лет до пенсии.

Если выделить одну наиболее фундаментальную черту обсессивного стиля, то таковой чертой оказывается характерное амбивалентное сочетание гиперрационализма и мистицизма, то есть, с одной стороны, аккуратность и педантичность, а с другой — магия, ритуалы, всемогущество мысли. Но именно эти черты синтезируются в идее всемогущего числа, которое управляет миром, — в пифагорейских системах, в средневековой каббале да и просто в мире математики и математической логики.

Число дает иллюзию управления страхом, возникающим вследствие невротического подавления желания. Обсессивное повторение вытесняет, "заговаривает" страх (последний глагол не случаен, как будет видно в дальнейшем). Страх, тревога представляют собой нечто аморфно-континуальное, можно даже сказать — энтропийное. Многократное повторение, наиболее фундаментальной экспликацией которого является число, накладывает на эту континуальную аморфность некую дискретную определенность, исчерпывает болезненную энтропию некой, пусть невротически организованной, информацией, причем информацией в точном, формально-математическом, бессодержательном значении этого слова, той безликой цифровой компьютерной информацией, которая измеряется количеством битов.

Нагромождение чисел характерно для поэзии Владимира Маяковского, в характере которого был силен обсессивный радикал. Это, как правило, мегаломанически огромные числа, достаточно вспомнить название одной из его поэм — "150 000 000". Ср. также следующие контексты:

"Он раз к чуме приблизился троном, / смелостью смерть поправ, — / я каждый день иду к зачумленным / по *тысячам* русских Яфф! / Мой крик в граните времен выбит, / и будет греметь и гремит, / оттого, что в сердце выжженном, / как Египет, / есть *тысяча тысяч* пирамид! ("Я и Наполеон") Там / за горами / горя / солнечный край непочатый. / За голод, / за мора море / шаг *миллионный* / печатай! ("Левый марш") берет, как гремучую в *20* жал / змею *двухметроворостую*. ("Стихи о советском паспорте") *Стотридцатимиллионною* мощью / желанье лететь напои! ("Летающий пролетарий") это сквозь жизнь я тащу / *миллионы* огромных чистых любовей / и *миллион миллионов* маленьких грязных любишек ("Облако в штанах") О, если б нищ был! / Как *миллиардер*! / Что деньги душе? / Ненасытный вор в ней. / Моих желаний разнузданной орде / не хватит золота всех Калифорний. ("Себе, любимому...") Любовь мою, / как апостол во время оно, / по *тысяче тысяч* / разнесу дорог. ("Флейта-позвоночник") Что же, мы не виноваты — / *ста мильонам* было плохо. ("Письмо Татьяне Яковлевой") К празднику прибавка — / *24 тыщи*. Тариф. ("О дряни") Околесишь *сто* лестниц. / Свет не мил. ("Прозаседавшиеся") Я солдат в шеренге *миллиардной*. / ("Ужасающая фамильярность") В *сто сорок* солнц закат пылал ("Необычайное приключение...") Я никогда не знал, что столько *тысяч* тонн / в моей легкомысленной головенке. ("Юбилейное") наворачивается *миллионный* тираж. / Лицо *тысячеглазого* треста блестит. ("*Четырехэтажная* халтура") Лет *сорок* вы тянете свой абсент / из *тысячи* репродукций. ("Верлен и Сезан") Вы требуете с меня *пятьсот* в полугодие / и *двадцать пять* за неподачу деклараций; Изводишь единого слова ради / *тысячи* тонн словесной руды; Эти слова приводят в движение / *тысячи* лет *миллионов* сердца.

("Разговор с фининспектором о поэзии") Я подыму, как большевистский партбилет, / все *сто* томов моих партийных книжек. ("Во весь голос").

Значительный вклад в формирование поэтики психотического О. д. русской литературы внесло творчество Даниила Ивановича Хармса (см. также **ОБЭРИУ**). Хармс чрезвычайно серьезно относился к понятию числа. Он писал: "Числа — такая важная часть природы! И рост и действие — все число. <...> Число и слово — наша мать". Хармс написал несколько философских трактатов о числах: "Измерение вещей", "Нуль и ноль", "Поднятие числа", "Одиннадцать утверждений Даниила Ивановича Хармса" и другие. В прозе и поэзии Хармса О. д. строится либо при помощи нагромождения чисел, либо при помощи навязчивого повторения одной и то же фразы, либо на том и другом вместе.

Например, "Математик и Андрей Семенович":

М а т е м а т и к
 (вынимая шар из головы)
Я вынул шар из головы.
Я вынул шар из головы.
Я вынул шар из головы.
Я вынул шар из головы.

А н д р е й С е м е н о в и ч
Положь его обратно.
Положь его обратно.
Положь его обратно.
Положь его обратно.

Интересно, что Хармс с успехом применял психотический О. д. в своих детских стихах, печатавшихся в журнале "Чиж". Это знаменитые тексты: "Иван Топорыжкин пошел на охоту", "Сорок четыре веселых дрозда" и, конечно, стихотворение "Миллион":

"Шел по улице отряд — / сорок мальчиков подряд: / раз, / два, / три, / четыре, / и четырежды четыре, / и четыре на четыре, / и еще потом четыре..." и так далее.

К этому тексту комментатор стихов Хармса делает следующее примечание:

"На рукописи Хармс сделал арифметические расчеты. Против первой строфы: 4+16+16+4=40; против третьей: 4+16+56+4=80; против пятой: 4+16+416+600+800 000=801 040".

Культура как система навязанных людьми самим себе запретов несомненно в определенном смысле функционально представляет собой огромную обсессию, особенно если иметь в виду концепцию К. Леви-Строса, понимавшего культуру как наложение дискретного измерения на континуальную реальность, то именно так, как мы понимаем обсессию, как некую навязчивую упорядоченность, цель которой избавиться от страха перед хаосом "реального".

Если говорить, что обсессивный дискретно-навязчивый механизм запрета является одним из универсальных полюсов механизма культуры, то можно сказать, что противоположным, спонтанно-континуальным механизмом является *истерический* механизм (см. **истерия**, истерический невроз). Действительно, истерический тип невротической реакции во многом противостоит обсессивному. В обсессии культивируется дискретно-деперсонализационное начало, в истерии континуально-вытеснительное. В то время, когда обсессивный невротик считает или без конца моет руки, истерика просто рвет или у него отнимается язык, или он рыдает, или застывает в одной позе.

Противопоставление истерического и обсессивного отношений к желанию в учении Лакана (вопрос истерика "Что я для другого?" — вопрос обсессивного невротика "Чего хочет другой?") приводит к тому, что обсессивное начало связывается с мужским, а истерическое — с женским. Обсессия — это, так сказать, по преимуществу мужской невроз, истерия — женский (точно так же обсессивно-компульсивный характер по преимуществу мужской, а истерический — женский). Действительно, все континуальное, интуитивное, иррациональное в культуре обычно отождествляется с женским и, напротив, все дискретное, рациональное — с мужским. Этому соответствует ряд универсальных мифологических противопоставлений, соотносимых с противопоставлением мужское/женское, таких, как инь/ян, темное/светлое, правое/левое, истина/ложь, жизнь/смерть.

Более того, обобщая сказанное, можно предположить, что

оппозиция женское/мужское, понимаемая как противопоставление обсессивного истерическому в широком смысле, накладывается на оппозицию природа/культура. Действительно, природное начало традиционно считается по преимуществу женским (продолжение рода и т. п.), культурное начало — мужским.

Лит.:

Волков П. В. Навязчивости и "падшая вера" // Московский психотерапевтический журнал, 1, 1992.

Руднев В. Обсессивный дискурс // Руднев В. Метафизика футбола: Исследования по философии текста и патографии. — М., 2001.

Топоров В. Н. О числовых моделях в архаических текстах // Структура текста. — М., 1980.

Фрейд 3. Тотем и табу: Психология первобытной культуры и религии. — М., 1998.

Фрейд 3. Леонардо да Винчи. Воспоминания детства // Там же.

Фромм Э. Анатомия человеческой деструктивности. — М., 1998.

ОБСЕССИВНЫЙ НЕВРОЗ, или **невроз** навязчивых состояний. Обсессиями, или навязчивостями, называются одержимость какой-то одной мыслью, защитной операцией или сложная цепочка поступков, когда их неосуществление приводит к возрастанию тревоги". Понятие обсессии в **психоанализе** объединяет, собой по крайней мере, три идеи:

1. Невроз навязчивых состояний (Zwangsneurose), при котором человек повторяет некоторые, самому ему непонятные фрагменты речи или совершает как будто навязанные ему извне действия для того, чтобы понизить тревогу (Angst), причиной которой является вытесненное благодаря своей невозможности с точки зрения принципа реальности, а затем замещенное, чаще всего, запретное сексуальное желание. Наряду с истерией удачное лечение О. н. уже в начале XX в. принесло психоанализу огромную популярность. Причина такого успеха заключалась в том, что О. н. был ярким случаем невроза отношений (ведь сама психоаналитическая практика подразумевает диалог между па-

циентом и аналитиком, то есть некое отношение): обсессивный невротик, отметая желание, ставит себя тем самым на место желаемого объекта, другого.

Пользуясь терминологией Лакана, можно сказать, что невротик навязчивых состояний — это человек, который ставит себя на место *другого*, на то место, откуда можно действовать, не рискуя встретиться со своим собственным желанием. Именно по этой причине невротик изобретает ряд ритуалов, навязываемых самому себе правил. Именно по этой причине принудительным образом упорядочивает он свою жизнь. Такой человек постоянно откладывает принятие решений, дабы избежать возможного риска и неопределенности, связанной с желанием *другого*, с желанием символического порядка, а также с желанием конкретного другого, субъекта противоположного пола.

Классические примеры обсессивных неврозов Фрейд приводит в своих "Лекциях по введению в психоанализ". Это, например, история о том, как 19-летняя девушка перед укладыванием спать каждую ночь совершала мучительный для нее и родителей ритуал, смысл которого — в интерпретации Фрейда — заключался в том, чтобы, во-первых, препятствовать половому контакту родителей, во-вторых, скрыть, замаскировать это запретное влечение к отцу.

2. Обсессивно-компульсивный, или анальный, характер (или педантический, ананкастический характер). Фрейд связал этот тип характера с анальной фиксацией, то есть с вытесненным и замещенным после инфантильного периода детским стремлением к задерживанию испражнений на анально-садистической стадии развития. Вот что пишет Фрейд об этом характере:

"Люди, которых я хотел бы описать, выделяются тем, что в их характере обнаруживается, как правило, присутствие следующих трех черт: они очень аккуратны, бережливы и упрямы".

При этом, согласно Фрейду, аккуратность, боязнь загрязнения, педантичность и добросовестность связаны с анальной сферой по контрасту, упрямство связано с инфантильным упрямством ребенка, не желающего расстаться с фекалиями, которые он рассматривает как нечто ценное, а страсть к деньгам опять-таки связана с анальной сферой через идею отождествления кала с сокровищем — отсюда связь анального характера с деньгами и — шире — с приобретательством и коллекционированием.

Обсессии преследуют человека, обладающего таким характером, на протяжении всей жизни и проявляются в различных сферах и различных масштабах, от педантического повторения бытовых ритуалов до навязчивого повторения целых жизненных комбинаций.

Для обсессий важны следующие две черты, выделенные Фрейдом и соотнесенные им (что также принципиально важно для настоящего исследования) с принципами архаического мышления. Речь идет о книге "Тотем и табу".

Первая черта обсессивных заключается в том, что, в сущности, вся их жизнь строится на *системе запретов* или, выражаясь точнее, на системе по преимуществу запретительных норм: не касаться того или иного предмета, не выполнив предварительно некоего абсурдного ритуала, не идти по улице, пока не сложишь цифры на номере проезжающего автомобиля, возвращаться назад, если навстречу идут с пустым ведром, и т. д. С этим же связаны такие бытовые "в здоровой внимательно-тревожной жизни" проявления обсессии, как плевки через левое плечо, постукивание по дереву и даже "ритуал помахать в окно рукой близкому человеку на прощание". Эту черту Фрейд закономерно связывал с системой табу традиционных народностей.

Вторая обсессивная черта была названа Фрейдом "всемогуществом мыслей". Фрейд описывал ее следующим образом:

"Название "всемогущество мыслей" я позаимствовал у высокоинтеллигентного, страдающего навязчивыми представлениями больного, который, выздоровев благодаря психоаналитическому лечению, получил возможность доказать свои способности и свой ум. Он избрал это слово для обозначения всех тех странных и жутких процессов, которые мучили его, как и всех страдающих такой же болезнью. Стоило ему подумать о ком-нибудь, как он встречал уже это лицо, как будто вызвал его заклинанием; стоило ему внезапно справиться о том, как поживает какой-нибудь знакомый, которого он давно не видел, как ему приходилось услышать, что тот умер".

Фрейд связывает явление "всемогущества мыслей" при обсессии с архаической магией, при которой сама мысль или соприкосновение с каким-либо предметом вызывает, например, смерть человека, на которого направлено магическое действие.

Отметим также в качестве важнейших особенностей феномена "всемогущества мыслей" идею управления реальностью, характерную для всех обсессивно-компульсивных психопатов, а также связь со злом (идущим от анально-садистического комплекса) и смертью (идея навязчивого повторения, о которой см. ниже).

3. Навязчивое повторение, феномен, выделенный Фрейдом на третьем этапе формирования психоаналитической теории в работе "По ту сторону принципа удовольствия", заключается в том, что субъект в процессе психоаналитической акции вместо того, чтобы вспомнить реальную травму, повторяет ее, разыгрывая это повторение перед аналитиком (то есть идея навязчивого повторения тесно связана с идеей трансфера, что опять-таки понятно, поскольку сама идея навязчивости реализуется только в виде отношения к другому, см. выше). Для навязчивого повторения, по Фрейду, характерно также то, что повторяются отнюдь не самые приятные события жизни субъекта, то есть навязчивое повторение не следует принципу удовольствия и поэтому тесно связано с идеей "возвращения к прежнему состоянию", то есть оно является одной из манифестаций влечения к смерти.

Понимаемый более широко, принцип навязчивого повторения реализуется в повторяющихся жизненных сценариях, что роднит навязчивое повторение с О. н. и обсессивно-компульсивным характером и из чего следует, что все три аспекта являются манифестацией одного фундаментального принципа обсессивности.

Лит.:
Бурно М. Е. О характерах людей. — М., 1996.
Волков П. В. Разнообразие человеческих миров. Руководство по профилактике душевных расстройств. — М., 2000.
Лапланш Ж., Понталис Ж.-Б. Словарь по психоанализу. — М., *1996*.
Леонгард К. Акцентуированные личности. — К., 1989.
Салецл Р. (Из)вращения любви и ненависти. — М., 1999.
Фрейд З. Введение в психоанализ: Лекции. — М., 1990.
Фрейд З. По ту сторону принципа удовольствия // Фрейд З. Психология бессознательного. — М., 1990.

Фрейд З. Тотем и табу: Психология первобытной культуры и религии. — М., 1998.
Фрейд З. Характер и анальная эротика // Фрейд З. Тотем и табу. М., 1998а.

ОБЭРИУ (Объединение реального искусства) — литературно-театральная группа, существовавшая в Ленинграде с 1927-го до начала 1930-х гг., куда входили Константин Вагинов, Александр Введенский, Даниил Хармс, Николай Заболоцкий, Игорь Бахтерев, Юрий Владимиров, Борис Левин. К О. примыкали поэт Николай Олейников, философы Яков Друскин и Леонид Липавский. Обэриуты называли себя еще "чинарями", переосмысляя выражение "духовный чин". Так, Даниил Хармс звался "чинарь-взиральник", а Введенский — "чинарь-авторитет бессмыслицы".

О. была последней оригинальной выдающейся русской поэтической школой "серебряного века" наряду с **символизмом,** футуризмом и **акмеизмом**. В работе над поэтическим словом обэриуты превзошли всех своих учителей, как драматурги они предвосхитили европейский **театр абсурда** за 40 лет до его возникновения во Франции. Однако судьба их была трагической. Поскольку их зрелость пришлась на годы большого террора, при жизни они оставались совершенно непризнанными и неизвестными (издавать их наследие всерьез начали в 1960-е гг. на Западе, а в России — в конце 1980-х гг., во время перестройки). Мы будем говорить в основном о Хармсе и Введенском — удивительных трагических русских поэтах.

Искусство и поэтика О. имеет два главных источника. Первый — это заумь их учителя Велимира Хлебникова. Основное отличие зауми обэриутов в том, что они играли не с фонетической канвой слова, как это любил делать Хлебников, а со **смыслами** и **прагматикой** поэтического языка.

Вторым источником О. была русская домашняя поэзия второй половины XIX в. — Козьма Прутков и его создатели А. К. Толстой и братья Жемчужниковы. Для понимания истоков О. важны также нелепые стихи капитана Лебядкина из "Бесов" Достоевского, сочетающие надутость и дилетантизм с прорывающимися чертами новаторства.

Можно назвать еще два источника поэтики О.: детский инфантильный фольклор (недаром поэты О. сотрудничали в детских журналах, и если их знали современники, то только как детских поэтов) с его считалками, "нескладушками" и черным юмором; наконец, это русская религиозная духовная культура, без учета которой невозможно понимание поэтики обэриутов, так как их стихи наполнены философско-религиозными образами и установками. Можно сказать, что это была самая философская русская поэзия, которую по глубине можно сравнить разве только с Тютчевым.

Объединяло обэриутов главное — нетерпимость к обывательскому здравому смыслу и активная борьба с "реализмом". **Реальность** для них была в очищении подлинного таинственного **смысла** слова от шелухи его обыденных квазисмысловых наслоений. Вот что писала по этому поводу О. Г. Ревзина Я. С. Друскину: "...язык и то, что создается с помощью языка, не должен повторять информацию, поступающую к нам от любезно предоставленных нам природой органов чувств. [...] Искусство, воспроизводящее те же комплексы ощущений и представлений, которые мы получаем через другие каналы информации, не есть настоящее искусство. [...] в человеческом языке [...] скрыты новые формы, которых мы не знаем и не представляем их, и они-то, эти новые формы, и есть истинное искусство, дающее возможность полноценно использовать язык как средство познания, воздействия и общения".

Даниил Иванович Хармс (настоящая фамилия его была Ювачев; Хармс от англ. charm "чары" — самый стабильный его псевдоним, которых у него было порядка тридцати) был по типу личности настоящим авангардистом (см. **авангардное искусство**). Вот что пишет о нем А. А. Александров: "Чего только не умел делать Даниил Хармс! [...] показывал фокусы, искусно играл на биллиарде, умел ходить по перилам балкона на последнем этаже ленинградского Дома книги. Любил изобретать игры, умел изображать муху в тот момент, когда та размышляет, куда бы ей полететь, умел писать заумные стихи, философские трактаты и комедийные репризы для цирка, любил изображать своего несуществующего брата Ивана Ивановича Хармса, приват-доцента Санкт-Петербургского университета, брюзгу и сноба".

При жизни Хармс прославился пьесой "Елизавета Бам", которая была поставлена в 1928 г. в обэриутском театре "Радикс" (от лат. "корень"). Эта пьеса одновременно была предтечей абсурдистских комедий Ионеско и пророчеством о судьбе русского народа при Сталине (Хармс вообще обладал даром провидения). Сюжет пьесы заключается в том, что героиню приходят арестовать два человека, которые обвиняют ее в преступлении, которого она не совершала. На время ей удается отвлечь преследователей балаганными аттракционами, в которые они охотно включаются, но в финале стук в дверь повторяется и Елизавету Бам уводят.

Можно сказать, что Хармс был русским представителем **сюрреализма**. В его поэтике сочетание несочитаемого, мир шиворот-навыворот — одна из главных черт, а это сюрреалистическая черта. Так, строки

> Наверху,
> под самым потолком,
> заснула нянька кувырком —

весьма напоминают кадр из фильма "Золотой век", сделанного двумя гениальными испанскими сюрреалистами Луисом Бунюэлем и Сальвадором Дали, где человек прилипает к потолку, как муха.

Хармс был мастером разрушения обыденного синтаксиса, причем не только поверхностного, но и глубинного (термины **генеративной лингвистики**, см.). Например, строки

> из медведя он стрелял,
> коготочек нажимал —

разрушают самое синтаксическое ядро предложения — соотношение глагола и существительных-актантов. Ясно, что здесь имеется в виду, что охотник стрелял в медведя из ружья, нажимая курок, похожий на коготь медведя. Но в духе мифологического инкорпорирования (см. **миф**) объект, субъект и инструмент перемешиваются. Это тоже сюрреалистическая черта. Ср. кадр у тех же Дали и Бунюэля в их первом фильме "Андалузская собака", где подмышка героини оказывается на месте рта героя. Такие фокусы были характерны и для Введенского, у которого есть такая строка в стихотворении "Где": "Тогда он сложил оружие и, вынув из кармана висок, выстрелил себе в голову".

Хармс был великолепным прозаиком, выступая как авангардист в эпатирующих обывательское сознание знаменитых "Случаях" и как глубокий представитель **модернизма** в таких вещах, как повесть "Старуха", исполненная поэтики **неомифологизма**. Старуха, пришедшая к писателю и умершая в его комнате, — это и старуха-графиня из пушкинской "Пиковой дамы", и старуха-процентщица из "Преступления и наказания". Так же как творчество Достоевского, творчество Хармса пронизывает **карнавализация**.

Хармс был репрессирован в 1941 г. и умер в тюремной больнице в 1942-м.

Чтобы эскизно показать масштабы поэзии Александра Введенского, которого мы считаем одним из гениальнейших людей XX в., сравним два его стихотворения. Вот хрестоматийный финал мистерии "Кругом возможно Бог":

> Горит бессмыслица звезда,
> она одна без дна.
> Вбегает мертвый господин
> и молча удаляет время.

А вот финал из позднейшей "Элегии":

> Не плещут лебеди крылами
> над пиршественными столами,
> совместно с медными орлами
> в рог не трубят победный.
> Исчезнувшее вдохновенье
> теперь приходит на мгновенье,
> на смерть, на смерть держи равненье,
> певец и всадник бедный.

Здесь важно то, что мы говорили о поверхностных и глубинных структурах. На поверхности эти стихи принадлежат как будто совершенно разным поэтам и даже эпохам. На глубине это три излюбленные темы Введенского: Бог, смерть и время. Многие литературоведы (М. Б. Мейлах в их числе), считают, что современная теоретическая поэтика не в состоянии адекватно проанализировать творчество обэриутов. Мы присоединяемся к этому утверждению, особенно в том, что касается Введенского.

Поэт был арестован и умер в 1941 г.

Из прежних обэриутов пережили Сталина только во многом изменившийся Н. А. Заболоцкий и Я. С. Друскин, доживший до наших дней (умер в 1980 г.) — философ и хранитель наследия, письменного и устного, своих друзей-вестников, как он их называл.

>Лит.:
>*Друскин Я. С.* Вблизи вестников. — Вашингтон, 1988.
>*Александров А. А.* Чудодей: Личность и творчество Даниила Хармса // Хармс Д. Полет в небеса: Стихи. Проза. Драмы. Письма. — Л., 1988.
>*Мейлах М. Б.* Предисловие // Введенский А. Полн. собр. соч. В 2 тт. — М., 1993. — Т. 1.
>*Мейлах М. Б.* "Что такое есть потец?" // Там же. Т. 2.

"ОРФЕЙ" (1950) — фильм французского режиссера и поэта Жана Кокто, один из самых ярких и впечатляющих фильмов европейского **модернизма** и **неомифологизма**, сочетающий в себе жанры поэтического **кино**, психологической драмы, философского киноромана, триллера и приключенческого мистического фильма. О. поэтому занимает особое место в европейском киноискусстве.

Напомним **миф** об Орфее, ставший вторым планом **сюжета** фильма. В древнегреческой мифологии Орфей славился как певец и музыкант, наделенный магической силой искусства, которой покорялись не только люди, но и боги и даже природа. Эвридика, жена Орфея, внезапно умирает от укуса змеи, и он отправляется за ней в царство мертвых. Стерегущий царство мертвых пес Цербер, эринии, Персефона и сам Аид покорены игрой Орфея. Аид обещает отпустить Эвридику на землю, если Орфей выполнит условие — не взглянет на жену прежде, чем они войдут в свой дом. Счастливый Орфей возвращается с женой, но нарушает запрет, обернувшись к ней, и она тут же исчезает в царстве мертвых.

Орфей погибает, растерзанный менадами, которых на него наслал бог Дионис, так как Орфей почитал не его, а Гелиоса. Менады разорвали **тело** Орфея на части, но потом музы его собрали.

Теперь охарактеризуем сюжетное построение фильма Кокто. Орфей (молодой Жан Маре) — современный поэт-модернист, наживший себе много врагов и завистников. Первый эпизод начинается на улицах Парижа, в летнем кафе поэтов. Здесь Орфею показывают книгу, написанную в духе нового направления — нудизма (см. **авангардное искусство**). Орфей с изумлением видит, что книга состоит из пустых страниц. Автор книги — молодой поэт-авангардист Сежест. Он появляется тут же пьяный, но в этот момент неизвестно откуда выезжают два мотоциклиста, одетые в черное (впрочем, весь фильм черно-белый), сбивают Сежеста и увозят с собой. Среди участников сцены Орфей замечает прекрасную женщину в черном — это Смерть (Мария Казарес). Орфей пытается догнать прекрасную незнакомку, но не может за ней поспеть, он понимает, что она демон и как-то замешана в смерти Сежеста.

Посланцы Смерти привозят **тело** Сежеста в пустой дом, где обитает Смерть; Смерть подходит к телу и движением руки поднимает его — это сделано обратной съемкой — инверсия вообще играет большую роль в этом фильме. Она сообщает Сежесту, что она его Смерть и отныне он принадлежит только ей.

Орфей не может забыть Смерть. Смерть тоже влюбляется в Орфея. Три раза она приходит к нему в дом и смотрит на него, спящего. Зрелище это довольно жуткое, так как на опущенных веках актрисы сверху нарисованы искусственные глаза. Смерть на время похищает Орфея, но потом отпускает обратно. Орфей обнаруживает себя на окраине Парижа в незнакомой машине в компании незнакомого молодого человека. Это Артебиз — ангел смерти, который по приказу Смерти — он ее слуга — отныне будет сопровождать Орфея и попытается отнять у него Эвридику.

Эвридика — в противоположность Смерти — хорошенькая блондинка, обыкновенная молодая француженка. Артебиз влюбляется в Эвридику. Однако Смерти и ее слугам-демонам запрещена любовь к людям. Чтобы оставить Орфея одного в распоряжении Смерти, Артебиз отравляет Эвридику газом из газовой плиты. Однако горе Орфея так велико, что Артебиз соглашается сопровождать Орфея в царство мертвых.

Надев специальные перчатки, они сквозь зеркало проникают в другое измерение и идут против **времени**. Это сделано двойной съемкой, наложением кадров — они как будто с трудом преодолевают некую упругую субстанцию времени.

В царстве мертвых всех четырех ожидает судилище, которое напоминает соответствующие эпизоды из романа Ф. Кафки "Процесс" — облупленные стены, скучающие некрасивые пожилые чиновники смерти.

Путем допроса они удостоверяются, что Смерть влюблена в Орфея, а Артебиз — в Эвридику. Их отпускают "на поруки" с традиционным условием — Орфей не должен смотреть на Эвридику. По сравнению с мифом условие гораздо более жесткое — Орфей не должен видеть Эвридику никогда. Следует ряд полукомических эпизодов: супруги продолжают жить в одном доме, и Эвридике приходится прятаться при неожиданном появлении мужа.

Впрочем, Орфею не до Эвридики, он целиком занят таинственным радио, вмонтированным в его машину, которую ему подарила Смерть и которое передает ему мистические сюрреалистические строки. Их диктует устами умершего Сежеста Смерть. Она полностью овладевает Орфеем. Забыв про Эвридику, он целыми днями сидит в машине и крутит ручку радио, пытаясь настроиться на таинственную волну. Когда Эвридика садится к нему в машину на заднее сиденье, он видит ее лицо в зеркальце. Эвридика умирает. Орфей погибает от нападения "менад", поклонниц авангардиста Сежеста, — они подозревают Орфея в его смерти.

Смерть и ее слуга Артебиз могут торжествовать — Орфей и Эвридика полностью принадлежат им. Но торжество их неполно. Они настолько любят Орфея и Эвридику, что вид их, мертвых, им невыносим. И они решают возвратить мужа и жену обратно. И опять Орфей с Эвридикой, направляемые невероятными усилиями Смерти и Артебиза, начинают тяжелый путь против времени, из смерти в жизнь. Утром они просыпаются в своей постели, они ничего не помнят, они счастливы — ничего не случилось.

Но Смерть и Артебиза уводят стражники Аида — они нарушили самый страшный запрет — самовольно возвратили мертвых на землю.

Смысл О. в интерпретации треугольника Эрос — Творчество — Танатос. В книге "По ту сторону принципа удовольствия"

Фрейд писал, что человеком движут два противоположных инстинкта — инстинкт жизни (любви, стремление к продолжению рода) и инстинкт смерти.

И вот, по мысли Жана Кокто, творчество, истинная поэзия ближе инстинкту разрушения, танатосу. В этом смысл поэтизации фигуры Смерти, которая как женщина и личность во много раз превосходит обыкновенную земную Эвридику.

Смерть — гений поэтов, причем необязательно злой гений. Она готова на самопожертвование из любви к поэту, но вот только вопрос, останется ли Орфей поэтом, позабыв о Смерти?

В этом парадоксальность развязки фильма. Во-первых, Смерть не всесильна, она, с одной стороны — страдающая женщина, а с другой — она не может распоряжаться людьми как хочет, она находится "на работе" и подчинена высшим иерархическим инстанциям. Во-вторых, чтобы возвратить Орфея и Эвридику на землю, Артебиз и Смерть как бы сами идут на смерть. Мы не знаем, какое наказание их ждет, мы лишь понимаем, что это нечто страшное и окончательное.

В фильме О. мифологическая подоплека уникально, мастерски наложена на актуальную городскую **реальность**, что создает неповторимую атмосферу подлинного неомифологического произведения — в одно и то же время современного и вечного.

Лит.:
Лосев А. Ф. Орфей // Мифы народов мира. — М., 1982. — Т. 2.
Хайдеггер М. Европейский нигилизм // Новая технократическая волна на Западе. — М., 1987.
Голосовкер Я. Э. Логика мифа. — М., 1987.

ОСТРАНЕНИЕ. Подобно тому как М. М. Бахтин показал Достоевского глазами культуры XX века (см. **полифонический роман, диалогическое слово**), В. Б. Шкловский, один из наиболее активных деятелей русской **формальной школы**, показал Л. Н. Толстого как писателя, не только созвучного XX веку, но и в определенном смысле ему современного. Последнее стало возможным благодаря взгляду на художественное произведение как на совокупность чисто технических принципов — знаменитая формула Шкловского "искусство как прием".

О. — один из таких универсальных приемов построения художественного текста, открытый Шкловским у Толстого и в мировой литературе. Вот что писал по этому поводу Школовский: "Прием остранения у Л. Толстого состоит в том, что он не называет вещь ее именем, а описывает ее как в первый раз виденную, а случай — как в первый раз происшедший, причем он употребляет в описании вещи не те названия ее частей, которые приняты, а называет их так, как называются соответственные части в других вещах".

Знаменитый пример О. у Толстого — опера глазами Наташи Ростовой в конце второго тома "Войны и мира": "На сцене были ровные доски посередине, с боков стояли крашеные картоны, изображавшие деревья, позади было протянуто полотно на досках. В середине сцены сидели девицы в красных корсажах и белых юбках. Одна, очень толстая, в шелковом белом платье, сидела особо, на низкой скамеечке, к которой был приклеен сзади зеленый картон. Все они пели что-то. Когда они кончили свою песню, девица в белом подошла к будочке суфлера, и к ней подошел мужчина в шелковых в обтяжку панталонах на толстых ногах, с пером и кинжалом и стал петь и разводить руками.

Мужчина в обтянутых панталонах пропел один, потом пропела она. Потом оба замолкли, заиграла музыка, и мужчина стал перебирать пальцами руку девицы в белом платье, очевидно выжидая опять такта, чтобы начать свою партию вместе с нею. Они пропели вдвоем, и все в театре стали хлопать и кричать, а мужчина и женщина на сцене кланяться".

Этот литературный руссоизм сказался и на идеологической направленности приема О. у Толстого. Так, в повести "Холстомер" главный герой, мерин, пытается описать понятие собственности: "Многие из тех людей, которые меня, например, называли своей лошадью, не ездили на мне, но ездили на мне совершенно другие. Кормили меня тоже не они, а совершенно другие. Делали мне добро опять-таки не те, которые называли меня своей лошадью, а кучера, коновалы и вообще сторонние люди. Впоследствии, расширив круг своих наблюдений, я убедился, что не только относительно нас, лошадей, понятие м о е не имеет никакого другого основания, кроме низкого и животного людского инстинкта, называемого ими чувством или правом собственности".

О., мотивированное сознанием животного, непосредственно

перешло от Толстого к Чехову в рассказе "Каштанка", где мир описывается глазами собаки, которая, в частности, видит слона как нечто длинное с двумя палками впереди.

Уже в XX в. в романе "Воскресение" Толстой, используя О., настолько художественно выразительно (см. **теория речевых актов**) описал церковную службу, что его чуть ли не именно за этот эпизод отлучили от церкви.

С точки зрения культуры XX в., вся литература XIX в. — Пушкин, Стендаль, Гоголь, Достоевский, Толстой — это подготовка к литературе XX в. И такая позиция является единственно честной и плодотворной. В противном случае литературный ряд мертвеет, превращаясь в школьный набор надоевших персонажей и расхожих фраз.

Открытое Шкловским О. независимо от него откликнулось в понятии отчуждения в театре Бертольта Брехта. Брехт посмотрел на театр так, как смотрела на оперу Наташа Ростова. В противоположность Станиславскому, считавшему, что актер должен вживаться в роль, а зритель, сидящий в зале, забывать обо всем на свете, кроме спектакля, Брехт считал, что актер, напротив, должен рефлексировать над ролью, а зритель — ни на минуту не забывать, что он находится в театре (ср. теория перевода).

Собственно же понятие О. вошло в литературу XX в., видоизмененное чертами его поэтики — **неомифологизмом, потоком сознания** (одним из первооткрывателей которого был тот же Л. Толстой). О. XX в. во многом деидеологизировано и психологизировано. Если Толстой склонен показывать людей идиотами, то XX в. стремился, наоборот (подобно Достоевскому), видеть в идиоте человека. Такова "красота редуцированной психики" (термин Ю. К. Лекомцева), психологизировавшая прием О. и давшая ему новый ракурс в романе Фолкнера **"Шум и ярость"**, где мир изображается устами идиота Бенджи Компсона (ср. также **измененные состояния сознания**). Таким образом, XX в. парадоксально соединяет О. с отчуждением и эстетизирует не сознание простодушного, но психику неполноценного.

Лит.:
Шкловский В. О теории прозы. — Л., 1925.

ОТРИЦАНИЕ — в психоанализе однин из **механизмов защиты**, шире — вскрытый Фрейдом в статье "Отрицание"

("Verneinung", 1925) фундаментальный механизм работы психики и языка. Статья эта не привлекала к себе интересов широкой публики до тех пор, пока Жак Лакан (см. **структурный психоанализ**) и его ученик Жан Ипполит не сделали содоклад о ней на одном из знаменитых семинаров Лакана. После этого (1953 г.) статья Фрейда стала культовой.

На первый взгляд, эта работа посвящена важному, но вполне не частному наблюдению о том, что если в процессе анализа пациент что-то горячо отрицает, то это верный признак того, что его высказывание надо понимать с противоположным знаком. Например, если пациент говорит: "Я видел во сне такого-то человека. Вам интересно, кто бы это мог быть. Это была точно не моя мать". И вот, говорит Фрейд, можно не сомневаться, что это точно была именно его мать.

Здесь анализ Фрейда приобретает обобщенный философский смысл. Отрицание, которое является завуалированным утверждением, по Фрейду, служит основанием всякого мышления, которое сначала осуществляет выброс, или отбрасывание от себя (Ausstossung) некоего содержания, но тем самым подготавливает почву для последующего принятия этого содержания. Внешнее становится внутренним. Подобно тому, как сказано в Библии — время разбрасывать камни и время собирать камни. Как ребенок сначала разбрасывает игрушки, чтобы отделить свое тело от внешнего мира, а потом собирает их, чтобы вступить в контакт с внешним миром.

Отрицая, субъект тем самым уничтожает вытеснение, но еще не выводит вытесненный материал из бессознательного, однако непосредственно подготавливает его к этому выводу.

Такое толкование Фрейдом механизма отрицания позволяет по-новому проанализировать многие философско-культурные проблемы, например проблему отречения Петра в Евангелии.

Почему Иисус простил Петра, который, несмотря на предупреждение, трижды публично отрекся от Него? Ответить на этот вопрос поможет интерпретация механизма фрейдовского Verneinung'a, механизма отрицания/отречения.

На Тайной вечере перед Пасхой Иисус объявил ученикам, что один из них предаст Его. После этого Иисус говорит ученикам, что все они в эту ночь "соблазнятся о Нем". На что Петр отвечает, что кто угодно, только не он:

"Петр сказал Ему в ответ: если и все соблазнятся о Тебе, я никогда не соблазнюсь.

Иисус сказал ему: истинно говорю тебе, что в эту ночь, прежде нежели пропоет петух, трижды отречешься от Меня" [*Мтф. 26, 33-34*].

Утром Иисуса арестовывают, причем Петр ведет себя при аресте крайне агрессивно — он отсекает у раба первосвященника ухо (которое Иисус тут же благополучно водворяет назад). Вероятно, этот эпизод можно интерпретировать как манифестацию **комлекса кастрации**, бессознательную готовность Петра к тому, чтобы его через очень короткое время в нравственном смысле кастрировали, "опустили". И вот когда Иисуса уводят в преторию, и разыгрывается знаменитый эпизод с отречением:

"Петр же сидел вне на дворе. И подошла к нему одна служанка и сказала: и ты был с Иисусом Галилеянином.

Но он отрекся перед всеми, сказав: не знаю, *что* ты говоришь.

Когда же он выходил за ворота, увидела его другая, и говорит бывшим там: этот был с Иисусом Назореем.

И он опять отрекся с клятвою, что не знает Сего Человека.

Немного спустя подошли стоявшие там и сказали Петру: точно и ты из них и речь твоя обличает тебя.

Тогда он начал клясться и божиться, что не знает Сего Человека. И вдруг запел петух.

И вспомнил Петр слово, сказанное ему Иисусом: прежде нежели пропоет петух, трижды отречешься от меня. И вышед вон, плакал горько" [*Мтф. 26, 69-75*].

Заметим, насколько психоаналитически (по-фрейдовски и по-лакановски) звучит фраза "и речь твоя обличает тебя" (см. **структурный психоанализ**). То есть ты говоришь, что не знаешь, и это означает, что знаешь (Фрейд). Но то, что ты знаешь, может быть выявлено лишь в режиме твоей речи, адресованной Другому (Лакан). (Хотя, конечно, на поверхности данная фраза означала лишь то, что Петр говорил на диалекте галилеян, поэтому его речь его и изобличала.)

Для того, чтобы понять, почему после такого предательства Иисус не только простил Петра, но и сохранил все его привилегии как первозванного апостола и назначил ему быть держателем ключей от рая, необходима психоаналитическая интерпретация личности самого Иисуса.

Вспомним прежде всего обстоятельства Его рождения. Несомненно, слухи о странной беременности Марии и о том, что Иосиф Плотник не настоящий отец Иисуса, не могли не дойти до Него еще в юности и нарушить нормальное развитие в Нем Эдипова комплекса. Вместо этого у Иисуса произошла диссоциация с родителями. Он был с ними холоден, жил своей духовной жизнью, никакой разнонаправленной динамики отношений к отцу и матери у Него не было. Все это оттого, что Он очень рано поверил в то, что настоящий Его Отец — это Бог.

Отсутствие нормальных отношений с родителями приводит к тому, что Иисус так и не доходит в своем сексуальном развитии до генитальной стадии. Как любой психотик, отрицающий реальность, Он отрицает также и прежде всего сексуальную реальность. Он вообще, по-видимому, не понимает, не чувствует, что такое сексуальные отношения — их тревожной динамики, их напряженности и амбивалентности (в смысле противоположной направленности к жизни и к смерти). Поэтому Он с такой легкостью прощает блудниц. Для Него согрешить действием — гораздо меньшее зло, чем согрешить в мыслях (отсюда знаменитая максима о том, что согрешит тот, кто уже только посмотрит с вожделением на жену брата своего). Поэтому Он так агрессивно относится к иудейским интеллектуалам — книжникам и фарисеям, — которые как раз больше всего греховны своими мыслями и словами, но не поступками.

Итак, Иисус, так сказать, выстраивает свои отношения с людьми не по горизонтали, а по вертикали. От Отца — к Сыну, от Учителя — к ученикам. Поэтому при отсутствии нормальной генитальной фиксации у Иисуса между Ним и Его учениками устанавливаются моноэротические отношения, все время подчеркивается любовность этих отношений. Так Иоанн все время, говоря о себе самом в третьем лице, называет себя "учеником, которого Господь любил и у которого он возлежал на груди". Иисус же трижды спрашивает у Петра в конце Евангелия от Иоанна, любит ли Петр Его, так что даже на третий раз Петр обижается. То есть психотически понятое отношение Бога Отца к Себе Иисус переносит, проецирует на своих учеников, применительно к которым Он сам выступает как Учитель, то есть духовный Отец. Ученики заменяют Ему детей, и между всей Его маленькой общиной Он культивирует внесексуальные отношения родителей, братьев и детей.

Почему Иисус простил Петру? Прежде всего потому, что Петр был одним из Его любимых детей (ср. притчу о блудном сыне).

Но этим дело, конечно, не ограничивается. Здесь важно отметить, что Иисус живет в телеологическом времени, а не в детерминистском, то есть в таком времени, где не нарастает, а исчерпывается энтропия (подробно см. **время**). Сущность такого времени не только в том, что оно течет в обратную сторону по отношению к детерминистскому времени, но в том, что будущее в таком времени встает на место прошлого, то есть будущее известно, как известен автору финал романа. Иисус точно знает, что произойдет в будущем с Ним и со всеми другими людьми, в частности, конечно, с наиболее близкими.

Но Иисус — человек, по крайней мере наполовину. Поэтому знание наиболее мучительных мест своей будущей **биографии** Его может тяготить. И перед самым концом Он на несколько секунд не выдерживает и, в этот момент, воспринимая течение времени по-человечески в детерминистском энтропийном ключе, он молит Своего Отца "пронести эту чашу мимо Него". Впрочем, Он тут же спохватывается, вспоминая, что "Продуман распорядок действий / И неотвратим конец пути", и говорит Богу: "Да не будет моя воля, но Твоя". И вот, может быть, когда на Тайной вечере Иисус "раздавал всем сестрам по серьгам", когда Он объявил Петру, что тот отречется от Него, может быть, в тот момент Он и не собирался прощать Петра, но теперь, Сам пережив минуту слабости, Он не может не простить его.

Но и этим, конечно, все не исчерпывается. Самое главное — в механизме самого отречения, самого Verneinung'a. Согласно Фрейду, отрицание — это лишь форма утверждения, не просто его обратная сторона, но его предварительное условие; отрицая, сознание "отбрасывает от себя"; утверждая, оно вбирает в себя. Для того чтобы что-то принять, нужно сначала это отбросить, осознать его в качестве отброшенного; для того, чтобы родиться, нужно сначала умереть — это непосредственно следует из концепции Фрейда и его ученицы Сабины Шпильрейн. И это же соответствует идеологии самих Евангелий:

"Истинно, истинно говорю вам: если пшеничное зерно, падши в землю, не умрет, то останется одно; а если не умрет, то принесет много плода" [*Иоанн 12, 24*].

И вот в соответствии с этой логикой, отрекаясь от Иисуса, *отбрасывая* Иисуса в акте Verneinung'а, Петр тем самым бессознательно подтверждает себя в качестве ученика Иисуса, подтверждает свою готовность *принять* Его в свое сознание (ср. известный пример из работы Фрейда "По ту сторону принципа удовольствия", когда ребенок сначала *отбрасывает* игрушки от себя, чтобы потом их *принять*) и в будущем принять за Него мученическую смерть. Именно поэтому Иисус, зная, что Петру предстоит мученическая смерть за Него, спокойно смотрел на этот своеобразный экзамен отречения, экзамен, своеобразие которого состоит в том, что проваливший его тем самым наиболее успешно его сдает. Для того чтобы воскреснуть для новой жизни без Иисуса, без Его отеческой поддержки, но *для* Иисуса и во имя Иисуса, Петр должен был умереть для старой жизни, пройдя этот позорный экзамен.

Таким образом, Verneinung — нечто вроде обряда инициации, нечто вроде переправы через реку, отделяющую мир мертвых от мира живых.

Лит.:
Фрейд З. Отрицание // Фрейд З. Психоаналитические этюды. — Минск., 1991.
Лакан Ж. Семинары. Т. 1. — М., 1998.
Руднев В. Verneinung Фрейда и механизмы речи // Руднев В. Прочь от реальности. — М., 2000.

ПАРАДИГМА (от древнегр. paradeigma — пример, образец) — термин американского философа и методолога науки Томаса Куна.

Кун позаимствовал этот термин из грамматики, где П. называется совокупность грамматических элементов, образующих единое правило. Например, П. личных окончаний глагола в настоящем времени является совокупность этих окончаний:

```
я пиш-у      мы пиш-ем
ты пиш-ешь   вы пиш-ете
он пиш-ет    они пиш-ут
```

По Куну, П. называется совокупность методов и приемов, которыми пользуется то или иное научное или философское сообщество, объединенное общей научной или философской идеологией, в отличие от других сообществ, объединенных другой идеологией и, соответственно, имеющих свои П.

Так, например, если сравнить П. **структурной лингвистики** и **генеративной лингвистики** (см.), то главным отличием их П. будет то, что первая имеет тенденцию к *описанию* языка, а вторая к его *моделированию*. В то же время общим в их П. является то, что и первая и вторая приписывают языку свойство структурности. При этом достаточно существенно, что вторая вышла из первой — произошла смена П. в лингвистике.

Такую смену П. Кун называет научной революцией. Действительно, генеративистика Н. Хомского по сравнению с классическим структурализмом воспринималась как революция, она даже носила название "хомскианской революции в лингвистике".

Другой пример соседних П. — это **структурная поэтика** (обладающая общим методом со структурной лингвистикой, но имеющая другой объект исследования — не язык, а литературу) и **мотивный анализ**. Основное различие их П. в том, что если первая представляет свой объект как жесткую иерархию уровней, кристаллическую решетку, то второй видит его как спутанный клубок ниток, систему мотивов, пронизывающих все уровни.

Когда научная П. устанавливается, начинается то, что Кун называет нормальной наукой, когда уходят в сторону методологические споры и начинается разработка деталей, накопление материалов, разгадка "головоломок" в рамках принятой П. После того как нормальная наука проходит свой жизненный цикл и начинает устаревать, совершается научная революция, устанавливающая новую парадигму.

XX в. потрясло несколько научных революций: **психоанализ**, который вскоре раскололся и из недр которого выросла **анали-**

тическая психология Юнга, а из нее — **трансперсональная психология** Грофа; теория относительности, а затем квантовая механика; открытие структуры ДНК в биологии; **логический позитивизм** и сменившая его **аналитическая философия**; структурализм и пришедший ему на смену генеративизм, с одной стороны, и постструктурализм — с другой.

В каком-то смысле можно говорить о культурно-философской П. **постмодернизма**, которую мы переживаем по сей день. Для постмодернизма как П. характерно парадоксальное отсутствие строгой П.: все методы хороши и одновременно ограниченны: как **верификационизм**, так и фальсификационизм; правомерны и теоретико-истинностная семантика (см. **логическая семантика**), и теоретико-модельная семантика (**семантика возможных миров**).

Реальное и иллюзорное микшируется на экранах компьютеров и в электронных "проводах" Интернета. Техника становится все более изощренной, а **реальность** все больше превращается в **виртуальную реальность**. Еще один шаг — и мы окажемся в какой-то совершенно новой П., но мы пока не знаем, какими будут ее параметры.

Лит.:
Кун Т. Структура научных революций. — М., 1977.
Ревзин И. И. О субъективной позиции исследователя в семиотике // Учен. зап. Тартуского ун-та, 1971. — Вып. 284.
Руднев В. Структурная поэтика и мотивный анализ // Даугава, 1990. — № 1.

ПАРАДОКСАЛЬНАЯ ИНТЕНЦИЯ — психотерапевтический прием, разработанный немецким психотерапевтом и философом, основателем метода логотерапии (один из вариантов экзистенциальной психотерапии) Виктором Франклом. Суть П. и. (в этом ее несомненное родство с **дзэнским мышлением**) состоит в том, что психотерапевт предлагает пациенту делать то, что противоречит на 180 градусов здравому смыслу. Если у пациента фобия и он боится выходить на улицу, надо как можно чаще выходить на улицу, если у него невроз навязчивых состояний (см. **обсессивный невроз**) и он, к примеру, все время хочет мыть руки, он должен, наоборот, заставлять себя мыть руки как можно чаще. В этом-то случае, по Франклу, симптом и должен пройти.

Дело в том, что противодействие фобии или обсессии со стороны субъекта лишь усиливает их действие, и задача П. и. разорвать этот порочный круг. Франкл подчеркивал, что парадоксальное намерение должно быть высказано психотерапевтом пациенту в максимально юмористической форме, чтобы дать человеку возможность занять дистанцию по отношению к самому себе. Вот классическое место из книги Франкла "Человек в поисках смысла", рассказ ученика Франкла: "Фрау N, пациентка 48 лет, страдала от такого сильного тремора, что она не могла взять в руку чашку кофе или стакан, не пролив ее. Она также не могла ни писать, ни держать книгу достаточно неподвижно, чтобы читать ее. Однажды утром мы с ней сидели вдвоем напротив друг друга, и ее в очередной раз начала бить дрожь. Тогда я решил испробовать П. и. с настоящим юмором и начал: "Фрау N, как насчет того, чтобы устроить соревнование по дрожи?" Она: "Как вас понимать?" Я: "Посмотрим, кто из нас может трястись быстрее и кто дольше". Она: "Я не знала, что вы тоже страдаете от тремора". Я: "Нет, конечно, нет, но если я захочу, то я могу". (И я начал — и еще как!) Она: "Ну! У вас получается быстрее, чем у меня" (И она со смехом попыталась ускорить свою дрожь.) Я: "Быстрее, фрау N, давайте, вы должны трястись гораздо быстрее". Она: "Но я же не могу — перестаньте, я больше не могу". Она действительно устала. Она встала, пошла на кухню, вернулась с чашечкой кофе в руке и выпила его, не пролив ни единой капли. С тех пор всякий раз, когда я уличал ее в треморе, мне достаточно было сказать: "Ну-ка, фрау N, как насчет соревнования по дрожи?" На это она обычно отвечала: "Ладно, ладно". И всякий раз это обычно помогало".

Своей П. и. Франкл открыл гораздо большее, чем обычный психотерапевтический прием, — нечто, связанное с природой взаимодействия мышления, спонтанности и действия. Российский психолог Вячеслав Цапкин, обсуждая с автором словаря его проект "Винни Пух и философия обыденного языка", заметил, что там в одной сцене воспроизведена П. и. Конечно, задолго до Франкла. Вот эта сцена (когда Кролик и Пух с Пятачком, стараясь укротить Тигру, уводят его в лес и теряются в нем сами, они уходят от большой ямы, делают круг и попадают в нее обратно):

"А что если, — медленно сказал Винни Пух, — как только мы

отойдем от этой Ямы, мы снова попытаемся ее найти?".

"Какой в этом толк?" — сказал Кролик.

"Ладно — сказал Пух, — мы ищем дорогу домой и не находим ее, поэтому я думаю, что если мы будем искать эту Яму, то можно быть уверенным, что мы ее не найдем, что было бы Хорошей Вещью, потому что тогда бы мы, может статься нашли то, что мы ищем на самом деле".

"Не вижу в этом никакого смысла", — сказал Кролик.

"Нет, — скромно сказал Пух, — его тут и нету, но он *собирался* тут быть, когда я начал говорить. Просто с ним что-то стряслось по дороге".

("Винни Пух" дан в нашем переводе.)

Дальше Кролик уходит и больше не возвращается, а Винни Пух с Поросенком спокойно идут домой.

Философский смысл П. и. состоит в том, что можно назвать конструктивным абсурдом, в доверии к бессмыслице (см. также **ОБЭРИУ**), то есть к свободной ассоциации, спасительной спонтанности поведения нашего тела и сознания. Кроме того, у П. и. есть еще и сильный экзистенциальный смысл. Этот смысл — в мужестве выбора самого трудного пути и принятии его. Обобщение П. и. может звучать так — прими самое страшное — тогда оно перестанет быть страшным (жизненный опыт Франкла, перенесшего гитлеровский концлагерь, толкует примерно о том же самом).

Лит.:
Франкл В. Человек в поисках смысла. — М., 3-е изд.
Винни Пух и философия обыденного языка. — М., 2000.

ПАРАСЕМАНТИКА — концепция семантики языка, исходящая из того, что составляющие значение слова **смыслы** очень часто образуются путем случайных (или случайных на первый взгляд) ассоциаций.

Это представление идет от некоторых идей **психоанализа,** в первую очередь от ассоциативных тестов Карла Густава Юнга (см. **аналитическая психология**), которые заключались в том, что для того чтобы добраться до бессознательного, пациенту задавали случайный набор слов и просили его отвечать первое, что придет в голову. Например, на слово "водка" алкоголик может ответить "стакан", а трезвенник — "отвращение". В процессе такого тестирования выяснялось то, что пациент мог не сказать при простом опросе.

Вторым, уже непосредственно психоаналитическим, источником П. являются идеи и примеры, изложенные Фрейдом в его книге "Психопатология обыденной жизни". Здесь Фрейд обращает внимание на якобы случайные оговорки, описки, очитки и другие, как он говорит "ошибочные действия", расшифровка которых также ведет к познанию бессознательных импульсов. В книге есть чрезвычайно интересный пример, как Фрейд доказывает одному молодому человеку, что случайных ассоциаций не бывает. Этот молодой человек, цитируя наизусть строку из Вергилия в разговоре с Фрейдом, пропустил одно слово. Путем ассоциативного эксперимента Фрейд догадался, что молодой человек пропустил это слово потому, что думал в тот момент о женщине, которая, как он предполагал, ждет от него ребенка.

Третий и основной источник П. — игра в ассоциации (так она называется в русском быту; любителям хорошего **кино** она может быть известна также как "Китайская рулетка" — по одноименному названию фильма Райнера Фассбиндера, где эта игра играет существенную роль в кульминации сюжета фильма).

Игра в ассоциации заключается в том, что одному ведущему загадывают любого общего знакомого и при этом он должен задавать вопросы вроде: "Если это дерево, то какое?", "Если это автомобиль, то какой?", "Какой это персонаж романа "Война и мир?", "Какое оружие, вид транспорта, какой композитор или поэт, какой цвет или запах?" Отвечающие должны говорить первое, что им придет в голову. Постепенно из ответов у ведущего складывается образ этого человека. В некоторых случаях ассоциации прозрачны. Например, если загадывают толстого человека, то на вопрос: "Какое это дерево?" — вряд ли ответят "кипарис", а скорее "дуб" или "ветла". Но если загадывают человека, основным свойством которого является острый ум, то на вопрос "Какое это дерево" можно ответить по-разному. Например, "елка", подразумевая "остроту" ума загадываемого, а можно ответить "сосна", если у отвечающего образ сосны ассоциируется с одиноким размышлением.

Самое поразительное, что, как правило, ведущий отгадывает загаданного ему человека, хотя ответы могут быть самым разнообразными вплоть до противоречащих друг другу.

Происходит это оттого, что, во-первых, **имя собственное** не обладает, строго говоря, смыслом (см. также **знак**), а только денотатом, то есть у имени Иван нет того смысла, который объединял бы всех Иванов, как это имеет место с нарицательными словами. У слова "дом" есть смысл, который объединяет все дома: маленькие и большие, каменные и деревянные, роскошные и убогие. Поэтому имя собственное более свободно для ассоциаций.

Во-вторых, все имена в языке связаны и любое имя может быть описано при помощи любого другого слова или словосочетания — это, конечно, проявляется прежде всего в лирической поэзии (см. пример из Ахматовой в статье **смысл**). Но ведь поэзия — это очень важная часть речевой деятельности. Нет такого естественного языка, на котором бы не писали стихов. Таким образом, механизм П. представляет собой нечто более фундаментальное, чем лингвистическая шутка. В заключение я предлагаю читателю сыграть со мной в "Китайскую рулетку". Я загадаю вам известного русского поэта XX в., а вы попробуйте отгадать. Естественно, мне придется самому задавать вопросы и самому отвечать.

Я думаю, достаточно будет десяти вопросов и ответов.
1. Какое это дерево? — Баобаб.
2. Какой это персонаж романа "Война и мир"? — Долохов.
3. Какое это животное? — Хорек.
4. Какой это язык? — Татарский.
5. Какой это композитор? — Стравинский.
6. Какое это число? — Три (3).
7. Какой это вид сигарет? — Окурок "Явы".
8. Какой это роман XX в.? — "Мелкий бес" Ф. Сологуба.
9. Какой это вид спорта? — Настольный теннис.
10. Какая это статья в настоящем словаре? — Парасемантика.

Всех, кто догадается, я прошу звонить мне по телефону 247-17-57, я подарю им оттиск или ксерокс своей статьи о П., которая указана в "Литературе" ниже.

Лит.:
Юнг К. Г. Тэвистокские лекции. — Киев, 1995.
Фрейд З. Психопатология обыденной жизни // Фрейд З. Психология бессознательного. — М., 1990.
Руднев В. "Винни Пух" и "Китайская рулетка" (феноме-

нология парасемантики) // Винни Пух и философия обыденного языка. — 2-е изд., доп., исправл. и перераб. — М., 1996.

"ПИГМАЛИОН" — комедия Бернарда Шоу (1913), один из первых **текстов** европейского **неомифологизма**, хотя еще несколько наивно и поверхностно понятого. Известно, что Шоу схватывал на лету идеи, носившиеся в воздухе. И **миф** о Пигмалионе — не главное, что для нас важно в этой пьесе. О главном мы скажем ниже. Начнем с мифа.

В древнегреческой мифологии Пигмалион — легендарный царь Кипра, который был известен тем, что чурался женщин и жил одиноко. В своем уединении Пигмалион сделал из слоновой кости статую прекрасной женщины и влюбился в нее. Он обратился с мольбой к Афродите, чтобы богиня вдохнула в статую жизнь. Тронутая такой любовью, Афродита оживила статую, которая стала женой Пигмалиона по имени Галатея и родила ему дочь.

А теперь напомним **сюжет** комедии Шоу. Профессор фонетики Хиггинс стоял с записной книжкой на одной из улиц Лондона и каждому человеку, который к нему обращался (человек с записной книжкой — подозрительная личность!), чрезвычайно точно говорил, из какого района Англии он родом или даже в каком районе Лондона живет.

Случайно на этом же месте оказался полковник Пикеринг, ученый-индолог, разыскивавший Хиггинса. Хиггинс приглашает Пикеринга к себе, чтобы показать свою фонетическую аппаратуру.

При разговоре присутствует цветочница Элиза Дулиттл, по поводу вульгарной речи которой Генри Хиггинс делает несколько едких замечаний. Вначале цветочница оскорблена, но потом она соображает, что, если чудак-ученый научит ее говорить "по-образованному", она сможет изменить свой социальный статус и стать владелицей цветочного магазина. Она приезжает к Хиггинсу и требует, чтобы он давал ей уроки. Сперва профессор с возмущением отказывает — у него ведь обучаются провинциальные миллионеры. Но поведение девушки столь эксцентрично и забавно, что Хиггинс заключает с Пикерингом пари: он берется за полгода обучить Элизу литературному языку так, что она сможет выйти замуж за знатного джентльмена.

Вначале эксперимент удается лишь отчасти. Элиза оказывается способной. Ей делают "генеральную репетицию" на приеме у матери Хиггинса. Но Элизу забыли научить самому главному — речевой **прагматике**, то есть навыкам светского разговора. Заговаривая о погоде, Элиза сбивается на манеру диктора, читающего метеосводку, а потом и вовсе начинает на привычном жаргоне рассказывать истории из своей жизни "в народе", что, впрочем, сходит за "новый стиль", который кажется очаровательным молодому Фредди, так же как и сама Элиза.

Однако девушка оказывается способной не только в плане овладения литературной речью, она преображается как личность, влюбляется в Хиггинса и пеняет ему на то, что он обращается с ней как со своей игрушкой. Хиггинс с удивлением обнаруживает, что перед ним прекрасная женщина. Финал — открытый, хотя Шоу в "Послесловии" и уверяет, что Элиза вышла замуж за Фредди. Параллельно отец Элизы из мусорщика становится богачом и переходит в средний класс — а все оттого, что Хиггинс находит у него ораторские способности.

Теперь о главном. Сознательно или **бессознательно**, чуткий Бернард Шоу показал в начале XX в., что человек — это то, что он говорит, человек — это его язык, его речевая деятельность. Такое смещение с социальных проблем на эстетические в широком смысле было характерно для начала XX в. в целом, но в пьесе Шоу слышатся явно неслучайные переклички с зарождающейся новой идеологией — **аналитической философией**: рядом с Лондоном преподают основатели этой новой философии Бертран Рассел и Джордж Эдвард Мур. Первоначальный вариант аналитической философии — **логический позитивизм** (см.) все проблемы сводил к проблемам языка. В частности, одной из его сверхзадач было построение идеального научного языка.

А теперь послушаем, как Генри Хиггинс излагает на лондонской улице свое социолингвистическое кредо:

"Фонетика — только. Нетрудно сразу отличить по выговору ирландца или йоркширца. Но я могу с точностью до шести миль определить место рождения любого англичанина. Если это в Лондоне, то даже с точностью до двух миль. Иногда даже можно указать улицу. [...]

Наш век — это век выскочек. Люди начинают в Кентиштауне, живя на восемьдесят фунтов в год, и кончают на Парк-лэйн с сотней тысяч годового дохода. Они хотели бы забыть про Кентиштаун, но он напоминает о себе, стоит им только раскрыть рот. И вот я обучаю их".

Хиггинс об Элизе: "Вы слышали ужасное произношение этой уличной девчонки? Из-за этого произношения она до конца дней своих обречена оставаться на дне общества. Так вот, сэр, дайте мне три месяца сроку, и я сделаю так, что эта девушка с успехом сойдет за герцогиню на любом посольском приеме".

Хиггинс об отце Элизы:

"Д у л и т т л (*меланхолическим речитативом*). Дайте мне слово сказать, хозяин, и я вам все объясню. Я могу вам все объяснить. Я хочу вам все объяснить. Я должен вам все объяснить.

Х и г г и н с. Пикеринг, у этого человека природные способности оратора. Обратите внимание на конструкцию: "Я могу вам все объяснить. Я хочу вам все объяснить. Я должен вам все объяснить". Сентиментальная риторика. Вот она, примесь уэльской крови. [...]

Х и г г и н с (*встает и подходит к Пикерингу*). Пикеринг! Если бы мы поработали над этим человеком три месяца, он мог бы выбирать между министерским креслом и кафедрой проповедника в Уэльсе".

И наконец, Хиггинс своей матери об Элизе: "Если бы вы знали, как это интересно, — взять человека и, научив его говорить иначе, чем он говорил до сих пор, сделать из него совершенно другое, новое существо".

Этот оптимизм, с которым Шоу впервые во всеуслышание объявил, что человек — это его язык (при этом он предварил еще и так называемую **гипотезу лингвистической относительности** Эдуарда Сепира и Бенджамена Ли Уорфа, в соответствии с которой **реальность** опосредована языком, на котором о ней говорят, а не наоборот, как думали ранее), — этот оптимизм созвучен тому оптимизму, с которым европейская философия начала XX в. вступала в свою новую — лингвистическую — фазу.

Этот оптимизм вскоре кончился, ибо оказалось, что людям, даже говорящим на одном языке, становится все труднее и труднее договориться при помощи слов, и мировая война, разразившаяся через год после премьеры "П.", была явным тому свидетельством.

Логический позитивизм в 1930-е гг. исчерпал себя, идеальный язык оказался никому не нужен. Лингвистическая философия повернулась лицом к живому языку (на этой стадии скорее Хиггинсу следовало обучаться "правильному" живому языку у цветочницы, как Людвиг Витгенштейн впитал в себя речь деревенских ребятишек (см. **биография**) и неслучайно после этого развернул свою философию на 90 градусов, призывая изучать живую речь (во всяком случае, такова концепция одного из исследователей биографии Витгенштейна Уильяма Бартли).

В 1930-е гг. философы поняли, что метафизика, выброшенная логическими позитивистами на помойку как ненужный хлам, нужна, и появилась новая метафизика, обращенная к человеку, — **экзистенциализм**.

Лит.:
Руднев В. Морфология реальности // Митин журнал. 1994. — № 51.

ПОЛИМЕТРИЯ (или полиметрическая композиция). Когда перед стиховедением встала задача описания стихотворных размеров (см. **система стиха XX в.**), то иногда попадались тексты, написанные несколькими размерами. Что с ними делать, не знали. Например, в поэме Некрасова "Кому на Руси жить хорошо" есть основной размер — белый 3-стопный ямб:

> В каком году — рассчитывай,
> В какой земле — угадывай,
> На столбовой дороженьке
> Сошлись семь мужиков.

Но там есть и другие размеры — размеры песен и баллад, например об атамане Кудеяре: "Было четыре разбойника, / Был Кудеяр-атаман". Это 3-стопный дактиль.

Особенно остро проблема встала при описании стиха XX в., например поэм Блока и Маяковского, где размеры менялись буквально на каждом шагу и один мог незаметно перетекать в другой. Тогда (по-видимому, не без бессознательного влияния понятия "полифония" М. Бахтина (см. **полифонический роман**) П. А. Руднев предложил термин П., который рассматривал многоразмерность одного текста в духе системности **структурной**

поэтики (см.) — как один суперразмер. Если угодно, как нечто, похожее на **верлибр** (см.), который тоже состоит из строк, отсылающих к другим размерам.

Вот, например, начало "Двенадцати" Блока, одного из труднейших для анализа полиметрических текстов:

> Черный вечер.
> Белый снег.
> Ветер, ветер!
> На ногах не стоит человек.
> Ветер, ветер —
> На всем божьем свете!

Отчетливо складывающийся в двух первых строках 4-стопный хорей в четвертой строке сбивается на раешник (свободный рифмованный стих русского лубка). В дальнейшем ритмика поэмы строится на противопоставлении 4-стопного хорея, передающего чеканный шаг красногвардейцев, и других размеров, как правило, народного или городского фольклора, отражающих стихийное начало в сюжетной и идеологической коллизии поэмы. Вот появляется городской романс — 4-стопный ямб:

> Не слышно шуму городского,
> Над невской башней тишина,
> И больше нет городового —
> Гуляй, ребята, без вина!

А вот размер, напоминающий кольцовские эксперименты, в нем отчетливо слышится ритмика блатной песни:

> Ужь я времячко
> Проведу, проведу...
>
> Ужь я темячко
> Почешу, почешу [...]
>
> Ужь я ножичком
> Полосну, полосну!..

Самым интересным в "открытии" П. оказалось то, что почти каждое звено в многоразмерной системе текста несет свой экспрессивно-смысловой обертон. Особенно очевидным это стало при анализе блоковской драмы "Роза и крест", где у каждого персонажа, как показали несложные подсчеты, имеется свой метрический голос.

В целом явление П. было частью характерного для начала XX в. процесса **верлибризации** культуры (см.).

Лит.:
Руднев П. А. О стихе драмы А. Блока "Роза и крест" // Учен. зап. Тартуского ун-та, 1970. — Вып. 251.
Руднев П. А. Опыт описания и семантической интерпретации полиметрической структуры поэмы А. Блока "Двенадцать" // Там же, 1971. — Вып. 266.
Руднев В. П. Стих и культура // Тыняновский сб.: Вторые Тыняновские чтения. — Рига, 1986.

ПОЛИФОНИЧЕСКИЙ РОМАН. Полифония (древнегр. polyphonia — многоголосие) — музыкальный термин, обозначающий великий музыкальный стиль, господствовавший в Европе до середины XVIII в. (до великого классицизма). В полифонии в отличие от гармонии (см. также **додекафония**) нет деления на мелодию и аккомпанемент, все голоса равноправно ведут свои партии, от наложения которых образуется полифонический стиль — стиль мотетов, фуг и полифонических фантазий.

М. М. Бахтин применил термин П. р. прежде всего к творчеству Достоевского в книге "Проблемы творчества Достоевского". Книга вышла в 1929 г. и практически осталась незамеченной. Бахтин был репрессирован (сослан в Саранск). После издания этой книги с изменениями и под названием "Проблемы поэтики Достоевского" в 1963 г. она принесла Бахтину мировую славу, сделав его одним из самых знаменитых русских филологов и философов советского периода.

Бахтин был авангардистом в литературоведении (ср. **авангардное искусство**). Он придумал какое-то совершенно свое, альтернативное литературоведение (см. также **карнавализация**). Под П. р. Бахтин понимал тот факт, что в отличие от других писателей Достоевский в своих главных произведениях ведет все голоса персонажей как самостоятельные партии. Здесь нет "мелодии и аккомпанемента" и, конечно, нет никакой "гармонии". Борьба и взаимное отражение сознаний и идей составляет, по Бахтину, суть поэтики Достоевского. Его герой, пишет Бахтин, "более всего думает о том, что о нем думают и могут думать другие, он стремится забежать вперед чужому сознанию, каждой чужой мысли о нем, каждой точке зрения на него. При всех существенных моментах своих признаний он старается предвосхитить возможное определение и оценку его другим, угадать смысл и тон этой оценки и старается тщательно сформулировать эти возможные чужие слова о нем, перебивая свою речь воображаемыми чужими репликами".

Вот пример полифонического проведения идеи в романе "Преступление и наказание": Раскольников еще до начала действия романа опубликовал в газете статью с изложением теоретических основ своей идеи. Достоевский нигде не излагает этой статьи в монологической форме. Мы впервые знакомимся с ее содержанием [...] в напряженном и страшном для Раскольникова диалоге с Порфирием [...]. Сначала статью излагает Порфирий, и притом излагает в нарочито утрированной и провоцирующей форме. Это внутреннее диалогизированное изложение все время перебивается вопросами, обращенными к Раскольникову, и репликами этого последнего. Затем свою статью излагает сам Раскольников. все время перебиваемый провоцирующими вопросами и замечаниями [...]. В результате идея Раскольникова появляется перед нами в интериндивидуальной зоне напряженной борьбы нескольких индивидуальных сознаний, причем теоретический статус идеи неразрывно сочетается с последними жизненными позициями участников диалога".

При этом неотъемлемой чертой П. р. Бахтин считает то, что голос автора романа не имеет никаких преимуществ перед голосами персонажей. Особенно это заметно, когда Достоевский вводит рассказчика, принимающего участие в действии на правах второстепенного персонажа ("хроникер" в "Бесах").

Другая особенность поэтики П. р. — герои, обрастая чужими голосами, приобретают идеологических двойников. Так, двойниками Раскольникова являются Свидригайлов и Лужин, двойниками Ставрогина — Кириллов и Шатов.

Наконец, Бахтин противопоставляет П. р. Достоевского монологическому роману Л.Н. Толстого, где автор является полновластным хозяином своих персонажей, а они — его марионетками.

Не боясь преувеличения, можно сказать, что вся модернистская проза XX в. выросла из Толстого и Достоевского, либо беря линию одного из них (так, Джеймс полифоничен, а Пруст монологичен), либо парадоксальным образом их сочетая, как это имеет место в творчестве Томаса Манна и Фолкнера.

В **"Волшебной горе"** Т. Манна Ганс Касторп постоянно пребывает в "173интериндивидуальной зоне" своих "герметических педагогов" — Сеттембрини и Нафты, Клавдии и Перекорна, Беренса и Кроковского. Но при этом авторитарность чисто толстовского авторского голоса здесь тоже очевидным образом присутствует.

В **Докторе Фаустусе** полифонический тон задает фигура рассказчика Серенуса Цейтблома, который в процессе написания биографии своего друга, гениального композитора Леверкюна, находится с ним в отношениях напряженной полемики. Прямой отсылкой к П. р. Достоевского ("Братьям Карамазовым") является диалог Леверкюна с чертом, где герой хочет убедить себя в нереальности собеседника, "интериоризировать" диалог, превратить его во внутреннюю речь и тем самым лишить истинности.

Особая "редуцированная полифония" присутствует в прозе Фолкнера, особенно в романе **"Шум и ярость"** и трилогии о Сноупсах ("Деревушка", "Город", "Особняк"). "Шум и ярость" представляет собой композицию из четырех частей, каждую из которых ведет свой голос — трое братьев Компсонов и (последнюю часть) автор. В трилогии о Сноупсах голоса получают попеременно "простаки" Чик Малиссон и В. К. Рэтлиф и утонченный Гэвин Стивенс. При этом в обоих романах одно и то же содержание передается разными лицами по-разному (ср. также **событие**).

Концепция П. р. Бахтина (см. также **карпавализация**) философски чрезвычайно обогатила отечественное и западное литературоведение, превратила его из скучной описательной фактографии в увлекательную интеллектуальную **языковую игру** (см.).

Лит.:
Бахтин М. М. Проблемы поэтики Достоевского. — М., 1963.

Бахтин М. М. Вопросы литературы и эстетики. — М., 1976.
Бахтин М. М. Эстетика словесного творчества. — М., 1979.

ПОЛИФОНИЧЕСКИЙ ХАРАКТЕР (см. также **характерология**) — одна из разновидностей характерологической мозаики, то есть сочетания в одной личности нескольких равноправных, но обычно не сочетаемых характерологических радикалов, свойственная людям, страдающим малопрогредиентной, то есть вялотекущей, неврозоподобной **шизофренией** (см.) с отсутствием дефекта и слабо выраженным схизисом. Вот что пишет о П. х. психотерапевт Е. А. Добролюбова, которая ввела это понятие:

"Полифоническая мозаика это одновременное сосуществование в человеке богатой чувственности (чувственного склада=радикала) и высокой аналитичности (аналитического склада=радикала), Художника и Ученого. Шизофреническая картина есть образ=понятие, она близка к эмблеме, как бы принадлежит не только к искусству, но и к литературе: в литературе больше обобщения, больше мысли. В узком смысле полифоническая мозаика — одновременное звучание нескольких характерологических радикалов. Художественное полотно создается одновременно, например, аутистическим, психастеническим, истерическим, эпитимным радикалами (одного и того же человека). Благодаря наличию, как правило, нескольких реалистических радикалов автор выглядит в философском смысле все же материалистом, хотя и "странным". В самом узком смысле полифоническая мозаика есть присутствие в один и тот же момент не борющихся друг с другом противоположных состояний, настроений".

П. х. весь как бы состоит из *осколков*, как мозаика Ломоносова, посвященная Полтавской битве: подобно сангвинику, шизофреник радуется жизни, подобно психастенику, переживает и рефлексирует, подобно эпилептоиду, страдает вспышками ярости, подобно истерику, рыдает и устраивает сцены. Все это существует в мозаическом характере шизофреника "то вместе, то поврозь, а то попеременно", и все это чрезвычайно мучительно как для самого больного, так и для окружающих его близких людей.

Но нет худа без добра. Шизофреническое, расщепленное, мозаическое начало настолько органически вошло в антураж XX в., что при помощи шизофренического полифонического мышления создано огромное количество шедевров живописи, музыки, кинематографа, поэзии, философии и психологии XX в.

Роль таких осколков в искусстве XX в., прежде всего играют цитаты. "Можно поднять игру на высшую ступень, играя с формами, из которых ушла жизнь". Это говорит черт композитору-шизофренику Адриану Леверкюну, герою **"Доктора Фаустуса"** Томаса Манна. По сути в этом высказывании вся философия искусства XX в. Все оно представляет собой пеструю мозаику цитат. Один из классических музыкальных шедевров XX в. "История солдата" Игоря Стравинского строится как коллаж цитат из церковной музыки (григорианский хорал), частушечной мелодики, военных маршей, городского романса. Вспомним также поэму Блока "Двенадцать", где воровские куплеты перемежаются с городским романсом, пафосным одическим воспеванием красногвардейцев и маршевыми ритмами. Это тоже полифоническая мозаика, причем не только на уровне жанровой пестроты, но и на уровне стихотворных размеров — то четырехстопный хорей, то **верлибр** (см.), то ямб, то вообще неизвестно что. Все вместе это называется **полиметрия**, мозаика стиха. Кстати, сам верлибр строится точно так же. Например, знаменитый верлибр Блока "Она пришла с мороза" (его анализ см. в статье **верлибр**).

Вот современная полифонически-мозаическая поэзия на карточках Льва Рубинштейна (см. также **концептуализм**), где каждая строка — осколок из какого-то разговора, какой-то жизни, какого-то мира:

— Ну что я вам могу сказать?
— Он что-то знает, но молчит.
— Не знаю, может, ты и прав.
— Он полезней и вкусней.
— У первого вагона в семь.

В рассказе Борхеса "Утопия усталого человека" есть такой разговор:
" — Это цитата? — спросил я его.

— Разумеется. Кроме цитат нам ничего не осталось. Наш язык — система цитат."

Конечно, Стравинский, Блок, Борхес и Рубинштейн — не шизофреники в клиническом смысле. Шизофренической в широком смысле является сама культура XX в. Почему? Потому что любое психическое расстройство — защита против угрожающей невротику или психотику реальности. XX в. и защитился шизофренической мозаикой от безумных противоречий, которые несла реальность чудес бурно развивающейся техники, ужасов мировых войн, геноцидов и тоталитаризма, теории относительности и квантовой механики — всего того, что невозможно было объяснить, оставаясь в рамках уютной модели мира, сформированной предшествующим столетием.

По сути шизофреническое, шизотипическое, шизоидное — это *норма* фундаментальной культуры XX в. Герман Гессе в романе про игру в бисер (которая тоже, конечно, образец мозаического мышления) попытался упорядочить и обезопасить эту "патологическую норму", сделав из нее утопию. Ничего не вышло. Болезненное, подлинное шизотипическое искусство все-таки в гораздо большей степени адекватно XX в., нежели герметический квазиздоровый мир "Игры в бисер". Франц Кафка, Осип Мандельштам, Даниил Хармс, Андрей Платонов, Михаил Булгаков, Уильям Фолкнер, Сальвадор Дали, Рене Магрит, Жак Лакан, Жиль Делез, Луис Бунюэль, Андрей Тарковский, Хорхе Борхес, Милорад Павич, Владимир Сорокин — вот подлинные мозаические герои XX в. (см. статьи **"Замок", "Мастер и Маргарита", "Шум и ярость", "Золотой век", "Зеркало". Хазарский словарь", "Норма"/"Роман", принципы прозы XX в.**)

В этом смысле один из самых удивительных персонажей культуры нашего столетия — австро-британский философ Людвиг Витгенштейн, страдавший латентной (неврозоподобной) формой шизофрении (подробно о Витгенштейне см. статью **биография**). Будучи автором одного из самых утонченных аутистических произведений (см. статью **"Логико-философский трактат"**), страдавший обсессивными расстройствами (см. **обсессивный невроз** и **обсессивный дискурс**), постоянным депрессивным чувством вины (см. **депрессия**), эпилептоидными вспышками ярости, он в то же время поражал знавших его людей, безграничной сангвинической теплотой и альтруизмом.

К концу XX в. большая шизофрения в искусстве все больше отходит на второй план, уступая место неврозоподобной, вялотекущей, так же как на смену серьезному **модернизму** Кафки, Дали и Хайдеггера в середине века пришел **постмодернизм**, который и есть латентная "нестрашная" шизофрения. Цитатная техника превращается здесь в безобидный пастиш, психотическое страдание уступает место вполне приемлемому бытовому безумию, на смену "Поминкам по Финнегану" и "Чевенгуру" приходят "Имя розы" и "Тридцатая любовь Марины", на смену Бунюэлю и Тарковскому — Тарантино и Альмадовар. Фундаментальное искусство и массовый соцарт перемешиваются в одну большую мозаическую кашу (см. также **массовая культура**). Эта замечательная полифоническая культурная помойка медленно перемещается в новое тысячелетие.

Лит.:
Бурно М. Е. О характерах людей. — М., 1996.
Добролюбова Е. А. Шизофренический "характер" и терапия творческим самовыражением // Психотерапия малопрогедиентной шизофрении. I Консторумские чтения, — М, 1996.
Волков П. В. Разнообразие человеческих миров: Руководство по профилактике душевных расстройств. — М.: Аграф, 2000.

"ПОРТРЕТ ДОРИАНА ГРЕЯ" — роман Оскара Уайльда (1891). Несмотря на то, что этот роман написан в конце XIX в., он по своей проблематике и идеологии целиком принадлежит XX в., а по художественному языку — европейскому **символизму**, а тем самым **модернизму** и **неомифологизму**. Кроме того, в этом произведении впервые поставлена проблема соотношения **текста** и **реальности** как проблема энтропийного **времени** (см.). В концепции культуры XX в., развиваемой на страницах этого словаря, "П. Д. Г." играет в культуре XX в. едва ли не меньшую роль, чем, например, "**Доктор Фаустус**" Томаса Манна.

Напомним вкратце **сюжет** романа. Художник Бэзил Холлуорд написал замечательный портрет молодого и знатного красавца Дориана Грея. Художник столько души вложил в этот портрет, что не хочет его нигде выставлять и дарит Дориану. В этот момент появляется университетский друг художника лорд Генри, циник и имморалист, воспевающий "новый гедонизм", человек, который "всегда говорит безнравственные вещи, но никогда их не делает". Он сетует на то, что красота Дориана Грея скоро потускнеет, а портрет всегда будет напоминать ему о его молодости. Риторика лорда Генри так заразительна, что Грей в отчаянии: пусть лучше старится портрет, а он остается вечно молодым.

Лорд Генри начинает играть огромную роль в антивоспитании Грея, ориентируя его на эстетизм, гедонизм и легкое отношение к нравственности.

Грей влюбляется в красивую, но бедную девушку, актрису маленького театрика Сибилу Вэйн. Однако когда она, охваченная любовью к Дориану, не хочет и не может изображать несуществующие чувства на сцене — начинает плохо играть, он без сожаления расстается с нею, наговорив ей жестоких слов. Сибила кончает жизнь самоубийством, а Грей, случайно взглянув на портрет, замечает, что портрет изменился — на губах появилась жесткая складка. Итак, его желание сбылось — отныне портрет станет его совестью, он будет стареть, а Дориан останется вечно молодым.

Вдохновленный лордом Генри и прочитанным по его совету Романом Гюисманса "Наоборот", Дориан Грей пускается во все тяжкие. Он ведет самый беспутный и безнравственный образ жизни, какой только можно себе представить, и лишь его обаяние и странно не меркнущая с годами красота заставляют общество не отвернуться от него, хотя о нем идет много пересудов. Проходят десятилетия, но он остается молодым и прекрасным, меняется лишь его портрет, становясь все безобразнее, но об этом никто не знает, кроме самого Грея; он тщательно спрятал портрет в укромной комнате своего дома.

Художник Бэзил приходит увещевать Дориана. Тот показывает ему портрет, а затем в приступе гнева убивает художника. Портрет становится еще ужаснее. Погружаясь все больше в бездну порока, Грей не может остановиться. На портрете он выглядит уже отвратительным стариком. В припадке ярости Грей бросается на портрет с ножом, но убивает тем самым себя, превращаясь в труп омерзительного старика, тогда как на портрете восстанавливается облик прекрасного юноши.

Обратимся теперь к мифологическим реминисценциям романа. Прежде всего, Дориан Грей наделяется целым рядом прозвищ, именами мифологических красавцев — Адонис, Парис, Антиной, Нарцисс. Последнее имя подходит к нему, конечно, более всего.

В **мифе** о Нарциссе говорится, что прорицатель Тиресий предсказал родителям прекрасного юноши, что тот доживет до старости, если никогда не увидит своего лица. Нарцисс случайно смотрит в воду, видит в ней свое отражение и умирает от любви к себе.

Дориан Грей влюблен в свое "второе я", портрет, подолгу смотрит на него и даже целует его. В конце романа, когда портрет заменяет его, Грей все больше и больше влюбляется в свою красоту и, не выдержав красоты своего **тела** и, по контрасту, омерзительности своей души, которую ему показывает портрет, по сути кончает с собой, умирает, как Нарцисс, от любви к себе.

Другой не менее важный миф, который используется в сюжетном построении романа, это легенда о том, как Фауст продал душу дьяволу за вечную молодость. В роли искусителя выступает лорд Генри. Он стращает Дориана картинами безобразия его тела, когда оно постареет. Тогда-то Дориан и говорит сакраментальную фразу:

"— Как это печально! — пробормотал вдруг Дориан Грей, все еще не отводя глаз от своего портрета. — Как печально! Я состарюсь, стану противным уродом, а мой портрет будет вечно молод. Он никогда не станет старше, чем в этот июньский день... Ах, если бы могло быть наоборот! Если бы старел этот портрет, а я навсегда остался молодым! За это... за это я отдал бы все на свете. Да, ничего не пожалел бы! **Душу бы отдал за это!** (подчеркнуто мной. — *В. Р.*)".

Так и получается: Дориан становится вечно молодым "отродьем дьявола", как называет его проститутка в порту, а портрет гнусно стареет.

Попробуем теперь разобраться, что все это означает с точки зрения концепции энтропийного **времени** (см.). Свойство физического времени — необратимость, связанная с накоплением энтропии, распада, хаоса, как показал современник Оскара Уайльда великий австрийский физик Людвиг Больцман. В романе много раз изображается этот процесс энтропийного разложения тела. Энтропийному времени противостоит семиотическое время **текста**, который исчерпывает, уменьшает энтропию и тем самым увеличивает информацию.

Текст с годами молодеет, так как он обрастает все большим количеством информации. В этом одна из важнейших мемориальных функций культуры: если бы не сохранялись тексты о прошлом, мы бы ничего не знали о наших предках.

В романе Уайльда текст и реальность меняются местами. Портрет приобретает черты живого организма, а Дориан становится текстом. Происходит это потому, что в романе заложена идеология пан- эстетизма, которой живут его герои. Именно конец XIX в. и начало XX в. связаны с протестом позитивного физического времени против второго начала термодинамики (см. **время**). Протест этот выражался даже в самой статистической термодинамике Больцмана, им наполнена философия Ницше, Вагнера, Шпенглера, Бердяева. Это возврат к средневековой философии истории Блаженного Августина, на место энтропии ставившего порок.

Не случайно Дориан Грей влюблен не столько в актрису Сибилу Вэйн, а в те роли (тексты), которые она играет, — Джульетту, Розалинду, Имоджену. Он сам — музыкант и страстно любит все прекрасное. Коллекционирует предметы древнего искусства. Это — декадентский вариант мифологемы Достоевского о том, что красота спасет мир. Красота губит личность, потому что это не настоящая красота, а дьявольская, что показывает портрет, который хранится у Дориана Грея. За сделку с дьяволом надо расплачиваться. Вся история, происшедшая с Дорианом Греем, — это дьявольское наваждение: убитый, Грей становится таким безобразным, каким и должен быть, а портрет вновь превращается в текст — равновесие восстанавливается.

Лит.:
Руднев В. Текст и реальность: Направление времени в культуре // Wiener slawistischer Almanach, 1986. — В. 17.
Руднев В. Морфология реальности: Исследование по "философии текста". — М., 1996.

ПОСТМОДЕРНИЗМ — основное направление современной философии, искусства и науки.

В первую очередь П. отталкивается, естественно, от **модерниз-**

ма (П. и означает — "все, что после модернизма"). Непосредственными предшественниками П. являются **постструктурализм** и **деконструкция** как философский метод. Последние два понятия чрезвычайно близки основным установкам П. — постструктурализм и деконструкция "свели историю к философии, а философию к поэтике". Главный объект П. — **Текст** с большой буквы. Одного из главных лидеров П., Жака Деррида (который, правда, не признает самого термина П.), называют Господин Текст.

Различие между П. и постструктурализмом состоит, в первую очередь, в том, что если постструктурализм в своих исходных формах ограничивался сферой философско-литературоведческих интересов (втайне претендуя на большее), то П. уже в 1980-е гг. стал претендовать на выражение общей теоретической надстройки современного искусства, философии, науки, политики, экономики, моды.

Вторым отличием П. от предшественников стал отказ от серьезности и всеобщий плюрализм. В том, что касается философии, например, П. готов сотрудничать и с **аналитической философией**, и с **феноменологией**, и даже с **прагматизмом**. Мы имеем прежде всего в виду феномен Ричарда Рорти, одного из самых модных философов 1980-х гг., идеология которого сочетала аналитическую философию, прагматизм и П.

Здесь, по-видимому, дело в том, что П. явился проводником нового постиндустриального общества, сменившего или, по крайней мере, сменяющего на Западе традиционное буржуазное индустриальное общество. В этом новом обществе самым ценным товаром становится информация, а прежние экономические и политические ценности — власть, деньги, обмен, производство — стали подвергаться деконструкции.

В П. господствует всеобщее смешение и насмешливость над всем, одним из его главных принципов стала "культурная опосредованность", или, если говорить кратко, цитата. "Мы живем в эпоху, когда все слова уже сказаны", — как-то обронил С.С. Аверинцев; поэтому каждое слово, даже каждая буква в постмодернистской культуре — это цитата.

Интерпретируя слова Умберто Эко, итальянского семиотика и автора постмодернистского бестселлера "Имя розы", русский философ и культуролог Александр Пятигорский в своем эссе о П. говорит:

"[...] Умберто Эко пишет, что в настоящем постмодернист отчаянно пытается *объясниться*, объяснить себя *другому* — другу, врагу, миру, кому угодно, ибо он умрет в тот момент, когда некому будет объяснять. Но объясняя себя другому, он пытается это и сделать *как другой*, а не как он сам.

Объясняя этот прием постмодернистского объяснения, Эко говорит: ну представьте себе, что вы, культурный и образованный человек, хотите объясниться в любви женщине, которую вы считаете не только культурной и образованной, но еще и умной. Конечно, вы могли бы просто сказать: "я безумно люблю вас", но вы не можете этого сделать, потому что она прекрасно знает, что эти слова уже были точно так же сказаны Анне Австрийской в романе Александра Дюма "Три мушкетера". Поэтому, чтобы себя обезопасить, вы говорите: "Я безумно люблю вас, как сказал Дюма в "Трех мушкетерах". Да, разумеется, женщина, если она умная, поймет, *что* вы хотите сказать и *почему* вы говорите именно таким образом. Но совсем другое дело, если она в самом деле *такая* умная, захочет ли она ответить "да" на такое признание в любви?" (курсив здесь и ниже в цитатах принадлежит Пятигорскому. — *В. Р.*).

Другой фундаментальный принцип П. — отказ от **истины**. Разные философские направления по-разному понимали истину, но П. вообще отказывается решать и признавать эту проблему — разве только как проблему **языковой игры** в духе позднего Витгенштейна (см. **аналитическая философия**), дескать, истина — это просто слово, которое означает то, что означает в словаре. Важнее при этом — не значение этого слова, а его **смысл** (см. **логическая семантика, знак**), его этимология, то, как оно употреблялось раньше. "Иными словами, — пишет Пятигорский, — вполне соглашаясь с Витгенштейном, что "истина" — это слово, которое не имеет иного смысла, нежели тот, что это слово *означает*, и решительно не соглашаясь с марксизмом, утверждающим, что *истина исторична*, постмодернисты видят ее (истину — *В. Р.*) только как *слово*, как элемент текста, как, в конце концов, сам текст. Текст вместо истории. История — не что иное, как история прочтения текста" (здесь в статье Пятигорского столь характерная для П. игра значениями слов "история" как англ. history "история" и как англ. story "рассказ, повествование, сюжет").

Вообще рассказывание историй (stories) — одна из главных мифологем П. Так, Фредерик Джеймисон, американский теоретик П., пишет, что даже представители естественных наук физики "рассказывают истории о ядерных частицах". Смысл этого высказывания Джеймисона в общем согласуется с тем, что говорят философы-физики (см. **принцип дополнительности**) о зависимости эксперимента от экспериментатора и т. п.

Современный физик Илья Пригожин и его соавтор Изабелла Стенгерс в совместном эссе "Новый альянс: Метаморфоза науки" пишут:

"Среди богатого и разнообразного множества познавательных практик наша наука занимает уникальное положение поэтического прислушивания к миру — в том этимологическом смысле этого понятия, в каком поэт является творцом, — позицию активного, манипулирующего и вдумчивого исследования природы, способного поэтому услышать и воспроизвести ее голос" (цит. по кн. Ильи Ильина, приведенной в списке литературы).

Когда же родился П.? Наиболее распространена точка зрения, что он возник как отклик на классический **модернизм** в конце 1930-х гг. и что первым произведением П. является роман Дж. Джойса "Поминки по Финнегану" (ср. также "Игра в бисер", **"Мастер и Маргарита"**, "Доктор Фаустус"). Ирония во всех этих произведениях побеждает серьезный модернистский трагизм, такой, например, который свойственен текстам Кафки.

Однако существует подозрение, что П. появился гораздо раньше, одновременно с модернизмом, и начал с самого начала подтачивать его корни. Если смотреть на дело так, то первым произведением П. был "Улисс" того же Джойса, в котором тоже предостаточно иронии, пародии и цитат. Так или иначе, вся послевоенная литература: романы Фаулза, романы и повести Кортасара, новеллы Борхеса, новый роман, весь поздний англоязычный Набоков (см. **"Бледный огонь"**), "Палисандрия" Саши Соколова (в отличие от его **"Школы для дураков"**, которая, будучи текстом П. в широком смысле, сохраняет острую ностальгию по классическому модернизму); **"Бесконечный тупик"** Д. Галковского, **"Хазарский словарь"** Милорада Павича, произведения Владимира Сорокина (см. **"Норма"/"Роман"**) — все это натуральный П.

Впервые П. стал философским понятием после выхода в свет и широкого обсуждения книги французского философа Жан-Франсуа Лиотара "Постмодернистский удел", в которой он критиковал понятие метарассказа, или метаистории, то есть власти единой повествовательной стратегии, **парадигмы** — научной, философской или художественной.

П., таким образом, есть нечто вроде осколков разбитого зеркала тролля, попавших в глаза всей культуре, с той лишь разницей, что осколки эти никому не причинили особого вреда, хотя многих сбили с толку.

П. был первым (и последним) направлением XX в., которое открыто призналось в том, что текст не отображает **реальность**, а творит новую реальность, вернее даже, много реальностей, часто вовсе не зависимых друг от друга. Ведь любая история, в соответствии с пониманием П., — это история создания и интерпретации текста. Откуда же тогда взяться реальности? Реальности просто нет. Если угодно, есть различные **виртуальные реальности** — недаром П. расцвел в эпоху персональных компьютеров, массового видео, Интернета, с помощью которого ныне не только переписываются и проводят научные конференции, но даже занимаются виртуальной любовью. Поскольку реальности больше нет, П. тем самым разрушил самую главную оппозицию классического модернизма — неомифологическую оппозицию между текстом и реальностью, сделав ненужным поиск, и, как правило, мучительный поиск границ между ними. Теперь поиск прекращен: реальность окончательно не обнаружена, имеется только текст.

Поэтому на место пародии классического модернизма в П. стал пастиш (от итал. pasticcio — опера, составленная из кусков других опер; попурри).

Пастиш отличается от пародии тем, что теперь пародировать нечего, нет того серьезного объекта, который мог бы быть подвергнут осмеянию. Как писала О. М. Фрейденберг, пародироваться может только то, что "живо и свято". В эпоху П. ничто не живо и уж тем более не свято.

По тем же причинам место классического модернистского **интертекста** в П. занял **гипертекст** (см.), гораздо более гибкое приспособление, которым можно манипулировать и так и эдак.

В 1976 г. американский писатель Реймон Федерман опубликовал роман, который можно читать по усмотрению читателя (он так и называется — "На ваше усмотрение") с любого места, тасуя непронумерованные и несброшюрованные страницы. Эта алеаторическая литература вскоре стала компьютерной, ее можно читать только на дисплее: нажмешь кнопку — и переносишься в предысторию героя, нажмешь другую — поменяешь плохой конец на хороший, или наоборот (см. **виртуальные реальности, гипертекст**).

Классическая модернистская реминисценция, носившая утонченный характер, которую можно было заметить, а можно было и пройти мимо, сменилась тотальной постмодернистской цитатой-коллажем.

В 1979 г. Жак Риве выпустил роман-цитату "Барышни из А.", представляющий собой сборник 750 цитат из 408 авторов. Вспоминается американский студенческий анекдот о том, что студент-филолог впервые прочитал шекспировского "Гамлета" и был разочарован — ничего особенного, собрание расхожих крылатых слов и выражений.

В сущности, постмодернистская филология есть не что иное, как утонченный (когда в большей, когда в меньшей степени) поиск цитат и интертекстов в том или ином художественном тексте — из лучших образцов подобной филологии и искусствоведения см. книги А. К. Жолковского и М. Б. Ямпольского (указанные в списке литературы).

Исследователь П. Илья Ильин пишет:

"...постмодернистская мысль пришла к заключению, что все, принимаемое за действительность, на самом деле не что иное, как представление о ней, зависящее к тому же от точки зрения, которую выбирает наблюдатель и смена которой ведет к кардинальному изменению самого представления. Таким образом, восприятие человека объявляется обреченным на "мультиперспективизм": на постоянно и калейдоскопически меняющийся ряд ракурсов действительности, в своем мелькании не дающих возможность познать ее сущность".

Впрочем, кое-кто утверждает, что П. уже закончился и мы живем в новой культурной эпохе, но в чем состоит ее суть, мы пока сформулировать не можем. Что ж, будем ждать этой формулировки с нетерпением.

Лит.:
Эко У. Заметки о романе "Имя розы" // Эко У. Имя розы. — М., 1990.
Пятигорский А. М. О постмодернизме // Пятигорский А. М. Избр. труды. — М., 1996.
Фрейденберг О. М. Происхождение пародии // Учен. зап. Тартуского ун-та, 1973. — Вып. 308.
Ильин И. Постструктурализм. Деконструктивизм. Постмодернизм. — М., 1996.
Жолковский А. К., Ямпольский М. Б. Бабель. — М., 1995.
Ямпольский М. Б. Память Тиресия: Интертекстуальность и кинематограф. — М., 1993.

ПОСТСТРУКТУРАЛИЗМ — общее название для ряда подходов в философии и социогуманитарном познании в 1970—1980-х гг., связанных с критикой и преодолением структурализма (см. **структурная лингвистика, структурная поэтика**).

Цель П. — осмысление всего "неструктурного" в структуре, выявление парадоксов, возникающих при попытке объективного познания человека и общества с помощью языковых структур, преодоление лингвистического редукционизма, построение новых практик чтения.

П. в основном французское направление мысли: его главные представители — Ролан Барт, Мишель Фуко, Жак Деррида, Жан Бодрийар, Юлия Кристева.

Рубеж, отделяющий структурализм от П., — события весны и лета 1968 г. Этот период характеризуется обострением чувствительности интеллектуала к социальным противоречиям. Падает престиж науки, не сумевшей ни предсказать, ни объяснить социальные катаклизмы.

"П. возник, — пишет Н. С. Автономова, — из осмысления известной сентенции периода майских событий: "Структуры не выходят на улицы". Коль скоро нечто важное, однако, совершается (кто-то строит баррикады и оспаривает существующий порядок), значит, самое главное в структуре — не структура, а то, что выходит за ее пределы. [...] За рамки структуры как закона сообразности выходят случай, шанс, **событие**, свобода; за рамки структуры как логического построения выходят аффекты, **тело**, жест; за рамки структуры как нейтрального, объективного, познавательного выходят власть, отношения господства и подчинения. [...] Среди ориентаций внутри П. особенно важны две — с акцентом на текстовую реальность и с акцентом на политическую реальность. Девиз одной — "вне текста нет ничего" (вариант: "нет ничего, кроме текста" — Деррида), другой — "все в конечном счете — политика" (Делез)".

Одной из главных задач П. становится критика западноевропейской метафизики с ее логоцентризмом, обнаружение за всеми культурными продуктами и мыслительными схемами языка власти и власти языка. Логоцентризму, основанному на идее бытия как присутствия, данности, **смысла**, единства, полноты, в П. противопоставлены идеи различия и множественности. Наиболее последовательно и ярко эта разновидность П. представлена у Деррида. Для того чтобы "перехитрить" метафизику, приходится нарушать междисциплинарные перегородки и политические запреты, выходя на уровень **тела**, действия, языка в его особом аспекте. Задача метода деконструкции заключается в том, чтобы показать в **тексте** значимость внесистемных, маргинальных элементов. "Всякий текст живет среди откликов, "перекличек", "прививок", "следов" одного текста на другом. След важнее и первичнее любой системы: это отсрочка во времени и промежуток в пространстве; отсюда столь существенный для Деррида глагол différer, означающий одновременно "различать" и "отсрочивать", и соответствующий неографизм différAnce ("различение"). [...] Все эти нарушения структурности и системности [...] наводят на мысль, что структура либо не существует вовсе, либо она существует, но не действует, либо, наконец, действует, но в столь измененном виде, что именно "поломка", а не "правильное" ее функционирование становится "нормой". [...] Под давлением контекста в тексте размываются границы "внешнего" и "внутреннего": на их место у Деррида и Делеза приходят многообразные мыслительные эксперименты с пространством — всевозможные "складки", "выпуклости-вогнутости", "вывернутые наизнанку полости".

Само обилие закавыченных понятий в предыдущей цитате ясно показывает последовательное стремление П. к обновлению не только методов и объектов исследования, но и самого **метаязыка**. В научный обиход вводятся слова и понятия, существовавшие до этого лишь в обыденной речи, но при этом им придается новый смысл, дополняющий и одновременно ограничивающий прежний.

"Лишившись гарантий и априорных критериев, — пишет Автономова, — философия, однако, заявила о себе как конструктивная сила, непосредственно участвующая в формировании новых культурных объектов, новых отношений между различными областями духовной и практической деятельности. Ее новая роль не может быть понята до конца, пока не пережит до конца этот опыт. Нерешенным, но крайне существенным для ее судьбы остается вопрос: можем ли мы оспорить, проблематизировать разум иначе как в формах самого разума? можем ли мы жертвовать развитой, концептуально проработанной мыслью ради зыбкой, лишь стремящейся родиться мысли — без образов и понятий? В любом случае перед нами простирается важная область приложения умственных усилий: спектр шансов открытого разума. К этому выводу приходит анализ необычной, своеобразной — и всячески подчеркивающей свое своеобразие — мыслительной практики П.".

Лит.:
Автономова Н. С. Постструктурализм // Современная западная философия: Словарь. — М., 1991.
Барт Р. Избранное: Семиотика. Поэтика. — М., 1989.
Фуко М. Слова и вещи. — М., 1994.
Деррида. Ж. О грамматологии. — М., 2000.

ПОТОК СОЗНАНИЯ — в литературе **модернизма** XX в. стиль, претендующий на непосредственное воспроизведение ментальной жизни сознания посредством сцепления ассоциаций, нелинейности, оборванности синтаксиса. Понятие П. с. принадлежит американскому философу, одному из основателей **прагматизма** Уильяму Джеймсу. Он считал, что сознание подобно потоку или ручью, в котором мысли, ощущения, переживания, ассоциации постоянно перебивают друг друга и причудливо переплетаются подобно тому, как это происходит в **сновидении** (см. также **психоанализ**).

П. с. представляет собой форму, имитирующую устную речь (см. **лингвистика устной речи**), внутренний монолог (ср. **индивидуальный язык**).

У истоков стиля П. с. были Ф. М. Достоевский ("Кроткая") и Л. Н. Толстой. Предсмертный монолог Анны Карениной, находящейся в **измененном состоянии сознания,** представляет собой несомненный П. с.: "Всем нам хочется сладкого, вкусного. Нет конфет, то грязного мороженого. И Кити так же: не Вронский, то Левин. И она завидует мне. И ненавидит меня. И все мы ненавидим друг друга. Я Кити, Кити меня. Вот это правда. Тютькин, coiffeur... Je me fais coiffer par Тютькин... [парикмахер. Я причесываюсь у Тютькина... (фр.)—прим. Л. Толстого —*В. Р.*] Я это скажу ему, когда он приедет [...]

В начале XX в. первыми и главными представителями стиля П. с. были, несомненно, Джеймс Джойс и Марсель Пруст.

Фактически весь роман "Улисс" представляет собой несколько П. с., организованных как **интертекст,** когда речь идет о Блуме и Дедале, и чистое сознание-**бессознательное**, когда речь идет о Молли. Приводим заключительный фрагмент знаменитого финального монолога Молли:

"Ах тот ужасный поток кипящий внизу Ах и море море алое как огонь и роскошные закаты и фиговые деревья в садах Аламеды да и все причудливые улочки и розовые желтые голубые домики аллеи роз и жасмин герань кактусы и Гибралтар где я была девушкой и Горным цветком да когда я приколола в волосы розу как делают андалузские девушки или алую мне приколоть да и как он целовал меня под Мавританской стеной и я подумала не все ли равно он или другой и тогда Я сказала ему глазами чтобы он снова спросил да и тогда он спросил меня не хочу ли я да сказать да мой горный цветок и сначала я обвила его руками да и привлекла к себе так что он почувствовал мои груди их аромат да и сердце у него колотилось безумно и да я сказала да я хочу Да".

В отличие от Джойса П. с. у Пруста носит более аналитический характер, он в меньшей степени стремится передавать внутренний монолог с его нелинейностью и элиптичностью. Да и философской основой П. с. у Пруста был не Джеймс, а Анри Бергсон с его учением о внутреннем времени сознания как постоянного "дления". Приводим фрагмент из романа "По направлению к Свану" первого из цикла романов "В поисках утраченного времени":

"Но ведь даже если подойти к нам с точки зрения житейских мелочей, и то мы не представляем себе чего-то внешне цельного, неизменного, с чем каждый волен познакомиться, как с торговым договором или с завещанием; наружный облик человека есть порождение наших мыслей о нем. Даже такой простой акт, как "увидеть знакомого", есть в известной мере акт интеллектуальный. Мы дополняем его обличье теми представлениями, какие у нас уже сложились, и в том общем его почерке, какой мы набрасываем, представления эти несомненно играют важнейшую роль".

Более умеренно использовали П. с. другие писатели XX в. — в их числе Уильям Фолкнер и даже Томас Манн (внутренний монолог просыпающегося Гете в романе "Лотта в Веймаре", монолог менеджера Саула Фительберга, пришедшего соблазнить Леверкюна прелестями концертной деятельности в романе **"Доктор Фаустус"**).

Вся первая часть романа Фолкнера **"Шум и ярость"** построена как регистрация сознанием идиота Бенджи Компсона всего подряд, что он слышит и видит, это был по тем временам сугубо экспериментальный П. с. — поток "редуцированного сознания":

"Я не плачу, но не могу остановиться. Я не плачу, но земля не стоит на месте, и я заплакал. Земля все лезет кверху, и коровы убегают вверх. Ти-Пи хочет встать. Опять упал, коровы бегут вниз. Квентин держит мою руку, мы идем к сараю. Но тут сарай ушел, и пришлось нам ждать, пока вернется. Я не видел, как сарай вернулся. Он вернулся сзади нас, и Квентин усадил меня в корыто, где дают коровам. Я держусь за корыто. Оно тоже уходит, а я держусь. Опять коровы побежали — вниз, мимо двери. Я не могу остановиться, Квентин и Ти-Пи качнулись вверх, дерутся. Ти-Пи поехал вниз. Квентин тащит его кверху. Квентин ударил Ти-Пи. Я не могу остановиться".

П. с. использовала также проза **нового романа** (см.). Замечательные образцы интертекстового П. с. находим в прозе Саши Соколова, в частности в его **"Школе для дураков"** (см. также пример в статье **интертекст).**

П. с. был несомненно связан с достижениями в психологии, с **психоанализом,** утверждавшим важность свободных ассоциаций (ср. также **парасемантика).** Но лингвистически соответствующие явления были осмыслены лишь в 1970-е гг. (см. **лингвистика устной речи, измененные состояния сознания).**

ПРАГМАТИЗМ — философское течение, возникшее и получившее наибольшее распространение в США. Основателем П. является Чарльз Сандерс Пирс.

С самого своего возникновения П. отказался от ряда основополагающих идей предшествующей философии (что роднит его с **логическим позитивизмом**) и предложил совершенно новый тип философского мышления, поставившего во главу угла человеческое действие (ср. **прагматика**). Поскольку действие в той или иной форме является основной формой жизни человека, а само оно имеет преимущественно не рефлекторный, а сознательный и целесообразный характер, то встает вопрос о тех механизмах сознания, которые обеспечивают продуктивные действия. Поэтому Пирс рассматривал познавательную деятельность не в отношении к внешней объективной реальности, а по отношению к внутренним психологическим процессам. Вместо знания он стал говорить об убеждении, понимая под ним готовность или привычку действовать тем или иным образом. Объективное знание он заменил социально принятым убеждением. Отсюда определение истины как общезначимого принудительного убеждения, к которому пришло бы бесконечное сообщество исследователей, если бы процесс исследования продолжался бесконечно.

Поскольку всякое действие направлено в будущее, то Пирс настаивал на необходимости рассматривать функционирование всех понятий с точки зрения тех последствий, которые может вызвать использование этих понятий. Он сформулировал так называемую прагматическую максиму: наша идея какой-либо вещи есть идея ее чувственных последствий.

Идеи Пирса были развиты и систематизированы Уильямом Джеймсом. Джеймс понимает истину как успешность или работоспособность идеи, как ее полезность для достижения той или иной цели (ср. замену понятий истины понятием успешности в **теории речевых актов**). Поскольку это успешное функционирование истины нуждается в проверке, проверяемость также входит в определение истины (такое понимание истины также роднит П. с логическим позитивизмом; см. **верификационизм**).

Джеймс ввел понятие об опыте как непрерывном **потоке сознания**, из которого мы своими волевыми усилиями выделяем отдельные отрезки, обретающие для нас статус вещей благодаря наименованию. Понятие потока сознания, выдвинутое почти одновременно Джеймсом и Бергсоном, оказало большое воздействие на литературную практику XX века (М. Пруст,

Дж. Джойс, У. Фолкнер), а также на **кино**. С точки зрения Джеймса, **реальность** складывается из ощущений, отношений между ощущениями, обнаруживаемыми в опыте, и старых истин, получивших к этому времени всеобщее признание.

Незавершенность Вселенной, включающей в себя и мир социального опыта, открывает возможность безграничного улучшения этого мира. Хотя сейчас он весьма далек от совершенства, Джеймс убежден в реальности его улучшения при условии веры в людей и в их способность это сделать и объединения их совместных усилий.

Эта оптимистическая черта П., чрезвычайно характерная для национального сознания американцев, вероятно, и позволила им под флагом идей П. успешно пройти через все социальные и политические испытания XX века.

Третьим представителем американского П. был Джон Дьюи, который занимался прагматическим истолкованием научного метода. Этот метод сводился к некоторым приемам решения конкретных проблем, возникающих в различных сферах опыта. Согласно Дьюи, прежде всего необходимо установить специфику данного затруднения или проблемной ситуации. Затем выдвинуть гипотезу или план ее решения, после чего — теоретически проследить все возможные следствия предлагаемого решения. После этого наступает период реализации и экспериментальной проверки гипотезы. В случае необходимости предложенное решение может быть изменено. Ни одно решение не должно исходить из каких-либо заведомо известных рецептов и превращаться в догму. Оно должно всецело определяться особенным характером данной специфической ситуации.

При решении социальных проблем Дьюи считает особо опасным стремление руководствоваться заранее установленными конечными целями или идеалами, предопределяющими наше поведение. Если достигнуто успешное решение проблемной ситуации, то предложенная гипотеза или теория должны считаться истинными, а новая, теперь уже определенная ситуация, сменившая проблемную, приобретает статус реальности.

Будучи чрезвычайно гибкой философией, американский П., видоизменяясь, дожил до наших дней. В 1980-е гг. наиболее яркий представитель П. Ричард Рорти связал основные идеи П. с идеями **аналитической философии** и **постмодернизма** (см.).

Лит.:
Мельвиль Ю. К. Прагматизм // Современная западная философия: Словарь. — М., 1991.
Рорти Р. Случайность, ирония и солидарность. — М., 1996.

ПРАГМАТИКА (древнегр. pragmatos — действие) — раздел **семиотики**, изучающий соотношение знаков и их пользователей в конкретной речевой ситуации. Можно сказать, что П. — это семантика языка в действии. Впервые о П. писал Чарлз Сандерс Пирс в XIX в., а ее основные параметры применительно к философии прагматизма сформулировал в 1920-е гг. Чарлз Моррис. Однако современная лингвистически ориентированная П. развивается скорее под влиянием идей позднего Витгенштейна (см. **аналитическая философия, языковая игра**) и **теории речевых актов** (см.).

Витгенштейну принадлежит знаменитое определение значения как употребления в языке. Из этого, можно сказать, вышла вся П.

Представим себе, что имеется некая фраза:

М. вошел в комнату.

Мы прекрасно понимаем ее смысл, то есть мы можем представить себе эту ситуацию. Но какова конкретная роль этой ситуации, каково ее значение в ряду соседних высказываний, можно сказать, только зная контекст этих высказываний. Этот контекст можно назвать в духе теории речевых актов речевой ситуацией или, пользуясь терминологией М. М. Бахтина, "речевым жанром".

Предположим, что "М. вошел в комнату" произносится в контексте детективной истории. Тогда эта фраза может означать, например: "Приготовиться!" — если этого М. ждут в его комнате наемные убийцы. А в контексте бытового дискурса, например праздничного застолья, эта фраза может означать, что этого человека долго ждали к столу, он опаздывал и наконец-то пришел. В ситуации бытовой мелодрамы это может означать, что пришел любимый человек, или наоборот, ненавистный муж — прагматическое значение всегда будет меняться.

Когда-то два великих философа-аналитика — Витгенштейн и

Мур уже в старости поспорили, что означает выражение "Я знаю, что...". Суть спора в двух словах заключалась в том, что выражение "Я знаю, что это дерево" искусственно, не несет никакой информации и в лучшем случае означает просто : "Это дерево". Но вот в спор вмешался аналитик младшего поколения Норман Малкольм и, анализируя спор своих учителей, пришел к выводу, что они спорят не о том, так как выражение "Я знаю, что..." означает в конкретных ситуациях совершенно различные вещи. Например, в ситуации, когда дочь играет на пианино, а мать напоминает ей, что пора делать уроки, и дочь отвечает: "Я знаю, что надо делать уроки", это означает: "Не приставай ко мне"; когда слепого усаживают на стул и говорят ему "вот стул" и он отвечает: "Я знаю, что это стул", он хочет сказать: "Не беспокойтесь, пожалуйста". И так далее.

Подобно логическим необходимым истинам, существуют прагматические необходимые истины. Если пример логической истины — "А равно А", то пример прагматической истины — "Я здесь": истинность этого высказывания не зависит от того, кто именно имеется в виду под "Я" и какое место имеется в виду под "здесь".

Аналогичным образом прагматически ложной считается фраза "Я сплю". Хотя в духе идей Малкольма можно было бы сказать, что эта фраза на самом деле в ее конкретном употреблении означает: "Я засыпаю, не беспокойте меня" или "Оставьте меня в покое".

В прагматической ситуации общения велика роль не только говорящего, но и слушающего. Например, когда я говорю жене в присутствии дочери, делая вид, что не вижу, что дочь слушает: "У нашей Аси очень хороший характер", то моя речевая стратегия может в данном случае быть направленной на то, чтобы расположить дочь к себе, или повысить ее самооценку, или что-либо в этом роде.

Когда я говорю в присутствии нескольких людей: "Я сегодня видел Наташу", то каждый может спросить: "Какую Наташу?"— и каждый может подумать, что имеется в виду именно та Наташа, о которой он подумал. То есть в различных возможных мирах участников речевой ситуации (см. **семантика возможных миров**) высказывание "Я видел сегодня Наташу" приобретет разное значение до тех пор, пока не будет уточнено говорящим, какую именно Наташу он видел сегодня.

В П. играют большую роль так называемые эгоцентрические слова, такие, как я, ты, это,— поскольку их значение всегда зависит от ситуации. Знаменитый французский языковед Эмиль Бенвенист считал, что "Я" в языке играет исключительную роль. Вот что он пишет об этом в статье "О субъективности" (1958):

"Язык возможен только потому, что каждый говорящий представляет себя в качестве субъекта, указывающего на самого себя как на "Я" в своей речи. В силу этого "Я" конституирует другое лицо, которое, будучи абсолютно внешним по отношению к моему "Я", становится моим эхо, которому Я говорю "ты"... Полярность эта к тому же весьма своеобразна, она представляет собой особый тип противопоставления, не имеющий аналога нигде вне языка. Она не означает ни равенства, ни симметрии: "эго" занимает всегда трансцендентное положение по отношению к "ты", однако ни один из терминов не мыслим без другого [...]. Бесполезно искать параллель этим отношениям: ее не существует. Положение человека в языке неповторимо".

В 1950-е гг. американский философ Пол Грайс под влиянием позднего Витгенштейна и теории речевых актов сформулировал так называемые коммуникативные постулаты. Когда люди беседуют, между ними должен быть заключен молчаливый пакт о речевом сотрудничестве, который включает в себя следующие пункты:

1. Говорить ни много, ни мало, а именно столько, сколько нужно для адекватной передачи информации (известны люди, которые очень много говорят сами и не умеют слушать — так вот они нарушают постулат Грайса).

2. Не отвлекаться от темы.

3. Говорить только правду.

4. Говорить определенно, не двусмысленно (многие любят говорить обиняками — Грайс не поощряет этого).

5. Говорить вежливо, уважая речевое достоинство собеседника.

Конечно, в реальной речевой деятельности постулаты Грайса очень часто не соблюдаются. Иначе в речи не было бы грубости, хамства, речевой истерики, логареи, говорения вокруг да около и т. д. Американцы, как всегда, стремятся к ясности и идеалу. Русские лингвисты-прагматики, напротив, склонны изучать речевую реальность , "речевую демагогию", по выражению русского лингвиста Т. М. Николаевой.

Ясно, что говорить можно и нужно по-разному в зависимости от конкретной или наоборот ситуации. Профессор со студентом разговаривают не так, как профессор с профессором и студент со студентом, при этом профессор со студентом общаются по-разному на лекции, на экзаменах, на общем банкете и в частной беседе дома у профессора.

Когда человек защищает диссертацию, он должен обязательно благодарить всех выступающих, даже если его подвергают шквальной критике. Он должен обращаться к председателю совета: "Глубокоуважаемый господин председатель" — только так. Но представьте себе, что в магазине, когда подошла ваша очередь, вы говорите: "Глубокоуважаемый господин продавец, дайте мне, пожалуйста, полкило трески!". Ю. М. Лотман когда-то написал, что голый человек в бане не то же самое, что голый человек в общественном собрании. Статуя Аполлона Бельведерского — эталон мужской красоты, но попробуйте надеть на нее галстук, и она поразит вас своим неприличием.

П. активно использует ситуацию многоязычия. Замечательный пример (которым мы и закончим наш очерк о П.) приводит Дж. Р. Серл, один из основателей теории речевых актов. Допустим, говорит он, вы — американский офицер и во время войны попадаете в плен к итальянцам, союзникам немцев. Вы хотите их убедить, что вы немецкий офицер. Но вы из всего школьного запаса знаний немецкого языка знаете только одну фразу. Но при этом вы предполагаете, что итальянцы тоже не знают немецкого языка и одни лишь звуки немецкой речи могут их убедить, что перед ними союзник. Тогда вы произносите строку из стихотворения Гете: "Kennst du das Land, wo die Zitronen blüh'n?" ("Знаешь ли ты край, где цветут лимонные деревья?"), при этом вы своей интонацией делаете вид, что произносите фразу: "Я немецкий офицер".

Лит.:
Бенвенист Э. Общая лингвистика. — М., 1974.
Степанов Ю. С. В трехмерном пространстве языка: Семиотические проблемы лингвистики, философии, искусства. — М., 1985.
Бахтин М. М. Речевые жанры // Бахтин М. М. Вопросы литературы и эстетики. — М., 1976.
Грайс П. Постулаты речевого общения // Новое в зару-

бежной лингвистике. Лингвистическая прагматика.— Вып. 16.— М., 1985.

Малкольм Н. Мур и Витгенштейн о значении выражения "Я знаю..." // Философия. Логика. Язык / Под ред. В. В. Петрова.— М., 1987.

Лотман Ю. М. Анализ поэтического текста: Структура стиха. — Л., 1972.

Руднев В. Прагматика художественного высказывания // Родник. — 1988, № 11—12.

ПРИНЦИП ДОПОЛНИТЕЛЬНОСТИ — методологический принцип, сформулированный Нильсом Бором применительно к квантовой физике, согласно которому, для того чтобы наиболее адекватно описать физический объект, относящийся к микромиру, его нужно описывать во взаимоисключающих, дополнительных системах описания, например одновременно и как волну, и как частицу (ср. **многозначные логики**).

Вот как интерпретирует культурологическую значимость П. д. для XX в. русский лингвист и семиотик В. В. Налимов:

"Классическая логика оказывается недостаточной для описания внешнего мира. Пытаясь осмыслить это философски, Бор сформулировал свой знаменитый *принцип дополнительности* (здесь и далее в цитатах курсив и разрядка авторские. — *В.Р.*), согласно которому для воспроизведения в знаковой системе целостного явления необходимы взаимоисключающие, *дополнительные* классы понятий.

Это требование эквивалентно расширению логической структуры языка физики. Бор использует, казалось бы, очень простое средство: признается допустимым взаимоисключающее употребление двух языков, каждый из которых базируется на обычной логике. Они описывают исключающие друг друга физические явления, например непрерывность и атомизм световых явлений. [...] Бор сам хорошо понимал методологическое значение сформулированного им принципа: "...целостность живых организмов и характеристика людей, обладающих сознанием, а также человеческих культур представляют черты целостности, отображение которых требует типично дополнительного способа описания". [...] Принцип дополнительности — это, собственно, признание того, что четко построенные логические системы действуют как метафоры: они задают модели, которые ведут себя и как внешний мир, и не так. Одной логической конструкции оказывается недостаточно для описания всей сложности микромира. Требование нарушить общепринятую логику при описании **картины мира** (см. — *В. Р.*) со всей очевидностью впервые появилось в квантовой механике — и в этом ее особое философское значение".

Позднее Ю. М. Лотман применил расширенное понимание П. д. к описанию **семиотики** культуры. Вот что он пишет:

"...механизм культуры может быть описан в следующем виде: недостаточность информации, находящейся в распоряжении мыслящей индивидуальности, делает необходимым для нее обращение к другой такой же единице. Если бы мы могли представить себе существо, действующее в условии п о л н о й информации, то естественно было бы предположить, что оно не нуждается в себе подобном для принятия решений. Нормальной для человека ситуацией является деятельность в условиях недостаточной информации. Сколь ни распространяли бы мы круг наших сведений, потребность в информации будет развиваться, обгоняя темп нашего научного прогресса. Следовательно, по мере роста знания незнание будет не уменьшаться, а возрастать, а деятельность, делаясь более эффективной, — не облегчаться, а затрудняться. В этих условиях недостаток информации компенсируется ее стереоскопичностью — возможностью получить совершенно иную проекцию той же **реальности** — (см. — *В. Р.*) перевод ее на совершенно другой язык. Польза партнера по коммуникации заключается в том, что он д р у г о й.

П. д. обусловлен и чисто физиологически — **функциональной асимметрией полушарий головного мозга** (см.) — это своего рода естественный механизм для осуществления П. д.

В определенном смысле Бор сформулировал П. д. благодаря тому, что Куртом Гёделем была доказана так называемая теорема о неполноте дедуктивных систем (1931). В соответствии с выводом Гёделя — система либо непротиворечива, либо неполна.

Вот что пишет по этому поводу В. В. Налимов:

"Из результатов Гёделя следует, что обычно используемые непротиворечивые логические системы, на языке которых выражается арифметика, неполны. Существуют истинные утверждения, выразимые на языке этих систем, которые в таких системах доказать нельзя. [...] Из этих результатов следует также, что никакое строго фиксированное расширение аксиом этой системы не может сделать ее полной, — всегда найдутся новые истины, не выразимые ее средствами, но невыводимые из нее. [...]

Общий вывод из теоремы Гёделя — вывод, имеющий громадное философское значение: *мышление человека богаче его дедуктивных форм*.

Другим физическим, но также имеющим философский **смысл** положением, непосредственно касающимся П. д., является сформулированное великим немецким физиком XX в. Вернером Гейзенбергом так называемое соотношение неопределенностей. Согласно этому положению невозможно равным образом точно описать два взаимозависимых объекта микромира, например координату и импульс частицы. Если мы имеем точность в одном измерении, то она будет потеряна в другом.

Философский аналог этого принципа был сформулирован в последнем трактате Людвига Витгенштейна (см. **аналитическая философия, достоверность**) "О достоверности". Для того чтобы сомневаться в чем-бы то ни было, нечто должно оставаться несомненным. Мы назвали этот принцип Витгенштейна "принципом дверных петель".

Витгенштейн писал:

"В о п р о с ы, которые мы ставим, и наши с о м н е н и я основываются на том, что определенные предложения освобождены от сомнения, что они словно петли, на которых вращаются эти вопросы и сомнения. [...] То есть это принадлежит логике наших научных исследований, что определенные вещи и в с а м о м д е л е несомненны. [...] Если я хочу, чтобы дверь вращалась, петли должны быть неподвижны".

Таким образом, П. д. имеет фундаментальное значение в методологии культуры XX в., обосновывая релятивизм познания, что в культурной практике закономерно привело к появлению феномена **постмодернизма**, который идею стереоскопичности, дополнительности художественных языков возвел в главный эстетический принцип.

Лит.:
Бор Н. Атомная физика и человеческое познание. — М., 1960.
Гейзенберг В. Шаги за горизонт. — М., 1987.
Налимов В. В. Вероятностная модель языка. — М., 1979.
Лотман Ю. М. Феномен культуры // *Лотман Ю. М.*

Избр. статьи. В 3 тт. — Таллинн, 1992. — Т. 1.
Витгенштейн Л. О достоверности / Пер. А. Ф. Грязнова // Вопр. философии, 1984. — № 4.
Руднев В. Текст и реальность: Направление времени в культуре // Wiener slawistischer Almanach, 1987. — В. 17.
Руднев В. О недостоверности // Логос, 1997. — Вып. 9.

ПРИНЦИПЫ ПРОЗЫ XX ВЕКА. Поэзия и проза — разные искусства.

Если поэзию действительно можно назвать искусством слова, то проза скорее — это искусство предложения (подробнее об этом см. **философия вымысла**). Слово более гибко, поэтому философия слова на протяжении века изменялась много раз: своя концепция слова была у **символизма**, своя — у **акмеизма, конструктивизма, обэриутов, концептуализма.** Философия предложения фундаментально изменилась в XX в. только один раз — при переходе от **логического позитивизма** к зрелой **аналитической философии** — подробнее см. **логическая семантика**. (Художественная проза ближе философии, потому что у них один инструмент, одно орудие — предложение.) Поэтому можно говорить о единых П. п. XX в.

Но прежде мы должны сказать, что, говоря о прозе, мы имеем в виду Прозу с большой буквы, новаторскую прозу **модернизма,** то есть Джон Голсуорси, Теодор Драйзер или, скажем, Анри Барбюс не будут объектами нашего рассмотрения и на них П. п. XX в. будут распространяться в очень малой степени. Это так называемые реалистические писатели (см. **реализм**), которые ничего или почти ничего не сделали для обновления художественного языка прозы XX в., то есть как раз тех П. п. XX в., о которых мы будем говорить в этом очерке.

Мы прежде всего рассмотрим произведения таких писателей, как Джеймс Джойс, Марсель Пруст, Федор Сологуб, Андрей Белый, Роберт Музиль, Густав Майринк, Франц Кафка, Томас Манн, Герман Гессе, Альбер Камю, Уильям Фолкнер, Михаил Булгаков, Джон Фаулз, Акутагава Рюноске, Хорхе Луис Борхес, Владимир Набоков Хулио Кортасар, Габриэль Гарсиа Маркес, Ален Роб-Грийе, Макс Фриш, Саша Соколов, Владимир Сорокин, Дмитрий Галковский, Милорад Павич. (Разумеется, у каждого может быть свой список гениев, но мы оговорили "субъективизм" этой книги в предисловии к ней.)

Мы выделяем десять П. п. XX в.:

1. *Неомифологизм* (см. также **неомифологическое сознание, миф**). По сути, это главный П.п. XX в., который в той или иной степени определяет все остальные. Поскольку он подробно описан в статье неомифологическое сознание, здесь мы охарактеризуем его предельно кратко. Это прежде всего ориентация на архаическую, классическую и бытовую мифологию; циклическая модель **времени**; мифологический бриколаж — произведение строится как коллаж цитат и реминисценций из других произведений (в той или иной мере это характерно для всех произведений указанных авторов).

2. *Иллюзия/ реальность.* Для текстов европейского модернизма XX в. чрезвычайно характерна игра на границе между вымыслом и реальностью. Это происходит из-за семиотизации и мифологизации реальности. Если архаический миф не знал противопоставления реальности тексту, то XX в. всячески обыгрывает эту неопределенность. Например, в романе Макса Фриша "Назову себя Гантенбайн", герой все время представляет себя то одним персонажем, то другим, попеременно живя придуманной им самим жизнью в разных "возможных мирах" (см. **семантика возможных миров**); в "Процессе" и **"Замке"** Кафки чрезвычайно тонко передано ощущение нереальности, фантастичности происходящего, в то время как все происходящее описывается нарочито обыденным языком; в романе Майринка "Голем" (см. **экспрессионизм**) сновидения, воспоминания и мечты героя беспорядочно переплетаются. В **"Мастере и Маргарите"** "реальность" московских событий менее реальна, чем почти документальный рассказ, опирающийся на свидетельства (ср. **событие**) о допросе и казни Иешуа, и в то же время этот рассказ не что иное, как очередная иллюзия — роман Мастера. В **"Докторе Фаустусе"**, написанном в квазиреалистической манере, все время остается непонятным, какую природу имеет договор Леверкюна с чертом, чисто ли клиническую (см. **психоз**) или реальность на самом деле включает в себя фантастический элемент. (Такое положение вещей впервые представлено в "Пиковой даме" Пушкина, одного из несомненных предшественников П. п. XX в., — непонятно, Германн сошел с ума уже в середине повествования или действительно призрак графини сообщает ему три карты. Позже Достоевский, второй предтеча П. п. XX в. устами Свидригайлова связал появление нечистой силы с психическим рас-

стройством — нечистая сила существует реально, но является расстроенному рассудку как наиболее подходящему "сосуду".) В романе Дж. Фаулза "Волхв" реальность и иллюзия меняются каждую минуту по воле антагониста главного героя — это уже переход от трагического модернистского переживания этой амбивалентности к ее игровому постмодернистскому переживанию.

3. *Текст в тексте*. Этот П. п. XX в. производное предыдущего: **бинарная оппозиция** "реальность/ текст" сменяется иерархией текстов в тексте. Это рассказ Цейтблома как реальное содержание "Доктора Фаустуса"; на тексте в тексте построена вся композиция "Мастера и Маргариты", "Игры в бисер", **"Школы для дураков"**, **"Бледного огня"**, **"Бесконечного тупика"**. Разберем два последних случая, т.к. они связаны не только типологически, но и генетически. "Бледный огонь" представляет собой "публикацию" поэмы только что убитого поэта Шейда, и дальнейший текст — филологический комментарий к этой поэме, причем по мере комментирования раскрываются тайны комментатора и его отношений с главным героем, поэтом Шейдом. "Бесконечный тупик" построен сложнее — это тоже комментарий к произведению "Бесконечный тупик", но это целое дерево, лабиринт комментариев. К тому же в роман включены воображаемые рецензии на него.

4. *Приоритет стиля над сюжетом*. Для настоящего шедевра прозы XX в. важнее не то, что рассказать, а то, как рассказать. Нейтральный стиль — это удел массовой, или "реалистической", литературы. Стиль становится важной движущей силой романа и постепенно смыкается с сюжетом. Это уже видно в двух классических текстах модернизма — в "Улиссе" Джойса и "В поисках утраченного времени" Пруста. Пересказывать сюжет этих произведений не только трудно, но и бессмысленно. Зато стилистические особенности начинают самодовлеть и вытеснять собственно содержание. То же самое можно сказать о "Шуме и ярости" Фолкнера, "Петербурге" Белого, обо всем творчестве Борхеса. Условно говоря, литературу модернизма XX в. можно разделить на тексты **потока сознания** (куда войдут Пруст, Джойс, отчасти Фолкнер и Андрей Белый) и "неоклассицизм" (термин взят из музыкальной терминологии XX в.), то есть когда выбирается один или несколько стилей, пародирую-

щих в широком смысле стили прошлого. Так, стиль "Доктора Фаустуса" пародирует одновременно дневник простодушного человека и стиль жития святого. Гессе в "Игре в бисер" поступает точно так же.

5. *Уничтожение фабулы*. Говоря о прозе XX в., нельзя сказать, как это было возможно применительно к прозе XIX в., что сюжет и фабула различаются, что, например, здесь действие забегает вперед, а здесь рассказывается предыстория героя. Нельзя восстановить истинной хронологической последовательности событий, потому что, во-первых, здесь неклассическое, нелинейное и неодномерное понимание **времени** (см.), а во-вторых, релятивистское понимание истины, то есть представление о явном отсутствии одной для всех истины. На этом построены и "Мастер и Маргарита", и весь Набоков, и весь Борхес, и "Школа для дураков", и "Бесконечный тупик". Если только роман пародирует классический стиль, то тогда создается иллюзия разделения фабулы и сюжета, как это сделано, например, в "Докторе Фаустусе".

6. *Синтаксис, а не лексика*. Обновление языка в модернистской прозе происходит прежде всего за счет обновления и работы над синтаксическими конструкциями; не над словом, а над предложением. Это стиль потока сознания, который одновременно является и усложением, и обеднением синтаксиса; это нарочито витиеватый синтаксис "Игры в бисер", "Доктора Фаустуса", "Бледного огня". Во французском "новом романе" происходит разрушение синтаксиса, что довершает **концептуализм** (в русской литературе это прежде всего творчество Владимира Сорокина).

7. *Прагматика, а не семантика*. Здесь мы имеем в виду, что фундаментальная новизна литературы XX в. была также и в том, что она не только работала над художественной формой, была не чистым формальным экспериментаторством, а чрезвычайно активно вовлекалась в диалог с читателем, моделировала позицию читателя и создавала позицию рассказчика, который учитывал позицию читателя. В большой степени мастером художественной **прагматики** был Марсель Пруст. Его романы автобиографически окрашены, но одновременно между реальным писателем Марселем Прустом и героем его романов Марселем существует большой зазор: именно этот зазор и составляет художественную прагматическую изюминку романов Пруста.

Большим мастером игры на внешней прагматике читателя и внутренней прагматике рассказчика был Томас Манн. Особенно явно это проявилось в романе "Доктор Фаустус". Основным рассказчиком там является Серенус Цейтблом, друг композитора Леверкюна, однако в некоторых, как правило самых важных случаях, рассказчиком становится сам Леверкюн, когда дословно передается содержание его писем Цейтблому. При этом принципиально важно, что Цейтблом пишет свой рассказ об уже умершем друге, сидя в Мюнхене в преддверии окончания мировой войны, надвигающейся на Германию катастрофы падения государственности, что создает двойную прагматическую композицию и высвечивает то, что происходит в основном повествовании. Иерархию рассказчиков мы всегда находим у Борхеса. Чрезвычайно прагматически сложно строится повествование в "Школе для дураков", поскольку герой страдает раздвоением личности и постоянно спорит со своим вторым "Я" и при этом не всегда понятно, в какой момент кому из них принадлежит тот или иной фрагмент речи. Чрезвычайно важную роль играет рассказчик в "Бледном огне" Набокова и "Бесконечном тупике" Галковского.

8. *Наблюдатель*. Роль наблюдателя опосредована ролью рассказчика. В XX в. философия наблюдателя ("обзервативная философия", по терминологии А. М. Пятигорского), играет большую роль — см. соотношение неопределенностей, **интимизация, серийное мышление, время, событие**. Смысл фигуры наблюдателя-рассказчика в том, что именно на его совести правдивость того, о чем он рассказывает (ср. разбор рассказа Акутагавы "В чаще" в статье **событие**).

9. *Нарушение принципов связности текста*. Эти принципы сформулировала лингвистика **текста**. В модернистской прозе они нарушаются: предложения не всегда логически следуют одно из другого, синтаксические структуры разрушаются. Наиболее это характерно для стиля **потока сознания**, то есть для Джойса, Пруста, отчасти Фолкнера (в первую очередь для **"Шума и ярости"**, где воспроизведены особенности речи неполноценного существа), для французского **нового романа**, например **текстов** А. Роб-Грийе, для концептуализма В. Сорокина, где в некоторых местах происходит полная деструкция связи между высказываниями текста.

10. *Аутистизм* (см. **аутистическое мышление, характероло-

гия). Смысл этого последнего пункта в том, что писатель-модернист с характерологической точки зрения практически всегда является шизоидом или полифоническим мозаиком, то есть он в своих психических установках совершенно не стремится отражать реальность, в существование или актуальность которой он не верит, а моделирует собственную реальность. Принимает ли это такие полуклинические формы, как у Кафки, или такие интеллектуализированно-изысканные, как у Борхеса, или такие косноязычно-интимные, как у Соколова, — в любом случае эта особенность характеризует все названные выше произведения без исключения.

Лит.:
Шкловский В. О теории прозы. — Л., 1925.
Томашевский Б. В. Теория литературы (Поэтика).— Л., 1926.
Эйхенбаум Б. М. О прозе.— М., 1970.
Тынянов Ю. Н. Поэтика. Теория литературы. Кино.— М., 1977.
Бахтин М. М. Эстетика словесного творчества. —М., 1979.
Фрейденберг О. М. Поэтика сюжета и жанра.— Л., 1997
Лотман Ю. М. Структура художественного текста. — М., 1970.
Руднев В. Морфология реальности: Исследование по "философии текста". — М., 1996.

ПРОСТРАНСТВО. Гуманитарное восприятие общей теории относительности показало XX веку важность для культуры категории П.

М. М. Бахтин под влиянием идей Эйнштейна ввел в литературоведческий обиход понятие "хронотоп" (время-пространство) и показал, что хронотопы разных авторов и разных жанров существенно отличаются друг от друга. Известна работа Бахтина о греческом романе периода упадка эллинизма ("Дафнис и Хлоя", "Эфиопика" Гелиодора), где за очень долгий период времени герои попадают в разные П. (их похищают пираты, они разлучаются, их продают в рабство и т. п.), но к концу романа, когда, по естественнонаучным представлениям, они должны быть стариками, они встречаются как ни в чем не бывало такими же юными и полными любви, как в начале романа.

Художественное П. активно изучалось представителями **фор-**

мальной школы (см.) и **структурной поэтики**. Заметный вклад в изучение художественного П. внес исследователь морфологии сказки (см. **сюжет**) В. Я. Пропп. В книге "Исторические корни волшебной сказки" (1946) он доказал, что сказка восходит к обряду инициации (посвящение юноши в зрелые мужчины). Этот обряд связан с резким изменением П. Юноша уходит из семьи в особый лес и живет там в особом доме, с одними мужчинами, где его подвергают различным мучительным испытаниям вплоть до символической смерти — по логике **мифа**, чтобы родиться вновь, нужно предварительно умереть. Поэтому героя зашивают в узкое П. шкуры животного-тотема, символизирующее материнское лоно и одновременно могилу. В волшебной сказке лес, избушка на курьих ножках — пограничные П. между жизнью и смертью — реликты П. обряда инициации.

Такое активное отношение к П. сохранилось у писателей, которые первыми восприняли неомифологическую идеологию (см. **неомифологическое сознание**), прежде всего у Достоевского.

В частности, как показал В. Н. Топоров, семантика экстремального П. играет важную роль в романе "Преступление и наказание". Тот, кто хорошо представляет себе географию Петербурга в тех местах, где происходит действие романа (в районе Сенной площади и Подъяческих улиц), знает, как петляет там Екатерининский (в советское время названный Грибоедовским) канал. Раскольников как будто и хочет свернуть с намеченного пути, повернуть направо, но изгиб "канавы" не позволяет ему сделать это, подталкивая к тому, чтобы идти по направлению к дому старухи.

Экстремальным П. в романах Достоевского является лестница — вход в замкнутое П. дома и выход из него в разомкнутое враждебное П. города. Здесь, на лестнице, приходят на ум неожиданные решения, решаются мучительные вопросы.

Впрочем, в том, что касается, в частности, лестницы, нельзя не учитывать психоаналитического толкования этого символа. Фрейд считал, что в сновидении лестница однозначно играет роль субститута полового акта. Известны также фрейдовские интерпретации всех выпуклых предметов как субститутов фаллоса, а всех полых, вогнутых — как субститутов вагины, что также проявляется в **сновидении**.

В отличие от экстремальных П. имеются также медиативные,

т. е. посреднические П., например дверь или окно, объединяющие замкнутый мир комнаты с разомкнутым миром внешним. Поэтика **сюрреализма** (см.) — особенно это характерно для Рене Магрита — очень любит играть на стыке между иллюзией и реальностью именно образом окна: кажется, что окно ведет в реальный мир, а оказывается, что оно ведет в мир очередной иллюзии или оказывается зеркалом, другим посредником между миром живых и мертвых (в фильме Жана Кокто "Орфей" (1958) герои, надев специальные перчатки, проходят сквозь зеркало и попадают в загробное мистическое П.).

Релятивизм как следствие теории относительности проявился и в изучении П. в живописи. Так, Павел Флоренский показал условность казавшейся безусловной прямой перспективы Ренессанса и продемонстрировал возможности обратной перспективы в иконографии.

Три параметра П.: замкнутость/разомкнутость, прямизна/кривизна, великость/малость — также объясняются в психоаналитических терминах, но не во фрейдовских, а в теории **травмы рождения** Отто Ранка. При рождении происходит мучительный переход из замкнутого, маленького, кривого П. материнского чрева в огромное прямое и разомкнутое П. внешнего мира. Подробно эту тему в 1960—1970-е гг. развивала **трансперсональная психология** С. Грофа (см.).

Релятивизм как одна из универсальных культурных идей XX в. сыграл свою роль и в понимании П. как одной из шести **модальностей** (см.), при помощи которых мы описываем отношение высказывания к **реальности**. П. здесь тесто связано с **прагматикой**, то есть взаимоотношениями говорящего, слушающего и контекста высказывания.

Например, релятивность понятий "маленький" и "большой" показал Свифт в романе о Гулливере: в стране лилипутов Гулливер был великаном, в стране великанов — лилипутом.

Весьма тщательно проработана идеология П. в романе Толстого "Война и мир", где само разделение на П. войны и П. мира опосредует дальнейшее разделение: в салоне Шерер нельзя делать то, что можно в Павлоградском полку; у Ростовых позволено то, что запрещено у Болконских (см. также **норма**).

В прагматике П. наиболее важную роль играют понятия "здесь" и "там": они моделируют положение говорящего и слушающего друг по отношению к другу и по отношению к внешнему миру.

Следует разделять *здесь, там* и *нигде* с маленькой и большой буквы. Иначе будет путаница. Можно сказать: "Он здесь, в Москве", а на вопрос: "Где именно в Москве" — сказать: "Да там, на Тверской". При этом вроде бы интуитивно ясно, что *здесь* должно быть всегда ближе, чем *там*. Но это не так.

Слово "здесь" с маленькой буквы означает П., которое находится в отношении сенсорной достижимости со стороны говорящего, то есть находящиеся "здесь" предметы он может увидеть, услышать или потрогать.

Слово "там" с маленькой буквы означает П., находящееся за границей или на границе сенсорной достижимости со стороны говорящего. Границей можно считать такое положение вещей, когда объект может быть воспринят лишь одним органом чувств, например его можно видеть, но не слышать (он находится там, на другом конце комнаты) или, наоборот, слышать, но не видеть (он находится там, за перегородкой).

Слово "Здесь" с большой буквы означает П., объединяющее говорящего с объектом, о котором идет речь. Это может быть реально очень далеко. "Он здесь, в Америке" (при этом говорящий может находиться в Калифорнии, а тот, о ком идет речь, во Флориде или Висконсине).

С прагматикой П. связан чрезвычайно интересный парадокс. Естественно предположить, что если объект находится здесь, то он не находится где-то там (или нигде). Но если эту логику сделать модальной, то есть приписать обеим частям высказывания оператор "возможно", то получится следующее.

Возможно, что объект находится здесь, но, возможно, и не здесь. На этом парадоксе построены все сюжеты, связанные с П. Например, Гамлет в трагедии Шекспира убивает Полония по ошибке. Ошибка эта таится в структуре прагматического П. Гамлет думает, что там, за портьерой, скрывается король, которого он и собирался убить. П. *там* — место неопределенности. Но и *здесь* может быть местом неопределенности, например когда к вам является двойник того, кого вы ждете, и вы думаете, что N находится здесь, а на самом деле он где-то там или его вовсе убили (нигде).

(О структуре П. как **модальности** в совокупности с другими модальностями см. **сюжет**.)

Лит.:
Бахтин М. М. Вопросы литературы и эстетики. — М., 1976.
Топоров В. Н. Пространство и текст // Текст: Семантика и структура. — М., 1983.
Топоров В. Н. Миф. Ритуал. Символ. Образ: Исследования в области мифопоэтического: Избранное. — М., 1996.
Пропп В. Я. Исторические корни волшебной сказки. — Л., 1986.
Фрейд З. Толкование сновидений. — Ереван, 1991.
Флоренский П. Обратная перспектива // Учен. зап. Тартуского ун-та, 1969. — Вып. 236.
Руднев В. Визуальные стратегии во враждебном пространстве // Художественный журнал, 1995. — № 8.
Руднев В. "Здесь" — "там" — "нигде" (Пространство и сюжет в драматургии) // Московский наблюдатель, 1994. — № 3/4.

ПСИХОАНАЛИЗ — разработанное Зигмундом Фрейдом в начале XX в. психологическое учение, совершившее одну из самых серьезных научных революций (см. **парадигма**) и оказавшее огромное влияние на всю последующую культуру XX в.

Суть П. состоит в том, что Фрейд постулировал разделение человеческой психики на два принципиально различных раздела (ср. **бинарная оппозиция**) — сознательное и **бессознательное**. Сознательное и бессознательное напоминают разграничение поверхностной и глубинной структур в **генеративной лингвистике**: на поверхности — одно, на глубине — совсем другое. Человек, писал Фрейд, руководствуется в своей жизни двумя противоположными принципами: принципом удовольствия (особенно в детстве) и принципом **реальности**. Принцип реальности регулируется сознанием; принцип удовольствия, не знающий сам по себе никаких преград — что хочу, то и делаю, — находится в бессознательном. Когда в сознании появляется нечто противоречащее принципу реальности, например когда человек идет по улице и ему вдруг страстно хочется немедленно овладеть идущей навстречу красивой женщиной, то это желание, как, мягко говоря, антисоциальное, вытесняется в бессознательное и видоизменяется в нем в сложной символике, которая потом может проскочить в сознание, на страже которого стоит цензор, охраняющий принцип реальности от принципа удовольствия. Это желание может проявиться в **измененных состояниях сознания**, например при опьянении или в **сновидении**. Оно может присниться ему явно — в виде исполненного желания (то есть он во сне овладевает этой женщиной) либо каким-то косвенным образом, при помощи символического языка сновидения, так как цензор в ослабленном виде, но действует также и во сне.

Если вытесненное желание было очень сильным и в то же время натолкнулось на невыполнимые препятствия социального или психологического характера, то оно вытесняется в бессознательное и может, как говорит Фрейд, произойти фиксация на этом желании, которое становится психологической **травмой** и долгие годы мучит человека, причем он не понимает в чем дело, так как не в состоянии заглянуть в свое бессознательное.

Цель П. — вывести из бессознательного эту травматическую ситуацию, ввести ее в сознание, и тогда демон **невроза** — а это не что иное, как невроз — отпускает человека. Именно в этом в двух словах состоит **смысл** П.

В своих лекциях по введению в П., написанных в 1916 г., Фрейд приводит случай, иллюстрирующий невроз навязчивых состояний. Некая девушка перед сном совершала ряд казалось бы бессмысленных ритуалов. В частности, она заставляла родителей оставлять дверь, ведущую в их комнату, приоткрытой. Она непременно устраивала свою постель так, чтобы подушка не касалась спинки кровати. Эта девушка, как выяснилось в ходе анализа, была в детстве влюблена в своего отца, но поскольку это чувство не соответствовало принципу реальности, оно было вытеснено из сознания и преломилось в такие странные, на первый взгляд, ритуалы, или, как их называет Фрейд, симптомы, то есть "вредные для всей жизни или, по крайней мере, бесполезные акты, на которые лицо, страдающее ими, часто жалуется как вынужденные для него и связанные с неприятностями и страданиями".

Фрейд считал, что всякий раз, когда психоаналитик сталкивается с подобными симптомами, он может заключить, что у больного имеются бессознательные процессы, в которых и кроется смысл симптома. У девушки, о которой идет речь, эти симптомы носили сексуальный характер. Открывая комнату к родителям, она бессознательно мешала им заниматься любовью, чем отчасти удовлетворяла свою ревность к матери. То, что подушка, символ женских гениталий, не должна была соединяться со спинкой кровати, символом фаллоса, означало для нее, что отец и мать не должны были вступать в половую связь.

Подобно страдающему **психозом**, невротик находится в некой фантастической реальности своих подавленных и вытесненных желаний, но мучительность положения невротика еще и в том, что он в отличие от психотика осознает фантастичность своих симптомов, хотя совершенно ничего не может с ними поделать.

Фрейд считал симптомы замещениями вытесненного в бессознательное антисоциального желания. Смысл П. состоял в том, чтобы ввести симптом в сознание. Фрейд писал: "Положение о том, что симптомы исчезают, если их бессознательные предпосылки сделались сознательными, подтвердилось всеми дальнейшими исследованиями [...]. Наша терапия действует благодаря тому, что превращает бессознательное в сознательное, и лишь постольку, поскольку она в состоянии осуществить это превращение".

Однако работа психоаналитика осложняется тем, что пациент, который по доброй воле, сознательно пошел на то, чтобы его подвергли П., бессознательно будет сопротивляться анализу. Как говорил Фрейд, человек полностью стоит за П. только при одном условии — чтобы П. пощадил его самого. Больной не хочет, чтобы аналитик задавал те или иные вопросы, не желает на них отвечать, утверждает, что они не имеют никакого отношения к делу (что является для психоаналитика косвенным свидетельством того, что они-то как раз имеют непосредственное отношение к делу), ссылается на провалы в памяти, агрессивно реагирует на аналитика. Он просто не в состоянии высказать нечто слишком неприятное, слишком потаенное, хотя, вероятнее всего, в этом и таится разгадка его симптома, его вытесненной в бессознательное фиксации на травме прошлого. И как только удается тем или иным способом извлечь из сознания пациента то, что он скрывает, осветить его темные бессознательные инстинкты светом сознания, болезненный симптом пропадает. Впрочем, реально лечение порой длилось годами, а иногда и прекращалось вовсе, потому что бессознательное пациента ни за что не желало расставаться со своим симптомом, идя для этого на различные уловки.

Как же проходил анализ, если больной оказывал столь упорное сопротивление? Прежде всего Фрейд объяснял, что случайных ассоциаций не бывает. Больной должен выкладывать все, что ему приходит в голову. Часто анализ проходил путем разбора приснившихся пациенту накануне сновидений. Поскольку во сне человек больше открыт самому себе, то сновидения Фрейд считал одним из самых важных инструментов анализа (его книга "**Толкование сновидений**" (1900) была первой и, возможно, главной книгой П. — книга, буквально открывшая собой XX в.).

По мнению Фрейда, именно во сне символически реализуются глубинные бессознательные желания человека. Но поскольку сон очень сложно построен, ибо в нем отчасти действует цензор и силы замещения, то желание во сне может проявляться косвенно через целую систему символов, в основном имеющих сексуальный характер, поскольку в жизни человека наибольшие социальные запреты накладываются именно на секс.

Палки, зонтики, кинжалы, копья, сабли, водопроводные краны, карандаши, все вытянутое и выпуклое является символом фаллоса. Шахты, пещеры, бутылки, чемоданы, ящики, коробки, табакерки, шкафы, печи, комнаты являются символом женских гениталий. Верховая езда, спуск или подъем по лестнице — символом полового акта.

Продираясь сквозь заросли символов, которых всегда очень много и один противоречит другому в работе сновидения, аналитик может добраться до смысла вытесненного симптома.

Большую роль в П. помимо сновидений играют так называемые ошибочные действия — описки, оговорки, ослышки, обмолвки, забывание слов и вещей. Фрейд придавал анализу ошибочных действий огромное значение и написал о них одну из самых знаменитых своих книг — "**Психопатологию обыденной жизни**" (1901), которая имеет непреходящее значение не только для психопатологии, но и для лингвистики, филологии, любой герменевтической практики (см. **парасемантика, мотивный анализ, философия текста**).

За ошибкой, по Фрейду, кроется вытеснение чего-то неприятного, что не может быть высказано напрямик (примерно так же Фрейд интерпретировал и остроумие — см. **анекдот**). Демонстрируя смысл ошибочных действий, он приводит такие примеры: "Если одна дама с кажущимся одобрением говорит другой: "Эту прелестную новую шляпку вы, вероятно, сами обделали?"

(вместо — отделали) — то никакая ученость в мире не помешает нам услышать в этом разговоре фразу: "Эта шляпка безнадежно испорчена". Или если известная своей энергичностью дама рассказывает: "Мой муж спросил доктора, какой диеты ему придерживаться, на это доктор ему ответил — ему не нужна никакая диета, он может есть и пить, все, что **я** хочу", то ведь за этой оговоркой стоит ясно выраженная последовательная программа поведения".

Мы можем подвести некоторые предварительные итоги. Ясно, что придание огромной роли сексуальному началу в условиях старой имперской Вены не могло не принести Фрейду той известности, которой он не желал, а именно весьма скандальной. Можно сказать, что бессознательно ему приписывали авангардное поведение (см. **авангардное искусство**), хотя на самом деле он был типичным кабинетным представителем научного **модернизма**, кстати очень старомодным и консервативным по многим своим взглядам.

Но самым скандалезным было то, что Фрейд утверждал, будто сексуальность проявляется уже в грудном возрасте, что дитя с пеленок ведет хоть и своеобразную, но весьма насыщенную сексуальную жизнь и именно те сексуальные травмы, которые наносятся в детстве хрупкой душе ребенка (отлучение от материнской груди, наказание за мастурбацию, наконец, сама **травма рождения**), становятся причиной тех мучительных неврозов, которыми страдает человек во взрослом состоянии.

Вот что пишет Фрейд по этому поводу: "Здесь целесообразно ввести понятие *либидо*. Либидо, совершенно аналогично *голоду* (курсив Фрейда. — *В. Р.*), называется сила, в которой выражается влечение, в данном случае сексуальное, как в голоде выражается влечение к пище. [...] Первые сексуальные побуждения у грудного младенца проявляются в связи с другими жизненно важными функциями. Его главный интерес [...] направлен на прием пищи; когда он, насытившись, засыпает у груди, у него появляется выражение блаженного удовлетворения, которое позднее повторится после переживания полового оргазма".

Первая сексуальная фаза, оральная (см. также **стадии психосексуального развития**), связанная с сосанием груди матери, является аутоэротической. Ребенок еще не разделяет Я и окружающих и может спокойно сосать свой палец вместо материнской груди.

Вторая сексуальная фаза называется Фрейдом анально-садистической. Она проявляется в получении сексуального удовольствия от мочеиспускания и дефекации и связана с агрессивностью ребенка по отношению к отцу. Именно на этой прегенитальной фазе возникает **Эдипов комплекс** (см.), ненависть к отцу и любовь к матери и связанный с этим комплекс кастрации — страх, что отец узнает о побуждениях ребенка и в наказание его кастрирует. Описывая Эдипов комплекс, Фрейд приводит удивительную по близости к его идеям цитату из романа Дени Дидро "Племянник Рамо": "Если бы маленький зверь был предоставлен самому себе так, чтобы он сохранил всю свою глупость и присоединил к ничтожному разуму ребенка в колыбели неистовство страстей тридцатилетнего мужчины, он свернул бы шею отцу и улегся бы с матерью".

Чрезвычайно важным явлением, с которым приходится иметь дело почти каждому психоаналитику, — это так называемое перенесение, когда пациент, чтобы спасти свой невроз и в то же время преуспеть в кажущемся выздоровлении, переносит свои эмоциональные сексуальные комплексы на психоаналитика, другими словами, влюбляется в него и даже домогается его любви. История П. знает случаи, когда эти домогательства увенчались успехом, но это не помогло выздоровлению.

Перу Фрейда принадлежали также работы, где результаты П. обобщались философски или культурологически. Наиболее заметная из этих работ — "По ту сторону принципа удовольствия" (1920). В ней Фрейд говорит о том, что человеком движут две противоположные стихии — эрос и танатос, влечение к любви и **влечение к смерти**, и что последнее является таким же фундаментальным, как первое. Потому так и труден анализ, что в сопротивлении больного видится принцип танатоса, разрушения.

Два выдающихся ученика Фрейда — Карл Густав Юнг и Альфред Адлер вскоре откололись от ортодоксального П. и создали свои школы — соответственно **аналитическую психологию** и индивидуальную психологию (см. **комплекс неполноценности**). От классического П. идет через аналитическую психологию такое направление современной патопсихологии, как **трансперсональная психология**. П. стал основой для философско-психологических построений таких блестящих умов XX в., как философ его второй половины Жак Лакан (см. **структурный психоанализ**).

Но сам Зигмунд Фрейд был и навсегда остается в человеческой культуре прежде всего гениальным врачом, первооткрывателем, мужественным изобретателем в области ментального. Работы Фрейда, во все времена предмет яростных дискуссий, остаются таковыми и по сию пору; многим их положения кажутся неприемлемыми и отвратительными. Но Фрейд был замечательным писателем, он умел постоять за себя и за свои мысли и успешно их пропагандировать. Его глубокий след останется не только в психопатологии, но и в философии, и в литературе.

Лит.:
Фрейд З. Толкование сновидений. — Ереван, 1990.
Фрейд З. Психопатология обыденной жизни // Фрейд З. Психология бессознательного. — М., 1990.
Фрейд З. По ту сторону принципа удовольствия // Там же.
Фрейд З. Введение в психоанализ: Лекции. — М., 1989.

ПСИХОЗ (от древнегр. psyche — душа) — психическое нарушение, связанное с серьезной деформацией восприятия внешнего мира. П. проявляется в бреде, помутнении сознания, в расстройствах памяти, галлюцинациях, в бессмысленных, с точки зрения здорового сознания, поступках. П. делятся на органические, связанные с мозговой патологией, и функциональные, когда органическое поражение отсутствует (см. также **структурный психоанализ, шизофрения и шизофренический дискурс**).

Наиболее распространен маниакально-депрессивный П., суть которого заключается в том, что личность в течение жизни претерпевает две чередующиеся стадии сознания: депрессивную, связанную с душевным страданием, страхом, тревогой и отчаянием, и маниакальную, которая у тяжелых психотиков выражается бредом паранойи, манией, а у легких (так называемая *гипо*маниакальная стадия) — повышенным настроением, ажитированным поведением, решительными и часто успешными действиями. Впрочем, успешность может сопутствовать и тяжелому психотику, если тому благоприятствует социальное окружение (случаи Гитлера и Сталина).

В отличие от **невроза**, когда больной, как правило, понимает, что он больной, для психоза характерна утрата способности критически осознавать свою личность, в частности свою оторванность от **реальности**, болезненный конфликт между собой и внешним миром, вернее, своим представлением внешнего мира, на который спроецированы враждебное отношение и страх перед ним. Психотик поэтому очень трудно поддается лечению: он не понимает, от чего ему лечиться. Он скорее станет утверждать, что лечить надо окружающее, ибо враждебность окружающего (в воображении психотика) по отношению к нему ненормальна.

В отечественной психиатрической практике известен интереснейший случай, когда психотическая больная и ее лечащий врач — доктор Волков составили своеобразную ролевую пару. Потом врач описал этот случай в замечательной статье.

У больной был тяжелый параноидальный психоз с устойчивым бредом преследования. Ей казалось, что против нее действует огромный заговор, в который вовлечена вся планета, что ее все время преследуют, пытаются убить, навредить ей, унизить в глазах людей. Врач описывает, как под руку с больной он шел по улице (часто она боялась идти одна). Эта прогулка по "психотической улице" чрезвычайно интересна для понимания культуры XX в. тем, что в **измененном состоянии сознания реальность** с удивительной легкостью превращается в **виртуальную реальность**. Если из-за угла выезжала машина, больная торжествующе (ведь с врачом ей было не страшно) говорила: "Вот видите, следят!" Не посыпанные песком ледяные дорожки на тротуаре вызывали у нее убежденную реакцию: "Все подстроено — хотят, чтобы я поскользнулась и сломала ногу". Проходящий мужчина как-то странно посмотрел — ясно, и этот следит.

Что же сделал врач? У больной отсутствовала какая бы то ни было критика. Разубедить ее в том, что против нее готовится заговор, было невозможно. Тогда врач пошел на рискованный эксперимент. Он решит "поверить" больной. Вести себя так, как будто он полностью разделяет ее болезненные убеждения и, более того, готов вместе с ней вести решительную борьбу против ее врагов. Постепенно, приняв эту болезненную реальность (для чего требовалось не только мужество, но известная доля искренности), врач уже изнутри этой болезненной картины стал потихоньку расшатывать параноидальную систему убеждений. Вместе с пациенткой они побеждали мнимых, виртуальных врагов и тем самым просветляли ее сознание, ведь побежденные враги улетучивались из ее сознания и она чувствовала бо́льшую уверенность в себе; и по мере того как росла эта уверенность, потихоньку уходила болезненная привязанность к психотическим фантомам.

Случай доктора Волкова закончился хорошо, больная выздоровела. Гораздо более печальную историю рассказал Хорхе Луис Борхес в новелле "Евангелие от Марка", где миссионер на туземном острове пытается внушить аборигенам идеи христианства. Туземцы настолько преуспели в этом, что психологически отождествили миссионера с самим мессией, что он понял только в тот момент, когда его торжественно повели на распятие.

Сложный случай П., усугубленный **Эдиповым комплексом** (см.), представлен в фильме Альфреда Хичкока, который так и называется — "Психоз". Герой фильма из болезненной ревности к своей матери отравил ее любовника и ее заодно, но в смерть матери не поверил, вырыл ее труп из могилы, набальзамировал его, и мать в таком странном облике прожила с ним многие годы в маленьком отеле. Когда там появлялись красивые женщины, которые вызывали у него сексуальное желание, он убивал их, так как расценивал свои чувства как предательство по отношению к матери. Постепенно он стал вести диалоги с трупом матери, говоря поочередно то ее, то своим голосом; когда же его разоблачили, он полностью отождествил себя с матерью, искренне не понимая, почему такую безобидную старушку, которая и мухи не обидит, засадили в тюрьму.

П. настолько характерен для патологических явлений культуры XX в., что, проявляясь в виде массового П., тесно связан с политикой, особенно с тоталитарным сознанием. Совершенно очевидным массовым П. характеризуется ситуация прихода к власти Гитлера. Безусловной разновидностью массового П. было обожание Сталина советскими людьми — Сталина, отнимавшего у них отцов, матерей, мужей и детей.

Но если психотический характер попадает на неагрессивную (дефизивную) характерологическую почву, он может давать гениальные произведения искусства и даже науки, ибо психотики мыслят совершенно особым образом. Психотическим сознанием проникнуты картины Дали, да и весь **сюрреализм** в целом; психотичен мир Кафки, где герой, превратившись в насекомое, заботится более всего о том, как же он теперь пойдет на службу; психотично творчество М. А. Булгакова, мозаично-полифонический характер которого давал такие удивительные сюжеты, как "Роковые яйца", "Собачье сердце", **"Мастер и Маргарита"**.

Гениальным психотиком в русской науке был Николай Яковлевич Марр, считавший, что все языки мира произошли из четырех основ sal, ber, jon, roch, и только из них, что удивительным образом напоминает учение о генетическом коде, и вопреки здравому смыслу утверждавший, что не все языки восходят к одному, а, наоборот, из многих языков произошел один язык, который потом разделился на современные языки (см. **новое учение о языке**).

Лит.:
Додельцев Р. Ф., Панфилова Т. Р. Психоз // Фрейд З. Художник и фантазирование. — М., 1996.
Волков П. В. Рессентимент, резиньяция и психоз // Московский психотерапевтический журнал, 1993. — № 2.

"ПСИХОПАТОЛОГИЯ ОБЫДЕННОЙ ЖИЗНИ" (1901) — одна из самых известных книг (см. также **"Толкование сновидений"**) основателя **психоанализа** Зигмунда Фрейда. В этой книге Фрейд впервые продемонстрировал, что **бессознательное**, так сказать, лежит у нас под ногами, в нашей обыденной жизни. Наиболее знаменитыми стали его анализы ошибочных действий: оговорок, описок, очиток, — которые скрывают бессознательные желания и мотивации поведения человека. Например, когда председатель, открывая заседание, говорит: "Мне очень приятно объявить это заседание *закрытым*", это означает, что он бессознательно проговаривает свое сокровенное желание поскорей покончить со своими общественными обязанностями. Разматывая сложнейшие клубки словесных ассоциаций, Фрейд в этой книге показывает реальную работу психики человека.

Приведем наиболее виртуозный пример беседы Фрейда с человеком, который перепутал одну букву в латинской цитате. Фрейд рассказывает, как ему удалось угадать, почему его пациент, цитируя наизусть строку из Вергилия — "Exoriar(e) aliquis nostris ex ossibus netos!", — пропускает слово aliquis. Он заставляет его высказывать вслух все бессмысленные ассоциации, которые ему приходят в голову:

"... Мне приходит в голову забавная мысль: расчленить слово следующим образом: a и liquis". — "Зачем?" — "Не знаю". — Что вам приходит дальше на мысль?" — "Дальше идет так: реликвия, ликвидация, жидкость, флюид..." — "Я думаю, — продолжал он с ироническим смехом, — о Симоне Триентском, реликвии которого я видел два года назад в одной церкви в Триенте. Я думаю об обвинениях в употреблении христианской крови, выдвигаемых как раз теперь против евреев ... Я думал далее о статье в итальянском журнале, которую я недавно читал. Помнится, она была озаглавлена: "Что говорит святой Августин о женщинах?" ... "Теперь мне вспоминается святой Януарий и его чудо с кровью, но мне кажется, что это идет дальше уже чисто механически!" — "Оставьте; и святой Януарий и святой Августин имеют оба отношение к календарю. Не напомните ли вы мне, в чем состояло чудо с кровью святого Януария?" — "Вы, наверное, знаете это. В одной церкви в Неаполе хранится в склянке кровь святого Януария, которая в определенный праздник чудесным образом становится жидкой. Народ чрезвычайно дорожит этим чудом и приходит в сильное возбуждение, если оно почему-то медлит случиться, как это и было раз во время французской оккупации. Тогда командующий — или, может быть, это был Гарибальди? — отвел в сторону священника и, весьма выразительным жестом указывая на выстроенных на улице солдат, сказал, что он надеется, что чудо вскоре свершится. И оно действительно свершилось..." ... "... я внезапно подумал об одной даме, от которой я могу получить известие, очень неприятное для нас обоих". — "О том, что у нее не наступило месячное нездоровье?" — "Как вы могли это отгадать?" — "Теперь это уже нетрудно, вы меня достаточно подготовили. Подумайте только о календарных святых, о переходе в жидкое состояние в определенный день, о возмущении, которое вспыхивает, если событие не происходит ..." — "...я должен вам признаться, что дама, о которой идет речь, итальянка и что в ее обществе я посетил Неаполь".

Этот человек не хотел иметь ребенка от той женщины, о которой он думал, поэтому аликвис превратилось в ликвис. Он уже бессознательно думал об аборте. Но думать об аборте нехорошо, неблагородно. Поэтому его бессознательные мысли вытеснились в латинскую фразу. Почему этот человек не хотел ребенка? Кровь. Он думал о крови, то есть опять-таки об уничтожении, о ликвидации. Здесь речь идет уже не о желании, а о тех последствиях исполнения желания, о которых не хочется думать. Почему человек, мужчина, может не хотеть ребенка с точки зрения психоанализа? Ну как же. Родится мальчик, начнется **Эдипов комплекс**; убить, конечно, не убьет, но к матери будет приставать. В общем, ни к чему это. А девочка родится — тоже радости мало: то да се, комплекс Электры. Далеко ли до греха!

Детей не хотят те, у кого **влечение к смерти** выше или сопоставимо с инстинктом жизни. Как говорил Витгенштейн, зачем же заводить детей — приводить их в этот мир страданий и прочего тому подобного. Но это поверхностная мотивировка, а на самом деле просто не хотел, чтобы самому жить стало тяжелей. Чтобы инстинкт жизни стал побеждать.

В речи этого человека была скрыта загадка: "Почему пропущено слово aliquis?" Фрейд, как Эдип, разгадывает загадку. Как он смог разгадать загадку? Для этого он взял речь (то, что было сказано) и рассмотрел ее в контексте языка (того, о чем было умолчено). Языка, понимаемого совсем не соссюриански, где семантика — это **парасемантика** (см). Язык не система, а цепь ассоциаций. Он *работает* как цепь ассоциаций (см. **лингвистика языкового существования**). Доказательство этого — то, что Фрейд разгадал загадку. Человек говорит одно (про жизнь), а умалчивает о противоположном (о смерти). Его бессознательное "думает" противоположное. Как выявить это противоположное? Надо, чтобы человек дал паттерн своего языка. Свободные ассоциации — это уже речь, это то, что обычно скрывают, это явленная структура языка. И язык не устроен структуралистски — фонемы, морфемы, части речи, лексика, словосочетания, предложения. То есть если он и устроен так, то это никак не помогает разгадать загадку. Он устроен иначе — по мотивному принципу. Все семантизировано крест-накрест от фонемы до лексической и просодической семантики. Выбрасываем "a" — слово превращается в совсем другое слово — liquis, ликвидация, чудо святого Януария о крови, обвинения в употреблении евреями человеческой крови, плохо, если чудо не состоится, плохо, если кровь не пойдет, тогда придется сделать liquis (он уже заранее думает про аборт), то есть сделать почти то самое, в чем обвиняют евреев, — принести в жертву своего уже почти ребенка.

В этом языке нет **бинарных оппозиций** и дифференциальных признаков (см. **фонология**), это язык не национальный, он может быть каким угодно. Это язык бессознательного, похожий на язык поэзии — "Есть блуд труда, и он у нас в крови". Есть, конечно, и бинарные оппозиции, и дифференциальные признаки, но если на этом остановиться, то поэзия вообще непонятна и загадка "aliquis" не будет разгадана. Можно было бы сказать: когда загадка разгадана, человек выздоравливает. Но опыт показывал, что до конца клиент психоаналитика почти никогда не выздоравливает. Об этом писалось выше: язык никогда не раскроет главной тайны. На месте разгаданной загадки появляется (сразу или попозже) другая. Загадку можно разгадать, тайна останется тайной. Нельзя перебрать *все* ассоциации. Только отказавшись от языка, становясь оккультным психотерапевтом, мы обретаем иллюзию того, что тайна откроется. Но почему иллюзию? Потому, что то, что выясняется у трансперсональных пациентов, выясняется из того, что они *говорят*. Вообще поневоле приходит в голову, что психические болезни появились вместе с языком. Можно представить себе, что у собаки колит или вегетососудистая дистония. Но представьте себе, что у вашей собаки острая паранойя, или эндогенно-процессуальный **психоз**, или бред ревности, или деперсонализация, или даже обыкновенный обсессивный **невроз**. Конечно, когда мы говорим, что у собаки колит, это тоже натяжка. Но все же в меньшей степени, поскольку колит не затрагивает сферу ментального. Очень трудно, даже оставаясь в рамках клинической психиатрии, диагностировать пациента, если он ничего не говорит. С глухонемым психотиком должен общаться глухонемой психиатр (или, по крайней мере, психиатр, владеющий жестовым языком глухонемых).

Вспомним основные признаки **шизофрении** — почти все они связаны с языком. Кстати, прежде всего это таки расстройство *ассоциаций*. Далее — словесная окрошка, ментизм (скачка мыслей), нарушение синтаксиса, речевой **прагматики**, разрушение связности текста, неологизмы, бессмысленная речь. И даже если оставить чисто языковые характеристики: что такое мания величия? Разве можно представить манию величия вне языка? По-моему, нет. "Моя собака страдает манией величия". И в чем это выражается?

В общем, здесь все логично. Вместе с обретением разума (что

опять же на феноменологическом уровне равнозначно обретению языка) человек получил возможность терять его, а как же иначе?

Но ведь в нормальном состоянии человек не говорит так, как человек, забывший слово aliquis. Отличается ли поток ассоциаций невротика (то есть среднего городского человека XX столетия) от потока разрушенных ассоциаций шизофреника? Ведь если исходить из того, что язык — это цепочка ассоциаций, то самый нормальный язык это как раз язык шизофреника. Вдумаемся в это. Существует мнение, что многим шизофреникам претит что-то скрывать, что они патологически честны. То есть у них нарушена асимметрия между речью и языком, между тем, что можно говорить, и тем, что должно быть скрыто (или искажено). Вероятно, не будет бессмысленным сказать, что именно при шизофрении в сознании человека открываются такие истины, которые нормальному человеку открыть "мешает" язык, именно для того мешает, чтобы человек не сошел с ума. Психоанализ лишь приоткрывает тайны языка, он порой даже временно прививает сознанию нечто вроде шизофрении (существует такая терапия, психотизирущая ситуацию, так называемое "психотерапевтическое сумасшествие" (Карл Витакер, Грегори Бейтсон), заставляет его работать в рамках шизофрении, но, конечно, не "на полную катушку". Человек, который забыл слово aliquis, позволил Фрейду разгадать, конечно, не самую интимную загадку своей жизни. Хотя, говорят, ассоциативный тест настолько эффективен, что он применялся в криминологии. Допустим, вы убили свою любовницу. При этом на месте преступления убийца оставил свою зеленую кепку. И вот ему начинают говорить (он, конечно, не знает, что язык — это цепь ассоциаций): "Мы вам произносим слово, а вы в ответ произносите первое же, что вам придет в голову". Если при слов "зеленый" психоаналитически не продвинутый преступник ляпнет "кепка", то дело, можно сказать, ему сшито. Но на это можно возразить, что это тоже патология, только социальная. Мы же ведь живем не в мире преступлений и т. д. Но как же, господа, помилуйте. Именно в мире преступлений. А Эдипов комплекс? А постоянное невротическое чувство вины? А экзистенциальный страх? А бесконечные фобии? Сверхценные идеи, навязчивости? И это даже не малая психиатрия, даже не психопатология обыденной жизни. Это сама обыденная жизнь и есть.

Лит.:
Фрейд З. Психопатология обыденной жизни // Фрейд З. Психология бессознательного. — М., 1990.
Руднев В. Язык и смерть // Логос, 1, 2000.

Р

РЕАЛИЗМ. В XX в. этот термин употребляется в трех значениях.

Первое — историко-философское. Р. — это направление в средневековой философии, признававшее реальным существование универсальных понятий, и только их (то есть не конкретного стола, а стола-идеи). В этом значении понятию Р. было противопоставлено понятие номинализма, считавшего, что существуют только единичные предметы.

Второе значение — психологическое. Р., реалистический — это такая установка сознания, которая за исходную точку принимает внешнюю **реальность**, а свой внутренний мир считает производным от нее. Противоположность реалистическому мышлению представляет **аутистическое мышление** (см.) или идеализм в широком смысле.

Третье значение — историко-культурное. Р. — это направление в искусстве, которое наиболее близко изображает реальность.

Нас интересует прежде всего это последнее значение. Необходимо сразу отметить, что многозначность — это крайне отрицательная черта термина, ведущая к путанице (см. **логический позитивизм, аналитическая философия**).

В каком-то смысле Р. — это антитермин, или термин тоталитарного мышления. Этим он и интересен для исследования культуры XX в., ибо Р., как ни крути, для XX в. сам по себе не характерен. Вся культура XX в. сделана аутистами и мозаиками (см. **характерология**).

Вообще, Р. в третьем значении настолько нелепый термин, что данная статья написана лишь для того, чтобы убедить читателя никогда им не пользоваться; даже в XIX веке не было такого художественного направления, как Р. Конечно, следует осознавать, что это взгляд человека XX в., переписывающего историю, что весьма характерно для культуры в целом.

Как можно утверждать, что какое-то художественное направление более близко, чем другие, отображает **реальность** (см.), если мы, по сути, не знаем, что такое реальность? Ю. М. Лотман писал, что для того чтобы утверждать о чем-либо, что ты это знаешь, надо знать три вещи: как это устроено, как им пользоваться и что с ним будет дальше. Ни одному из этих критериев наше "знание" о реальности не удовлетворяет.

Каждое направление в искусстве стремится изобразить реальность такой, какой оно его видит. "Я так вижу" — говорит абстракционист, и возразить ему нечего. При этом то, что называют Р. в третьем значении, очень часто не является Р. во втором значении. Например: "Он подумал, что лучше всего будет уйти". Это самая обычная "реалистическая" фраза. Но она исходит из условной и нереалистической установки, что один человек может знать, что подумал другой.

Но почему же в таком случае вся вторая половина XIX в. сама называла себя реализмом? Потому что, говоря "Р. и реалисты", употребляли второе значение термина Р. как синоним словам "материализм" и "позитивизм" (в XIX в. эти слова еще были синонимами).

Когда Писарев называет людей типа Базарова реалистами (так озаглавлена его статья, посвященная "Отцам и детям", — "Реалисты"), то, во-первых, это не значит, что Тургенев — это писатель-реалист, это означает, что люди склада Базарова исповедовали материализм и занимались естественными, позитивными науками (реальными — отсюда понятие XIX в. "реальное образование", то есть естественнонаучное, в противоположность "классическому", то есть гуманитарному).

Когда Достоевский писал: "Меня называют психологом — неправда, я — реалист в высшем смысле, то есть изображаю глубины души человеческой", то он подразумевал, что не хочет ничего общего иметь с эмпирической, "бездушной", позитивистской психологией XIX в. То есть здесь опять-таки термин Р.

употребляется в психологическом значении, а не в художественном. (Можно сказать, что Достоевский был реалистом в первом значении, средневековом; для того чтобы написать: "Красота спасет мир", надо как минимум допускать, что такая универсалия реально существует.)

Р. в художественном значении противопоставлен, с одной стороны, романтизму, а с другой — **модернизму**. Чешский культуролог Дмитрий Чижевский показал, что начиная с Возрождения великие художественные стили чередуются в Европе через один. То есть барокко отрицает Ренессанс и отрицается классицизмом. Классицизм отрицается романтизмом, романтизм — реализмом. Таким образом, Ренессанс, классицизм, реализм, с одной стороны, барокко, романтизм и модернизм — с другой сближаются между собой. Но здесь, в этой стройной "парадигме" Чижевского есть одна серьезная неувязка. Почему первые три стиля живут примерно по 150 лет каждый, а последние три только по пятьдесят? Тут очевидная, как любил писать Л. Н. Гумилев, "аберрация близости". Если бы Чижевский не был заворожен понятием Р., он увидел бы, что с начала XIX века и до середины XX века существует в каком-то смысле одно направление, назовем его Романтизмом с большой буквы, — направление, по своему 150-летнему периоду сопоставимое с Ренессансом, барокко и классицизмом. Можно называть Р. в третьем значении, например, поздним романтизмом, а модернизм — постромантизмом. Это будет гораздо менее противоречивым, чем Р. Так переписывается история культуры.

Однако если термин Р. все же употребляется, значит, он все же что-то означает. Если принять, что литература отображает не реальность, а прежде всего обыденный язык (см. **философия вымысла**), то Р. — это та литература, которая пользуется языком средней нормы. Так, когда спрашивают про роман или фильм, является ли он реалистическим, то подразумевают, сделан ли он просто и понятно, доступно для восприятия среднего носителя языка или он полон непонятных и, с точки зрения читателя-обывателя, ненужных "изысков" литературного модернизма: "приемов выразительности", кадров с двойной экспозицией, сложных синтаксических построений — в общем, активного стилистического художественного наполнения (см. **принципы прозы XX в., модернизм, неомифологизм**).

В этом смысле никоим образом нельзя назвать реалистами Пушкина, Лермонтова, Гоголя, Толстого, Достоевского и Чехова, которые не подчинялись средней языковой норме, а, скорее, формировали новую. Даже роман Н. Г. Чернышевского нельзя назвать реалистическим, скорее это **авангардное искусство** (см.). Но в каком-то смысле можно назвать реалистом именно И. С. Тургенева, искусство которого состояло в том, что он владел средней языковой нормой в совершенстве. Но это исключение, а не правило, что такой писатель, тем не менее, не забыт. Хотя, строго говоря, по своим художественно-идеологическим установкам Тургенев был типичным романтиком. Его Базаров — это романтический герой, так же как Печорин и Онегин (налицо чисто и сугубо романтическая коллизия: эгоцентрический герой и толпа, все остальные).

Лит.:
Якобсон Р. О. О художественном реализме // Якобсон Р. О. Работы по поэтике. — М., 1987.
Лотман Ю. М., Цивьян Ю. Г. Диалог с экраном. — Таллинн, 1994.
Руднев В. Культура и реализм // Даугава, 1992. — № 6.
Руднев В. Морфология реальности: Исследование по "философии текста". — М., 1996.

РЕАЛЬНОСТЬ (от лат. res, realia — дело, вещи) — в традиционном естественнонаучном понимании совокупность всего материального вокруг нас, окружающий мир, воспринимаемый нашими органами чувств и независимый от нашего сознания.

В XX в. такое понимание Р. не проходит даже с естественнонаучной точки зрения. В квантовой механике элементарные частицы не наблюдаются непосредственно органами чувств и в определенном смысле зависят от нашего сознания (см. **принцип дополнительности**). Материальность элементарных частиц тоже не является традиционной, так как они не имеют массы покоя. Но, тем не менее, они суть элементы Р.

В любом языке любое слово проявляет свое значение в сопоставлении со словом, имеющим противоположное значение (ср. **бинарные оппозиции**). Антиномиями слова Р. являются понятия "вымысел" и **"текст"**. Рассмотрим вначале Р. в ее противоположении вымыслу (см. также **философия вымысла**). Скажем, Шерлок Холмс — это вымысел, а Билл Клинтон — Р.

Но тут же начинаются трудности. Вымысел в каком-то смысле тоже материален, как любое знаковое образование. У него есть план выражения (материальная сторона) и план содержания (**смысл**), и одно без другого не существует. Шерлок Холмс не существует без типографской краски, бумаги, обложки. Значит, он в каком-то смысле есть. Ведь, в конце концов, есть вполне материальное слово "Холмс" (оно записывается или произносится путем колебания звуковых волн) (ср. также **существование**). Говорят так: Шерлок Холмс вымышлен, потому что я не могу пригласить его к себе на обед. Но Билла Клинтона я тоже не могу пригласить к себе на обед — значит ли это, что он вымышленный персонаж? С другой стороны, детям приглашают на Новый год Деда Мороза и Снегурочку. Неужели же дети думают, что это вымышленные фигуры? Спросите у них самих.

Едва ли не более сложно обстоит дело с другим свойством Р., понимаемой традиционно, с ее независимостью от сознания. Вот лежит на земле камень, и, может быть, он лежит там многие тысячи лет, когда не было еще ни одного сознания. Но если бы не было ни одного сознания, то тогда кто же мог бы сказать: "Вот камень лежит на земле"? И не было бы слова "камень". И слова Р. тоже не было бы.

Тут дело в том, что мы воспринимаем Р. не только через органы чувств, но при помощи нашего языка. И каждый язык — русский, хопи, юкагирский, гиляцкий — вычленяет Р. по-разному (см. **гипотеза лингвистической относительности**). Например, для русского существует слово "рука". Мы говорим: "Пожмите друг другу руки". Но английское слово "hand", которое употребляется в соответствующем выражении "Shake your hands", означает скорее "кисть", и выражение, изначально, кстати, английское, дословно следует перевести как "Потрясите вашими кистями".

Словом, мы не сможем определить, что такое Р. в современном смысле, если будем держаться, как ребенок за помочи, за материальность и независимость от сознания (по поводу слова "сознание" тоже много разногласий — см., напр., **трансперсональная психология**).

Рассмотрим Р. в противопоставлении понятию "текст". Представим себе такую сцену. Вы едете в поезде, по радио передают новости, за окном сменяются города и деревни, названия станций, соседи разговаривают о политике, кто-то читает газету, краешек которой вы видите, в зеркале отражается ваше лицо, за дверью переругиваются проводницы, где-то в купе плачет ребенок, где-то играет магнитофон и хриплый голос что-то поет по-английски. Вот это маленькая модель Р. Но она вся, в сущности, состоит из **текстов** (см.) — новости по радио, надписи на станциях, разговор соседей, музыка в соседнем купе, ваше отражение в зеркале, газета соседа, слова в книге, которую, вы, может быть, пытались читать — все это текст, передача информации. Но только большинство этой информации вам не нужно, поэтому вы игнорируете ее информативную сущность. И вот, исходя из всего сказанного, я бы определил Р. так — это очень сложная знаковая система (см. **семиотика, знак**), которая сформирована природой (или Богом) и людьми и которой люди пользуются, но это настолько сложная и разноплановая знаковая система, она включает в себя столько знаковых систем (**языковых игр**, см.), что рядовой носитель и пользователь Р. склонен игнорировать ее семиотический характер.

Можно сказать еще так. Одни и те же предметы и факты для одних людей и в одних ситуациях (см. **семантика возможных миров**) выступают как тексты, а для других людей и при других обстоятельствах — как элементы Р. Зимний лес для опытного охотника — со следами зверей и птичьими голосами — это текст, открытая книга. Но если охотник всю жизнь живет в лесу и вдруг попал на большую улицу современного большого города с ее рекламой, дорожными знаками, указателями, он не может воспринять ее как текст (как, несомненно, воспринимает улицу горожанин). Надо знать язык Р., для того чтобы понимать ее **смысл**. Но каждый считает свой смысл.

Когда я учился в Тарту, мы гордились своим университетом, он был основан при Александре I, в 1802 г. Однажды к кому-то приехали родители, строители по профессии. Мы с гордостью показали им старинное и величественное главное здание университета. "Какие здесь странные наличники", — сказали строители. Больше они ничего не заметили.

Или как в стихотворении Маршака:

— Где ты была сегодня, киска?
— У королевы у английской.

— Что ты видала при дворе?
— Видала мышку на ковре.

Лит.:
Руднев В. Текст и реальность: Направление времени в культуре // Wiener slawistischer Almanach, 1986. — B. 17.
Руднев В. Морфология реальности // Митин журнал, 1994. — № 51.

РЕКЛАМА (от лат. reclamare — выкрикивать) Феномен актуализации Р. в XX в. связан с повышением роли средств массовой коммуникации, в современной России, пережившей бум Р. на телевидении в 1990-е гг., связанный, в частности, с повышением роли спонтанного, истерического в широком смысле начала (см. **истерия**), отчетливо встает вопрос о связи Р. с **психоанализом** и, в частности, со **стадиями психосексуального развития.**

Почему один человек делает одно и не делает другого? Почему он, в частности, *покупает* одно и не покупает другого? В определенном смысле это зависит от того, какое объектное отношение, какая фиксация преобладает в нем вообще или в данный момент (о фиксациях см. **стадии психосексуального развития**). Человеку нужно каким-то образом хотя бы на время снять эту фиксацию, потому что с фиксацией связан душевный дискомфорт, невротическая тревога. Если у человека оральная фиксация, то самый простой способ ее снять — это поесть. Но дело ведь тут не в том, что человек хочет поесть, что он вдруг неожиданно и немотивированно хочет поесть. И, поев, он утоляет не голод, а свою тревогу. У "нормального" человека с "генитальным" характером тревога удаляется тогда, когда удовлетворяется его половое влечение, либидо, сексуальный голод. Но у невротического орального человека либидо развивалось странно, он в каком-то фундаментальном смысле остался младенцем, которого почему-то лишили материнской груди. Материнская грудь для него осталась главным сексуальным объектом. Вот почему его либидинальная тревога удовлетворяется не генитально, а орально, при помощи еды, сосания трубки или жевания жвачки.

Здесь мы подошли к сути нашего понимания Р., которая заключается, во-первых, в том, что *покупают не то, что нужно в хозяйстве, а то, что способно заглушить инфантильную тревогу*. Это люди, у которых не было инфантильных фиксаций, будут покупать то, что нужно в хозяйстве, но психоаналитический опыт говорит, что таких людей меньшинство, ибо на свете очень мало людей, у которых было во всех отношениях "золотое детство".

Итак, Р. бессознательно строится на том, чтобы предоставить человеку возможность купить то, посредством чего он сможет унять свою инфантильную тревогу и тем самым реализовать свое невротическое либидо.

Мир Р. демонстрирует это со всей очевидностью. Человеку с оральными фиксациями Р. предлагает то, что сосут, пьют, жуют, глотают. Оральная реклама — это пиво, соки и другие напитки (пепси, спрайты, "Севен ап", фанта и т. д.), жевательная резинка, сигареты, кофе, лекарства и, разумеется, различная еда (все эти бесконечные чипсы и йогурты, конфеты и шоколадки, лапша "Доширак", супы, масло, молоко, сливки, кефир "Данон" — тот факт, что преобладают молочные продукты, конечно, не случаен: ведь именно материнское молоко первоначальная пища младенца) . Точно так же как оральное объектные отношения являются наиболее инфантильными, наиболее примитивными, в этом же смысле оральная реклама является самой элементарной.

Человеку с анальными фиксациями, помешанному на чистоте и скупости, Р. предлагает совсем другое. Анальная реклама — это прежде всего средства для поддержания чистоты — мыла, шампуни, стиральные порошки, моющие средства, все эти знаменитые "Фейри" и "Комет", младенцам она предлагает подгузники, дамам — гигиенические прокладки. Далее здесь широко представлена бытовая техника: прежде всего пылесосы и стиральные машины.

Именно анальная реклама часто подчеркивает финансовую доступность рекламируемого изделия. (Например, стиральный порошок "Миф" — "чистит идеально, и цена реальна".) И т. д.

Следует помнить также, что существуют объектные отношения, являющиеся в определенном смысле медиативными между оральным и анальным комплексами. Прежде всего это не что иное, как зубы. Зубы расположены во рту, но вырастают они у ребенка только к концу первого года; ими можно не только жевать, но и кусать (отсюда и особое название субстадии — орально-садистичсская). Но зубы также связаны с идеей анальности. Вместе с зубами в психосексуальной инфантильной жизни появляется характерная для анального отношения амбивалентность: можно отдать, а можно и захватить. Зубы вообще довольно универсальная вещь — они также связаны и фаллически-нарциссическим началом. С одной стороны, зубами можно откусить, то есть кастрировать. В архаических мифологиях, дублирующих онтогенез, существует представление о кастрирующем зубастом женском половом органе vagina dentata. С другой стороны, зубы связаны и с идеей нарциссизма — ослепительная соблазняющая улыбка, демонстрирующая стройный ряд белых зубов (ее так и называют — *рекламной* улыбкой). Поэтому неудивительно, что зубы в Р. играют такую большую роль. И в этом смысле реклама зубной пасты одновременно является и оральной (нечто, что располагается во рту), и анальной (идея чистоты).

Наконец человеку с фаллически-нарциссическим характером, который невротически удовлетворяет свое либидо, демонстрируя красоту своего тела.

Р. предлагает совсем другое. Прежде всего это красивая модная одежда, в которой можно покрасоваться, далее это косметика, всяческие кремы, губные помады, шампуни (шампуни одновременно выполняют две функции — красоты и чистоты, поэтому они относятся сразу к двум психосексуальным сферам, что очень выгодно для Р.: не купит фаллический человек, так купит анальный). Фаллической, конечно, является реклама роскошных автомобилей, эквивалентов человеческого тела, да к тому же еще ярко выраженной фаллической формы.

Не забывает также фаллическая реклама и об обратной стороне фаллически-нарциссического потребителя, о его неизбывном страхе кастрации. Страх кастрации, как правило, воспроизводится в той Р., где присутствуют фаллические предметы, которые неожиданно откусываются. Наиболее яркой кастрационной рекламой являются ролики, рекламирующие шоколадные батончики "Пикник", когда один персонаж нарциссически демонстрирует свою фаллическую шоколадку другому, а другой ее у него откусывает. Латентное сообщение, которое несет подобная реклама, очень простое: лучше купи, если не хочешь, чтобы тебя кастрировали.

Конечно, удовлетворение инфантильных невротических либидинальных влечений является необходимым для невротического человека, но не достаточным. Какими бы инфантильными фиксациями ни обладал человек, каким бы невротиком он ни был, ему все равно хочется удовлетворить свое либидо обычным генитальным путем. И утоление тревоги, связанной с фиксированными инфантильными объектными отношениями, в очень сильной степени расчищает такой личности дорогу к основному инстинкту. После того, как оральный человек наглотался пива и нажевался жвачки, анальный вычистил квартиру, а фаллически-нарциссический примерил новую дубленку, только после этого, не раньше, такой человек сможет попытаться удовлетворить свои генитальные потребности. Поэтому от анального педанта бессмысленно требовать исполнения супружеских обязанностей, пока вы не вымыли посуду. А фаллически-нарциссической женщине необходимо сказать, как она прекрасно выглядит, какие у нее замечательные духи, какое великолепное платье, а потом уже приглашать ее в койку. С оральным человеком проще всего: его надо, как это зафиксировано и в фольклоре, сначала накормить, а потом уже и спать положить.

И вот Р. — и это, пожалуй, самое удивительное — понимает важность того, что человек покупает что-то не просто для того, чтобы исчезла невротическая тревога, но для того, чтобы путем снятия этой тревоги расчистить себе путь к самому главному в жизни, к нормальному эротическому контакту. Поэтому Р. всячески подчеркивает, что приобретение данного товара не просто понизит тревогу после покупки, она подчеркивает то, что будет после этого. "Свежее дыхание облегчает понимание" — вот наиболее лапидарная и исчерпывающая формула того, о чем мы говорим. В соответствии с этим принципом покупка "Head and shoulders" не просто сделает твои волосы чистыми (анальная функция) и красивыми (фаллически-нарциссическая функция), но, главное, тебя после этого будут любить все девушки. Покупка жвачки не только удовлетворяет оральную проблематику, но и делает людей, которые жуют одну и ту же жвачку, *ближе* друг другу. ("После того, как вы перекусили, надо позаботиться о свежести вашего дыхания, особенно если вы так близки друг другу".) Точно так же напиток "Севен ап" не только утоляет жажду, но является медиатором в эротическом контакте. Из этой же серии реклама про кофе "Моккона", симулятивное отсутствие которого в ресторане и наличие дома у мужчины облегчает будущий любовный контакт.

Если постараться обобщить все сказанное, перейдя с психоаналитического языка на кибернетический, то можно сказать, что всякое позитивное действие направлено на то, чтобы передать в систему некое количество информации, повысить количество гармонии, порядка и тем самым понизить количество энтропии, хаоса. Любой невротический механизм является контринформативным, поскольку он производит сбои в работе организма, работает на разрушение, а не на созидание, на повышение хаоса, энтропийного начала. Кибернетический механизм **невроза** состоит в том, что человек, будучи не в состоянии усвоить и переработать ту, может быть, слишком сложную для него информацию, которую ему предлагает жизнь, реагирует регрессивно-инфантильным повышением энтропии, но получает при этом, как говорил Фрейд, вторичную выгоду. Говоря примитивно, вторичная выгода заключается в том, что с больного меньше спрос, его жалеют. Любая психотерапевтическая деятельность направлена на то, чтобы сложными окольными путями заставить человеческое сознание принять ту информацию, которую ему предлагает жизнь. Любой текст повышает количество информации в системе и тем самым исчерпывает количество энтропии (см. **время, реальность, текст**) Специфика рекламного текста при этом состоит в том, что он психотерапевтически *изображает* сам процесс превращения энтропии в информацию, показывая то и только то, "как хорошо", но никогда — "как плохо". Р. — это генератор антиэнтропийности: если простуда, прими лекарство — и все снова станет на свои места; если проголодался, на помощь приходит человечек "Делми", обитающий в холодильнике, — и все вмиг накормлены; если перхоть в волосах — купи шампунь "Head and shoulders", если сморозил глупость — помолчи и пожуй жвачку; если не можешь отчистить ванну, приходит добрая тетенька и приносит "Комет". И т. д.

И вот олицетворением этого креативного информационного символического порядка, который принуждает покупать одно и не покупать другого, является та часть бессознательного которая называется суперэго (см. **бессознательное**). У каждого человека суперэго выстраивается такое, какой у него характер. В этом смысле можно говорить об оральном, анальном и фаллически-нарциссическом суперэго. Но каким бы оно ни было, оно побуждает человека к одним покупкам и предостерегает от других. Бессознательное суперэго переводит ценность покупки в говорящий дискурс Другого и для Другого. Оральное суперэго говорит: "Вместо того чтобы покупать пиво, купи сок ребенку". Анальное суперэго (наиболее сильное) призывает: "Немедленно купи жене стиральную машину!" Фаллически-нарциссическое (самое слабое) суперэго робко предлагает: "Может быть, в самом деле, чем покупать третью машину, так и быть, купить ей губную помаду?" Но в любом случае, каким бы суровым ни было бы суперэго, оно действует в направлении удовлетворения основного инстинкта, связанного с продолжением рода. В этом смысле и покупка сока для ребенка, и стиральной машины для жены, и губной помады для любовницы — все это окупается гармонизацией жизни, которая через все превратности невротических фиксаций обеспечивает человеку бытовое и культурное выживание.

Лит.:
Руднев В. Метафизика рекламы // Реклама и жизнь, 4, 2000.

РИТМ — универсальный закон развития мироздания. XX в. очень многое внес в изучение биологических и космологических ритмов, ритмов в искусстве и в стихотворной строке.

Элементарной единицей наиболее простого Р. является развернутая во **времени бинарная оппозиция**: Бог — дьявол, инь — ян, черное — белое, день — ночь, жизнь — смерть. У каждого народа эти универсальные ритмические категории могут различаться (см. **картина мира**) и Р. может быть гораздо более сложным и изощренным, чем чередование плюса и минуса. Р. накладываются друг на друга: солярные Р., лунные Р., годовые Р., Р. эпох, эр (сейчас как будто заканчивается эра рыбы — христианская — и начинается эра водолея; каждая астрологическая эра занимает примерно две тысячи лет), юг (сейчас мы, по представлениям веданты, находимся в одной из самых неблагоприятных юг — калиюге; каждая юга занимает более 30 000 лет).

Чтобы показать, с одной стороны, специфику и, с другой —

универсальность понятия Р., обратимся к научной дисциплине, которая так и называется — ритмика. Это раздел стиховедения (см. **система стиха XX века**), сформировавшийся в XX веке. Его основатель русский поэт Андрей Белый, изучавший ритмические варианты стихотворных размеров.

Так, например, 4-стопный ямб имеет теоретически восемь ритмических вариантов по соблюдению/несоблюдению ударности четных слогов. Вот они:

1. 1 — 1 — 1 — 1 — (1). Все ударения соблюдены ("Мой дядя самых честных правил...").
2. 1 — 1 — 1 — 1 — (1). Пропускается первое ударение ("Не отходя ни шагу прочь...").
3. 1 — 1 — 1 — 1 — (1). Пропускается второе ударение ("Печально подносить лекарства...").
4. 1 — 1 — 1 — 1 — (1). Пропускается третье ударение ("Легко мазурку танцевал...").
5. 1 — 1 — 1 — 1 — (1). Пропускаются первое и третье ударения ("И выезжает на дорогу...").
6. 1 — 1 — 1 — 1 — (1). Пропускаются второе и третье ударения ("И кланялся непринужденно...").

Остальные две формы практически не употребляются. И вот эти ритмические варианты создают неповторимый ритмический рисунок стихотворения, поэта, поэтической эпохи. Русский филолог-эмигрант, издавший свой замечательный труд о ритмике русских двусложных размеров на сербском языке, К.Ф. Тарановский, сформулировал следующую закономерность. Пропуски ударений имеют тенденцию расподобляться по интенсивности, начиная от конца строки, и эта волна спадает к началу строки. То есть самой частой, по этому закону, оказывается форма 4) "Легко мазурку танцевал". Последнее ударение в русском стихе всегда соблюдается, оно самое сильное (100 процентов). Предпоследнее ударение в русском стихе самое слабое (от 40 до 50—55 процентов), третье от конца сильнее предыдущего, но слабее последнего (примерно 75—85 процентов), первое ударение имеет такую же интенсивность. Волна затихает к началу строки.

Вероятно, Тарановский никогда не задумывался над тем, что

сформулированная им закономерность имеет универсальный характер для любого Р. — угасание ритмической волны от конца к началу. Так, например, устроена классическая барочная сюита, которая имеет четыре обязательных номера-танца. Последний танец самый быстрый — жига, предпоследний — самый медленный — сарабанда, третий от конца и первый примерно одинаковы по живости — волна ослабевает к началу (аллеманда и куранта).

По тому же Р. живет фундаментальная культура. Таков так называемый маятник Дмитрия Чижевского, в соответствии с которым, начиная с эпохи Возрождения, ритмически чередуются два противоположных типа культуры — говоря кратко — ориентированная на содержание и ориентированная на форму (см. также **реализм**):

При этом ясно, что различие между **реализмом** и **модернизмом** является бесконечно большим, тогда как различие между барокко и Ренессансом иногда не вполне понятно. Например, трудно определить, к какому из этих направлений отнести Уильяма Шекспира.

Почему же все начинается с конца? Очевидно, по тому же, почему семиотическое **время** (см.) течет в противоположную сторону по сравнению со временем естественнонаучным. Потому что культура противопоставлена природе, она имеет наблюдателя, который ставит во главе угла себя — *Я, здесь, сейчас* (см. также **прагматика**).

Наиболее утонченно Р. проявляется в искусстве. Как писал Ю.М. Лотман, Р. — это возможность найти сходное в различном и определить различия в сходном.

Лит.:
Лотман Ю. М. Анализ поэтического текста: Структура стиха. — Л., 1972.
Тарановски К. Руски дводелни ритмови. — Београд, 1953.

Руднев П. А. Введение в науку о русском стихе. — Тарту, 1989.

Руднев В. Опыт игры в бисер // Сегодня, 31 августа 1996.

С

СЕМАНТИКА ВОЗМОЖНЫХ МИРОВ. Представление о том, что у настоящего может быть не одно, а несколько направлений развития в будущем (это, собственно, и составляет содержание понятия "возможные миры"), было, вероятно, в культуре всегда. Но оно обострилось в XX в. в связи с общей теорией относительности, с представлением о том, что **время** есть четвертое измерение и, стало быть, по нему можно передвигаться, как по **пространству** (см. также **серийное мышление**).

Вообще же понятие возможных миров имеет логико-философское происхождение. Его, как и многое другое, придумал Лейбниц, который рассматривал необходимо истинное высказывание как высказывание, истинное во всех возможных мирах, то есть при всех обстоятельствах, при любом направлении событий, а возможно истинное высказывание — как истинное в одном или нескольких возможных мирах, то есть при одном или нескольких поворотах **событий**.

Например, высказывания математики или логики "а = а" или "2 х 2 = 4" являются необходимыми. Высказывание же "Завтра будет дождь" является возможным (у него есть альтернатива, что, возможно, дождя и не будет).

В середине XX века, после второй мировой войны, логика разработала несколько семантических систем (см. **логическая семантика**), где определяющую роль играло понятие возможных миров. Мы не станем углубляться в аппарат этих построений, они довольно сложны. Назовем лишь имена выдающихся философов: Ричард Монтегю, Дана Скотт, Сол Крипке, Яакко Хинтикка. С философской точки зрения важно, что в этих построениях действительный мир рассматривается лишь как один из возможных.

Действительный мир не занимает привилегированного положения. Именно это представление было чрезвычайно характерным для культурного сознания XX в. Задолго до современной логики, в 20-е гг. нашего века, японский писатель Акутагава привел пример философии возможных миров в рассказе "В чаще" (подробнее см. **событие**), в котором разбойник заманил в чащу самурая и его жену, а потом известно было только, что самурай убит. По версии разбойника (в его возможном мире), самурая убил он; по версии жены самурая, его убила она; по версии духа самого самурая, он покончил с собой.

Пафос философии возможных миров в том, что абсолютной **истины** нет, она зависит от наблюдателя и свидетеля событий.

На С. в. м. построен художественный мир новелл Борхеса. "Сад расходящихся тропок" — модель ветвящегося времени; "Тема предателя и героя" — в одном возможном мире главный персонаж — герой, в другом — предатель; "Другая смерть" — по одной версии, герой был убит в бою, по другой — в своей постели. Герои Борхеса, как правило, умирают по нескольку раз, меняя по своему или Божьему соизволению направление событий.

В науке XX в. представление об альтернативном будущем играет большую роль. Так, например, русский лингвист-эмигрант А. В. Исаченко в свое время написал работу, посвященную тому, каким был бы русский язык, если бы в политической борьбе Москвы и Новгорода победил Новгород, а не Москва.

Замечательный пример мышления возможными мирами приводит один из основателей С. в. м. Сол Крипке в статье, посвященной контекстам мнения, таким, как "Он полагает, что...", "Он думает, что...", "Он верит, что...". Француз, никогда не бывавший до определенного времени в Лондоне, разделяет расхожее мнение французов о том, что "Лондон красивый город", и выражает это мнение предложением на французском языке: "Londres est jolie". После долгих странствий, выпавших на его долю, он поселяется в каком-то городе, в одном из самых грязных и непривлекательных его кварталов, никогда не заглядывает в исторический центр, а язык выучивает постепенно. Ему и в голову не приходит, что это тот самый город, который он, находясь во Франции, называл Londres и считал красивым. Теперь он называет этот город по-английски London и разделяет мнение соседей по району, в котором он живет, что —

London is not pretty
(Лондон — некрасивый город).

При этом в сознании он продолжает считать, что "Londres est jolie".

С. в. м. играет важную роль в поэтике **постмодернизма**. В знаменитом романе "балканского Борхеса", как его называют в Европе, сербского писателя Милорада Павича **"Хазарский словарь"** рассказывается о том, как хазары в IX в. принимали новую веру: по версии христиан, они приняли христианство; по версии мусульман — ислам; по версии евреев — иудаизм.

Естественно, что С. в. м. тесно связана с идеей **виртуальных реальностей**. В особом жанре компьютерного романа — например, в самом знаменитом, "Полдне" Майкла Джойса — повествование строится на альтернативах. Роман можно читать только на дисплее. Кроме обычных предложений, там есть маркеры, гипертекстовые отсылки (см. **гипертекст**). Высвечивая определенное слово, например **имя** какого-либо героя, читатель может повернуть события вспять или завершить **сюжет** так, как ему того хочется. Такова философия возможных миров.

Лит.:
Крипке С. Загадка контекстов мнения // Новое в зарубежной лингвистике. Вып. 18. Логический анализ естественного языка. — М., 1986.
Хинтикка Я. Логико-эпистемологические исследования. — М., 1980.

СЕМАНТИЧЕСКИЕ ПРИМИТИВЫ — непреодолимые слова естественного языка, при помощи которых можно толковать значения всех остальных слов, выражений, а также предложений языка, не прибегая к герменевтическому кругу, то есть определению одних слов через другие — те, которым уже даны определения; метод, разработанный лингвистом и философом Анной Вежбицкой, проживающей в Австралии.

Мы все знаем, что в обычных толковых словарях слова объясняются idem per idem (одно через то же самое, определение через определяемое). Например, "красный" может быть определен как "цвет, близкий цвету крови", а "кровь", в свою очередь, как "жидкость, циркулирующая в организме, красного цвета".

Философы давно задумывались над тем, можно ли создать такой примитивный словарь, который позволил бы уйти от порочного способа idem per idem. Великий Лейбниц думал о создании такого "языка мысли" (lingua mentalis).

Благодаря достижениям **аналитической философии** и **теории речевых актов** (см.) Анне Вежбицкой во многом удалось построить язык С. п.

В первую очередь перед ней встал вопрос, какие слова выделить в качестве исходных, чтобы с их помощью, как в геометрии с помощью нескольких аксиом доказывают большое количество теорем, пояснить все другие слова, выражения и высказывания.

Вот что она пишет по этому поводу: "...моя цель состоит в поисках таких выражений естественного языка, которые сами по себе не могут быть истолкованы удовлетворительным образом, но с помощью которых м о ж н о истолковать все прочие выражения [...] . Список неопределяемых единиц должен быть как можно меньшим; он должен содержать лишь те элементы, которые действительно являются абсолютно необходимыми [...] для истолкования в с е х высказываний".

После семилетних поисков Вежбицка выделила следующие С. п.

Хотеть	сказать	я
не хотеть	становиться	ты
чувствовать	быть частью	мир (вселенная)
думать о...	нечто	это
представлять	себе	некто (существо)

Толкования слов, даваемые Вежбицкой, так же необычны, как и список С. п. Вот пример толкования слов "оранжевый", "розовый" и "серый".

"X — оранжевый
о предметах, подобных X-у, можно подумать: они похожи на
нечто желтое
в то же самое время можно подумать: они похожи на нечто

```
             красное
X —    розовый
             о предметах, подобных Х-у, можно подумать: они похожи на
             нечто красное
             в то же самое время можно подумать: они похожи на нечто
             белое
X —    серый
             о предметах, подобных Х-у, можно подумать: они похожи на
             нечто белое
             в то же самое время можно подумать: они похожи на нечто
             черное"
```

Теория С. п. А. Вежбицкой не только позволила разрешить казавшуюся неразрешимой лексикографическую проблему — она является семантической теорией, во многом изменившей наши представления о значении, ориентированной не на отправителя информации, говорящего, а на получателя информации, слушающего, то есть ориентированной прагматически (см. **прагматика**).

> Лит.:
> *Вежбицка А.* Из книги "Семантические примитивы". Введение // Семиотика / Под ред. Ю. С. Степанова. — М., 1983.
> *Вежбицка А.* Новое в зарубежной лингвистике. — Вып. 16. Лингвистическая прагматика. — М., 1985.
> *Вежбицка А.* Язык. Культура. Познание. — М., 1996.

СЕМИОСФЕРА (см. также **семиотика**) — понятие, разработанное в семиотической культурологии Ю. М. Лотмана.

С. — это семиотическое **пространство**, по своему объекту, в сущности, равное культуре; С. — необходимая предпосылка языковой коммуникации.

Устройство, состоящее из отправителя, адресата и канала информации, само по себе еще не будет работать. Для этого оно должно быть погружено в семиотическое пространство. То есть участники коммуникации должны иметь предшествующий семиотический культурный опыт.

В этом отношении язык — сгусток семиотического пространства с размытыми границами семиотической **реальности**. Границы размыты потому, что нечто, являющееся сообщением для одного, не является таковым для другого (например, не знающего язык, на котором передается сообщение).

Обязательными законами построения С. являются бинарность (см. **бинарная оппозиция**) и асимметрия (см. **функциональная асимметрия полушарий головного мозга**).

С. отличается также неоднородностью. Заполняющие семиотическое пространство языки, различные по своей природе, относятся друг к другу в диапазоне от полной взаимной переводимости до столь же полной взаимной непереводимости.

При этом разные семиотические языки имеют разные периоды жизни: язык моды, например, гораздо короче, чем литературный язык.

Метафорически определяя С., Ю. М. Лотман пишет: "Представим себе в качестве некоего единого мира, взятого в синхронном срезе, зал музея, где в разных витринах выставлены экспонаты разных эпох, надписи на известных и неизвестных языках, инструкции по дешифровке, составленные методистами пояснительные тексты к выставке, схемы маршрутов экскурсий и правила поведения посетителей, и представим все это как единый механизм. [...] Мы получим образ семиосферы. При этом не следует упускать из виду, что все элементы семиосферы находятся не в статическом, а подвижном состоянии, постоянно меняя формулы отношения друг к другу".

По сути, все это совпадает с нашим пониманием **реальности** (см.). Лотман не сделал решающего шага и не отождествил культуру с реальностью. Для него характерно противопоставление культуры и природы. Но ведь и природа является частью культуры, потому что мы можем именовать предметы природы и тем самым различать их лишь благодаря тому, что у нас есть язык (см. **гипотеза лингвистической относительности**). Скорее внутри С. можно условно разделить понятия культуры и природы, реальности и **текста**, сознавая при этом прагматическую текучесть границ между ними.

Лотман оставался в рамках классической схемы структуралистского **метаязыка**. Тот шаг, о котором мы сказали, после него сделали представители философского **постструктурализма** и

постмодернизма. Конечно, Лотман понимал, что реальность, так же как и С., имеет много разных несводимых друг к другу "форм жизни" (выражение Людвига Витгенштейна), то есть **языковых игр** (см.), или, как сейчас говорят, речевых действий (см. **теория речевых актов**).

В сущности, С. Лотмана в определенном смысле то же самое, что биосфера Вернадского, только взятое под другим прагматическим углом зрения (см. **прагматика**).

Лит.:
Лотман Ю. М. Семиотическое пространство //
Лотман Ю. М. Внутри мыслящих миров: Человек. Текст. Семиосфера. История. — М., 1996.

СЕМИОТИКА — наука о знаковых системах, одна из специфических междисциплинарных наук XX века наряду с кибернетикой, **структурной поэтикой**, культурологией, виртуалистикой (см. **виртуальные реальности**). В основе С. лежит понятие **знака** (см.) — минимальной единицы знаковой системы, или языка, несущей информацию.

Основные принципы С. сформулировал еще в XIX в. американский философ Чарльз Сандерс Пирс. В XX в. семиотика приняла лингвистический уклон под влиянием идей основателя **структурной лингвистики** Ф. де Соссюра и основателя датского лингвистического структурализма Луи Ельмслева (см. **структурная лингвистика**) и философский уклон под влиянием идей американского философа Чарльза Морриса.

В 1960 — 1970-е гг. образовалось две школы С. — французская (Клод Леви-Строс, Альгирдас Греймас, Цветан Тодоров, Ролан Барт, Юлия Кристева) и так называемая тартуско-московская (Ю. М. Лотман, З. Г. Минц, И. А. Чернов — Тарту; В. Н. Топоров, Вяч. Вс. Иванов, Б. А. Успенский, И. И. Ревзин — Москва).

В качестве простейшей знаковой системы обычно приводят систему дорожной сигнализации — светофор. Этот язык имеет всего три знака: красный, означающий "Остановиться!", зеленый — "Можно ехать!" и желтый — "Приготовиться к движению (или к остановке)!".

Ч. Моррис выделил три раздела С. — синтактику (или синтаксис), изучающую соотношения знаков друг с другом; **семантику**, изучающую отношение между знаком и его **смыслом** (см.); и **прагматику,** изучающую отношения знаков с их отправителями, получателями и контекстом знаковой деятельности.

Объясним три раздела С. на примере того же светофора. Синтаксис и семантика здесь очень простые, всего четыре комбинации:

синтаксис	семантика
1. красный + желтый	стоять + приготовиться к движению
2. желтый + зеленый	приготовиться к движению + ехать
3. зеленый + желтый	ехать + приготовиться к остановке
4. желтый + красный	приготовиться к остановке + остановиться

Прагматика светофора тоже проста. Светофор адресуется двум категориям лиц — автомобилистам и пешеходам. Для каждой из этих групп каждая конфигурация из четырех перечисленных имеет противоположное значение, то есть когда водитель видит последовательность "желтый + зеленый", пешеход, находясь перпендикулярно к светофору, одновременно видит последовательность "желтый + красный" и т. п. Прагматика тесно связана с **теорией речевых актов** (см.) Каждый знак светофора представляет собой не слово, а команду-предписание, то есть речевой акт. Если пешеход остановился перед красным светом, значит, речевой акт со стороны светофора успешен, если пешеход идет на красный свет — речевой акт не успешен.

Наиболее фундаментальной и универсальной знаковой системой является естественный язык, поэтому **структурная лингвистика** и С. естественного языка — это синонимы.

Однако в XX в. С. стала супердисциплиной (во всяком случае, в 1960-е гг. претендовала на это). Поскольку огромное количество слоев культуры можно рассматривать как язык, знаковую систему, то появилась С. литературы, карточной игры, шахмат, рекламы; биосемиотика **кино,** живописи, музыки, моды, человеческого поведения, культуры, стиха.

С. стиха, например, занималась проблемой соотношения метра (см. **система стиха**) и **смысла**. Так, американский русист Кирилл Тарановский показал, что у стихотворного размера есть свои семантические традиции: 5-стопный хорей Лермонтова "Выхожу один я на дорогу" стал образцом для дальнейших стихотворных опытов с этим размером, реализующих "динамический мотив пути, противопоставленный статическому мотиву жизни" (от "Вот бреду я вдоль большой дороги..." Тютчева до "Гул затих. Я вышел на подмостки..." Пастернака). Потом другими исследователями были показаны семантические ореолы других размеров. У Пушкина, например, 4-стопный хорей связан с темой смерти и тревоги ("Мне не спится, нет огня...", "Ворон к ворону летит...", "Полно мне скакать в телеге...", "Буря мглою небо кроет..." и другие), у Давида Самойлова, который был не только замечательным поэтом, но и талантливым исследователем стиха, 3-стопный ямб связан с темой прошлого, переходящего в будущее ("Давай поедем в город...", "Не оставляйте писем...", "То осень птицы легче...", поэма "Последние каникулы"); а 4-стопный ямб — с темой тщеты и утраты ("Утраченное мне дороже...", "Не торопи пережитого...", "Химера самосохраненья...", "Сороковые-роковые..." и другие тексты).

Большую роль в развитии отечественной С. сыграли исследования Ю. М. Лотмана, посвященные С. русского быта XVIII и XIX вв. и С. русской литературы XIX в. Вот как он, например, интерпретирует "школьный конфликт" в романе Пушкина "Евгений Онегин" между Татьяной, Онегиным и Ленским. По мнению Ю. М. Лотмана, эти персонажи не понимали друг друга потому, что они использовали разные культурные знаковые системы: Онегин был ориентирован на английский байронический романтизм с его культом разочарованности в жизни и трагизмом, Ленский — на немецкий романтизм с его восторженностью и ученостью, а Татьяна, с одной стороны, на английский сентиментализм с его чувствительностью, порядочностью и "хорошими концами", а с другой — на русскую народную культуру (поэтому она из всех трех оказалась наиболее гибкой).

Ю. М. Лотман показал тогда еще очень темной русско-эстонской студенческой аудитории (дело было в разгар застоя) С. балов и дуэлей, орденов и женских туалетов, жизни в столице и жизни в провинции. Сейчас все его исследования получили широкое признание, выходящее далеко за рамки истории культуры.

С. тесно связана с логикой, в частности с **логической семантикой** Г. Фреге, Л. Витгенштейна, Б. Рассела, Р. Карнапа, с **аналитической философией** в целом, поскольку последняя занималась прежде всего интерпретацией языка, с **философией вымысла, семантикой возможных миров, структурной** и **генеративной поэтикой**, с исследованием **виртуальных реальностей**, с поэтикой **постмодернизма** (см.).

Лит.:
Труды по знаковым системам. (Учен. зап. Тартуского ун-та).— Тарту, 1965-1983.— Вып. 2-20.
Семиотика / Под ред. Ю. С. Степанова. — М., 1983.
Иванов Вяч. Вс. Очерки по истории семиотики в СССР. — М., 1976.
Степанов Ю. С. Семиотика. — М., 1972.
Лотман Ю. М. Структура художественного текста. — М., 1970.
Лотман Ю. М. Избр. статьи. В 3 тт.— Т. 1. — Таллинн, 1992.— Т.1.
Лотман Ю. М. Роман в стихах А. С. Пушкина "Евгений Онегин": Пособие для слушателей спецкурса. — Тарту, 1976.

"СЕМНАДЦАТЬ МГНОВЕНИЙ ВЕСНЫ" — телевизионный фильм Татьяны Лиозновой по сценарию Юлиана Семенова (1973).

Этот фильм имел такой ошеломляющий успех потому, что в нем был показан внутренний эмигрант, живущий среди чужих, сделавшихся наполовину своими, и противостоящий активному (впрочем, уже не особенно активному) **влечению к смерти** (см.) погибающей гитлеровской Германии весны 1945 г. В этом фильме был показан двойной стандарт внутреннего эмигранта. Внутренний эмигрант и шпион всегда живут по двойному стандарту. Один стандарт для своих — другой для чужих.

То есть и внутренний интеллигент, и шпион живут "по лжи", а ложь как оппозиция **истине** соответствует в определенном смысле смерти в оппозиции к жизни (см. также **философия смерти**). Но, так сказать, смерти во имя жизни. Вот это сопротивостояние внутреннего эмигранта и шпиона, проартикулированное в фильме о Штирлице наиболее ярко и талантливо, и сделало этот фильм шедевром. Можно даже сказать, что это фильм о трагедии русской внутренней эмиграции, не знающей, что скоро будет перестройка и поэтому уже почти готовой к тому, чтобы полностью раствориться в лояльном отношении к власти, то есть в духовном смысле *умереть*. Так и Штирлиц возвращается в Берлин только для того, чтобы погибнуть "со своими", то есть с немцами, — задание блестяще выполнено, с рациональной точки зрения в Берлине его ничто не удерживает. Но Россия стала чужой, так же как внутреннему эмигранту стала чужой демократия. Пассивная установка на смерть превращается в активную.

Фрейд, анализируя феномен влечения к смерти, писал, как известно, что в его основе лежит принцип навязчивого повторения (см. также **обсессивный невроз, трансфер**), который реализуется и в психоаналитической практике, когда пациент вместо того чтобы вспомнить и осознать травматическую ситуацию, навязчиво репродуцирует ее, осуществляя перенос травмообразующего персонажа на личность аналитика. В обыденной жизни навязчивые повторения осуществляются в склонности к бытовым ритуалам, к повторениям одних и тех же фраз, чтению одних и тех же книг, смотрению одних и тех же фильмов.

Фрейд связывает навязчивое повторение с влечением к смерти потому, что организм обнаруживает здесь "влечение к прежнему состоянию", то есть к смерти, потому что "неживое было раньше, чем живое". В этом смысле религиозный обряд, который Фрейд связывал с неврозом навязчивых состояний, также обслуживает влечение к смерти.

Стремление к навязчивому повторению заложено в самой культуре, в частности в одной из самых ранних мифологических ее форм, в аграрном цикле, в культе умирающего и воскресающего бога (см. также **миф**). И в этом смысле влечение к смерти так же культурно предопределено в жизни обычного человека, как страсти на кресте — в жизни Иисуса (что тоже было повторением основного эпизода в жизни умирающего и воскресающего бога во многих религиях).

Мы можем усилить понятие навязчивого повторения, навязчивого невроза и ввести понятие "навязчивый психоз", и тогда мы вплотную подойдем к нашему материалу, но только с другой стороны.

Эрих Фромм в книге о Гитлере приводит сон Альберта Шпеера, гитлеровского министра промышленности:

"Приносят венок, Гитлер направляется к правой стороне зала, где расположен еще один мемориал, у подножия которого уже лежит множество венков. Он встает на колени и начинает петь скорбную песнь в стиле григорианского хорала, где постоянно повторяются нараспев слова "Иисус Мария". Вдоль стен длинного и вытянутого вверх мраморного зала тянутся бесчисленные мемориальные доски. В убыстряющемся темпе Гитлер возлагает к ним венок за венком, которые все время подает ему адъютант. Песня становится все более монотонной, ряд досок кажется бесконечным".

Здесь наряду с безусловным навязчивым повторением ритуала поклонения смерти присутствует нечто вроде повторяющихся кадров (сон, как известно, в начале века прочно ассоциировался с кинематографом; незаметное для зрителя *повторение* кадра — основная технологическая идеологема производства и проката фильма). Таким образом, весна 1945 г. в Берлине, время и место действия нашего фильма, — это тотальная атмосфера, можно сказать, безудержного влечения к смерти. Достаточно вспомнить реализацию этого влечения — коллективные самоубийства в бункере — самого Гитлера, Евы Браун, Геббельса, его жены и убийства их шестерых детей.

Штирлиц действует в асексуальной среде анально-компульсивных (см. **обсессивный дискурс**) эсэсовцев, подчеркнуто аккуратных и корректных. В этой стерильной среде сотрудников СД, где господствует корректная деловитость, правда соседствующая с усталостью и невыспанностью (эсэсовцы тоже люди), где, в сущности, нет плохих и хороших, что сразу выделяет этот фильм из разряда ему подобных, лишь один раз приводится, да и то с явным осуждением, сексуальная история о "бабельсбергском бычке" Геббельсе, которого застукали на том, что он устроил себе домашний бордель в загородном доме. Именно поэтому Геббельс ни разу не появляется на экране (только в документальных кадрах), и отчасти именно поэтому Штирлиц отмечает его в качестве кандидатуры на политическое партнерство (в чем, как увидим ниже, сексуальность играет не последнюю роль).

Случай Штирлица начинается с того, что ему загадывается неразгадываемая загадка: кто из четверых самых влиятельных нацистов ведет сепаратные переговоры с американцами? Как известно, в сказке загадывает загадку царь: "Пойди туда — не знаю, куда; найди то — не знаю, что; отгадаешь — получишь царевну и полцарства в придачу ("Хайль Штирлиц!"), а не отгадаешь — мой меч — твоя голова с плеч" — смерть.

И вот отбор, тестирование четырех фигур — Геринга, Геббельса, Гиммлера и Бормана — одного на роль ведущего переговоры, а другого на роль того, на кого можно опереться, — ведется Штирлицем, как брачный тест. Геринг слишком толстый и противный — оставим его для Нюрнбергского процесса, на Геббельса положиться нельзя — у него подмоченная репутация (он политический *импотент*). Остаются две самые могущественные фигуры — Гиммлер и Борман. И вот здесь Штирлиц делает неправильный ход, который мог бы стоить ему жизни (смерти). Гиммлер, рассуждает он, устроитель концлагерей, слишком мрачная фигура, воплощенная смерть, — Запад не пойдет с ним на переговоры. Поэтому Штирлиц выбирает Бормана как переговорщика, а Гиммлера как доверенное лицо. Он пишет письмо Гиммлеру, которое является потенциальным его (Штирлица) смертным приговором. Но тут неожиданно появляется Шелленберг и спасает Штирлица, открывая ему правду, — американцы идут на переговоры со смертью, с Гиммлером. Смерть Штирлица отсрочивается.

Как известно, среди эсэсовцев царил гомосексуализм, подобно тому как он процветал в Ордене тамплиеров, культ которого был распространен у нацистов. Ср. формулу-напутствие тамплиеров:

"Отныне вы должны изгнать из души своей любые помыслы о женщине, но, если вас начнет обуревать жар природной страсти, вы сможете позвать одного из ваших братьев, который поможет вам, но и сами вы не должны будете отказывать в своей помощи тому, кто окажется обуреваем подобной же страстью".

И вот Штирлиц как бы выбирает себе покровителя, вернее, покровителей. На высшем уровне — Борман и Гиммлер, а на уровне непосредственного или смежного начальства — Шелленберг, начальник контрразведки СД, и Мюллер, начальник гестапо. Все, как уже говорилось, очень милые люди. И в общем, Штирлицу временно удается обмануть обоих низших начальников и охмурить Бормана. Характерна сцена "ревности" в конце фильма, когда Штирлицу в его дом звонит радистка, но, поскольку рядом находится Мюллер, Штирлиц говорит в трубку: "Здравствуйте, партайгеноссе Борман". С одной стороны, он этим задевает Мюллера. Но, с другой стороны, Штирлицу на самом деле хочется, чтобы это был Борман, а не какая-то там радистка, которую нужно побыстрей убрать из Берлина, чтобы не путалась под ногами и не мешала заниматься важными делами. И Мюллер действительно ревнует Штирлица к Борману. И к Шелленбергу, разумеется.

Почему немцы в фильме практически все такие, в общем, симпатичные (кроме Гитлера, который появляется пару раз, и Гиммлера, который играет роль "главного плохого", — при этом его коварство не в том, что он организатор концлагерей — это дело прошлое, а в том, что хочет вести сепаратные переговоры с американцами).

Вероятно, дело в том, что в 1970-е гг. в Советском Союзе начал меняться образ власти — от страшной в 1930-е — 1940-е гг. (Сталин, Берия) через откровенно комическую (Хрущев) к амбивалентно сочетающей смех и смерть. В этом своеобразие фигуры Брежнева — он одновременно смешит и пугает, одновременно человек и автомат, Тарас Бульба и Вий в одном лице.

Если исходить из гипотезы, что в фильме бессознательно изображена пародия на советскую партийно-властную элиту 1970 гг., то ясной становится внутреннеэмигрантская установка изображать нацистов не как врагов-зверей, а как обыкновенных людей, делающих свою работу, некоторые из них симпатичные и обаятельные, некоторые не очень, но, так или иначе, с ними, какими бы они ни были, приходится жить и сотрудничать.

Традиционный дискурс "про немцев" поэтому рушится на глазах. Даже сцена допроса радистки, по сути садистская, дана в гуманитаризированном ключе. Садисту-эсэсовцу Рольфу самому едва ли не жалко ребенка, которого он хочет заморозить у открытого окна, он тоже человек. Волнуется, нервничает, пьет валерьянку. В общем, все как у людей.

Обе стороны просто как можно более добросовестно выполняют свою работу. Кто более добросовестен и "честен", тот и выиграет. Негодяев нет, каждый сосредоточенно работает (немцы мало спят, выглядят неважно, пытаются бросить курить и т. д.).

После огромного числа фильмов о советском разведчике фильм о Штирлице репрезентировал историю о несоветском разведчике. Мотивы патриотизма уходят на второй план. Главное, что заворожило тогда зрителя, — это профессионализация и тем самым формализация того, что делают обе стороны. Штирлиц уже и думает по-немецки, и говорит "мы, немцы".

Характерно, что радистку Штирлиц совершенно не хочет, он выпроваживает ее из Берлина в Швейцарию. Но даже этот стереотипный финал (вывоз радистки с детьми из Германии) не трафаретен, он интерпретируется как временный выход Штирлица из порочного гомосексуалистского круга эсэсовцев и обретение им символической космополитической семьи — "фрау фон Кирштайн" и двое детей, один немецкий, другой русский. Правда, потом Штирлиц возвращается обратно в Берлин, к своим мужикам-эсэсовцам, но на полдороге, выйдя из машины возле старого толстовского дуба, он как бы превращается в Андрея Болконского из фильма Сергея Бондарчука "Война и мир". Это замедление перед финалом (размышление о том, кончена жизнь или нет) ретардирует развязку фильма и дает ей философское наполнение. Штирлиц останавливается на дороге, как витязь на распутье: направо пойдешь — коня потеряешь, налево — голову. Штирлиц здесь подобен Арджуне из "Бхагавадгиты" или Суибне-безумному из одноименной ирландской саги. Сращение с фундаментальным отечественным искусством здесь имеет не только массово-навязчиво повторяемую мотивировку: Вячеслав Тихонов как исполнитель ролей Штирлица и князя Андрея и одновременно как представитель советской внутренней эмиграции, сыгравший в фильме Лиозновой в этом смысле самого себя. Это лишь медиативная логическая связка, мотивировка для переключения в другой дискурс.

Следствием реализации штирлицевского проекта — не дать Гиммлеру договориться с американцами о сепаратном мире за спиной у русских — стала невозможность занятия американцами Европы, то есть подлинного освобождения ее от нацизма, и вынужденная необходимость делить Европу с большевиками (после чего Восточная Европа просто сменила коричневую смерть на красную). Если бы Штирлицу не удалось сорвать переговоры Вольфа с Даллесом в Берне и американцы заняли бы всю Европу, то им не нужно было бы для устрашения дядюшки Джо сбрасывать бомбу на Хиросиму. Проследив всю цепочку, нетрудно сделать вывод, что Штирлиц был изначальным виновником этой смертоносной акции.

Таким образом, "случай Штирлица" — это не только апология внутриэмигрантской идеологии, но урок ей: вот к чему приводит пассивное влечение к смерти со всеми этими милыми эсэсовцами и гестаповцами, Брежневыми, Косыгиными, Андроповыми и Сусловыми. И кажется, что именно такой, сложно-амбивалентной, диалектически неразрешимой, была позиция русской внутренней эмиграции летом 1973 года.

Лит.:
Руднев В. Случай Штирлица // Руднев В. Метафизика футбола: Исследования по философии текста и патографии. — М., 2001.
Фрейд З. По ту сторону принципа удовольствия // Фрейд. З. Психология бессознательного. — М., 1990.
Фромм Э. Адольф Гитлер: Клинический случай некрофилии. — М., 1992.

СЕРИЙНОЕ МЫШЛЕНИЕ. Понятие серии (от лат. series — ряд) сыграло большую роль в культуре XX в. К С. м. почти одновременно и независимо друг от друга обратились великий реформатор европейской музыки Арнольд Шёнберг и английский философ Джон Уильям Данн.

Шёнберг называл серией (подробно см. **додекафония**) ряд из двенадцати неповторяющихся звуков, которым он заменил традиционную тональность. В каком-то смысле серия в додекафонической музыке стала неразложимым звуком, как ядро атома, а то, что происходило внутри серии, было подобно частицам, вращающимся вокруг атомного ядра.

Как писал замечательный музыковед Филипп Моисеевич Гершкович, "серия, состоящая из 12 звуков, является в атонической додекафонии тем, чем в тональности является один-единственный звук! То есть серия — это один, но "коллективный" звук. Серия — это единица, а ее 12 звуков составляют ее сущность. Теперь серия, а не звук представляют собой "атом", неделимое в музыке".

Совсем по-другому подходил к С. м. Данн (подробно о его философской теории см. **время**). Данн исходил из того, что время многомерно, серийно. Если за **событием** наблюдает один человек, то к четвертому измерению пространственно-временного континуума Эйнштейна-Минковского добавляется пятое, пространственно-подобное. А если за первым наблюдателем наблюдает второй, то время-пространство становится уже шестимерным, и так до бесконечности, пределом которой является абсолютный наблюдатель — Бог.

Серийную концепцию Данна легче всего представить, приведя фрагмент из его книги "Серийное мироздание" (1930). Называется этот фрагмент "Художник и картина":

"Один художник, сбежав из сумасшедшего дома, где его содержали (справедливо или нет, неизвестно), приобрел инструменты своего ремесла и сел за работу с целью воссоздать общую картину мироздания.

Он начал с того, что нарисовал в центре огромного холста небольшое, но с большим мастерством выполненное изображение ландшафта, простиравшегося перед ним [...].

Изучив свой рисунок, он тем не менее остался недоволен. Чего-то не хватало. После минутного размышления он понял, чего не хватало. Он сам был частью мироздания, и этот факт еще не был отражен в картине. Так возник вопрос: каким образом добавить к картине самого себя?

[...] Тогда он отодвинул свой мольберт немного назад, нанял деревенского парня, чтобы тот постоял в качестве натуры, и увеличил свою картину, изобразив на ней человека (себя), пишущего эту картину".

Но и на сей раз (дальше мы пересказываем близко к тексту) художник не был удовлетворен. Опять чего-то не хватало: не хватало художника, наблюдающего за художником, пишущим картину. Тогда он опять отодвинул мольберт и нарисовал второго художника, наблюдающего за первым художником, пишущим картину. И вновь неудача. Не хватало художника, который наблюдает за художником, наблюдающим за художником, который пишет картину.

"Смысл этой параболы, — пишет Данн, — совершенно очевиден. Художник, пытающийся изобразить в своей картине существо, снабженное всеми знаниями, которыми обладает он сам, обозначает эти знания посредством рисования того, что могло нарисовать нарисованное существо. И совершенно очевидным становится, что знания этого нарисованного существа должны быть заведомо меньшими, чем те, которыми обладает художник, создавший картину (ср. также **философия вымысла**). Другими словами, разум, который может быть описан какой-либо человеческой наукой, никогда не сможет стать адекватным представлением разума, который может сотворить это знание. И процесс корректировки этой неадекватности должен идти серийными шагами бесконечного регресса".

Хорхе Л. Борхес, на которого серийная концепция Данна произвела большое впечатление (см. **время**), писал по поводу схожих проблем в новелле "Скрытая магия в "Дон Кихоте" о том, почему нас смущают сдвиги, подобные тому, что персонажи "Дон Кихота" во втором томе становятся читателями первого тома. Борхес приводит мысль американского философа Джосайи Ройса, что если на территории Англии построить огромную карту Англии и если она будет включать в себя все детали английской земли, даже самые мелкие, то в таком случае она должна будет включать в себя и самое себя, карту карты, и так до бесконечности. "Подобные сдвиги, — писал Борхес, — внушают нам, что если вымышленные персонажи могут стать читателями и зрителями, то мы, по отношению к ним читатели и зрители, тоже, возможно, вымышлены".

С. м. проявилось в литературе и особенно в **кино** XX в. Оно присутствует в том риторическом построении, которое называется **текст в тексте** (см.), когда сюжетом романа становится писание или комментирование романа, а сюжетом фильма — съемка этого фильма.

Ряд открытий и теорий XX в. — теория относительности, квантовая механика, **кино, психоанализ, аналитическая философия** — предельно усложнил представление о **реальности**. Одним из способов постижения этой сложности стало С. м., которое подавало нечто, кажущееся сложной цепочкой (серией), как простое звено, элемент для построения единого целого.

Лит.:
Данн Дж. У. Эксперимент со временем. — М., 2000.
Гершкович Ф. Тональные основы Шёнберговой додекафонии // Гершкович Ф. О музыке. — М., 1991.
Руднев В. Серийное мышление // Даугава, 1992. — № 3.

СИМВОЛИЗМ — первое литературно-художественное направление европейского **модернизма**, возникшее в конце XIX в. во Франции в связи с кризисом позитивистской художественной идеологии натурализма. Основы эстетики С. заложили Поль Верлен, Артюр Рембо, Стефан Малларме.

С. был связан с современными ему идеалистическими философскими течениями, основу которых составляло представление о двух мирах — кажущемся мире повседневной **реальности** и трансцендентном мире истинных ценностей (ср. **абсолютный идеализм**). В соответствии с этим С. занимается поисками высшей реальности, находящейся за пределами чувственного восприятия. Здесь наиболее действенным орудием творчества оказывается поэтический символ, позволяющий прорваться сквозь пелену повседневности к трансцендентной Красоте.

Наиболее общая доктрина С. заключалась в том, что искусство является интуитивным постижением мирового единства через обнаружение символических аналогий между земным и трансцендентным мирами (ср. **семантика возможных миров**).

Таким образом, философская идеология С. — это всегда платонизм в широком смысле, двоемирие, а эстетическая идеология — панэстетизм (ср. **"Портрет Дориана Грея"** Оскара Уайльда).

Русский С. начался на рубеже веков, впитав философию русского мыслителя и поэта Владимира Сергеевича Соловьева о Душе Мира, Вечной Женственности, Красоте, которая спасет мир (эта мифологема взята из романа Достоевского "Идиот").

Русские символисты традиционно делятся на "старших" и "младших".

Старшие — их также называли декадентами — Д. С. Мережковский, З. Н. Гиппиус, В. Я. Брюсов, К. Д. Бальмонт, Ф. К. Сологуб — отразили в своем творчестве черты общеевропейского панэстетизма.

Младшие символисты — Александр Блок, Андрей Белый, Вячеслав Иванов, Иннокентий Анненский — помимо эстетизма воплощали в своем творчестве эстетическую утопию поисков мистической Вечной Женственности.

Для русского С. особенно характерен феномен жизнестроительства (см. **биография**), стирания границ между **текстом** и реальностью, проживания жизни как текста. Символисты были первыми в русской культуре, кто построил концепцию **интертекста**. В их творчестве представление о Тексте с большой буквы вообще играет определяющую роль.

С. не воспринимал текст как отображение реальности. Для

него дело обстояло противоположным образом. Свойства художественного текста приписывались ими самой реальности. Мир представал как иерархия текстов. Стремясь воссоздать располагающийся на вершине мира Текст-**Миф**, символисты осмысляют этот Текст как глобальный миф о мире. Такая иерархия миров-текстов создавалась при помощи поэтики цитат и реминисценций, то есть поэтики **неомифологизма**, также впервые примененной в русской культуре символистами.

Мы покажем кратко особенности русского С. на примере поэзии его выдающегося представителя Александра Александровича Блока.

Блок пришел в литературу под непосредственным влиянием произведений Владимира Соловьева. Его ранние "Стихи о Прекрасной Даме" непосредственно отражают идеологию соловьевски окрашенного двоемирия, поисков женского идеала, которого невозможно достичь. Героиня ранних блоковских стихов, спроецированная на образ жены поэта Любови Дмитриевны Менделеевой, предстает в виде смутного облика Вечной Женственности, Царевны, Невесты, Девы. Любовь поэта к Прекрасной Даме не только платонична и окрашена чертами средневековой куртуазности, что в наибольшей степени проявилось в драме "Роза и Крест", но она является чем-то большим, чем просто любовь в обыденном **смысле** — это некое мистическое искательство Божества под покровом эротического начала.

Поскольку мир удвоен, то облик Прекрасной Дамы можно искать лишь в соответствиях и аналогиях, которые предоставляет символистская идеология. Сам облик Прекрасной Дамы если и видится, то непонятно, подлинный ли это облик или ложный, а если подлинный, то не изменится ли он под влиянием пошлой атмосферы земного восприятия — и это для поэта самое страшное:

> Предчувствую Тебя. Года проходят мимо —
> Все в облике одном предчувствую Тебя.
>
> Весь горизонт в огне — и ясен нестерпимо,
> И молча жду, — тоскуя и любя.
>
> Весь горизонт в огне, и близко появленье,
> Но страшно мне: изменишь облик Ты,

И дерзкое возбу́дишь подозренье,
Сменив в конце привычные черты.

В сущности, именно так и происходит в дальнейшем развитии лирики Блока. Но прежде несколько слов о композиционной структуре его поэзии в целом. В зрелые годы поэт разделил весь корпус своих стихов на три тома. Это было нечто вроде гегелевской триады — тезис, антитезис, синтез. Тезисом был первый том — "Стихи о Прекрасной Даме". Антитезисом — второй. Это инобытие героини, спустившейся на землю и готовой вот-вот "изменить облик".

Она является среди пошлой ресторанной суеты в виде прекрасной Незнакомки.

> И медленно, пройдя меж пьяными,
> Всегда без спутников, одна,
> Дыша духами и туманами,
> Она садится у окна.
>
> И веют древними поверьями
> Ее упругие шелка,
> И шляпа с траурными перьями,
> И в кольцах узкая рука.
>
> И странной близостью закованный,
> Гляжу за темную вуаль,
> И вижу берег очарованный
> И очарованную даль.

В дальнейшем происходит наихудшее — поэт разочаровывается в самой идее платонической любви — поиске идеала. Особенно это видно в стихотворении "Над озером" из цикла "Вольные мысли". Поэт стоит на кладбище над вечерним озером и видит прекрасную девушку, которая, как обычно, кажется ему прекрасной незнакомкой, Теклой, как он ее называет. Она совсем одна, но вот навстречу ей идет какой-то пошлый офицер "с вихляющимся задом и ногами, / Завернутыми в трубочки штанов". Поэт уверен, что незнакомка прогонит пошляка, но оказывается, что это просто ее муж:

> Он подошел... он жмет ей руку!.. смотрят
> Его гляделки в ясные глаза!..
> Я даже выдвинулся из-за склепа...
> И вдруг... протяжно чмокает ее,
> Дает ей руку и ведет на дачу!
>
> Я хохочу! Взбегаю вверх. Бросаю
> В них шишками, песком, визжу, пляшу
> Среди могил — незримый и высокий...
> Кричу: "Эй, Фекла! Фекла!"...

Итак, Текла превращается в Феклу и на этом, в сущности, кончается негативная часть отрезвления поэта от соловьевского мистицизма. Один из последних комплексов его лирики — это "Кармен", а последнее расставание с "бывшей" Прекрасной Дамой — поэма "Соловьиный сад". Затем следует катастрофа — череда революций, на которую Блок отвечает гениальной поэмой "Двенадцать", одновременно являющейся апофеозом и концом русского С. Блок умирает в 1921 году, когда его наследники, представители русского **акмеизма** (см.), заговорили о себе уже в полный голос.

Лит.:
Гинзбург Л. О лирике. — Л., 1974.
Максимов Д. Поэзия и проза Ал. Блока. — Л., 1975.
Минц З. Г. Лирика Александра Блока. Вып. I — IV. — Тарту, 1964—1969.

СИСТЕМА СТИХА ХХ ВЕКА. Одним из результатов проникновения точного знания в гуманитарные науки ХХ в. стало продуктивное развитие теории стихосложения, превращение ее в самостоятельную дисциплину. Первый расцвет теории стиха начался в 1910—1920-е гг. под влиянием **формальной школы** и поэтической практики русского **символизма**, экспериментировавшего над стихом и выдвинувшего из своих рядов двух его выдающихся теоретиков — Валерия Брюсова и Андрея Белого.

Благодаря трудам русских формалистов и примыкавших к ним ученых — В. М. Жирмунского, Б. В. Томашевского. Б. М. Эйхенбаума, Р. О. Якобсона, Ю. Н. Тынянова, Б. И. Ярхо — стиховедение стало почти вровень со **структурной лингвистикой**.

В 1950—1960-е гг. последовал второй взлет русского стиховедения, на сей раз под влиянием структурализма (труды К. Ф. Тарановского, М. Л. Гаспарова, Вяч. Вс. Иванова, А. Н. Колмогорова (и его учеников), П. А. Руднева, Я. Пыльдмяэ).

Одновременно на Западе под влиянием **генеративной лингвистики** Н. Хомского начали строить порождающие модели стиха (М. Халле, С. Кейзер). В 1970-е гг. генеративное стиховедение пришло в Россию (М. Ю. Лотман, С. Т. Золян).

Стих — это художественно-речевая система, организующаяся в **тексты** посредством механизма двойного кодирования речи, языкового и ритмического, на пересечении которых образуется специфическая стиховая единица — стихотворная строка.

Стихотворной строке присущи три параметра: метр (внутренняя структура), метрическая композиция (способ расположения строк в тексте) и длина. Стихотворную строку изучают разделы теории стиха — метрика и ритмика. Строки объединяются в группы — строфы, их изучает другой раздел стиховедения — строфика и теория рифмы.

Метрический уровень стиха строится на элементах, которые в языке играют роль супрасегментных фонологических различителей (см. **фонология**), — в русском языке это ударение и слог. Совокупность этих элементов называется просодией (от древнегр. prosodia — ударение, припев).

Система, образующаяся при помощи одного или нескольких просодических единиц, называется системой стихосложения. В системе стиха может быть несколько систем стихосложения. В русском стихе их четыре:

система стихосложения	ударение	слог
1. силлабо-тоника	+	+
2. тоника	+	—
3. силлабика	—	+
4. свободный стих	—	—

Силлабо-тоника — это система стихосложения, имеющая в качестве оснований урегулированность в стихотворной строке по количеству слогов и ударений: отсюда классические русские метры — двусложные (1 слог ударный + 1 безударный) хорей и ямб; трехсложные (1 слог ударный + 2 безударных) дактиль, амфибрахий, анапест.

Силлабика существовала в русском стихе с середины XVII в. до середины XVIII в. и сменилась силлабо-тоникой в результате стиховой реформы В. К. Тредиаковского и М. В. Ломоносова.

Тоника (**акцентный стих** — см.) и свободный стих (**верлибр** — см.) характерны для поэзии первой половины XX в.

Системы с одним признаком являются неустойчивыми, они тяготеют к устойчивым системам с четным количеством признаков.

Метры стихотворной строки классифицируются по шкале нарастания метрической урегулированности и одновременно убывания языковой емкости. Самым неурегулированным является **акцентный стих**. После него идет тактовик (если акцентный стих культивировался Маяковским, то тактовик был прежде всего метром русского конструктивизма (И. Сельвинский, В. Луговской). Это стих, в строке которого между двумя ударными слогами могут располагаться от одного до трех слогов. Вот пример 4-ударного тактовика:

Летают Валкирии, поют смычки	—1 — 2 — 3 — 1 —
Громоздкая опера к концу идет.	1 — 2 — 3 — 1 —
С тяжелыми шубами гайдуки	1 — 2 — 2 — 1 —
На мраморных лестницах ждут господ	1 — 2 — 2 — 1—

(О. Мандельштам)

(знаком "—" обозначаются ударные слоги, цифрами — количество безударных).

Более урегулированным, чем тактовик, является еще один метр, переходный между силлабо-тоникой и тоникой, — **дольник**, излюбленный метр русских символистов, а также Н.С. Гумилева и А.А. Ахматовой. Это метр, в строке которого количество слогов между двумя ударениями колеблется в интервале от одного до двух. Вот пример 3-ударного дольника с двусложным зачином (самый распространенный размер этого метра) из "Поэмы без героя" Ахматовой:

Были святки кострами согреты,	2 — 2 — 2 — 1
И валились с мостов кареты,	2 — 2 — 1 — 1
И весь траурный город плыл	2 — 2 — 1 —
По неведомому назначенью,	2 — 2 — 2 — 1
По Неве иль против теченья,	—2 — 1 — 2 — 1
Только прочь от своих могил.	2 — 2 — 1 —

После дольников идут двусложники, в них междуударный интервал постоянный и равен одному слогу, но ударения могут пропускаться (неизменными остаются безударные слоги). Затем следуют трехсложники, наиболее урегулированные метры: между ударениями у них стоят два слога и ударения, как правило, не пропускаются (исключения опять-таки стали возможны как систематичесские нарушения в XX веке).

Основной закон русского стиха заключается в том, что стих представляет собой компромисс между ритмическим требованием урегулированности и языковым требованием емкости. В результате этого компромисса самыми частыми оказываются центральные разновидности — средние равноударные двусложники.

В XX в. этот закон расшатывается вследствие процессов **верлибризации** и **логаэдизации** (см.) и осваивается периферия стиха — свободный стих, акцентный стих, тактовик и дольник, с одной стороны, логаэды, сверхдлинные и сверхкраткие размеры — с другой.

Расшатывание, таким образом, происходит за счет второго параметра — метрической композиции и третьего — длины. Вот пример вольного неравноударного хорея Маяковского:
Я недаром вздрогнул. Не загробный вздор.
  — 1 — 1 — 1 — 1 — 1 —
В порт, горящий, как расплавленное лето,
  — 1 — 1 — 1 — 1 — 1 — 1
Разворачивался и входил товарищ "Теодор
  — 1 — 1 — 1 — 1 — 1 — 1 — 1 —I
                                        Нетте".

(Ударение над знаком "—" означает, что на этот слог реально падает ударение.) В этом отрывке чередуются строки 6-, 8-, 1-стопного хорея. В XIX в. такой стих не употреблялся.

Вот пример сложного 7-стопного хорея В. Брюсова ("Конь блед"):

Улица была — как буря. Толпы проходили,
Словно их преследовал неотвратимый Рок.
Мчались омнибусы, кэбы и автомобили.
Был неисчерпаем яростный людской поток.

Сложность этого стиха создается тем, что ударения располагаются хаотично, как хаотично движутся по улице люди, между тем как формально схема 7-стопного хорея соблюдена:

— 1 — 1 — 1 — 1 — 1 — 1 — 1
— 1 — 1 — 1 — 1 — 1 — 1 —
— 1 — 1 — 1 — 1 — 1 — 1 — 1
— 1 — 1 — 1 — 1 — 1 — 1 —

Последние эксперименты над русским стихом проводились в 1930-е гг. **обэриутами**, учениками В. Хлебникова, стих которых представлял собой сверхсложную **полиметрию** (см.). После этого на протяжении 40 лет русский стих регрессировал. Его обновили поэты русского **концептуализма** (см.).

Первый дал "стихи на карточках" Льва Рубинштейна, второй — стихотворно-графические опыты Елизаветы Мнацакановой.

Как будет развиваться русский стих дальше и будет ли вообще, неизвестно.

Лит.:
Жирмунский В. М. Введение в метрику // Жирмунский В. М. Теория стиха. — Л., 1975.
Томашевский Б. В. Русское стихосложение. — Пг., 1922.
Гаспаров М. Л. Русский трехударный дольник XX в. // Теория стиха / Под ред. В. Е. Холшевникова. — Л., 1969.
Гаспаров М. Л. Современный русский стих: Метрика и ритмика. — М., 1974.
Гаспаров М. Л. Очерк истории европейского стиха. — М., 1989.
Баевский В. С. Стих русской советской поэзии. — Смоленск, 1971.
Руднев П. А. Введение в науку о русском стихе. — Тарту, 1990.
Руднев В. Строфика и метрика: Проблемы функционального изоморфизма // Wiener slawistischer Almanach, 1986. — B. 15.

"СКОРБНОЕ БЕСЧУВСТВИЕ" — фильм Александра Сокурова (1986) по мотивам пьесы Бернарда Шоу "Дом, где разбиваются сердца" (1913—1919). Подзаголовок пьесы — "фантазия в русском духе на английские темы". Имелся в виду театр Чехова с его бессюжетностью и медитативностью. Сценарий к "С. б." написал известный поэт Юрий Арабов, частично соприкасающийся в своем творчестве с поэтикой **концептуализма**.

Схема **сюжета** пьесы Шоу такова. В дом капитана Шотовера, где он живет со своей дочерью Гесионой и ее мужем Гектором (старик капитан притворяется маразматиком, будучи на самом деле самым умным из всех персонажей), приезжают одновременно: его старшая дочь Ариадна, которую здесь не видели много лет, со своим любовником Ренделлом; молодая девушка Элли Дэн, собирающаяся выйти за богача Альфреда Менгена; сам Менген; отец Элли, Мадзини Дэн, "солдат свободы", а на самом деле управляющий у Менгена. Как только гости приезжают, их планы рушатся — сердца разбиваются.

Элли была романтически влюблена в некоего Марка, коим оказывается муж Гесионы красавец Гектор, который ее все время обманывал, рассказывая о себе небылицы. Пережив душевную драму, Элли за несколько минут из восторженной и глуповатой девушки делается циничной и жесткой. Гектор влюбляется в Ариадну, Менген — в Гесиону. Гесиона озабочена тем, чтобы соблазнить отца Элли, Мадзини Дэна, но безуспешно. Тем временем старик Шотовер собирает в доме динамит, чтобы взорвать мир "капиталистов" — действие происходит во время первой мировой войны. В финале пьесы в подвал, где хранится динамит, попадает бомба, но все, кроме Менгена, который полез туда прятаться, остаются невредимыми.

Название фильма "С. б." означает психическое состояние меланхолической анестезии эмоций при тяжелой **депрессии, шизофрении** или шоке. В пьесе Шоу это название отражает бесчувственность героев по отношению друг к другу и к миру, особенно это свойственно Гесионе. Шоу как бы показывает хороших людей в плохом мире. Сокуров средствами поэтики конца XX в. показывает тех же людей в еще более плохом мире.

К весьма умеренному **неомифологизму** пьесы Шоу — три античных мифологических имени, соотносящиеся с сутью их носителей весьма относительно (Гектор — не воин-храбрец, а красавец мужчина; Гесиона, в античной мифологии дочь царя Трои, которую в качестве жертвы приковали к скале, чтобы спасти город от чудовища, у Шоу скорее жертва времени, утонченная "умная ненужность"; Ариадна — светская львица, не протягивающая никому никаких нитей к спасению), — Сокуров добавляет еще кабана по имени Валтасар, причем на "Валтасаровом пиру" в конце фильма (по античной мифологии, это пир накануне конца света) съедают самого Валтасара. На античном пиру Валтасара есть эпизод, когда на стене вдруг появляются непонятные буквы, свидетельствующие о конце света. В "С. б." этому соответствует тот факт, что акустика сделана так, что герои подчас не слышат и не понимают друг друга, а героев не слышит и не понимает зритель (это первая особенность поэтики фильма Сокурова).

Вторая особенность заключается в том, что все сцены идут в музыкальном сопровождении, причем репертуар самый разнообразный — от И.-С. Баха и Доменико Скарлатти до музыки из фильма Диснея "Три поросенка".

Так, например, сцена несостоявшегося анатомирования "трупа" Менгена, которого гипнотически усыпила Элли, сопровождается сонатой Скарлатти, а в визуальном плане эта сцена представляет собой **интертекст** — соответствующую картину Рембрандта. Этой сцены у Шоу нет. Для нее режиссер ввел специального персонажа — доктора Найфа (от англ. knife — нож), полусумасшедшего чудака, любителя повозиться с трупами и сторонника теории, что у человека слишком много лишних органов; чтобы поверить теорию практикой, он выдавил себе один глаз.

Другая особенность, идущая от учителя Сокурова Андрея Тарковского (см. **Зеркало**"), заключается в том, что цветные игровые кадры постоянно монтируются с документальными черно-белыми: старичок Шоу приветствует зрителей (что символично переводит действие в план второй мировой войны — Шоу умер в 1950 г.), летит дирижабль, танцуют туземцы на Занзибаре, где капитан Шотовер когда-то женился на негритянке и продал душу африканскому дьяволу. В результате фильм получается в высшей степени полифоническим и карнавализованным (см. **полифонический роман, карнавализация**).

При этом документальные кадры подчеркивают не **реаль-**

ность того, что происходит, а еще большую фантастичность. При том, что в традициях неореализма в фильме снимаются в основном непрофессиональные актеры.

В качестве персонажа введен и сам старик Шоу, который общается с капитаном; они вместе читают пьесу "Дом, где разбиваются сердца", как партитуру (**текст в тексте**), но несовпадений слишком много. В знак этого капитан берет старичка Шоу на руки, как ребенка, и вышвыривает из окна, так сказать выбрасывает "за борт" своего корабля.

Таким образом, и **текст** пьесы с ее чеховскими аллюзиями, и реминисценции в духе Тарковского, и неореализм — все подвергается режиссером основательной **деконструкции**.

Если говорить об идеологической стороне фильма, то все конфликты, заданные в пьесе Шоу, в "С. б." предельно заострены: Менгена заставляют символически умирать и воскресать (произносится травестированная евангельская фраза: "Менген, встань и ходи"); усилены эротические отношения Гесионы и Элли, а также гетеросексуальные — между Гектором и Ариадной; Ренделл, любовник Ариадны, кончает с собой; брак между Элли и капитаном, который в пьесе воспринимается как шутка, становится вполне серьезным, во всяком случае не менее серьезным, чем все остальное; наконец, бомба попадает в дом — и финал откровенно трагичен, герои спасаются на ковчеге, пропадает цвет, тело Ренделла выбрасывают за борт, и Ариадна бросается в воду и плывет за ним. Пролетает стая гусей. С топотом проносится стадо жирафов — последний кадр фильма.

Безусловно, что "С. б." был первым и последним постмодернистским шедевром советского **кино**.

В следующих фильмах стиль Сокурова очень изменился в сторону трагизма и гуманизма. В целом его подход к кинематографу можно назвать постмодернистским гуманизмом.

СМЫСЛ — "способ представления денотата в **знаке** (см.)" (определение Готтлоба Фреге). Это означает, в частности, что у знака может быть несколько С. при одном денотате, то есть том предмете, который этим знаком обозначается. Например, имя "Аристотель" может иметь несколько смыслов: "ученик Платона", "учитель Александра Македонского", "автор первого трактата об искусстве поэзии". Но эти смыслы не всегда могут быть заменены друг другом так, чтобы информация, передаваемая предложением, оставалась той же самой. Так, например, предложение:

        Аристотель — это Аристотель

не несет никакой информации, а предложения

        Аристотель — это учитель Платона

и

        Аристотель — это учитель Александра Македонского

несут разную информацию.

С. есть не только у слова, но и у предложения. Им является содержание предложения, высказанное в нем суждение. При этом если это предложение сложное, например:

        Учитель сказал, что Аристотель
        был учителем Александра Македонского, —

то в этом случае придаточная часть предложения перестает быть истинной или ложной (вся ответственность за истинность или ложность этого утверждения ложится, в данном случае на учителя). И денотатом придаточного предложения перестает быть его истина или ложь — им становится его С. Поэтому так трудно проверить сказанное кем-то — ведь это только мнение, поэтому в суде требуется как минимум два свидетеля (ср. **событие**).

Бывают предложения, у которых есть смысл, но нет или может не быть денотата. Знаменитый пример Б. Рассела:

        Нынешний король Франции лыс.

После установления во Франции республики это предложение не является ни истинным, ни ложным, так как во Франции вообще нет короля.

Но бывают предложения, на первый взгляд вовсе лишенные С. Например, предложение, которое сконструировал знаменитый русский лингвист Л. В. Щерба:

Глокая куздра штеко будланула бокра и курдячит бокренка.

Кажется, что это полная абракадабра. Но это не совсем так. Ясно, что здесь идет речь о каком-то животном и его детеныше и что животное что-то сделало с этим детенышем.

Не менее знаменитый пример приводил Ноам Хомский, основатель **генеративной лингвистики**:

Бесцветные зеленые идеи яростно спят.

Хомский считал, что это предложение совершенно бессмысленно. Позднее Р. О. Якобсон доказал, что и ему можно придать смысл: бесцветные идеи — вполне осмысленное словосочетание; бесцветные идеи могут быть еще и "зелеными", то есть незрелыми; они могут "спать", то есть бездействовать, не работать; а "яростно" в данном контексте может означать, что они бездействуют окончательно и агрессивно. С., таким образом, влезает в окно, когда его гонят в дверь. На этом построена заумная поэзия Велимира Хлебникова и обэриутов, знаменитые абсурдные стихи из "Алисы в стране чудес":

Воркалось, хливкие шорьки
Пырялись по нове.
И хрюкотали зелюки,
Как мумзики в мове.

Язык имеет такую странную особенность: он все осмысливает. Каждое слово можно описать другим словом. На этом построен эффект метафорической поэзии. Например, вот как писала Ахматова, определяя, что такое стихи, в стихотворении "Про стихи":

Это — выжимки бессонниц,
Это — свеч кривых нагар,
Это — сотен белых звонниц
Первый утренний удар...
Это — теплый подоконник
Под черниговской луной,
Это — пчелы, это — донник,
Это — пыль, и мрак, и зной.

(См. также **парасемантика**.)

Лит.:
Фреге Г. Смысл и денотат // Семиотика и информатика.—М., 1977.— Вып.8.
Рассел Б. Введение в математическую философию.— М., 1996.
Арутюнова Н. Д. Предложение и его смысл. — М., 1972.

СНОВИДЕНИЕ. По-видимому, человек стал видеть сны с того момента, как он стал отличать иллюзию от **реальности** (см.) и, тем самым, сон от яви (считается, что до этого человек жил в постоянном галлюцинаторном состоянии), то есть с распадом мифологического сознания (см. **миф**). С этого времени люди стали придавать значение своим снам как "окнам в другую реальность", запоминать их и пытаться толковать.

Искусство толкования С. было развито в древнем Вавилоне, а в Римской империи играло большую роль в политике. По свидетельству Светония, Цезарю накануне неудавшегося переворота приснился сон, в котором он насиловал свою мать, что было истолковано жрецами как доброе предзнаменование, ибо отождествление матери с городом и овладение женщиной-матерью как овладение властью было известно задолго до Фрейда и Юнга.

Известно, что Рене Декарт записывал и тщательно анализировал свои С. и был первым в Европе нового времени, кто занялся проблемой онтологического статуса С. примерно так, как она ставилась в XX в.

И тем не менее С. — это несомненный культурный атрибут XX в. Книга Фрейда **"Толкование сновидений"** буквально открывала собой XX в. — она вышла в 1900 г. С начала века С. стало прочно ассоциироваться с образами **кино**, а сами сны в сознании людей начала века почти автоматически ассоциировались с *синема*:

> В кабаках, в переулках, в извивах,
> В электрическом сне наяву...
>
> (Александр Блок)

"В электрическом сне наяву" означало "в кино", бывшем как будто сном наяву.

Фрейд считал, что смысл С. состоит в том, что в нем реализуется скрытое в **бессознательном** подавленное желание человека, желание, как правило, греховное, антисоциальное — поэтому в С. так много эротики и насилия. Поэтому же анализ С. так важен в психоаналитической практике — нигде так полно, как в С., человек не раскрывает своих бессознательных импульсов.

Но некоторые С. не поддавались такому прямолинейному толкованию. В них не было видно исполнения желаний. Тогда

Фрейд придумал целую технику того, как С. путает следы, ибо и в С. частично работает цензор (см. **психоанализ**), который фильтрует то, что может быть выведено наружу, от того, что не может быть открыто самому себе даже в С. В целом ситуация напоминает основную идею фильма Андрея Тарковского "Сталкер": человек сам не знает, чего он хочет.

Сознание основателя психоанализа было во многом сознанием человека XIX в., поэтому и его концепция С. была детерминистской материалистической, естественнонаучной. Знаменитый ученик и соперник Фрейда Карл Густав Юнг, создатель второго мощного ответвления психоанализа — **аналитической психологии**, рассматривал С. уже полностью в духе XX в., телеологически: сон снится не почему, а зачем. В отличие от Фрейда, человека не только религиозного, но и глубоко погруженного в изучение оккультных наук, Юнг считал, что С. есть не что иное, как послание человеку из коллективного бессознательного, поэтому С. надо не только запоминать и анализировать, но к ним необходимо прислушиваться, тогда они смогут вести человека по его жизненному пути. Во всяком случае, именно так это было у Юнга, знаменитые мемуары которого так и называются: "Воспоминания. Размышления. Сновидения".

Следующая психоаналитическая концепция С. связана с именем Эриха Фромма, создателя так называемого неофрейдизма. Это направление психоанализа носило совершенно нерелигиозный и гуманистический характер. Соответственно, и понимание С. у Фромма носит абсолютно не мистический, а гуманистический характер. С. — это некое вытесненное переживание (здесь Фромм в целом идет за Фрейдом), сообщенное человеку на символическом языке (здесь он следует Юнгу), но основной пафос фроммовского понимания С. — это пафос протягивания руки психотерапевта-снотолкователя пациенту-сновидцу. В этом смысле примеры толкования С., приводимые Фроммом в его книге "Забытый язык", кажутся наиболее приемлемыми для простого, психоаналитически не подкованного человека, потому что Фромм все время демонстрирует, что он в отличие от своих великих предшественников думает прежде всего не о своей славе, а о здоровье пациента.

Фромм назвал свою книгу "Забытый язык". Но можно ли всерьез называть С. языком? Отвечая на этот вопрос, мы сталкиваемся с противоположной психоанализу аналитико-философской и семиотической трактовкой феномена С. Эта трактовка восходит к Декарту, который в одной из своих "Медитаций" пишет о том, что в сущности невозможно определить, "сплю я в данный момент или бодрствую". Все аргументы "за" (за то, что бодрствую) рассыпаются об один простой контраргумент — "но ведь все равно нельзя исключить того, что все это мне тоже снится".

Проблема онтологического статуса **реальности** была в XX в. одной из главных. Что, если вся культура XX в. — это "страшный сон"? "Жизнь есть сон"— название великой пьесы Кальдерона — вспоминается здесь неслучайно. Понимание С. как своеобразного теста на подлинность, реальность было взято барочной культурой из даосско-буддийской традиции. Здесь вся жизнь человека является С., а смерть есть пробуждение от сна жизни. Многим жившим в XX в., по-видимому, так и казалось. Вспомним, например, Мандельштама: "Полночь в Москве. Роскошно буддийское лето..." Почему, собственно, буддийское? Да потому, что все кажется иллюзорным, настолько все вокруг неправдоподобно кошмарно и страшно. Вспомним эпизод из фильма Л. Бунюэля "Скромное очарование буржуазии": герои обедают за большим столом, но вдруг внезапно раздвигаются кулисы, и оказывается, что они не настоящие, они актеры, которые играют на сцене; тогда все в ужасе разбегаются, кроме одного, — оказывается, ему все это приснилось.

Онтологический статус С. стал предметом ожесточенной полемики между философами-аналитиками Б. Расселом, Дж. Э. Муром и А. Айером. Все считали парадокс Декарта неразрешимым. Но тут в полемику вступил ученик Витгенштейна американец Норман Малкольм, который разрубил проблему, как гордиев узел, утверждая в своей книге "Состояние сна" (1958), что С. как чего-то феноменологически данного вообще не существует. Малкольм откровенно смеялся над казавшимися тогда удивительными открытиями американских физиологов У. Демента и Н. Клейтмана, показавшими, что С. имеет место в фазе быстрого, или парадоксального, сна, когда зрачки спящего начинают быстро двигаться. Физиологи пытались измерить продолжительность сновидения и соотнести вертикальные и горизонтальные движения глаз с событиями, происходившими в С.

Именно над этим потешался аналитик. Как можно измерять то, чего нет? По мнению Малкольма, как факт языка существуют не сами С., а рассказы о С. Если бы, говорил он, люди не рассказывали друг другу снов, то понятие С. вообще не возникло бы. Книга Малкольма вызвала бурную полемику, продолжавшуюся более 20 лет, в которой победило само С. Малкольм считал бессмысленной фразу "Я сплю". Он не учел того, что язык многообразен в своих проявлениях (**языковых играх** — см.), в частности, не учел эстетической функции языка (см. **структурная поэтика, генеративная поэтика**). Вот целое стихотворение, построенное на выражении "я сплю":

> Льет дождь. Я вижу сон: я взят
> Обратно в ад, где все в комплоте
> И женщин в детстве мучат тети,
> А в браке дети теребят.
> Льет дождь. Мне снится: из ребят
> Я взят в науку к исполину
> И сплю под шум, месящий глину,
> Как только в раннем детстве спят.
>
> (Борис Пастернак)

Если С. — это особый символический язык, то непонятно, что является материей, планом выражения (см. **структурная лингвистика**) этого языка. В случае с кино мы можем сказать, что планом выражения является пленка. Но из чего "сотканы" С., мы пока не знаем. Раз так, то считать С. языком нельзя.

Современный психоанализ значительно продвинулся со времен Фрейда. Но С. по-прежнему осталось "царской дорогой в бессознательное".

Последнее десятилетие стало модным говорить о том, что С. можно управлять. Стали выходить научные и популярные пособия на эту тему. Но чтобы управлять, надо знать, из чего сделано. Просто некоторым людям кажется, что во сне они управляют своими С. Проверить это пока невозможно. Сейчас проблема анализа С. вплотную столкнулась с проблемой **виртуальных реальностей** (см.).

Лит.:
Фрейд З. Толкование сновидений. — Ереван, 1991.

Юнг К. Г. Воспоминания. Размышления. Сновидения. — М., 1994.
Фромм Э. Забытый язык // Фромм Э. Психоанализ и этика. — М., 1993.
Малкольм Н. Состояние сна. — М., 1993.
Боснак Р. В мире сновидений. — М., 1992.
Сон — семиотическое окно: XXVI Випперовские чтения. — М., 1994.

СОБЫТИЕ. Для того чтобы определить, в чем специфика понимания С. в культуре XX в. (допустим, по сравнению с XIX в.), перескажем вкратце **сюжет** новеллы Акутагавы "В чаще" (которая известна также в кинематографической версии — фильм А. Куросавы "Расёмон"). В чаще находят тело мертвого самурая. Пойманный известный разбойник признается в убийстве: да, это он заманил самурая и его жену в чащу, жену изнасиловал, а самурая убил. Однако дальше следует показание вдовы самурая. По ее словам, разбойник действительно заманил супругов в чащу, привязал самурая к дереву, овладел на его глазах его женой и убежал, а жена от стыда заколола самурая и хотела покончить с собой, но упала в обморок, а очнувшись, от страха убежала. Последнюю версию мы слышим из уст духа умершего самурая. По его словам, после того как разбойник изнасиловал его жену, она сама сказала разбойнику, показывая на самурая: "Убейте его", но возмущенный разбойник, оттолкнув женщину ногой, отвязал самурая и убежал. После этого самурай от стыда покончил с собой.

Рассказ (и особенно фильм) не дает окончательной версии — что произошло на самом деле. Более того, Акутагава своим повествованием говорит, что в каком-то смысле правдивы все три точки зрения. В этом коренное отличие неклассического понимания С. от традиционного. Можно сказать, что в XX в. С. происходит, если удовлетворяются два условия:

1. Тот, с кем произошло С., полностью или частично под влиянием этого события меняет свою жизнь. Такое понимание С. с большой буквы разделял и XIX в.

2. С. должно быть обязательно зафиксировано, засвидетельствовано и описано его наблюдателем, который может совпадать или не совпадать с основным участником С. Именно это то новое, что привнес XX в. в понимание С.

Предположим, что С. произошло с одним человеком и больше никто о случившемся не знает. В этом случае С. остается фактом **индивидуального языка** (см.) того, с кем С. произошло, до тех пор, пока он не расскажет другим людям о случившемся с ним. А до этого только по его изменившемуся поведению другие могут догадываться, что с ним, возможно, произошло нечто. А поскольку, как мы видели из новеллы Акутагавы, каждый рассказывает по-своему, то, по сути, само С. совпадает со свидетельством о С. Недаром поэтому, для того чтобы засвидетельствованное С. стало объективным и его можно было бы приобщить к делу, требуется как минимум два свидетеля, показания которых в принципиальных позициях совпадают.

В XX в. такая субъективизация понимания С. связана с релятивизацией понятия объекта, **времени, истины** (в общем, всех традиционных онтологических объектов). Наблюдатель не только следит за событием, но активно, своим присутствием воздействует на него (см. **интимизация**).

Приведем довольно простой, но достаточно убедительный пример противоположного понимания одних и тех же С. мужем и женой. Это фильм К. Шаброля "Супружеская жизнь". В первой части, рассказанной мужем, и во второй, рассказанной женой, говорится об одних и тех же фактах — по сути, одна и та же история рассказывается два раза, но каждый из двух выдает дело так, что правым и сильным оказывается в его версии он, а не другой. То есть факты рассказаны одни и те же, но С. — фактически разные.

Поэтому еще можно сказать, что то, что в XIX в. было *хронологией* С., в XX в. стало *системой* С. Понимание **времени** (см.) в XIX в. было линейным. В XX в. время становится многомерным (см. **серийное мышление**) — у каждого наблюдателя свое время, не совпадающее с временем другого наблюдателя, и что для одного случилось в один момент времени, для другого случается в другой.

С. имеет место для человека тогда, когда он о нем узнает. Поэтому восстанавливать хронологический порядок С. для такой, например, системы С., какую показал Акутагава в своей новелле, бессмысленно. Здесь нет прямой линии, здесь система, состоящая из трех пересекающихся линий — точек зрения разбойника, самурая и его жены (см. **семантика возможных миров**).

Когда Л. Н. Толстой пишет: "В то время как у Ростовых танцевали в зале шестой *англез* [...], с графом Безуховым сделался шестой удар", то он осуществляет традиционную для XIX в. точку зрения на С. как на нечто объективное. Для XIX в. характерна позиция некоего безликого и всеведающего наблюдателя (ср. **реализм**), который каким-то образом знает о том, что происходит в разных местах. Писатель XX в. поступил бы по-другому. Он высветил бы позицию наблюдателя этого С.: "В то время когда Пьер (ничего не зная), танцевал шестой *англез*, с графом Безуховым сделался шестой удар". То есть смерть графа Безухова и танец происходили не одновременно, а в той последовательности, в которой об этом рассказывает свидетель. Для Пьера Безухова его отец умер тогда, когда Пьер узнал об этом. Именно в таком духе решена эта сцена в фильме С. Бондарчука "Война и мир", где сцены танцев и смерти графа смонтированы параллельным монтажом. Механистичность этих склеенных полукадров говорит, что эта одновременность мнимая, что танцующие не знают о том, что происходит с графом.

Лит.:
Пятигорский А. М. Философия одного переулка. — М., 1991.
Руднев В. Феноменология события // Логос, 1993. — № 4.
Данн Дж. У. Эксперимент со временем. — М., 2000.

СОЦИАЛИСТИЧЕСКИЙ РЕАЛИЗМ — направление в советском искусстве, представляющее собой в формулировке 1930-х гг. "правдивое и исторически конкретное изображение действительности в сочетании с задачей идейной переделки трудящихся в духе социализма" или в формулировке Андрея Синявского из его статьи "Что такое социалистический реализм": "полуклассическое полуискусство, не слишком социалистического совсем не реализма".

В статье **реализм** данного словаря мы показали, что это понятие есть contradictio in adjecto (противоречие в терминах). Трагедия (или комедия) С. р. состояла в том, что он существовал в эпоху расцвета **неомифологического сознания, модернизма** и **авангардного искусства**, что не могло не отразиться на его собственной поэтике.

Так, например, в романе М. Горького "Мать" представлен довольно подробно христианский миф о Спасителе (Павел Власов), жертвующем собой во имя всего человечества, и его матери (то есть Богородице) — это ключевой для русского сознания и адаптированный им христианский **миф**. Сказанное не противоречит тому, что это произведение в эстетическом смысле представляет собой нечто весьма среднее. Важно, что, объявив войну религии, большевики тем самым объявили новую, или хорошо забытую старую, религию первых христиан. Об этом убедительно писал один из величайших историков человечества сэр Арнольд Джозеф Тойнби. Развитой церкви большевики противопоставили примитивную, но сплоченную христианскую общину первых веков нашей эры с ее культом бедности, обобществления имущества и агрессивности к идеологическим язычникам. Так же как первые христиане, "молодая советская республика" была в "кольце врагов", только в первом случае это была разваливающаяся Римская империя, а во втором — развитое капиталистическое общество. В первом случае победило христианство, во втором случае — капитализм.

Другое произведение С. р. — роман А. С. Серафимовича "Железный поток", рассказывающий о том, как красный командир Кожух выводит Таманскую дивизию из окружения, — подсвечено ветхозаветной мифологией, историей выхода (исхода) иудеев из Египта и обретения земли обетованной. Кожух выступает в роли Моисея, на что есть прямые указания в тексте.

С годами С. р. вырабатывает собственную идеологию-мифологию. Эта мифология уже не романтического, а, скорее, классицистического плана. Как известно, основной конфликт в идеологии классицизма — это конфликт между долгом и чувством, где долг побеждает. В таких произведениях С. р., как "Цемент" Ф. Гладкова, "Как закалялась сталь" Н. Островского, "Повесть о настоящем человеке" Б. Полевого, это видно как нельзя лучше. Герой подобного произведения отказывается от любви во имя революции. Но С. р. идет дальше классицизма. Его герой, поощряемый властью, вообще теряет человеческую плоть, превращаясь в робота. Нечто подобное происходит уже с Павлом Корчагиным. Завершает эту мифологему Алексей Мересьев, "настоящий человек", заменивший "маленького человека", "лишнего человека" и "нового человека" русской литературы XIX в. Настоящий человек — это технологический мутант. Ему отрезали ноги, и он продолжает оставаться летчиком, более того, сливается с машиной — этот эпизод весьма подробно расписан в романе Б. Полевого (ср. также **тело**).

Тело социалистического героя заменяется железом, он выковывается из стали — "железный дровосек" развитого социализма.

Во многом эту неповторимую поэтику русского С. р. "открыли" поэты и художники русского **концептуализма** 1960—1980-х гг. (см.).

> Лит.:
> *Надточий Э.* Друк, товарищ и Барт (несколько вопрошаний о месте социалистического реализма в искусстве XX в.) // Даугава, 1989. — № 8.
> *Зимовец С.* Дистанция как мера языка искусства (к вопросу о взаимоотношении соцреализма и авангарда)// Там же.
> *Руднев В.* Культура и реализм // Там же. —1992. — № 6.
> *Тойнби А.* Дж. Христианство и марксизм // Там же.— 1989. —№ 4.

СТАДИИ ПСИХОСЕКСУАЛЬНОГО РАЗВИТИЯ. В **психоанализе** такое положение вещей, когда поведение взрослого человека, невротика, (а примерно 80 процентов современного городского населения являются таковыми) сохраняет бессознательную память о детской психической **травме** или в целом о том периоде своего психического развития в детстве, когда был перенесен и не был пережит, завершен некий травматический опыт, называется фиксацией.

Наиболее важными из С. п. р. являются самые ранние, так называемые догенитальные стадии, когда ребенку от одного до четырех лет. "Догенитальные" означает, что в центре психосексуального переживания ребенка являются не гениталии, как у взрослых, а какие-то другие части его тела. Психоанализ выделяет три таких стадии. Первая называется оральной, она соответствует тому периоду, когда младенца кормят грудью. На этой стадии весь мир, все удовольствия и неудовольствия, мир влечений, сосредоточивается на материнской груди (ребенок других объектов просто не знает), а основной опыт, основное объектное отношение — это сосание и покусывание (один из учеников Фрейда Карл Абрахам считал, что покусывание следует выделить в особую подстадию, орально-садистическую, когда у ребенка вырастают зубы; подробнее о зубах см. ниже).

Главное действие и защита на оральной стадии — это инкорпорация или интроекция, поглощение. Бытовыми проявлениями орального объектного отношения являются репродукции действий сосания и покусывания, а именно — навязчивое стремление все время есть, курение, жевание жвачки, лузганье семечек (см. **реклама**).

Оральные фиксации связаны прежде всего с опытом раннего или внезапного (например в связи со смертью матери или отсутствием у нее молока) отлучения от материнской груди. Ребенок после этого вырастает, все у него вроде бы нормально, но ранний травматический опыт путем универсальной метафорической замены подспудно трансформируется в его жизни в устойчивый мотив недостачи чего-то самого главного, что выражается в метафизическом чувстве неутолимого голода. Такие люди болезненно, неадекватно боятся остаться голодными, едят впрок и т. д. Фиксация может быть настолько сильной, что становится определяющей чертой личности, то есть одной из основных черт психической конституции, или характера (см. **характерология**). Люди с сильной бессознательной памятью о травматическом опыте расставания с материнской грудью обладают оральным, или депрессивным, характером. Основой их объектных отношений является чувство невосполнимой потери самого ценного объекта. Такие люди чрезвычайно болезненно привязаны к своим близким, болезненно воспринимают их потери. На бытовом уровне это проявляется, в частности, и в том, что такие люди придают чрезмерное значение еде, ибо еда для них источник метафорического восстановления изначальной потери материнской груди.

Вторая С. п. р. называется анальной. Анальная фаза гораздо более сложна и амбивалентна по сравнению с оральной. Она связана с периодом от двух до трех лет, когда ребенка приучают к туалету. На этой стадии в объектном мире ребенка появляется первая вещь, которая, с одной стороны, связана с ним, а с другой — может быть отделена от него, и он это видит и может решать, отдавать этот объект или задерживать его в своем теле. Этот объект — фекалии. И вот эта двойственность, возможность выбора: отдавать или удерживать — составляет сущность анального эротизма и делает этот этап чрезвычайно важным и драматичным в формировании личности. Фекалии — это первый дар, которым ребенок может щедро одарить (поэтому когда ребенок стремится обмазать кого-то своим калом, он этим хочет именно одарить, то есть это позитивное действие), а может наоборот его "зажилить". Ребенок, который выбирает второй путь, страдает запорами — на все уговоры взрослых отдать то, чем он обладает, он отвечает упрямым отказом.

Люди со стойкой анальной фиксацией, обладающие анальным характером, как его назвал Фрейд, отличаются тремя свойствами — патологической чистоплотностью (по контрасту), педантизмом и упрямством. Особенностью их объектных отношений является склонность к навязчивым повторениям, так называемым обсессиям (навязчивым мыслям и словам) и компульсиям (навязчивым действиям) (см. **обсессивный невроз, обсессивный дискурс**). Очень часто компульсии проявляются именно в сфере наведения чистоты и порядка. Одна из наиболее хрестоматийных навязчивостей — это так называемая мезофобия, боязнь загрязнения. Такие люди бесконечное количество раз моют руки, по многу раз кипяченой водой моют фрукты и совершенно неспособны выпить некипяченой воды.

Третья С. п. р. называется фаллически-нарциссической. На этой стадии (ребенку здесь 3–4 года) впервые сексуальным объектом, предметом ценности становятся гениталии, их разглядывание, гордость от обладания ими, зависть к отцу, что у него такой большой фаллос (у девочек в принципе зависть к лицам противоположного пола оттого, что они обладают этим органом, — так называемая зависть к пенису (Penisneid). На фаллическо-нарциссической стадии ребенок впервые осознает все свое тело целиком и наслаждается своим телом (так называемый первичный нарциссизм). Для этой стадии также характерен страх потерять этот самый ценный объект, фаллос, — страх кастрации.

Взрослый человек с сильными фаллически-нарциссическими фиксациями, о котором говорят, что он обладает фаллически-нарциссическим характером (этот характер был выделен учеником Фрейда Вильгельмом Райхом), — это человек, который наслаждается собой и своим телом, стремится покрасоваться своим телом, хорошо и дорого одеваться, это человек хвастливый и самоуверенный, но в глубине души наполненный затаенным страхом, идущим от инфантильного страха кастрации.

Пройдя через эти три инфантильных С. п. р. и преодолев **Эдипов комплекс,** то есть где-то годам к пяти, ребенок вступает в генитальную С. п. р.

Лит.:
Блюм Г. Психоаналитические теории личности. — М., 1996.
Лапланш Ж. Понталис Ж.-Б. Словарь по психоанализу. — М., 1990.
Мак-Вильямс Н. Психоаналитическая диагностика. — М., 1998.
Райх В. Анализ характера. — *М.,* 1999.
Фрейд З. Характер и анальная эротика // Фрейд З. Тотем и табу. — М., 1998.

СТРУКТУРНАЯ ЛИНГВИСТИКА (лингвистический структурализм) — направление в языкознании, возникшее в начале XX в. и определившее во многом не только лингвистическую, но и философскую и культурологическую **парадигмы** (см.) всего XX века. В основе С. л. — понятие структуры как системной взаимосвязанности языковых элементов.

Возникновение С. л. было реакцией как на кризис самой лингвистики конца XIX в., так и на весь гуманитарно-технический и философский кризис, затронувший почти все слои культуры XX в. С другой стороны, С. л. играла в XX век особую методологическую роль благодаря тому, что культурно-философская ориентация XX в. в целом — это языковая ориентация. Мы смотрим на мир сквозь язык, и именно язык определяет то, какой мы видим **реальность** (тезис **гипотезы лингвистической относительности** (см.)).

Первым и главным произведением С. л. принято считать "Курс общей лингвистики" языковеда из Женевы Фердинанда де Соссюра. Характерно, что книга эта реконструирована учениками покойного тогда уже ученого (1916) по лекциям, записям и конспектам — такова судьба сакральных книг, "Евангелий", например, или "Дао де цзина", лишь приписываемого легендарному основателю даосизма Лао-цзы.

В книге Соссюра даны три основополагающие оппозиции, важнейшие для всего дальнейшего понимания языка лингвистикой XX в. Первая — это то, что в речевой деятельности (langage; русский термин "речевая деятельность" принадлежит

Л. В. Щербе) необходимо разделять язык как систему (lange) и речь как реализацию этой системы (parole), как последовательность "правильно построенных высказываний", если говорить в терминах более позднего направления, **генеративной лингвистики** (см.). Задача С. л., как ее понимал Соссюр, состояла в изучении языка как системы (подобно тому как Витгенштейн в "Логико-философском трактате" ставил задачу изучения логического языка как системы — см. **аналитическая философия**). Вторым компонентом, речью, С. л. занялась уже в свой постклассический период, 1950—1960-е гг.; см. **теория речевых актов, лингвистика устной речи**.

Второе фундаментальное разграничение — синхроническое и диахроническое описания языка. Синхрония, статика соответствовала приоритетному подходу к языку как системе, диахрония, динамика — интересу к языковым изменениям, которыми занимается сравнительно-историческая лингвистика, или компаративистика.

Третью оппозицию образуют синтагматическая и парадигматическая оси языковой структуры. Синтагматика — это ось последовательности, например последовательности звуков: о-с-е-л; или слогов па-ра-линг-вис-ти-ка; или слов: он вошел в дом. Скажем, чтобы приведенное предложение могло существовать как факт языка, нужно в определенных словах согласовать их грамматические формы. Из класса местоимений третьего лица (он, она, оно) выбрать мужской род, придать этот род глаголу и т.д. Классы грамматических (фонологических, семантических) категорий, из которых мы выбираем, и называются парадигматической системой языка. Язык существует на пересечении этих двух механизмов, которые графически обычно изображают как взаимно перпендикулярные: парадигматика — вертикальная стрела вниз, синтагматика — горизонтальная стрела слева направо.

Заслугой Соссюра было еще и то, что он одним из первых понял, что язык — это форма, а не субстанция, то есть система отношений, нечто абстрактное, и что структурами, подобными языковым, обладают многие классы объектов, которые должны изучаться наукой, названной им семиологией и сейчас широко известной как **семиотика** (см.).

После первой мировой войны С. л. "раскололась" — так можно сказать лишь условно, потому что она никогда и не существовала как нечто единое — на три течения, которые интенсивно развивались в период между мировыми войнами и составили классическое ядро С. л.

Первое течение — американский дескриптивизм Эдуарда Сепира и Леонарда Блумфильда — родилось вследствие необходимости описания и систематизации многочисленных языков индейских племен, лишенных письменности (что, в свою очередь, было обусловлено повышенным интересом XX века к архаическим культурам). В этом смысле дескриптивизм в лингвистике тесно связан с бихевиоризмом, господствующим направлением американской психологии, а также **прагматизмом**, наиболее популярной в США философской доктриной. Американский философ Р. Уэллс остроумно заметил по поводу дескриптивизма, что он был не системой, а "набором предписаний для описаний". Важнейшим теоретическим открытием дескриптивистов было разработанное ими учение об иерархичности языковой структуры — от низших уровней к высшим (фонемы, морфемы, слова, словосочетания, предложения и их смыслы). В дальнейшем **генеративная лингвистика** Н. Хомского и его последователей, сохранив идею иерархии, изменила последовательность на противоположную — согласно учению генеративистов, речь порождается от высших уровней к низшим.

Второе течение — датская глоссематика (от древнегр. glossema — слово) было полной противоположностью американскому дескриптивизму. Это была предельно абстрактная аксиоматическая теория языка, металингвистическая по своему характеру, то есть в принципе претендовавшая на описание любой знаковой системы (см. **семиотика**).

Основоположник глоссематики Луи Ельмслев в книге "Пролегомены к теории языка" сделал также ряд важнейших открытий, касающихся изучения не только системы языка, но и любой знаковой системы (см. **знак, семиотика**). В первую очередь, это учение о разграничении плана выражения (языковая форма) и плана содержания (языковая материя). Затем это противопоставление двух противоположных механизмов, действующих в языке, — коммутации и субституции — в плане выражения. Если со сменой одного элемента языковой формы меняется значение другой формы (другого элемента), то эти элементы находятся в отношении коммутации (так, в предложении "Он пришел" мужской род местоимения коммутирует с мужским родом глагола). Если с изменением одного элемента значение другого элемента не меняется, то эти элементы находятся в отношении субституции, свободной замены. Можно сказать: "Он пришел", или "Коля пришел", или "Кот пришел" (ср. выше с действием механизмов парадигматики и синтагматики у Соссюра) — значение глагола от этого не меняется.

Наконец, Ельмслев разработал учение о трех типах зависимости между элементами плана выражения: 1) координация, или взаимная зависимость (такой зависимостью является, например, синтаксическое согласование — он пришел); 2) детерминация, односторонняя зависимость (например, грамматическое управление, когда определенный глагол в одностороннем порядке управляет определенным падежом существительного — в словосочетании "пришел в школу" глагол "прийти" управляет винительным падежом с предлогом, то есть детерминирует появление этого падежа); 3) констелляция, или взаимная независимость (в синтаксисе это примыкание; в словосочетании "бежал быстро" планы выражения не зависят друг от друга или находятся в отношении субституции, случаи координации и детерминации осуществляют коммутацию).

Глоссематика Ельмслева была первой лингвистической теорией, которая имела несомненное философское значение (типологически она тесно связана с **аналитической философией**).

Третье классическое направление С. л. развивал Пражский лингвистический кружок, возглавляемый русскими учеными Н. С. Трубецким и Р. О. Якобсоном. Основным тезисом пражского функционализма было утверждение того, что язык является средством для достижения определенных целей, а основной задачей — разработка учения об этих средствах — функциях языка (см. **структурная поэтика**). Главное достижение пражской лингвистики — создание Н. С. Трубецким подробного и цельного учения о **фонологии**. Немаловажным было открытие, сделанное чешским ученым В. Матезиусом, касающееся так называемого поверхностного синтаксиса высказывания, — учение об актуальном членении предложения (см. **лингвистика устной речи**). Философией пражского структурализма была **феноменология** (см.).

Интересно, что три направления С. л. существовали совершенно независимо друг от друга (такая же судьба была у основных направлений философии XX века — **аналитической философии, экзистенциализма**, феноменологической герменевтики; совсем по-другому, например, складывалась ситуация в квантовой физике, где ученые разных направлений и стран активно взаимодействовали друг с другом).

К середине XX века классическая С. л. исчерпала себя, ей на смену пришла **генеративная лингвистика**, которая в большей степени отвечала оперативным задачам, возникшим после второй мировой войны (машинный перевод, искусственный интеллект, автоматизированные системы управления).

Лит.:
Соссюр Ф. де. Труды по общему языкознанию. — М., 1977.
Блумфильд Л. Язык. — М., 1965.
Ельмслев Л. Пролегомены к теории языка // Новое в зарубежной лингвистике. — М., 1962. — Вып. 2.
Пражский лингвистический кружок: Антология. — М., 1970.
Апресян Ю. Д. Идеи и методы структурной лингвистики. — М., 1966.

СТРУКТУРНАЯ ПОЭТИКА — направление в литературоведении начала 1960-х — конца 1970-х гг., взявшее основные методологические установки, с одной стороны, у классической **структурной лингвистики** де Соссюра и, с другой стороны, у русской **формальной школы** 1920-х гг. (см.).

С. п. имела три основных географических центра: Париж, Тарту и Москву. Французская школа (Клод Леви-Строс, Ролан Барт — см. также **постструктурализм**, отчасти Р. О. Якобсон — см. **семиотика**) была наиболее философски ориентированной, и структурализм здесь довольно быстро перешел в **постструктурализм**.

Московская и тартуская школы развивались в тесном контакте, так что можно говорить о московско-тартуской школе. Главными представителями С. п. в Москве были Вяч. Вс. Иванов, В. Н. Топоров, Б. А. Успенский, А. М. Пятигорский; в Тарту — Ю. М. Лотман, З. Г. Минц, Б. М. Гаспаров, П. А. Руднев.

С. п. была тесно связана с **семиотикой** (в определенном смысле для России это даже было одно и то же), но в политическом смысле на советской почве она была поневоле интеллектуальным движением антиофициозного, внутриэмигрантского толка. Зародившись в оттепель 1960-х гг., она сумела пережить 1968 г., а к концу 1970-х гг. приобрела черты модной респектабельности, чего-то вроде отечественного товара, предназначенного на экспорт.

Основным тезисом С. п. был постулат о системности художественного **текста** (и любого семиотического объекта), системности, суть которой была в том, что художественный текст рассматривался как целое, которое больше, чем сумма составляющих его частей. Текст обладал структурой, которая мыслилась в духе того времени как похожая на структуру кристалла (говорили, что в начале своего пути литературоведы-структуралисты изучали основы кристаллографии, чтобы лучше понять то, чем они занимаются сами).

Важнейшим свойством системности, или структурности (это в общем тоже были синонимы с некоторыми обертонами), считалась иерархичность уровней структуры. Это положение тоже было взято из структурной лингвистики, но естественный язык — в чем-то более явно структурированное образование, и в лингвистике тезис об иерархичности уровней вначале не вызывал сомнений, а потом, как раз когда его взяла на вооружение С. п., был пересмотрен **генеративной лингвистикой**. Уровни были такие (их число и последовательность варьировались в зависимости от того, какой исследователь принимался за дело): фоника (уровень звуков, которые могли приобретать специфически стихотворное, поэтическое назначение, например аллитерировать — "Чуть слышно, бесшумно шуршат камыши" — К. Д. Бальмонт; метрика (стихотворные размеры — см. подробно **система стиха XX века**), строфика, лексика (метафора, метонимия и т.д.), грамматика (например, игра на противопоставлении первого лица третьему — "Я и толпа"; или прошедшего времени настоящему — "Да, были люди в наше время,/ Не то, что нынешнее племя"); синтаксис (наименее разработанный в С. п.); семантика (**смысл** текста в целом). Если речь шла о прозаическом произведении, то фоника, метрика и строфика убирались, но зато добавлялись фабула, **сюжет** (см.), **пространство**, **время** (то есть особое художественное моделирование пространства и времени в художественном тексте). Надо сказать, что излюбленным жанром С. п. был анализ небольшого лирического стихотворения, которое действительно в руках структуралиста начинало походить на кристаллическую решетку.

На самом деле количество и последовательность уровней структуры художественного текста были не так важны. Важнее в истории С. п. было другое: что она в глухое брежневское время, когда литература настолько протухла, что сделалась нехитрым объектом квазиполитических манипуляций (знаменитая трилогия Л. И. Брежнева), вернула литературе ее достоинство — ее художественность, право и обязанность быть искусством для искусства. Советский школьник, которого тошнило от Ниловны или "образа Татьяны", попав на первый курс русского отделения филологического факультета Тартуского университета, мог с удивлением обнаружить, что литература — это очень интересная вещь.

Одним из важнейших лозунгов С. п. был призыв к точности исследования, применению основ статистики, теории информации, математики и логики, приветствовалось составление частотных словарей языка поэтов и индексов стихотворных размеров.

В этом плане структуралисты (в особенности стиховеды) разделились на холистов (целостников), считавших, что художественный текст возможно разбирать только в единстве всех уровней его структуры, и аналитиков (дескриптивистов), полагавших, что следует брать каждый уровень по отдельности и досконально изучать его. Эти последние и составляли метрические справочники и частотные словари.

Неудержимое стремление к точности вскоре стало порождать курьезы, своеобразный "правый уклон" в структурализме. Так, например, в 1978 г. в г. Фрунзе (ныне Бишкек) вышло методическое пособие для математического анализа поэтических текстов, в котором предполагалось предать тотальной формализации все уровни и единицы структуры поэтического текста. При этом авторы пособия вполне всерьез предлагали брать за единицу "художественности" текста 1/16 от художественности стихотворения А. С. Пушкина "Я помню чудное мгновенье". Называлась эта единица — 1 керн.

Как это представляется теперь, наиболее позитивной и важной стороной С. п. были не ее методы и достижения (методы были взяты напрокат, а достижений, как правило, добивались вопреки методам), а ее открытость другим направлениям, просветительский пафос. Так, структуралисты заново открыли миру М. М. Бахтина (см. **карнавализация, диалогическое слово, полифонический роман**), гениальную ученицу академика Н. Я. Марра (см. **новое учение о языке**) О. М. Фрейденберг (см. **миф, сюжет**); они готовы были подвергать структурному анализу все на свете: карточные гадания, шахматы, римскую историю, **функциональную асимметрию полушарий головного мозга** (см.), законы музыкальной гармонии и обратную перспективу в иконографии (кстати, именно в тартуских "Трудах по знаковым системам" начали еще в 1970-х годах потихоньку публиковать труды репрессированного отца Павла Флоренского).

Тартуско-московская С. п. удивила мир тем, что в тухлой брежневской империи, как оказалось, формируются яркие гуманитарные идеи и работают профессиональные, порой выдающиеся гуманитарные интеллекты. Структурализм в России заменил и политику, и философию, которыми нельзя было заниматься всерьез.

Когда рухнула "Великая берлинская стена", разъединявшая Россию и Запад, С. п. сделалась достоянием истории науки. В Россию хлынули свежие идеи с Запада и из собственного исторического прошлого. Анализировать стихотворения перестало быть самым интересным занятием. Отчасти реанимировать С. п. удалось А. П. и М. О. Чудаковым, учредившим Тыняновские чтения, проходившие с 1982 г. (по сию пору) и в чем-то заменившие Летние школы семиотики в 1960-е гг. в Кяэрику под Тарту, а главное, локализовавшие С. п. под знаменем формальной школы, а не присвоившие ее изобретение себе, как это сделал Лотман. Но в целом изменить ничего уже было нельзя, так как научный и идеологический кризис конца века захлестнул к началу 1990-х гг. весь просвещенный мир.

Лит.:
Лотман Ю. М. Лекции по структуральной поэтике // Ю. М. Лотман и тартуская школа. — М., 1964.
Лотман Ю. М. Структура художественного текста. — М., 1970.
Успенский Б. А. Поэтика композиции. — М., 1972.

Иванов Вяч. Вс., Топоров В. Н. Исследования в области славянских древностей. — М., 1972.
Труды по знаковым системам (Учен. зап. Тартуского ун-та).— Тарту, 1965—1983.— Вып. 2— 20.
Учебный материал по анализу поэтических текстов / Сост. и прим. М. Ю. Лотмана. — Таллин, 1982.

СТРУКТУРНЫЙ ПСИХОАНАЛИЗ — психоаналитическая теория, разработанная французским психологом и философом Жаком Лаканом (1901–1981). Стремясь возродить оригинальные идеи Фрейда и считая себя его наиболее прямым учеником, Лакан на самом деле разработал наиболее утонченную, философски наполненную версию **психоанализа**, опирающуюся, в частности, на идеи **структурной лингвистики** Ф. Де Соссюра. В своей жизни Лакан создал целую страну под названием "психоанализ Лакана". Проводя, начиная с 1951 г. и вплоть до своей смерти, постоянные семинары по психоанализу, он оставил огромное наследие в виде записей этих семинаров, которых за 30 лет работы накопилось столько, что не все они еще расшифрованы и опубликованы во Франции (на русском языке опубликовано только два тома).

Одной из основных мыслей Лакана была та, что **бессознательное** структурировано как язык. Чтобы пояснить эту мысль (вообще для понимания наследия Лакана важно, что он изъясняется предельно непонятным эзотерическим языком), посмотрим, как Лакан интерпретирует **комплекс Эдипа.** Для Фрейда Эдиповым комплексом было то, что он называл "семейным романом". В определенном возрасте (от 3 до 5 лет) обстоятельства почти с необходимостью складываются так, что ребенок начинает вожделеть к матери и стремится устранить отца. Эта необходимость вытекает из того, что мир ребенка фундаментально ограничен этими двумя первичными объектами.

Лакан идет в этом вопросе дальше. Он говорит, что сама Эдипова ситуация заложена в человеческом языке, поскольку в нем есть слова "отец", "мать" и деонтическое противопоставление "можно-нельзя". Если бы в языке не содержались эти значения, то есть если бы в самом языке, надындивидуальном по своей сути, не был сформулирован запрет на сексуальное желание матери, то Эдипов комплекс и не мог бы возникнуть. В таком понимании роли языка Лакан невольно сходится с **гипотезой**

лингвистической относительности и базовыми установками **аналитической философии.**

Итак, в языке существует понятие "мать" и оно, так сказать, скоррелировано с предикатом "не возжелай" и понятие "отец", которое соответствует предикату "не навреди". Но в языке содержатся не только сами нормы, но и — потенциально — нарушения этих норм. Что это значит? Дело в том, что слово "мать" уже в своем языковом значении включает в себя понятия нежности, любви, заботы и, стало быть, желания этой любви, нежности и заботы. И понятие "отец" соответственно включает в себя понятие авторитарности, тирании и, соответственно, бунта против этой авторитарности и тирании.

Таким образом, в структуре человеческих отношений план выражения, означающее, играет гораздо большую роль, чем план содержания, означаемое. Человеческое бессознательное, по Лакану, состоит из трех инстанций, в определенном смысле напоминающих фрейдовские Я — Оно и СверхЯ (см. **бессознательное**). Это Воображаемое, Реальное и Символическое. Символическое, соответствующее СверхЯ, это инстанция, которая упорядочивает действительность сознания. Это, в сущности, и есть язык, система социально значимых знаковых отношений. Воображаемое соответствует регистру Я. Это сфера отношений между Символическим и Реальным. Реальное же, по Лакану, больше всего напоминает фрейдовское Оно, это принципиально неименуемое, несимволизируемое начало, во многом родственное понятию Канта "вещь в себе".

Отношение между тремя инстанциями можно продемонстрировать на примере того, как Лакан понимал **невроз** и **психоз** (см. также **невротический дискурс**). Невроз понимается в психоанализе как патологическая реакция на вытесненное в бессознательное влечение, которое не могло осуществиться, так как противоречило бы принципу реальности. "При неврозе, — пишет Фрейд, — Я отказывается принять мощный инстинктивный импульс со стороны Оно <...> и защищается от Оно с помощью механизма подавления".

При психозе, напротив, происходит прежде всего разрыв между Я и реальностью, в результате чего Я оказывается во власти Оно, а затем возникает состояние бреда, при котором происходит окончательная потеря реальности (Realitätsverlust) и Я строит новую реальность в соответствии с желаниями Оно.

В эту ясную концепцию Фрейда Лакан вносит существенные уточнения, как всегда, рассматривая эти уточнения лишь как прояснения мыслей самого Фрейда. В одном из семинаров цикла 1953–1954 гг., посвященного работам Фрейда по технике психоанализа, Лакан на своем не всегда внятном и доступном языке говорит:

"В невротическом непризнании, отказе, отторжении реальности мы констатируем обращение к фантазии. В этом состоит некоторая функция, зависимость, что в словаре Фрейда может относиться лишь к регистру воображаемого. Нам известно, насколько изменяется ценность предметов и людей, окружающих невротика, — в их отношении к той функции, которую ничто не мешает нам определить (не выходя за рамки обихода) как воображаемую. В данном случае слово *воображаемое* отсылает нас, во-первых, к связи субъекта с его образующими идентификациями <...> и, во-вторых, к связи субъекта с реальным, характеризующейся иллюзорностью (это наиболее часто используемая грань функции воображаемого).

Итак <...>, Фрейд подчеркивает, что в психозе ничего подобного нет. Психотический субъект, утрачивая сознание реальности, не находит ему никакой воображаемой замены. Вот что отличает его от невротика.

<...> В концепции Фрейда необходимо различать функцию воображаемого и функцию ирреального. Иначе невозможно понять, почему доступ к воображаемому для психотика у него заказан.

<...> Что же в первую очередь инвестируется, когда психотик реконструирует свой мир? Слова. <...> Вы не можете не распознать тут категории символического.

<...> Структура, свойственная психотику, относится к символическому ирреальному или символическому, несущему на себе печать ирреального".

Если в двух словах подытожить рассуждения Лакана, можно сказать, что при неврозе реальное подавляется воображаемым, а при психозе реальное подавляется символическим. Другими словами, если невротик, фантазируя, продолжает говорить с нормальными людьми на общем языке, то психотик, в процессе бреда, инсталлирует в свое сознание какой-то особый, неведомый и непонятный другим людям язык (символическое ирреальное).

Итак, для нас в понятии невроза будет самым важным то, что это такое психическое расстройство, при котором искажается, деформируется связь воображаемого, фантазий больного, с реальностью. Так, например, у больного **депрессией**, протекающей по невротическому типу, будет превалировать представление о том, что весь мир — это юдоль скорби, страдающий клаустрофобией будет панически бояться лифтов, метро, закрытых комнат и т. д. , страдающий неврозом навязчивых состояний (см. **обсессивный невроз**) будет, например, мыть десятки раз в день руки или, например, все подсчитывать. Но при этом — и это будет главным водоразделом между неврозами и психозами — в целом, несмотря на то, что связь с **реальностью** у невротика деформирована, символические отношения с реальностью сохраняются, то есть невротик говорит с нормальными людьми в целом на их языке и может найти с ними общий язык. Так, например, наш депрессивный больной-невротик в целом не склонен будет думать, что мир *объективно* является юдолью скорби, он будет сохранять критическую установку по отношению к своему воображаемому, то есть будет осознавать, что это его душевное состояние окрасило его мысли о мире в такой безнадежно мрачный цвет. Так же и больной клаустрофобией понимает, что его страх закрытых пространств не является универсальным свойством всех людей, таким, например, каким является страх человека перед нападающим на него диким животным. Страдающий клаустрофобией понимает, что страх перед закрытыми пространствами — это проявление его болезненной особенности. И даже обсессивный невротик не думает, что мыть руки как можно больше раз в день или все подсчитывать — это нормальная, присущая каждому человеку особенность.

Психоз же мы понимаем как такое душевное расстройство, при котором связь между сознанием больного и реальностью полностью или почти полностью нарушена. Проявляется это в том, что психотик говорит на своем языке, никак или почти никак не соотносимом с языком нормальных в психическом отношении людей (то есть, как говорит Лакан, у психотика нарушена связь между символическим и реальным). Психотик, который слышит голоса, нашептывающие ему бред его величия или, наоборот, насмерть пугающие, преследующие его, психотик, видящий галлюцинации или же просто плетущий из своих мыслей свой бред, безнадежно потерян для реальности. В его языке могут быть те же слова, которые употребляют другие люди (а может он и выдумывать новые слова или вообще говорить на придуманном языке), но внутренняя связь его слов (их синтаксис), значения этих слов (их семантика) и их соотнесенность с внеязыковой реальностью (прагматика) будут совершенно фантастическими. Заметим, что психоз — это вовсе не обязательно бред в классическом смысле, как в "Записках сумасшедшего" Гоголя. И депрессия, и клаустрофобия, и обсесссивное расстройство могут проходить по психотическому циклу. Достаточно депрессивному больному объективизировать свои мысли о том, что мир — это юдоль скорби, страдающему клаустрофобией полагать, что весь мир боится лифтов и закрытых дверей, а обсесссивному пациенту быть уверенным, что все люди должны непременно десятки раз в день мыть руки, и все трое становятся психотиками.

Другое важнейшее представление Лакана о **бессознательном** состоит в афоризме "бессознательное есть дискурс Другого".

Будучи структурированным как язык, бессознательное является некоторой внутренней речью, которая изнутри упорядочивает человеческие поступки. Но эта внутренняя бессознательная речь принадлежит не самому субъекту. Уже фрейдовское понятие Суперэго подразумевало, что эта инстанция олицетворялась прежде всего фигурой отца — это и есть лакановский Большой Другой, неважно, реальный ли это отец, старший брат, авторитарная мать, священник, император или сам Бог. Так или иначе это некий персонаж, который судит, диктует свою законную волю субъекту. В этом диалоговом режиме между Я и Другим и реализуется деятельность человеческого сознания.

Лит.:
Лакан Ж. Функция и поле речи и языка в психоанализе. — М., 1995.
Лакан Ж. Инстанция буквы в бессознательном, или Судьба разума после Фрейда. — М., 1997.
Лакан Ж. Семинары. Кн. 1. Работы Фрейда по технике психоанализа (1953–1954). — М., 1998.

СУЩЕСТВОВАНИЕ. Характерно, что дискуссия о существовании, в которой принимали участие все видные философы и логики того времени — Рудольф Карнап, Алонзо Чёрч, Уиллард Куайн, разгорелась во время второй мировой войны. Скорее закономерно, чем парадоксально, что этот вопрос обострился в период торжества тоталитарной культуры и государственности, когда главенствующую роль играет отрицание существующего и наделение атрибутами С. иллюзий, химер, устаревших **мифов**.

С другой стороны, не сдавал позиций традиционный идеализм (ср. **абсолютный идеализм**), утверждавший, что реально существуют лишь идеи предметов, а не сами предметы. Известен знаменитый доклад в Британской академии Дж. Э. Мура, одного из основателей **аналитической философии**, "Доказательство существования внешнего мира". Доказательство состояло в том, что Мур поочередно поднимал то правую, то левую руку и громко говорил: "Я точно знаю, что моя рука существует".

С логической точки зрения такие вопросы, как "Существует ли Бог?" или "Существуют ли единороги?" являются реальной проблемой, потому что слово "существовать" выступает в речи одновременно в двух функциях. Когда мы говорим: "Он спит", мы тем самым подразумеваем, что "он" существует. Любому утверждению о фактах предшествует молчаливая презумпция, что эти факты существуют. В этой функции глагол "существовать" называется экзистенциальным квантором, или квантором (как бы счетчиком) С. Уиллард Куайн придумал остроумный тест на С. Предметы существуют, если их можно сосчитать.

Но вернемся к единорогам. Их нельзя сосчитать, потому что они не существуют, но тем не менее мы не можем сказать, что единороги не существуют, ибо тогда вообще не о чем было бы говорить. Эту проблему понимал еще Платон, она и известна как "борода Платона": небытие в некотором смысле должно быть, в противном случае оно есть то, чего нет.

Эта парадоксальность возникает благодаря тому, что глагол "существовать" выступает и в функции обычного предиката; и вот когда они встречаются в одном утверждении: квантор С. (существует такой X) и предикат С. (X существует), то получается путаница. Мы хотим сказать: "Единорогов не существует", а в результате получается: "Существует такой X, как единорог, который не существует".

Выходов из парадокса С. было два. По первому пути пошел один из последних идеалистов XX в. немецкий философ Алексиус Майнонг, считавший, что есть два мира: мир вещей, в котором существуют все материальные предметы, и мир идей и представлений, в котором существуют Пегас, круглый квадрат, единороги и т.п. В принципе по тому же пути пошла модальная логика (см. **модальности, семантика возможных миров, философия вымысла**), которая на вопрос "Существует ли Шерлок Холмс?" отвечала: "Существует в художественном мире рассказов Конан Дойла", а на вопрос "Существует ли Дед Мороз?", —"Существует в детских представлениях о Новом годе".

Недостатком этой стратегии было то, что она в результате совершенно размывала границы между существующим и несуществующим, между иллюзией и **реальностью** (см.).

По второму пути пошел Бертран Рассел. Он считал, что мир у нас более или менее один. Надо только уметь грамотно в логическом смысле выражать то, что может быть выражено (см. **логический позитивизм**). Рассел решил парадокс существования при помощи так называемой теории определенных дескрипций (описаний), которая заключается в том, что каждое слово является скрытым описанием, то есть его можно представить при помощи других слов (ср. **семантические примитивы**). Тогда мы сможем непротиворечиво говорить о том, что единорогов не существует. Мы разложим слово "единорог" на описание: "животное, являющееся по природе рогатым", и тогда мы скажем: "Все животные, являющиеся по природе рогатыми, имеют два рога, и при этом нет ни одного из них, которое по природе имело бы один рог". Вот мы и разделались с единорогами.

Рассела поддержал один из столпов **аналитической философии** американский философ Уиллард Куайн. В 1940—1950-е гг. стало модным говорить о модальных логиках (см. **модальности**), то есть о том, что возможно, невозможно или необходимо. И вот популярными стали концепции о возможно-существующих объектах. Сюда попал и злополучный единорог. Единороги не существуют, говорили сторонники этой теории, но логически нет ничего невозможного, чтобы единороги существовали, они являются возможно-существующими объектами. Под эту же мерку попадали Шерлок Холмс, Дед Мороз, Микки Маус, Винни Пух и Григорий Мелехов.

Куайн восстал против, как он выражался, "разбухшего универсума" модальной логики. Он писал в статье "О том, что есть", что, когда мы говорим о возможно-существующих объектах, теряется критерий их тождества: возможные объекты нельзя сосчитать. Представьте себе, говорил Куайн, одного возможного толстяка, стоящего у двери, а теперь представьте другого возможного толстяка, стоящего у двери. Сколько возможных толстяков стоит у двери? Может быть, это один и тот же возможный толстяк? Нет никаких критериев, чтобы решить, сколько возможных толстяков стоит у двери, потому что это нереальные сущности". Борода Платона, говорит Куайн, слишком спутана.

Современная философия и **картина мира** пошла скорее за Майнонгом. Если вспомнить, какое количество фильмов посвящено виртуальным двойникам, инопланетянам, притворяющимся людьми; если вспомнить, какую роль сейчас играют **виртуальные реальности**, то становится ясным, что проблема С. еще далека от разрешения и едва ли не более парадоксальна сейчас, чем в середине XX века.

Лит.:
Рассел Б. Введение в математическую философию. — М., 1996.
Целищев В. В. Логика существования. — Новосибирск, 1971.
Куайн У. О том, что есть // Даугава, 1989.—№11.

СЮЖЕТ (от фр. sujet — субъект, предмет) — последовательность **событий** в художественном **тексте**.

Парадокс, связанный с судьбой понятия С. в XX в., заключается в том, что как только филология научилась его изучать, литература начала его разрушать.

В изучении С. определяющую роль сыграли русские ученые, представители **формальной школы**. В разрушении С. сыграли роль писатели и режиссеры европейского **модернизма** и **постмодернизма** (см., например, **новый роман, театр абсурда**).

Огромную роль в изучении С. сыграл выдающийся русский фольклорист В. Я. Пропп. В своей книге "Морфология сказки" (1929) он построил модель С. волшебной сказки, состоявшую из последовательностей элементов **метаязыка**, названных им функциями действующих лиц. Функций, по Проппу, ограниченное количество (31); не во всех сказках присутствуют все функции, но последовательность основных функций строго соблюдается. Сказка обычно начинается с того, что родители удаляются из дома (функция отлучки) и обращаются к детям с запретом выходить на улицу, открывать дверь, трогать что-либо (запрет). Как только родители уходят, дети тут же нарушают этот запрет (нарушение запрета) и т.д.

Смысл открытия Проппа заключался в том, что его схема подходила ко всем сказкам. В дальнейшем модель Проппа подхватила и видоизменила **структурная поэтика**.

По сути, функции Проппа — не что иное, как **модальности** (см.), то есть высказывания с точки зрения их отношения к **реальности**. Все модальности имеют сюжетообразующий характер.

1. Алетические модальности (необходимо — возможно — невозможно). С. возникает тогда, когда один из членов модального трехчлена меняется на противоположный или соседний, например невозможное становится возможным. Так, в истории о Тангейзере епископ объявляет, что скорее его посох зацветет, чем Бог простит поэта Тангейзера за воспевание языческой богини Венеры. Герой становится изгнанником и странником, Бог прощает его, и посох епископа расцветает.

2. Деонтические модальности (должное — разрешенное — запрещенное). С. возникает тогда, когда, например, запрет нарушается. Герой совершает преступление, как Раскольников, или жена изменяет мужу, как Анна Каренина.

3. Аксиологические модальности (ценное — безразличное — неценное). С. возникает тогда, когда безразличное становится ценным. Например, когда герой влюбляется в прежде не замечаемого им человека. Одновременно он может и нарушить запрет, как поступила Анна Каренина. Как правило, эти два типа С. составляют пару: погоня за ценностью приводит к нарушению запрета.

4. Эпистемические модальности (знание — полагание — неведение). Это С. тайны или загадки, когда неизвестное становится известным. Эпистемический С. — самый распространенный

в литературе; на нем построены целые жанры (комедия ошибок, **детектив**, триллер).

5. Пространственные модальности (здесь — там — нигде). С. возникает тогда, когда герой, например, уезжает путешествовать, изменяя модальность "здесь" на модальность "там". Это С. "**Божественной комедии**" Данте, "Путешествия из Петербурга в Москву" А. Н. Радищева, "Писем русского путешественника" Н. М. Карамзина.

6. Временные модальности (прошлое — настоящее — будущее). С. **времени** возникает и становится популярным в литературе XX в., когда под влиянием теории относительности создается и разрабатывается С. путешествия во времени.

Для того чтобы С. (эксцесс) был вообще возможен, необходимо линейное время, отграничивающее **текст** от реальности (Ю. М. Лотман). XX в. вернул литературе циклическое время **мифа** (см.), где все повторяется, а время сделал многомерным. Понятие С. стало разрушаться. Покажем это на примере рассказа Х. Л. Борхеса "Три версии предательства Иуды". По традиционной версии, Иуда предал Иисуса из-за денег и зависти, то есть это был С. **нормы** и ценности: он совершил предательство и получил за это деньги.

По второй версии, Иуда действовал из альтруистических побуждений. Он предал Иисуса, чтобы сделать его имя бессмертным, то есть он нарушил запрет, но одновременно исполнил свой высший долг. Это было одновременно нарушением одной нормы и соблюдением другой.

По третьей версии, Иуда и есть Христос, взявший на себя самый страшный грех — грех предательства. С. теперь приобретает эпистемическую окраску: тайна поступка Иуды раскрывается таким неожиданным образом.

С другой стороны, литература **потока сознания** настолько растворила С. в стиле, что здесь уже трудно различить какие-либо отдельные модальности и необходима новая методика изучения С., которой теоретическая поэтика пока не располагает.

Однако, чтобы изучать новое, надо постараться разобраться в механизмах старого. Поэтому рассмотрим, как формируется в языке наиболее фундаментальный С. литературы — эпистемический С., С. тайны и загадки. Разберем трагедию Софокла "Эдип-царь". Рассмотрим два высказывания:

(1) Эдип убил встреченного им путника и женился на царице Фив.

(2) Эдип убил своего отца и женился на своей матери.

Первое высказывание содержит скрытую загадку, второе — уже раскрытую. В чем тут секрет? Оба высказывания говорят об одном и том же:

(3) Эдип убил Х и женился на У, —

но по-разному. Эдип не знал, что незнакомец, встреченный им на дороге, его отец, а царица Фив его мать. Он совершил эти действия по ошибке. Ошибка qui pro quo ("одно вместо другого") коренится в самом языке.

Каждое имя может быть описано по-разному. Лай — это царь Фив, отец Эдипа, незнакомец, которого Эдип встретил на дороге. Иокаста — царица Фив, мать Эдипа, жена незнакомца, которого Эдип встретил и убил. Эти выражения отсылают к одному объекту, но имеют разные **смыслы.** Но ошибка заключается как раз в онтологизации смыслов. Эдип знал, что ему предсказано, что он убьет собственного отца, поэтому он бежал из родного дома, не зная, что покидает своих приемных родителей. Если бы ему хотя бы на секунду пришло в голову, что незнакомец, встреченный им на дороге, его отец, а царица Фив его мать, то он бы, конечно, не совершил всего этого. Но в сознании Эдипа это были разные люди (см. также **семантика возможных миров**). Он не мог подозревать своего отца в каждом встреченном им мужчине. Так развивается эпистемический С., С. ошибки qui pro quo.

В современной литературе после "десюжетизации" **модернизма** С. постепенно возвращается в культуре **постмодернизма**. Литература, пусть в пародийном ключе, вновь начинает осознавать ценность **события**.

Лит.:
Пропп В. Я. Морфология сказки. — М., 1965.
Шкловский В. Б. О теории прозы. — М., 1925.
Выготский Л. В. Психология искусства. — М., 1965.
Руднев В. Морфология реальности: Исследование по "философии текста". — М., 1996.

СЮРРЕАЛИЗМ (от франц. surréalisme — букв. "надреализм") — одно из самых значительных и долговечных художественных направлений европейского **авангардного искусства** XX в. С. зародился во Франции в начале 20-х годов, пережил несколько кризисов, пережил вторую мировую войну и постепенно, сливаясь с **массовой культурой**, пересекаясь с пост- и трансавангардом, вошел в качестве составной части в **постмодернизм.**

Лидер французского С. Андре Бретон в "Манифесте сюрреализма" в 1924 г. писал: "Сюрреализм есть чистый физический автоматизм, посредством которого мы стремимся выразить в слове или в живописи истинную функцию мысли. Эта мысль продиктована полным отсутствием всяческого контроля со стороны рассудка и находится за пределами всех эстетических и моральных норм".

С. базируется на вере в высшую **реальность** произвольных ассоциаций (ср. **парасемантика),** во всемогущество **сновидения** и в незаинтересованную игру мысли, что ведет к постоянной деструкции всех физических механизмов и этических кодексов и их решительной замене в принципиальных жизненных проблемах.

С. выступил как одно из направлений в живописи, литературе и **кино.**

Применительно к живописи Бретон выделял в С. следующие базовые приемы (или принципы): 1) автоматизм, 2) использование так называемых обманок (trompe-l'oeil) и 3) сновидческие образы.

В 1924 г. Андре Массон стал делать автоматические рисунки. Используя ручки и индийскую тушь, он позволял своей руке быстро странствовать по листу бумаги, и возникающие при этом случайные линии и пятна вливались в образы, которые он либо развивал дальше, либо оставлял как есть. В лучших из этих рисунков наблюдается удивительная связность и текстуальное единство. Для художника важны были метаморфозы образов, то, как один из них превращается в другой. Так, голова лошади или рыбы могла трансформироваться в некий сексуальный образ.

Другой художник-сюрреалист, Хуан Миро, описывал свой опыт так: "Я начинаю рисовать, и пока я рисую, картина сама начинает утверждать себя под моей кистью. Пока я работаю, некая форма становится знаком женщины или птицы. Первая стадия — свободная, бессознательная [...]. Вторая стадия — внимательно выверенная".

Говоря о живописи ранних сюрреалистов, Бретон употреблял термин "химия интеллекта"; он говорил о таинственной галлюцинаторной власти образа, о том, что только чудесное прекрасно, что работа иллюзии является моделью внутреннего мира и что все переходит во все.

С. является явным и непосредственным детищем **психоанализа,** отсюда его обращение к сновидению, к бессознательному и к технике свободных ассоциаций.

Давая обобщенный образ С. во "Втором манифесте С." 1930 г., Бретон писал:

"Ужас смерти, потусторонние кабаре, погружение в сон даже самого здорового рассудка, обрушивающаяся на нас стена будущего, Вавилонские башни, зеркала неосновательности, непреодолимая стена грязноватого серебра мозгов — эти слишком увлекательные образы человеческой катастрофы остаются, возможно, всего лишь образами. Все заставляет нас видеть, что существует некая точка духа, в которой жизнь и смерть, реальное и воображаемое, прошлое и будущее, передаваемое и непередаваемое, высокое и низкое уже не воспринимаются как противоречия (ср. **дзэнское мышление.** — *В. Р.*). И напрасно было бы искать для сюрреалистической деятельности иной побудительный мотив, помимо надежды, определить такую точку".

Подчеркивая тот факт, что С. является не просто манерой живописи, а неким очень важным душевным опытом, **измененным состоянием сознания,** Бретон добавляет: "В сюрреализме мы имеем дело исключительно с furor. Важно понимать, что речь идет не о простой перестановке слов или произвольном перераспределении зрительных образов, но о воссоздании состояния души, которое сможет соперничать по своей напряженности с истинным безумием".

Литературные и поэтические опыты С. также отличает автоматизм сцепления свободных ассоциаций, констелляция образов. Вот пример сюрреалистического стихотворства —

Свисают бесцветные газы
Щепетильностей три тысячи триста
Источников снега
Улыбки разрешаются
Не обещайте как матросы

Львы полюсов
Море море песок натурально
Бедных родителей серый попугай
Океана курорты
7 часов вечера
Ночь страны гнева
Финансы морская соль
Осталась прекрасная лета ладонь
Сигареты умирающих
(Филипп Супо)

Безусловно, сюрреалистическая поэзия проигрывает по сравнению с отечественным **ОБЭРИУ** (см.). Проигрывает прежде всего — отсутствием юмора, самоиронии, напыщенной серьезностью, что, впрочем, не было характерно для сюрреалистического кинематографа.

В 1926 и 1928 гг. испанские сюрреалисты — будущий великий художник Сальвадор Дали и будущий великий режиссер Луис Бунюэль— создали два знаменитых скандальных киношедевра: "Андалузская собака" и **"Золотой век"**. Помимо того что в этих фильмах представлена обычная для С. техника свободных ассоциаций, образов **бессознательного** и т. д., эти фильмы задали особую традицию сюрреалистического киноязыка. Вспомним знаменитые кадры, предваряющие классические картины Дали: режиссер, разрезающий бритвой глаз героини; рояль, к которому привязана туша быка и два монаха; корова в шикарной спальне; женская волосатая подмышка на губах у мужчины и др.

В конце 20-х годов С. претерпел кризис. Его лидеры Бретон и Арагон пришли к амбициозной идее, что С. — это тотальное революционное движение, связанное с идеями коммунизма и исторического материализма. Во "Втором манифесте С." Бретон писал: "Самый простой сюрреалистический акт состоит в том, чтобы, взяв в руки револьвер, выйти на улицу и наудачу, насколько это возможно, стрелять по толпе. И у кого ни разу не возникало желание покончить таким образом со всей этой ныне действующей мелкой системой унижения и оглупления, тот сам имеет четко обозначенное место в этой толпе, и живот его подставлен под дуло револьвера". И далее: "Сюрреализм, коль скоро он намеренно вступает на путь сознания понятий реальности и нереальности, разума и бессмыслицы, знания и "рокового" неведения, пользы и бесполезности и т. д., подобен по своей направленности историческому материализму".

По-видимому, из этого кризиса С. вышел именно благодаря тому, что он перестал осмыслять себя как чисто идеологическая система и стал уделом таких крупнейших профессионалов, как бельгийский художник Рене Магритт и упомянутый уже Сальвадор Дали. Об автоматизме в живописи позднего С. уже не может идти речь, их произведения имеют четко выраженную композицию. Основная художественная проблема, которую решают поздние сюрреалисты, это проблема соотношения иллюзии и реальности и поиски границ между ними. Таков сюжет большинства картин Магритта. Так, например, на картине "Запрещенное изображение" (1937) запечатлен человек, который стоит спиной к зрителю и смотрится в зеркало, но отражение в зеркале при этом показывает его затылок и спину, то есть то, что сам он видеть не может и что доступно лишь тому, кто наблюдает за ним. На картине "Личные вещи" на фоне стен, которые одновременно являются небом с облаками, расположены вполне реалистически выписанные предметы, отличающиеся при этом гигантскими размерами: на маленьком платяном шкафу лежит огромная кисточка для бритья, на двухспальной кровати размером со спичку, лежащую рядом на полу, стоит прислонившись к стене-небу расческа размером почти до потолка.

Изощренная техника соединения несоединимого и появившаяся в позднем С. самоирония и юмор позволили ему органично влиться в поэтику современного постмодернизма.

Лит.:
Антология французского сюрреализма: 20-е годы. — М., 1994.

Т

ТЕАТР АБСУРДА — общее название для драматургии поставангарда 1950—1970-х гг., наследовавшей принципам авангардного театра **ОБЭРИУ** и создавшей собственную поэтику абсурда. Главные представители Т. а. — Эжен Ионеско, Сэмюэль Беккет, Эдвард Олби.

В этом очерке мы покажем некоторые фундаментальные принципы поэтики Т. а. на примере пьесы Ионеско "Лысая певица", опираясь на исследование О. Г. и И. И. Ревзиных, которые рассматривают Т. а. как эксперимент, проясняющий **прагматику** нормального общения.

Вот что они пишут: "Оказывается, что для нормального общения недостаточно, чтобы между отправителем и получателем был установлен контакт. Нужны еще некие общие взгляды относительно контекста, то есть действительности, отражаемой в общении, относительно характера отображения этой действительности в сознании отравителя и получателя и т. д. Эти общие аксиомы, необходимые для содержательно-нормального общения, назовем постулатами коммуникации, или постулатами нормального общения".

Первый постулат, нарушающийся в пьесах Ионеско, это постулат детерминизма: действительность устроена таким образом, что для некоторых явлений существуют причины, то есть не все **события** равновероятны. Отсутствие причинно-следственных отношений в пьесах Ионеско приводит к тому, что каждое событие становится случайным и тем самым равновероятным другим событиям. Поэтому реакции героев на редкие и обыденные события могут быть одинаковыми, и даже, наоборот, на обыденные события они могут реагировать с неадекватным изумлением:

"*Миссис Мартин*. Я видела на улице, рядом с кафе, стоял господин, прилично одетый, лет сорок, который...

Мистер Смит. Который что?

Миссис Смит. Который что?

Миссис Мартин. Право, вы подумаете, что я придумала. Он нагнулся и...

Мистер Мартин, мистер Смит, миссис Смит. О!

Миссис Смит. Да, нагнулся.

Мистер Смит. Не может быть!

Миссис Смит. Он завязывал шнурки на ботинке, которые развязались.

Трое остальных. Фантастика!

Мистер Смит. Если бы рассказал кто-нибудь другой на вашем месте, я бы не поверил.

Мистер Мартин. Но почему же? Когда гуляешь, то встречаешься с вещами еще более необыкновенными. Посудите сами. Сегодня я своими глазами видел в метро человека, который сидел и совершенно спокойно читал газету.

Миссис Смит. Какой оригинал!

Мистер Смит. Это, наверно, тот же самый".

Следующий постулат, который нарушает Т. а., постулат общей памяти. Этому соответствует эпизод в "Лысой певице", когда супруги Мартин постепенно узнают друг друга. Выясняется, что они ехали в Лондон в одном и то же вагоне, поезде и купе, сидели напротив друг друга, поселились в Лондоне в одном доме и одной квартире, спят в одной кровати, и у них есть общий ребенок.

Третий постулат нормального общения, который нарушается в "Лысой певице", это постулат тождества. Вот знаменитый пример его нарушения — разговор о Бобби Уотсонах:

"*Миссис Смит.* ...Ты знаешь, ведь у них двое детей — мальчик и девочка. Как их зовут?

Мистер Смит. Бобби и Бобби — как их родителей. Дядя Бобби Уотсона старый Бобби Уотсон богат и любит мальчика. Он вполне может заняться образованием Бобби.

Миссис Смит. Это было бы естественно. И тетка Бобби Уотсона старая Бобби Уотсон могла бы в свою очередь заняться воспитанием Бобби Уотсон, дочери Бобби Уотсона. Тогда мать Бобби Уотсона может вновь выйти замуж. Есть у нее кто-нибудь на примете?

Мистер Смит. Как же. Кузен Бобби Уотсон.

Миссис Смит. Кто? Бобби Уотсон?

Мистер Смит. О каком Бобби Уотсоне ты говоришь?

Миссис Смит. О Бобби Уотсоне, сыне старого Бобби Уотсона, другом дяде покойного Бобби Уотсона.

Мистер Смит. Нет. Это не тот. Это другой. Это Бобби Уотсон, сын старой Бобби Уотсон, тетки покойного Бобби Уотсона.

Мистер Смит. Ты говоришь о коммивояжере Бобби Уотсоне?

Миссис Смит. Все Бобби Уотсоны коммивояжеры..."

"В данном случае, — пишут исследователи, — сообщения, направляемые от отправителя к получателю, не могут быть адекватно восприняты, потому что в каждом новом сообщении меняется объект — лицо, называемое Бобби Уотсон. Иначе говоря, процесс общения не является нормальным вследствие нарушения постулата тождества: отправитель и получатель должны иметь в виду одну и ту же действительность, то есть тождество предмета не меняется, пока о нем говорят".

Пьесы абсурдистов послевоенного времени носят во многом рационалистический характер и не так глубоки, как драматургия русских поэтов **ОБЭРИУ**, например "Елка у Ивановых" Александра Введенского и "Елизавета Бам" Даниила Хармса. Они лишены подлинного трагизма — это знаменует переход от **модернизма** к **постмодернизму**.

Лит.:
Ревзина О. Г., Ревзин И. И. Семиотический эксперимент на сцене (Нарушение постулатов нормального общения как драматургический прием) // Учен. зап. Тартуского ун-та, 1971. — Вып. 284.

ТЕКСТ — одно из ключевых понятий гуманитарной культуры XX в., применяющееся в **семиотике, структурной лингвистике**, филологии, **философии текста, структурной** и **генеративной поэтике**. Т. — это последовательность осмысленных высказываний, передающих информацию, объединенных общей темой (см. **генеративная поэтика**), обладающая свойствами связности и цельности.

Слово Т. имеет сложную и разветвленную этимологию (лат. textum — ткань, одежда, связь, соединение, строение, слог, стиль; textus — сплетение, структура, связное изложение; texo — ткать, сплетать, сочинять, переплетать, сочетать).

В этимологию слова Т., таким образом, входит три семантических компонента, или маркера (см. **генеративная лингвистика**):

1. То, что сотворено, сделано человеком, неприродное.
2. Связность элементов внутри этого сделанного.
3. Искусность этого сделанного.

В соответствии с этими тремя значениями Т. изучается тремя дисциплинами: текстологией, герменевтикой и поэтикой (см. **структурная поэтика, генеративная поэтика, формальная школа**).

Текстология выявляет из нескольких вариантов канонический Т., комментирует его содержание и производит атрибуцию, то есть определяет принадлежность его определенной эпохе и определенному автору. Так, до сих пор, например, непонятно, ни когда написано "Слово о полку Игореве", ни кто его автор и, главное, является ли оно подлинным произведением древнерусской литературы или гениальной подделкой конца XVII в.

Герменевтика занимается толкованием текста. Например, без герменевтического комментария очень трудно понять такие тексты, как "Улисс" Джойса или **Логико-философский трактат** Витгенштейна. Герменевтика священных текстов называется экзегетикой. Так, например, Апокалипсис (Откровение Иоанна Богослова) располагается в конце всей Библии и считается последней книгой Священного писания христианской церкви. Но по своему стилю этот Т. является настолько архаическим и в то же время в нем столько цитат из предшествующих Т. Библии, что в 1980-е гг. русские математики М. Постников и А. Фоменко, занимающиеся темой фальсификации исторических Т., высказали дерзкое и остроумное предположение, что Апокалипсис — не последняя, а первая, самая древняя книга Библии и тогда истолковать его будет значительно легче: ясно, что не Апокалипсис цитирует другие Т., а другие, с точки зрения этой концепции более поздние, Т. Библии цитируют Апокалипсис. Таким образом, герменевтическая концепция Т. может зависеть от его текстологической концепции (в данном случае атрибуции).

Священное писание наполнено загадочными, "темными" местами. Иногда только релятивистски ориентированное и раскованное сознание может добраться до приемлемого толкования. Приведем два примера из Евангелий. В Нагорной проповеди есть фраза — "Блаженны нищие духом". Как это понимать — слабоумные? Но почему? С. С. Аверинцев предложил читать это высказывание как "Блаженны нищие по велению духа", и тогда все становится на свои места. В другом месте Иисус говорит, что легче верблюду пройти через игольное ушко, нежели богатому попасть в царствие небесное. При чем здесь верблюд? Вероятно, потому, что это ошибочный перевод древнегреческого слова, одним из значений которого было "верблюд", а другим — "канат". "Легче канату пройти через игольные уши..." — фраза становится гораздо более осмысленной.

Таким образом, Т. тесно связан с тем языком, на котором он написан, и при переводе возникают ошибки.

Ведь каждый язык по-своему структурирует **реальность** (см. **гипотеза лингвистической относительности**).

Искусность построения Т. изучает поэтика. Она исследует, как устроен текст, его структуру и композицию (см. **формальная школа, структурная поэтика, генеративная поэтика**). Здесь следует ввести разграничение между художественным и нехудожественным Т. Нехудожественные Т. передают или, во всяком случае, претендуют на то, чтобы передавать информацию. Это может быть на самом деле ложная информация, специально вводящая в заблуждение, дезинформация. Но художественный текст не передает ни истинной, ни ложной информации. Он, как правило, оперирует вымышленными объектами (см. **философия вымысла**), так как задача искусства — это, в первую очередь, развлекать читателя, зрителя или слушателя. Конечно, бывают исключения, например "Архипелаг ГУЛАГ" Солженицына, который одновременно является высокохудожественным текстом и передает огромное количество информации. Но мы сейчас говорим о беллетристике, которая призвана развлекать, что не мешает ей высказывать глубокие философские истины и тонкие психологические наблюдения.

Но в роли беллетристики часто выступает газета, которая как будто пишет правду, но на самом деле оказывается, что это не совсем правда или совсем не правда, потому что для журналистов важно, чтобы газету читали, то есть чтобы ее Т. были занимательны. Вообще, правда — палка о двух концах. Есть правда прокурора, который доказывает виновность преступника, и есть правда адвоката, который доказывает на том же процессе его невиновность.

Художественный Т. часто нуждается в герменевтическом комментарии, причем каждая эпоха прочитывает тексты по-своему. Например, стихотворение Некрасова "Железная дорога", которое мы проходили в школе, посвящено обличению русских чиновников, построивших железную дорогу на крови и костях простых людей. Так, вероятно, считал и сам поэт Некрасов.

Сейчас в русле **неомифологического сознания** русский ученый В.А. Сапогов истолковал этот Т. как воспевание "строительной жертвы". В соответствии с достаточно универсальным мифологическим представлением постройка будет тем крепче, чем больше человеческих жертв будет принесено на ее алтарь (на этом основан один из киношедевров Сергея Параджанова "Легенда о Сурамской крепости"). Некрасов пришел бы в ужас от такой интерпретации, но он сам в стихотворении "Поэт и гражданин" пишет:

> Иди и гибни безупрёчно,
> Умрешь недаром — дело прочно,
> Когда под ним струится кровь.

Т. может быть понят предельно широко, как его понимает современная **семиотика** и **философия текста** (см.). Улица города — Т., или совокупность Т. Названия улиц и номера домов, **реклама** и названия магазинов, дорожные знаки и светофор — все это несет информацию и считывается жителями города и приезжими. По одежде людей, идущих по улице, можно прочитать профессию, возраст, социальную принадлежность — военный, полковник, "новый русский", нищий, иностранец, хиппи, панк, чиновник, интеллигент.

Но тогда Т. оказывается все на свете и не остается места для **реальности**. В соответствии с пониманием автора словаря, реальность — это Т., написанный Богом, а Т. — это реальность, созданная человеком. Если мы не понимаем языка Т., он становится частью реальности, если мы знаем язык звериных следов, то для нас зимний лес — открытая книга (см. также **реальность, философия текста, постмодернизм**).

Лит.:
Лотман Ю. М. Избр. статьи. В 3 тт. — Таллинн, 1992.
Бахтин М. М. Проблема текста в лингвистике, философии и других гуманитарных науках // Бахтин М. М. Эстетика словесного творчества. — М., 1979.
Постников М. М., Фоменко А. Т. Новые методики анализа нарративно-цифрового материала древней истории // Учен. зап. Тартуского ун-та, 1982. — Вып. 576.
Руднев В. П. Основания философии текста //

Научно-техническая информация. Сер. 2. Информационные процессы и системы. — М., 1992. — № 3.

ТЕКСТ В ТЕКСТЕ — своеобразное гиперриторическое построение, характерное для повествовательных текстов (см. также **неомифологизм, принципы прозы XX в.**) XX в. и состоящее в том, что основной текст несет задачу описания или написания другого текста, что и является содержанием всего произведения: например, режиссер ставит фильм, который у него не получается; писатель пишет роман; литературовед или философ анализирует какое-то якобы уже написанное произведение.

Происходит игра на границах **прагматики** внутреннего и внешнего текстов, конфликт между двумя текстами за обладание большей подлинностью. Этот конфликт вызван глобальной установкой культуры XX в. на поиски утраченных границ между иллюзией и **реальностью**. Поэтому именно построение Т. в т. является столь специфичным для XX в., хотя в принципе он использовался достаточно широко в культурах типа барокко. Построением Т. в т. является, например, сцена "мышеловка" в трагедии Шекспира "Гамлет", когда Гамлет, чтобы разоблачить Клавдия, с помощью бродячих актеров ставит спектакль "Убийство Гонзаго", своеобразный ремейк, повторяющий историю убийства Клавдием короля Гамлета.

Классическое построение Т. в т. представляет собой **"Мастер и Маргарита"**. Иван Бездомный пишет антирелигиозную поэму о Христе. Редактор Берлиоз убеждает его, что основной упор надо сделать на то, что Иисуса Христа никогда не было на свете. Появляется Воланд и рассказывает остолбеневшим членам Массолита сцену допроса Иешуа Понтием Пилатом, которая является частью, как узнает в дальнейшем читатель, романа Мастера. Причем если Воланд, по его словам, присутствовал при этой сцене лично, то Мастер гениальным чутьем художника угадал то, что происходило две тысячи лет назад во дворце царя Ирода.

"После этого, — пишет Ю. М. Лотман, — когда инерция распределения реального-нереального устанавливается, начинается игра с читателем за счет перераспределения границ между этими сферами. Во-первых, московский мир ("реальный") наполняется самыми фантастическими событиями, в то время как выдуманный мир романа Мастера подчинен строгим законам бытового правдоподобия. На уровне сцепления элементов сюжета распределение "реального" и "ирреального" прямо противоположно. [...] В идейно-философском смысле это углубление в "рассказ о рассказе" представляется Булгакову не удалением от реальности [...] а восхождением от кривляющейся кажимости мнимо-реального мира (ср. **абсолютный идеализм**. — *В. Р.*) к подлинной сущности мировой мистерии. Между двумя текстами устанавливается зеркальность, но то, что кажется реальным объектом, выступает лишь как искаженное отражение того, что само казалось отражением".

Чрезвычайно популярной фигура Т. в т. стала в **кино** 1960—1980-х гг., начиная с самого знаменитого "фильма в фильме" "8 1/2" Федерико Феллини. Послушаем, что пишет об этом Вяч. Вс. Иванов: "В этом фильме раскрывается душевное смятение героя — кинорежиссера Гвидо Ансельми, обстоятельства, сопутствующие все откладываемой из-за мучительных колебаний съемки фильма. В эпизоде в просмотровом зале мы видим и пробные кадры, где разные актрисы воспроизводят претворенные Гвидо образы его любовницы и жены. Сидя в просмотровом зале, реальный прототип этого последнего образа — его жена смотрит вместе с другими участниками съемки пробные кадры, в которых Гвидо пытается воссоздать ее черты посредством игры разных актрис. Мы не только еще раз присутствуем при том столкновении реальности с ее изображением, которое в видениях, воспоминаниях и творческих снах Гвидо проходит через весь фильм. Гвидо в просмотровом зале не может ответить на вопрос продюсера, какая из актрис подходит для роли. Он в этот момент подобен поэту, который не мог бы из всего множества равнозначных фраз выбрать ту единственную, которая соответствует его замыслу.

Т. в т. недаром стал наиболее репрезентативным типом кинематографического **сюжета** второй половины XX в. Его идеология — это **семантика возможных миров** (см.): реальный мир всего лишь один из возможных. Мира обыденной **реальности** (см.), "данной нам в ощущениях", для XX в. просто не существует.

Второй знаменитый "фильм в фильме" — это "Все на продажу" Анджея Вайды, сюжет которого заключается в том, что режиссер снимает фильм о гибели великого польского актера Збигнева Цибульского. При этом режиссер и его друзья до такой степени привыкли смотреть на мир сквозь объектив кинокамеры, что, видя интересную сцену или пейзаж, они уже непроизвольно складывают пальцы "в рамку", примериваясь, как это будет смотреться в кадре.

Говоря о Т. в т., нельзя не упомянуть такой шедевр прозы XX в., как **"Бледный огонь"** В. В. Набокова. Роман состоит из поэмы, написанной только что погибшим поэтом Джоном Шейдом (поэма довольно длинная и приводится целиком) и комментария к ней, написанного ближайшим другом и соседом Шейда, преподавателем университета, от чьего лица и ведется рассказ. Постепенно читатель понимает, что рассказчик-комментатор не комментирует поэму Шейда, а вычитывает из нее выдуманную или реальную тайну своей **биографии**, в соответствии с которой он был королем одной небольшой северной страны, находящимся в изгнании. При этом так до конца остается непонятным: является ли рассказчик просто сумасшедшим или его рассказ правда.

Одним из гигантских (как по объему, так и по масштабу) произведений современной русской литературы на тему Т. в т. является роман Дмитрия Галковского **"Бесконечный тупик"**. Роман представляет собой комментарий к — непонятно, написанному или нет, — трактату (несомненная отсылка к "Бледному огню"); этот многослойный комментарий и есть корпус романа. Комментарий включает мысли автора-героя о русской истории, философии и политике, снабженные большим числом ссылок из большого количества источников, рассказ о жизни героя в детстве, о его покойном отце. При этом идеологический протеизм героя-автора, сравнимый только с розановским, которому автор следует сознательно, настолько силен, что роман, не опубликованный до сих пор целиком по причине своего объема (во всяком случае, не опубликованный зимой 1997 г., когда автор писал этот словарь), публиковался по частям в таких идеологически противоположных журналах, как "Новый мир" и "Наш современник". "Бесконечный тупик" также осуществляет идеологию возможных миров: в роман включены рецензии на него, написанные различными выдуманными критиками, в том числе и самим автором (ср. **полифонический роман**); при огромном объеме текст романа дробится на фрагменты, создающие неповторимый образ мира-лабиринта, из которого нет выхода — отсюда и название "Бесконечный тупик".

Следует также упомянуть один из последних шедевров мировой литературы, роман сербского писателя, "балканского Борхеса", как его называют, Милорада Павича **"Хазарский словарь"**. Роман представляет собой как бы разросшуюся до внушительных размеров новеллу Борхеса (о том, что большинство новелл Борхеса строится как Т. в т., мы не говорим просто потому, что это само собой разумеется) — это статьи из утерянного или, возможно, никогда не существовавшего словаря, посвященного проблеме принятия хазарами новой веры в IX в. н.э. Содержание романа является и содержанием словаря, его **телом** и одновременно его отрицанием, поскольку все сказанное о хазарах в христианских источниках противоречит тому, что сказано о них в исламских и иудейских. Тем временем сюжет романа закручивается в сложнейший интеллектуальный триллер.

"Культура, — писал Ю. М. Лотман, — в целом может рассматриваться как текст. Однако исключительно важно подчеркнуть, что это сложно устроенный текст, распадающийся на иерархию "текстов в текстах" и образующий сложное переплетение текстов. Поскольку само слово "текст" включает в себя этимологию переплетения (см. **текст.** — *В. Р.*), мы можем сказать, что таким толкованием мы возвращаем понятию "текст" его исходное значение" (см. также **реальность**).

Лит.:
Лотман Ю. М. Текст в тексте // Учен. зап. Тартуского ун-та, 1981. — Вып. 567.
Иванов Вяч. Вс. Фильм в фильме // Там же.
Левин Ю. И. Повествовательная структура как генератор смысла: Текст в тексте у Борхеса // Там же.
Руднев В. Философия русского литературного языка в "Бесконечном тупике" Дмитрия Галковского // Логос, 1933. — № 4.
Руднев В. Прагматика художественного высказывания // Родник, 1988. — № 11.

ТЕЛЕФОН. Несмотря на то что Т. был изобретен еще в 1876 г. (Александром Беллом), он несомненно является яркой приметой и символом XX в., который просто немыслим без телефонных разговоров, распоряжений, ссор — без телефонной коммуникации.

Т. очень многое изменил в жизни людей, многое упростил, но

многое и усложнил — привнес проблемы, которых не было раньше. Кроме того, возникла особая поэтика и риторика телефонного разговора.

Что прежде всего изменилось, когда Т. стал массовым явлением? Изменилась **прагматика** (см.) **пространства** (см.). Прагма-пространство описывается двумя понятиями — "здесь" и "там". Т. нарушил привычные логические связи между "здесь" и "там". Если человек находится в Нью-Йорке, то он очень далеко — Там по отношению к Москве. Телефонный разговор между Москвой и Нью-Йорком сближает эти пространства. "Там" с большой буквы меняется на "там" с маленькой буквы. Как будто люди разговаривают из-за перегородки — не видят друг друга, но слышат голоса.

Т. прагматизировал (то есть сделал актуальными) такие вопросы, как: "Кто это говорит?"; "Где ты сейчас находишься?"; "Откуда ты говоришь?". Все эти фразы раньше или вообще не употреблялись в речевой деятельности (ср. **теория речевых актов**), или находились на самой дальней ее периферии.

Т. резко поднял цену человеческого голоса, аудивиализировал культуру, но понизил ценность культуры письменной. По-видимому, только люди старой закалки вроде Томаса Манна (или английского писателя Ивлина Во, который, как говорят, вообще никогда не пользовался Т.) еще могли оставить собрание своих писем. Что же останется от великих людей настоящего и будущего, кроме их произведений, — факсы?

Распространение Т. сделало возможным разговор с человеком, который находится в данную минуту далеко — Там; ему не надо писать письмо, ему можно позвонить. Однако сам тип телефонной коммуникации совершенно другая форма общения. Пользуясь Т., можно говорить далеко не обо всем (ср. формулу "Это не телефонный разговор"). И не только из-за боязни прослушивания. Устная речь по Т. — это неполноценная устная речь (ср. **лингвистика устной речи**) — отключаются паралингвистические механизмы: бесполезно кивать в знак согласия, энергично крутить головой в знак отрицания, выражать изумление, разевая рот, или пожимать плечами. Т. поначалу деинтимизировал общение, сделал его усредненным (ср. **интимизация**).

Конечно, это не значит, что не существует особых жанров (**языковых игр**) телефонных разговоров, — наоборот, их стало множество: короткий и длинный разговор, служебный или интимный.

В теории информации существует закон (сформулированный Клодом Шенноном), в соответствии с которым чем у́же канал информации, тем ценнее эта информация. Нечто подобное происходит в поэзии под влиянием **ритма**, сужающего канал информации. Поэтому сам по себе телефонный звонок — это большая ценность. Он может быть неожиданным, долгожданным, роковым и т. д. Человек очень быстро раскусил возможности телефонной коммуникации и сумел реинтимизировать ее.

Более того, всю первую половину XX в. Т. был одним из самых устойчивых символов любви, но именно любви XX в., символом любовного **текста**, любовного дискурса.

В 1958 г. яркий представитель французского музыкального **модернизма**, композитор Франсис Пуленк написал монооперу "Человеческий голос", в которой заняты только певица и Т. и **сюжет** которой заключается в том, что героиня сидит в комнате и говорит по Т. со своим возлюбленным, решившим ее бросить, причем, как это обычно и бывает, слышится только *ее* голос. Опера Пуленка длилась более сорока минут. Разговор обрывался, связь то и дело разъединялась, героиня обращалась с мольбами к телефонистке. В музыкальном языке оперы обыгрывались телефонные звонки.

Таким образом, Т. стал в XX в. не просто символом любви, а символом несчастной любви или разлуки, ведь если влюбленные говорят по Т., значит, они не рядом. **Кино** в XX в. сформировало особый жанр "телефонной любви", когда герои знакомятся по Т. или на протяжении многих дней общаются только по Т. (как, например, в фильме Марлена Хуциева "Июльский дождь").

При этом вошедшие в обиход молодых людей устойчивые фразы или строки из популярных песен ("Позвони мне, позвони" или просто обыденное "Девушка, напишите ваш телефончик") не мешают играть "телефонной любви" большую роль и в высокой поэзии. Достаточно вспомнить стихотворение Николая Заболоцкого "Голос в телефоне" (1957), вошедшее в цикл "Последняя любовь":

> Раньше был он звонкий, точно птица,
> Как родник, струился и звенел,

> Точно весь в сиянии излиться
> По стальному проводу хотел.
>
> А потом, как дальнее рыданье,
> Как прощанье с радостью души,
> Стал звучать он, полный покаянья,
> И пропал в неведомой глуши.
>
> Сгинул он в каком-то диком поле,
> Беспощадной вьюгой занесен...
> И кричит душа моя от боли,
> И молчит мой черный телефон.

Второй жанр, с которым связан Т. в XX в., — мистический. Вспомним, какую роль Т. играет в **"Мастере и Маргарите"**; например, когда звонят по Т. в квартиру № 50, слышат там какие-то звуки и голос, поющий: "...скалы, мой приют...", а в квартире пусто. Или фильм ужасов "Кошмар на улице Вязов", где Т. манипулирует мертвец-убийца Фредди Крюгер. Наиболее выразительный пример мистической роли Т. — эпизод в "Сталкере" Андрея Тарковского, когда в заброшенной комнате, в самом центре зоны, вдруг звонит Т. и спрашивает поликлинику.

Т. вообще очень тесно связан с сюжетом — литературным и кинематографическим — у него для этого много возможностей: ведь он изменяет пространственную **модальность** "там" — на "здесь" или "здесь" на "там" и этим дает возможность развитию классического сюжета qui pro quo ("одно вместо другого"). Так, например, в известной комедии "Разиня" Бурвиль звонит из Италии в Париж Фюнесу, который на самом деле в этот момент находится на одной с ним автозаправочной станции. Секретарша Фюнеса переводит звонок в автомобиль своего патрона, за чем следует комическая сцена разговора по Т. между двумя стоящими рядом машинами, владелец одной из которых думает, что говорит с Парижем, а владелец второй старается укрепить его в этом заблуждении. Другой пример — комедия "Волга-Волга". Бывалов звонит по телефону в гараж и надменно говорит: "Алло, это гараж? Заложите кобылу!". Между тем гараж находится рядом во дворе и если крикнуть из окна конторы, то слышно будет гораздо лучше.

Вот пример игры с Т. в триллере **"Три дня Кондора"**. Когда героя спрашивают по Т., где он находится, он отвечает: "Здесь". Потом, чтобы ЦРУ не могло определить его местонахождение, он проникает на АТС и путает все соединительные провода.

Телефонные розыгрыши, анонимные звонки, телефонная неразбериха — все это тоже очень хорошее подспорье для сюжетов массовой литературы и кино. Когда-то в журнале "Юность" был опубликован рассказ, фамилию автора которого память, к сожалению, не удержала. Назывался он "Стеснительные люди". Вся новелла была виртуозно построена вокруг лишь одного элемента телефонной прагматики — молчания в трубку. Схема сюжета такова.

От молодого преподавателя ушла жена и переехала жить к своему отцу. Расстроенный этим, он поставил на экзамене двойку хорошему студенту. Студент понял, что преподаватель чем-то расстроен, и набрал номер, но, когда преподаватель взял трубку, от стеснения стал молчать. Преподаватель же подумал, что это звонит его жена, но не решается начать разговор первой. Тогда он решается позвонить ей сам, попадает на ее отца и молчит в трубку. Тесть думает, что это грабители проверяют квартиру, и говорит в трубку, что напрасно они полагают, что здесь живет один беспомощный старик, — к нему переехала дочь с мужем-спортсменом. Тем временем студент еще раз решается позвонить преподавателю и опять-таки молчит в трубку. Преподаватель вновь уверен, что это жена, и говорит: "Наташа, я все знаю, какая же ты дрянь!". Затем студент звонит отцу-следователю в милицию, чтобы признаться, что получил двойку, и, естественно, молчит в трубку, а следователь полагает, что это бандит Рыло хочет сдаваться, но не знает, как начать разговор. И следователь подбадривает его: "Рыло, приходи сдаваться".

Тем временем грабитель Рыло не знает, что ему предпринять: грабить очередной киоск или идти сдаваться. Он решает позвонить по Т. наудачу, набрав первый попавшийся номер: что ему скажут, то он и сделает. Он попадает к преподавателю, который, взяв трубку, сразу кричит: "Наташа, возвращайся, я все прощаю". Рыло идет сдаваться.

Поэтику телефонного разговора во многом изменили различные приспособления и ухищрения: автоответчик, определитель номера, сотовая связь. Электронная почта начинает вытеснять Т.

ТЕЛО. Парадоксально, но классический **реализм** XX в. практически не замечал человеческого тела, его функциональности. Герой говорил и ел, был толстый или худой. Все это скорее являлось идеологическими характеристиками. Характерно, что первый писатель XX в. Чехов впервые четко проартикулировал свое отношение к Т.; говоря о том, что все в человеке должно быть прекрасно, он подчеркнул, что это не только душа, но и одежда. Характерно также, что "толстый" Чехову приятней "тонкого", потому что толстый более здоровый, более эстетичный, нежели тонкий в его униженной антиэстетической позе. В этом Чехов порывает с классической традицией XIX в., которая жалела "тонкого" маленького человека и обличала "толстого".

Впервые научное обоснование связи телосложения и характера человека дал немецкий психиатр Эрнст Кречмер (см. также **характерология, аутистическое мышление**). При помощи статистики он связал добродушных толстяков с толстой шеей (пикнический тип телосложения) с сангвиническим характером; тонких и худых — с шизотимическим типом характера (см. **аутистическое мышление**); атлетический тип телосложения Кречмер рассматривал как смешанный. Позже атлетикам присвоили эпилептоидный, авторитарно-напряженный тип характера, характер воина и политика.

XIX в. не замечал ни того, как люди любят, ни того, как они отправляют свои ежедневные потребности, — это находилось за пределами искусства, а стало быть, и за пределами жизни. Полностью культурную значимость человеческого тела и его функций раскрыл Зигмунд Фрейд. Он показал, что бессознательные импульсы и **неврозы** вызваны **травмами** раннего детства (позднее его ученик Отто Ранк объяснял их самой тяжелой телесной травмой — **травмой рождения** (см.) — особенностями сосания груди, дефекацией, детской мастурбацией и т. п. Тело и телесные практики стали играть большую роль в **авангардном искусстве** XX в., но подлинное философское осмысление Т. дали французские философы второй половины XX в., прежде всего Жиль Делез и Жан-Люк Нанси.

Прежде всего, человеческое тело значимым образом отличается от Т. животного. Первое отличие — это способность говорить, приспособленность полости рта и гортани для производства речи. Второе отличие — высвобождение человеческих рук вследствие прямохождения, руки становятся созидателями человеческой культуры, и поэтому человеческое общество развивается экстракорпорально (внетелесно).

Т. тесно связано с политикой и властью. Объясним это на примере рассказа "Муму" И. С. Тургенева, проанализированного в духе французской философии (см. **деконструкция**) современным русским философом Сергеем Зимовцом. Герой рассказа Герасим хочет жениться на прачке Татьяне, но он глух, у него отсутствует телесная функция, что мешает ему быть полноценным человеком, и поэтому Власть в лице барыни отказывает ему. Тогда он заводит собачку, которая становится чем-то вроде ортопедического устройства, посредником между получеловеком Герасимом и миром людей. С этим "костылем" Герасим пытается вторично проникнуть в жизнь людей, но Власть вновь отталкивает его. Тогда Герасим топит свой "протез" и уходит в деревню; теперь он совсем стал зверем и Власть в лице барыни ему не страшна.

Политика — это переделка не только души, но и Т. Это отлично понял Булгаков и показал в замечательной повести "Собачье сердце". Т. собаки Шарика более человечно, чем человекоподобное Т. Шарикова. Эксперимент не удался. Недаром Шарикову ближе получеловек Швондер, чем его создатель, гуманист профессор Преображенский.

Руки тоже не только создают орудия, все более тонкие и сложные, руки манипулируют в политике, и политики манипулируют ими. Руками голосуют "за". "Рабочие руки", "руки пианиста", "интеллигентские изнеженные руки" — все это стереотипы политики XX в. В романе современного русского писателя Владимира Сорокина (см. **концептуализм**) "Тридцатая любовь Марины" героиня не может испытать оргазм с мужчинами и становится лесбиянкой. Только встретившись с секретарем парткома завода и пережив слияние со станком, она испытывает оргазм в объятиях того же секретаря. Характерно, что она смотрит на свои руки: "Она посмотрела на свои руки: "Значит, и эти руки чего-то могут. Не только теребить клитор, опрокидывать рюмки и воровать масло?".

Однако, как показала еще в 1910 г. ученица Фрейда и Юнга русский психоаналитик Сабина Николаевна Шпильрейн, тяготение к созиданию является не более фундаментальным в культуре, чем тяготение к разрушению (соответственно, тяготение не только к жизни, но и к смерти). И здесь первую роль начинают играть ноги, которые прежде всего могут разрушать. Исключение — парад, балет, спорт.

Ноги в культуре — субститут, замена половых органов и символ тяготения к смерти. Ноги — это также символ плотской любви. Андерсеновская Русалочка, для того чтобы завоевать любовь принца, идет на то, что ей создают ноги — без этого человеческий секс невозможен. Ценой страданий она обретает ноги и любовь, но принц в конце концов предпочитает другую, и Русалочка погибает. Так же погибают в огне любви стойкий оловянный солдатик и бумажная балерина, застывшие в напряженной сексуальной позе на одной ноге.

В вопросе о ногах свое веское слово сказал **социалистический реализм**, показав советского мутанта Алексея Мересьева, отплясывающего на искусственных ногах и сливающегося в одно целое с самолетом, несущим разрушение.

Чрезвычайно любопытно недавнее обсуждение в прессе феномена Майкла Джексона в связи с проблемой телесности. Дело в том, что его обвинили в растлении малолетних, потому что он любит проводить время с животными и детьми. Противоположная точка зрения, отклонявшая эти обвинения, заключалась в том, что Т. Майкла Джексона — это не простое человеческое Т., что Майкл Джексон — это киборг, невинный мутант будущего, состоящий наполовину из человеческого тела, а наполовину из компьютерных устройств.

Вообще, компьютерная революция постепенно корректирует телесность человека. Раньше руки создавали орудия. Но когда они создали компьютер, они перестали быть нужны, теперь нужны только пальцы, чтобы набирать информацию (вот символ постиндустриального общества — общества информации). Но скоро и пальцы не понадобятся, останется только человеческий голос, записывающий в компьютер свою тоску по утраченной телесности.

Но часть ноги — стопа — навсегда останется следом человеческого тела в культуре. Стопой мерили расстояние. Стопой с античных времен мерят стихотворный размер. В конце концов культура преодолеет и кризис антителесности.

Лит.:
Кречмер Э. Строение тела и характер. — М., 1994.
Зимовец С. Молчание Герасима: Психоаналитические и философские эссе о русской культуре. — М., 1996.
Эткинд А. Эрос невозможного: История психоанализа в России. — М., 1994.
Мейлик З. Плоть и невинность Майкла Джексона // Художественный журнал, 1996. — № 10.
Руднев В. Метафизика футбола: Исследование по философии текста и патографии. — М., 2001.

ТЕОРИЯ РЕЧЕВЫХ АКТОВ — одно из направлений **аналитической философии**, созданное в конце 1940-х гг. оксфордским аналитиком Дж. Остином. Т. р. а. учит тому, как действовать при помощи слов, "как манипулировать вещами при помощи слов" (это дословный перевод основополагающей книги Остина "How to do things with words" — в советском переводе "Слово как действие").

Прежде всего, Остин заметил, что в языке существуют глаголы, которые, если поставить их в позицию 1-го лица ед. числа, аннулируют значение истинности всего предложения (то есть предложение перестает быть истинным или ложным), а вместо этого сами совершают действие. Например, председатель говорит:

(1) Объявляю заседание открытым;

или священник говорит жениху и невесте:

(2) Объявляю вас мужем и женой;

или я встречаю на улице пожилого профессора и говорю:

(3) Приветствую вас, господин профессор;

или провинившийся школьник говорит учителю:

(4) Обещаю, что это никогда не повторится.

Во всех этих предложениях нет описания **реальности**, но есть сама реальность, сама жизнь. Объявляя заседание открытым, председатель самими этими словами объявляет заседание открытым. И я, произнося предложение (3), самим фактом произнесения его приветствую профессора.

Такие глаголы Остин назвал перформативными (от англ. performance — действие, поступок, исполнение). Предложения с такими глаголами были названы перформативными, или просто речевыми, актами, чтобы отличить их от обычных предложений, описывающих реальность:

(5) Мальчик пошел в школу.

Оказалось, что перформативных глаголов в языке довольно много: клянусь, верю, умоляю, сомневаюсь, подчеркиваю, настаиваю, полагаю, расцениваю, назначаю, прощаю, аннулирую, рекомендую, намереваюсь, отрицаю, имею в виду.

Открытие речевых актов переворачивало классическую позитивистскую картину соотношения языка и реальности, в соответствии с которой языку предписывалось описывать реальность, констатировать положение дел при помощи таких предложений, как (5). Т. р. а. же учит, что язык связан с реальностью не проективно, а по касательной, что он хотя бы одной своей точкой соприкасается с реальностью и тем самым является ее частью.

Эта картина не вызвала шока, поскольку к тому времени было уже известно учение Витгенштейна о **языковых играх** (см.), а речевые акты являются частью языковых игр.

Понятие истинности и ложности для речевых актов заменяется понятиями успешности и неуспешности. Так, если в результате речевого акта (1) заседание открылось, в результате речевого акта (2) состоялось бракосочетание в церкви, профессор ответил на мое приветствие (3) и школьник действительно хотя бы на некоторое время перестал шалить (4), то эти речевые акты можно назвать успешными.

Но если я говорю: "Я приветствую вас, господин профессор!" — а профессор, вместо того чтобы ответить на приветствие, переходит на другую сторону улицы, если мальчик, пообещав, что он "больше не будет", тут же начинает опять, если у священника к моменту бракосочетания был отнят сан и если собрание освистало председателя — эти речевые акты неуспешны.

Речевой акт может быть как прямым, так и косвенным. Забавные примеры косвенных речевых актов приводит американский аналитик Дж. Серль:

(6) Должны ли вы продолжать так барабанить?

Здесь под видом вопроса говорящий совершает речевой акт просьбы не барабанить.

(7) Если бы вы сейчас ушли, это никого не обидело бы.

Здесь говорящий смягчает речевой акт, который в прямом варианте звучал бы как "Немедленно уходите!".

(8) Если вы замолчите, от этого может быть только польза.
Было бы лучше, если бы вы дали мне сейчас деньги.
Нам всем было бы лучше, если бы вы немедленно сбавили тон.

В 1960-е гг. было высказано предположение — так называемая перформативная гипотеза, — в соответствии с которым *все* глаголы являются потенциально перформативными и все предложения представляют собой потенциальные речевые акты. Согласно этой гипотезе "невинное" предложение (5) имеет молчаливый глубинный "зачин", подразумеваемые, но непроизносимые вслух слова (пресуппозицию):

(5а) Я вижу мальчика, идущего в школу, и, зная, что тебе это интересно, сообщаю тебе: "Мальчик пошел в школу".

Если перформативная гипотеза верна, то это равносильно тому, что вся **реальность** поглощается языком и деление на предложение и описываемое им положение дел вообще не имеет никакого **смысла** (ср. **философия вымысла**). Это соответствует представлениям о **возможных мирах** и **виртуальных реальностях**, согласно которым действительный мир — это лишь один из возможных, а реальность — одна из виртуальных реальностей.

Лит.:
Остин Дж. Избранное: Как производить действия при помощи слов; Смысл и сенсибилии. — М., 1999.
Серль Дж. Р. Косвенные речевые акты // Новое в зарубежной лингвистике. Вып. 17. Теория речевых актов. — М., 1986.

Вежбицка А. Речевые акты // Там же. Вып. 16. Лингвистическая прагматика, 1985.

ТЕРАПИЯ ТВОРЧЕСКИМ САМОВЫРАЖЕНИЕМ — клинический, непсихоаналитически ориентированный психотерапевтический метод лечения людей с тягостным переживанием своей неполноценности, с тревожными и депрессивными расстройствами, разработанный известным русским психиатром и психотерапевтом М. Е. Бурно.

В основе Т. т. с. лежат, как кажется, две идеи. Первая заключается в том, что человек, страдающий психопатологическим расстройством, может узнать и понять особенность своего характера, своих расстройств, настроения. Вторая идея, вытекающая из первой, состоит в том, что, узнав сильные и слабые стороны своего характера, пациент может творчески смягчать свое состояние, так как любое творчество высвобождает большое количество позитивной энергии, любое творчество целебно. Последнее как будто не противоречит положению Фрейда о сублимации (см. **психоанализ**), в соответствии с которым люди искусства и науки приподнимают (сублимируют) свою болезнь в творчество.

Однако кардинальное отличие методики Бурно от западной психотерапии в том, что Т. т. с., развивая клинические подходы Эрнста Кречмера и П. Б. Ганнушкина, основывается на положении: каждый характер заложен в человеке врожденно и поэтому бесполезно и бессмысленно пытаться его менять, с ним бороться. Т. т. с. строится с учетом особенностей каждого характера, в то время как западные методики исходят из экзистенциального единства человеческой личности.

Для того чтобы человек, страдающий, скажем, хронической **депрессией**, мог понять особенность своей депрессии, своего характера, он на групповых занятиях в "психотерапевтической гостиной" вначале слушает рассказы своих товарищей о художниках, писателях, композиторах, философах, пытаясь постепенно проникнуть в основы характерологической типологии (см. **характерология**), отличить один характер от другого, примеривать на себя каждый из проходящих мимо него в череде занятий характер.

Чаще всего объектом анализа становятся художники, ибо вербальное знание о них легко подкрепить живой репродукцией, создавая тем самым стереоскопический образ характера (ср. **принцип дополнительности**).

Занятия Т. т. с. проходят в непринужденной обстановке, при свечах, за чашкой чая, под располагающую к релаксации классическую музыку. Постепенно пациенты сближаются, часто становятся друзьями, способными морально поддерживать друг друга.

В качестве методологического фона в начале занятия часто демонстрируются две противоположные картины, например синтонный "Московский дворик" Поленова и аутистичный (см. **аутистическое мышление**), полный уходящих в бесконечность символов живописный шедевр Н. К. Рериха. Противопоставление реалистического (ср. **реализм**), синтонного и аутистического начала, как инь и ян, присутствует в каждом занятии (о методологической важности противопоставлений см. **бинарная оппозиция, ритм**). На этом фоне перед пациентами проходят синтонные Моцарт и Пушкин, аутисты Бетховен и Шостакович, эпилептоиды Роден и Эрнст Неизвестный, психастеники Клод Моне и Чехов, **полифонические** характеры — Гойя, Дали, Розанов, Достоевский, Булгаков.

В основе каждого занятия лежит вопрос, загадка, поэтому каждый приход пациента в "психотерапевтическую гостиную" уже овеян творчеством: нужно определить трудный характер того или иного человека, понять, какой характер ближе самому себе. В основе проблемы не обязательно конкретный человек, это может быть абстрактная проблема — толпа, страх, антисемитизм, деперсонализация — все это рассматривается с характерологической точки зрения.

Пациент задумывается над тем, что творчество исцеляло великого человека, помогало ему в его нелегкой жизни, и если Т. т. с. показана пациенту, он может по своей воле начать жить творческой жизнью, которая проявляется в самых разнообразных формах — в переписке с врачом, в придумывании рассказов, создании картин, фотографировании, даже в коллекционировании марок.

Когда человек постигает свой характер, ему легче понять характеры окружающих, он знает, чего можно ожидать или требовать от того или иного человека, а чего нельзя. Он включается в социальную жизнь, и болезненные изломы его собственной души потихоньку смягчаются, вплоть до стойкого противостояния болезни (компенсации, ремиссии).

В своей научно-философской практике автор словаря применял методику Т. т. с. при анализе художественного мира персонажей литературных произведений, каждый из которых обладает неповторимым душевным складом, во многом зависящим от характера автора этого произведения. Таким образом, Т. т. с., и без того имеющая философский и гуманитарно-культурологический уклон (она, кроме прочего, делает людей образованней и нравственней), еще становится частью **междисциплинарного исследования** художественного **текста** и культуры.

Лит.:
Бурно М. Е. Терапия творческим самовыражением. — М., 1989.
Бурно М. Е. Трудный характер и пьянство. — Киев, 1990.
Бурно М. Е. О характерах людей. — М., 1996.
Руднев В. Поэтика "Грозы" А. Н. Островского // Семиотика и информатика, 1995. — № 38.
Руднев В. Введение в прагмасемантику "Винни Пуха" // Винни Пух и философия обыденного языка. — М., 1996.

"ТОЛКОВАНИЕ СНОВИДЕНИЙ" (1899) — одна из главных книг Зигмунда Фрейда и одновременно главных книг **психоанализа** в целом (см. также **сновидение**). Книга, открывающая XX век. Несмотря на то, что реально она вышла в свет в 1899 г., издатель для большей рекламности поставил на обложке 1900 г.. Теме не менее книга Фрейда первые годы не имела никакого успеха, лишь через 7 лет, когда психоанализ набрал силу и сторонников, она была вновь переиздана и переведена на все европейские языки (в числе первых — на русский).

Т. с. имеет важнейшее методологическое значение, так как в нем впервые дано целостное изложение психоаналитического метода. Почему именно толкование снов стало краеугольным камнем психоанализа, царской дорогой в **бессознательное**? Дело в том, что анализ сновидений в определенном смысле представляет меньше трудностей, чем работа с историческим (биографическим) материалом. Рассказывая сон психоаналитику, пациент испытывает меньшее сопротивление, чем в том случае, когда он рассказывает подробности своей интимной жизни

Важно также, что при анализе сновидения в меньшей степени встает вопрос о **трансфере**, хотя, конечно, встает, когда, например, человек видит во сне аналитика и свои отношения с ним. Но тем не менее в наибольшей степени именно благодаря толкованию сновидений возможен вообще *самоанализ*. А ведь написанию Т. с. предшествовал трехлетний период самоанализа, который был стимулирован смертью отца Фрейда. Сновидение более отчуждено от сознания человека, чем его личные воспоминания. Оно представляет собой **текст**. Текст взывает к своему пониманию и, стало быть, истолкованию.

Тысячелетние традиции толкования Библии, талмудическая традиция — все это также имело значение. Фрейд был евреем, для него эта традиция была не пустой звук.

В Т. с. Фрейд формулирует ряд важнейших правил толкования сновидений.

Первое правило. Нет ничего случайного. Как сновидение запомнилось, как рассказано — это и есть материал. Второе правило. Чтобы истолковать сон, надо сначала спросить человека в лоб, что он думает, что это такое, о чем его сон. Очень часто он может сразу истолковать свой сон. Только если он этого не сделает, можно переходить к свободным ассоциациям. Если сон длинный, то нужно его разбить на части. Надо различать предсознательные ассоциации, связанные с впечатлениями предшествующего дня (так называемые дневные остатки) и бессознательные воспоминания, связанные с травматическим материалом раннего детства.

Желание спать является чрезвычайно фундаментальным. Засыпая, человек как бы умирает, чтобы снова родиться (ср. **влечение к смерти**). Умирая, он как будто снова возвращается в утробу матери (ср. **травма рождения**). В состоянии сна оживают бессознательные влечения и желания. Если за ними не следить, они могут разбудить спящего. Сновидение осуществляет эту слежку. В этом смысле сновидение — хранитель физиологического сна. Медиатор между состоянием сна и состоянием бодрствования. Поэтому эти бессознательные влечения и желания сон пропускает не целиком, а проводит их через цензуру сновидения и поэтому в явное, манифестное сновидение попадет далеко не все.

Фрейд постулировал наличие скрытого, латентного сновидения, содержание которого проясняется при помощи двух процедур: анализа свободных ассоциаций, которые совершенно произвольны, и анализа символики, которая достаточно постоянна.

Соотношение манифестного и латентного сновидений напоминает соотношение поверхностной и глубинной структур в **генеративной лингвистике** и **генеративной поэтике.** Латентное сновидение — это глубинная структура, которая является **травмой** или ведет нас к травме. (В снах детей манифестное и латентное сновидения могут совпадать. Если ребенку хочется игрушечную машинку, ему во сне снится машинка, цензуре здесь делать нечего.) Пример соотношения манифестного и латентного сновидений. Манифестное: я купил новую пишущую машинку и радуюсь этому. Рядом сидит отец. Зачем машинка, когда есть компьютер? Интерпретация. Пишущая машинка — прародитель компьютеров, так же как отец породил меня. Метафорическая пропорция: латентное содержание — я хочу, чтобы отец был жив, хочу вернуться к тем временам, когда были пишущие машинки, то есть когда отец был жив и я мог рассчитывать на его поддержку.

Фрейд призывал не обращать внимания на абсурдность манифестного сновидения, так как оно все равно не является искомым бессознательным материалом; к каждому элементу подыскивать замещающие представления, не задумываясь, осмысленные они или нет; выждать, пока искомое бессознательное возникнет само.

Активность, искажающая латентное и переводящее его в манифестное, Фрейд назвал работой сновидения (Traumarbeit). Смысл сновидения в галлюцинаторном исполнении бессознательного желания. Свинье снится желудь, а гусю кукуруза. Отвечая на вопрос с о неприятных и страшных сновидениях, Фрейд говорит, что человек не всегда желает хорошего или разумного, что цензура сновидения фильтрует скрытое содержание. Желание может быть желанием наказания за понесенный проступок. Фрейд рассказывает притчу об исполнении трех желаний. Жена захотела вареную сосиску, муж захотел, чтобы эти сосиски у нее приросли к носу. Третье желание было, чтобы эти сосиски исчезли.

Переходить к анализу символов сновидения нужно после анализа ассоциаций, когда вы уже приблизились к латентному содержанию. Фрейд подчеркивал, что на одних символах строить толкование нельзя — основой являются ассоциации. Символы приходят в сновидение из обыденной жизни. Огонь — символ любви. Черное — символ печали. В распознавании символов играет роль метафорическая пропорция: вода — рождение ребенка, вода — околоплодные воды — стало быть, вода — это заместитель ситуации рождения. Отъезд всегда означает смерть. Иконическая сущность символов (см. **знак, семиотика**) соответствует тому, что видящий сон мыслит в основном не словами и предложениями, а визуальными сущностями, картинками, иконами.

Слова превращаются в одушевленные и неодушевленные предметы. (Пример психоаналитика Герберта Нюнберга.) Пациентке приснилась бешеная собака, потому что, по ее мнению, терапевт обращался с ней плохо, как с бешеной собакой. Метафорическая пропорция: собака — животное, с которым часто плохо обращаются (собачья жизнь); аналитик плохо обращался с клиенткой; клиентка — бешеная собака (бешеные собаки не лают — клиентка, по-видимому, не сопротивлялась плохому обращению).

Одним из фундаментальных процессов в сновидении является смещение (Verschiebung). Оно проявляется двояким образом: во-первых, в том, что скрытый элемент замещается не собственной составной частью, а чем-то отдаленным, то есть намеком, а во-вторых, в том, что психический акцент смещается с какого-то важного элемента на другой, не важный, так что в сновидении возникает иной центр и оно кажется странным. Пациенту приснилось, что он занимается со своей женой любовью, а маленький сын за ними подглядывает. Этот сон представляет собой смещение первосцены (см. об этом **травма**). Не Я подглядываю за своими родителями, а мой сын подглядывает за мной. Смещение может вести к расщеплению личности сновидца. Я одновременно что-то делаю как персонаж сна и одновременно за этим наблюдаю.

Смещение и сжатие — это бессознательные процессы, они носят внелогический характер, управляют психической деятельностью во время сновидения, а также образным первобытных людей, мышлением маленьких детей и называются поэтому первичными процессами.

В сновидении могут встречаться и сознательные процессы, разговоры, вполне вменяемые картины, которые не подвергаются смещению и сжатию, причинно- следственные связи. Например, в купании ребенка нет ничего алогичного. Это предсознательный процесс, который называется вторичным процессом. В манифестном сновидении дана сначала некая картинка — женщина купает ребенка, вначале мы можем открыть предсознательный процесс: она хочет родить ребенка, а затем путем анализа смещений и сжатий перейти к первичному процессу и бессознательному желанию — она хотела родить ребенка от отца.

Цензура сновидения слабее репрессии суперэго при бодрствовании, поэтому сновидение и хорошо для анализа. Фрейд объясняет это, в частности, тем, что сновидец как бы осознает, что, какие бы ужасные представления ему ни снились, он ведь все равно лежит и реально ничего опасного сделать не может не может: изнасиловать свою бабушку, убить отца и проч.

Цензор не может воспрепятствовать полностью удовлетворению бессознательных влечений, поэтому он старается исказить и замаскировать их. В этом и состоит смысл работы сновидения. Таким образом, во сне достигается компромисс между желаниями эго ид и суперэго. Желание ид символически выполняется, суперэго удается обмануть, а эго остается не оскорбленным и шокированным.

Если бы снов не было, этот конфликт выражался бы по-другому. А он и выражается по-другому в виде **неврозов** и **психозов** — когда конфликт между инстанциями психического аппарата не получает компромиссного разрешения.

Лит:
Фрейд З. Психология сновидения. — М., 1998.
Фрейд З. Введение в психоанализ. Лекции. — М., 1989.
Нюнберг Г. Принципы психоанализа. — М., 1999.

ТРАВМА — в **психоанализе** тяжелое **событие,** жизни человека, которое он не может пережить путем сознательной переработки и которое поэтому вытесняется (см. также **механизмы защиты**) в **бессознательное** и в дальнейшем оживает в виде **невроза**.

Классический психоанализ относил наиболее серьезные травмы к раннему детству человека (один из учеников Фрейда, Отто Ранк, считал основной Т. **травму рождения** (см.) и связывал ее с ранними сексуальными переживаниями ребенка). Так Фрейд в знаменитой работе "Из истории одного детского невроза", известной также как "Случай Человека-Волка" (работа посвящена пациенту из России Сергею Панкееву, одному из самых знаменитых психоаналитических пациентов, и называется так потому, что в ней анализируется сон, в котором мальчику приснились волки), говорит о так называемой первосцене, которая и становится парадигмальной в понимании того, что такое Т. в психоанализе.

Первосцена в случае Человека-Волка представляла собой эпизод, когда полуторагодовалый мальчик волей обстоятельств подсмотрел коитус своих родителей, при этом его сознание не справилось с этим шокирующим переживанием, и оно в дальнейшем послужило причиной тяжелого невроза а после этого и **психоза**.

Специфика классической психоаналитической психотерапии состоит, как известно, в том, чтобы путем анализа свободных ассоциаций, **сновидений** и ошибочных действий, заставить Т. выйти из бессознательного и сделать ее осознанной, этому, согласно взглядам Фрейда, соответствует главный катартический эффект психоанализа. Будучи припомненной, Т. перестает мучить человека, и невроз в идеальном случае прекращается. Однако бессознательное изо всех сил защищается при помощи сопротивления и других механизмов, которые как бы обволакивают Т. со всех сторон. В этом смысле суть аналитической процедуры состоит в том, чтобы как бы разгрести эти механизмы и извлечь "из-под" них Т. В этом плане Т. фундаментально напоминает глубинную структуру или смысл текста в **генеративной лингвистике** и **поэтике.** Это может быть проинтерпретировано следующим образом:

Итак, цель генеративной процедуры — перейти от поверхностной структуры к глубинной путем анализа трансформаций. Цель психоанализа — выйти от сознательного к бессознательному при помощи анализа механизмов защиты.

Глубинная структура, таким образом представляется функционально чем-то схожим с бессознательным.

Трансформации в генеративной грамматике и соответствующие им "приемы выразительности" в генеративной поэтике напоминают механизмы защиты бессознательного в психоанализе.

В генеративной грамматике это такие трансформации, как пассивная, негативная, вопросительная, номинативная. Например:

активная конструкция — Мальчик ест мороженое
пассивная конструкция — Мороженое съедается мальчиком
негативная конструкция — Мальчик не ест мороженого
вопросительная конструкция — Ест ли мальчик мороженое?
номинативная конструкция — Мороженое, съедаемое мальчиком.

Глубинная структура, выявляемая путем этих трансформаций: актант-субъект (мальчик), актант-объект (мороженое) и нетранзитивное отношение поедания, устанавливаемое между ними, сообщает нечто более общее и в определенном смысле сокровенное, маскируемое поверхностными структурами: не вопрос, не утверждение, не отрицание, не констатация, не инверсия актантов, даже не язык вовсе — некое абстрактное надъязыковое бессознательное. Мысль в чистом виде. Мысль о мальчике и съедании им мороженого.

В генеративной поэтике (см.) лингвистическим трансформациям соответствуют приемы выразительности — контраст, совмещение, сгущение, затемнение, конкретизация, варьирование, увеличение, обобщение. А. К. Жолковский так формулирует основной потаенный **смысл**, "тему" (соответствующую языковой глубинной структуре) всего творчества Пушкина: "Объективный интерес к действительности, осмысляемый как поле взаимодействия амбивалентно оцениваемых начал "изменчивость, неупорядоченность" и "неизменность, упорядоченность" (сокращенно 'амбивалентное противопоставление изменчивость/неизменность', или просто 'изменчивость/неизменность')".

В дальнейшем эта абстрактная тема подвергается в творчестве Пушкина *конкретизации* и *варьированию*. Например, "в физической зоне 'изменчивость/неизменность' предстает в виде противопоставлений 'движение/покой'; 'хаотичность/упорядоченность'; 'прочность/разрушение'; 'газообразность, жидкость, мягкость/твердость'; 'легкость/тяжесть'; 'жар/холод'; 'свет/тьма' и нек. др.; в биологической — 'жизнь/смерть'; 'здоровье/ болезнь'; в психологической — 'страсть/бесстрастие'; 'неумеренность/мера'; 'вдохновение/отсутствие вдохновения'; 'авторское желание славы и отклика/равнодушие к чужому мнению'; в социальной — 'свобода/неволя".

Бессознательное защищает себя от "агрессии" аналитика при помощи механизмов защиты: сопротивление (Wiederstand), вытеснение (Verdrängung), замещение (Ersatzbildung), повторение (Wiederholung), Сгущение (Verdichtung) **отрицание** (Verneinung), перенос (Übertragung).

Лакан в работе "Ниспровержение субъекта и диалектика желания в бессознательном у Фрейда" подчеркивал сходство механизмов защиты с поэтическими тропами, понимаемыми им в широком якобсоновском смысле как макрориторические элементы: "... механизмы, описанные Фрейдом как механизмы "первичного процесса", т. е. механизмы, определяющие режим деятельности бессознательного, в точности соответствуют функциям, которые эта научная школа считает определяющими для двух наиболее ярких аспектов деятельности языка — *метафоры и метонимии*, т. е. эффектам замещения и комбинации означающих..."

Пример из статьи Фрейда "Из истории одного детского невроза". Герою снятся волки на дереве. После этого он начинает бояться волков. Волк олицетворяет отца, как показывает Фрейд (то есть произошло *замещение*). Боязнь волка-отца связана с *вытеснением* увиденной, возможно, героем в младенчестве сцены коитуса родителей в положении сзади. По предположению Фрейда, на самом деле мальчик видел сцену совокупления животных, а потом произвел *перенос* ее на совокупление родителей, которого он, возможно, в действительности и не видел, но лишь хотел увидеть.

Упреки в произвольности интерпретации психоанализом своего клинического материала, что такого "не может быть", чтобы мальчик в полтора года мог увидеть и осмыслить сцену, в которой его родители три раза подряд совершили совокупление в соответствующей позе, так же как и упреки в произвольности анализа филологом, особенно постструктуралистом художественного текста, имеют один и тот же позитивистский источник — веру в то, что так называемое объективное существование является чем-то безусловным, неким последним аргументом, condicio sine qua non. Однако с точки зрения постструктуралистской и более ранней лакановской философской идеологии "существование" чего-либо в прошлом скорее задается из будущего сознанием наблюдателя, исследователя. В определенном смысле Т. формируется в сознании пациента самим психоаналитиком, как говорил Фрейд — nachträglich, задним числом, — так же как смысл произведения формируется самим филологом, они в каком-то фундаментальном смысле создают существование травматического (художественного) события в прошлом.

Описывая позицию позднего Лакана в этом вопросе, современный философ Славой Жижек пишет, что "совершенно неважно, имела ли она [травма. — *В. Р.*] место, "случилась ли она на самом деле" в так называемой реальности. Главное, что она влечет за собой серию структурных эффектов (смещение, повторение и т. д.). Реальное — это некая сущность, которая должна быть сконструирована "задним числом" так, чтобы позволить нам объяснить деформации символической структуры".

Смысл любого **текста** можно рассматривать как потаенную Т., пережитую автором. Тем сложнее текст, чем глубже Т., чем она серьезнее. Что же это за Т., которую скрывает бессознательное и потаенный смысл текста? Можно было бы сказать, что в каждом случае это разные травмы и разные неврозы. Можно, однако, предположить, что Т. всегда одна — наиболее универсальная **травма рождения**, присущая каждому человеческому существу, травма, значение которой вскрыто и подробно проанализировано Ранком в книге и в дальнейшем развито в учении С. Грофа (см. **трансперсональная психология**). (По-видимому, любая Т., носящая сексуальный характер, особенно, детская, может быть переосмыслена как травма рождения; например, подглядывание маленьким Сережей Панкеевым (Человеком-Волком) коитуса родителей можно интерпретировать как вторичное переживание травмы рождения или даже зачатия — динамика здесь примерно одна и та же.

Заметим, что выявленное А. К. Жолковским инвариантное противопоставление творчества Пушкина "изменчивость/неизменность" имеет универсальное значение для любого творчества и любого сознания. Действительно, плод, находящийся в утробе матери, испытывает амбивалентное желание, с одной стороны, вырваться из нее (инстинкт жизни), а с другой — остаться в ней (вторично — в виде невроза — вернуться в нее) (**влечение к смерти**).

В сущности, травма рождения может быть обнаружена в любом классическом анализе типа фрейдовского. Так, например, "первичной сцене" гипотетического созерцания полового акта родителей полуторагодовалым Человеком-Волком в этом смысле предшествует "нулевая сцена" перинатальной динамики плода во внутриутробном развитии с ее диалектикой изменчивости/неизменности. На эту "нулевую" диалектику и накладывается динамика "первичной сцены" и ее травматических последствий попеременного отождествления сознания невротика то с отцом — изменчивостью, агрессивным динамическим началом, инстинктом жизни, то с матерью — неизменностью, статическим началом, влечением к смерти.

Вероятнее всего, такой перинатальный "нулевой" конфликт может быть найден в любом художественном произведении. В травестийном виде (что не отменяет серьезности проблемы) нечто подобное было нами выявлено при анализе милновского "Винни Пуха", где ситуация травмы рождения реализуется в ряде эпизодов — застревание Пуха в норе у Кролика, пребывание Поросенка в "кармане" у Кенги, пребывание Пуха и Поросенка в поваленном бурей доме Совы. В более общем смысле (инстинкт созидания — стремление к разрушению) то же самое реализуется в таких амбивалентных эпизодах, как неудачная попытка дарения Поросенком воздушного шарика Ослу с бессознательным "разрушением" подарка (совершая дорогой подарок, отдавая самую дорогую вещь Другому в качестве скрытого сексуального предложения (инстинкт жизни), Поросенок, обуреваемый бессознательным желанием сохранить дорогую вещь, действует по принципу "так не доставайся же ты никому" (влечение к смерти).

Глубинная структура языка содержит в себе травматический амбивалентный конфликт реализации или нереализации (вариант: активной/пассивной реализации) того, что в ней заложено. Поскольку в самой терминологии, в самоназвании генеративизма содержится идея того, что поверхностная структура рождается из глубинной структуры (глубинная структура — это то место, где рождается язык), то аналогия между глубинной структурой и бессознательным, амбивалентного конфликта, заложенного в глубинной структуре, с травмой рождения, предстает аналогией не только произвольной (и даже не схоластически типологическим уподоблением), но неожиданно органичной и последовательной. Последний эффект не так странен, если вспомнить, что психоанализ — это и есть говорение, речевая деятельность, — "психоанализ имеет одну среду: речь пациента", писал Жак Лакан (см. **структурный психоанализ**), которая, учитывая действия механизмов сопротивления, вытеснения, замещения, отрицания, — балансирует на стыке все того же противопоставления изменчивости/ неизменности, стремления выздороветь, инстинкта жизни, с одной стороны, и стремления к уходу в болезнь, влечению к смерти, с другой. И естественно, что язык в своих самых глубинных сферах оказывается хорошо приспособленным к этой сложной амбивалентной динамике.

Лит.:
Человек-Волк и Зигмунд Фрейд. — К., 1996.
Гроф С. За пределами мозга: Рождение, смерть и трансценденция в психотерапии. — М., 1992.
Жолковский А. К. Инварианты Пушкина // Учен. зап. Тартуского ун-та, вып. 467, 1979.
Кейпер Ф. Б. Я. Космогония и зачатие // Кейпер Ф. Б. Я. Труды по ведийской мифологии. — М., 1986.
Лакан Ж. Функция и поле речи и языка в психоанализе. — М., 1995.
Хомский Н. Аспекты теории синтаксиса. — М., 1972.
Руднев В. Смысл как травма // Логос, 5, 1999.

ТРАВМА РОЖДЕНИЯ — фундаментальное понятие **психоанализа** и **трансперсональной психологии**, разработанное Отто Ранком в 1920-е гг. Ранк считал, что именно с Т. р. надо связывать главные трудности в развитии характера, а не с детской сексуальностью, как считал Фрейд (за это Ранк был исключен Фрейдом из ассоциации психоаналитиков).

По мнению Ранка, главное в психотерапии — чтобы пациент заново пережил Т. р. При этом он утверждал, что в переживании Т. р. основным является не чувство физиологической стесненности (как думал Фрейд, который тоже придавал Т. р. определенное значение), а тревога (ср. **экзистенциализм**), связанная с отделением ребенка от матери, вследствие чего ребенок навсегда теряет райскую ситуацию внутриутробного **существования**, когда все потребности удовлетворяются сами собой без приложения его усилий.

Ранк рассматривал Т. р. как первопричину того, что разлука воспринимается человеком как самое болезненное переживание. Весь период детства Ранк рассматривает как ряд попыток справиться с Т. р. Детскую сексуальность он интерпретирует как желание ребенка вернуться в материнское лоно.

Во взрослой сексуальности Т. р., по Ранку, также играет ключевую роль, ее значение основано на глубоком, управляющем всей психикой желании индивида вернуться к безмятежному внутриматочному состоянию. Различия между полами в свете этого он объясняет способностью женщины повторять репродуктивный процесс в собственном теле и находить свое бессмертие в деторождении, тогда как для мужчин секс символизирует смертность, и поэтому его сила лежит во внесексуальной деятельности.

Анализируя человеческую культуру, Ранк приходит к выводу, что Т. р. — психологическая сила, лежащая в основе искусства, религии и истории. Любая форма религии в конечном счете стремится к воссозданию исходной поддерживающей и защищающей ситуации симбиотического союза с матерью. Представляя **реальность** и одновременно отрицая ее, искусство является особенно мощным средством психологической адаптации к Т. р. История человеческих жилищ, начиная с поисков примитивного крова и кончая сложными архитектурными сооружениями, отражает инстинктивное воспоминание о матке — тепле, защищающем от опасности. Использование боевых средств и вооружения также основано на неукротимом стремлении проложить себе дорогу в чрево матери.

Суть Т. р. для Ранка в том, что послеродовая ситуация для ребенка куда менее благоприятна, чем предродовая. Вне матки ребенок должен столкнуться с нерегулярностью питания, колебаниями температуры, шумом, с необходимостью самостоятельно дышать и выводить отработанные вещества.

Американский психолог Станислав Гроф, основатель **трансперсональной психологии**, синтезирующей подходы Юнга (см. **аналитическая психология**) и Ранка, анализирует различные фобии, которые возникают у взрослых людей и которые он связывает с Т. р.

Эта связь наиболее очевидна в страхе закрытого и узкого пространства — клаустрофобии. Она возникает в ситуациях тесноты — в лифте, в маленьких комнатах без окон или в подземном транспорте. Клаустрофобия, считает Гроф, относится к начальной фазе цикла рождения, когда ребенок ощущает, что весь мир сжимается, давит и душит.

Патологический страх смерти (танатофобия) имеет корни в тревоге за жизнь и ощущении неминуемой биологической катастрофы, сопутствующих рождению.

Женщины, у которых память о перинатальных событиях близка к порогу **бессознательного**, могут страдать от фобий беременности, родов и материнства. Память о внутриутробной жизни у них ассоциируется с переживанием беременности. С Т. р. Гроф связывает также нозофобию, патологический страх заболеть, близкую ипохондрии — беспочвенному иллюзорному убеждению субъекта в наличии у него тяжелой болезни. По мнению Грофа, к жалобам таких пациентов следует относиться очень серьезно, несмотря на отрицательные медицинские заключения. Их телесные жалобы вполне реальны, но отражают они не медицинскую проблему, а поверхностную память организма о физиологических трудностях Т. р.

Страх метро, по Грофу, основан на сходстве между путешествием в закрытых средствах передвижения и отдельными стадиями процесса рождения. Наиболее существенные общие черты этих ситуаций — ощущение закрытости или пойманности, огромные силы и энергии, приведенные в движение, быстрая смена переживаний, невозможность контроля над процессом и потенциальная опасность разрушения. Недостаток контроля Гроф считает моментом исключительной важности: у пациентов, страдающих фобией поездов, часто не бывает проблем с вождением автомобиля, где они могут по своему усмотрению изменить или остановить движение.

При фобии улиц и открытых пространств (агорафобии) связь с биологическим рождением проистекает из контраста между субъективным ощущением замкнутости, зажатости и последующим огромным расширением пространства. Агорафобия, таким образом, относится к самому концу процесса рождения, к моменту появления на свет.

Лит.:
Rank O. Das Trauma des Geburt und seine Bedeutung für Psychoanalyse. — Leipzig, 1929.

Гроф С. За пределами мозга: Рождение, смерть и трансценденция в психотерапии. — М., 1992.

ТРАНСПЕРСОНАЛЬНАЯ ПСИХОЛОГИЯ — одно из самых мощных направлений современного **психоанализа**, синтезирующее идеи Отто Ранка (**травма рождения**), **аналитической психологии** Карла Густава Юнга и философские идеи неклассической современной физики (см. **принцип дополнительности**) Вернера Гейзенберга и Дэвида Бома.

Основатель Т. п. — психолог и философ Станислав Гроф — в 1960-е годы эмигрировал в США из Чехословакии и там возглавил отделение психиатрических исследований в Психиатрическом исследовательском центре в штате Мэриленд.

В основе философских представлений Т. п. лежит юнгианская идея о том, что сознание не тождественно мозгу. Уже сам Юнг в разработанном им учении о коллективном **бессознательном** в значительной степени отошел от европейской (картезианской) традиции понимания сознания и в своих идеях использовал элементы восточных философских учений: махаянического буддизма, неоведанты, санкхья, даосизма, философии китайской классической "Книги перемен". Общим для всех этих представлений, во-первых, является учение о карме, то есть о том, что жизненный путь души человека претерпевает бесконечное множество превращений, рождений-смертей, и, во-вторых, то, что сознание человека, его душа в большой степени определяется особенностью протекания его кармических воплощений. (Естественно, что Фрейд, воспитанный в позитивистских традициях XIX в., не мог принять подобного рода идей — отсюда их резкий разрыв с Юнгом.)

С другой стороны, Гроф углубил и как философски, так и клинически уточнил учение Ранка о травме рождения. Гроф ввел понятие динамики предродового (перинатального) развития, в то время как для Ранка травма рождения была чем-то единым.

Клинический аспект Т. п. Грофа заключается в том, что человек, страдающий различными психическими отклонениями (Гроф, будучи настроен экзистенциально — см. **экзистенциализм**,— не склонен называть их болезнями), должен вторично пережить и тем самым избыть травму рождения или физиологически отягченный опыт своего перинатального развития, либо даже некую отдаленную **травму** его кармического предка или нации, к которой он принадлежит, в целом.

Конкретно методика психотерапии Грофа имеет две разновидности. Первая — ЛСД-терапия. В этом случае пациенту, страдающему тем или иным психическим расстройством, под строгим наблюдением врача и нескольких ассистентов на протяжении нескольких сеансов дают определенную дозу наркотика ЛСД, под воздействием которого пациент погружается в **измененное состояние сознания**. Здесь и начинается собственно применение методики Грофа. Согласно представлениям Т. п., принятие ЛСД при соответствующей психотерапевтической помощи врача воскрешает в **бессознательном** пациента обстоятельства, сопутствующие травме рождения, перинатальной динамике или трансперсональной кармической динамике. Как правило, при таких сеансах пациент испытывает глубокие психологические и нравственные страдания. Его посещают кошмарные зрительные образы, как правило мифологического характера, но иногда и исторического — картины войн, пыток в концлагерях, геноцида. Пациент может кричать, биться в конвульсиях, вырываться из рук держащих его ассистентов, но по договоренности между ним и врачом сеанс может закончиться только тогда, когда пациент отчетливо произнесет заранее обговоренное слово "хватит" или "достаточно".

Если сеанс (а их может быть несколько) протекает в нужном русле, то есть если пациент встречает в своих видениях ту травматическую причину, из-за которой он страдал во взрослой жизни, то он, как правило, испытывает чувство облегчения, блаженства, экстаза и расширения личности. Гроф не раз подчеркивал, что его метод не носит медицинского характера, а является психологическим методом развития личности. По Грофу, в основе большинства страхов, фобий, тревожных состояний и т.п. лежит фундаментальный страх перед рождением-смертью. Вторично пережив рождение-смерть, человек перестает бояться и только тогда становится полноценной личностью.

Гроф пишет: "Некоторые люди под действием ЛСД неожиданно испытывали яркие сложные эпизоды из других культур, из других исторических периодов, которые имели все качества воспоминаний и обычно интерпретировались как вновь пережитые эпизоды из предыдущих жизней. По мере развертывания этих переживаний люди обычно идентифицируют определенных лиц в их настоящей жизни в качестве важных протагонистов из кармических ситуаций. В этом случае межличностные напряжения, проблемы и конфликты с этими лицами часто узнаются или интерпретируются как прямые результаты деструктивных кармических паттернов. Повторное проживание и разрешение подобных кармических переживаний чаще всего ассоциируется у принимавшего ЛСД с чувством глубокого облегчения, освобождения от тягостных "кармических завязок", всепоглощающего блаженства и завершенности".

"Как только принявшие ЛСД входят в перинатальную область и сталкиваются с двойным опытом рождения и смерти, они обычно сознают, что искаженность и неаутентичность в их жизни не ограничиваются какой-то ее частью или областью. Они неожиданно видят всю картину **реальности** и общую стратегию **существования** как ложную и неподлинную. Многие отношения и модели поведения, которые прежде воспринимались как естественные и были приняты без сомнений, теперь оказываются иррациональными и абсурдными. Становится ясно, что они вызваны страхом смерти и неразрешившейся травмой рождения. В этом контексте лихорадочный и возбужденный образ жизни, охотничьи амбиции, тяга к соревнованию, необходимость самоутвердиться, а также неспособность радоваться представляются совсем необязательными ночными кошмарами, от которых вполне возможно пробудиться. Те, кто завершает процесс смерти возрождением, подключаются к истинным духовным источникам и понимают, что корнями механистического и материалистического мировоззрения является страх рождения и страх смерти".

В середине 1970-х годов ЛСД-терапия была Грофу запрещена. Тогда он применил другой, древний способ погружения в измененное состояние сознания — так называемое холотропное полное дыхание. В остальном методика оставалась прежней, но при погружении при помощи холотропного дыхания использовалось еще надавливание руками на определенные участки тела пациента.

Гроф разработал подробную классификацию состояния плода в чреве матери (так называемая динамика "базовых перинатальных матриц" — БПМ). Биологическая основа БПМ-I — это исходное симбиотическое единство плода с материнским организмом. Внутри этой БПМ условия для ребенка могут быть почти идеальными. БПМ-II относится к самому началу биологического рождения, к его первой клинической стадии. Здесь исходное равновесие внутриматочного существования нарушается — вначале тревожными химическими сигналами, а затем мышечными сокращениями. При полном развертывании этой стадии плод периодически сжимается маточными спазмами, шейка матки закрыта и выхода еще нет. Для этой стадии характерно переживание трехмерной спирали, воронки или водоворота, неумолимо затягивающего человека в центр.

На стадии БПМ-III шейка матки раскрыта, и это позволяет плоду постепенно продвигаться по родовому каналу. Под этим кроется отчаянная борьба за выживание, сильнейшее механическое сдавливание, высокая степень гипоксии и удушья. На конечной стадии родов плод может испытывать контакт с такими биологическими материалами, как кровь, слизь, околоплодная жидкость, моча и даже кал. Чрезмерные страдания, связанные с БПМ-III, в целом можно охарактеризовать как садомазохистские.

"Переход от БПМ-IV влечет за собой чувство полного уничтожения, аннигиляции на всех мыслимых уровнях — то есть физической гибели, эмоционального краха, интеллектуального поражения, окончательного морального падения [...].

За опытом полной аннигиляции [...] следует видение ослепительного белого или золотого света, сверхъестественной яркости и красоты [...]. Человек испытывает чувство глубокого духовного освобождения, спасения и искупления грехов. Он, как правило, чувствует себя свободным от тревоги, депрессии и вины, испытывает очищение необремененности. Это сопровождается потоком положительных эмоций в отношении самого себя, других или существования вообще. Мир кажется прекрасным и безопасным местом, а интерес к жизни отчетливо возрастает".

Сознание, прошедшее через Т. п., Гроф называет холотропным сознанием. Это поле сознания без определенных границ, которому открыт доступ к различным аспектам реальности без посредства органов чувств. Для холотропного сознания "вещественность и непрерывность материи является иллюзией [...] прошлое и будущее можно эмпирически перенести в настоящий момент (ср. **время**); можно иметь опыт пребывания в нескольких местах одновременно; можно пережить несколько временных систем сразу; можно быть частью и одновременно целым (ср. **миф**); что-то может быть одновременно верным и неверным (ср. **многозначные логики**); форма и пустота взаимозаменимы и т. п.".

Лит.:
Гроф С. За пределами мозга: Рождение, смерть и трансценденция в психотерапии. — М., 1992*.

ТРАНСФЕР (нем. — Übertragung, франц. — transfert, русск. — перенос) — интенсивное эмоциональное отношение пациента к психоаналитику, возникающее в определенный момент течения **психоанализа** и по своей сути являющееся переносом (отсюда название) на личность психоаналитика ситуации первоначальной травматической ситуации (см. **травма**). Поначалу, в предыстории психоанализа его пионеры не понимали важности Т. и воспринимали его как естественно возникающее при общении двух людей чувство и даже пугались его. Широко известен так называемый "случай Анны О.", пациентки учителя и соавтора Фрейда по книге "Очерки по истерии" Йозефа Бройера. Эта дама (дело было еще в конце XIX в.), страдавшая тяжелой формой **истерии,** на одном из сеансов бросилась врачу на шею и сообщила, что ждет от него ребенка (так называемая истерическая беременность). Перепуганный аналитик прекратил лечение. В другом случае, известном как "случай Доры", пациентка сама прекратила лечение, так как обнаружила в себе сильное эротическое влечение к аналитику, на этот раз к самому Фрейду.

Перенос, — писал Фрейд в "Лекциях по введению в психоанализ", — "может проявляться в бурном требовании любви или в более умеренных формах; вместо желания быть возлюбленной у молодой девушки может возникнуть желание стать любимой дочерью старого мужчины, либидозное стремление может смягчиться до предложения неразрывной, но идеальной нечувственной дружбы. Некоторые женщины умеют сублимировать перенесение и заменять его, пока оно не приобретет определенную жизнеспособность, другие вынуждены проявлять

---

* В последние годы на русском языке вышло несколько книг Грофа, в том числе книги, написанные им в соавторстве с его женой и ассистентом Кристиной Гроф. Однако автор словаря для полного ознакомления с Т. п. рекомендует именно эту книгу, т.к. все остальные во многом повторяют ее, являясь по философской наполненности более слабыми.

его в грубом первичном, по большей части невозможном виде, но в сущности оно всегда одно и то же, причем никогда нельзя ошибиться в его происхождении из того же самого источника".

Каков механизм возникновения Т.? Как мы знаем, основной **смысл** и пафос психоаналитического лечения состоит в том, чтобы заставить человека вспомнить похороненное в **бессознательном** воспоминание о **травме**, чтобы оно, став осознанным, перестало управлять поступками и эмоциями пациента. На место Оно, как говорил Фрейд, должно стать Я (см. **бессознательное**). Однако бессознательное сопротивляется лечению, так как скрытое воспоминание чрезвычайно болезненно, и бессознательное, работающее в данном случае на **невроз,** всеми путями саботирует анализ. Пациент утверждает, что он ничего не помнит, или настаивает на каких-то не имеющих отношения к делу воспоминаниях. И вот в какой-то момент пациент чувствует, что он сильно влюблен в своего психоаналитика (или, наоборот люто его ненавидит — так называемый негативный Т.).

В чем отличие Т. от обычной влюбленности и в чем его значение для психоанализа? Фрейд понял, что в этой психоаналитической влюбленности пациент, вместо того чтобы вспомнить реальную травму, разыгрывает эту травму, Т. — это отношение в лицах между пациентом и аналитиком. Наиболее классический случай, когда, например, психоаналитик становится на место отца и пациент начинает испытывать к нему соответствующую **Эдипову комплексу** любовь или ненависть. Важность Т. состоит в том, что в нем в метафорической форме истинные причины невроза наконец выходят на поверхность, закамуфлировавшись под истинные эмоциональные отношения в настоящем. Теперь психоаналитик, если он опытен и мужественен (поскольку Т. — это испытание не только для пациента, но и для аналитика), может использовать это знание о том, что происходило на травматической стадии у пациента, и управлять, пользоваться этим знанием на благо лечения пациента. При этом психоаналитик использует совокупность своих эмоциональных реакций на трансферентное чувство к нему со стороны пациента, которое называется контртрансфером и которое так же, как собственно Т., может быть позитивным и негативным. Выявленный Т. важен тем, что он , как показывает психоаналитическая практика, есть вернейший путь к познанию и, стало быть, удалению злокачественного психического действия первичной травмы.

В широком смысле Т. можно назвать практически любое эмоциональное переживание, возникающее в отношениях между людьми, поскольку, как это явствует из постфрейдовского психоанализа, особенно из работ английской школы (Мелани Кляйн), любые объектные отношения человека так или иначе проецируются на первичные объектные отношения, то есть отношения между ребенком, матерью и отцом (а также братьями и сестрами, если они были). Поэтому в принципе, когда, как это часто бывает в жизни, возлюбленная или жена напоминает человеку его мать или, наоборот, любовник или муж напоминает женщине ее отца, то можно смело утверждать, что это отношение носит характер Т. со всеми вытекающими отсюда позитивными и отрицательными последствиями. Позитивным здесь является то, что отношение Т. помогает проработке недоработанных, не до конца прожитых отношений с "первичными объектами", порой отношение женщины к мужу помогает ей понять ее отношение к отцу. Негативное заключается в том, что человек в своем чувстве любви в этом смысле почти всегда обманывается. Он думает, что любит свою жену, но в своей жене он любит свою мать, он полагает, что любит своего друга, но в нем он бессознательно любит воспоминание о своем, к примеру, погибшем брате.

Отношения Т. пронизывают всю обыденную жизнь, когда во встреченных людях, как в системе зеркал, мы видим наши отношения к своим близким, бессознательно проигрываем их, начинаем понимать их лучше. В определенном смысле и религиозное чувство любви к Богу с психоаналитической точки зрения можно рассматривать как трансферентное, преобразованное чувство к отцу, или, как говорил Фрейд, к Имаго Отца. Такое расширенное понимание Т. дает Карл Густав Юнг (см. также **аналитическая психология**), который видит проявления Т. в архаических обрядах мировых религий.

Лит.:
Лапланш Ж., Понталис Ж.-Б. Словарь по психоанализу. — М., 1996.
Фрейд З. Введение в психоанализ: Лекции. — М. , 1989.
Фрейд З. Фрагмент исследования истерии // Фрейд З. Интерес к психоанализу. — Ростов-на-Дону, 1998.
Юнг К. Г. Психология переноса. — М., 1996.

"ТРИ ДНЯ КОНДОРА" — интеллектуальный **детектив**-триллер американского режиссера Сиднея Поллака (1982).

В этой картине виртуозно сочетаются три детективных традиции (английская, американская и французская — см. **детектив**), а детектив сплавлен с восточной притчей.

Но вначале о **сюжете**. Герой фильма, филолог по кличке Кондор (Роберт Редфорд), работает в странной конторе, принадлежащей ЦРУ. Сотрудники этой конторы занимаются тем, что, анализируя на компьютере массовые детективные романы, ищут оптимальные ходы для деятельности ЦРУ и прослеживают ошибки в его реальной деятельности (завязка в духе **постмодернизма** — художественный **текст** представляется первичным по отношению к **реальности**).

Кондор — человек обаятельный, но несколько безалаберный, постоянно опаздывает на работу; при этом у него богатая фантазия и чуткий глубокий интеллект (например, он догадывается, что в некоем детективе пуля была сделана изо льда, поэтому она пропала — растаяла), он прекрасно эрудирован, его в шутку называют Шекспиром.

В этот роковой день он опять опоздал, и раздраженный шеф посылает его под проливным дождем в бар за бутербродами. Вернувшись в офис, он видит всех убитыми. Он в ужасе выбегает из офиса, не забыв прихватить пистолет охранника, и звонит по служебному телефону в ЦРУ, чтобы сообщить о случившемся и спросить, что ему делать. Но вскоре он понимает, что сам заварил эту кашу. Две недели назад он послал в Вашингтон отчет о том, что внутри ЦРУ существует тайная сеть, и вот за это и поплатились все сотрудники конторы, чтобы не совали нос не в свои дела. Разумеется, за ним теперь будут охотиться. Еще сотрудник по фамилии *Хайдеггер* не пришел на работу. Кондор спешит к нему, но находит его убитым. Он бросается к своему близкому другу, чтобы предупредить его, и на обратном пути в лифте встречается с убийцей (Кондор интуитивно понимает, что это он) — сухопарым предупредительным джентльменом с лошадиным лицом (Ханс фон Зюдов). В лифте не развернуться, поэтому он любезно подает Кондору оброненную им перчатку. Кондору удается убежать, но деваться ему некуда. Тогда он садится в машину к первой попавшейся женщине (Фэй Дануэй) и под дулом пистолета требует, чтобы она везла его к ней домой.

Там он связывает ее и отправляется на встречу со своим близким другом, который должен свести его с вашингтонским шефом. Первое, что делает вашингтонский шеф, это стреляет в Кондора, но не попадает, зато Кондор попадает в него. Умирая, шеф дрожащей рукой расстреливает растерявшегося друга Кондора, о чем тот узнает, вернувшись в дом своей новой подруги и включив телевизор, причем в убийстве обвиняют, конечно, его, Кондора. Он рассказывает свою историю женщине, которая проникается к нему доверием. Наутро к ним вламывается почтальон-убийца, но общими усилиями его удается обезвредить. В это время главный убийца сидит дома и под тихую классическую музыку меланхолично вытачивает какие-то фигурки. Кондору удается выманить одного из начальников ЦРУ, и тот, опять-таки под дулом пистолета, рассказывает ему о тайной организации, которую случайно обнаружил Кондор, — в ее задачи входило "зондирование" восточных стран на предмет наличия нефти — и заодно дает адрес шефа этой организации, который непосредственно заказал убийство Кондора и его коллег. Кондор спешит к нему, чтобы уточнить **истину** и отомстить, но его опережает главный убийца, который почему-то расстреливает не Кондора, а этого самого шефа. Оказывается, конъюнктура изменилась, а он, убийца, выполняет заказы тех, кто больше платит. Кондор ему больше не нужен. Они расстаются почти друзьями.

В центре идеологической коллизии фильма — противопоставление западного, рационального, активного мышления восточному, пассивному, фаталистическому (в духе новеллы М. Ю. Лермонтова "Фаталист"). Западное начало олицетворяет Кондор, рационалист и аналитик. Хладнокровный, флегматичный и даже добродушный убийца олицетворяет Восток. В начале фильма, когда всех убивают в конторе, есть эпизод с девушкой-китаянкой, сотрудницей офиса, которая в отличие от прочих принимает смерть очень спокойно, глядя убийце в глаза и говоря ему: "Не бойтесь, я не закричу", на что тот вежливо отвечает: "Я это знаю". Убийце важно добросовестно справиться с заданием и получить гонорар. Портить отношения с жертвами не входит в его планы. В одной из знаменитых притч даосского мыслителя Чжуан-цзы рассказывается о мяснике, который так искусно отделял мясо от костей, что его нож мог проходить сквозь тончайшие расстояния между мясом и костями. Философ ставит этого профессионала в пример. Важно не кто ты — убийца или жертва, а как ты относишься к своей судьбе. Жертва должна спокойно принимать свою смерть, убийца — добросовестно выполнять свою работу. Это напоминает также доктрину "незаинтересованного действия", которую раскрывает бог Кришна воину Арджуне на поле Куру в бессмертной "Бхагавадгите". Арджуна не хочет убивать своих двоюродных братьев, что стоят по ту сторону поля битвы. Кришна внушает ему, что, во-первых, смерти нет, а во-вторых, каждый должен выполнять свой долг, а долг воина-кшатрия, каковым является Арджуна, — это сражаться.

В противоположность пассивным жертве и убийце Кондор настроен на четкий анализ и активное вмешательство в свою судьбу. Впрочем, ореол виктимности окружает его, особенно в финале фильма, когда он идет отдавать материалы о деятельности злосчастной организации в газету "Нью-Йорк таймс". Он понимает, что, выжив после ужасной бойни, он теперь добровольно себя подставляет, но его мотивы — не восточные, а скорее христианские. Финал проходит под аккомпанемент уличного хора школьников, который поет рождественские псалмы. Кондор отдает себя в жертву активно и осознанно, чтобы спасти других людей.

Как мы уже говорили в начале этого очерка, в фильме сплавлены три классические детективные традиции. Первая — английская аналитическая. Действительно, только благодаря своему незаурядному и гибкому интеллекту Кондору удается одновременно спасти свою жизнь и разгадать тайны противника. Но это же — активная вовлеченность детектива в действие — является отличительной чертой американского жесткого детектива. Наконец, экзистенциальная напряженность, необходимость сделать выбор роднит идеологию фильма с французским экзистенциальным детективом типа "Дамы в автомобиле" С. Жапризо.

Фильм "Три дня Кондора" предваряет искусство **постмодернизма**, для которого характерен синтез **массовой культуры** и интеллектуализма.

Лит.:
Руднев В. Культура и детектив // Даугава, 1988. —№ 12.
Руднев В. Морфология реальности: Исследование по "философии текста". — М., 1996.

ФЕНОМЕНОЛОГИЯ (от древнегр. phainomenon — являющийся) — одно из направлений философии XX в., связанное прежде всего с именами Эдмунда Гуссерля и Мартина Хайдеггера.

Специфика Ф. как философского учения состоит в отказе от любых идеализаций в качестве исходного пункта и приятии единственной предпосылки — возможности описания спонтанно-смысловой жизни сознания.

Основная идея Ф. — неразрывность и в то же время взаимная несводимость, нередуцируемость сознания, человеческого бытия, личности и предметного мира.

Основной методологический прием Ф. — феноменологическая редукция — рефлексивная работа с сознанием, направленная на выявление чистого сознания, или сущности сознания.

С точки зрения Гуссерля, любой предмет должен быть схвачен только как коррелят сознания (свойство интенциальности), то есть восприятия, памяти, фантазии, суждения, сомнения, предположения и т. д. Феноменологическая установка нацелена не на восприятие известных и выявление еще неизвестных свойств или функций предмета, но на сам процесс восприятия как процесс формирования определенного спектра значений, усматриваемых в предмете.

"Цель феноменологической редукции, — пишет В. И. Молчанов, — открыть в каждом индивидуальном сознании чистую сознаваемость как чистую непредвзятость, которая ставит под вопрос любую уже заданную систему опосредований между собой и миром. Непредвзятость должна поддерживаться в феноменологической установке не по отношению к предметам и процессам реального мира, существование которых не подвергается сомнению — "все остается так, как было" (Гуссерль), — но по отношению к уже приобретенным установкам сознания. Чистое сознание — не сознание, очищенное от предметов, напротив, сознание здесь впервые выявляет свою сущность как смысловое смыкание с предметом. Чистое сознание — это самоочищение сознания от навязанных ему схем, догм, шаблонных ходов мышления, от попыток найти основу сознания в том, что не является сознанием. Феноменологический метод — это выявление и описание поля непосредственной смысловой сопряженности сознания и предмета, горизонты готорого не содержат в себе скрытых, непроявленных в качестве значений сущностей".

С точки зрения Ф. (ср. **индивидуальный язык** в философии Л. Витгенштейна), переживание значения возможно вне коммуникации — в индивидуальной, "одинокой" душевной жизни, а следовательно, языковое выражение не тождественно значению, **знак** лишь одна из возможностей — наряду с созерцанием — осуществления значения.

Ф. разработала свою оригинальную концепцию **времени**. Время рассматривается здесь не как объективное, но как временность, темпоральность самого сознания. Гуссерль предложил следующую структуру темпорального восприятия: 1) теперь-точка (первоначальное впечатление); 2) ретенция, то есть первичное удержание этой теперь-точки; 3) протенция, то есть первичное ожидание или предвосхищение, конституирующее "то, что приходит".

Время в Ф. — основа совпадения феномена и его описания, посредник между спонтанностью сознания и рефлексией.

Ф. разработала также свою концепцию **истины**.

В. И. Молчанов пишет по этому поводу: "Гуссерль называет истиной, во-первых, как саму определенность бытия, то есть единство значений, существующее независимо от того, усматривает ли его кто-либо или нет, так и само бытие — "предмет, свершающий истину". Истина — это тождество предмета самому себе, "бытие в смысле истины": истинный друг, истинное положение дел и т.д. Во-вторых, истина — это структура акта сознания, которая создает возможность усмотрения положения дел именно так, как оно есть, то есть возможность тождества (адеквации) мыслимого и созерцаемого; очевидность как критерий истины является не особым чувством, сопровождающим некоторые суждения, а переживанием этого совпадения. Для Хайдеггера истина — это не результат сравнения представлений и не соответствие представления реальной вещи; истина не является и равенством познания и предмета [...]. Истина как истинное бытие укоренена в способе бытия человека, которое характеризуется как раскрытость [...]. Человеческое бытие может быть в истине и не в истине — истинность как открытость должна быть вырвана, похищена у сущего [...]. Истина по существу тождественна бытию; история бытия — история его забвения; история истины — это история ее гносеологизации".

В последние десятилетия Ф. обнаруживает тенденцию к сближению с другими философскими направлениями, в частности с **аналитической философией**. Близость между ними обнаруживается там, где идет речь о значении, **смысле**, интерпретации.

Лит.:
Молчанов В. И. Феноменология // Современная западная философия: Словарь. — М., 1991.

ФИЛОСОФИЯ ВЫМЫСЛА — одно из наиболее молодых направлений **аналитической философии**. До второй мировой войны вымысел казался аналитикам делом несерьезным, но когда в 1950-е гг. начали изобретать искусственный интеллект, когда активно началось компьютерное моделирование, стали всерьез задумываться, какова логическая природа предложений типа:

(1) Шерлок Холмс жил на Бейкер-стрит.

Традиционно считалось, что подобные фразы лишены значения истинности, то есть не являются ни истинными, ни ложными, а стало быть, вообще лишены значения, потому что никакого Шерлока Холмса никогда не существовало и он никогда не жил по указанному адресу, а в доме, в котором его поселил Конан Дойл, всегда находился банк.

Но тогда кому-то пришло в голову (кажется, это был Дж. Вудс): если предложение "Шерлок Холмс живет на Бейкер-стрит" бессмысленно, то тогда такими же бессмысленными должны быть и предложения:

(2) Шерлок Холмс жил на Берчи-стрит.
(3) Шерлок Холмс жил на Парк-лейн.

Однако ясно было, что предложение (1), с одной стороны, и предложения (2) и (3) — с другой не одинаково бессодержательны. И в каком-то смысле можно утверждать, что на фоне предложений (2) и (3) предложение (1) становится истинным.

В каком же смысле?

Да в том, что в художественном мире рассказов Конан Дойла предложение (1) соответствует истинному положению дел. Что же получается? С одной стороны, никакого Холмса не существовало, а с другой — он "в каком-то смысле" жил на Бейкер-стрит (а не на Берчи-стрит и не на Парк-лейн).

Шерлок Холмс жил в возможном мире (см. **семантика возможных миров**) рассказов Конан Дойла. Но мы ведь ничего не знаем о природе этого возможного мира. Мы, например, знаем, что Шерлок Холмс курил трубку, играл на скрипке и был неженат, но мы не знаем, ел ли он вареные яйца на обед, любил ли женщин или вообще был гомосексуалистом; мы не знаем, как звали его родителей, ходил ли он в **кино** и как относился к **психоанализу**.

Ничего этого мы не знаем и никогда не узнаем, потому что Шерлок Холмс — выдуманная фигура.

Но на это можно возразить, что про Марка Твена мы тоже многого не знаем: любил ли он вареные яйца по утрам? Я, например, совершенно не помню, как звали его родителей, и ума не приложу, как он относился к психоанализу.

Да, но все это можно узнать в биографических материалах. Однако свидетельства могут быть ложными, и никто вообще может не вспомнить, ел ли Марк Твен вареные яйца по утрам или нет. Поэтому я могу заявить, что Марк Твен такая же вымышленная фигура, как Шерлок Холмс.

И в случае с Шерлоком Холмсом, как и в случае со **сновидениями** (см.), встает вопрос: что является материальной стороной фразы (1), если точно известно, что Холмс выдуманная фигура?

Когда мы читаем фразу, подобную фразе (1), мы прежде всего должны понять ее **смысл** (см.), то есть *о чем* она говорит, независимо от того, истинно это, ложно или вымышленно. И вот когда мы эту фразу поняли, ее смысл (а не истинностное значение), мы тем самым автоматически причислили ее к правильно в смысловом отношении построенным предложениям нашего языка (неважно, английского или русского). Мы как будто говорим нечто вроде:

(4) Истинно, что предложение "Шерлок Холмс жил на Бейкер-стрит"

является правильно построенным предложением русского языка.

Получается, что материалом вымысла является наш язык. Лишь определив принадлежность данного предложения к множеству правильно построенных предложений нашего языка, мы можем утверждать их истинность или ложность применительно к "возможному художественному миру Конан Дойла".

Но, конечно, и здесь проблемы не кончаются, потому что, например, **авангардное искусство** использует и неправильные, с точки зрения нормального носителя языка, предложения, но искусство не перестает от этого существовать.

Возможно, что (особенно в свете бурного развития компьютерных технологий и **виртуальных реальностей** (см.) следует вообще отказаться от противопоставления вымысла и **реальности** и говорить о некоем совокупном экзистенциальном опыте, где в равной мере онтологической определенности и неопределенности существуют (ср. **существование**) Микки-Маус, Леонид Ильич Брежнев, круглый квадрат и Утренняя и Вечерняя звезда одновременно.

Лит.:
Льюис Д. Истинность в вымысле // Возможные миры и виртуальные реальности / Сост. Друк В. и Руднев В. — М., 1997. — Вып. 1.
Миллер Б. Может ли вымышленный персонаж стать реальным? // Там же.
Руднев В. Морфология реальности: Исследование по "философии текста". — М., 1996.

ФИЛОСОФИЯ СМЕРТИ. Речь — это безусловно жизнь, язык — это смерть речи. Ср. понятие мертвых языков — это языки, на которых никто не говорит.

Поскольку противопоставление жизни и смерти является наиболее фундаментальным в культуре (к нему сводятся все другие противопоставления), то не будем удивляться тому факту, что **бинарная оппозиция** жизни и смерти во многом определяет противопоставление мертвящих картезианских языков живым динамизирующим языкам типа психоаналитического. Немаловажен уже тот факт, что парадигмальное произведение **логического позитивизма** "**Логико-философский трактат**" Витгенштейна писалось в атмосфере тотального окружения смертью.

Но это у самого Витгенштейна. Вся же программа Венского кружка, ориентировавшегося на "Логико-философский трактат" (так ли уж неправильно понятый, как принято считать?), — это программа умерщвления, кастрации живой речи. А ведь проекты Шлика и Карнапа по созданию идеального языка науки, лишенного синонимов и омонимов, многозначности и всего того, что делает язык живым и животворящим, таким языком, на котором можно писать поэзию, — все эти проекты вышли всего из нескольких энергичных пропозиций четвертого раздела "Трактата":

"4.112 Цель Философии — Логическое прояснение Мысли. <...>

Философия должна прояснить и строго установить границы Мысли, которые без того являются словно бы мутными, расплывчатыми".

Уместен вопрос: для чего было умертвлять язык? Первая мировая война была таким сильным травматическим шоком для людей Европы, что **деперсонализация**, онемение, омертвление чувств были естественной реакцией на эту травму. Неслучайно и Фрейд впервые в полный голос заговорил о **влечении к смерти** именно после окончания войны, в 1920 г. ("По ту сторону принципа удовольствия"), где он, в частности, анализирует и специфический тип травматического **невроза** — военный невроз, прообраз понятий "корейского", "вьетнамского" "афганского" и "чеченского" синдромов. В сущности, именно война сформировала третью топику фрейдовского учения — противопоставление инстинкта жизни влечению к смерти.

Для того чтобы уяснить, что мы, собственно, понимаем под фразой о том, что язык — это смерть речи, помимо того, что мертвые языки — это такие языки, которые не реализуют речевую деятельность (чтобы осуществлять психоаналитическую практику на латыни — языке, наверное, в принципе чрезвычайно богатом ассоциациями, — нужно его оживить (впрочем, в некоторых корпоративных сообществах латынь является почти живым субъязыком — у медиков, юристов и филологов, особенно, конечно, классических; ср. также латинский пример из

"Психопатологии обыденной жизни анализирующийся ниже), рассмотрим единственный афоризм о смерти в "Трактате" Витгенштейна:

"6.4311 Смерть — не событие жизни.

Смерть не переживается".

(Характерно, что философский антипод Витгенштейна — Хайдеггер — пишет в своем главном труде, в общем, противоположное:

"Смерть в широчайшем смысле есть феномен жизни".)

Язык смерти гораздо беднее речью, чем язык жизни (в этом смысле Витгенштейн прав). Речи о смерти гораздо более в модальном смысле однозначны (в них нет "двусмысленности" в хайдеггеровском понимании этого слова), и их вообще меньше (применительно к смерти хайдеггеровская "болтовня" неприменима). Если не углубляться в мифологические традиционные представления (например, тот известный факт, что на Сардинии умирающих стариков заставляли громко смеяться — сардонических смех) и рассматривать среднее современное городское сознание, то бытовая ритуализация смертной и околосмертной речи ограничится всего несколькими типами дискурсов, о которых очень скоро забывают, жизнь со своими модальностями берет свое. Начинается "болтовня" и "двусмысленность". Речь побеждает язык.

И все же некоторая амбивалентность относительно смерти возможна. Смерть старика, умершего в своей постели, окруженного любящими родственниками, воспринимается по-другому, чем смерть молодой женщины, матери двух детей, попавшей под машину или подвергшейся насилию маньяка. Но тем не менее если провести такой же речевой эксперимент со смертью, который мы проводили с "дачей", то результат получится скорее отрицательный — о человеке можно гораздо меньше узнать по его смерти, чем по его жизни, поскольку речь о смерти модально беднее речи о жизни.

Предположим вы слышите, как кто-то сказал: "Вчера умер Рихтер". Трудно себе представить контекст, при котором в ответ может раздаться смех или ликование (в крайнем случае можно рассчитывать на злобное хихиканье старого недоброжелателя, то есть амбивалентная реакция на речь о смерти носит явно маргинальный характер). Аксиологически смерть воспринимается почти всегда со знаком минус, как горе, может быть, освобождение, но тоже горестное. Разумеется, может быть, деперсонализированно-нулевое, "равнодушное" отношение к смерти чужого Другого ("Вчера умер Рихтер. — А кто такой Рихтер?" или "А что мне Рихтер, — я сам скоро подохну"). Пожалуй, наибольшую свободу представляет собой деонтический аспект смерти. С одной стороны, смерть — это то, что когда-то *должно* случиться с всяким. Но это в плане **феноменологии** смерти. Речь о смерти скорее запрещена (публичная, конвенционально ориентированная речевая продукция, в которой почти нет следов живой речи, ограничивается речами на "гражданской панихиде" (либо ритуальными религиозными отправлениями, также в очень большой мере конвенционализированными), непосредственно при похоронах и отчасти на поминках, девяти днях и сороковинах. Помимо этих кодифицированных, постмортальных дискурсов смерть склонны, как правило, замалчивать. Ср. у Хайдеггера:

"Люди дают право, и упрочивают искушение, прятать от себя самое свое бытие к смерти.

Прячущее уклонение от смерти господствует над повседневностью так упрямо, что в бытии-друг-с-другом "ближние" именно "умирающему" часто еще втолковывают, что он избежит смерти и тогда сразу снова вернется в успокоенную повседневность своего устраиваемого озабочением мира. <...> Люди озабочиваются в этой манере *постоянным успокоением насчет смерти*".

Это успокоение выражается не в чем ином, как в речи. Ср.:
Сократу (в "Федоне". — *В. Р.*) не позволяют ни на минуту остаться одному в ожидании мучительного одиночества смерти, ему не позволяют ни на минуту умолкнуть в ожидании великого и окончательного молчания смерти: последние мгновения Сократа, таким образом, превратятся в продолжительный диалог, заполняющий пустоты тишины разумными рассуждениями, оживляющий одинокую пустыню агонии.

И это при том, что Сократ, по Гегелю и Хайдеггеру, это именно тот мудрец, который принимает смерть добровольно, который "*дает ход мужеству перед ужасом смерти*".

Противоположный пример — когда отсутствие речи, живого контакта приближает или провоцирует смерть — финал рассказа Сэлинджера "**Хорошо ловится рыбка-бананка**", герой которого Симор Гласс, поднимаясь в лифте в свой номер, пытается разговорить незнакомую женщину, обращая внимание на свои ноги. Женщина пугается и поскорее выходит из лифта. Вернувшись в номер, Симор без всяких видимых причин пускает себе пулю в лоб. И хотя, по всей вероятности, самоубийство, во всяком случае, бессознательно, давно зрело в душе у героя, если бы женщина поговорила бы с ним, то его смерть отсрочилась бы или ее вовсе можно было бы избежать.

Речь — последняя ниточка, связывающая умирающего с жизнью. Поэтому так часто умирающего просят что-то сказать. На этом построена предсмертная терапия А. Минделла, когда умирающего специальной терапевтической речью готовят к безболезненному принятию смерти.

Существует распространенный **сюжет**, когда смерть отсрочивают или побеждают при помощи *речи* (классический пример "Тысяча и одна ночь").

Ср. также у Фуко:

".... сродство письма и смерти. Эта связь переворачивает тысячелетнюю тему: сказание и эпопея у греков предназначались для того, чтобы увековечить бессмертие героя. Если герой соглашался умереть молодым, то это для того, чтобы его жизнь, освященная таким образом и прославленная смертью, перешла в бессмертие; сказание было выкупом за эту принятую смерть".

С другой стороны, сам момент умирания, "околевания" (слово Хайдеггера в переводе В. В. Бибихина), часто бывает ознаменован тем, что называют последними словами. Это может быть и пошлое чеховское Ich sterbe с требованием шампанского, а может быть и невнятное бормотание переходящего из этой стороны сознания по ту его сторону. "Он хотел сказать "Прости", но сказал "Пропусти" ("Смерть Ивана Ильича").

Так или иначе, определенно, что повседневная речь в гораздо большей степени наполнена жизнью, нежели смертью, и так же определенно, что модальная морфология, модальная логика — это логика жизни, поскольку применительно к смерти она плохо, негибко работает. Пропозициональная же логика, особенно та, которая возникла под воздействием критики языка в разлагающейся, *умирающей* австро-венгерской монархии, своеобразная романтическая пропозициональная логика, "узкий мир", мир, который (выражение Г. фон Вригта применительно к "Трактату") напоминает гроб, — это логика смерти. Сама акцентуированная духовность Витгенштейна заставляет вспомнить интерпретации французским философом русского происхождения Александром Кожевым гегелевской "Феноменологии духа":

"Человек получает доступ к Богу *лишь после своей смерти* (курсив автора. — *В. Р.*), и только так он может реализовать и проявить свою "духовность". <....> Человек может быть свободным историческим индивидом лишь при том условии, что он является существом смертным, то есть ограниченным во времени и осознающим эту свою конечность".

Другими словами, осознание своей смерти отличает человека от животного и придает ему ту духовность, которая в конечном счете реализуется в добровольном приятии смерти. Слова самого Гегеля: "Жизнь Духа не боится смерти, она ее принимает и удерживается в ней".

С точки зрения **гипотезы лингвистической относительности** эту же мысль можно выразить по-другому: человек осознал свою смертность, когда в его языке появилось слово "смерть", или, еще точнее, когда человек смог выразить мысль о своей смерти в предложении номинативно-аккузативного строя, то есть с подлежащим в номинативе и прямым дополнением в аккузативе, когда слово "смерть" получило абстрактное понятийное лексическое значение. Можно предположить, что архаический человек, говоривший на инкорпорирующем языке, где, конечно, не было никаких абстрактных понятий, не был смертным человеком в смысле Гегеля, Кожева и Батая. Можно даже пойти дальше и утверждать, что, только начиная с классической античности, человек стал подлинно смертным. Во всяком случае, на стадии мифологического мышления, когда все слова тяготели к тому, чтобы быть именами собственными в смысле, а слово было связано с непосредственной прагматикой, могли существовать высказывания типа

Он ушел далеко за большую гору (то есть умер) или

Его поглотила огромная змея низкого мира (то есть смерть), но не

Он умер

или

Смерть — неизбежный удел каждого человека.

Мы уже не говорим, что позднемифологическая идея смерти-возрождения и ее актуализация в христианстве также очень сильно подрывали идею смерти в ее чистом виде как differentia specifica человека. Культ умирающего и воскресающего бога, который потом креолизовался в Страстях Христовых, делал идею смерти менее значимой (к тому же он соотносился с культом умирающего зверя-тотема, а стало быть, не вычленял человека как высшее существо, отличие от животного которого, по Гегелю, и заключается в осознании своей смерти) — ведь с этой точки зрения смерть — только этап на пути к жизни бесконечной. В этом смысле человек стал человеком, связывающим свою духовность со смертью, лишь в эпоху Возрождения.

(Разумеется, не случайно работа Кожева была написана в 1947 г., то есть, с одной стороны, после второй мировой войны (так, первая мировая война спровоцировала наряду с "военными неврозами" "смертную прозу" писателей потерянного поколения — парадигмальное произведение с ключевым словом в заглавии: "Смерть героя" Р. Олдингтона; ср. также рассуждения о смерти в "**Волшебной горе**" Томаса Манна, 1924, явно навеянные поздними фрейдовскими работами ("По ту сторону принципа удовольствия") и послевоенным осмыслением предвоенной культуры), а с другой стороны, как признак той конвергенции философии смерти vs философии "о жизни и смерти" (структурализма и позитивизма vs психоанализа и экзистенциализма), о которой пойдет речь ниже.)

Понятное дело, что обыденной речи здесь делать нечего. "Обыватель старается не думать о смерти, он говорит о ней: "Это ничего, это ерунда" и т. д. — и поспешно переводит свое внимание на что-то другое, занимается повседневными делами". Не случайно наиболее обычным стереотипным бытовым риторическим приемом, если заходит речь о смерти, является "отведение". Так, если кто-то говорит: "Такой-то умер", в ответ уместно возразить: "Не может быть, я с ним только позавчера *разговаривал*". Вот именно — разговаривал. И, конечно, не о смерти. Разговор о смерти, так или иначе, выходит из сферы обыденности и приобретает некую специфичную торжественность. Когда истерик-ипохондрик все время "ноет": "Вот я скоро умру, тогда будете знать", — то, вероятнее всего, он действительно в этот момент чувствует "дуновение смерти", но, сообразуясь с логикой обывателя, отталкивает "идею смерти" от себя путем ее риторической заниженной повседневной подачи. Иначе поступает гегелевский Мудрец. Он собирает у своей постели своих родных и торжественно предупреждает о своей скорой смерти. Еврейский анекдот, невольно приходящий здесь в голову: "Все здесь собрались? А кто же будет сторожить лавку?", — как раз подчеркивает комическое врывание жизненной речи в возвышенный (пред)смертный дискурс.

Лит.:
Кожев А. Идея смерти в философии Гегеля. — М., 1998.
Руднев В. Язык и смерть // Логос, 1, 2000.
Фуко М. Воля к истине. — М., 1996.
Хайдеггер М. Бытие и время / Пер. В. В. Бибихина. — М., 1997.
Янкелевич В. Смерть. — М., 1999.

ФИЛОСОФИЯ ТЕКСТА — разрабатываемая автором словаря концепция **текста**, синтезирующая ряд подходов научной и философской методологии XX в. (**семиотики**, лингвистической и философской **прагматики**, **логической семантики**, теоретической поэтики, **аналитической философии**, различных направлений **психоанализа**, исследований по мифологии и **характерологии**).

Сущность Ф. т. можно изложить в семи главных пунктах:

1. Все элементы текста взаимосвязаны. Это тезис классической **структурной поэтики**.

2. Связь между элементами текста носит трансуровневый характер и проявляется в виде повторяющихся и варьирующихся единиц — мотивов. Это тезис **мотивного анализа**. Если мы изучаем культуру как текст (в духе идей Ю. М. Лотмана), то на разных ее уровнях могут проявляться одинаковые мотивы (см. **верлибризация, логаэдизация, ритм**).

3. В тексте нет ничего случайного. Самые свободные ассоциации являются самыми надежными. Это тезис классического **психоанализа**. См. также статью **парасемантика**, в которой показано, что связь между словами может иметь место по совершенно случайным ассоциациям, между тем именно на этих ассоциациях строится семантический образ слова.

4. За каждым поверхностным и единичным проявлением текста лежат глубинные и универсальные закономерности, нося-

щие мифологический характер. Это тезис аналитической психологии К. Г. Юнга. В XX в. эта особенность наиболее очевидным образом проявляется в таком феномене, как **неомифологизм**. Так, в стихотворении Пастернака "Гул затих. Я вышел на подмостки" под "Я" подразумевается и автор стихотворения, и Иисус Христос, и Гамлет, и всякий, кто читает это стихотворение (пример С. Т. Золяна). Глубинный мифологизм проявляется также в обыденной жизни, если понимать ее как текст (см. **реальность**). Так, например, Юнг показал, что выбор сексуального партнера зависит от генетически заложенного в индивидуальном человеческом сознании коллективного архетипа.

5. Текст не описывает **реальность**, а вступает с ней в сложные взаимоотношения. Это тезис аналитической философии и **теории речевых актов**.

6. То, что истинно в одном тексте (возможном мире), может быть ложным в другом (это тезис **семантики возможных миров**).

7. Текст — не застывшая сущность, а диалог между автором, читателем и культурным контекстом. Это тезис поэтики Бахтина (см. **карпавализация, полифопический роман, диалогическое слово**).

Применение этих семи принципов, традиционных самих по себе, к конкретному художественному тексту или любому другому объекту, рассматриваемому как текст, составляет сущность Ф. т.

Лит.:
Руднев В. Введение в прагмасемантику "Винни Пуха" // Винни Пух и философия обыденного языка. — М., 2000.
Руднев В. Морфология реальности: Исследования по философии текста. — М., 1996.
Руднев В. Поэтика "Грозы" А. Н. Островского // Семиотика и информатика. — М., 1995. — Вып. 38.
Руднев В. Несколько уроков в "Школе для дураков" //
Руднев В. Метафизика футбола. Исследования по философии текста и патографии. — М., 2001.

"ФИЛОСОФСКИЕ ИССЛЕДОВАНИЯ" (изд. 1953) — второе главное произведение великого австрийского философа Людвига Витгенштейна (см. также **биография, аналитическая философия**).

В противоположность "Логико-философскому трактату"

(см.) Ф. и., ключевое произведение послевоенной аналитической философии, написаны в свободной форме разговора с самим, часто это вопросы, которые не имеют ответов.

Пафос Ф. и. в том, что в соответствии с идеей, которую Витгенштейн здесь защищает, все слова обозначают по-разному, в зависимости от их конкретного употребления (он так и говорит, что значение — это и есть употребление), в зависимости от того речевого контекста, который Витгенштейн называет **языковой игрой** и формой жизни. То есть язык понимается не как некоторая имманентная система **знаков**, которая изоморфна отображаемому им миру, — такова была точка зрения "Трактата" — язык — это форма жизни, ее часть. Что это значит?

Предположим имеется выражение "Я не желаю ничего иметь с вами общего и ухожу отсюда навсегда" и, с другой стороны, типовая ситуация, когда человек, желая сказать примерно то же самое, что он говорит, употребляя только что приведенную фразу, просто громко хлопает дверью и уходит. С точки зрения классической концепции "Трактата" второе вообще не имеет отношение к языку, это полностью сфера действий, жизнь. С точки зрения концепции, которую Витгенштейн развивает в Ф. и., и первая фраза, и второе действие суть формы жизни. И это синонимичные формы жизни. Можно сказать даже, что это одна и та же языковая игра, так сказать, разные ее партии. В одном случае человек может просто уйти и хлопнуть дверью. В другом случае он может сказать: "Я больше не желаю иметь с вами ничего общего", хлопнуть дверью и уйти. Это будет примерно одно и то же. Но если человек сказал: "Я не желаю иметь с вами ничего общего и ухожу отсюда" и при этом остается на месте, то это будет какая-то другая языковая игра. Может быть, этот человек — истерик, и ему важно просто произнести какие-то броские слова, пытаясь произвести впечатление на окружающих. И он уверен, что, как только он произнесет эти слова, все сразу кинутся к нему и станут его упрашивать не покидать их и просить прощения за совершенные ими ошибки. В этом случае фраза "Я не желаю иметь с вами ничего общего, и т. д." будет включена уже совсем в другую языковую игру. А может быть и так, что окружающие, вместо того чтобы уговаривать произнесшего эту фразу, скажут (или один из них скажет): "Вы полагали, что мы сейчас бросимся отговаривать вас, но вы ошибаетесь, мы сами не желаем иметь с вами ничего общего — так что убирайтесь отсюда!"

Слова — это поступки. Витгенштейн сформулировал эту максиму еще в 1930-е г. Слова такие же поступки, как действия (ср. **теорию речевых актов**, во многом созданную под влиянием доктрин позднего Витгенштейна). Предложения складываются в различные более устойчивые или менее устойчивые языковые игры. При этом может быть не произнесено ни единого слова, а языковая игра будет сыграна. Например, в карты можно играть молча. Или заниматься любовью. Ведь и в том и в другом случае есть свои правила. Например, если в одном случае человек говорит другому: "Я вас ненавижу", а в другом просто дает пощечину, то и в том и в другом случае перед нами языковые игры, хотя во втором случае может быть не сказано ни слова.

Отсюда следует важнейшая закономерность. Язык — часть **реальности**. Реальности без языка не существует. Языков очень много. С точки зрения такого понимания онтологии бессмысленно утверждать: "Это просто молоток, просто молоток и все, здесь нет никакого языка, это молоток, он сделан из железа и дерева, им забивают гвозди, в крайнем случае им можно проломить голову, но язык здесь ни при чем". Посмотрим, как подобный взгляд может быть подвергнут критике с точки зрения концепции позднего Витгенштейна. Мы можем сказать: "Вы утверждаете, что молоток не имеет никакого отношения к языку. Но ведь молоток — это прежде всего слово в языке, как же оно может не иметь никакого отношения к языку. Более того, если бы кто-то когда-то не придумал слово "молоток", не было бы и самого молотка. Слово "молоток" более фундаментально, чем сам молоток. Теперь вы говорите, что при помощи молотка можно совершать различные действия. Но откуда мы узнаем об этих действиях, как не из языка. Кто-то видит, как человек забивает молотком гвоздь. Если нет языка, то некому сказать и даже помыслить, что некто забивает молотком гвоздь. Вот так или примерно так с позиций позднего Витгенштейна можно осадить поборника "внеязыкового молотка".

Но что же тогда получается, что в самом деле нет никакого различия между языком и реальностью? Нет, различие безусловно есть, но оно пролегает в совершенно другой плоскости. Реальность тогда является или кажется, видится реальностью, когда нет нужды в понимании или понимание невозможно. Допустим, вы путешествуете по стране, язык жителей которой вам неизвестен. Вы идете по городу, и дом для вас просто дом, а площадь просто площадь. Вы внутренне не называете их. Или наоборот, вы идете по городу, знакомому вам с детства. Вы проходите по улицам, идете мимо зданий, которые видели тысячу раз, и они становятся внеположными вашему сознанию. Вы ничего не *говорите* и не думаете. Конечно, строго говоря, все равно имеет место какая-то языковая игра, потому что ведь прогулка по городу — это тоже некая форма жизни. Но эта языковая игра в данном случае является стертой.

Продолжая и развивая философскую метафору языковой игры, в частности, говоря об идее разнообразия языковых игр, Витгенштейн приводит знаменитый пример, где язык сравнивается с городом:

"Наш язык можно рассматривать как старинный город: лабиринт маленьких улочек и площадей, старых и новых домов, домов с пристройками разных эпох; и все это окружено множеством новых районов с прямыми улицами регулярной планировки и стандартными домами".

Действительно, даже естественный язык, язык, так сказать, в узком смысле, построен именно таким образом. Возьмем, например, словообразование и лексику. Есть слова, значения которых образуют строгую систему, например термины родства. Есть стандартные продуктивные словообразовательные форманты, например суффиксы, похожие на те прямые улицы регулярной планировки, о которых говорит Витгенштейн. Скажем, это суффикс, означающий "делателя" (nomen agentis). Таким суффиксом, например, является -тель: учитель, даритель, хулитель, старатель, фотолюбитель, отравитель, вдохновитель, вольнослушатель, прорицатель, хлебозаготовитель. Это суффикс исконно русский. А вот его иностранный аналог, который прочно вошел в русский язык из французского — -ор(-ёр/ер). Это тоже суффикс nomen agentis и тоже весьма продуктивный и стандартный: актер, режиссер, автор, коррупционер, цензор, собкор, шахтер, репортер, импортер, церемониймейстер, модельер, офицер, розенкрейцер, вахтер, мушкетер, бухгалтер. Но есть в естественном языке и аналоги кривым покосившимся улочкам. Например, слова типа *любовь* образовались очень дав-

но и сохранилось всего несколько слов с таким суффиксом — -овь: кровь, морковь. Это старый непродуктивный суффикс.
Но, конечно, Витгенштейн имел в виду не только естественный язык, когда сравнивал язык с городом. Можно сказать, что объектом его сравнения было все семиотическое **пространство**, вся **семиосфера** (как это называл Ю. М. Лотман). Действительно, вдумаемся в то, как построены наши языковые игры. Одни из них являются играми в узком смысле и имеют разветвленную систему правил. Это спортивные игры, которые собирают перед телеэкраном миллионы зрителей. Это карточные игры, шахматы. А вот детские игры во дворе уже не требуют такой жесткой системы правил. Правила там могут придумываться на ходу, если дети, играя, импровизируют. Когда они говорят: "Давай играть, что ты будешь тем-то, а я тем-то".
В определенном смысле можно сказать, что город, о котором говорит Витгенштейн, это человеческая культура, где соседствует ультрамодное и архаическое, утонченное и банальное, аристократическое и демократическое, правое и левое в политическом смысле. В культуре есть люди, которые следуют за стандартом и читают одни и те же книги, смотрят одни и те же телепередачи, носят похожую одежду, и есть маргиналы, которых иногда накапливается довольно много, и они образуют свою субсистему, субкультуру (или контркультуру), как было, например, с хиппи.

В качестве обобщения своих идей о принципиальном различии языковых игр Витгенштейн формулирует знаменитую теорию семейных сходств значений слова: "Вместо того, чтобы выявлять то общее, что свойственно всему, называемому языком, я говорю: во всех этих явлениях нет какой-то одной общей черты, из-за которой мы применяли к ним всем одинаковое слово, но они *родственны* друг другу многообразными способами. Именно в силу этого родства или же этих родственных связей мы и называем всех их "языками". Я попытаюсь это объяснить.

Рассмотрим, например, процессы, которые мы называем "играми". Я имею в виду игры на доске, игры в карты, с мячом, борьбу и т. д. Что общего у них всех? — Не говори "В них *должно* быть что-то общее, иначе бы их не называли играми", но *присмотрись*, нет ли чего-нибудь общего для них всех. — Ведь, глядя на них, ты не видишь чего-то общего, присущего им *всем*, но замечаешь подобия, родство, и притом целый ряд таких общих черт. Как уже говорилось: не думай, а смотри! — Присмотрись, например, к играм на доске с многообразным их родством. Затем перейди к играм в карты: ты находишь здесь много соответствий с первой группой игр. Но многие общие черты исчезают, а другие появляются. Если мы теперь перейдем к играм в мяч, то много общего сохранится, но многое и исчезнет. <...>

А результат этого рассмотрения таков: мы видим сложную сеть подобий, накладывающихся друг на друга и переплетающихся друг с другом, сходств в большом и малом.

Я не могу охарактеризовать эти подобия лучше, чем назвав их "семейными сходствами", ибо также накладываются и переплетаются сходства, существующие у членов одной семьи: рост, черты лица, цвет глаз, походка, темперамент и т. д. и т. п. — И я скажу, что "игры" образуют семью".

Вот такое радикальное, по-видимому, одно из самых радикальных решений относительно значения, которое принято в ФИ. Но ведь здесь ни слова не сказано о значении. Не сказано, но подразумевается именно оно. Значение — это употребление, а употребление, совокупность употреблений образует совокупность языковых игр. Посмотрим на конкретном примере, что имеет в виду Витгенштейн, говоря о семейных сходствах, и корректна ли эта теория.

Рассмотрим три выражения со словом "белый":

Белый человек

Белая краска

Белое вино.

Ясно, что в первом случае речь идет о цвете совсем не в том значении, как во втором и в третьем случае. Белый человек (не негр) на самом деле вовсе не такого цвета, как белая краска. То же можно сказать и о белом вине (то есть не красном).

Но и целые предложения, входя в различные языковые игры, приобретают совершенно различные значения. Например, предложение "Он пришел" в различных художественных жанрах приобретает разное значение. Так, если мы читаем детектив, "Он пришел" может означать, что кого-то ждали, чтобы убить, и "Он пришел" — сигнал к началу огня. В контексте бытового дискурса "Он пришел" может означать "Наконец-то, сколько можно опаздывать". В контексте мелодрамы "Он пришел" может означать либо не вовремя появившегося мужа или, наоборот, долгожданного любовника. И т. д.

Витгенштейну в Ф. и. принадлежит такая, давно ставшая знаменитой фраза: "Какова твоя цель в философии? — Показать мухе выход из мухоловки".

Что это значит? Прежде всего практическую направленность философии, ее направленность на анализ обыденного языка. На вскрытие его шероховатостей, но отнюдь не на исправление их. Когда философы-позитивисты и сам ранний Витгенштейн стремились построить идеальный язык (см. **логический позитивизм**), это было равнозначно тому, что они упрятывали муху в мухоловку. Выход мухи их мухоловки состоит в том, чтобы показать, что обыденный язык является единственно возможным. Тогда мухоловка сама собой раскроется.

Лит.:
Витгенштейн Л. Философские исследования // Витгенштейн Л. Философские работы. Ч. 1. — М., 1994.
Грязнов А. Ф. Эволюция философских взглядов Л. Витгенштейна. — М., 1985.
Руднев В. Прочь от реальности: Исследования по философии текста. II. — М., 2000.

ФОНОЛОГИЯ — раздел лингвистики XX в., изучающий звуки речи в их функциональном, смыслоразличительном отношении. Ф. не следует путать с фонетикой, изучающей звуки речи в их акустическом звучании. Ф. зародилась в начале XX века. У ее истоков стоят русские ученые Ф. Ф. Фортунатов, И. А. Бодуэн де Куртенэ, Л. В. Щерба. Основателями структурной Ф. являются русские лингвисты-эмигранты, организаторы Пражского лингвистического кружка Н. С. Трубецкой и Р. О. Якобсон (см. **структурная лингвистика**).

В основе Ф. лежит понятие фонемы как "совокупности существенных признаков, свойственных данному звуковому образованию" (определение Н. С. Трубецкого). Таким образом, фонема — это ненаблюдаемая абстрактная сущность (ср. **атомарный факт**), в этом родство Ф. с **логическим позитивизмом**, с одной стороны, и квантовой механикой — с другой (см.), которые также же постулируют ненаблюдаемые объекты.

Фонема имеет три основные функции — различать **смысл**,

разграничивать концы слов и выделять слово как целое (в русском языке эту функцию выполняет ударение). Главной функцией фонемы является смыслоразличительная, или сигнификативная. Допустим, если имеются два слова "дом" и "ком", то они отличаются только одной фонемой.

Д произносится между зубами и с участием голоса, к — задним небом и без участия голоса. Таким образом, можно сказать, что фонемы *д* и *к* отличаются друг от друга двумя дифференциальными признаками — местом образования и звонкостью-глухостью. Фонема и есть пучок дифференциальных признаков.

Трубецкой классифицировал дифференциальные признаки выделив три группы:

1. Привативные — когда наличие признака противопоставляется отсутствию признака, например звонкость (работа голосовых связок при артикуляции) — это наличие признака, а глухость (голосовые связки не работают) — это отсутствие признака.

2. Градуальные, или ступенчатые, — в русской Ф. их почти нет. В морфологии ступенчато различаются положительная, сравнительная и превосходная степень прилагательных (большой, больше, наибольший).

3. Эквиполентные, или равнозначные, признаки, когда один признак в одном члене противопоставления заменяется другим в другом члене. Так, у фонем *к* и *д* привативным является противопоставление по звонкости/глухости, а эквиполентным — по месту образования.

В русской фонологической системе 5 гласных фонем и 32 согласных (гласность и согласность, или, как говорят, вокализм и консонантизм,— это первый дифференциальный признак для фонемы: мы обычно сразу можем определить, гласная она или согласная). Гласные образуют слог. Практически в любом языке согласных больше, чем гласных, но не во всех языках так мало гласных, как в русском. В немецком их 12, в эстонском — 14. Русский же язык является ярким консонантным, согласным языком.

Основные дифференциальные признаки русских согласных фонем суть следующие:

1. Звонкость-глухость: таких фонем пять пар — *б-п, в-ф, г-к, д-т, ж-ш*.

2. Твердость-мягкость: почти все русские фонемы могут быть как твердыми, так и мягкими за исключением *ш* и *ц*, которые все-

гда твердые, и *ч, щ* и *j*, которые всегда мягкие.

3. Способ образования: щель-смычка. В первом случае между органами речи образуется щель, как в звуках *в, ф, ж, ш, з, с* — они называются щелевыми. Во втором случае органы речи смыкаются и воздух, образующий звук, как бы взрывает эту смычку — так образуются звуки *б, п, д, т, н, м, г, к*.

4. Место образования — в этом плане звуки делятся на губные *(б, п, в, ф, м)*, зубные *(д, т, н)*, язычные *(з, с, ш, щ, ц, ч)* и небные *(г, к, х)*.

Для того чтобы понять, как фонемы изменяют смысл, используется метод минимальных пар, то есть берут пары таких слов, которые отличаются не просто одной фонемой, но лишь одним дифференциальным признаком этой фонемы. Например, гол-кол. Только один дифференциальный признак различается у этих слов (звонкость-глухость фонем *г* и *к*), а слова получаются совсем разные.

Охарактеризуем две какие-нибудь согласные фонемы, например *б* и *т*, как они встречаются в словах "банк" и "танк". Обе этих фонемы твердые (в отличие, например, от фонем *б* и *т* в словах "белый" и "тело" — здесь они обе мягкие). Звук *б* звонкий, звук *т* — глухой. По месту образования *б* — губной, а *т* — зубной. По способу образования *б* и *т* — смычные. Таким образом, фонемы *б* и *т* в словах "банк" и "танк" различаются двумя дифференциальными признаками — звонкостью-глухостью и местом образования (губной-зубной).

Охарактеризуем теперь все фонемы в слове "словарь". *С* — согласная, глухая, твердая, щелевая, язычная фонема. *Л* — так называемая плавная согласная, твердая, звонкая, зубная. *О* — стоит в предударной слабой позиции, где она редуцируется и совпадает со звуком *а*, то есть звучит так же, как в слове "славарь", если бы было такое слово. В фонетической транскрипции такой звук обозначается знаком Λ. *В* — звонкий, твердый, губно-зубной, щелевой. *А* — стоит в сильной позиции под ударением — это гласный среднего ряда и заднего подъема языка. *Р* — звонкий, мягкий, по способу образования "дрожащий" (средний между щелевыми и смычными), язычный. Мягкий знак не означает никакой фонемы, а служит знаком мягкости предшествующей фонемы *р*, что обозначается как *р'*. Фонетическая запись всего слова "словарь" будет такая:

[СЛОВАР']

В 1950-е гг. Р. О. Якобсон с соавторстве с американскими лингвистами создал совершенно новую Ф., построенную не на артикуляционных дифференциальных признаках, как у Трубецкого, а на акустических, используя акустическую аппаратуру. Его классификация в отличие от классификации Трубецкого была универсальной — в ней 12 дифференциальных признаков, при помощи которых можно было описать фонологические системы всех языков мира. Это уже начиналась эра генеративной Ф. (см. **генеративная лингвистика**).

Ф. чрезвычайно важна для гуманитарных наук XX в. как методологическая база. Та легкость и убедительность, с которой фонологическая система строится при помощи дифференциальных признаков, **бинарных оппозиций** (см.), позволила Ф. стать образцом для других дисциплин, связанных со **структурной лингвистикой** и **семиотикой**,— то есть для морфологии, синтаксиса, семантики, **прагматики,** структурной антропологии, культурологии, **структурной поэтики**.

Лит.:
Трубецкой Н. С. Основы фонологии.— М., 1999.
Якобсон Р. О. , Фант Г. М., Халле М. Введение в анализ речи // Новое в лингвистике. Вып. 2. — М., 1962.

ФОРМАЛЬНАЯ ШКОЛА — неофициальное название группы русских литературоведов и лингвистов, объединившихся в конце 1910-х гг. в Петербурге и Москве на общих методологических основаниях и, в сущности, сделавших из литературоведения науку мирового значения, подготовив пражскую **структурную лингвистику**, тартуско-московскую **структурную поэтику** и весь европейский структурализм в целом.

Главным идейным вдохновителем Ф. ш. был Виктор Борисович Шкловский. История Ф. ш. начинается с его статьи 1914 г. "Воскрешение слова" и официально заканчивается его же статьей 1930 г. "Памятник одной научной ошибке", в которой он поспешил из-за изменившейся политической атмосферы отступить от позиций Ф. ш. Шкловский был чрезвычайно сложной фигурой в русской культуре. В годы первой мировой войны он командовал ротой броневиков, а в 1930-е гг. струсил и предал свое детище — Ф. ш. Тем не менее он был одним из самых ярких представителей русской словесной культуры и оставался таким всегда — и в качестве адепта, и в качестве предателя. Когда в середине 1910-х гг. он пришел учиться в семинарий известного историка литературы Венгерова, тот предложил ему заполнить анкету. В этой анкете Шкловский написал, что его целью является построение общей теории литературы и доказательство бесполезности семинария Венгерова.

Формализм поначалу был очень шумным течением, так как развивался параллельно с русским футуризмом и являлся разновидностью научного авангарда (см. **авангардное искусство**).

"Откуда пошел "формализм"? — писал один из деятелей Ф. ш., стиховед и пушкинист Борис Викторович Томашевский в своеобразном некрологе Ф. ш. — Из статей Белого, из семинария Венгерова, из Тенишевского зала, где футуристы шумели под председательством Бодуэна де Куртенэ. Это решит биограф покойника. Но несомненно, что крики младенца слышались везде".

В Петербурге-Петрограде Ф. ш. дала знаменитый ОПОЯЗ — Общество изучения поэтического языка, объединившее лингвистов и литературоведов Е. Д. Поливанова, Л. П. Якубинского, О. М. Брика, Б. М. Эйхенбаума, Ю. Н. Тынянова.

В Москве возник МЛК — Московский лингвистический кружок, куда входили С. И. Бернштейн, П. Г. Богатырев, Г. О. Винокур, в работе его принимали участие Б. И. Ярхо, В. М. Жирмунский, Р. О. Якобсон, будущий организатор Пражского лингвистического кружка, создатель функциональной **структурной лингвистики**.

Ф. ш. резко отмежевалась от старого литературоведения, лозунгом и **смыслом** ее деятельности объявлялась спецификация литературоведения, изучение морфологии художественного **текста**. Формалисты превращали литературоведение в настоящую науку со своими методами и приемами исследования.

Отмечая упрек в том, что Ф. ш. не занимается сущностью литературы, а только литературными приемами, Томашевский писал: "Можно не знать, что такое электричество, и изучать его. Да и что значит этот вопрос: "что такое электричество?" Я бы ответил: "это такое, что если ввернуть электрическую лампочку, то она загорится". При изучении явлений вовсе не нужно априорного определения сущностей. Важно различать их проявления и осознавать их связи. Такому изучению литературы посвящают свои труды формалисты. Именно как науку, изучающую явления литературы, а не ее "сущность", мыслят они поэтику". И далее: "Да, формалисты "спецы" в том смысле, что мечтают о создании специфической науки о литературе, науке, связанной с примыкающими к литературе отраслями человеческих знаний. Спецификация научных вопросов, дифференциация историко-литературных проблем и освещение их светом хотя бы и социологии, вот задача формалистов. Но, чтобы осознать себя в окружении наук, надо осознать себя как самостоятельную дисциплину".

Что же изучали деятели Ф. ш.? Круг их тем и интересов был огромен. Они построили теорию **сюжета**, научились изучать новеллу и роман, успешно занимались стиховедением, применяя математические методы (см. **система стиха XX века**), анализировали **ритм** и синтаксис, звуковые повторы, создавали справочники стихотворных размеров Пушкина и Лермонтова, интересовались пародией (см. **интертекст**), фольклором, литературным бытом, литературной эволюцией, проблемой **биографии**.

Ранний формализм (прежде всего в лице Шкловского) был довольно механистичен. По воспоминаниям Лидии Гинзбург, Тынянов говорил о Шкловском, что тот хочет изучать литературное произведение так, как будто это автомобиль и его можно разобрать и снова собрать (ср. сходные методики анализа и синтеза в **генеративной поэтике**). Действительно, Шкловский рассматривал художественный текст как нечто подобное шахматной партии, где персонажи — фигуры и пешки, выполняющие определенные функции в игре (ср. понятие **языковой игры** у позднего Витгенштейна). Такой метод изучения литературы лучше всего подходил к произведениям массовой беллетристики. И это была еще одна заслуга Ф. ш. — привлечение **массовой культуры** как важнейшего объекта изучения.

Вот как, например, Шкловский анализирует композиционную функцию доктора Ватсона в рассказах Конан Дойла о Шерлоке Холмсе (в главе "Новелла тайн" книги "О теории прозы"): "Доктор Ватсон играет двоякую роль; во-первых, он рассказывает нам о Шерлоке Холмсе и должен передавать нам свое ожидание его решения, сам он не участвует в процессе мышления Шерлока, и тот лишь изредка делится с ним полурешениями [...].

Во-вторых, Ватсон нужен как "постоянный дурак" [...]. Ватсон неправильно понимает значение улики и этим дает возможность Шерлоку Холмсу поправить его.

Ватсон мотивировка ложной разгадки.

Третья роль Ватсона состоит в том, что он ведет речь, подает реплики, т. е. как бы служит мальчиком, подающим Шерлоку Холмсу мяч для игры".

Важным понятием методологии Ф. ш. было понятие приема. Программная статья Шкловского так и называлась: "Искусство как прием". Б. В. Томашевский в учебнике по теории литературы, ориентированном на методы Ф. ш., писал: "Каждое произведение сознательно разлагается на его составные части, в построении произведения различаются приемы подобного построения, то есть способы комбинирования словесного материала в словесные единства. Эти приемы являются прямым объектом поэтики".

Наиболее яркий и знаменитый прием, выделенный Шкловским у Льва Толстого и во всей мировой литературе,— это **остранение** (см.), умение увидеть вещь как бы в первый раз в жизни, как бы не понимая ее сущности и назначения.

Блестящим исследователем сюжета был формально не примыкавший к Ф. ш. Владимир Яковлевич Пропп (см. также **сюжет**), создавший замечательную научную трилогию о происхождении, морфологии и трансформации волшебной сказки. Вот что он писал: "Персонажи волшебных сказок [...] делают по ходу действия одно и то же. Этим определяется отношение величин постоянных к величинам переменным. Функции действующих лиц представляют собой постоянные величины, все остальное может меняться.

Пример:

1. Царь	посылает	Ивана	за	царевной.	Иван	отправляется
2. Царь	"	Ивана	"	диковинкой.	Иван	"
3. Сестра	"	брата	"	лекарством.	Брат	"
4. Мачеха	"	падчерицу	"	огнем.	Падчерица	"
5. Кузнец	"	батрака	"	коровой.	Батрак	"

И т. д. Отсылка и выход в поиски представляют собой постоянные величины. Отсылающий и отправляющийся персонажи, мотивировка и пр.— величины переменные.

Ф. ш. построила теорию поэтического языка. Вот как, например, Ю. Н. Тынянов разграничивал стих и прозу: "Деформация звука ролью значения — конструктивный принцип прозы. Деформация значения ролью звучания — конструктивный принцип поэзии. Частичные перемены соотношения этих двух элементов — движущий фактор и прозы и поэзии".

В книге "Проблема стихотворного языка" Тынянов ввел понятие "единства и тесноты стихового ряда". Это была гипотеза, в дальнейшем подтвержденная статистически. В разных стихотворных размерах различные по количеству слогов и месту ударения слова имеют разную комбинаторику. Например, в 3-стопном ямбе невозможно сочетание слов "пришли люди" или "белое вино" (внутри строки).

Ю. Тынянов был по своему научному сознанию тоньше и глубже, хотя и "запутаннее", Шкловского. Видимо, поэтому Тынянов выдвинулся уже на этапе зрелого формализма, когда "морфология" была уже отработана и нужно было изучать более тонкие и сложные проблемы взаимодействия литературных жанров и процессы эволюции литературы, связь литературы с другими социальными практиками. Но это уже был закат классической Ф. ш.

Судьбы членов и участников Ф. ш. были разными. Но все они так или иначе внесли вклад в мировую филологию. Шкловский прожил дольше всех. Он умер в 1984 г. достаточно респектабельным писателем, автором биографии Льва Толстого в серии "ЖЗЛ" и весьма интересных "повестей о прозе", где перепевались его старые идеи. Ю. Тынянов стал писателем и создал замечательный роман о Грибоедове "Смерть Вазир-Мухтара". Умер он в 1943 г. от рассеянного склероза. В. Пропп дожил до мировой славы, повлияв на французских структуралистов, изучавших законы сюжета. Сам Клод Леви-Строс посвятил ему специальную статью, на которую Пропп (очевидно, по политическим соображениям) ответил бессмысленными полемическими замечаниями.

Самой блестящей была судьба Р. Якобсона. Он эмигрировал в Прагу, создал там совместно с Н. Трубецким (см. **фонология**)

Пражский лингвистический кружок и возглавил одну из классических ветвей лингвистического структурализма (см. **структурная лингвистика**). Переехав в США, стал профессором Гарвардского университета, участвовал в создании универсальной фонологической системы, несколько раз приезжал в Советский Союз и умер в глубокой старости в 1982 г. знаменитым на весь мир ученым, собрание сочинений которого было опубликовано еще при его жизни.

Литературоведческие идеи Ф. Ш. переняла **структурная поэтика**, прежде всего Ю. М. Лотман и его школа.

Лит.:
Хрестоматия по теоретическому литературоведению / Сост. И. Чернов. — Тарту, 1976. — Т. 1.
Шкловский В. О теории прозы. — Л., 1925.
Томашевский Б. В. Теория литературы (Поэтика). — Л., 1926.
Эйхенбаум Б. М. О прозе. — Л., 1970.
Тынянов Ю. Н. Поэтика. История литературы. Кино. — М., 1977.

"**ФУНДАМЕНТАЛЬНАЯ СТРУКТУРА ПСИХОТЕРАПЕВТИЧЕСКОГО МЕТОДА**" (1999) – книга русского психолога и психотерапевта Александра Сосланда, в которой автор, опираясь на методы структурной морфологии В. Я. Проппа, **структурной** и **генеративной лингвистики** и поэтики, впервые в мировой науке построил морфологическая, структурная модель психотерапии (см. также **структурализм, формальная школа, структурная поэтика, генеративная лингвистика**).

По мнению автора, исследование и описание структуры психотерапевтического знания требует выработки адекватного языка, который по отношению к терминологии школ выполнял бы функцию метаязыка, для общения психотерапевтов разных направлений, для обсуждения в подробностях сходства и различия любых методов. В таком случае, что еще более важно, мы получаем возможность анализа любого метода, занимая при этом позицию не внутри метода, а вне его, то есть метапозицию. Располагая специальным метаязыком, можно понять, из чего состоит конкретный метод, содержит ли он в своей структуре тот или иной элемент или же его не имеет.

Наиболее важным является диахронический раздел книги,

посвященный анализу следующих проблем: тому как существующие школьные психотерапевтические теории представляют себе 1) динамику развития личности, 2) динамику формирования патологического расстройства, 3) конструирование путей его преодоления. Индивидуальная история развития личности, нашедшая свое отражение в различных теоретических построениях, прослеживается от исходного момента развития личности до возникновения патологии и далее через терапевтическую операцию — к некоему идеалу. Особое внимание уделяется здесь теме влечений, ключевой для многих теоретических систем, а также препятствий, возникающих на пути удовлетворения этих влечений, приводящих к развитию патологии. Здесь вводится определенное количество новых понятий. Остановимся на их объяснении.

Архиниция (от греч. arche — происхождение и лат. initio — начало) — концепт, обозначающий некий момент начала развития личности, некую исходную точку, от которой идет отсчет истории развития индивида. Имеется в виду некий первоисток, первотолчок, нечто исходно-первичное. Речь идет о чем-то таком, что в конце концов оказывает решающее влияние на весь ход развития личности, определяет в большой степени ее своеобразие и очень многое на ее жизненном пути вообще, а в особенности — в критические моменты ее развития. В контексте различных психотерапевтических теорий личности архиниция может быть размещена в пределах личной истории индивида (З. Фрейд) или до ее начала (К. Г. Юнг, Л. Шонди и т. д.). В соответствии с этим решающими факторами для развития личности и формирования патологии признаются или события индивидуальной истории жизни, или события истории семьи, рода и т.д. Архиниция может играть функциональную роль некоей матрицы, определяющей известные поведенческие стереотипы в определенных кризисных состояниях человека. Другая функция архиниции состоит в том, что она формирует некий полюс притяжения для индивида, что связано со стремлением к ее воспроизведению в переживаниях ностальгии, симптомах, фантазмах и т. д.

Эвольвенция. (от лат. evolvo — разворачивать). Концепт эвольвенция описывает стадиальное развитие личности. В его рамках обозначается, какие этапы, фазы, стадии проходит личность в своем становлении, какие задачи на этих стадиях решает. Эвольвенция опирается на некую нормативную хронологию. Эта хронология разделяет жизненный путь личности на определенные отрезки и закрепляет за каждым определенные качества, события, признаки, которыми она характеризуется, или же задачи, которые необходимо решить на каждом из этапов, или же и то, и другое, и третье одновременно. Особенно важным для теории психотерапевтического метода является наличие в структуре эвольвенции кризисных этапов, этапов особой «уязвимости» индивида, что может увеличивать вероятность возникновения той или иной патологии. К числу наиболее известных эвольвенций следует отнести теорию **стадий психосексуального развития** З. Фрейда и теорию эпигенеза идентичности Э. Эриксона. Наличие концепта эвольвенции наряду с концептом архиниции в рамках психотерапевтического метода позволяет осуществлять «ракоходную» исследовательскую стратегию, направленную на исследование прошлого пациента.

Купидо. Концепт купидо охватывает сумму реалий, закрепленных в общепсихологических теориях личности за понятием «мотивация». В рамках структурной метатеории психотерапии речь идет о том, каким требованиям должен отвечать концепт влечения для того, чтобы быть «сподручным» для употребления в психотерапевтическом контексте. Купидо конкретной психотерапевтической теории должно быть неприемлемым с точки зрения социальных норм или некоторых закономерностей развития общества. Вследствие этого оно должно подвергаться вытеснению, что создаст возможность построения концепции патогенеза на основе такого влечения. Кроме того, купидо должно также обладать способностью к превращениям в иные формы, что создаст повод для применения определенных стратегий. Описанное З. Фрейдом *либидо* отвечает этим требованиям в наибольшей степени. Когда мы говорим о либидо, имеется в виду, что конкретная личность испытывает то или иное влечение, когда мы говорим о купидо, имеется в виду, что в структуре той или иной теории мы сталкиваемся с понятием, обозначающим некое влечение или мотив.

Обстанция есть фактор или же сумма факторов, представляющих собой определенное препятствие на пути желаний индивида и рассматриваемых в контексте школьной теории как нечто безусловно вредоносное. В первую очередь речь идет о чем-то таком, что мешает пациенту-протагонисту реализовать свое купидо. Обстанция — это то, что стоит на пути стремлений, инстинктов, влечений, потребностей и приводит к последствиям, которые терапевту надо так или иначе преодолевать. Обстанция является концептом, имеющим «эшелонированную» внутреннюю структуру. Препятствие может быть частью макросоциальных и микросоциальных сфер. Личность, реализующая по отношению к индивиду «препятствующие стратегии», выступает как «обстанционный» агент. По степени активности «вредоносных» факторов различаются обстанция-препятствие (собственно обстанция.), обстанция-вакуум и обстанция-агрессия. Представления о том, что в основе симптома, синдрома, **невроза** лежит «сломавшееся» о некую преграду влечение, так или иначе свойственны многим подходам в психотерапии, в первую очередь глубинно-психологическим.

Дефект. Этот концепт описывает собственно патологическую структуру, с которой терапевту приходится иметь дело. Любая клиническая реальность должна быть переписана с языка, в котором доминируют жалобы, симптомы и синдромы, на язык желаний, конфликтов, препятствий, где будет место инстанциям и границам, купидо и обстанциям (см. выше) и т. д. Такой дискурс создаст условия для совершения терапевтических действий. Структура дефекта имеет определенные закономерности.

Самый распространенный, на наш взгляд, аспект — статико-динамический. Во множестве концепций патологическое воспринимается как нечто *неподвижное*, как результат прекращения или, по меньшей мере, замедления процесса движения, будь то движение неких психических процессов, свободное развитие и становление личности, нестесненное перемещение в жизненном пространстве. Соотнеся этот аспект с концептом обстанции, мы понимаем, почему статико-динамический аспект имеет такое значение: купидо столкнулось с определенным препятствием и оказалось в некоем застывшем состоянии.

Другой аспект, связанный с представлениями о дефекте, — это аспект *целостности*. Принято считать, что целостное, нерасчлененное, внутренне непротиворечивое есть здоровое, всякое же нарушение целостности, всякая разорванность, будь то психическая или экзистенциальная, личностная или телесная, — есть патологическое. Например, между инстанциями личности возникают противоречия, или же разные купидо не могут уживаться спокойно друг с другом, а границы превращаются в линии противоборства.

К проблеме целостности примыкает и другая: множество концепций дефекта в психотерапии помещаются в пространстве между полюсами полное-пустое. Полнота ощущений, переживаний, смысла относится, естественно, к здоровому полюсу, пустота, незаполненность, провал, зияние, естественно, к патологическому. Именно преодоление дефицита чувств, переживаний, любви, смыслов — вот что составляет основу стратегий сегодняшней психотерапии. Этим она отличается от банальных подходов прошлых десятилетий, построенных на соображениях «успокоения», изоляции пациента от «неприятных переживаний», управления эмоциями при помощи «разума».

Важный аспект, также присущий многим школьным теориям, — аспект отчуждения. Без сомнения, многое в структуре дефекта разделяется на «свое» и «чужое». Чужое — это нечто такое, что изначально не имеет отношения к пациенту-протагонисту, что навязано ему извне, воспринимается не только как чуждое, но и мучительно-нежелательное, и конечно, рассматривается как патологическое. Если в **психоанализе** речь идет об отчуждении от личности природной чувственности, то, согласно концепции гуманистической психологии, от личности отчуждается ее индивидуальная неповторимость.

Большое место в представлениях о дефекте занимает гносеологическая метафора. В поле этой метафоры дефект осмысляется как ребус, подлежащий разгадке, или же как заблуждение, требующее коррекции. Таким образом, концепция дефекта помещается в пространстве **бинарных оппозиций** между «целым» и «разорванным», «полным» и «пустым», «ясным» и «скрытым», «своим» и «чужим». Все эти оппозиции диктуют проведение в жизнь определенных психотерапевтических стратегий.

Рефекция (от лат. refectio — обновление, ремонт) — намечает только умозрительный проект терапевтической акции, в то время как конкретные технические предписания не уточняются. Например, диагноз «**Эдипова комплекса**» предписывает терапевтическую стратегию, направленную на снижение напряжения в отношениях клиента с отцом и изменения в его отношениях с матерью. Такая рефекция может быть реализована в рамках различных технических процедур — классического аналитического сеттинга, групповой, психодраматической терапии, в гипнозе и т.д.

Идеал — концепт, обозначающий цель терапевтического процесса. Различаются негативный и позитивный идеалы. Терапии с негативным идеалом ставят своей целью исключительно освобождение пациента от симптома, комплекса, жалобы, проблемы, то есть здесь идеал — исчезновение патологии или существенное облегчение состояния пациента. Иных задач такая стратегия перед собой не ставит. Позитивный идеал, напротив, предполагает, что терапевтическая цель состоит в создании неких новых свойств у пациента и эти новые свойства есть намного более важное дело, чем простое избавление от симптомов. Различные подходы можно дифференцировать по этому признаку. Позитивный идеал в большей степени типичен для теорий гуманистически ориентированных психотерапевтических подходов, в то время как негативный — для поведенческих.

Таким образом, и диахронический раздел теорий психотерапевтических школ подтверждает, что все психотерапевтические теории содержат в себе общие элементы, которые в том или ином виде встречаются в структуре различных методов. Выделенные с общепсихологических позиций и обозначенные нами новые концепты: архиниция, эвольвенция, купидо, обстанция, дефект, рефекция, идеал — отличаются своеобразием, которое обусловлено психотерапевтическим контекстом их употребления. Они позволяют формировать конкретные стратегии психотерапевтического вмешательства. Проведенное нами исследование выявило, какие именно терапевтические стратегии открывает перед практикующим психотерапевтом наличие или отсутствие того или иного элемента в структуре метода.

Исследование также показало, какие именно классы метафор подходят для концептуального оформления того или иного элемента в структуре общей теории. Например, для концептуального оформления концепта купидо используются «энергетические» метафоры (реки, ветры), а для описания концепта обстанции адекватными являются метафоры статичных препятствий (плотины) и т. д.

Чрезвычайно также важен метаязыковой аппарат, посвященный описанию структуры психотерапевтической акции.

Под психотерапевтической акцией следует понимать единство техники и стратегии психотерапевтического вмешательства. В структуре акции выделяется два плана терапевтического проекта. Первый — непосредственно процедурный план, связанный с тем, что мы должны сделать в рамках одной или нескольких психотерапевтических процедур. Второй — перспективный план, а именно некая цель, которую мы преследуем в объеме целостного терапевтического процесса, нечто такое, что ориентировано на весь жизненный путь пациента.

В разделе исследования, посвященного структуре техники, рассматриваются основные элементы психотерапевтической акции: 1) формирование особой связи между клиентом и терапевтом; 2) процедура изменения состояния сознания; 3) разрушение патологических связей и/или формирование терапевтически действенных связей. Представлена классификация способов проведения таких процедур. Дадим характеристику основных элементов психотерапевтической акции.

Консоция (от лат. consocio — объединять, сдружить) — элемент, обозначающий некую особую связь, помещающуюся в психотерапевтическом пространстве, которая возникает между пациентом и терапевтом спонтанно или формируется терапевтом сознательно и последовательно. В психоанализе консоцией является перенос, в гипнозе — раппорт, в клиент-ориентированной терапии — эмпатия. Консоция может быть иерархической и эгалитаристской, в зависимости от того, какие отношения господства — подчинения складываются между клиентом и терапевтом в пространстве психотерапевтической акции. Различаются также консоции целостная и инстанционная. Речь идет о том, каким образом выстраивается связь между клиентом и терапевтом, через какие части личности, или же консоция мыслится как целостное образование. Очень важной характеристикой консоции является ее связь с мотивацией (см. купидо). Также необходимо иметь в виду, от кого исходят консоционные инициативы — от клиента или терапевта.

Эксквизиция (от лат. exquisitio — исследование) — это процесс определения объекта приложения терапевтических усилий. К эксквизиционным процедурам относятся сбор анамнеза в клинической традиции, воспоминаний в аналитической процедуре. Эксквизиция исследует то, что должно быть подвергнуто собственно терапевтической процедуре. Основные элементы эксквизиции: выбор, изоляция, укрупнение (обогащение). Эксквизиционный выбор носит презумпционный характер, то есть из материала, предоставляемого пациентом терапевту, последний выбирает для собственно терапевтических действий чаще всего то, что сообразуется с дискурсом его школьной ориентации. Не только наличие связей в эксквизиционном продукте, но и разрыв в связях, отсутствие их являются поводом для конструирования концепций терапевтического вмешательства. Мы можем выделить два типа эксквизиционного продукта, а именно: плекса и раптура (от лат. plexus — сплетение, raptura — разрыв). Плекса указывает на наличие в структуре эксквизиционного продукта неких подлежащих разрыву связей (комплексы), а раптура, соответственно, указывает на наличие пустот и разрывов. Таким образом, плекса является поводом для дизвинкции, а раптура — для конвинкции. Как мы убедимся ниже, дизвинкция — более распространенная операция, и поэтому с плексой в школьных теориях встречаются намного чаще, когда речь идет о комплексах.

Трансерминация (от лат. trans — через, terminus — граница) — является частью психотерапевтической акции и направлена на изменение состояния сознания пациента. Трансерминация встречается в том или ином виде практически во всех известных психотерапевтических методах. Выделяются две основные трансерминационные стратегии: манифестная и латентная. Манифестная осуществляется в рамках явной, форсированной процедуры, как в гипнозе, например, или же в пневмокатартической технике, принятой в трансперсональной терапии С. Грофа. Латентная стратегия принята в школах, внешне как бы отказавшихся от явного использования в работе целенаправленных усилий, которые совершаются с целью создать у клиента измененное состояние сознания, например, в психоанализе. Мы, однако, стоим на том, что полностью этот элемент психотерапевтического действия никогда ни из какой практики не исчезает бесследно, а только переходит в иное, как уже сказано, латентное состояние, в различные превращенные формы. В сущности, любой сдвиг в ощущениях и восприятии ситуации может трактоваться как обретенное пациентом измененное состояние сознания и быть соответственно предметом процедуры транстерминации, даже в том случае, если она осуществляется не целенаправленно, а как бы незаметно.

По способу формирования измененного состояния сознания выделяется несколько видов транстерминации: 1) дискурсивная — осуществляемая посредством текста; 2) сенсорная — осуществляемая через воздействие на органы чувств; 3) абсурдная — состоящая в формировании парадоксальной ситуации в ходе психотерапии; 4) эмоциональная — заключающаяся в формировании особого эмоционального фона; 5) комически-смеховая — связанная с соответствующим настроением; 6) физиогенная — осуществляющаяся посредством различных физиологических воздействий; 7) идеологическая — ориентированная на формирование определенного мировоззрения; 8) ситуационная — осуществляемая через формирование особой обстановки в пространстве психотерапевтического действия; 9) эстетическая — изменяющая состояние сознания клиента посредством художественных произведений (готовых или творимых в процессе терапии). Транстерминация играет вспомогательную роль по отношению к основному элементу структуры психотерапевтической акции — конвинкции / дизвинкции (см. ниже). Важнейшая функция транстерминации заключается в том, что она «смягчает» сопротивление.

Трактовка **измененного состояния сознания** строится во многом на противопоставлении культурологического порядка. Мир психотерапевтического действия — мир иной культуры по отношению к повседневной, мир, противопоставленный рутинной разрегламентированной обыденности. Обыденное сознание — то, с которым пациент является к терапевту: озабоченное, рациональное, рефлективное. Иррациональность, карнавальность, преодоление запретов — все это составляет коренную сущность психотерапевтической ситуации.

Дизвинкция и конвинкция. Это основные части раздела «психотерапевтическая акция». Формирование связей — конвинкция — и разрыв их — дизвинкция — (обобщающий термин — винкция) это две основные собственно терапевтические операции, которые мы можем выделить в структуре любой техники (см. также выше, раздел «Рефекция»). Поскольку эти элементы часто присутствуют одновременно внутри конкретной терапевтической процедуры, имеет смысл рассматривать их вместе. Речь идет о формировании / разрушении связей между патологическим феноменом и неким его коррелятом, который описывается в терминах метатеории психотерапии структурной. Дизвинкция и конвинкция являются основными элементами психотерапевтического действия, ведущими непосредственно к результату. Каждая школьная терапевтическая практика основана на построении или разрушении неких связей, так что концепты дизвинкция и конвинкция адекватно описывают терапевтическую реальность и вполне могут расцениваться как структурно неизменный элемент психотерапевтических методов.

В отличие от транстерминационного дискурса, винкционный не является описывающим или предписывающим. Его цель — не описание измененного состояния сознания, или процесса перехода к нему, а построение или разрушение связей. Винкционная стратегия носит конкретно-реальный, привязанный к ситуации характер. Вводя пациента в измененное состояние сознания, мы описываем или формируем некий возможный, порой утопический мир. Разрушая или строя связи, мы вынуждены отталкиваться от **реальности**, картину которой получаем в результате эксквизиционных действий.

Конвинкции, лежащие в основе стратегии аналитической терапии, не являются сами по себе законченными и самодостаточными действиями. Когда мы пытаемся выстроить связь между симптомом и травматическим событием, которое детерминировало этот симптом, то понимаем, что это построение связи не является самоцелью. Оно, в свою очередь, влияет на разрыв патологической связи. Например, установление связи между симптомом и первичной **травмой** само по себе разрушает связь между тем же симптомом и ситуацией, в которой он манифестирует, скажем, при фобии. Конвинкция, таким образом, выступает как субститут дизвинкции. Дизвинкция и конвинкция «несимметричны» друг другу. Операция по разрушению патологических связей — дизвинкция — является практически необходимым элементом любой терапевтической акции, в то время как без построения связей зачастую можно обойтись. Здесь различаются: 1) распорядительная винкция — когда терапевт прямым действием (внушением или рациональным объяснением) разрушает или строит связи; 2) аллюзивная винкция — когда то же самое происходит косвенным путем, при помощи намеков и незаметных толчков; 3) создание винкционной ситуации — когда при определенных условиях (например, в измененном состоянии сознания), патологические связи будут разрушаться или строиться как бы сами по себе. Другим путем создания конвинкционной ситуации может быть стратегия воздействия на факторы, препятствующие формированию патологических связей.

Ключевым аспектом терапевтического действия является репетиционно-миметический аспект. Во множестве терапий очень важное место занимает практика воспроизведения некой ситуации, которая оказала решающее воздействие на возникновение и развитие патологии. Речь, как известно, может здесь идти, например, о некой исходной сцене, первичной травме и т. п. Своеобразие психотерапевтической акции зависит от взаимоотношений винкции и транстерминации в структуре терапевтической процедуры. Сочетания дизвинкции и конвинкции с транстерминацией формируют структуру таких психологических феноменов, как инсайт и катарсис.

Под инсайтом (в клиническом контексте) понимают внезапное обретение понимания непонятных ранее связей между проблемой и ее предпосылками, некое схватывание ситуации в целом. Катарсис же понимается как «очищающее» освобождение от аффектов, так или иначе связанных с патологическим состоянием. Важно, что оба состояния являются целью терапевтических усилий. Они всегда расцениваются, как моменты, обозначающие достижение терапевтического успеха или, по меньшей мере, приближение к нему вплотную. Определения, даваемые этим терминам в различных словарях и энциклопедиях не оставляют сомнений в том, что речь идет о вещах крайне неопределенных, что, собственно, позволяет говорить о них, как скорее о неких мифологемах, чем как о четко дефинируемых феноменах.

В обоих случаях речь идет о сочетании двух составных, а именно эмоционального переживания и некоего нового отношения к своей ситуации. Если, однако, в случае инсайта мы говорим о новом понимании, о формировании новой связи, то в случае катарсиса, наоборот, о некоем разрыве. Само по себе понятие «катарсис» — очищение предполагает удаление прочь некоего эмоционально значимого образования. Инсайт есть некое приобретение, катарсис — некая потеря. Иначе говоря, рассуждая в предложенных нами терминах, инсайт представляет собой сочетание транстерминация плюс конвинкция, катарсис же — сочетание транстерминация плюс дизвинкция. Важно подчеркнуть, что в обоих случаях мы имеем дело с одновременностью винкции и транстерминации.

Итак, в структуре психотерапевтической техники основными элементами являются формирование отношений клиент-терапевт, процедура изменения состояния сознания, разрушение патологических связей и/или формирование терапевтически действенных связей. При этом подробно классифицируются способы проведения таких процедур. Становится понятно, что своеобразие психотерапевтической техники зависит от сочетания всех этих элементов.

> Лит.:
> *Сосланд А. И.* Фундаментальная структура психотерапевтического метода, или как создать свою школу в психотерапии. — М., 1999.

ФУНКЦИОНАЛЬНАЯ АСИММЕТРИЯ ПОЛУШАРИЙ ГОЛОВНОГО МОЗГА — была открыта в XIX в., но лишь в середине XX в. нейрофизиология и нейросемиотика узнали гораздо больше о различии в функционировании полушарий.

Известно, что левое полушарие является доминантным по речи и интеллекту. Оно управляет правой рукой (за исключением левшей). Выяснилось, однако, что недоминантное полушарие также причастно к производству речи, но функции у них прямо противоположные.

Вероятно, Ф. а. п. г. м. как раз и создает в человеческой деятельности **принцип дополнительности**, фундаментальность которого осознавали как физики (Нильс Бор), так и семиотики (Ю. М. Лотман), а также именно билатеральной асимметрией опосредовано то, что мы с такой универсальностью в нашей **картине мира** и науке пользуемся именно **бинарными оппозициями** (см.; см. также **фопология**).

Подробную картину функционирования полушарий показали эксперименты с выключением одного из полушарий под воздействием электросудорожного шока. Эти эксперименты проводились Л. Я. Балоновым и его группой в Ленинграде в 1970-е гг. Создавая искусственную однополушарную афазию, при помощи простого опроса (человек с отключенным полушарием может разговаривать) ученые установили следующие различия в том, что касается производства речи.

При угнетении доминантного левого полушария речь претерпевает такие изменения: количество слов уменьшается; высказывание в целом укорачивается; синтаксис упрощается; уменьшается количество формально-грамматических слов и увеличивается количество полнозначных слов; при этом существительные и прилагательные доминируют над глаголами и местоимениями — то есть лексика правого полушария более предметна, менее концептуальна; обострено восприятие конкретных явлений и предметов внешнего мира.

Когда же угнетено правое полушарие, то происходит нечто противоположное: количество слов и длина высказывания увеличиваются (человек становится разговорчив); при этом абстрактная лексика превалирует над конкретной, а грамматические формальные слова — над полнозначными; усиливается тенденция к рубрификации, к наложению абстрактных классификационных схем на внешний мир.

Иными словами, если правое недоминантное полушарие воспринимает внешний мир со всеми его красками и звуками, то левое полушарие одевает это восприятие в грамматические и логические формы. Правое полушарие дает образ для мышления, левое мыслит.

Интересно, что человек с угнетенным доминантным левым полушарием ведет себя как реалист-сангвиник (см. **характерология**), а человек с угнетенным правым — как аутист-шизоид (см. **аутистическое мышление, характерология**). Таким образом, XX век — век левополушарных аутистов.

Ю. М. Лотман отметил, что чередование больших культурных стилей, так называемая парадигма Чижевского (см. также **реализм**) — ренессанс, барокко, классицизм, романтизм — тоже напоминает диалог между рассудочным левым и эмоциональным правым полушарием.

Была также высказана гипотеза, в соответствии с которой человек эволюционирует в направлении увеличения функций левого полушария, поскольку неразвитость левого и развитость правого характерна для детей и традиционных племен, а также для высших животных, мысль же левого полушария напоминает мысль гениального супертеоретика. Образно говоря, человечество эволюционирует от **мифа** (см.) к логосу.

Лит.:
Балонов Л. Я., Деглин Л. В. Слух и речь доминантного и недоминантного полушарий. — Л., 1976.
Иванов В. В. Чет и нечет: Асимметрия мозга и знаковых систем. — М., 1978.
Деглин Л. В., Балонов Л. Я., Долинина И. Б. Язык и функциональная асимметрия мозга // Учен. зап. Тартуского ун-та, 1983. — Вып. 635.
Лотман Ю. М. Асимметрия и диалог // Там же.

"ХАЗАРСКИЙ СЛОВАРЬ" — роман сербского писателя Милорада Павича (1983) — одно из сложнейших и прекраснейших произведений современного **постмодернизма**. Павича называют балканским Борхесом.

В каком-то смысле "Х. с." — квинтэссенция постмодернизма, но в каком-то смысле и его отрицание.

"Х. с." — это действительно словарь, в центре которого статьи, посвященные обсуждению главного вопроса всего романа, так называемой хазарской полемики конца IX в., когда хазарскому кагану приснился сон, который он расценил в качестве знамения того, что его народу необходимо принять новую религию. Тогда он послал за представителями трех великих религий средиземноморского мира: христианским священником — это был Константин Философ, он же Кирилл, один из создателей славянской азбуки, — исламским проповедником и раввином.

Словарь построен как последовательность трех книг — красной, зеленой и желтой, — в которых соответственно собраны христианские, исламские и иудейские источники о принятии хазарами новой веры, причем христианская версия словаря утверждает, что хазары приняли христианство, исламская — ислам, а еврейская — иудаизм (см. **истина, семантика возможных миров**).

"Х. с." построен как **гипертекст** (см.), то есть в нем достаточно разработанная система отсылок, а в предисловии автор указывает, что читать словарь можно как угодно — подряд, от конца к началу, по диагонали и вразброс. На самом деле, это лишь постмодернистский жест, поскольку в "Х. с." сложнейшая и до последнего "сантиметра" выверенная композиция и читать его следует как обычную книгу, то есть подряд, статью за статьей (во всяком случае, таково мнение составителя словаря XX века).

"Х. с." философски чрезвычайно насыщенный **текст**, один из самых философских романов XX в., поэтому стоит сделать попытку отыскать основные нити его тончайшей художественной идеологии, ибо философия "Х. с." дана не в прямых сентенциях, а растворена в художественной ткани романа.

Прежде всего, по-видимому, следует ответить на вопрос, почему история исчезнувшего народа и государства хазар дается в виде словаря, а не в хронологической последовательности. Ответ кроется на пересечении внутренней и внешней **прагматик** этого текста. Внешняя мотивировка достаточно характерна для идеологии XX в.: история есть фикция, вымысел, поскольку она построена на документах, которые всегда можно фальсифицировать:

"Издатель [...] полностью отдает себе отчет, что [...] материалы XVII века недостоверны, они в максимальной степени построены на легендах, представляют собой нечто вроде б р е д а в о с н е (разрядка моя. — *В. Р.*) и опутаны сетями заблуждений различной давности".

Согласно внутренней прагматике первоначально словарь был издан в XVII в. неким Даубманусом в количестве 500 экземпляров, причем один из них был самим издателем отравлен, а остальные полностью или почти полностью уничтожены, поэтому "Х. с.", по мысли автора-издателя, есть лишь фрагментарная реконструкция словаря XVII в. Это реконструкция второго порядка — не истории хазар, а того, как она представлена в словаре Даубмануса.

И вот теперь встает вопрос: почему словарь и лица, так или иначе принимавшие участие в его создании или реконструкции, были уничтожены? Ответ на этот вопрос отчасти и составляет суть **сюжета** и художественной идеологии "Х. с.".

В центре повествования три среза **времени** и три центральных

события: 1) конец IX в.— хазарская полемика; 2) XVII в.— история кира Аврама Бранковича и его смерти; 3) XX в. — события царьградской конференции о хазарах в 1982 г., связанные с убийством последних свидетелей, составителей и реконструкторов "Хазарского словаря".

Почему же именно словарь, а не просто книга, как Библия, например, или Тора? Создание словаря мыслилось хазарами как воссоздание не истории самого народа (истории у хазар в строгом смысле быть не может в силу особенностей устройства времени в их **картине мира** — об этом см. ниже), а воссоздание первочеловека, Адама Кадмона. При этом хазары рассуждали следующим образом: "В человеческих снах хазары видели буквы, они пытались найти в них прачеловека, предвечного Адама Кадмона, который был мужчиной и женщиной. Они считали, что каждому человеку принадлежит по одной букве азбуки, а что каждая из букв представляет собой частицу **тела** (подчеркнуто мною. — *В. Р.*) Адама Кадмона на Земле. В человеческих же снах эти буквы оживают и комбинируются в теле Адама. [...] Из букв, которые я собираю (в данном случае это рассуждения иудейского реконструктора древнего словаря, Сэмюэля Коэна. — *В. Р.*), и из слов тех, кто занимался этим до меня, я составляю книгу, которая, как говорили хазарские ловцы снов, явит собой тело Адама Кадмона на Земле...".

Итак, словарь, а не повествование, потому что для воссоздания тела нужна система, а не **текст** (ср. **структурная лингвистика**), а словарь есть некое подобие системы или хотя бы некоторое ее преддверие.

Философия времени у хазар, как можно видеть из приведенной цитаты, тесно связана с философией **сновидения**. Здесь чувствуется несомненное влияние Борхеса и того философа, который незримо стоял за Борхесом несколько десятков лет, Джона Уильяма Данна, автора книги "Эксперимент со временем" (1920), создателя серийной концепции времени (см. **время, серийное мышление**). О сновидении в "Х. с." сказано следующее: "И любой сон каждого человека воплощается как чья-то чужая явь. Если отправиться отсюда до Босфора, от улицы к улице, можно дату за датой набрать целый год со всеми его временами, потому что у каждого своя осень и своя весна и все времена человеческой жизни, потому что в любой день никто не стар и никто не молод и всю жизнь можно представить себе как пламя свечи, так что между рождением и смертью даже ни одного вздоха не остается, чтобы ее загасить".

Такой философией обусловлен центральный эпизод "X. с.", связанный с киром Бранковичем, Юсуфом Масуди и Сэмюэлем Коэном. Кир Аврам Бранкович собирал сведения о "Хазарском словаре", чтобы воссоздать Адама Кадмона, при этом он придерживался христианского решения хазарской полемики. Одновременно с ним "Хазарский словарь" собирал и реконструировал еврей-сефард из Дубровника Сэмюэль Коэн, естественный сторонник того, что хазары в IX в. приняли иудаизм. С некоторого времени Аврам Бранкович каждый день стал видеть во сне молодого человека с одним седым усом, красными глазами и стеклянными ногтями на одной руке. Это и был Коэн, который каждую ночь чувствовал, что он кому-то снится. Это означало, что они вскоре встретятся. Третий собиратель словаря, Юсуф Масуди, защитник исламской версии хазарского вопроса, научился хазарскому искусству попадания в чужие сны, поступил на службу к Авраму Бранковичу и стал видеть его сны — и Сэмюэля Коэна в них. Когда же наконец Бранкович и Коэн встретились (Коэн служил переводчиком в турецком отряде, который напал на Бранковича и его слуг), то Бранкович погиб от турецкой сабли, а Коэн, увидев человека, которому он столь долго снился, впал в оцепенение и так из него и не выбрался. Юсуф Масуди выпросил у турецкого паши день жизни, чтобы увидеть во сне, как Коэну будет сниться смерть Бранковича, и то, что он увидел, было так ужасно, что за время сна он поседел и его усы стали гноиться. А на следующий день турки зарубили и его.

Последняя история, восходящая к нашим дням, связана с арабским исследователем "Хазарского словаря", доктором Абу Кабиром Муавия, который, вернувшись с израильско-египетской войны 1967 г., стал собирать данные о "Хазарском словаре". Делал он это так: посылал письма по объявлениям из старых газет конца XIX века (см. концепцию времени хазар). На его письма в прошлое приходили ответы в виде посылок с различными совершенно не связанными между собой предметами, которыми постепенно стала заполняться его комната. Он дал список этих предметов на компьютерный анализ, и компьютер ответил, что все эти предметы упоминаются в "Хазарском словаре". На конференции в Царьграде доктора Муавия убивает четырехлетний мальчик, живой выродок (с двумя большими пальцами на каждой руке) хазарской философии истории. На этом исследование "Хазарского словаря" прерывается. Исчезнувший народ спрятал все концы в воду.

Говоря о словаре в послесловии, автор пишет: "При использовании книги ее можно чтением вылечить или убить. Можно сделать ее более толстой или изнасиловать, из нее постоянно что-то теряется, между строк под пальцами исчезают последние буквы, а то и целые страницы, а перед глазами вырастают, как капуста, какие-то новые. Если вы вечером отложите ее в сторону, то назавтра можете обнаружить, что в ней, как в остывшей печке, вас не ждет больше теплый ужин".

Здесь этически реализована обычная для XX в. мифологема живого текста, противопоставленного мертвой **реальности**.

Особенностью, придающей уникальность "Х. с.", является та преувеличенная серьезность его стиля, то отсутствие иронии, замешенное на терпком балканском фольклоре, которые позволяют говорить не только о квинтэссенции постмодернизма, но и об альтернативе ему. В этом смысле Милорад Павич безусловный антипод Умберто Эко — семиотика, играющего (когда более, когда менее успешно) в прозаика, а антиподом "Имени розы" становится "Х. с.".

А может быть, все дело в том, что гениальность (которой несомненно обладает автор "Х. с.") и постмодернизм — несовместимы. В этом смысле Павич писатель глубоко старомодный, такой, например, как Томас Манн, Фолкнер или Франц Кафка.

Лит.:
Руднев В. Серийное мышление // Даугава, 1992. — № 3.
Руднев В. Гений в культуре // Ковчег, 1994. — № 3.
Руднев В. Морфология реальности: Исследование по "философии текста". — М., 1996.

ХАРАКТЕРОЛОГИЯ — учение о характерах людей, основанное на исследовании соматических данных (строения **тела**). Основоположник клинически ориентированной Х. — Эрнст Кречмер (основатели психоаналитической Х. — Карл Абрахам и Вильгельм Райх).

Кречмер различал три типа характера в зависимости от строения тела: пикнический тип (приземистый, с толстой шеей) — по характеру циклоид, или сангвиник; астенический тип (худой, маленький, лептосомный (узкий) — по характеру шизотим, или шизоид; атлетический тип — Кречмер считал его смешанным (позднее П.Б. Ганнушкин определил его как эпилептоида). Проведенные Кречмером эксперименты давали явную картину зависимости типа характера от строения тела. В дальнейшем его типология была дополнена и скорректирована П.Б. Ганнушкиным и М.Е. Бурно. В настоящее время типология основных характеров выглядит примерно так:

1. Циклоид-сангвиник — добродушный, реалистический экстраверт, синтонный (то есть находящийся в гармонии с окружающей его **реальностью**). Синтоник веселится, когда весело, и грустит, когда грустно. Когда-то этот образ играл большую роль в культуре — по-видимому, начиная с эпохи Возрождения. В художественной литературе сангвиники нарисованы особенно выпукло: это Гаргантюа, Ламме Гудзак, Санчо Панса, Фальстаф, мистер Пиквик — все добродушные толстяки. В XX в. от засилья добродушных героев остались только Кола Брюньон и Швейк. В целом такая в принципе здоровая жизнерадостная личность не характерна для XX в.

2. Психастеник — реалистический, тревожно-сомневающийся интроверт. Этот тип характерен для культуры конца XIX века, его олицетворяет Чехов в своих основных характерологических установках — психастенику свойственна повышенная порядочность, боль за других и тревожно-ипохондрическое переживание прошлого в своей душе. Чехов запечатлел психастеника в драматическом виде в образе профессора Николая Степановича ("Скучная история"), а в комическом виде — в образе Червякова ("Смерть чиновника"). Психастеник тревожно-мучительно, по многу раз прокручивает уже сделанные поступки, "пилит опилки", по выражению Дейла Карнеги. Тревожная психастеническая рефлексия показательна для начала XX в., она воплощена в таком художественном направлении, как постимпрессионизм (импрессионизм считается в целом сангвиническим, синтонным направлением). Самым знаменитым героем-психастеником в европейской культуре был, конечно, Гамлет.

3. Истерик (см. также **истерия**). Для этого характера важен такой признак, как демонстративность. По выражению Карла Ясперса, истерик живет не для того, чтобы быть, а чтобы казаться

быть. Самый знаменитый истерик в мировой литературе — это Хлестаков. Истерик — парадоксальный характер в том смысле, что это аутистический экстраверт, то есть, с одной стороны, это нереалистический характер, у него совершенно фантастическое представление о **реальности**, но, с другой стороны, он погружен не в свой внутренний мир, который у него достаточно беден, но в выдуманную им самим реальность.

4. Эпилептоид. Характер напряженно-авторитарный с атлетическим типом сложения. Реалист и прагматик до мозга костей, экстраверт. Из эпилептоидов рекрутируются воины и политики. Два знаменитых современных российских эпилептоида — Борис Ельцин и Александр Лебедь. Впрочем, эпилептоиды могут быть двух типов — примитивно-экспозивные (Дикой в "Грозе" Островского) и утонченно-дефензивные (Кабаниха, Иудушка Головлев, Фома Фомич Опискин). Для эпилептоида характерна так называемая иудина маска — выражение льстивой угодливости, за которой прячется злоба и стремление к власти. Эпилептоид — прекрасный организатор, но почти никогда не бывает литератором или философом. Есть великие художники-эпилептоиды, например Роден и Эрнст Неизвестный.

5. Шизотим, или шизоид, или аутист (см. также **аутистическое мышление**). Шизоид — замкнуто-углубленный аутистический интроверт. Он во всем замкнут на самого себя. Внешний мир, как его понимают и чувствуют сангвиник и психастеник, не существует для шизоида — его мир находится внутри его самого, а проявления внешнего мира суть лишь символы, еще глубже раскрывающие структуру мира внутреннего. Весь XX в. может быть назван шизотимической эпохой. Практически все сколько бы ни было фундаментальные открытия в науке и философии, все важнейшие художественные направления носят шизотимный характер: это и **аналитическая философия**, и квантовая механика, и теория относительности, и **психоанализ**, и **кино**, и **структурная лингвистика** вместе с **семиотикой** и **математической логикой**, и многое другое; шизоидный характер присущ **экспрессионизму, символизму, новому роману, постструктурализму, постмодернизму**. Почти все великие художественные произведения XX в. аутистичны: "**Доктор Фаустус**" Томаса Манна, "Улисс" Джойса, "В поисках утраченного времени" Пруста, "**Шум и ярость**" Фолкнера, "Человек без свойств" Музиля, "Иг-

ра в бисер" Гессе, **"Бледный огонь"** Набокова. То же самое относится к музыке XX в. (см. **додекафония**): Стравинский, Прокофьев, Шостакович, Булез, Штокгаузен — все это шизотимы. Вся реальность XX в. как бы попадает в воронку аутистического мышления, реальность насквозь символизирована, семиотизирована, концептуализирована. Важна логичность, непротиворечивость построения, а его отношение к реальности (которой, вероятней всего, как таковой вообще нет) имеет второстепенное значение. Известно, что когда Гегелю сказали, что некоторые его построения не соответствуют действительности, он холодно заметил: "Тем хуже для действительности". Вот классическая аутистическая установка. См. также статьи **обсессивный невроз** и **полифонический характер**.

Лит.:
Кречмер Э. Строение тела и характер. — М., 1994.
Леонгард К. Акцентуированная личность. — Киев, 1979.
Ганнушкин П. Б. Избр. труды. — М., 1965.
Бурно М. Е. Трудный характер и пьянство. — Киев, 1991.
Бурно М. Е. О характерах людей. — М., 1996.
Волков П. В. Многообразие человеческих миров. — М., 2000.

"ХОРОШО ЛОВИТСЯ РЫБКА-БАНАНКА" — рассказ американского писателя Джерома Сэлинджера (1948).

Эта новелла представляет собой загадку как в плане ее построения, так и в плане содержания, **смысла**. Новелла Сэлинджера плохо вмещается в рамки **модернизма** — в ней нет неомифологической (см. **неомифологизм**) подсветки, стиль ее прост, а **сюжет**, с одной стороны, тривиален, а с другой — абсурден. Последнее слово — абсурд — отчасти сразу приводит к разгадке: новелла, как и все творчество Сэлинджера, проникнута духом **дзэнского мышления** (см.).

Напомним вкратце сюжет новеллы. В первой части молодая женщина Мюриэль по междугородному **телефону** обсуждает с матерью странности своего мужа. Суть разговора в том, что мать страшно волнуется за судьбу дочери, уехавшей провести медовый месяц во Флориду. По ее мнению, с мужем Мюриэль, Симором, не все в порядке. У него явно не все дома, его выходки в доме тещи были более чем странны. Например, когда бабушка заговорила о своей смерти, он подробно рассказал ей, как, по его мнению, надо устроить ее похороны. Он подарил жене книгу на немецком языке (!) — это через два года после того, как американцы разгромили фашистскую Германию. Он что-то сделал (не говорится, что именно) с цветной подушечкой.

Но дочь успокаивает мамашу: все хорошо, Симор загорает на пляже, а первые два вечера в фойе гостиницы играл на рояле. Правда, на пляже он загорает, надев теплый халат, но это чтобы не видели его татуировки (которой, впрочем, у него нет).

Следующий эпизод переносит читателя на пляж, где Симор общается с трехлетней девочкой Сибиллой и рассказывает ей довольно бессмысленную, на первый взгляд, историю про рыбку-бананку, которая забралась в банановую пещеру под водой, объелась бананов и умерла.

Потом Симор поднимается к себе в номер, в присутствии задремавшей на солнце молодой жены достает из чемодана, из-под груды рубашек, револьвер и пускает себе пулю в лоб.

Поверхностное прочтение этой истории, вероятно, такое, которое предложила бы теща героя. Симор — вернувшийся с фронта с расшатанными нервами, вообще очень странный, не в меру начитанный — разочаровался в обычной (прямо скажем, довольно пошлой) жене и под воздействием минуты и по контрасту с общением с невинным ребенком совершил непоправимое. Но это самое поверхностное прочтение, которое ничего не объясняет.

Средневековый трактат индийского теоретика литературы Анандавардханы "Свет дхвани" говорит о том, что у каждого произведения искусства есть явный и скрытый, по словам автора проявленный и непроявленный, **смыслы**. В новелле Сэлинджера как минимум два непроявленных смысла. Первый — психоаналитический (см. **психоанализ**: ср. **междисциплинарные исследования**). Для того чтобы попытаться проникнуть в этот смысл, следует подключить технику **мотивного анализа** (см.). Перед тем как попасть в номер, Симор едет в лифте, где с ним приключается с позиций здравого смысла абсурдный эпизод, который портит ему настроение. В лифте с ним едет какая-то незнакомая женщина, и между ними происходит следующий диалог:

"— Я вижу, вы смотрите на мои *ноги*, — сказал он, когда лифт поднимался.

— Простите, не расслышала, — сказала женщина.
— Я сказал: вижу, вы смотрите на мои *ноги*.
— Простите, но я смотрела на пол! — сказала женщина и отвернулась к дверцам лифта.
— Хотите смотреть мне на *ноги*, так и говорите, — сказал молодой человек. — Зачем это вечное притворство, черт возьми?
— Выпустите меня, пожалуйста! — торопливо сказала женщина лифтерше.
Двери лифта открылись, и женщина вышла, не оглядываясь.
— *Ноги* у меня совершенно нормальные, не вижу никакой причины, чтобы так на них глазеть, — сказал молодой человек" (здесь и далее в цитатах курсив мой. — *В. Р.*).
Надо сказать, что, прочитав рассказ заново после этого эпизода, обращаешь внимание на то, что мотив *ног* в нем является поистине навязчивым — в коротком рассказе это слово встречается около двадцати раз, особенно во втором эпизоде, когда Симор играет с трехлетней Сибиллой:
"По дороге она остановилась, брыкнула *ножкой* мокрый, развалившийся дворец из песка.
...сказала Сибилла, подкидывая *ножкой* песок.
— Только не мне в глаза, крошка! — сказал юноша, придерживая Сибиллину *ножку*.
...Он протянул руки и обхватил Сибиллины *щиколотки*.
...Он выпустил ее *ножки*.
...Он взял в руки Сибиллины *щиколотки* и нажал вниз.
...Юноша вдруг схватил мокрую *ножку* — она свисала с плотика — и поцеловал пятку".
Тут психоаналитик должен просто взвизгнуть от удовольствия. Все ясно. Ведь ноги — это субститут половых органов. Симор не удовлетворен интимными отношениями с женой (недаром в начале рассказа упоминается статейка в журнальчике, называющаяся "Секс: или радость, или ад"), он довольствуется латентным сексом с маленькой девочкой. Рассказ о рыбке-бананке тоже становится понятен. Банан — явный фаллический символ. Рассказ о бананке — это притча о сексе, который чреват смертью, об эросе/танатосе (см. также **тело**). Поэтому и самоубийство вполне логично.
Третий непроявленный смысл — дзэнский. Дело в том, что рассказ "Х. л. р. б." входит не только в знаменитый цикл "Де-

вять рассказов", но и в контекст повестей о семействе Гласс. Из содержания этих повестей явствует, что Симор был гениальным ребенком, в семь лет понимавшим философию и рассуждавшим как взрослый человек, что он был поэтом, писавшим восточные стихи, серьезно увлекался восточными философиями, и в частности дзэном, и обсуждал все это с Мюриэль, невестой, а потом женой, и отношения у них были прекрасными (повесть "Выше стропила, плотники").

Брат Симора Бадди, его "агиограф", сравнивает его с восточным мудрецом, который увидел вороного жеребца в гнедой кобыле. И Симор видит мир не так, как другие. Например, он восхищается синим купальником Сибиллы, хотя на самом деле он желтый, просто потому, что это его любимый цвет.

Рассуждения и поступки братьев и сестер Гласс проникнуты дзэнским мышлением, которое, в частности, отрицает важность противопоставления жизни и смерти и учит, что если человека осенило просветление, от которого он хочет убить себя, то пусть себе убивает на здоровье. То есть в таком понимании мира и субъекта смерть — это вообще не трагедия. Можно убить себя от полноты жизни, не оттого, что все плохо, как в европейской традиции, но оттого, что все хорошо "и чтобы было еще лучше" (пользуясь выражением современного русского философа и знатока восточных традиций А. М. Пятигорского).

Вероятно, чтобы понять рассказ наиболее адекватно (ср. **принцип дополнительности**), нужно иметь в виду все эти три его интерпретации. При этом самая примитивная житейская интерпретация ничем не хуже самой эзотерической (ср. **деконструкция, постмодернизм**).

Лит.:

Судзуки Д. Основы дзэн-буддизма. — Бишкек, 1993.

Пятигорский А. М. Некоторые общие замечания о мифологии с точки зрения психолога // Учен. зап. Тартуского ун-та, 1965. — Вып. 181.

Руднев В. Тема ног в культуре // *Руднев В.* Метафизика футбола: Исследования по философии текста и патографии. — М., 2001.

Гаспаров Б. М. Литературные лейтмотивы. — М., 1995.

Ч

"ЧАПАЕВ И ПУСТОТА" — роман Виктора Пелевина (1997). Поскольку с определенной долей уверенности можно сказать, что произведения Пелевина лидируют на книжном рынке современной субинтеллектуальной русской прозы 1997—2000 гг. и при этом возникает определенное сомнение относительно того, для какого читателя работает Пелевин, то есть, проще говоря, принадлежат ли его **тексты** к "фундаментальной" русской прозе или они примыкают к **массовой культуре**, мы решили еще раз (прессой Пелевин отнюдь не обделен) подвергнуть анализу один из лучших (на наш взгляд) его опусов.

Если попытаться сформулировать наш основной вопрос метафорически, то он прозвучит так: "Можно ли рассматривать Пелевина как русского Умберто Эко или русского Тарантино и, соответственно, тянет ли "Чапаев и Пустота" на звание русского "Имени розы" или русского "Pulp fiction"?"

С одной стороны, вроде бы да. Работа на грани между массовой культурой и фундаментальной — одна из характерных черт риторики названных произведений и определенного пласта позднего **постмодернизма** в целом.

Но, с другой стороны, вроде бы и не совсем. Потому что для текстов, подобных названным, именно по той причине, что их может читать/смотреть городской читатель/зритель любого интеллектуального и образовательного уровня, неписаным правилом является то, что они в самом примитивном художественном смысле должны быть сделаны безупречно. Потому что там, где интеллектуал заметит оплошность, он простит ее, например, обнаружив рядом тонкую реминисценцию. Обыкновенный же пользователь не будет (на уровне сознания, во всяком случае) замечать никаких реминисценций, для него должно быть все четко сделано на уровне стиля и композиции. Здесь Пелевин проигрывает своим западным vis-à-vis . Роман написан достаточно неровно. Сравним хотя бы три эпизода, соответствующие трем гипнотическим сеансам, проведенным психиатром Тимуром Тимуровичем с тремя пациентами: Просто Марией, Сердюком и Володиным. Сцена с Марией и Шварценеггером в художественном смысле совершенно бесцветна и откровенно пошловата; сцена с Сердюком и Кавабатой очень смешная, художественно вполне выдержанная и идеологически важная для всей концепции романа, но при этом она вызывает ассоциации (по-моему, нежелательные) с соответствующей японской сценой в **"Школе для дураков"** Соколова; сцена с Володиным и братками у костра — одна из лучших в романе. Можно, конечно, оправдать автора тем, что он, дескать, так сделал специально — "по нарастающей", но, боюсь, что на самом деле это обыкновенный российский непрофессионализм: написал сначала так, потом стало получаться все лучше и лучше, а назад оглядываться не стал или оглянулся и махнул рукой: "Так сожрут!" — в чем оказался совершенно прав.

При этом вся больничная часть романа совершенно явно аранжирована булгаковскими мотивами, то есть клиника Тимура Тимуровича (имя, которое уже вызывает реминисценцию с именем Филиппа Филипповича — профессора Преображенского из "Собачьего сердца") ассоциируется с клиникой Стравинского в **"Мастере и Маргарите",** а Петр Пустота — с Иваном Бездомным. Сравним их почти идентичные реакции на врачей при первой встрече с ними. Иван Бездомный о Стравинском: "Он умен, — подумал Иван, — надо признаться, что среди интеллигентов тоже попадаются на редкость умные". Петр Пустота о Тимуре Тимуровиче: "Он определенно умен, подумал я. Но какой подлец".

Соотношение образованного и простого читательских кругов в России совсем иное, нежели, скажем, в Соединенных Штатах. Россия — страна гораздо больше читающая, чем Америка. И я думаю, что в процентном отношении в России гораздо больше людей, которые опознают реминисценцию из Булгакова, чем в Америке тех, кто в сходном случае опознал бы цитату из Фолкнера или Томаса Вулфа. Но при этом в Америке гораздо больше читателей, которых покоробили бы стилистические проколы в начале романа, чем в России, где бульварная литература находится на таком запредельно низком уровне, что любой писатель, который хотя бы в состоянии правильно расставить знаки препинания, кажется уже Достоевским.

Другое соотношение массового и элитарного диктует и другую читательскую конъюнктуру, и другую писательскую стратегию. Все-таки тиражи пелевинских книг — десять тысяч экземпляров — не массовые (хотя было бы двадцать тысяч, и их можно было бы считать массовыми). Эти десять тысяч читателей Пелевина совсем не те люди, которые читают Чейза, любовный роман, Тополя и Стивена Кинга. Мне представляется, что это прежде всего горожане от 20 до 40 лет, занимающиеся самым различным, но более или менее интеллектуальным трудом — компьютерщики (во всяком случае, прямо для них написана повесть "Принц Госплана"), гуманитарии (они оценят прежде всего рассказ "Хрустальный мир" и роман про Чапаева— эти два текста довольно близки по установкам), физики-химики (они, возможно, оценят повесть "Омон Ра", а глядишь, не побрезгуют и "Желтой стрелой").

И вот встает вопрос, действительно ли (как в случае с классическими текстами вроде "Имени розы" и "Pulp fiction"), чтобы оценить "Чапаева и Пустоту", можно не читать Булгакова или хотя бы примерно не представлять себе, что такое философия "Дао дэ дзин" (текста, в котором слово "пустота" — ключевое), дзэн-буддизм, "Алмазная праджняпарамита-сутра", учение Гурджиева о ложной личности, **теория измененных состояний сознания, семантика возможных миров**, философия **виртуальных реальностей** (на уровне, хотя бы немного превышающем уровень фильма "Косильщик лужаек") и даже метатеория сознания А. М. Пятигорского и М. К. Мамардашвили.

И здесь возникает сугубо российский парадокс, в соответствии с которым, несмотря на то, что Пелевин без всякого сомнения читал "Дао дэ дзин" (поскольку он на него ссылается в романе) и, скорее всего, знает дзэн-буддизм по книгам Д. Судзуки, при этом он наверняка лишь понаслышке представляет, что такое измененные состояния сознания и семантика возможных миров, и уж точно не читал "Три беседы о метатеории сознания" (если я ошибаюсь, то буду только рад об этом узнать), и несмотря на то, что знание этих теорий как будто бы необходимо для того, чтобы построить такой текст, как рецензируемый, Пелевин, подобно любому талантливому русскому писателю, скорее просто чует их своим писательским чутьем.

Ну хорошо, мы до сих пор говорили, так сказать, в сослагательном наклонении, потому что мы не знаем, что читал и чего не читал Пелевин, так же как мы не знаем, кто читает и кто как относится к Пелевину. Поговорим о том, что у нас есть, о тексте романа "Чапаев и Пустота". Мы признали, что, несмотря на все оговорки, это роман очень хороший, я бы сказал — адекватный времени своего появления. В чем же все это выражается?

Одним из самых острых интеллектуальных кризисов в современной России можно считать кризис исторического сознания. Этот кризис был достаточно долгим, длится он примерно с 1988 г. и насчитывает несколько витков в своем развитии, как минимум три. Первый заключался в десакрализации официозной истории СССР: "Нам внушали то-то и то-то, теперь-то мы знаем, что все было наоборот — белые были хорошие, а красные плохие, а Сталин — то же самое, что Гитлер". Второй виток был реакцией на первый: "Позвольте, как же так — а Эйзенштейн? а Софроницкий? а "Белое солнце пустыни"? а Тынянов? а Витгенштейн, который в 1935 году стремился уехать из Англии в СССР?". На этом витке появилось стремление если не оправдать, то как-то понять "позорное прошлое". Третий виток, снимающий противоречие между первым и вторым, а стало быть, — мифологический (в понимании А. М. Пятигорского — см. **миф**): "Было не так и не иначе, мы не знаем, как было, и никогда не узнаем, логичнее всего представить, что объективно ничего не было, есть только настоящее и наши представления о так называемом прошлом, которые могут быть совершенно различными". Этот солипсистский взгляд на историю, который еще в начале века, не отдавая себе, видимо, отчета во всей его "восточности", высказывал Бертран Рассел, является по сути своей постмодернистским. Сигналом появления в России возможности именно такого отношения к истории явился выход пухлой книги А. Т. Фоменко, где история в целом рассматривается как цепь сплошных фальсификаций, совершаемых придворными историографами.

В романе Пелевина изображена именно эта динамика — от первого витка к третьему. Вначале — развенчание советского мифа о фурмановско-васильевском Чапаеве и представление о том, что Чапаев будто бы только притворялся красным, а на самом деле был белым. Второй виток — реактивно-примиренческий — изображен в сценах в городе Алтай-Виднянске, где красные и белые спокойно сидят в одном ресторане, а ссоры их носят сугубо личный характер. Третий — метафизический — виток разыгрывается в сцене, когда Петр пытается узнать у Чапаева, красный он или белый. Василий Иванович говорит Петьке, что не следует отождествлять суть вещей с их непостоянными признаками (красные, белые): "цвета" могут меняться, а субстанция вещей остается неизменной. Таким образом, был тот или иной человек красным или белым, несущественно, — это просто ярлыки: важно, *что* он был за человек — его суть, неизменная субстанция. Но это и есть уничтожение истории во имя мифологии, ибо история имеет дело с несущественным, со случайным, с эксцессом, а мифология — с закономерным, устойчивым, постоянным (Ю. М. Лотман). Поэтому история в романе превращается в балаган, в карнавал, функция которого является медиативной: карнавал снимает все противоречия — но это карнавал не бахтинский, а скорее пятигорско-мамардашвилиевский. То есть несерьезные исторические проблемы герои снимают серьезными рассуждениями о природе сознания в духе бесед еврейского и грузинского мудрецов Александра Моисеевича и Мераба Константиновича.

Второй достаточно острый кризис, претерпеваемый современной Россией, — онтологический, или кризис **реальности**. Связан этот кризис со слишком быстро изменяющимися "стереотипами реальности", которые внушаются общественному сознанию, с быстро меняющейся "картинкой мира". Как сейчас никого в Москве не удивишь видом тысячи долларов или показом голых задниц и гениталий по государственному телевидению, так вряд ли кто удивится, если ему сказать, что жизнь — это сон, или то, что он видит, — это всего лишь иллюзия. Да, никто не удивляется, потому что **языковые игры** и речевые действия быстрее приспосабливаются к новой идеологии, чем к ней приспосабливается сознание, которое об этом не скажет, но может отреагировать неадекватно: **депрессией**, агрессией или суицидом. Вот так же и у Пелевина — обертка уже знакомая и потрепанная, а начинка вполне свежая и небезопасная. То есть важно не то, что герои романа пребывают в дурдоме (это застойное, об этом мы читали у Венедикта Ерофеева), и даже не то, что каждый из них "завернут" на чем-то виртуальном (это тоже относится к упаковке), важно другое. Что же другое?

Давайте зададимся вопросом: что в наибольшей степени обеспечивает стабильность любой национальной духовной культуры (слово "духовный" употребляется не в церковном смысле, а в противовес слову "материальный")? Мой ответ таков: наличие устойчивой фольклорной традиции. Я пришел к этому выводу, когда, живя в Латвии, удивлялся: почему здесь так много замечательных поэтов и почему они за пределами Латвии совершенно никому не известны? Ответ на вторую часть вопроса был очевиден: потому что за пределами Латвии очень мало людей знают латышский язык. На первую часть вопроса мне помог ответить В. В. Иванов, который знает латышский язык и, пока не уехал в США, часто приезжал в Ригу и делал там доклады. Доклады всегда были об одном и том же — о латышских дайнах. Дело в том, что дайны (дву- или чаще четверостишия на любую тему — от бытовой до философской) в отличие, например, от наших сказок, будучи очень древними, остались тем не менее для латышей актуальной культурной ценностью. А поскольку в дайнах прекрасно сохранились древние мифологические представления, то именно поэтому латышская поэзия, строящаяся в большей или меньшей мере на их осмыслении, так глубока и прекрасна.

Но какое это все имеет отношение к роману "Чапаев и Пустота"? На протяжении многих десятилетий нашим единственным подлинным народным культурным достоянием был городской фольклор, короче говоря, **анекдоты**. Это и есть наши "дайны". Анекдоты про Василия Ивановича, Петьку, Анку и Котовского — это именно то, на что опирается Пелевин в большей мере, я думаю, чем на "Дао дэ дзин" и "Алмазную сутру". Именно понимание креативности фольклора и талантливое совмещение этого фольклора с художественным осмыслением актуальных идеологических проблем современной России сделали роман Пелевина столь успешным.

Успешным, я сказал, не гениальным, не великим, а именно успешным. То есть хорошо продающимся и имеющим хорошую прессу. Конечно, есть романы и получше. Например, роман А. М. Пятигорского "Философия одного переулка" гораздо лучше, чем "Чапаев и Пустота", но это литература для избранных, "кино не для всех". Так что же, элитарность — недостаток? В определенном смысле и в определенной ситуации — да, недостаток.

Если принять за аксиому, что антропологической основой более или менее сбалансированного общества с либеральной экономикой и честной политикой является средний класс, который в России только зарождается (в муках), то Пелевин своими нелепыми историями способствует духовному упрочению этого среднего класса. Потому что сознание компьютерщика или мелкого фирмача, которое в состоянии усвоить пусть даже адаптированную порой довольно аляповатыми кружевами духовную пищу, имеет больше шансов на дальнейшее культурное выживание (хотя бы в следующем поколении), чем сознание классического нового русского, у которого доллары растут прямо возле особняка на лужайке. Вот в чем на сегодняшний день прагматический **смысл** прозы Пелевина.

ШИЗОФРЕНИЧЕСКИЙ ДИСКУРС (см. также **невроз, шизофрения, психоз, невротический дискурс, структурный психоанализ**).

Победа ирреального символического над **реальностью** в сознании психотика, приводит к созданию того что можно назвать психотическим миром. Психотический мир может находиться с реальным миром в отношении дополнительной дистрибуции, как это происходит при парафрении, таком виде психоза, при котором человек живет то в реальном мире, то в психотическом, либо в сознании психотика перемежаются разные, часто противоположные психотические миры, как при маниакально-депрессивном психозе (циклофрении), когда в маниакальном состоянии больного охватывают величественные мегаломанические идеи, он хочет реформировать мир, влиять на правительство, претендует на звание императора и т. д., а для депрессивного состояния, наоборот, характерен бред вины и раскаяния, который принимает такие же грандиозные формы. Либо, как при параноидной шизофрении, происходит полное погружение психотика в бредовый мир, растворение его в нем, тотальная деперсонализация и дереализация.

Так или иначе, правильнее говорить о *разных* психотических мирах. Некий обобщенный психотический мир — такая же слишком широкая абстракция, как, например, понятие "художественный мир": художественный мир Венечки Ерофеева строится на фундаментально иных основаниях, чем художественный мир Набокова, а художественный мир Кафки совершенно непохож на художественный мир Введенского, хотя оба они — писатели-психотики. Общим для *всех* художественных миров является лишь то, что все они используют вербальный язык (если говорить о литературе).

В сущности, "психотическое", безумие, шизофрения, бред и тому подобное уместно и единственно непротиворечиво с точки зрения философии XX в. и конкретно с точки зрения философии текста рассматривать не как феномены сознания, а как феномены языка (см. также **аналитическая философия**). В каком-то смысле "сойти с ума" это одно и то же, что перейти с одного языка на другой, обратиться к особой **языковой игре**, или целой семье языковых игр. Наша позиция это позиция в духе **лингвистической относительности** Уорфа. В двух словах такой взгляд на философские проблемы можно сформулировать как идею "принципиальной координации" языкового и психического аспектов деятельности человеческого сознания. (Основателем такого взгляда на проблему психопатологии может считаться Уильям Джеймс, один из первых философов, заговоривший на языке XX в. и утверждавший, что первична не эмоция, порождающая слово или жест, а первичны слово или жест, которые, в свою очередь, вторичны в качестве коммуникативной диалогической реакции на слова или жесты речевого партнера.)

Для того чтобы разобраться в этой проблеме и посмотреть, как устроены различные психотические языки, мы решили провести сам по себе в некотором смысле психотический эксперимент, суть которого заключалась в том, что мы взяли некий художественный **текст**, заведомо не психопатический и даже по преимуществу не невротический (хотя, по-видимому, таких просто не бывает) и затем постепенно превратили этот текст сначала в эксплицитно невротический, затем в паранойяльный, маниакально-депрессивный и, наконец, шизофренический. Для того чтобы с подобным текстом легко было работать, ясно, что он должен быть небольшим. Для того же, чтобы он, хотя бы на первый взгляд, казался не относящимся к сфере художественной патопсихологии, ясно, что это скорее всего должно быть произведение XIX в. и, в-третьих, желательно, конечно, чтобы это был хрестоматийно известный текст. Мы выбрали следующий:

Л. Н. Толстой
Косточка
(Быль)

Купила мать слив и хотела их дать детям после обеда. Они лежали на тарелке. Ваня никогда не ел слив и все нюхал их. И очень они ему нравились. Очень хотелось съесть. Он все ходил мимо слив. Когда никого не было в горнице, он не удержался, схватил одну сливу и съел. Перед обедом мать сочла сливы и видит, одной нет. Она сказала отцу.

За обедом отец и говорит: "А что, дети, не съел ли кто-нибудь одну сливу?" Все сказали: "Нет". Ваня покраснел, как рак, и тоже сказал: "Нет, я не ел".

Тогда отец сказал: "Что съел кто-нибудь из вас, это нехорошо; но не в том беда. Беда в том, что в сливах есть косточки, и кто не умеет их есть и проглотит косточку, тот через день умрет. Я этого боюсь".

Ваня побледнел и сказал: "Нет, я косточку бросил за окошко". И все засмеялись, а Ваня заплакал.

Мы не могли не начать с того, чтобы не посмотреть морфологию этого текста, оставив его нетронутым хотя бы внешне. Картина, представившаяся нашему взору, была достаточно красочной и оставляла всякие иллюзии по поводу того, что *может быть* "здоровый" художественный текст. "Косточка" прежде всего представляет собой полную развертку эдиповой ситуации. Авторитарная (фаллическая — термин Лакана — шизофреногенная — термин Кемпинского) мать, слабый, пытающийся при помощи лжи навести порядок отец, угрожающий кастрацией-смертью, мальчик Ваня, судя по всему 3–5-летний, и его желание съесть сливу как желание инцеста с матерью. Сливы, "этот смутный объект желания", — часть матери — ее грудь — ее половые органы, к которым Ваня принюхивается (корпофагия). Сливы — это по этимологии нечто сияющее. Бедный Ваня. Ананкастическая мать "сочла сливы" и "сказала отцу". И хотя реально Ваня не ел косточку, но страх символической смерти-кастрации гораздо сильнее реального поступка. Заметим, что для отца важна именно не слива, а косточка. Плохо есть тайком сливы (плохо желать матери), но проглотить косточку — это уже страшно, потому карается смертью. Именно поглощение косточки воспринимается как инцест. Проглатывание в мифологической традиции играет огромную роль. От проглатывания чего-либо родились многие мифологические герои: так, Кухулин рождается оттого, что его мать выпила воду с насекомым. Конечно, чрезвычайно важно, что рассказ называется не "Слива", а "Косточка", потому что косточка — это то, что содержит в себе *семя*. Проглотив косточку, Ваня совершил бы символический обряд совокупления с матерью, более того, оплодотворения матери. (Характерно, что Ваня сначала покраснел — стыд за инцест, а потом побледнел — страх кастрации.)

Мифология косточки — кости — зерна — зернышка — семечка дает обширный интертекстуальный контекст, связывающий поведение Вани с известным комплексом, связанным с работой Фрейда "По ту сторону принципа удовольствия", с комплексом эроса-танатоса, которому почему-то в свое время не дали имени собственного. Назовем его "комплексом Персефоны".

В гомеровском гимне "К Деметре" рассказывается о том, как Персефона вместе с подругами играла на лугу, собирала цветы. Из расселины земли появился Аид и умчал Персефону на золотой колеснице в царство мертвых <...>. Горевавшая Деметра (мать Персефоны. — *В. Р.*) наслала на землю засуху и неурожай, и Зевс был вынужден послать Гермеса с приказанием Аиду вывести Персефону на свет. Аид отправил Персефону к матери, но дал вкусить ей насильно зернышко граната, чтобы она не забыла царство смерти и снова вернулась к нему. Деметра, узнав о коварстве Аида, поняла, что отныне ее дочь треть года будет находиться среди мертвых, а две трети с матерью, радость которой вернет земле изобилие.

В тексте Толстого "Косточка" содержится и идея первородного греха — слива как плод с древа познания добра и зла, но также и мизансцена Тайной вечери. "Один из вас съел сливу" —

"Один из вас предаст меня". — "Нет, я выбросил косточку за окошко". — "Не я ли Господи?"

Что такое косточка? Косточка — это семя плода. То есть то, что кто-то из вас, дети, возжелал тела матери своей, это нехорошо, но это не беда, беда в том, что в сливах есть косточки, то есть отец боится символического инцеста и карает за него даже не кастрацией, а просто смертью. Причем здесь не годится "истинно, истинно говорю" и т. д. За поедание плодов с древа познания добра и зла (то есть того, что можно, и того, что нельзя, и в этом весь поздний Толстой) вердикт один — изгнание из Рая, то есть смертность. Видно, и Толстому в детстве что-то такое померещилось, а потом в 1870-е годы настолько отозвалось, что он готов был отказаться от секса вообще (мало ли что!?)

В русской литературе косточка как элемент "комплекса Персефоны", амбивалентно объединяющего любовь и смерть, присутствует, например, в рассказе Пушкина "Выстрел": "...видя предметом внимания всех дам, и особенно самой хозяйки... он стоял под пистолетом, выбирая из фуражки спелые черешни и выплевывая косточки, которые долетали до меня".

Вишневая косточка играет такую же роль в одноименном рассказе Юрия Олеши. Там герой зарывает в землю вишневую косточку — символ неразделенной любви, — чтобы на этом месте выросло вишневое дерево любви разделенной. В рассказе же Олеши "Любовь" таким символом выступает абрикосовая косточка (сам абрикос напоминает герою ягодицы). В "Трех толстяках" Суок рассказывает наследнику Тутти (Суок замещает куклу, в которую он влюблен, и оказывается его сестрой — мотив инцеста) о том, как она насвистывала вальс на двенадцати абрикосовых косточках.

Этот приблизительный и намеренно эскизный "психоанализ" мы провели лишь для того, чтобы показать, как много можно "вытащить" из на первый взгляд невинного текста — поскольку мы намерены "вытащить" из него гораздо больше.

Данная процедура, которую мы намереваемся неоднократно проделать с "былью" Толстого, на первый взгляд напоминает пародию, однако фундаментально она противоположна пародии, так как последняя заостряет в тексте то безусловное, что в нем есть, наша же методика препарирования показывает то, чего в тексте безусловно нет, но могло бы быть при определенных условиях.

Для того чтобы превратить рассказ Толстого в невротический дискурс (а он и так, как мы убедились, имплицитно представляет собой невротический дискурс), нужно переписать его (в плане выражения) при помощи стиля "поток сознания" и (в плане содержания) придать ему характерную невротическую тоску по утраченному желанию. Можно пойти по двум путям: либо сконструировать этот текст на манер Джойса или Пруста в духе "психотического дискурса" или сконструировать его при помощи абстрактных правил. Наиболее простой обработке данный текст поддастся в духе Пруста, если в качестве субъекта повествования усилить роль повествователя и эксплицировать его латентные воспоминания, пользуясь выражением Фрейда, эксплицировать "невротическую семейную драму".

Вспомним фрагмент из Пруста, который мы приводили в "Невротическом дискурсе":

"... без какого-либо разрыва непрерывности — я сразу же вслед тому прошлому прилип к минуте, когда моя бабушка наклонилась надо мной. То "я", которым я был тогда и которое давно исчезло, снова было рядом со мной, настолько, что я будто слышал непосредственно прозвучавшие слова...

Я снова полностью был тем существом, которое стремилось укрыться в объятиях своей бабушки, стереть поцелуями следы ее горестей, существом, вообразить себе которое, когда я был тем или иным из тех, что во мне сменились, мне было бы так же трудно, как трудны были усилия, впрочем бесплодные, вновь ощутить желания и радости одного из тех "я", которым, по крайней мере на какое-то время, я был".

"Косточка-2" (Л. Н. Толстой — М. Пруст)
Когда я вспоминаю запах тех слив, которые купила тогда мать и хотела их дать детям после обеда и которые лежали на тарелке, а я никогда не ел слив и поэтому все нюхал их, и их запах до того мне нравился, что хотелось немедленно съесть одну сливу, вкусить хотя бы одну частичку матери, и я все ходил и ходил мимо слив, и наконец, когда никого не было в горнице, я не выдержал, схватил одну сливу и впился в нее..

Но мать, как она обычно поступала в подобных случаях, перед обедом сочла сливы и увидала, что одной не хватает, и, коне-

что, сказала отцу об этом, и отец, несмотря на всю свою мягкость, уступая ей, за обедом стал выяснять, не съел ли кто-нибудь из нас одну сливу, и все, разумеется, сказали, что нет, и я тоже сказал, что я не ел, хотя краска стыда залила меня с ног до головы. И тогда отец сказал, что если съел кто-то из нас, съел эту поистине несчастную сливу, то это, разумеется, нехорошо, но беда вовсе не в этом, беда в том, что в сливах есть косточки, и, кто не умеет их есть и проглотит косточку, тот через день умрет, и что он очень этого боится. Ужас от этого невинного обмана отца (после этого, не раз желая умереть, сколько сливовых косточек я проглотил!) настолько парализовал мое сознание, что я побледнел и как бы помимо своей воли выговорил роковые слова о том, что я не проглатывал косточки, а выбросил ее за окошко (в тот — первый! — раз это было правдой).

Смех матери, отца и братьев оглушил меня. Я горько зарыдал и выбежал вон из горницы.

Шизофрения — главное психическое заболевание XX в., поистине королева безумия. Это заболевание настолько сложное и разнообразное, что однозначно определить его невозможно. Уникальность и особое положение шизофрении показывает хотя бы то, что если паранойя каким-то образом связана с неврозом навязчивости, а маниакально-депрессивный психоз — с депрессивным неврозом, то никакого аналога шизофрении в сфере малой психиатрии подыскать невозможно.

По-видимому, шизофрению, паранойю и маниакально-депрессивный психоз можно разграничить следующим образом. При паранойе бред центрируется вокруг "Я", при шизофрении "Я" расщепляется или становится равным всему универсуму, генерализуется. Шизофренический бред — это бред о мире, в то время как паранойяльный бред всегда индивидуален. При маниакально-депрессивном психозе нет той генерализованности, харизматичности, онтологичности и апокалиптичности, которые так характерны для шизофрении. То есть при паранойе "Я" — центр бреда, при шизофрении "Я" — расщепляется на пассивно-активные трансформации (то есть "я бью" становится неотличимым от "меня бьют" и от "мной бьют"), "Я" смешивается с миром. При маниакально-депрессивном психозе "Я" как субъект активно (это роднит МДП с паранойей), но как агент "Я" пассивно (это роднит МДП с шизофренией, хотя никаких трансформаций здесь, конечно, не происходит).

Важнейшим признаком шизофрении, как пишет Блейлер, является расстройство ассоциаций. "Нормальные сочетания идей теряют свою прочность, их место занимают всякие другие. Следующие друг за другом звенья могут, таким образом, не иметь отношения одно к другому. Ясно, что данная особенность является одной из наиболее четких при определении и вычленении Ш. д.

Ср. пример шизофренической речи из книги А. Кемпинского:

"Больная, находившаяся в состоянии спутанности, на вопрос: "Где пани сегодня была?" — отвечала: "Имела, а не была... Спрашивали меня, чтобы пошла и сегодня к оптыде оптре птрыфифи, а мне тоже там. Разве доктор... Но нст, нам... Как же с ним... Это было неинтересно с теми. Какое-то молочко, молочко и яблоки, кажется, что-то, какое-то, яблоки, яблоки, вместе соединенные, ну а больше всего боюсь то..." —

с фрагментом из сорокинской "Нормы":

"Бурцов открыл журнал:

— Длронго наоенр крире качественно опное. И гногрпно номера онаренр прн от оанрснр каждого на своем месте. В орнрпнре лшон щоароенр долг, говоря раоренр ранр. Вот оптернр рмиапин наре. Мне кажется оенрнранп оанрен делать...

Он опустился на стул.

Александр Павлович поднял голову:

— Онранпкнр вопросы опренпанр Бурцов?"

Следующая особенность шизофрении по Блейлеру — неустойчивость аффектов. Например, то, что у здорового человека вызывает радость, у шизофреника вызывает гнев, и наоборот (паратимия). Аффекты теряют единство. "Одна больная убила своего ребенка, которого она любила, так как это был ее ребенок, и ненавидела, так как он происходил от нелюбимого мужа; после этого она неделями находилась в таком состоянии, что глазами она в отчаянии плакала, а ртом смеялась".

Важнейшей особенностью шизофрении является аутизм. "Шизофреники теряют контакт с действительностью <...>. Больная думает, что врач хочет на ней жениться. Ежедневно он ее в этом разубеждает, но это безуспешно. Другая пост на концерте в больнице, но слишком долго. Публика шумит; больную это мало трогает; когда она кончает, она идет на свое место вполне удовлетворенная".

Не менее важна шизофреническая амбивалентность, неподчинение мышления шизофреника законам бинарной логики. Больной может в одно и то же время думать: "Я такой же человек, как и вы" и "Я не такой человек, как вы".

Шизофреники испытывают широкий спектр разного рода галлюцинаций — слуховые, зрительные, осязательные, обонятельные и вкусовые.

Остановимся также на речевых признаках шизофрении, которые помогут нам "синтезировать" Ш. д. Это перескакивание с темы на тему: "Слова не связываются в предложении; иногда больной громким голосом пропевает их, повторяя один и тот же фрагмент мелодии". Хаотичность, бесцельность речи — производные от нарушения нормального действия ассоциаций. "Словесный салат" — феномен, при котором "речь состоит из отдельных, не связанных в предложение слов, представляющих, главным образом, неологизмы и персеверирующие высказывания или окрики или даже отдельные слоги". Персеверация — автоматическое бессмысленное повторение какого-либо движения или слова — вообще крайне характерна для шизофрении. Это связано с так называемым синдромом Кандинского-Клерамбо, или "синдромом психологического автоматизма", одного из наиболее фундаментальных феноменов при образовании шизофренического бреда. Для наших целей в синдроме Кандинского-Клерамбо важно отметить следующую его важнейшую черту — вынужденность, отчужденность мышления от сознания субъекта, как будто его сознанием кто-то управляет. (А. Кемпинский справедливо связывает психический автоматизм шизофреников с автоматическим письмом сюрреалистов: сюрреалистический дискурс — ярко выраженный психотический дискурс.)

Наконец укажем важнейшие тематические особенности шизофренического бреда: представление об увеличении и уменьшении собственного тела, превращение в других людей, в чудовищ и неодушевленные предметы; транзитивизм, например представление, в соответствии с которым в тело или сознание субъекта кто-то входит; представление о лучах или волнах, пронизывающих мозг (так, говорящие лучи, которые передают субъекту божественную **истину**, — один из ключевых образов знаменитых психотических мемуаров Шребера, исследованных Фрейдом и Лаканом). Чрезвычайно характерна при шизофрении гипертрофия сферы "они" и редукция сферы "я — ты — мы", что позволяет говорить о десубъективизации и генерализации шизофренического мира. В этическом плане важно отметить альтруизм шизофреника, его стремление к правде.

В онтологическом плане шизофреник смешивает прошлое и настоящее, здесь и там, в качестве завершения течения болезни его может настигнуть полнейшие хаос и пустота.

"Косточка-3" (шизофренический дискурс)

Мать купила слив, слив для бачка, сливокупание, отец, я слышал много раз, что если не умрет, то останется одно, Ваня никогда сливопусканья этого, они хотели Ваню опустить, им смертию кость угрожала, я слышу слив прибоя заунывный, очень хотелось съесть, съесть, очень хотелось, съесть, съесть, лежали на тарелке, съесть, тех слив, мамулечка, не перечтешь тайком, деткам, мама, дай деткам, да святится имя Отца, он много раз, много раз хотел, съесть, съесть, хотел съесть, мать купила слив для бачка, а он хотел съесть, съесть, сожрать, растерзать, перемолола ему косточки, а тело выбросили за окошко, разумеется, на десерт, после обеда, сливокопание, мальчик съел сливу, слива съедена мальчиком, сливой съело мальчика, слива разъела внутренности мальчика, кишки мальчика раздуло от запаха сливы, он нюхал их, а они нюхали его, надобно вам сказать, что в сливе заложено все мироздание, и потому, если ее слить тайком, перед обедом, когда в горнице никого, а косточку выбросить за окошко ретроактивно, это тело матери, и все нюхал-нюхал, но не удержался, и все сказали, нет, сказали, нет, слив больше нет, отец заботливо, что если ненароком, но все сказали, что слив больше нет, как раз за обедом, мать продала отцу несколько слив, перед обедом сочла детей, видит, одного нет, она сказала отцу, отец покраснел, как рак, я косточки выбросил в отхожее место, в конце концов, одним больше, одним меньше, все засмеялись, засмеялись, засмеялись, тут все, доктор, засмеялись, просто все обсмеялись, чуть с кровати не упали, а Ваня заплакал.

Мы не должны переоценивать результаты нашего эксперимента, но тем не менее из проведения его явствует, что, как бы ни различались поверхностные психические структуры высказывания, во всех патологических типах дискурса: нормальном, невротическом, обсессивном, паранойяльном и шизофреническом — сохраняется одна и та же глубинная структура, тема дискурса: покупка слив как попытка соблазнения матерью Вани, желание Ваней матери-сливы, съедание сливы как нарушение запрета на инцест, разоблачение и месть отца. А раз так, раз любая глубинная структура изначально безразлична к тому, является ли высказывание нормальным или патологичным, то концепция безумия может быть не только фукианской (безумие распространяется и дифференцируется по мере распространения соответствующих понятий и социальных институций), но и уорфианской: мы видим какое-то девиационное поведение и даем ему название.

Мы слышим непривычную речь и определяем ее как речь сумасшедшего. При этом у нас нет никаких гипотез относительно того, что происходит у этого человека в сознани, и поскольку глубинная структура безразлична к тому, патологическим или нормальным является дискурс, а последнее проявляется только на уровне поверхностной структуры, то, стало быть, безумие — это просто факт языка, а не сознания.

Но что же получается, значит, настоящие шизофреники, которые лежат в больнице, — это не сумасшедшие: научите их говорить правильно — и они будут здоровыми? Именно так. Но беда в том, что научить их говорить нормально невозможно. Значит, они все-таки нормальные сумасшедшие. И тогда получается, что сумасшедший — это тот, кто не умеет нормально говорить. Это, конечно, скорее точка зрения аналитической философии безумия (если бы таковая существовала).

Но мы неправы, когда противопоставляем "биологический" психоанализ и "структурный" психоанализ. Мать и отец в Эдиповом комплексе — это языковые позиции. Мать — источник потребности, а затем желания. Отец — закон (недаром говорят *буква* закона — одно из излюбленных словечек Лакана — "Инстанция буквы в **бессознательном**"). Эдипов треугольник — это треугольник Фреге: **знак** — означаемое — означающее.

Когда мы противопоставляем психическое заболевание, экзогенное, например, травматический невроз или пресинильный психоз, эндогенному, то мы думаем об эндогенном, генетически обусловленном заболевании как о чем-то стопроцентно биологическом, забывая, что генетический код — это тоже язык, и, стало быть, эндогенные заболевания также носят знаковый характер.

Но покинем хотя бы на время ортодоксальную стратегию аналитической философии и предположим, что каждая языковая игра так или иначе связана, условно говоря, с биологией. Чем более примитивна в семиотическом смысле языковая игра, тем явственнее ее связь с биологией. Когда человеку больно, он кричит и стонет, когда ему хорошо, он улыбается. Это самая прямая связь с биологией. Наиболее явственное усложнение подобной связи — конверсия. Например, когда убивают христианского мученика, он улыбается. Так сказать, "Хватило бы улыбки, / Когда под ребра бьют".

Более сложные опосредования: как связана с биологией лекция профессора? Можно сказать, что у профессора природная "биологическая" тяга читать лекции. Так же, как у вора воровать и у убийцы убивать. Но все равно здесь связь с биологией более опосредована, чем желание алкоголика напиваться или наркомана колоться.

Из этих различных опосредованностей между речевыми действиями и биологией и состоит, в сущности, человеческая культура. Культура — это система различного типа связей между биологией и знаковой системой. Если бы все типы связей были бы одними и теми же, то никакой культуры вообще не было. Например, если бы черный цвет однозначно во всех культурах означал траур и мы связали бы это с тем, что черное наводит тоску, проделали бы соответствующие тесты, которые подтвердили бы это наше наблюдение, то в этом случае элиминировалось бы противопоставление между теми культурами, у которых черный цвет действительно означает траур, и теми, у которых траурный цвет — белый. То есть подобные культуры просто в таком случае не считались бы культурами.

Поэтому неверно противопоставлять "биологизатора" Фрейда "лингвисту" Лакану. В этом смысле Лакан вовсе не лукавил, когда говорил, что он не придумывал ничего нового, а просто договаривал то, чего Фрейд недоговорил.

Мы говорим о шизофрении как об объективном психическом заболевании, как о состоянии сознания. Но можно ли называть Гёльдерлина шизофреником, если термин "шизофрения" был изобретен через много лет после его смерти?

Кажется, что можно сказать: "Достоевский никогда не ездил на БМВ". На самом деле эта фраза прагматически бессмысленна, потому что к ней невозможно подобрать актуального контекста употребления. Чем же тогда она отличается от предложения "Во времена Достоевского не было автомобилей"? Тем, что последняя фраза может иметь какой-то приемлемый контекст.

Мы можем сказать: "Во времена Гёльдерлина не было слова "шизофрения", но если подбирать современный эквивалент к тем симптомам, которые проявлялись у Гёльдерлина, то понятие "шизофрения" к нему подойдет больше всего". Что неправильного в таком рассуждении? Уверены ли мы, что симптомы такой сложной болезни, как шизофрения, существуют изолированно от того культурного и социального контекста, при котором это слово возникло? Разве мы не согласимся с тем, что шизофрения — это болезнь XX в., но не потому, что ее так назвали в XX в., а скорее, потому, что она чрезвычайно характерна для самой сути XX в., и потому-то ее и выделили и описали только в XX в. То есть слово "шизофрения" появилось до того, как появилась болезнь шизофрения.

Но пример с Гёльдерлином не вполне показателен, это все-таки поэт, каким-то образом причастный к культурным ценностям XX в. (хотя бы тем, что его психическую болезнь задним числом назвали шизофренией). Но что, если сказать, например, что у вождя племени на острове Пасхи обнаружилась шизофрения? Нелепость этого примера с очевидностью доказывает нашу правоту, что понятие "шизофрения" в очень большой степени является культурно опосредованным.

В книге "Язык и мышление" Хомский писал:

"Нормальное использование языка носит новаторский характер в том смысле, что многое из того, что мы говорим в ходе нормального использования языка, является совершенно новым, а не повторением чего-либо слышанного раньше и даже не является чем-то "подобным" по "модели" тем предложениям и текстам, которые мы слышали в прошлом".

В свете вышеизложенных размышлений о языковом происхождении безумия уместным будет закончить эту статью словами автора фундаментального труда "Бред" профессора М. И. Рыбальского:

Бред может и должен рассматриваться как проявление патологического творчества.

Лит.:
Блейлер Е. Руководство по психиатрии. — М., 1996.
Кемпинский А. Психология шизофрении. — М. , 1998.
Рыбальский М. И. Бред: Систематика, семиотика, нозологическая принадлежность бредовых, навязчивых, сверхценных идей. — М., 1993.
Хомский Н. Язык и мышление. — М., 1972.

ШИЗОФРЕНИЯ (от древнегр. schizo — раскалываю + phren — душа, рассудок) — психическое заболевание, имеющее многообразные проявления, как-то бред, галлюцинации, расстройство аффективных функций, ведущие к слабоумию и утрате индивидуальных черт личности (см. также **шизофренический дискурс**).

Понятие Ш. было введено в психопатологию швейцарским психиатром Эугеном Блейлером в начале XX в., ему же принадлежит подробное клиническое описание этой болезни, которую в силу ее сложности и неоднозначности в XIX в. путали с другими психическими нарушениями, например с **психозом** (см.).

Одним из основных симптомов Ш. является расстройство ассоциаций. Нормальные сочетания идей теряют свою прочность. Следующие друг за другом мысли шизофреника могут не иметь никакого отношения друг к другу, то есть нарушается фундаментальный принцип связности **текста**.

Пример Э. Блейлера. Вопрос психиатра больному: "Испытываете ли вы огорчения?" Больной: "Нет". Психиатр: "Вам тяжело?" Больной: "Да, железо тяжело".

Мышление при Ш. приобретает странный, чудаковатый характер, мысли совершают скачки. Все это напоминает картину **сповидения** или картину в **сюрреализме**.

"Замечательны, — пишет Блейлер, — также наклонности к о б о б щ е н и я м (здесь и далее в цитатах разрядка Блейлера. — *В. Р.*), к перескакиванию мысли или вообще функции на другие области. Бредовые идеи, которые могут возникнуть только по отношению к определенному лицу, переносятся на другое, с которым они не имеют никакой внутренней связи. Больного разозлили, он сначала отпускает пощечину виновному, а затем и другим, кто как раз находился поблизости. (Ср. характерное поведение Ивана Бездомного в романе М. А. Булгакова **"Мастер и Маргарита"**, когда он является в Дом литераторов в кальсонах и раздает пощечины. Автор романа был врач и, по общему признанию психиатров, очень точно описал симптомы Ш. у Бездомного.—*В.Р.*)

Особенно важно, — продолжает Блейлер, что при этой ассоциативной слабости [...] а ф ф е к т ы приобретают особую власть над мышлением: вместо логических сочетаний руководящую роль получают желания и описания, таким образом возникают самые нелепые б р е д о в ы е и д е и, открывается дорога чрезвычайно сильному **а у т и с т и ч е с к о м у м ы ш л е н и ю** (см. — *В. Р.*) с его уходом от действительности, с его тенденцией к символике, замещениям и сгущениям". (Что опять-таки напоминает работу сновидения как она интерпретируется в **психоанализе** З. Фрейдом; ясно, что сознание шизофреника регрессирует к более низким формам.)

В тяжелых случаях Ш. обнаруживается то, что психиатры называют "аффективным отупением". Шизофреник в больнице может десятки лет не обнаруживать никаких желаний, никаких аффектов. Он не реагирует на плохое с ним обращение, на холод и жажду, ложится в промокшую и холодную постель, ко всему проявляет поразительное спокойствие, хладнокровие и равнодушие — к своему настоящему положению, к будущему, к посещению родственников.

Явный показатель Ш. — недостаток аффективных модуляций, аффективная неподвижность. При этом аффекты могут подвергаться инверсиям: там, где нормальный человек смеется, шизофреник плачет, и наоборот — так называемая паратимия.

"Самые аффекты, — пишет далее Блейлер, — часто теряют е д и н с т в о. Одна больная убила своего ребенка, которого она любила, так как это был ее ребенок, и ненавидела, так как он происходил от нелюбимого мужа; после этого она неделями находилась в таком состоянии, что глазами она в отчаянии плакала, а ртом смеялась".

Одновременный смех и плач суть проявления амбивалентности в Ш. Например, шизофреник может в одно и то же время думать: "Я такой же человек, как и вы" и "Я не такой человек, как вы". (Ср. **многозначные логики, истина**.)

Для Ш. характерны различного рода галлюцинации: соматические, зрительные, слуховые, обонятельные, осязательные. Больные часто слышат голоса, свист ветра, жужжание, плач и смех; они видят какие-то вещи, реальные и фантастические; обоняют какие-то запахи, приятные и неприятные; осязают какие-то предметы; им чудится, что на них падают дождевые капли, их бьют, режут, жгут раскаленными иглами, у них вырывают глаза, распиливают мозги (ср. **трансперсональная психология, виртуальные реальности**).

При этом **реальность** бредовых представлений кажется шизофренику совершенно очевидной. Он скорее откажется верить в окружающую реальность — что он находится в больнице и т. д.

Для Ш. характерен бред величия, который часто сочетается с бредом преследования, то есть больные в этой стадии находятся полностью во власти своего **бессознательного**, у них **измененное состояние сознания**.

И наконец: "Вследствие потери чувства активности и неспособности управлять мыслями, шизофреническое "Я" часто лишается существенных составных частей. Расстройства ассоциаций и болезненные соматические ощущения придают этому "Я" совершенно другой, непохожий на прежний вид; у больного, таким образом, имеется сознание, что его состояние изменилось: он стал другой личностью. [...] Граница между "Я" и другими личностями и даже предметами и отвлеченными понятиями может стушеваться: больной может отождествлять себя не только с любым другим лицом, но и со стулом, с палкой. Его воспоминания расщепляются на две или более части" (ср. описание героя романа С. Соколова "Школа для дураков", которому показалось, что он раздвоился и одна из его двух личностей превратилась в сорванную им лилию "нимфея альба").

Ш. в XX в. стала болезнью психики № 1, ибо шизофреническое начало присуще многим фундаментальным направлениям и течениям культуры XX в.: **экспрессионизму, сюрреализму, неомифологической** манере письма в целом, **новому роману, потоку сознания,** поэтике абсурда представителей школы **ОБЭРИУ**, **театру абсурда**.

Лит.:
Блейлер Э. Руководство по психиатрии. — М., 1993.

"**ШКОЛА ДЛЯ ДУРАКОВ**" — роман русского писателя-эмигранта Саши Соколова (1974), один из самых сложных **текстов** русского **модернизма** и в то же время одно из самых теплых, проникновенных произведений XX в. В этом **смысле** "Ш. д." напоминает фильм Андрея Тарковского **"Зеркало"** (см.) — та же сложность художественного языка, та же автобиографическая подоплека, те же российские надполитические философские обобщения.

Сюжет "Ш. д." почти невозможно пересказать, так как, во-первых, в нем заложена нелинейная концепция **времени**-памяти (так же как и в "Зеркале" Тарковского) и, во-вторых, потому, что он построен не по сквозному драматическому принципу, а по "номерному". Это музыкальный термин; по номерному принципу строились оратории и оперы в XVII—XVIII вв.: арии, дуэты, хоры, речитативы, интермедии, а сквозное действие видится сквозь музыку — музыка важнее. Вот и в "Ш. д." — "музыка важнее". Между сюжетом и стилем здесь не проложить и лезвия бритвы (позднее сам Соколов назвал подобный жанр "проэзией").

Музыкальность, между тем, задана уже в самом заглавии: "школами" назывались сборники этюдов для начинающих музыкантов ("для дураков"). Но в русской культуре Иванушка-дурачок, как известно, оказывается умнее всех, поэтому название прочитывается еще как "школа высшего мастерства для прозаиков", какой она и является. Другой смысл названия, вещный — это, конечно, метафора "задуренной большевиками" России.

В центре повествования рассказ мальчика с раздвоенным сознанием, если называть вещи своими именами — шизофреника (см. **шизофрения**). Между тем за исключением того факта, что с определенного времени герой считает, что их двое, и порой не отличает иллюзию, собственную мечту от **реальности**, в остальном это удивительно симпатичный герой редкой духовности и внутренней теплоты и доброты.

Действие "Ш. д." перескакивает с дачи, где герой живет "в доме отца своего", прокурора, фигуры крайне непривлекательной (ср. **Эдипов комплекс**), в город, в школу для слабоумных. Герой влюблен в учительницу Вету Аркадьевну. У него есть также любимый наставник Павел (Савл) Петрович Норвегов, учитель географии, влюбленный, в свою очередь, в ученицу спецшколы Розу Ветрову. Впрочем, реальность этих "женских персонажей" достаточно сомнительна, так как Вета Аркадьевна Акатова в сознании героя легко превращается в "ветку акации", а последняя — в железнодорожную ветку, по которой едут поезда и электрички из города на дачу. А Роза Ветрова тоже легко "географизируется" в "розу ветров" — профессиональный символ учителя Норвегова, любимца всех учеников, разоблачителя всякой фальши и неправды, за что его ненавидят другие учителя и директор Перилло.

В центре сюжета-стиля три узла: влюбленность героя в учительницу и связанные с этим внутренние переживания и эпизоды, например явно виртуальное сватовство у отца учительницы, репрессированного и реабилитированного академика Акатова; превращение героя в двоих, после того как он сорвал речную лилию "нимфея альба" (Нимфея становится с тех пор его именем); alter ego Нимфеи выступает как соперник в его любви к Вете Аркадьевне; наконец, история увольнения "по щучьему велению" и странная смерть учителя Норвегова, о которой он сам рассказывает своим ученикам, пришедшим навестить его на даче.

Все остальное в "Ш. д." — это, скажем так, безумная любовь автора к русскому языку, любовь страстная и взаимная.

"Ш. д." предпосланы три эпиграфа, каждый из которых содержит ключ к сюжетно-стилистическому содержанию романа.

Первый эпиграф из "Деяния Апостолов": "Но Савл, он же и Павел, исполнившись Духа Святого и устремив на него взор, сказал: о, исполненный всякого коварства и всякого злодейства, сын диавола, враг всякой правды! перестанешь ли ты совращать с прямых путей Господних?".

Сюжетно этот эпиграф связан с фигурой Павла (Савла) Петровича, обличителя школьной неправды и фальши, которого за это уволили "по щучьему". Стилистически эпиграф связан со стихией "плетения словес", стиля, господствующего в русской литературе XVI в., с характерными нанизываниями однородных словосочетаний, что так характерно для "Ш. д.". Сравним:

"Опиши челюсть крокодила, язык колибри, колокольню Новодевичьего монастыря, опиши стебель черемухи, излучину Леты, хвост любой поселковой собаки, ночь любви, миражи над горячим асфальтом [...] преврати дождь в град, день — в ночь, хлеб наш насущный дай нам днесь, гласный звук сделай шипящим".

А вот фрагмент знаменитого "Жития Сергия Радонежского" Епифания Премудрого (орфография упрощена):

"Старец чюдный, добродетлми всякыми украшенъ, тихый, кроткый нрав имея, и смиренный добронравный, приветливый и благоуветливый, утешительный, сладкогласный и целомудренный, благоговѣйный и нищелюбивый, иже есть отцамъ отецъ и учителем учитель, наказатель вождем, пастыремъ пастырь, постником хвала, мльчальникам удобрение, иереам красота" (ср. также **измененные состояния сознания**).

Второй эпиграф представляет собой группу глаголов-исключений, зарифмованных для лучшего запоминания:

> гнать, держать, бежать, обидеть,
> слышать, видеть и вертеть, и дышать
> и ненавидеть, и зависеть и терпеть.

Сюжетно этот эпиграф связан с нелегкой жизнью ученика спецшколы — в нем как бы заанаграммирован весь его мир. В стилистическом плане этот стишок актуализирует мощную стихию детского фольклора — считалок, прибауток, переделанных слов, без понимания важности этой речевой стихии не понять "Ш. д.". Весь художественный мир романа состоит из осколков речевых актов, жанров, игр (см. **теория речевых актов, прагматика, языковая игра**), он похож на изображенный в романе поезд, олицетворяющий поруганную и оболганную Россию:

"Наконец поезд выходит из тупика и движется по перегонам России. Он составлен из проверенных комиссиями вагонов, из чистых и бранных слов, кусочков чьих-то сердечных болей, памятных замет, деловых записок, бездельных графических упражнений, из смеха и клятв, из воплей и слез, из крови и мела [...] из добрых побуждений и розовых мечтаний, из хамства, нежности, тупости и холуйства. Поезд идет [...] и вся Россия, выходя на проветренные перроны, смотрит ему в глаза и читает начертанное — мимолетную книгу собственной жизни, книгу бестолковую, бездарную, скучную, созданную руками некомпетентных комиссий и жалких оглупленных людей".

Третий эпиграф: "То же имя, тот же облик" — взят из новеллы Эдгара По "Вильям Вильсон", в которой героя преследовал его двойник, и когда герою наконец удалось убить двойника, оказалось, что он убил самого себя. Здесь также важен не названный, но присутствующий в романе как элемент **интертекста** рассказ Эдгара По "Правда о случившемся с мистером Вольдемаром", где человек от первого лица свидетельствует о собственной смерти, так же как учитель Норвегов с досадой рассказывает ребятишкам, что он, по всей вероятности, умер "к чертовой матери".

Центральный эпизод "Ш. д." — когда мальчик срывает речную лилию и становится раздвоенным. Срывание цветка — известный культурный субститут дефлорации. Смысл этой сцены в том, что герой не должен был нарушать "эйдетическую экологию" своего мира, в котором каждая реализация несет разрушение. В то же время это сумасшествие героя становится аналогом обряда инициации, посвящения в поэты, писатели. Именно после этого Нимфея видит и слышит, подобно пушкинскому пророку, то, чего не видят и не слышат другие люди:

"Я слышал, как на газонах росла нестриженая трава, как во дворах скрипели детские коляски, гремели крышки мусоропроводных баков, как в подъезде лязгали двери лифтовых шахт и в школьном дворе ученики первой смены бежали укрепляющий кросс: ветер доносил биение их сердец [...]. Я слышал поцелуи и шепот, и душное дыхание незнакомых мне женщин и мужчин".
Ср.:

> Моих ушей коснулся он,
> И их наполнил шум и звон:
> И внял я неба содроганье,
> И горний ангелов полет,
> И гад морских подводный ход,
> И дольней лозы прозябанье.

("Пророк" А.С. Пушкина)

С точки зрения здравого смысла в романе так ничего и не происходит, потому что время в нем движется то вперед, то назад, как в серийном универсуме Дж. У. Данна (см. **серийное мышление, время**). "Почему, — размышляет сам герой, — например, принято думать, будто за первым числом следует второе, а не сразу двадцать восьмое? да и могут ли дни вообще следовать друг за другом, это какая-то поэтическая ерунда — череда дней. Никакой череды нет, дни проходят, когда какому вздумается, а бывает, что несколько сразу" (ср. **событие**). Это суждение — очень здравое на закате классического **модернизма**: оно окончательно порывает с фабульным хронологическим мышлением, отменяет хронологию.

"Ш. д." — одно из последних произведений модернизма, и как таковое оно глубоко трагично. Но оно также одно из первых произведений **постмодернизма** и в этой второй своей ипостаси является веселым, игровым и даже с некоторым подобием "хэппи-энда": герой с автором идут по улице и растворяются в толпе прохожих.

Так или иначе, это последнее великое произведение русской литературы XX в. в традиционном понимании слова "литература".

Лит.:
Руднев В. Феноменология события // Логос, 1993. — Вып. 4.
Руднев В. Несколько уроков в "Школе для дураков" //
Руднев В. Метафизика футбола: Исследования по философии текста и патографии. — М., 2001.

"ШУМ И ЯРОСТЬ" — роман Уильяма Фолкнера (1929), одно из самых сложных и трагических произведений европейского **модернизма**.

Роман поделен на четыре части — первая, третья и четвертая описывают три дня перед пасхой 1928 г., вторая часть — день из 1910 г.

Первая часть ведется от лица идиота Бенджи, одного из трех братьев, сыновей Джейсона и Кэролайн Компсон. Вторая часть — от лица Квентина Компсона, самого утонченного из трех братьев. Третья часть по контрасту — от лица третьего брата, Джейсона, прагматичного и озлобленного. Четвертую часть ведет голос автора.

Сюжет романа, который очень трудно уловить сразу — он постепенно проглядывает из реплик и внутренних монологов персонажей, — посвящен в основном сестре троих братьев-рассказчиков, Кэдди, истории ее падения в отроческом возрасте с неким Долтоном Эймсом, изгнания из дома, так что она была вынуждена выйти замуж за первого встречного, который вскоре ее бросил. Дочь Долтона Эймса Квентину она отдала в дом матери и брата. Подросшая Квентина пошла в мать, она гуляет со школьниками и артистами заезжего театрика. Джейсон все время донимает ее, вымещая злобу за то, что муж Кэдди обещал ему место в банке и не дал его.

Образ Кэдди дается лишь глазами трех братьев. Повествование от лица Бенджи наиболее трудно для восприятия, так как он все время перескакивает в своих "мыслях" от настоящего к прошлому. При этом, будучи не в состоянии анализировать **события**, он просто регистрирует все, что говорится и совершается при нем. В Бенджи живо только одно — любовь к сестре и тоска по ней. Тоска усиливается, когда кто-то называет **имя** Кэдди, хотя в доме оно под запретом. Но на лужайке, где "выгуливают" Бенджи, игроки в гольф все время повторяют "кэдди", что означает "мальчик, подносящий мяч", и, услышав эти родные звуки, Бенджи начинает горевать и плакать.

Образ Бенджи символизирует физическое и нравственное вымирание рода Компсонов. После того как он набросился на школьницу, проходящую мимо ворот, очевидно приняв ее за Кэдди, его подвергают кастрации. Образ Бенджи ("Блаженны нищие духом") ассоциируется с Христом ("агнцем Божьим") — в день Пасхи ему исполняется 33 года, но в душе он остается младенцем. Сама структура романа напоминает Четвероевангелие. Три первых части так сказать "синоптические", повествующие голосами разных персонажей практически об одном и том же, и четвертая обобщающая часть, придающая рассказу отвлеченную символичность (Евангелие от Иоанна).

В самом названии романа заложена идея бессмысленности жизни; это слова Макбета из одноименной трагедии Шекспира:

> Жизнь — это тень ходячая, жалкий актер,
> Который только час паясничает на сцене,
> Чтобы потом исчезнуть без следа:
> Это рассказ, рассказанный кретином,
> Полный шума и ярости,
> Но ничего не значащий.

Сюжет романа так запутан, что многие критики и читатели пеняли на это Фолкнеру, на что он отвечал предложением еще и еще раз перечитать роман. Американский исследователь Эдуард Уолпи даже составил хронологию основных событий романа, но это, по всей видимости, ничего не дает, так как, по справедливому замечанию Жан-Поля Сартра, когда читатель поддается искушению восстановить для себя последовательность событий ("У Джейсона и Кэролайн Компсон было трое сыновей и дочь Кэдди. Кэдди сошлась с Долтоном Эймсом, забеременела от него и была вынуждена срочно искать мужа..."), он немедленно замечает, что рассказывает совершенно другую историю.

Это история пересечения внутренних миров (ср. **семантика возможных миров**) трех братьев-рассказчиков и их сестры Кэдди — история любви к ней двух братьев, Бенджи и Квентина, и ненависти брата Джейсона.

Вторая часть романа, построенная как внутренний монолог Квентина, **поток сознания** — в этом его рассказ парадоксально перекликается с рассказом Бенджи, — посвящена последнему дню его жизни перед самоубийством. Здесь определяющую роль играет символ **времени** — часы. Квентин пытается их сломать, чтобы уничтожить время (ср. **миф**), но они даже без стрелок продолжают неумолимо идти, приближая его к смерти.

Почему же покончил с собой рафинированный Квентин Компсон, студент Гарвардского университета, гордость отца? Навязчивые мысли Квентина обращены к прошлому — к бывшим ли на самом деле или только роящимся в его воображении разговорам с отцом и сестрой, мыслям о Бенджи и общим воспоминаниям о том времени, когда они все были маленькими.

Любовь к сестре и жгучая ревность к ней за то, что она сошлась с другим, а потом вышла замуж за первого встречного, облекается в сознании Квентина в параноидальную идею, будто он совершил кровосмешение с сестрой. По сути, Квентин все время своего рассказа находится на грани **психоза** (см.), но точки над "i" не расставлены, и в одном из возможных миров романа, может быть, действительно кровосмесительная связь имела место, тогда как в другом возможном мире всячески подчеркивается, что Квентин вообще не знал женщин. При том, что Кэдди безусловно тоже эротически настроена к брату, недаром она называет свою дочь его именем — Квентиной.

Кэдди ассоциируется у Квентина со смертью (как эрос неразрывно связан с танатосом — см. **психоанализ**), он повторяет фразу о том, что святой Франциск Ассизский называл смерть своей маленькой сестрой.

Оба героя — Бенджи и Квентин — постоянно пребывают сразу в нескольких временных пластах. Так, Квентин, находясь в компании богатого и избалованного студента Джеральда, рассказывающего о своих победах над женщинами, вспоминает о своей встрече с Долтоном Эймсом, соблазнителем Кэдди, настоящее и прошлое путаются в его сознании, и он с криком: "А у тебя была сестра?" — бросается на Джеральда с кулаками.

После самоубийства Квентина рассказ переходит к старшему брату Джейсону, вся третья и четвертая части посвящены дочери Кэдди Квентине. Джейсон следит за ней, всячески ее преследует. И кончается история тем, что Квентина сбегает из дома с бродячим актером (еще один шекспировский лейтмотив), украв у Джейсона все его сбережения.

Несмотря на трагизм и сложнейшую технику повествования, роман Фолкнера пронизан типичным фолкнеровским эмоциональным теплом, которое прежде всего исходит от героев-негров, особенно служанки Дилси, а также от любви несчастных Бенджи и Квентина к сестре.

Общий **смысл** романа — распад южного семейства (подобно роману М. Е. Салтыкова-Щедрина "Господа Головлевы", с которым "Ш. и я." роднит атмосфера сгущения зла и гнетущей обреченности) — не мешает не менее фундаментальному переживанию умиротворяющего юмора и всепрощения, апофеозом чего является проповедь священника в негритянской церкви. В этом смысле роман Фолкнера уникален.

Лит.:
Савурёнок А. К. Романы У. Фолкнера 1920—1930-х гг. — Л., 1979.
Долинин А. Комментарии // Фолкнер У. Собр. соч. В 6 тт. — М., 1985. — Т. 1.

ЭГОЦЕНТРИЧЕСКИЕ СЛОВА (см. также **прагматика**) — слова, ориентированные на говорящего и момент речи: Я — тот, кто находится здесь и теперь (еще два Э. с.). Еще одним Э. с. является слово "Ты", которое тоже участвует в разговоре — к нему обращается Я. Я и Ты противостоит Он, тот, кто не участвует в разговоре, отчужденная, нездешняя и нетеперешняя **реальность**. В отличие от Я и Ты, которые находятся Здесь и Теперь, Он находится Там и Тогда (см. **пространство**). Когда он приближается к Я и Ты, на тот уровень, когда можно разговаривать, Он превращается во второе Ты.

С Я следует обращаться очень осторожно. Ребенок с большой сложностью усваивает эти слова. Хотя считается, что ребенок — эгоцентрик, он предпочитает говорить о себе в третьем лице.

Я не может очень многого: не может врать, спать, клеветать. Такие выражения, как "я лгу", "я клевещу на вас", "я вас обманываю" американский философ Зино Вендлер назвал речевым самоубийством. Действительно, эти слова сами себя зачеркивают.

За Я закреплена функция быть всегда Здесь: Я здесь — абсолютная прагматическая истина, то есть это выражение не может быть неправдой.

Термин Э. с. принадлежит логике. Его придумал Бертран Рассел. Но на самом деле тройка Я, Ты и Он в наибольшей степени принадлежит лирической поэзии — самой эгоцентрической деятельности в мире:

> *Я вас* любил; любовь еще, быть может,
> В душе *моей* угасла не совсем;
> Но пусть *она вас* больше не тревожит;
> Я не хочу печалить *вас* ничем.
> *Я вас* любил, безмолвно, безнадежно,
> То робостью, то ревностью томим;
> *Я вас* любил так искренно, так нежно,
> Как дай *вам* Бог любимой быть *другим*.
>
> (Э. с. выделены мною. — *В. Р.*)

Впервые на это стихотворение обратил внимание и проанализировал его в 1960-е гг. Р. О. Якобсон. Он показал, что лирика в сущности не нуждается ни в каких метафорах, достаточно столкновения этих трех Э. с.: Я, Ты и Он (Другой). Она (любовь) также отчуждена от разговора, потому что Она теперь принадлежит Ему (Другому).

Особенность Э. с. состоит в том, что они не называют, а указывают, поэтому Рассел считал, что главным Э. с. является "это". Оно употребляется при так называемом указательном (остенсивном) обучении языку: "Это — яблоко" — с указательным жестом на яблоко; "Это — дерево", "Это — человек"; "А это — Я" — чему обучить гораздо труднее. Потому что для каждого Я — это он сам.

Поэтическое Я находится на границе различных **смыслов** и ситуаций, на границах возможных миров (см. **семантика возможных миров**). Современный исследователь С. Т. Золян пишет: "Поэтическое "я" закреплено за тем миром, в котором оно произнесено, причем в составе истинного высказывания. Но это не *наш* актуальный мир: ведь сам актуальный мир есть дейктическое понятие, задаваемое координатой "я" [...]. Поэтическому "я" в одном из миров будет соответствовать биографический Пушкин, в другом — "я", конкретный читатель. Но и пушкинский, и мой актуальные миры выступают относительно текста как возможные. Как актуальный (то есть действительный. — *В. Р.*) с точки зрения выделяемого "я" говорящего лица выступает мир текста.

[...] Нет никаких жестких требований, чтобы Пушкин или я, читатель, в момент произнесения помнили чудное мгновенье. Но само произнесение слов "Я помню чудное мгновенье" переносит меня из моего мира в мир текста, и я-произносящий становлюсь я-помнящим. Текст как бы показывает мне, кем был бы я при ином течении событий, то есть описывает меня же, но в ином мире. Посредством "я" устанавливается межмировое отношение между указанными мирами, само же "я" идентифицирует помнящего и говорящего.

Я не становлюсь Пушкиным в момент произнесения его слов, но я и Пушкин становимся "говорящими одно и то же". Я, так же как некогда и Пушкин, устанавливаем соответствие между моим личным "я" и "я" текста".

Ср. аналогичную мысль, нарочито обнажающую это соотношение, в знаменитом стихотворении Дмитрия Александровича Пригова:

> В полдневный жар в долине Дагестана
> С свинцом в груди лежал, недвижим, я...
> Я — Пригов Дмитрий Александрович...
> Я, я лежал там, и это кровь сочилася моя...

В прозе XX в. подлинным первооткрывателем и певцом собственного "Я" был Марсель Пруст в своей лирической эпопее "В поисках утраченного времени". Вот что пишет об этом академик Ю. С. Степанов: "Следуя за Бергсоном, Пруст полагает материальным центром своего мира "образ своего **тела**". [...] Весь роман начинается с ощущения этого образа: иной раз, проснувшись среди ночи, "я в первое мгновение даже не знал, кто я, я испытывал только — в его первозданной простоте — ощущение, что я существую, какое, наверное, бьется и в глубине существа животного, я был простой и голый, как пещерный человек". [...]
Но дальше в разных ситуациях, не подряд, но последовательно снимаются телесные пласты и остается внутреннее "Я", которое в свою очередь расслаивается на "Я" пишущего, "Я" вспоминающего, "Я" того, о ком вспоминают, на Марселя в детстве и т. д., пока не остается глубинное, предельное "Я" — "Эго". И, в сущности, о его перипетиях и идет речь. Оно — подлинный герой романа".

В сущности, "Я" — это и есть целый мир, мир, который, по выражению Эмиля Бенвениста, апроприируется, присваивается мною. Я мыслю, я говорю, я существую, я называю и я именуюсь. Я являюсь сам своим предикатом. Пока есть кому сказать: "Я", мир не погибает.

> Я связь миров, повсюду сущих,
> Я крайня степень вещества;
> [...]
> Я телом в прахе истлеваю,
> Умом громам повелеваю.
> Я царь, — я раб, — я червь, — я Бог.
>
> (Г. Державин)

Эгоцентрические слова

В эксцентрической форме русского **концептуализма** эта идея всеоблемлющего Я выражена в стихотворении русского поэта Владимира Друка (приводим его фрагменты):

иванов — я
петров — я
сидоров — я
так точно — тоже я

к сожалению — я
видимо — я
видимо-невидимо — я
...

в лучшем случае — я
в противном случае — тоже я
в очень противном случае — опять я
здесь — я, тут — я
к вашим услугам — я

рабиндранат тагор — я
конгломерат багор — я
дихлоретан кагор — я
василиса прекрасная — если не ошибаюсь я

там, где не вы — я
там, где не я — я
...
чем более я
тем менее я
тем не менее — я

...
КТО ЕСЛИ НЕ Я?

Я ЕСЛИ НЕ Я!

Расслабьтесь,
это я
пришел...

Лит.:

Рассел Б. Человеческое познание: Его границы и сфера. — М., 1956.
Якобсон Р. О Поэзия грамматики и грамматика поэзии // Семиотика / Под ред. Ю. С. Степанова. — М., 1983.
Золян С. Т. Семантика и структура поэтического текста. — Ереван, 1991.
Степанов Ю. С. В трехмерном пространстве языка: Семиотические проблемы лингвистики, философии, искусства. — М., 1985.

ЭДИПОВ КОМПЛЕКС (см. также **психоанализ, миф**) — одно из ключевых понятий психоанализа Фрейда, отсылающих к мифу о царе Эдипе, который по ошибке убил своего отца Лая и так же по ошибке женился на своей матери, царице Фив Иокасте.

Э. к. обозначает группу противоречивых переживаний мальчика по отношению к отцу, в основе которых бессознательное влечение к матери и ревность, желание избавиться от отца-соперника. Эдипальная стадия развития детской сексуальности характерна для возраста от трех до пяти лет. Однако страх наказания со стороны отца (комплекс кастрации) вытесняет Э. к. в **бессознательное**, и в зрелом возрасте эти переживания могут проявляться лишь, как правило, в форме **невроза**.

Почему же мальчик хочет свою мать и стремится избавиться от отца? Потому что, согласно концепции Фрейда, сексуальность проявляется у детей чрезвычайно рано, а мать — наиболее близкий объект обожания со стороны ребенка. А поскольку ребенок в этом возрасте живет в соответствии с принципом удовольствия, игнорируя до поры до времени принцип **реальности**, то его эротические идеи проявляются порой достаточно активно.

Во всяком случае, ребенок часто залезает в постель к родителям, мешая их половой жизни. Чаще всего он символически ложится между ними.

Отец же — фигура мифологическая (см. **миф**). Убийство отца — это обычное дело для многих мифологических традиций.

Но Э. к. — это как бы визитная карточка культуры первой половины XX в., ее болезненный и скандальный символ. Естественно, культура XX в. переписала всю мировую литературу с точки зрения Э. к. и свою собственную литературу стала строить уже на осознанном Э. к. (что гораздо менее интересно).

Фрейд писал: "Судьба Эдипа захватывает нас только потому, что она могла бы стать и нашей судьбой. [...] Но будучи счастливее, чем он, мы сумели с той поры, поскольку не стали невротиками, отстранить наши сексуальные побуждения от наших матерей и забыть нашу ревность к отцу. От личности, которая осуществила такое детское желание, мы отшатываемся со всей мощью вытеснения, которое с той поры претерпевало это желание в нашей психике".

Первым, кто дал толкование литературного произведения в духе Э. к., был, конечно, сам Зигмунд Фрейд. В свете Э. к. он проанализировал Гамлета Шекспира, объяснив его медлительность. По Фрейду, Гамлет вовсе не медлителен, просто он не может заставить себя совершить решающий шаг, потому что чувствует себя потенциальным отцеубийцей, каким являлся Клавдий по отношению к старшему Гамлету, своему старшему брату (старший брат в данном случае заменил отца, такое бывает). Но Гамлет бессознательно тормозится своим внутренним "воспоминанием" о ненависти к собственному отцу, а то, что он вожделеет к матери, ясно уже и из одного текста Шекспира. Медлительность Гамлета — это медлительность рефлексирующего Эдипа, бессознательное которого запрещает ему естественный по тем временам акт возмездия — ведь это было бы повторением преступления Клавдия на почве Э. к.

Литература XX в. наполнена сюжетами, связанными с Э. к. Но говорят, что еще до Фрейда психоанализ открыл Достоевский. Во всяком случае, это верно в том, что касается Э. к. В романе "Братья Карамазовы" все братья, так сказать, по очереди убивают отца — омерзительного Федора Павловича. Иван идеологически готовит к этому Смердякова (внебрачного сына Федора Павловича), Дмитрий, который и был ложно обвинен в убийстве, публично заявлял о своем желании убить отца и даже пытался это сделать, а положительный Алеша по замыслу должен был стать народовольцем и убить царя-батюшку (то есть, в конечном счете, того же отца) (ср. **экстремальный опыт**).

Между тем в реальности вокруг Фрейда разыгрывались настоящие драмы, связанные с только что открытым Э. к.

Отец великого философа Людвига Витгенштейна был чрезвычайно авторитарен. Двое братьев Людвига боролись с авторитарностью отца и от бессилия покончили с собой.

И дело это происходило буквально "на глазах" у Фрейда, в роскошном особняке венского миллионера. Возможно, Людвигу Витгенштейну в определенном смысле повезло, что он был гомосексуалистом и, возможно, поэтому их отношения с отцом всегда были ровными. Именно ему отец завещал свое огромное имущество, от которого Людвиг, правда, отказался.

Чрезвычайно тяжелыми были отношения с отцом у Франца Кафки. Мотив Э. к. пронизывает не только все его творчество, но, увы, всю его жизнь. Авторитарность отца дважды не позволила ему жениться. Он боялся отца и втайне восхищался им, как ветхозаветным Богом. Эту ненависть-любовь он запечатлел в знаменитом "Письме Отцу", которое, однако, передал матери. В произведениях Кафки эдиповские проблемы чувствуются очень сильно, особенно в романах "Процесс" и "**Замок**", где отцовская власть реализуется в виде незримого и всеведающего суда ("Процесс") и всеобъемлющей власти чиновников ("Замок").

Для женщин Фрейд придумал инверсированный Э. к., комплекс Электры. Электра, дочь царя Агамемнона и Клитемнестры, согласно древнегреческой мифологии обожала своего отца и ненавидела мать. Она подговорила своего брата Ореста убить мать и ее любовника из мести за отца. Комплекс Электры — это как бы Э. к. наоборот: страстная любовь к отцу и ненависть к матери.

Лит.:
Фрейд З. Царь Эдип и Гамлет // Фрейд З. Художник и фантазирование. — М., 1995.
Фрейд З. Психология бессознательного. — М., 1990.

ЭКЗИСТЕНЦИАЛИЗМ (от лат. existentia — существование) — философское направление середины XX в., выдвигающее на первый план абсолютную уникальность человеческого бытия, невыразимую на языке понятий.

Истоки Э. содержатся в учении датского мыслителя XIX в. Сёрена Кьеркегора, который ввел понятие экзистенции как осознания внутреннего бытия человека в мире. Поскольку предметное внешнее бытие выражает собой "неподлинное **существование**", обретение экзистенции предполагает решающий "экзистенциальный выбор", посредством которого человек переходит от созерцательно-чувственного бытия, детерминированного внешними факторами среды, к единственному и неповторимому "самому себе".

Кьеркегор выделил три стадии восхождения личности к подлинному существованию: эстетическую, которой правит ориентация на удовольствие; этическую — ориентация на долг; религиозную — ориентация на высшее страдание, отождествляющее человека со Спасителем.

В XX в. Э. взрос на почве пессимистического взгляда на технический, научный и нравственный прогресс, обернувшийся кошмаром мировых войн и тоталитарных режимов. Война с фашизмом стала эпохой расцвета Э. В своей основе Э. — это нонконформизм, призывающий личность делать выбор в сторону истинных человеческих ценностей.

Принято делить Э. на религиозный и атеистический. Представители первого и более раннего направления Э. — Мартин Хайдеггер, Карл Ясперс, Габриель Марсель. Представители второго, расцветшего во время второй мировой войны, — Жан-Поль Сартр и Альбер Камю.

Религиозная направленность Э. носит неконфессиональный характер, она близка к учению Толстого. Например, Марсель понимает Бога как "абсолютное Ты", как самого интимного и надежного друга (пользуясь лингвистической терминологией — ср. **модальности**,— можно сказать, что Бог Э. существует в модальности императива, молитвы, внутреннего диалога).

Основная проблема Э.— проблема духовного кризиса, в котором оказывается человек, и того выбора, который он делает, чтобы выйти из этого кризиса. Признаками кризиса могут быть такие понятия, как страх, "экзистенциальная тревога", тошнота, скука. "Человеку открывается вдруг зияющая бездна бытия, которая раньше была ему неведома, когда он жил спокойно, прозябая в сутолоке повседневных дел. Теперь покоя нет, остался только риск решения, которое не гарантирует успеха". Это и есть "подлинное существование", спокойно-трагическое в мире религиозного Э. и безнадежно-трагическое в мире атеистического Э.

В качестве примера приведем повесть Камю "Посторонний". (Э. был единственной философией XX века, добившейся широкого признания, в которой художественный метод имел такое же значение, как научный; наиболее адекватный жанр Э. — беллетристика и публицистика. Мерсо, герой произведения Камю, о котором идет речь, порывает со всеми буржуазными условностями. В рассказе от первого лица он откровенно признается, что ему скучно было сидеть у гроба матери, которую перед смертью отдал в богадельню, так как не мог ее прокормить. На следующий день после похорон он как ни в чем не бывало занимается любовью со своей подругой. После этого он вступает в дружбу с сутенером. Наконец, совершает убийство араба (дело происходит в Алжире). На суде всплывают все его "безнравственные качества", и его приговаривают к смертной казни.

Почему именно Постороннего сделал Камю героем экзистенциального романа, в чем смысл выбора Мерсо? В том, что он захотел говорить с людьми на языке, лишенном фальши и условности, но оказалось, что это невозможно, потому что язык словно создан для того, чтобы говорить одни условности и высказывать фальшь (в этом перекличка философии Камю с философией Людвига Витгенштейна — см. **аналитическая философия**), поэтому он обречен на молчание, неприятие со стороны толпы и внутренний монолог с самим собой (ср. **индивидуальный язык**). Камю не судит и не оправдывает Постороннего. Этот человек сделал выбор в сторону одиночества и смерти во имя искренности и выявления собственного "Я". Безрелигиозность, отсутствие любви делает позицию Мерсо особенно безнадежно-трагической. Тем не менее трагическая повесть "Посторонний" звучит куда интересней романа-притчи "Чума", **сюжет** и **смысл** которого заключаются в том, что одни люди бегут из зачумленного города (имеется в виду, конечно, фашистское государство), а другие остаются, чтобы спасать остальных.

Любимый герой Камю — Кириллов из "Бесов" Достоевского — тоже делает страшный, но честный экзистенциальный выбор: убивает себя, потому что не верит в Бога и нравственное добро.

Как ни странно, отношения экзистенциалистов с фашистским режимом складывались по-разному. В принципе, Э. был идеологией французского Сопротивления. Но вот, однако, один из основателей Э. М. Хайдеггер остался в Германии и преподавал философию при Гитлере. Так же поступил один из великих физиков XX в. Вернер Гейзенберг и величайший дирижер XX в. Вильгельм Фуртвенглер.

Для автора этих строк в свое время было настоящим шоком, когда вышел альбом записей Фуртвенглера, сделанных в Берлине в 1943 г. В разгар войны и концлагерей в Берлине гениально исполняли Концерт для виолончели Роберта Шумана. Таким был выбор Фуртвенглера, которого тоже потом обвиняли в связях с нацистами. Интересно, почему никому не приходило в голову обвинять Шостаковича или Софроницкого в сотрудничестве со Сталиным? Наоборот, их все жалели. Очевидно, потому, что в определенный момент они уже не имели возможности сделать выбор. В России высылали в 1920-е гг., а в 1930-е уехать было уже невозможно. Из Германии можно было уехать вплоть до начала войны.

Э. — философия жизни. В этом смысле он составляет резко контрастирующую пару с аналитической философией, не менее влиятельной, чем Э., и надолго его пережившей. Как философское направление Э. кончился в 1960-е гг., аналитическая философия жива до сих пор. Сравним схематически эти два направления мысли XX в.:

Э.	аналитическая философия
следование традиционным философским ценностям	резкий разрыв с традиционными философскими ценностями
главное — бытие и этика	главное — язык и познание
ориентация на реальную жизнь и личность	игнорирование философских ценностей проблемы жизни и личности
ориентация на интуицию	ориентация на логику
активная жизненная позиция	позиция академического философа

Интересно, что последнему пункту основатели обоих направлений решительно не соответствовали: Хайдеггер был исключительно академическим человеком, Витгенштейн — исключительно эксцентричным.

Для культуры характерен билингвизм в широком смысле, так как недостаток знания она компенсирует его стереоскопичностью (Ю. М. Лотман) (ср. также **принцип дополнительности**).

Поэтому столь противоположные направления одинаково служили культуре в самые тяжелые ее годы.

В конце 1960-х гг. Э. полностью переходит в художественную беллетристику, на экраны фильмов и страницы романов. В качестве характерного примера приведем фильм Золтана Фабри "Пятая печать". Нескольких обывателей в венгерском городке арестовывают эсэсовцы. Чтобы сломить их волю, они обещают отпустить их при одном условии, если каждый из них даст пощечину висящему на столбе пыток израненному и измученному партизану (фигура которого однозначно прочитывается как фигура распятого Иисуса). Никто из обывателей не способен переступить эту черту, несмотря на то, что каждый из них до этого говорил, что любит жизнь. Лишь один интеллигентный пожилой человек, который во время общего разговора в пивной держался весьма скептической позиции, соглашается на это испытание и, глядя партизану в глаза, бьет его по окровавленной щеке. Нацисты его отпускают. Только после этого зритель узнает, что жизнь этого человека ему не принадлежала, так как он организовал в городе целую систему по спасению еврейских детей, которая без него развалилась бы.

Еще один кинопример — фильм Сиднея Поллака **"Три дня Кондора"**. Герой его, работающий в аналитическом агентстве ЦРУ (филолог по профессии), в один прекрасный день находит всех своих коллег убитыми. Используя навыки своей аналитической работы, он вступает в борьбу с неведомыми врагами. Это можно было бы назвать обыкновенным триллером, если бы не финал, когда убийца и жертва встречаются, уже ненужные друг другу, и спокойно разговаривают о том, что каждый из них выполнил свой долг.

Лит.:
Киссель М. А. Экзистенциализм // Современная западная философия: Словарь. — М., 1991.
Проблема человека в западной философии. — М., 1988.
Хайдеггер М. Избр. работы. — М., 1994.
Камю А. Бунтующий человек. — М., 1992.

ЭКСПРЕССИОНИЗМ (от лат. expressio — выражение) — направление в австро-немецком искусстве первых десятилетий XX в., одно из классических направлений европейского **модернизма**.

Для Э. характерен принцип всеохватывающей субъективной интерпретации **реальности**, возобладавший над миром первичных чувственных ощущений, как было в первом модернистском направлении — импрессионизме. Отсюда тяготение Э. к абстрактности, обостренной и экстатической, подчеркнутой эмоциональности, мистике, фантастическому гротеску и трагизму. Такова, например, поэзия Георга Тракля.

В центре художественного мира Э. — сердце человека, истерзанное равнодушием и бездушием мира, контрастами материального и духовного (именно в Э. начинаются мучительные поиски границ между **текстом** и **реальностью**, поиски, ставшие для XX в. ключевыми (см. **модернизм, текст в тексте, интертекст, виртуальные реальности**). В Э. "ландшафт потрясенной души" предстает как потрясения самой действительности.

Искусство Э. было поневоле социально ориентированным, так как развивалось на фоне резких социально-политических переломов, крушения австро-венгерской империи и первой мировой войны.

Наиболее яркими и богатыми источниками искусства и духа Э. были Вена и Прага.

Однако было бы неверно думать, что Э. — лишь направление искусства. Э. был крайним выражением самой сути тогдашнего времени, квинтэссенцией идеологии предвоенных, военных и первых послевоенных лет, когда вся культура на глазах деформировалась. Эту деформацию культурных ценностей и отразил Э. Его едва ли не главная особенность состояла в том, что объект в нем подвергался особому эстетическому воздействию, в результате чего достигался эффект именно характерной экспрессионистской деформации. Самое важное в объекте предельно заострялось, результатом чего был эффект специфического экспрессионистского искажения. Достаточно вспомнить картины Мунка и портреты Кокошки, чтобы согласиться с этим тезисом.

Приведем также пример из литературы. В прозе Кафки, одного из глубочайших наследников экспрессионистической эстетики, царит фантастический мир, но это не мир хаоса, а, напротив, мир доведенного до крайнего выражения "Орднунга". Так, в новелле "Приговор" немощный отец приговаривает сына к казни водой, и сын тут же бежит топиться (подробнее об этом мотиве см. **"Замок"**).

Путь, по которому пошёл Э., мы называем **логаэдизацией** (см.), суть которой в том, что система ужесточается до предела, чем демонстрирует свою абсурдность.

Именно такого эффекта добился Людвиг Витгенштейн в "**Логико-философском трактате**" (см. также **логический позитивизм, атомарный факт**), который был также явлением культуры Э. Витгенштейн построил идеальный логический язык, но позже признался сам, что такой язык не нужен.

Примерно то же мы видим в творчестве композиторов-нововенцев, также представителей Э. — Арнольда Шёнберга, Антона Веберна и Альбана Берга, создателей **додекафонии** (см.). Здесь также на уровне музыкального языка "гайки закручены" до предела.

По нашему мнению, хотя это и не лежит на поверхности, явлением Э. был классический **психоанализ** Фрейда. Об этом говорит сам пафос деформации исходных "викторианских" представлений о счастливом и безоблачном детстве человека, которое Фрейд превратил в кошмарную сексуальную драму (см. **Эдипов комплекс**). В духе Э. само углубленное заглядывание в человеческую душу, в которой не находится ничего светлого; наконец, мрачное учение о **бессознательном**. Вне всякого сомнения, пристальное внимание к феномену **сновидения** также роднит психоанализ с Э.

Особенности эстетики Э. покажем на примере знаменитого романа пражского писателя Густава Мейринка "Голем" (1915). В основе действия лежат фантастические события, разыгрывающиеся в еврейском квартале Праги. Молодому герою, талантливому художнику Атанасиусу Пернату то ли во сне, то ли наяву (в романе сон и явь постоянно меняются местами) является Голем и приносит священную книгу Иббур. Голем — это искусственный человек, которого когда-то сделал из глины раввин, чтобы тот ему прислуживал. Голем оживал, когда раввин вставлял ему в рот свиток Торы. На ночь раввин вынимал свиток изо рта Голема, и тот превращался в безжизненную куклу. Но однажды раввин забыл вынуть свиток, Голем бежал и с тех пор гуляет по свету и каждые 33 года появляется в еврейском квартале, после чего следуют грабежи и убийства.

Главной особенностью поэтики романа является нарушение принципа идентичности у главного героя. То он сам кажется себе Големом, то превращается в кого-то другого. Смерть или угасание сознания здесь равнозначны появлению в другом сознании. В качестве неомифологического подтекста (см. **неомифологизм**) в романе выступают эзотерические тайны Каббалы, пронизывающие все сюжетные ходы повествования. Онтология, которая создается в "Големе", может быть названа серийной (см. **серийное мышление**): события одновременно развиваются в нескольких сознаниях, большую роль играют наблюдатели-медиумы.

Э. задал глобальную **парадигму** эстетики XX в., эстетики поисков границ между вымыслом (см. **философия вымысла**) и иллюзией, текстом и реальностью. Эти поиски так и не увенчались успехом, потому что скорее всего таких границ либо не существует вовсе, либо их так же много, как субъектов, которые занимаются поисками этих границ. Проблема была снята в философии и художественной практике **постмодернизма** (см.).

Лит.:
Руднев В. Венский ключ // Ковчег, Киев.— 1996. — № 22.

ЭКСТРЕМАЛЬНЫЙ ОПЫТ. Агату Кристи исключили из клуба детективных писателей за ее, возможно, лучший роман — "Убийство Роджера Экройда" (ср. **детектив**). Дело в том, что в этом романе убийцей оказывается сам рассказчик, доктор Шепард. Но он строит свое описание **событий** (см.) так, как будто он не знает (как не знает и читатель до самого конца), кто убийца. Эркюль Пуаро догадывается, в чем дело, и доктору Шепарду приходится заканчивать свою рукопись (совпадающую с романом), признанием, что он совершил убийство.

При этом можно сказать, что в каком-то смысле вплоть до конца своего повествования доктор Шепард действительно *не знает*, кто убийца. Он не знает этого как сочинитель романа от первого лица. Оказавшись убийцей, он нарушил не только уголовные законы — он нарушил законы детективного жанра, и поэтому, к сожалению, можно констатировать, что Агату Кристи правильно выгнали из клуба.

Развязка этого романа является сильнейшим шоком, причем прагматическим шоком (см. **прагматика**) для читателя, потому что читатель детектива естественным образом отождествляет себя с рассказчиком — такова психология чтения беллетристики. И поэтому когда оказывается, что убийца — рассказчик, у читателя невольно возникает странная, но закономерная мысль: "Оказывается, убийца — это я".

Автор словаря не может сказать, что читатель *обязан* испытать подобное чувство, поэтому отныне я буду ссылаться на собственный интроспективный опыт. Этот Э. о. тесно связан с тем, как мы представляем себе онтологию и поэтику XX в., в частности переплетение внутренней прагматики рассказа и внешней прагматики реальности (см. **текст, реальность, время, виртуальные реальности, "Портрет Дориана Грея", "Бледный огонь", "Хазарский словарь"**).

Можно было бы сказать, что я просто анализирую состояние человека, который под воздействием "волшебной силы искусства" решил, что он убийца. Но это было бы не совсем точно. Во-первых, я анализирую *свой* опыт, который произошел однажды со мной в реальности по прочтении романа "Убийство Роджера Экройда". Во-вторых, этот опыт был чрезвычайно специфичен. Если угодно, это был опыт *понимания*, или самопознания, но не в мистическом смысле, а именно в прагматическом: я каким-то образом понял, что попался в прагматическую ловушку, каким-то образом понял, что я убийца, и, возможно, я подумал тогда нечто вроде: "Ах, вот оно что!.."

Это как если бы человек вдруг понял, например, что он негр.

Есть непреложное "детское" правило при чтении беллетристики: если рассказ ведется от первого лица, то это значит, что герой останется жив. Это правило можно как-нибудь обойти, но нарушить его напрямик довольно трудно. Конец моего рассказа не может совпасть с моей смертью — это прагматическое противоречие, так как "смерть не является событием в жизни человека" (Л. Витгенштейн). И вот Агата Кристи сделала нечто подобное: ее рассказчик умер как рассказчик в конце рассказа. И одновременно читатель умер как читатель. Агата Кристи превысила свои полномочия, слишком "высоко подняла прагматическую планку". Если бы она писала модернистский роман, то, пожалуйста, там все можно, но она писала детектив — и то, что она сделала, был запрещенный прием, удар ниже пояса.

Подобные прагматические сбои были уже у Достоевского. (Я исхожу из естественной предпосылки, что этот автор является непосредственным предшественником литературы XX в.) Например, когда Раскольников спрашивает у Порфирия Петровича: "Так кто же убил?" — здесь самое интересное, что он спрашивает это искренне, потому что он еще прагматически не перестроился, для других людей, для внешнего мира он еще не убийца. В начале XX в. Иннокентий Анненский и Лев Шестов поэтому вообще считали, что никакого убийства старухи не было, все это Раскольникову привиделось в болезненном петербургском бреду. Это, конечно, был взгляд из XX в., взгляд людей, прочитавших "Петербург" Андрея Белого, людей, вкусивших, так сказать, от прагматической "ленты Мёбиуса" культуры XX в. Такая точка зрения была бы почти бесспорной, если бы речь шла не о Достоевском, а о Кафке или Борхесе.

Второй пример, связанный с Достоевским и убийствами,— роман "Братья Карамазовы". Строго говоря, нельзя сказать, что читателю точно известно, что Федора Павловича Карамазова убил Смердяков. Да, он признался в этом Ивану Карамазову, но ведь они оба тогда находились, мягко говоря, в **измененных состояниях сознания**. Как можно верить сумасшедшему свидетелю, который ссылается на сумасшедшего Смердякова, который к тому времени уже покончил с собой? Чтобы свидетельство было юридически легитимным, нужно два живых и вменяемых свидетеля. Поэтому суд и не поверил Ивану Карамазову — и правильно сделал. Но это вовсе не значит, что судебной ошибки не было и Федора Павловича убил Дмитрий.

У Конан Дойла есть рассказ, в котором Шерлок Холмс анализирует роман Достоевского и приходит к выводу, конечно парадоксальному и шокирующему, что убийцей отца был Алеша. Доводы великого сыщика были убедительны, при том что он не мог, скорее всего, знать, что Достоевский в третьей части романа, оставшейся ненаписанной, намеревался сделать Алешу народовольцем и убийцей царя, что то же самое, что отца (ср. словосочетание царь-батюшка).

Вернемся, однако, к Э. о., испытанному читателем романа Агаты Кристи. Наиболее фундаментальной чертой, связанной с переживанием себя убийцей, была черта, которую можно выразить в следующем убеждении: "Со мной может случиться все что угодно". Конечно, прежде всего это переживание, близкое к тому, что мы испытываем в **сновидении**, где с нами может "случиться" действительно все что угодно. Но особенность данного Э. о. состояла не в этом.

Современный американский философ-аналитик (см. **аналитическая философия**) Сол Крипке написал книгу с довольно скучным названием "Витгенштейн о правилах и **индивидуальном языке** (см. — *В. Р.*)". Первая и самая захватывающая глава этой книги анализирует ситуацию, при которой человек производит действие сложения 67 и 55. Крипке говорит, что ничем логически не гарантировано, что ответ будет 122, а не, скажем, 5. Нельзя логически гарантировать, что вчера этот человек под сложением понимал именно то действие, которое он применил сейчас. Вчера это могло быть совсем другое действие, результаты которого не совпадают с сегодняшними. Этот экспериментальный аналитический опыт родствен тому, который описываю я.

Ведь я мог просто забыть, "запереть" в своем **бессознательном** тот факт, что я убийца, и чтение романа Агаты Кристи в результате прагматического шока, подобного погружению в себя в сеансах **трансперсональной психологии** (см.), позволило мне вспомнить что-то из своего прошлого или из прошлого своих прежних воплощений.

Но что значит "быть убийцей"? Это прежде всего значит "не быть жертвой". Но жертва и убийца неразрывно связаны, они нужны и интересны друг другу (ср. **"Три дня Кондора"**). Эти два состояния находятся в одной плоскости.

Конечно, я понимаю и понимал тогда, что я не убийца, а писатель, но я понимаю также, что я писатель XX в., который, может быть, за эти несколько секунд проник в **истину**.

Лит.:
Руднев В. Исследование экстремального опыта // Художественный журнал, 1996. — № 9.
Крипке С. А. Загадка контекстов мнения //Новое в зарубежной лингвистике.— Вып. 18, 1987.

ЯЗЫКОВАЯ ИГРА — понятие, введенное Витгенштейном в "**Философских исследованиях**" (1953) и оказавшее значительное влияние на последующую философскую традицию.

В 1930-е гг., после того как Витгенштейн проработал шесть лет учителем начальной школы в деревне, его взгляды на язык существенно изменились. Исследователь его биографии и творчества считает, что стихия народного языка (недаром Витгенштейн написал и издал учебник немецкого языка для народных школ) во многом опосредовала его переход от жесткой модели языка к мягкой.

Так или иначе, но если в "Логико-философском трактате" (1921) язык представляется как проекция фактов (см. **атомарный факт**) и предложение всегда либо истинно, либо ложно — третьего не дано, то в 1930-е гг. происходит поворот в сторону **прагматики** (см.), то есть слушающего и реальной речевой ситуации. Витгенштейн теперь со свойственным ему жаром отвергает свою старую концепцию языка: язык не констатация фактов и не всегда высказывание истины и лжи.

В "Философских исследованиях" он приводит знаменитое сравнение языка с городом: "Наш язык можно рассматривать как старинный город: лабиринт маленьких улочек и площадей, старых и новых домов, домов с пристройками разных эпох; и все это окружено множеством новых районов с прямыми улицами регулярной планировки и стандартными домами". И далее: "Представить себе какой-нибудь язык — значит представить некоторую форму жизни".

Что же такое Я. и.? Уже Ф. де Соссюр, основоположник **структурной лингвистики**, сравнивал язык с игрой в шахматы. Но в витгенштейновском понимании Я. и. — это не то, что делают люди, когда хотят развлечься. Он считает весь язык в целом совокупностью Я. и. Вот что он пишет по этому поводу в "Философских исследованиях":

"23. Сколько же существует типов предложения? Скажем, утверждение, вопрос, поведение? — Имеется *бесчисленное* множество таких типов — бесконечно разнообразны виды употребления всего того, что мы называем "знаками", "словами", "предложениями". И эта множественность не представляет собой чего-то устойчивого, наоборот, возникают новые типы языков, или, можно сказать, новые языковые игры, а старые устаревают и забываются [...].

Термин "Я. и." призван подчеркнуть, что *говорить* на языке — компонент деятельности, или форма жизни.

Представь себе все многообразие Я. и. на таких вот и других примерах:

Отдавать приказы или выполнять их —
Описывать внешний вид предмета или его размеры —
Изготавливать предмет по его описанию (чертежу) —
Информировать о событии —
Размышлять о событии —
Выдвигать и проверять гипотезу —
Представлять результаты некоторого эксперимента
в таблицах и диаграммах —
Сочинять рассказ и читать его —
Играть в театре —
Распевать хороводные песни —
Разгадывать загадки —
Острить; рассказывать забавные истории —
Решать арифметические задачи —
Переводить с одного языка на другой —
Просить, благодарить, проклинать, приветствовать, молить".

И ниже в № 25: "Приказывать, спрашивать, рассказывать, болтать — в той же мере часть нашей натуральной истории, как ходьба, еда, питье, игра" (курсив Витгенштейна. — *В. Р.*).

Концепция языка как Я. и. повлияла в первую очередь на **теорию речевых актов** (равно как, впрочем, и на **лингвистическую апологетику, лингвистическую терапию, философию вымысла, семантику возможных миров**, концепцию **семантических примитивов**). И как сторонники теории речевых актов в конце концов пришли к выводу, что вся речевая деятельность, а не только отдельные ее фрагменты состоит из речевых актов, или действий, так и Витгенштейн считал, что Я. и. — это формы самой жизни и что не только язык, а сама **реальность**, которую мы воспринимаем только через призму языка (ср. **гипотеза лингвистической относительности**), является совокупностью языковых игр.

Человек встает утром по звонку будильника, кипятит воду, ест определенную пищу из определенной посуды, пишет себе задание на день, слушает радио или смотрит телевизор, читает газету, гладит собаку и разговаривает с ней, ругает правительство, едет в троллейбусе, опаздывает на работу. Все это — Я. и.

Вся человеческая жизнь — совокупность Я. и., как прекрасно описал это С. Соколов в "**Школе для дураков**": "девочка станет взрослой и станет жить взрослой жизнью; выйдет замуж, будет читать серьезные книги, спешить и опаздывать на работу, покупать мебель, часами говорить по телефону, стирать чулки, готовить есть себе и другим, ходить в гости и пьянеть от вина, завидовать соседям и птицам, следить за метеосводками, вытирать пыль, считать копейки, ждать ребенка, ходить к зубному, отдавать туфли в ремонт, нравиться мужчинам, смотреть в окно на проезжающие автомобили, посещать концерты и музеи, смеяться, когда не смешно, краснеть, когда стыдно [...] платить пени, расписываться в получении переводов, листать журналы, встречать на улице старых знакомых, выступать на собрании, хоронить родственников, греметь на кухне посудой [...] любить Шопена, мечтать о поездке за границу, думать о самоубийстве, ругать неисправные лифты, копить на черный день, петь романсы, хранить давние фотографии, визжать от ужаса, осуждающе качать головой, сетовать на бесконечные дожди, сожалеть об утраченном...".

Лит.:
Витгенштейн Л. Философские исследования // Витгенштейн Л. Избр. философские работы. — М., 1994. — Ч. I.
Бартли У. Витгенштейн // Людвиг Витгенштейн: Человек и мыслитель. — М., 1994.
Руднев В. Морфология реальности: Исследование по "философии текста". — М., 1996.

Вадим Петрович Руднев

ЭНЦИКЛОПЕДИЧЕСКИЙ СЛОВАРЬ КУЛЬТУРЫ XX ВЕКА

Ключевые понятия и тексты

Редактор   *Е. Осенева*
Компьютерная верстка и дизайн *Г. Егорова*

Книга подготовлена при участии *Э.А. Гареевой*

ИД № 03974 от 12.02.01 г.
Подписано в печать 12.04.01. Формат 84x108/32
Печать офсетная. Гарнитура «Times NR Cyr MT». Усл.-печ.л. 31,92
Тираж 3000 экз. Заказ № 1420.

Издательство «Аграф»
тел. (095) 189-17-22, 189-17-35
129344, Москва, Енисейская ул., 2
E-mail: agraf.ltd@ru.net
http://www.ru.net/~agraf.ltd

Отпечатано в полном соответствии с качеством
предоставленных диапозитивов на ГИПП «Вятка»
610033, г. Киров, ул. Московская, 122

ISBN 5-7784-0176-0

Книги издательства АГРАФ

Энциклопедии, словари, справочники

Александрова Т.С. **Из Гёте:** Крылатые слова.
О вине и пьянстве: Русские пословицы и поговорки
Соловьев О.Ф. **Масонство:** Словарь-справочник

Бродская Г. **Алексеев-Станиславский, Чехов и другие. Вишневосадская эпопея. В 2-х т.**
Вайкль Б. **О пении и прочем умении**
Гаспаров Б. **Поэтика «Слова о полку Игореве»**
Данковцева А.В. **Даже если мы умрем**
Дон Жуан русский
Ефимов Б.Е. **Мой век**
Иван Грозный: Антология
Каверин В.А. **Пурпурный палимпсест. Эпилог. В 2-х т.**
Коклюшкин В. **Блеск**
Кокто Ж. **Проза. Поэзия. Сценарии.** Т. 1
Кортасар Х. **Счастливчики (Выигрыши)**
Кузмин М. **Проза 1906–1912 гг.**
Кузмин М. **Проза 1912–1915 гг.**
Кузмин М. **Критические статьи и эссе**
Липкин С.И. **Квадрига (проза, мемуары)**
Маковский С. **Портреты современников**
Нагибин Ю.М. **Собрание сочинений. В 3-х т.**
Пи Оливье. **Лицо Орфея**
Сарнов Б.М. **Перестаньте удивляться!**
Синявский А.Д. **Иван-дурак**
Синявский А.Д. **Основы советской цивилизации**
Смирнов И.П. **Мегаистория**
Суконик А.Ю. **Театр одного актера**
Ференбах О. **Крах и возрождение Германии**
Шекспир У. **Комедии и трагедии**

Серия «Литературная мастерская»

Александров Н. **Силуэты пушкинской эпохи**

Антон Крайний (З. Гиппиус). **Литературный дневник**

Апостолов Н. **Живой Толстой**

Аронсон М, Рейсер С. **Литературные кружки и салоны**

Гиппиус В. **Гоголь**

Гнедич П. **Книга жизни**. Воспоминания (1855–1918)

Гриц Т. и др. **Словесность и коммерция**

Громова Н. **Достоевский**

Гроссман Л. **Цех пера**: Эссеистика

Жуковская Е. **Записки**: Воспоминания

Литературные манифесты: **От символизма до «Октября»**

Литературные салоны и кружки

Майков Л.Н. **Батюшков, его жизнь и сочинения**

Митфорд Н. **Влюбленный Вольтер**: Биографический роман

Модзалевский Б. **Пушкин**

Немеровская О., Вольпе Ц. **Судьба Блока**

Островский А. **Молодой Толстой**

Островский А. **Тургенев в записях современников**

Розанов В. **Литературные изгнанники**

Скабичевский А.М. **Литературные воспоминания**

Утевский Л. **Жизнь Гончарова**

Щеголев П. **Лермонтов**

Серия
«Символы времени»

Аксаков А.Н. **Анимизм и спиритизм**

Ахмадулина Б.А. **Миг бытия**

Баранов В.И. **Горький без грима. Тайна смерти**

Бодлер Ш. **Искусственный рай**;

Гершензон М. **Ключ веры. Гольфстрем. Мудрость Пушкина**

Готье Т. **Клуб любителей гашиша**

Волошин М. **История моей души**: Дневники

Дети эмиграции: Воспоминания

Достоевский А.М. **Воспоминания**

Залкинд А.Б. **Педология:** Утопия и реальность

Зиновьева-Аннибал Л. **Тридцать три урода**

Коцебу А. **Достопамятный год моей жизни:** Воспоминания

Крохин Ю. **Души высокая свобода: Вадим Делоне**

Мережковский Д.С. **Было и будет. Невоенный дневник**

Новиков Вл. **Роман с языком**

Покровский Б. **Моя жизнь – опера**

Раушенбах Б.В. **Пристрастие**

Сарнов Б. **Если бы Пушкин жил в наше время**

Уайльд Оскар. **Письма**

Хечинов Ю.Е. **Крутые дороги Александры Толстой**

Чегодаева М. **Два лика времени**

Черубина де Габриак. **Исповедь**

Эйхенбаум Б.М. **Мой временник. Маршрут в бессмертие**

Книги по истории

Вернадский Г.В. **Древняя Русь**
Вернадский Г.В. **Киевская Русь**
Вернадский Г.В. **Монголы и Русь**
Вернадский Г.В. **Россия в средние века**
Вернадский Г.В. **Московское царство.** В 2-х кн.

Серия «Новая История»

Алексеев Н.Н. **Русский народ и государство**
Бердинских В.А. **История одного лагеря**
Вернадский Г.В. **Ленин – красный диктатор**
Вернадский Г.В. **Русская История.** Учебник
Вернадский Г.В. **Русская историография**
Забелин И.Е. **Минин и Пожарский.**
Леонтьев К.Н. **Поздняя осень России**
Никитин А.Л. **Мистики, розенкрейцеры и тамплиеры в советской России**
Никитин А.Л. **Основания русской истории**
Платонов С.Ф. **Борис Годунов**
Савицкий П.Н. **Континент Евразия**
Трубецкой Н.С. **Наследие Чингисхана**
Шмурло Е.Ф. **История России**

Серия

МЕЖДИСЦИПЛИНАРНЫЕ ИССЛЕДОВАНИЯ

Винни Пух и философия обыденного языка
Волков П. **Разнообразие человеческих миров**
Данн Дж. У. **Эксперимент со временем**
Носов Н. **Виртуальная психология**
Руднев В. **Прочь от реальности**
Спивак М. **Посмертная диагностика гениальности**
Фрер Ж.-К. **Сообщества Зла, или Дьявол вчера и сегодня**

Книги по философии

Фараджев К. **Владимир Соловьев:** Мифология образа

Серия «Путь к очевидности»

Гиренок Ф.И. **Пато-логия русского ума**
Мамардашвили М.К. **Лекции по античной философии**
Мамардашвили М.К. **Кантианские вариации**
Моисеев Н.Н. **Расставание с простотой**
Степун Ф.А. **Встречи**
Флоровский Г.В. **Из прошлого русской мысли**

Книги по психологии, педагогике и медицине

Вачков И.В. **Психология для малышей, или Сказка о самой душевной» науке**
Гобова Е.С. **Понимать детей — дело интересное**
Гобова Е.С. **Чтение, словесность, письменность**
Иванов В.И. **Акупунктура и медикаментозная терапия**
Иванов В.И. **Управление самочувствием**

Серия «Литературный атлас страстей»

Ястребов А.   **Богатство и бедность:**
                                     Поэзия и проза денег

Ястребов А.   **Праздник безумства:**
                                     Дионис и Мельпомена

Серия «Speculum mundi» – «Зеркало мира»
(переводная литература)

Акройд П. **Чаттертон**
Бахман И. **Ма́лина**
Дадзай О. **Исповедь «неполноценного» человека**
Ландольфи Т. **Жена Гоголя и другие истории**
Лиспектор К. **Час звезды;**
Макьюэн И. **Дитя во времени**
Малапарте К. **Техника государственного переворота**
Мигейс Ж.-Р. **Николай! Николай! Рассказы**
Рубо Ж. **Прекрасная Гортензия. Похищение Гортензии**
Хиггинс К. **Гарольд и Мод**
Энрайт Э. **Парик моего отца**

Серия

ВОЛШЕБНАЯ ФЛЕЙТА

Бинг Р. **За кулисами «Метрополитен Опера»**
Золотницкий Д. **Мейерхольд. Роман с советской властью**
Кракауэр З. **Оффенбах и Париж его времени**
Красовская В. **Павлова. Нижинский. Ваганова**
Кремер Г. **Обертоны**
Ла Мюр П. **Лунный свет**: Роман о Дебюсси
Моцарт В.-А. **Письма**
Нуреев Р. **Автобиография**
Парин А. **Хождение в невидимый град**
Стендаль. **Жизнь Россини**
Шоу Б. **О музыке**

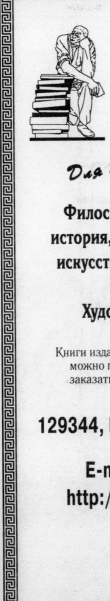

ИЗДАТЕЛЬСТВО
АГРАФ
ПРЕДСТАВЛЯЕТ КНИГИ

Для тех, кто знает...

Философия, литературоведение, история, психология, культурология, искусство, энциклопедии, словари, справочники.
Художественная литература

Книги издательства «АГРАФ» оптом и в розницу можно приобрести в издательстве, а также заказать наложенным платежом по адресу:

129344, Москва, Енисейская ул., 2

**E-mail: agraf.ltd@ru.net
http://www.ru.net/~agraf.ltd**

**т./ф. 189-17-35
т. 189-17-22**

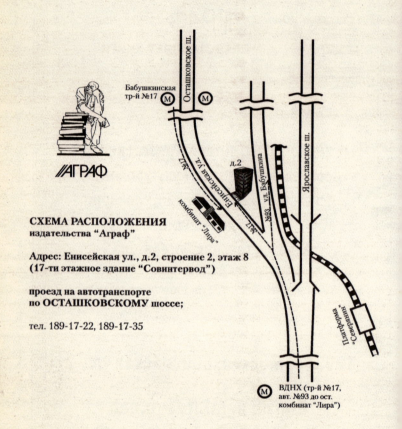

СХЕМА РАСПОЛОЖЕНИЯ
издательства "Аграф"

**Адрес: Енисейская ул., д.2, строение 2, этаж 8
(17-ти этажное здание "Совинтервод")**

**проезд на автотранспорте
по ОСТАШКОВСКОМУ шоссе;**

тел. 189-17-22, 189-17-35